SUPERBUR
SAGGI

D1641348

Saverio Lodato

VENTI ANNI DI MAFIA

C'era una volta la lotta alla mafia

Biblioteca Universale Rizzoli

ISBN 88-17-25906-3

prima edizione Superbur Saggi: aprile 1999
seconda edizione Superbur Saggi: maggio 2000

L'Autore ringrazia Luigi Giuliana per la preziosa consulenza informatica e tutti coloro – lettori e amici – che negli anni hanno creduto in questo libro. Un grazie affettuoso, infine, a tutti gli amici dell'archivio dell'«Unità».

A Giusi e a nostro figlio, il piccolo Giuliano

*Forse è giusto e perfino necessario dimenticare
i disastri, e le guerre sono di sicuro disastri cui la
nostra specie sembra incline. Se potessimo trarne
un insegnamento, sarebbe utile tenere vivi i ricordi,
ma purtroppo non abbiamo questa capacità. Nella
Grecia antica dicevano che ci voleva almeno una
guerra ogni vent'anni perché ogni generazione
sapesse. Noi invece abbiamo bisogno di dimenticare,
altrimenti non potremmo più indulgere a questa
assurdità omicida.*

(John Steinbeck)

*Andrà meglio. Quando? Quando governeranno
i cani?*

(Elias Canetti)

*Ben se' crudel, se tu già non ti duoli,
pensando ciò che 'l mio cor s'annunziava;
e se non piangi, di che pianger suoli?*

(Dante Alighieri)

I

POLIZIOTTO AMERICANO DOVE VAI?

Da dove venivamo

Volgevano al termine gli anni '70, anni di artigianato investigativo, scanditi dalle foto in bianco e nero, che ritraevano il ghigno beffardo di tanti boss mafiosi graziati con la formula dell'insufficienza di prove. O — quando proprio andava male — spediti a bordo d'un barcone nelle minuscole isole di Linosa o Filicudi per quel soggiorno obbligato che non avrebbe intralciato i loro traffici più di tanto. Discutibilissime assoluzioni, condanne tiepide, avevano chiuso il processo ai centoquattordici rappresentanti della nuova mafia di quel tempo. La prima commissione antimafia, sorta all'inizio degli anni '60, pur avendo fagocitato nei suoi archivi moltissimo materiale necessario alla conoscenza del fenomeno, si manifestava ora per quello che era: la «santabarbara» che non sarebbe mai esplosa. Nella sua deposizione-lampo, durata in tutto dieci minuti, Carlo Alberto Dalla Chiesa, comandante del gruppo carabinieri di Palermo, fece in tempo a dire ai commissari: «Loro, questi signori, hanno la sensazione certa di poterla fare franca... Essi avvertono che da processi come quelli di Catanzaro, o quello di Bari, di Lecce, o di altre sedi, vengono assolti e che poi, tornando, non ci troviamo pronti a riceverli come si converrebbe. Siamo senza unghie, ecco...». Pessimismo ingiustificato?

Ha detto il giudice Giovanni Falcone in un convegno che si è svolto a Palermo nella primavera '88: «Nell'immediato dopoguerra e fino ai tragici fatti di sangue della prima guerra di mafia degli anni '62-63, gli organismi responsabili ed i mezzi d'informazione sembrano fare a gara per minimizzare il fenomeno mafioso. Al riguardo appaiono significativi i discorsi di inaugurazione dell'anno giudiziario pronunciati dai procuratori generali di Palermo». È una via crucis di documenti ufficiali che non fa onore allo stato italiano. Nel 1956 si disse che il fenomeno mafioso era scomparso. Nel '57 si registravano delitti di sangue, ma da ascrivere «ad opposti gruppi di delinquenti». Un vero e proprio canto di vittoria nella relazione del '67: «La mafia aveva imboccato la strada lenta ma costante della sua inevitabile sconfitta». Nel '68 si teorizzò lo strumento del soggiorno obbligato perché «il mafioso fuori dal proprio ambiente diventa pressoché innocuo».

Alla fine degli anni '70 si concludeva quasi un trentennio zeppo di omissis ammiccanti sui nomi di decine di uomini politici che forse di fronte alla mafia e ai suoi traffici avevano chiuso almeno un occhio. Se poi a qualche mafioso saltava in testa di raccontare la mafia dall'interno, accusandosi di delitti che lui stesso aveva commesso, lo stato provava un profondo senso di fastidio.

Pazzo, schizoide, venne bollato con discutibili certificati medici quel Leonardo Vitale che nel '74 salì le scale della questura di Palermo per raccontare tutto quello che sapeva. D'altra parte perché meravigliarsi? Non si era ripetuto per decenni che in fondo i «mafiosi si ammazzavano tra di loro»? Che la mafia ricorreva all'uso delle armi solo se vi era «costretta»? Giustificato dall'alto da un potere centrale a volte titubante, a volte pavido, a volte colluso, il senso comune di fronte ad ogni nuovo delitto era naturalmente portato ad interrogarsi sulle *responsabilità* della vittima. «Certo, se lo hanno fatto fuori un motivo ci sarà stato. Nessuno ammazza la gente per nulla.»

Spesso si tessevano le lodi per una mafia che rispettava le donne e i bambini. Attenta a non aprire il fuoco contro magistrati e poliziotti. Ossequiosa verso i rappresentanti del potere politico con i quali doveva «scendere a patti». E paradossalmente, quasi necessaria, indispensabile, in una regione come la Sicilia dalla quale Roma era stata sempre lontana. C'è un aneddoto che la dice più lunga di mille documenti sul grado di consapevolezza della gravità del fenomeno per un intero trentennio.

Il fotografo palermitano Natale Gaggioli, che dedicò la sua vita a documentare con la pesante Rolleiflex fatti e misfatti di

Cosa Nostra, si portava sempre dietro una pala di ficodindia, la pianta simbolo d'una Sicilia circondata dal mare, inondata dal sole, conosciuta nel mondo per la sua conca d'oro o la cima innevata dell'Etna. Bene: Gaggioli arrivava sul luogo del delitto, faceva i suoi calcoli di luce, piantava il ficodindia in prossimità del cadavere. E solo allora «scattava». «Se non facessi così le mie fotografie oltre lo stretto non le comprerebbe nessuno», si giustificava con aria mercantile e divertita. Aveva davvero ragione lui. Una mafia che non fosse anche folklore, che non evocasse i sotterranei bui della leggenda dei Beati Paoli, che non fosse spiegata anche alla luce del clima siciliano o del «temperamento» dei suoi abitanti a chi poteva interessare negli anni '50 o '60? Se fin da allora fosse stata ridotta a ciò che in realtà è sempre stata — sopruso, violenza e delitti — forse l'opinione pubblica italiana si sarebbe subito ritratta inorridita. E avrebbe finito col rimuovere.

Il risultato fu un altro: la mafia poté sempre giocare con largo anticipo con delle istituzioni perennemente in ritardo nel capire e nel reprimere. Tanto che verso la fine degli anni '70 riuscì ad innalzare la sua sfida poderosa con la tremenda catena di delitti che continua ancora oggi. Ormai produzione e distribuzione dell'eroina erano diventate la sua principale fonte di accumulazione. Ma alcuni la volevano ancora interessata al traffico dei tabacchi, altri legata agli interessi delle aree edificabili, inguaribili nostalgici erano rimasti fermi all'universo d'una mafia agraria sonnolenta e a suo modo rispettosa di antichissimi valori. La nuova mafia — ma in quell'aggettivo «nuova» cui ciclicamente si è fatto ricorso per definire altre escalation è forse racchiuso un profondo senso di impotenza — quella nuova mafia, dicevamo, iniziò quasi silenziosamente a lasciare sul selciato i cadaveri di giudici e giornalisti, carabinieri e uomini politici. E via via, vittima lei stessa di un delirio di grandezza tanto inutile quanto mostruoso, la mafia si sarebbe ritrovata anche a far fuoco sulle donne e sui bambini.

Il 16 settembre del '70, il giornalista de «L'Ora» Mauro De Mauro, notissimo a Palermo per le sue coraggiose inchieste antimafia, venne rapito sotto casa e mai più ritrovato. Il 5 maggio 1971, fu assassinato Pietro Scaglione, procuratore capo di Palermo. Quindi silenzio, per molti anni, prima che la mafia dal «volto buono» si prendesse un'altra piccola licenza uccidendo — il 20 agosto del '77 — l'ufficiale dei carabinieri Giuseppe Russo che indagava sulla scomparsa di De Mauro. Un anno dopo toccò al cronista giudiziario del «Giornale di Sicilia», Mario Francese, e a Michele Reina, segretario della dc di Palermo. Eppure — nonostante avvisaglie così chiare — lo stato italiano non sembrava capire granché della nuova strategia del terrore. Quei primi «grandi delitti»? Certo erano state eliminate personalità molto note. Ma a Palermo vai a scoprire come stanno veramente le cose... Più in generale, lo stato italiano non aveva capito nulla delle nuove rotte internazionali, lungo le quali si dispiegava il serpentone dalle cento teste chiamato eroina. Così, alla fine degli anni '70, Palermo non era una città blindata, le auto di scorta rappresentavano una rarità e le sirene indicavano solo il passaggio di un'ambulanza o dei pompieri, mentre i vetri antiproiettile erano un lusso insostenibile.

Era normale in quegli anni

Non dovrà allora meravigliare se alle sette e cinquantacinque del 21 luglio del 1979, Boris Giuliano, capo della squadra mobile di Palermo, considerato all'estero uno dei poliziotti più bravi d'Italia, instancabile cacciatore di latitanti mafiosi, investigatore attento anche agli intrighi di alta finanza, per trovare una chiave di lettura di ciò che accadeva in quegli anni in Sicilia, uscì tranquillamente da casa senz'altra protezione che la sua pistola nella fondina. Ogni giorno veniva a prenderlo un anziano commissario a bordo d'una giulietta. Ma quel giorno — era una splendida giornata di sole — Boris Giuliano uscì in anticipo. Si fermò un attimo in portineria per consegnare la busta con i soldi della pigione, percorse una quarantina di metri da solo, senza guardarsi alle spalle, diretto ad un bar poco distante. Un saluto al cassiere, un saluto al barista, un cenno del capo per un paio di avventori. Fece in tempo ad ordinare il suo ultimo caffè. Un killer solitario, a viso scoperto, pallido come un cencio, tremante, si affacciò sulla soglia del bar. Giuliano, ottimo tiratore, esperto in conflitti a fuoco, non fece in tempo a reagire. Cadde colpito al volto in un lago di sangue. Il killer si dileguò favorito dai complici.

Lo sceriffo — così i suoi stessi collaboratori avevano soprannominato Boris Giuliano — forse fu ucciso per aver anticipato di un decennio tecniche di lavoro per quei tempi rivoluzionarie. Si esprimeva perfettamente anche in inglese. Sapeva orientarsi ad occhi chiusi fra i vicoli del suk palermitano della Vucciria, e aveva alle spalle un lungo apprendistato nel quartiere cinese di Soho. Gran divoratore di libri di storia e libri gialli, aveva due baffoni alla tartara, la battuta pronta, tre figli e una moglie che lo adoravano, ma anche una maledetta passione che gli bruciava dentro: quella del poliziotto che non vuole sbarcare il lunario scaldando la poltrona, ma indagando sui misteri della città in cui vive. Già solo per questo, a Palermo, città che al massimo i rappresentanti delle forze dell'ordine li tollera, Boris Giuliano partiva male. Entrato in polizia all'inizio degli anni '70, si era ritrovato — prima da capo della squadra omicidi poi da dirigente della squadra mobile — ad indagare proprio su De Mauro, Russo, Francese e Reina, mentre lo stato — come abbiamo già visto — non coglieva le motivazioni che spingevano uomini come Giuliano ad indagare sul serio, non si rendeva conto che quelli erano i suoi funzionari migliori, i più fedeli, che avrebbe dovuto preservare da ogni insidia.

Lo sceriffo sembrava non accorgersi di quest'apatia che faceva da sfondo al suo lavoro individuale. Andava avanti e indietro da New York. A Palermo era in contatto telefonico quotidiano con i colleghi d'oltreoceano, della DEA (Drug Enforcement Administration) o dell'FBI. Era di casa negli istituti di credito siciliani, avendo capito che gli assegni bancari sarebbero diventati le impronte digitali del futuro. Possedeva una dote rarissima in quegli anni: la capacità di connettere in grandi puzzle intuitivi i tasselli criminali apparentemente slegati fra loro. Una preziosa rete di informatori che lo stimavano e lo chiamavano confidenzialmente: «dottò». E anche una regola d'oro che spesso a Palermo può salvarti la pelle. Lui stesso la sintetizzava così ai suoi collaboratori. «Se venite a conoscenza d'un segreto non tenetelo per voi. Scrivetelo, ditelo, telefonatelo, ma non diventatene i depositari.»

Eppure i segreti di Palermo lo attiravano con la potenza d'una calamita. «Peccato» diceva spesso «che indagando su certi delitti sbattiamo contro una parete d'acciaio.» Si riferiva proprio a quei delitti che rimangono ancora oggi senza risposta, e per i quali non sono mai stati condannati né esecutori né mandanti. Ma per tanti portelloni che restavano sbarrati, altri si socchiudevano, altri si spalancavano. La sua intuizione più felice fu che la Sicilia, proprio in quegli anni, stava assumendo un ruolo nevralgico nello scacchiere internazionale del traffico degli stupefacenti. Giuliano sospettava fortemente — anche se ancora non confortato dalle prove — che le raffinerie d'eroina stavano per essere trasferite da Marsiglia e dalla Costa azzurra proprio a Palermo. «Droga, droga» ripeteva enigmatico ai cronisti che gli rivolgevano domande su delitti che apparentemente sembravano incomprensibili, commessi quasi da marziani sanguinari e invisibili. E nel giugno del '79 il suo personale rapporto di collaborazione con l'antidroga statunitense diede uno dei suoi frutti migliori: sul nastro bagagli dell'aeroporto di Punta Raisi i poliziotti trovarono due valigie abbandonate, contenenti cinquecentomila dollari. Quei soldi erano la parcella pagata dalle famiglie mafiose americane a quelle siciliane in cambio di eroina purissima che aveva già invaso il mercato americano.

Qualche giorno dopo, all'aeroporto Kennedy di New York il teorema Giuliano ebbe una conferma inequivocabile: questa volta gli americani sequestrarono eroina per il valore di dieci miliardi, e spedita puntualmente da Palermo. Una sequenza che poi avrebbe avuto più d'una replica.

Lo sceriffo aveva fatto centro trovando le prove d'una verità oggi lapalissiana: i canali classici del contrabbando di sigarette erano stati riconvertiti in canali dell'eroina. Figurarsi ormai chi poteva togliergli dalla testa l'idea che gli elicotteri di polizia, oltre che per avvistare qualche scalatore in difficoltà, potevano essere adoperati per sorvolare l'intera provincia di Palermo alla ricerca delle raffinerie che pure dovevano essere nascoste da qualche parte. Se fino al giorno delle valigie Giuliano ne aveva sospettato l'esistenza, ormai ne era sicuro. Nel suo ufficio, al primo piano del brutto palazzotto in piazza della Vittoria, il capo della mobile esaminava con scrupolo planimetrie e rilievi aerofotografici, alla spasmodica ricerca d'un indizio, d'una traccia che potesse segnalare la presenza di queste tremende farmacie. Non aveva più orari. Sua moglie Ines, i figli Selima, Emanuela e Alessandro, un giorno sì e uno no andavano a letto senza averlo visto tornare.

Giuliano, intanto, scavava, scavava, in mille direzioni. Avvertiva ormai la presenza insidiosa d'un nemico feroce, che rompeva regole tradizionali, che eliminando investigatori e giornalisti alzava il tiro, mentre troppi elementi riconducevano con certezza al gigantesco traffico degli stupefacenti. Sceglieva eroina il vecchio contrabbandiere di Marlboro o di Philip Morris, l'ex rapinatore di banche o distributori di benzina. Il Jumbo Alitalia sulla rotta Palermo-New York aveva un soprannome che era tutto un programma: l'aereo del Padrino.

Un gioco estremamente pericoloso

Arrivò così l'alba dell'8 luglio 1979, una tiepida domenica sul lungomare di Romagnolo, a Palermo. È una data di svolta: tre settimane dopo Giuliano sarebbe stato assassinato. In tre auto civetta, dodici uomini decidono finalmente di entrare in azione. Boris è con loro, e loro sono i «suoi» uomini, i migliori delle diverse sezioni in cui si articola una squadra mobile. Non si trovano lì per merito d'una soffiata. Il giorno prima, pedinando due mafiosi, erano riusciti ad imboccare la pista che ora li conduceva proprio al lungomare di Romagnolo.

Otto uomini silenziosissimi salgono su per una scala sbrecciata, altri quattro controllano la portineria. Nessuno apre, nessuno risponde. Il mandato di perquisizione concede l'autorizzazione a sfondare la porta. Ancora una volta lo sceriffo aveva indovinato. Fucili a canne mozze, micidiali pistole calibro 357, chili di munizioni. Ma la *gioielleria* doveva ancora saltar fuori da un armadio: otto sacchetti contenenti ciascuno mezzo chilo d'eroina purissima, per un valore di tre miliardi. Il ritrovamento della droga in sé — dopo le operazioni negli aeroporti — non rappresentava una novità eccezionale. Ma quei quattro chili d'eroina in qualche modo apparvero «firmati», se così si può dire. Nel covo di Romagnolo infatti vennero rinvenuti documenti falsi, guardaroba ed effetti personali di Leoluca Bagarella, braccio destro di Luciano Liggio, il superlatitante del clan dei corleonesi che spesso aveva adoperato quel rifugio per i suoi travestimenti. Sebbene Giuliano non avesse trovato ancora le raffinerie, quel giorno poté stabilire un'equazione rigida fra il terribile clan dei corleonesi e la grande produzione d'eroina in quegli anni.

Forse per lui il bilancio investigativo era ancora magro, ma per i suoi nemici aveva oltrepassato ogni misura. Giuliano ormai sapeva benissimo di trovarsi nel mirino. «Giuliano morirai» sentenziò una voce anonima al centralino del 113, qualche giorno dopo il blitz di Romagnolo. Il conto alla rovescia era già cominciato. Giuliano mise in salvo un agente federale dell'antinarcotici che da qualche tempo si era trasferito a Palermo, costringendolo a tornarsene in America. A metà luglio mise sul treno moglie e figli diretti in un paesino alle falde dell'Etna dove avrebbero trascorso le vacanze. Promise che li avrebbe raggiunti nella settimana successiva.

Alle otto e trenta del 21 luglio 1979, il primo flash del giornale radio diede un annuncio laconico: «Il capo della squadra mobile di Palermo Boris Giuliano è stato assassinato pochi minuti fa...». A Piedimonte Etnea era in ascolto Ines Leotta, moglie del vicequestore, che non vedeva l'ora che passassero quei giorni per riunirsi con tutta la famiglia. Intanto in via Di Blasi, si assisteva ad una sequenza che purtroppo negli anni sarebbe diventata sempre più frequente. Agenti distrutti dal dolore e rappresentanti delle autorità che non sapevano se fosse meglio parlare o stare zitti. A caldo si moltiplicarono interrogativi e supposizioni. Come mai Giuliano non aveva una scorta? Come mai l'assassino sapeva che il capo della mobile, quella mattina, sarebbe sceso in anticipo? Per mesi si disse che proprio quella mattina Giuliano forse ricevette la telefonata d'un confidente che chiese di incontrarlo in quel bar, sotto casa. Ma rimase solo una voce, i riscontri non si trovarono mai. Commentò il questore: «Non riusciamo a comprendere come sia stato colto così di sorpresa. Era sempre attentissimo, consapevole dei rischi, della delicatezza del suo lavoro».

Nella cattedrale, in un clima di grande tensione, mentre i poliziotti contestavano aspramente la delegazione degli uomini di governo giunta da Roma, il cardinale Salvatore Pappalardo, capo della Chiesa siciliana, pronunciò una durissima omelia: «Non si può chiedere di più a quanti sono giorno e notte esposti ad innumerevoli insidie, a tanti mortali pericoli... Faccia lo stato il suo dovere proteggendo, con un indirizzo politico chiaro ed inequivoco e con leggi appropriate, la dignità e la libertà di tutti i cittadini, anche di quelli preposti alla tutela dell'ordine e della pubblica tranquillità...». Chi aveva ucciso Giuliano? Il cardinale non ebbe tentennamenti: «... cosche mafiose che si sono sentite minacciate di smascheramento». E forse erano in arrivo tempi ancora più duri. Pappalardo concluse così la sua omelia: «Si può applicare a noi la triste constatazione che faceva già per il suo tempo il profeta Ezechiele: "il paese è pieno di assassini". Troppi mandanti, troppi vili esecutori e fiancheggiatori sono liberi e circolano alteri e sprezzanti per le nostre strade ed è difficile raggiungerli perché variamente protetti».

Il feretro venne portato a spalla dai «suoi» uomini fino in questura. Resero omaggio a Giuliano migliaia di cittadini semplici e tutti gli abitanti di via dei Biscottari, una stradina del popoloso quartiere di Ballarò, alle spalle della questura centrale. Spesso, per andare in ufficio, il capo della mobile passava da lì e allora si fermava a parlare con gli abitanti di queste case fatiscenti, prodigo di consigli. In una città abituata da secoli ad odiare gli «sbirri» era certo singolare che un poliziotto fosse spesso invitato in occasione di battesimi e matrimoni. «Via dei Biscottari in lutto. Erano tutti amici di Boris» titolarono i giornali di Palermo.

Oggi Alessandro Giuliano, il figlio di Boris, ha compiuto ventun anni. Ha concluso il corso di polizia ma ha promesso a sua madre che non chiederà mai di lavorare in Sicilia. Selima ne ha diciassette ed Emanuela diciannove, vanno a scuola e sono vivacissime. A Palermo in via Di Blasi una lapide ricorda il sacrificio d'un poliziotto onesto. Ma a Giuliano nessuno ha pensato di intitolare una strada. Al solo ricordo di questo mitico funzionario di polizia, ancora oggi, dieci anni dopo, luccicano gli occhi dei suoi pochissimi collaboratori che sono rimasti in servizio.

Giuliano pagò con la vita per non essersi rassegnato alla favoletta della mafia buona. Per non essersi fermato sulla soglia sbarrata da tanti portelloni d'acciaio che custodivano segreti innominabili. Per aver capito che la mafia si trasforma approfittando di lungaggini burocratiche e distrazioni colpose. Per aver inaugurato un asse investigativo Palermo-States che ai trafficanti non poteva andare a genio. Dopo la sua morte, la sfida di

Cosa Nostra accorciò i tempi secondo i ritmi e il copione d'una controffensiva militare che entra in una campagna decisiva. Settembre '79: venne ucciso Cesare Terranova, magistrato. Gennaio '80: Piersanti Mattarella, presidente della Regione siciliana. Agosto '80: Gaetano Costa, procuratore capo a Palermo, e così via scannando fino ai nostri giorni e ricordando solo alcuni degli agnelli sacrificali più illustri.

Cerchiamo adesso di capire in quale ginepraio era andato a cacciarsi — spinto dal suo ottimo fiuto professionale e dal suo stile di lavoro poco incline ai compromessi — il poliziotto — Boris Giuliano. Innanzitutto alcune cifre. Secondo stime della DEA, verso il finire degli anni '70, i tossicomani americani sfioravano quota un milione, contro i centomila dei primi anni '60. Il gigantesco mercato statunitense e quello europeo, tutt'altro che insignificante, si sono approvvigionati grazie alle tonnellate di oppio illegale coltivate nei due poli del Triangolo d'oro, Laos, Birmania e Thailandia, e in quello rappresentato da Afghanistan, Pakistan e Iran.

Proprio nel '79, anno in cui venne assassinato Giuliano, la produzione nell'Asia del sud ovest sfiorò le duemila tonnellate, dieci volte di più che nel Triangolo d'oro. Il passaggio dall'oppio alla morfina, primo stadio del ciclo di raffinazione, veniva realizzato in Medio oriente. E nel '79, attraverso i sistemi più semplici o quelli più ingegnosi, 60 tonnellate giunsero a destinazione in Europa occidentale. Da un chilo di morfina si ricava un chilo d'eroina. Ma è la borsa valori di entrambi i prodotti che può dare un'idea di quanto sia lucrosa questa attività, e quanto sia alto di conseguenza il potere di corruzione delle organizzazioni criminali che operano in regime di oligopolio. Eric Charlier, uno dei primi trafficanti arrestati in America e alle dipendenze di Cosa Nostra, interrogato dal giudice Falcone nell'ambito della prima grande inchiesta palermitana su mafia e droga, spiegò ai giudici che «in Afghanistan il prezzo della morfina base era di 2.000 dollari al chilo, in Turchia raggiungeva i 3.500, in Grecia gli 8.000, per lievitare — a Milano — fino ai 12 mila dollari». Quel chilo di morfina base che raggiungeva Milano alla fine degli anni '70, una volta raffinato proprio in Sicilia, sarebbe stato rivenduto in America per la somma tutt'altro che modica di 250.000 dollari. Fermiamoci qui. Può bastare per farsi un'idea degli interessi in gioco in quegli anni. E può essere utile sapere che ogni anno, nel mondo, i quantitativi d'eroina sequestrati oscillano fra il cinque e il dieci per cento dell'intero fatturato. Si poteva insomma comprare — senza tirare sul prezzo — il killer disposto ad assassinare il capo della mobile di Palermo. E quanto fosse ormai diventata corposa — quasi all'insaputa di tutti — questa posta in gioco che avvelenava scenari politici, istituzionali ed imprenditoriali, si sarebbe visto esattamente due mesi dopo l'agguato in via Di Blasi.

Anche Terranova, perché no?

Ai primi di settembre torna a Palermo, dopo una lunga parentesi romana, un magistrato colto, informato, tutto d'un pezzo. «Giudice duro» è il peggior apprezzamento che riescono a coniare i suoi avversari, colleghi e no. Il magistrato che torna in Sicilia, dopo essere stato per due legislature componente della commissione antimafia eletto nelle liste del pci, si chiama Cesare Terranova, e ha cinquantanove anni. Per la mafia è un uomo ingombrante. Entrato in magistratura nell'immediato dopoguerra, la sua intera biografia era stata scandita da grandi inchieste, grandi processi alle vecchie cosche degli anni '60. Terranova, giudice istruttore a Palermo fin dal '58, aveva potuto assistere dal suo osservatorio privilegiato, alle guerre senza quartiere che segnarono l'assalto alla città, all'insegna della speculazione edilizia e dell'accaparramento delle aree. Dalle sue mani erano passati i dossier più scottanti: quello sulla mafia della borgata di Tommaso Natale o contro la terribile famiglia Rimi di Alcamo, quello sui fratelli La Barbera — personaggi di spicco del sacco urbanistico di Palermo — o sull'uccisione, in ospedale, dell'albergatore Candido Ciuni per mano di killer travestiti da medici. Ed era stato il primo magistrato a mettere finalmente per iscritto, nella sentenza istruttoria per la strage di viale Lazio, che gli amministratori comunali di allora rappresentavano il centro propulsore della nuova mafia.

Aveva subito anche una *débâcle* personale, se così si può dire: quando a Catanzaro erano tornati in libertà quasi tutti gli imputati da lui rinviati a giudizio. Assolti, molti di loro però finirono assassinati subito dopo, a riprova della fondatezza delle sue convinzioni. Ma non è tutto. Il magistrato aveva preso di petto, infischiandosene degli inviti alla prudenza che da più parti gli venivano, l'intera «famiglia» dei corleonesi di Luciano Liggio. Riuscì a portare alla sbarra una sessantina fra gregari e colonnelli e lo stesso Luciano Liggio, che, in secondo grado, subì l'ergastolo. Liggio giurò pubblicamente odio eterno a Terranova. Terranova, nel suo studio al pian terreno del palazzo di giustizia di Palermo, teneva una foto del boss: raccontava come gliel'avessero inviata i colleghi magistrati volendo scherzare su quest'antagonismo insanabile. Di Liggio — questo è certo — il giudice fu implacabile accusatore.

Un passato cristallino, una scelta di campo ribadita negli anni, una conoscenza del fenomeno talmente approfondita da renderlo quasi certamente vincitore nella corsa alla poltrona di capo dell'ufficio istruzione di Palermo. Tornava in Sicilia non solo il Terranova che aveva provocato sudori freddi alla mafia di quegli anni, ma anche l'ex parlamentare che aveva ampliato i suoi orizzonti nella commissione d'inchiesta, e che ora, in una parola, ne sapeva di più. E tornava — ma questo allora potevano saperlo in pochi — proprio in un momento in cui i corleonesi si preparavano ad un gigantesco regolamento di conti con le cosche rivali. Uno come lui, che non era un bigotto del diritto e che aveva affinato anche una visione non solo repressiva del fenomeno, che ostacolo sarebbe stato per la mafia se fosse riuscito ad insediarsi in quell'ufficio delicatissimo nel quale si decidono tempi e orientamenti di inchieste grandi e piccole!

Terranova, che si definiva un ottimista per natura, pur rendendosi conto che il suo rientro a Palermo non sarebbe passato inosservato non nascose i suoi propositi. Spiegò di non aver mai avuto intenzione d'abbandonare definitivamente la toga, «temporaneamente dimessa» durante la parentesi parlamentare, e appena giunto a Palermo, in quel lontano settembre del '79, rilasciò un'intervista ad un giornale locale. Spiegò quanto fosse ingannevole la differenziazione fra mafia vecchia e mafia nuova. Sottolineò l'importanza degli appalti. Osservò che il traffico di droga non era una novità di quegli anni. Intuì che una nuova classe dirigente criminale stava scalzando i clan dei quali lui stesso si era occupato da giovane. Si lamentò dell'omertà come atteggiamento mentale diffuso. E degli scarsi risultati concreti ai quali era pervenuta la commissione parlamentare. Appena tornato era stato nominato presidente di sezione di Corte d'appello, una collocazione che tutti giudicarono di «parcheggio». Terranova aveva infatti presentato domanda, insieme ad una trentina di colleghi, per dirigere l'ufficio istruzione. Già lo chiamavano «signor consigliere», quasi a dare per scontata la sua nomina.

La mafia sapeva che questo giudice non aveva nel suo cassetto carte scottanti su singoli casi ancora aperti. Conosceva bene tutta la differenza che passa tra la figura di un giudice e quella di un poliziotto. Ma nello stesso tempo capiva che Terranova, giudice dalla memoria ormai storica, Terranova per sette anni commissario dell'antimafia, Terranova con orientamenti politici di sinistra era l'ultima persona che avrebbe dovuto sedersi su quella poltrona. Ne tirò le conseguenze, la mattina del 25 settembre 1979. Ancora una volta un agguato sotto casa.

Terranova scese per recarsi in ufficio. Lo aspettava Lenin Mancuso, quel fedelissimo maresciallo di pubblica sicurezza che ormai da vent'anni lo seguiva come un'ombra; si mise alla guida della sua auto, il poliziotto a fianco. Tre killer circondarono l'auto, armati d'una carabina Winchester, d'una calibro 38, d'una 357 magnum. Non ci fu scampo: una trentina di colpi, esplosi a distanza ravvicinatissima. Per il magistrato anche un colpo di grazia al collo, come stabilì l'autopsia. Il maresciallo invece, pur essendo stato centrato da otto proiettili, sopravvisse ancora un paio d'ore.

Sebbene a quell'ora il quartiere, in una zona elegante della città, fosse affollato di gente, sebbene molti testimoni assistettero casualmente all'esecuzione, non fu mai possibile tracciare l'identikit degli assassini che pure agirono a viso scoperto. Inutili le perquisizioni nell'abitazione del magistrato. Fu Giovanna Giaconia Terranova, moglie di Cesare, a guidare gli investigatori fra pile di carpette che contenevano sentenze e dossier. Da quell'archivio non saltò fuori nulla. C'erano solo le tracce documentali della sua lunga carriera di magistrato in trincea.

Toccò al cardinale Salvatore Pappalardo, per la seconda volta in due mesi, pronunciare l'omelia durante i solenni funerali nella cattedrale. «Sappiamo bene» disse il capo della chiesa siciliana «che non sono possibili soluzioni semplicistiche ed immediate. Il male è talmente profondo ed incarnato che le sue velenose radici affondano in un terreno dove si intrecciano da secoli... torbidi interessi, espressioni dell'egoismo e della prepotenza umana, disancorata da ogni visione morale e religiosa della vita.» Ma la mafia, intanto, tornava ad affilare le sue armi.

II

I BEATI PAOLI DEGLI ANNI '80

Pazzi e pentiti

Gli anni belli erano finiti, stava iniziando una guerra di sterminio che avrebbe fatto impallidire il ricordo d'una mafia pacioccona verso lo stato quanto spietata contro i suoi stessi affiliati. Il '79 si chiuse con una secca sconfitta delle istituzioni e non solo in termini numerici. I giudici di Palermo, istruendo il maxi processo a Cosa Nostra, sono tornati a rivisitare quel periodo e sono giunti alla conclusione che molte perdite sarebbero state evitate se solo si fossero prese sul serio le deposizioni rese da due pentiti, quando ancora pentirsi era una preziosa rarità. Stiamo parlando di Beppe Di Cristina, un grande boss, capoelettore democristiano, personaggio di spicco nel gotha dei trafficanti internazionali di stupefacenti; e di Leonardo Vitale, un «soldato» che rimase sempre ai gradini più bassi dell'organizzazione.

Di Cristina venne ucciso nel maggio '78 in una strada di Palermo. Qualche giorno prima aveva spiegato ai carabinieri di Riesi — il suo paese — che dalle mire espansionistiche dei corleonesi di Luciano Liggio sarebbero scaturite soltanto tragedie. Aveva tracciato un dettagliato organigramma di quella terribile «famiglia» rivelando per quegli anni novità sensazionali. Si decise al gran salto dall'olimpo degli uomini d'onore alla terra di nessuno degli «infami» e dei «traditori» quando gli avversari uccisero i suoi due guardaspalle più fidati. Di Cristina diede l'impressione di essere un animale braccato, in preda al terrore. Fu il maggiore dei carabinieri che raccolse la sua testimonianza ad adoperare proprio queste espressioni in un rapporto. Il motivo c'era. Di Cristina, ricevuto il messaggio rappresentato dall'eliminazione dei suoi, aveva sperato di poter utilizzare nella caccia a quei nemici — che ormai erano molto più forti di lui — proprio gli investigatori. Un calcolo errato, ma Di Cristina ebbe poco tempo per rendersene conto. E a rileggerle oggi, le sue dichiarazioni colpiscono ancora per autenticità e lungimiranza.

Tanto per cominciare si disse certo che il giudice Cesare Terranova sarebbe stato assassinato per decisione della cosca di Luciano Liggio. E siccome lo stesso Di Cristina aveva passato i suoi guai giudiziari proprio a causa di quel magistrato «duro e tutto d'un pezzo», i corleonesi speravano che le accuse si sarebbero ritorte contro di lui. A quale logica rispondeva un progetto militare così spregiudicato? Semplice: Liggio era stato duramente criticato dagli esponenti dell'ala «morbida» per aver decretato, solo e contro tutti, la fine del tenente colonnello Giuseppe Russo. La morte del giudice Terranova, secondo analoghe modalità terroristiche, equivaleva ad un minaccioso «comando io». Già nel '75, cioè tre anni prima, Salvatore Riina e Bernardo Provenzano, luogotenenti di Luciano Liggio avevano proposto, durante un summit mafioso, l'eliminazione dell'ufficiale dei carabinieri. Di Cristina, che insieme ad altri «pacifisti» di Cosa Nostra aveva preso parte all'incontro, bocciò quel piano. Sangue e vendette, dunque. Ma parlò a lungo anche di affari il boss di Riesi, ricordando, ad esempio, che una grande azienda agricola nel casertano altro non era che una moderna raffineria d'eroina gestita personalmente da Lucianeddu. Un torrente in piena, quel Di Cristina. I solidi argini della sua omertà venivano spazzati via in un momento, dopo decenni, dal terrore che portava dipinto in volto.

Qual era la potenza militare che giustificava lo strapotere, a quei tempi ancora sotterraneo, dei liggiani? Il capo dei corleonesi disponeva di una squadra di killer tutta sua: quattordici delinquenti sanguinari sparsi nelle più grandi città italiane. Contava su roccaforti di ultras «corleonesi» nei centri nevralgici della Sicilia occidentale. Su una rete di infiltrati potenziali disposti a svolgere il ruolo dei guastatori nelle famiglie del campo avversario. Ma i pezzi migliori della fondazione Liggio si chiamavano Salvatore Riina e Bernardo Provenzano (proprio gli stessi che sarebbero stati disposti a far la festa al tenente colonnello Russo con almeno tre anni di anticipo sul cartellone), soprannominati «le belve» — chissà perché —, autori, disse Di

Cristina, almeno d'una quarantina di delitti. Riina era anche imparentato con Nicola Tripodo, il capo dell'anonima sequestri che operava in Calabria. Anche i primi sequestri di grossi imprenditori, messi a segno in Sicilia in quegli anni, erano frutto della fervida immaginazione dei liggiani che rompevano un atavico principio di Cosa Nostra: non far mai ricorso in Sicilia a questo strumento di ricatto. A quei tempi Liggio era già plurimiliardario e aveva ritagliato una fetta abbondante dalla torta del rapimento di Paul Getty, avvenuto in Calabria, sfruttando il suo legame con Riina, «compare d'anello» del capo dei sequestratori calabresi.

L'incontro fra Di Cristina e i carabinieri si svolse in un casolare abbandonato, nella campagna di suo fratello Antonio, in provincia di Caltanissetta. Il colloquio durò un'ora. Beppe Di Cristina volle parlare a quattr'occhi con il capitano dei carabinieri Pettinato, mentre fuori, in attesa e di guardia, rimasero Antonio e il brigadiere Di Salvo. Prima di congedarsi il pentito che aveva sbagliato secolo volle ancora una volta ribadire la sua estraneità all'uccisione del tenente colonnello Russo: «è stata una gran "cazzata". La sua morte ha gettato fango sull'intera organizzazione. Ho stimato il colonnello Russo per la sua competenza e per la sua abilità, anche se sono stato perseguito con accanimento proprio da lui». E perché non restassero dubbi sul suo stato d'animo, sui possibili contraccolpi che quella deposizione avrebbe determinato, aggiunse: «entro la prossima settimana mi arriverà una macchina blindata, fornitami dagli amici, e che costa una trentina di milioni. Sa, capitano Pettinato, peccati veniali ne ho e qualcuno anche mortale». La mafia non gli perdonò né i primi né i secondi. Appena una settimana dopo diede il benservito a Di Cristina prima ancora che riuscisse ad entrare in possesso dell'auto blindata. In una delle tasche di Di Cristina i poliziotti di Boris Giuliano trovarono un assegno che consentì di ricostruire un ampio spaccato del traffico d'eroina fra la Sicilia e gli Stati Uniti e le scoperte negli aeroporti di Palermo e di New York. I suoi funerali, a Riesi, chiusero un'epoca.

Settemila persone seguirono il feretro, compresi uomini politici, sacerdoti e funzionari pubblici. Gonfaloni e manifesti listati a lutto in un paese totalmente paralizzato dalla morte del suo capomafia. 51 persone vennero rinviate a giudizio per interruzione di servizio pubblico, ma considerare fuori legge un intero paese si rivelò presto un'impresa giudiziaria assai ardua. Durante le sue confessioni il boss non aveva dato i numeri. Certamente aveva adoperato colori molto tenui per dipingere il ritratto dei capi della sua fazione, minimizzandone traffici e atrocità. Aveva colpito esclusivamente in direzione dei suoi nemici corleonesi, ma le sue parole lasciarono il segno. Scrissero i carabinieri: «le notizie fornite dal Di Cristina rivelano una realtà occulta, davvero paradossale. Rivelano che accanto all'autorità dello stato, esiste un potere più incisivo e più efficace, che è quello della mafia. Una mafia che agisce, si muove, che lucra e uccide, e che giudica. E tutto ciò alle spalle dei pubblici poteri».

È un linguaggio moderno, quello adoperato dai carabinieri. Un linguaggio adatto a commentare le riflessioni ad alta voce d'un boss che aveva frequentato le più esclusive stanze dei bottoni e non abituato a rimasticare mezze verità dette da altri. Di Cristina anticipò l'irresistibile ascesa dei corleonesi, così come, ovviamente su ben altro versante, aveva fatto Boris Giuliano. Ma quelli erano tempi grami per chi rompeva dall'interno o violava la legge dell'omertà.

L'altro pentito, che per pentirsi aveva sbagliato secolo si chiamava Leonardo Vitale. Se Di Cristina anticipò gli scenari mafiosi degli anni '80, Vitale, uomo d'onore che folgorato da una crisi mistica bussò alla porta di Dio, raccontò alcune puntate precedenti non meno illuminanti. Indiziato per un sequestro di persona, Vitale si presentò spontaneamente negli uffici della squadra mobile, nel lontano 30 marzo del '73.

Nervoso, pieno di tic, una sigaretta dietro l'altra, Vitale non aveva l'aria dell'uomo d'onore che si limita all'essenziale. Anzi. Iniziò la sua deposizione con frasi che vennero considerate poco più che uno sproloquio. Partì alla lontana, come si dice. Ascoltiamolo: «Io sono stato preso in giro dalla vita, dal male che mi è piovuto addosso fin da bambino. Poi è venuta la mafia con le sue false leggi, con i suoi falsi ideali: combattere i ladri, aiutare i deboli, e, però, uccidere: pazzi! I Beati Paoli, Coriolano della Floresta, la Massoneria, la Giovine Italia, la camorra napoletana e calabrese, Cosa Nostra mi hanno aperto gli occhi su un mondo fatto di delitti... Bisogna esser mafiosi per aver successo, questo mi hanno insegnato e io ho obbedito... La mia colpa è di essere nato, di essere vissuto in una famiglia di tradizioni mafiose e di esser vissuto in una società dove tutti sono mafiosi, e per questo rispettati, mentre quelli che non lo sono vengono disprezzati». E ancora: «il mafioso non ha via di scelta perché mafioso non si nasce ma ci si diventa, glielo fanno diventare».

E lui, Leonardo Vitale, come lo era diventato? A diciassette anni. Gli fu maestro, nell'iniziazione, suo zio, Titta Vitale, rappresentante della famiglia mafiosa della borgata palermitana di Altarello. Un giorno lo zio gli disse: «almeno sei capace di uccidere un cavallo?». Il ragazzino accettò la prova, venne affidato alle cure d'un mafioso, ricevette in prestito un fucile calibro dodici. Ma Leonardo deluse i suoi mentori. Trascorreva interi pomeriggi con il suo bel fucile in mano e guardando pascolare il cavallo. Si sprecavano rimproveri e schiaffoni ad ogni suo rientro a casa a missione incompiuta. Zio Titta non volle rassegnarsi a quel nipote bacchettone e pusillanime. Non ce l'ha fatta con un animale, forse gli sarà più facile toglier di mezzo un uomo, pensò il vecchio Titta. Stavolta andò meglio: dopo tre settimane di appostamenti, Leonardo Vitale si disse pronto per compiere il passo decisivo. Si trattava di assassinare un campiere che aveva acquisito delle gabelle «senza chiedere permesso» al capo mafia di Altarello. Vitale si recò sul luogo dell'agguato, a bordo d'una topolino, vestito da meccanico e in compagnia d'un complice. Ricordò Vitale ai poliziotti che avevano gli occhi sgranati: «avevo aperto la cappotta della topolino, ed ero in posizione di tiro e non appena vidi verso la strada il Mannino [*la vittima designata, N.d.A.*] esplosi due colpi a lupara. Ricordo che il Mannino portava un paniere: cadde al limite del marciapiede. Come premio mio zio Titta mi portò successivamente a caccia di allodole».

Quell'omicidio facilitò l'ingresso del giovane nell'organizzazione. Si tenne un'apposita riunione di mafiosi della zona: «Mi punsero il dito medio con una spina di arancio amaro e bruciarono un'immaginetta sacra facendomi ripetere il *rito sacro dei Beati Paoli*; dopo di che mi baciai sulla bocca (sulle labbra, ma senza lingua), con tutti i presenti ed entrai ufficialmente a far parte della famiglia di Altarello». Da quel giorno Leonardo Vitale tornò ad uccidere, almeno in altre quattro occasioni. Rac-

contò per filo e per segno quei delitti. La «famiglia» di appartenenza lo utilizzò per punire trasgressori o casi di indisciplina
che spesso si verificavano nel rigido sistema del pagamento delle
tangenti, delle guardianie dei terreni o dei cantieri. Vitale fece
di tutto: uccise con la stricnina i cani che stavano a guardia di
un'impresa edile, tagliò i cavi di tante gru, scrisse lettere ricat-
tatorie, fece telefonate anonime di minaccia, incendiò auto e ca-
mion, impose e riscosse bustarelle d'ogni tipo. Ma rimase un
pesce molto piccolo stretto da un branco di squali veri. Lo prova
quest'episodio minore che avrebbe fatto sorridere uomini d'onore di ben altra pasta: «bruciai anche una 500. Era di proprietà
del direttore del cinema Imperia. La incendiammo per fare un
piacere ai nostri amici, che facevano le maschere in quel cinema, e si lamentavano spesso di questo nuovo direttore severo.
Mi prestai volontariamente per dargli una lezione, in cambio
della cortesia che poi mi venne usata di non farmi pagare il biglietto d'ingresso».

Anche Vitale, come poi avrebbe fatto Di Cristina, parlò del
corleonese Salvatore Riina. Di Pippo Calò, il «cassiere» di Cosa Nostra. Anche di «don» Vito Ciancimino, l'ex sindaco di Palermo poi arrestato. Ma solo indirettamente Vitale venne a conoscenza di ciò che accadeva ai piani alti dell'organizzazione.
Ad ogni modo raccontò tutto ciò che sapeva, e si autoaccusò per
i delitti che lui stesso aveva commesso. E fece i nomi dei componenti di decine e decine di «famiglie» mafiose palermitane.
Venne considerato pazzo. Fu rinchiuso nel manicomio criminale di Barcellona Pozzo di Gotto. Dieci anni dopo il pentito
Tommaso Buscetta avrebbe più volte confermato fatti criminali,
responsabilità, circostanze indicate dal nipote di zio Titta. Ma a
quei tempi, nel '73, chi poteva prendere in parola un ex mafioso
che bussava di notte ad una squadra mobile con la stessa ansia
di verità e giustizia con la quale si bussa alla porta di Dio? Si
legge nella sentenza della Corte d'assise che ha concluso il processone a Cosa Nostra: «Non si può nascondere che tutte le persone da lui accusate [*da Leonardo Vitale, N.d.A.*] per le quali fu
iniziata azione penale venivano prosciolte in istruzione o assolte
nei vari gradi del giudizio, mentre egli stesso dichiarato infermo
di mente, era l'unico ad esser condannato per un solo omicidio e
assolto anche in relazione a fatti delittuosi per i quali aveva am-

messo la propria responsabilità. Ciò del resto non poteva non essere un esito scontato, sia per il clima culturale dell'epoca, secondo cui soltanto un pazzo avrebbe potuto violare la ferrea legge dell'omertà, sia perché le dichiarazioni di Vitale da sole e non sorrette da adeguati riscontri, erano da ritenersi insufficienti per delle condanne».

Nessuno insomma si prese cura di andare alla ricerca di prove e riscontri, nessuno si interrogò su quello spaccato che venne sbrigativamente azzerato con una raffica di certificati medici. È vero che per molti delitti dei quali lui stesso si era accusato, Vitale non fu mai condannato. È altrettanto vero che proprio per uno di quegli omicidi finì in carcere mentre gli squali continuarono per anni ad agire indisturbati. Quale fu il tragico epilogo di questa vita maledetta avremo modo di vederlo più avanti, quando si racconterà di anni più recenti.

Di Cristina e Vitale: entrambi gridarono nel deserto. Entrambi erano stati mafiosi e assassini. Entrambi «scoprirono» la legge per un ultimo istinto di autodifesa, sapendo bene che Cosa Nostra non ha mai perdonato nessuno. Ma avevano sbagliato secolo, ecco tutto. Soffermiamoci ancora un momento su questo tandem di incoscienti. Di Cristina aveva compilato un elenco di nemici personali, aveva riferito ai carabinieri ogni dettaglio che potesse essere utile per aggiornare il più possibile le conoscenze polverose sul clan dei corleonesi. A voler essere cavillosi, Di Cristina non si pentì mai di essere uomo di mafia. Non rinnegò la sua appartenenza a Cosa Nostra. Se prese la parola — rompendo la regola numero uno, quella del silenzio — lo fece perché animato prevalentemente dall'impulso di ricorrere al braccio della legge contro un nemico che da solo non riusciva più a fronteggiare.

Autentica invece, definitiva, in qualche modo con ambizioni mistiche ed escatologiche, la ripulsa che provò Leonardo Vitale per quella degradazione umana e culturale che aveva conosciuto sin da ragazzino. E sembra senz'altro da preferire il contributo offerto da Vitale alla giustizia, e non solo per ragioni in qualche modo moralistiche. Il fatto è che lui — pur nel suo piccolo — svelò aspetti (pensiamo alla cerimonia dell'iniziazione) fino a quel momento rigorosamente esoterici, impensabili, dei quali magari si parlava, ma più per metter paura ai bambini siciliani che non per avviare una seria discussione sull'argomento. Eppure era proprio quell'insieme di norme, non scritte ma rigide e spaventevoli, a costituire il cuore d'acciaio di un'organizzazione criminale diversa e particolarissima.

Sangue e onore

Qual è il segreto della invincibilità della mafia? Come si diventa uomini d'onore? E quali sono doveri, regole di vita, atteggiamenti, parentele che possono assicurare la carriera in quest'accolita di delinquenti sanguinari? Come viene gestito il potere? Per raggiungere quali obiettivi? Sulla soglia degli anni '90, con le deposizioni di Buscetta e di tanti altri pentiti, è possibile colmare lacune decisive che negli anni '70-80 dovettero apparire insormontabili agli investigatori. È bene parlarne subito, ed è bene che il lettore tenga presenti questi aspetti, soprattutto quando il racconto sembrerà sfuggirgli, gli apparirà inverosimile, non aderente al vero, inconcepibile alla vigilia del 2000.

Il primo requisito previsto da questo bando di concorso; che si tramanda oralmente da generazioni e che può spalancare la carriera di mafioso, è il coraggio, il valore criminale. Sapere uccidere, se necessario. Non aver paura del sangue, rispettare la vendetta, anche a tempi lunghi, quando magari il poveretto sul quale sta per abbattersi ormai pensa ad altro. Ottime parentele, fedine anagrafiche immacolate, almeno fino alla terza generazione. C'è solo un particolare: bisogna esser mondi da consanguineità con rappresentanti dell'autorità dello stato. In altre parole se siete figli o nipoti di giudici o carabinieri, poliziotti o guardie carcerarie, rinunciate a presentar domanda: non verrebbe presa in considerazione. Respinti anche tutti quei soggetti dalla vita sentimentale travagliata, con eccessi di amanti o fidanzate, con figli illegittimi, o senza fissa dimora. Naturalmente se si è in grado di dimostrare la propria appartenenza ad una famiglia che già fa parte di Cosa Nostra il cammino in una certa misura è spianato. Il candidato che vuol entrare nel giro sarà per un lungo periodo osservato, studiato, valutato in tutte le sue componenti caratteriali. Non se ne accorgerà nemmeno. Tutto avverrà a sua insaputa, fino al giorno fissato per l'iniziazione.

Sarà accompagnato in un'abitazione privata (non esistono né circoli né sedi pubbliche, ovviamente), dove incontrerà almeno altri tre uomini d'onore appartenenti alla famiglia della quale lui è destinato a far parte. Gli ripeteranno la solfa che Cosa Nostra c'è per far del bene ai «deboli» vittime di ingiustizie e «soperchierie», eccetera, secondo un copione apparentemente deamicisiano. Il più anziano dei presenti bucherà il dito d'una mano del candidato e lo costringerà a versare il suo sangue su un'immaginetta sacra. La sceneggiata sta per concludersi: uno dei componenti la commissione d'esame dà fuoco all'effigie sacra e l'aspirante mafioso dovrà tenerla in mano fin quando diventerà cenere. Poi, se non ci avrà ripensato, pronuncerà le fatidiche parole: «le mie carni dovranno bruciare come questa *santina* se non manterrò fede al giuramento». Quindi l'ultimo arrivato sarà presentato al suo capo famiglia. E da quel giorno, per gradi, senza fretta, se necessario, e soprattutto senza esagerare, il capo famiglia metterà il suo nuovo «soldato» a conoscenza dei segreti dei quali lui è depositario.

Avvertenza per gli incostanti: una volta che si entra non si esce più. Si resta «uomini d'onore» fino alla fine dei propri giorni. Uomo d'onore è colui che tace. Che tace con gli estranei ma anche con altri affiliati. Che non si sognerebbe mai di sbandierare ai quattro venti la sua delicatissima condizione. Capace di racchiudere un discorso complicatissimo in un semplice sguardo. Se dovessero insorgere liti o contrasti ha il dovere di dire al suo capo famiglia tutta la verità, senza lasciarsi trasportare dall'ira o dalla voglia di mettere in cattiva luce un altro soldato come lui: si rischia l'espulsione da Cosa Nostra quando si «armano tragedie» ingiustificate che seminano zizzania. In casi particolari è anche prevista la massima pena. Insomma la circolazione delle informazioni deve essere ridotta al minimo ma ad altissima fedeltà. Dimenticarsi di far domande: è molto gradito. Vi chiederete: come fanno due uomini d'onore che non si conoscono a presentarsi fra di loro? Semplice: non possono e non devono farlo. È infatti necessaria la presenza d'una terza persona che, conoscendo la qualifica di entrambi, dice ad uno dei due: «questo è la stessa cosa». Ma se vi dovesse capitare di udire la formula: «questo è un amico», sappiate che non vi stanno presentando un altro uomo d'onore ma, più semplicemente, un simpatizzante, un fiancheggiatore di Cosa Nostra. Se avete un problema con un mafioso di un'altra famiglia rivolgetevi al vostro capo naturale. Sarà compito suo informare il suo parigrado, mettendolo in guardia perché uno dei soldati alle sue dipendenze «sta sbagliando». Concludendo su quest'aspetto: di regola i mafiosi alle prime armi sanno molto sulla propria famiglia ma non sanno granché di quanto accade in casa d'altri.

Altra regola: non ricorrere in nessun caso alla legge dello stato. Eccezione: se vi rubano l'auto sporgete regolare denuncia, evitando così di trovarvi in guai giudiziari che potrebbero coinvolgere la vostra famiglia d'appartenenza. Se finisce in carcere l'uomo d'onore non deve preoccuparsi: Cosa Nostra esiste anche per aver cura dei suoi parenti, per assisterli economicamente, per onorare i suoi debiti con gli avvocati difensori.

Abbiamo visto dell'appartenenza di ciascun affiliato alla «famiglia», una cellula primaria che controlla — millimetro per millimetro — un quartiere, una borgata, un intero paese. L'attività delle famiglie è coordinata dalla «commissione», detta anche «cupola», quell'organismo collegiale del quale fanno parte i «capi mandamento», vale a dire i rappresentanti di tre o più famiglie territorialmente limitrofe. Di solito il capo mandamento è anche il capo di una di queste famiglie, ma a volte le due cariche non coincidono. Le riunioni della commissione o cupola sono presiedute da uno dei capi mandamento. Normalmente all'ordine del giorno ci sono questioni che hanno a che vedere con il rispetto delle regole di Cosa Nostra mentre la pace fra le famiglie — ma durante la guerra di mafia degli anni '80 non fu così — è un valore da salvaguardare a qualsiasi costo.

L'ascesa dei corleonesi invece determinò presto un'ulteriore centralizzazione del potere mafioso. Un disegno egemonico vero e proprio realizzato con il progressivo esautoramento della commissione a vantaggio dell'«interprovinciale» proiettata sulle quattro province della Sicilia occidentale. C'è un particolare indicativo: la famiglia di Corleone non ha mai reso pubblici, agli altri capi famiglia, i nomi dei propri adepti. Nel passato invece — soprattutto all'atto d'una nuova iniziazione — tutti i capi venivano informati per esprimere il loro gradimento ma anche per verificare se ci fossero controindicazioni all'ingresso di tizio o caio. Anche nella mafia, come in tutti gli ambienti di lavoro, ci sono stacanovisti e fannulloni. Ma nella mafia s.p.a. non si drammatizza. Se un uomo d'onore è costretto ad emigrare l'organizzazione lo terrà comunque presente, saprà di poter contare su di lui, e un giorno magari gli chiederà un favore al quale non si può dire di no.

L'omicidio è fra le molteplici attività di Cosa Nostra quella regolata in maniera più scrupolosa. Nessun delitto può essere compiuto all'insaputa del rappresentante della famiglia nel cui territorio ricadrà il delitto stesso. Ci sono delitti di particolare livello, decisi in commissione, ed eseguiti da un commando composto da killer scelti discrezionalmente fra le varie famiglie. Per avere definitivamente le idee chiare su questa lobby criminale bisogna sapere che le decisioni, una volta che sono state prese in commissione, devono essere realizzate «a tutti i costi». Ci sarà modo di tornare sull'argomento quando saranno esaminate le clamorose confessioni di Buscetta e di Contorno.

Si fa presto a dire sequestro

Quanto avrebbe giovato allo stato italiano far tesoro di quei «deliri»! Invece, in quell'autunno del '79, frettolosamente seppelliti Giuliano, Terranova e Mancuso, si continuò a giocar di rimessa, non rendendosi conto che alta mafia, alta massoneria, alta finanza potevano trovare ottime occasioni di intesa catapultando in Sicilia uomini e menti criminali disposti a perseguire disegni destabilizzanti. Associazione a delinquere di dimensioni internazionali: così il giudice Falcone, interessandosi del finto sequestro del bancarottiere Michele Sindona nella sua prima ordinanza su mafia e droga, ha biasimato quella rete inestricabile di complicità che trovava ancora una volta a Palermo il suo bandolo principale. È la storia d'un polpettone melodrammatico. È il racconto di un'armata Brancaleone di finanzieri corrotti e spregiudicati, massoni avidi e servili, e mafiosi — ahimè — ancora una volta sanguinari ed efficienti. È la ricostruzione metà grottesca metà inquietante del tentativo di dar vita in Sicilia ad un anacronistico golpe separatista.

Perno centrale della messinscena è Michele Sindona che già in quel lontano '79 doveva rispondere in diversi tribunali italiani di bancarotta fraudolenta aggravata, concorso in estorsione contro Michele Cuccia e Rodolfo Guzzi, concorso in omicidio per l'uccisione di Giorgio Ambrosoli. E in America, l'avventuriero di Patti, si trovava invece in libertà provvisoria perché coinvolto fino al collo nel fallimento della Franklin Bank. Il 2 agosto 1979, alla vigilia del giudizio, Sindona sparì da New York. Ricomparve il 16 ottobre del '79, con una ferita alla coscia sinistra. Un buco nero di quasi tre mesi. Sotto il finto nome di Joseph Bonamico, con un passaporto che la mafia statunitense gli aveva messo a disposizione parecchi mesi prima, il banchiere pasticcione girò in lungo e largo per il Mediterraneo, ebbe numerosi incontri con personaggi a rischio, soggiornò parecchie settimane in Sicilia dove ebbe colloqui con capi mafia ed esponenti massoni.

Dal giorno della sua scomparsa inviò messaggi ai familiari e ai suoi difensori facendo di tutto per accreditare la tesi di esser stato rapito da un fantomatico «gruppo eversivo per una giustizia migliore». In realtà rientrava in Europa per tornare in possesso di documenti che avrebbero dovuto provare i suoi strettissimi legami con quegli ambienti politici e imprenditoriali italiani che ormai avevano intenzione di mollarlo. Cercava il cosiddetto «tabulato dei cinquecento», l'elenco di altrettanti nominativi di personaggi in vista che — a suo dire — lo avevano sapientemente strumentalizzato per esportare all'estero in maniera illecita ingenti capitali. E mentre aveva già raggiunto l'Europa, una lettera veniva spedita agli investigatori americani: c'era una foto di Sindona con appeso al collo un cartello con su scritto: «Il giusto processo lo faremo noi». Sindona intanto è a Vienna. Ricompare ad Atene. Lascia la Grecia per la Sicilia, dove otterrà ospitalità prima a Caltanissetta e poi a Palermo, in casa dei costruttori Spatola. Per aiutarlo, proteggerlo, assecondarlo anche nei suoi deliri ricattatori operò in pianta stabile uno staff con suoi uomini in America e in Sicilia. Perché questo sodalizio?

È stato accertato che il finto sequestro venne gestito dalla mafia siculo-americana dall'inizio alla fine. È ormai risaputo che durante la sua permanenza negli States, Sindona frequentava abitualmente i Gambino rappresentanti d'una delle cinque famiglie più potenti di Cosa Nostra. Infine durante il processo che si celebrò a Palermo si apprese che la mafia lo aiutò molto nella ricerca di quei documenti. Lo scenario delle complicità non era né casuale né gratuito: il crac della Franklin Bank aveva notevolmente penalizzato le cosche di Brooklyn e di Long Island che in quell'istituto avevano depositato — fra gli anni '60 e '70 — milioni e milioni di dollari di dubbia provenienza. L'esito dunque di quel processo stava molto a cuore ai mafiosi americani disposti così ad appoggiare ogni tentativo di Sindona di arrampicarsi sugli specchi. Ma il copione non funzionò secondo programma. Eppure il protagonista principale di questo polpettone fin quando poté giocò al rialzo.

Pretese da Miceli Crimi, capo massone della P.2 siciliana e suo medico personale, una strana prestazione. Dopo essersi sottoposto all'anestesia locale alla gamba sinistra si fece sparare a bruciapelo per rendere ancora più veritiera la tesi del suo sequestro. C'era la componente ricattatoria fra le molle che spingevano Sindona al travestimento e al suo viaggio in Europa, e in particolare al suo soggiorno in Sicilia. Ma Sindona coltivava anche un progetto politico destabilizzante, inseguiva un miraggio golpista, aspirava a diventare l'uomo della saldatura d'un fronte reazionario, piduista, mafioso capace di sbarrare il cammino alle forze del rinnovamento. Il 1978 era stato l'anno della svolta autonomistica, del primo governo siciliano a partecipazione democristiana e comunista. La stagione politica delle grandi intese stava dando frutti nuovi alla regione dove un democristiano di scuola morotea, che si chiamava Piersanti Mattarella, veniva rapidamente alla ribalta. Era stato lui a presiedere quel governo che non poche resistenze aveva incontrato all'interno della stessa Dc ancora saldamente guidata da un gruppo dirigente centrista.

Un moroteo a Palazzo d'Orléans

Espressione della migliore tradizione del cattolicesimo democratico, quella dei Dossetti e dei La Pira alla quale aveva attinto lo stesso Aldo Moro, Piersanti Mattarella si era liberato presto dal fardello di un'eredità difficile. Nato a Castellammare del Golfo, il 24 maggio del '35, venne considerato all'inizio della sua giovane carriera politica il rampollo che avrebbe preso il posto di suo padre Bernardo, il potente dc — deceduto nel '71 — che per una ventina d'anni era stato ministro di tutti i governi della repubblica. Ma fin dagli esordi Piersanti preferì frequentare la Biblioteca comunale e i circoli dell'associazione cattolica piuttosto che i comitati elettorali dove non era difficile imbattersi nei capi mafia della provincia trapanese. A suo padre, che lo scrittore siciliano Danilo Dolci aveva indicato nel '65 alla commissione antimafia come politico legato ai boss fin dal dopoguerra, Piersanti era legato esclusivamente da affetto filiale. Certo lo urtavano frasi del tipo: «quel cognome non gli porterà alcun vantaggio», oppure sentirsi definire, quasi che lui ne fosse in qualche modo colpevole, «il figlio di Bernardo».

Dovette fare i conti con questo scomodo retaggio già nel '61, quando diventò per la prima volta consigliere comunale a Palermo nel vivo di durissime polemiche. Ottima preparazione giuridica, esperto in diritto civile, una materia che insegnò per un lungo periodo all'università, Piersanti Mattarella dimostrò in fretta la sua natura di cavallo di razza. Nel '67 deputato regionale. Nel '71, ancora una volta eletto deputato, fu nominato assessore al bilancio. Anni che videro la regione siciliana travolta da una catena di scandali mentre risaltavano sempre di più, anche per esplicito riconoscimento dei partiti d'opposizione, le doti di quest'amministratore giovane e serio pervaso dalla volontà di svecchiare le strutture più compromesse del suo partito. Piersanti Mattarella non volle mai mettersi in lista nel collegio elettorale di Castellammare, sebbene avrebbe potuto contare su un'elezione automatica e plebiscitaria. Il comizio di chiusura: ecco l'unica concessione che era disposto a fare ai democristiani castellammaresi.

Scrisse su «L'Ora» (il 9 gennaio dell'80) il giornalista Marcello Cimino: «Era per lui come un debito che voleva pagare ad una tradizione dalla quale poi non traeva alcun vantaggio diretto. Anzi. Dalla tradizione clientelare, paternalistica e ministeriale del partito democristiano, quale andò crescendo in Sicilia dopo il 1948 sempre più abbarbicato al potere, Pier Santi Mattarella si tenne sempre discosto...». È un ritratto esatto. Rigoroso ma di ampie vedute Mattarella — diventato presidente della regione siciliana nel '78 — si distinse immediatamente nello sforzo di moralizzazione. Decise — accogliendo la denuncia dell'opposizione comunista — di andare a spulciare nelle mille pratiche per concessione di finanziamenti dell'assessore ai lavori pubblici Rosario Cardillo. Cardillo, a conclusione di quell'inchiesta si dimise: si accertò infatti che sborsava miliardi sempre alle stesse imprese, agli stessi personaggi, qualche volta anche in odor di mafia.

Il giorno dell'epifania dell'80, Piersanti Mattarella venne assassinato. Stava uscendo da casa per andare a messa. Era con moglie e figli. Niente scorta, che sistematicamente rifiutava nei giorni festivi. Un killer li seguì con calma. Appena il presidente della regione si mise alla guida della sua 132, il killer si avvicinò al finestrino e iniziò a far fuoco. Irma Chiazzese, la moglie di Piersanti, lo vide e lo supplicò di non sparare. Parole inutili. L'esponente dc venne trasportato in ospedale ancora vivo. Morì mezz'ora dopo sotto lo sguardo sgomento di Sergio, il fratello che era accorso subito avendo udito le prime detonazioni. Identikit e supposizioni. Polemiche per la mancata vigilanza sotto l'abitazione del capo di governo. Profonda costernazione popolare. È morto come Aldo Moro, dicevano tutti.

Si raccontò in quei giorni che Mattarella aveva ricevuto minacce di morte solo in due occasioni: proprio all'indomani dell'uccisione di Moro, e poche ore dopo l'uccisione del segretario della Dc palermitana Michele Reina. Funerali di stato e l'omelia di Pappalardo. Si farneticò a lungo anche su un probabile movente terroristico. Vennero messi sotto torchio gli ambienti di estrema destra ed estrema sinistra. Sfilarono di fronte al magistrato assessori e funzionari regionali, amici di partito, collaboratori. Cento chili di documenti vennero esaminati nella speranza di trovare uno spiraglio. Nulla. Dieci anni dopo il processo per quel delitto non è stato ancora celebrato.

Nell'estate '89, il ruolo operativo della mafia è scivolato in secondo piano ed è emersa invece — con molta evidenza — la matrice nera dell'agguato. Falcone ha emesso mandati di cattura per omicidio e favoreggiamento contro Valerio «Giusva» Fioravanti, e un gruppetto di terroristi dell'estrema destra. Sarebbero stati loro — su espressa richiesta del boss mafioso, Pippo Calò — a partecipare a vario titolo alla uccisione del presidente Mattarella. Ma chi furono i mandanti veri di quell'Epifania di sangue?

III

UN GIUDICE ROSSO CHE DOVEVA MORIRE

Gli ascensori non hanno orecchi

Si incrociarono sguardi d'intesa fra alcuni magistrati, quella mattina del 10 luglio del '78, durante la cerimonia di insediamento del nuovo procuratore capo di Palermo. E chi era questo Gaetano Costa catapultato a dirigere una delle postazioni chiave degli uffici giudiziari siciliani? Come gli saltava in mente di pronunciare, a conclusione del passaggio delle consegne con il suo predecessore, una frase che suonava pressappoco così: «non accetterò spinte o pressioni, agirò con spirito d'indipendenza. Cercherò di non farmi condizionare da simpatie o risentimenti»? Non aveva capito nulla. Non gli avevano detto che tanti procuratori generali, molti anni prima di lui, inaugurando gli anni giudiziari, si erano nascosti dietro l'angolo, teorizzando che la mafia non era mai esistita? Che si accettavano spinte e pressioni? Che l'indipendenza veniva criticata come una nota stonata, e si preferiva il magistrato ossequioso, piegato in quattro di fronte agli avvocati, disposto ad abbassare gli occhi di fronte agli imputati? Forse Costa veniva da Caltanissetta e non poteva sapere come andavano le cose del mondo. Ma non gli aveva insegnato nulla la tragica fine di Cesare Terranova, magistrato a riposo, ex commissario antimafia, parlamentare che aveva deciso di tornare in trincea? Gli esempi non erano mancati. I morti nemmeno. Giuliano e Terranova, erano caduti sotto il piombo dei killer. Ma non erano caduti senza un perché. Ora arrivava il giudice da Caltanissetta e si vantava della sua indipendenza e della sua autonomia. Ma a Caltanissetta sapevano cos'è l'eroina?

Piccoletto, sempre con giacca e gilè, Costa aveva l'aria del signore siciliano d'altri tempi, con ottime letture alle spalle, di pochissime parole, e salde convinzioni sul fenomeno mafioso. Era nato a Caltanissetta sessantadue anni prima. Aveva aderito alle cellule del partito comunista clandestino, e preso parte alla Resistenza. Era entrato in magistratura a Roma, all'inizio degli anni '40, iniziando la sua carriera di sostituto procuratore che poi avrebbe proseguito a Caltanissetta dal '44 al '65. In quella città divenne procuratore capo, dopo aver indagato a lungo sulla mafia agraria che in quegli anni stava mutando pelle scoprendo nuove forme di accumulazione illecita. La Banca rurale di Mussomeli, la Banca artigiana di San Cataldo, la filiale del Banco di Sicilia di Campofranco, ricordano ancora le unghiate di quell'implacabile giudice che andò a scartabellare senza pietà nei conti di tanti imprenditori sospetti, riuscendo spesso a spedire in galera clienti, banchieri e funzionari.

Studioso attento dell'intreccio che si venne a determinare all'inizio degli anni '60 in Sicilia fra la mafia e i pubblici poteri, Costa aveva reso una lucida testimonianza ai commissari dell'antimafia giunti a Caltanissetta nel '69. Durante la sua audizione Costa fu netto e molto esplicito per quei tempi. «Ormai» osservò con una leggera punta di preoccupazione «non esiste più un certo tipo di attività mafiosa, quella tradizionale, quella che si concretizzava nei sequestri, nei danneggiamenti, negli incendi, nell'omicidio... Ora, quando dopo la riforma agraria è venuto meno il latifondo, c'è stata la suddivisione dei feudi, la campagna si è impoverita e non rende più; in queste condizioni è evidente che non c'è convenienza, non è più un affare andare a controllare una campagna per stabilire che un determinato ladruncolo si orienti verso un pascolo piuttosto che un altro. La mafia, quindi, ha abbandonato virtualmente la campagna, date queste mutate condizioni.» Volle essere ancora più preciso: «penso che il più complesso dei problemi» proseguì il procuratore di Caltanissetta «sia rappresentato dall'amministrazione, e che esso vada esaminato più a fondo». Si soffermò a lungo, quella mattina del 28 marzo di vent'anni fa, anche sull'argomento degli appalti e di certe gare «solo apparentemente regolari». E sul tema dei concorsi: «il concorso viene bandito nelle forme regolari» spiegava il magistrato ai commissari che lo ascoltavano stupiti «ci sono parecchi concorrenti; però, se ne po-

37

ne uno in condizioni di prevalenza rispetto agli altri, rilasciandogli attestazioni false, certificazioni di servizi resi in altri enti, che in effetti non ha svolto, lo si mette così in condizione di vincere il concorso in perfetta legalità; ma sulla base di certificazioni e attestazioni false».

Costa si era fattò le ossa in una città circondata dalle miniere di zolfo, in una delle province più povere e isolate della Sicilia, eppure aveva già fatto in tempo a capire che anche lì stava facendo la sua prima apparizione la mafia s.p.a. dei «colletti bianchi». Balle. Era un comunista. Peggio: un comunista giudice e perfino giudice antimafia. Peggio di peggio: era un magistrato intelligente e che sapeva il fatto suo. Una dimostrazione del suo stile di lavoro? Disse subito ai suoi collaboratori: «preferisco un minor numero di inchieste, ma una maggiore dedizione per quelle che hanno un fondamento e promettono risultati soddisfacenti». Non gli piacevano le scrivanie zeppe di fascicoli polverosi mai depositati, mai restituiti all'ufficio istruzione, eternamente appesi ad un accertamento di là da venire.

Ancora una volta Gaetano Costa appariva disarmato nella città dei leoni. Qualcuno tentò di spiegargli come stavano le cose. Gli dissero: il garantismo è nato a Palermo. Lui stentava a capire. Adoperarono una metafora: è più facile che un cammello passi per la cruna d'un ago che un mafioso finisca nel carcere dell'Ucciardone. Ad onor del vero non furono così brutali. Gli spiegarono infatti, più semplicemente, che dire mafia significa trovare le prove, che se non si trovano le prove non si troverà mai la mafia, e siccome la mafia — ma questo era sottinteso — è nata proprio per non lasciare le prove, ergo la mafia non esiste. Più chiaro di così... Costa annuiva, prendeva tempo, avvertiva di esser finito in un universo ostile, ma non intendeva rassegnarsi all'idea che la mafia fosse riuscita a trovare tanti sponsor in un palazzo di giustizia dall'aria apparentemente austera e carica di tradizioni. Forse ebbe un ripensamento. Si chiese se avesse fatto bene a pronunciare quel discorso in occasione della sua nomina.

Quanto al contenuto delle sue «dichiarazioni programmatiche» c'era poco da fare: il suo punto di vista era quello, e difficilmente l'avrebbe cambiato. Costa così ebbe modo di incontrare Piersanti Mattarella, di ascoltare le sue lagnanze per quelle solite ditte che facevano man bassa di appalti pubblici, e avviò una sua inchiesta in qualche modo parallela a quella — amministrativa — promossa dall'uomo politico. Sollecitò accertamenti sulle cosche agrigentine che si stavano dedicando finalmente al traffico di droga. Non sottovalutò il ruolo di Francesco Lo Coco, impiegato in un noto istituto di credito di Palermo che fra una distinta di versamento e un'altra trovava il tempo per riciclare milioni di dollari spediti dall'America. Costa stava imparando molto in fretta. Ogni tanto, fra una pausa e l'altra del suo lavoro investigativo, gli capitava di dare un'occhiata a quella relazione letta dieci anni prima ai commissari dell'antimafia. Vedeva tutti i limiti di un'esercitazione teorica, adesso che era alle prese con morti ammazzati, fiumi di miliardi dalla provenienza sospetta, chili e chili d'eroina raffinata che lasciavano la Sicilia per gli Stati Uniti. Ma le sue convinzioni piuttosto che indebolirsi si fortificavano. A maggior ragione bisognava dimostrarsi autonomi e non disponibili alle pressioni ora che la mafia lanciava i suoi poderosi siluri contro le istituzioni e i rappresentanti della magistratura. Su un punto però questo magistrato tenace non si faceva illusioni: solo era e solo sarebbe rimasto. Solo come quel giorno della sua nomina, quando altri giudici, ascoltando le sue parole, si erano scambiati sguardi che valevano cento discorsi.

Ma c'era anche qualche magistrato che non considerava Costa alla stregua di un animale strano. Uno di questi era Rocco Chinnici, capo dell'ufficio istruzione che in quel palazzo di giustizia aveva anche lui i suoi guai. Costa e Chinnici si incontravano spesso in un ascensore di servizio, per non dare nell'occhio, per non far capire ai colleghi che facevano il punto sulle principali inchieste antimafia aperte in quel momento. Andavano su e giù in ascensore trovando così finalmente un attimo di vera privacy. Tantissimi gli argomenti di conversazione.

Si indagava sul filone della mafia siculo-americana, e sulle famiglie degli Spatola, dei Gambino e degli Inzerillo. Si erano già verificati — come si ricorderà — i clamorosi ritrovamenti di droga e dollari messi a segno da Giuliano e dalla DEA. E nel marzo del 1980, a Milano, erano stati scoperti quaranta chili di purissima eroina nascosti nei contenitori dei dischi di Esmeralda Ferrara, una cantante pop di Bagheria (Palermo) che andava avanti e indietro dall'America proprio per conto della famiglia dei Gambino. Era a quell'epoca ancora all'inizio la pista dei corleonesi alla quale si stava dedicando con tenacia Emanuele Basile, il capitano dei carabinieri della compagnia di Monreale che già da tempo — pur prendendo le mosse da altri spunti d'indagine — era giunto a chiudere il cerchio attorno agli stessi clan palermitani che erano finiti nel mirino di Giuliano.

Mafia? E chi l'ha detto?

La mafia, che a Palermo non ha mai dimostrato eccessiva fantasia, la sera del 4 maggio dell'80, riservò all'intelligente capo dei carabinieri, l'identico trattamento destinato qualche mese prima al vicequestore Giuliano. A Monreale, durante la festa del Crocefisso, Emanuele Basile in alta uniforme ha appena lasciato il Comune dove si è svolto un ricevimento. È in compagnia della moglie, tiene in braccio la sua bambina di cinque anni. I killer sbucano all'improvviso dalla folla che ha preso parte ai festeggiamenti. Basile cade colpito a morte. Restano miracolosamente illese la mamma e la bambina. Lo choc questa volta è enorme. C'è un nemico dello stato — scrivono i giornali — che non ha più paura di nulla. Che ha alzato il tiro contro i rappresentanti delle istituzioni, siano essi poliziotti, carabinieri, uomini politici. Si sollecitano provvedimenti. Ma quali? Da dove cominciare? E poi le prove dove sono? E chi l'ha detto, e dov'è scritto, che questa catena di delitti sia sempre il risultato della stessa mano? Inutile obbiettare che Giuliano e Basile lavoravano in comune, sulle stesse persone, sugli stessi affari, che avevano raccolto prove fotografiche e telefoniche che finivano col coincidere in un unico puzzle. Così nessuno degli addetti ai lavori si preoccupò più di tanto quando i carabinieri — poche ore dopo l'uccisione del loro ufficiale — arrestarono una trentina di persone e presentarono in procura il rapporto di denuncia. Ma era ovvio... i carabinieri dovevano guadagnarsi lo stipendio anche loro. Così qualche giorno dopo gli avvocati palermitani davano già per scontato che si stava assistendo all'ennesima tempesta in un bicchier d'acqua. Costa lesse e rilesse quel rapporto. C'erano i nomi più significativi della mafia siculo americana. C'era un fitto intreccio di parentele e di rapporti societari che promettevano nuovi e più significativi sviluppi.

Il 9 maggio, di mattina, Costa convocò nel suo ufficio tutti i suoi sostituti. Espose il problema. Illustrò i pro e i contro di quel rapporto. Ne indicò lacune e pregi. Richiamò l'attenzione sul fatto che quella lunga catena di sangue non poteva essere ignorata da operatori della giustizia che si occupavano di inchieste antimafia. Parlava e avvertiva tutta la sua solitudine. Leggeva sui volti dei colleghi perplessità teoriche, ma su quei volti scrutava anche uno stato d'animo che con l'interpretazione della dottrina aveva poco a che vedere. Si rendeva conto che se era sempre stato complicato a Palermo, nei decenni precedenti, mettere dentro un mafioso, a maggior ragione, quella mattina, discutere d'una cinquantina di ordini di cattura era un'impresa titanica.

E così fu. Uno per uno presero la parola tutti i sostituti procuratori per avanzare dubbi, proporre mediazioni, riduzioni, ripensamenti. Ogni nome inserito in quel rapporto si tirava dietro discussioni interminabili. A quel punto Costa decise, rompendo la prassi consolidata dell'unanimità, di assumersi tutte le responsabilità. Firmò da solo gli ordini di cattura. Ringraziò tutti e rimase ancora un po' nel suo studio, consapevole, ancora una volta, d'avere imboccato una strada senza ritorno. Restarono di sasso gli avvocati, quella mattina, alla notizia che i loro assistiti sarebbero rimasti dentro. E un paio di sostituti, che ancora oggi sono al loro posto al palazzo di giustizia di Palermo, non perdettero l'occasione per scaricare tutte le responsabilità su Costa, finendo con l'additarlo come grande inquisitore.

Ti scorto domani, oggi no

Gaetano Costa morì dissanguato alle 19 e 30 del 6 agosto dell'80, su un marciapiede della centralissima via Cavour, sfigurato dai proiettili d'un killer solitario che lo aveva seguito da casa fin davanti ad un'edicola libreria. L'indomani il magistrato sarebbe partito con tutta la famiglia per le isole Eolie. L'indomani avrebbe avuto una scorta. Per l'indomani polizia e carabinieri avrebbero garantito un rigido sistema di vigilanza che avrebbe funzionato anche a tutela dei familiari. Tutto insomma era previsto, ma, appunto, per l'indomani. Quel giorno invece faceva molto caldo, la città era deserta, non s'incontrava una divisa, mentre per le strade del centro qualche drappello di turisti rappresentava un boccone facilissimo per i ragazzini del centro storico in cerca di borse e portafogli.

Costa era irriconoscibile. Il volto sfigurato, la camicia zuppa di sangue, gli occhiali andati in frantumi. Il magistrato venne inquadrato dai primi fotografi più per scrupolo professionale che per altro. Non si sapeva chi fosse. L'ambulanza giunse sul posto con spaventoso ritardo. Trascorse ancora un'ora prima che le autorità di polizia, questore in testa, capissero quanto era successo. Sì, ma allora è Costa, conclude finalmente qualcuno. Già, e il giudice rosso, intanto, moriva in ospedale. Ma qual era la differenza fra l'uccisione del giudice Terranova e quella di Costa? Certo, in entrambi i casi, fu la mafia a decidere di sbarazzarsi d'un investigatore scomodo. Ma mentre Terranova pagò con il prezzo della vita la sua decisione di tornare in magistratura forte d'un bagaglio parlamentare, Costa fu assassinato — su questo oggi non ci sono più dubbi — per aver preso la decisione di convalidare quegli ordini di cattura. Una morte, la sua, tutta interna a quel palazzo di giustizia che non a caso si è meritato la definizione di palazzo dei veleni.

Leonardo Sciascia, in quegli anni deputato eletto nelle file del partito radicale, presentò un'interpellanza avanzando il sospetto che l'atteggiamento dei colleghi avesse contribuito non poco all'isolamento di Costa. Tre anni dopo, Rita Bartoli, moglie del procuratore disse al giornalista Massimo Nava del «Corriere della Sera» (14 settembre '83): «Mio marito fu lasciato solo a firmare i mandati di cattura contro la cosca Spatola-Inzerillo. Qualcuno lo additò addirittura come unico responsabile di quei mandati. Lo andarono a raccontare in giro agli avvocati dei mafiosi, ai giornalisti». E aggiunse: «il palazzo di giustizia di Palermo si può dividere in tre parti. Il gruppetto dei magistrati impegnati contro la mafia, il gruppetto dei "chiacchierati" e la grande palude, paralizzata dalla cultura della paura, e che fa la routine. Ma la lotta alla mafia deve essere fatta muro contro muro. Invece avviene che coloro che non sono omogenei all'ambiente vengono decapitati. Non c'è un ordine preciso della mafia, ma si crea un clima, una situazione, appena qualcuno prende iniziative che disturbano e toccano davvero il Sistema». Parole esagerate? La signora Costa aveva i suoi buoni motivi se si pensa al fatto che due giorni prima dell'agguato i poliziotti avevano fermato sotto l'abitazione di Costa Totuccio Inzerillo, un giovane di trentadue anni, appartenente ad una di quelle famiglie colpite dagli ordini di cattura. Il giovane, che pure aveva insospettito gli agenti, venne subito rilasciato, ma dopo il 6 agosto scomparve nel nulla. I giornali scrissero il suo nome, riferirono l'episodio, chiedendosi come mai Totuccio Inzerillo se la fosse cavata così facilmente quel giorno in questura. Quasi una settimana dopo, accompagnato da un legale, si presentò spontaneamente in procura. Questa volta fu sottoposto al guanto di paraffina. Una stranezza dietro l'altra: lo rilasciarono senza attendere l'esito dell'esame. E Inzerillo scomparve un'altra volta. Tre anni dopo, la magistratura catanese (competente per l'inchiesta Costa) spiccò contro Totuccio Inzerillo un mandato di cattura per omicidio che però non poté essere eseguito.

Poca gente partecipò alle esequie funebri di Costa e pochi soprattutto i magistrati, quei pochi che non provarono imbarazzo a dare l'estremo saluto ad un «giudice rosso». Fra il '79 e l'80 a Palermo le istituzioni vennero decapitate. La città assorbiva i colpi in fretta, ma tutti ormai avvertivano con chiarezza che qualcosa si era definitivamente inceppato nel delicatissimo sistema delle alleanze fra le famiglie di mafia. Una furia omicida come quella non si era mai vista. Andavano in frantumi secoli di luoghi comuni sull'Onorata Società che non si permetteva di alzare il suo tremendo sguardo verso i rappresentanti dello stato. Solo uno sciocco non si sarebbe reso conto che un simile scenario di morte evocava quasi automaticamente affari per centinaia di miliardi. È impressionante sfogliare le collezioni dei giornali dell'epoca. All'indomani d'un nuovo grande delitto alcuni titoli erano diventati quasi di rigore «L'hanno ammazzato perché stava raggiungendo livelli molto alti». «Perché stava violando certi santuari.» «Stava colpendo in alto.» Non erano titoli ad effetto, anche perché si potrebbe obbiettare, con una punta di cinismo, che la città mattatoio non aveva bisogno di iniezioni supplementari di scandalismo per interessarsi a quelle morti.

Quei titoli in realtà rispecchiavano la convinzione della gente comune e davano bene il senso del perché a Palermo fosse stata ripristinata la pena di morte. E solo gli sciocchi, o anche i collusi, potevano ritenere elemento secondario a spiegazione di tante esecuzioni il fatto che tutte quelle vittime avessero lavorato, per un verso o per l'altro, alle stesse inchieste: Giuliano e Basile, Costa e Mattarella, Costa, Basile e Giuliano. Tutte grandi personalità accomunate dalla decisione di fare fino in fondo il loro dovere che ad un tratto erano andate a cozzare contro gli stessi nodi irrisolti, gli stessi grumi di complicità. Già, ma ci volevano le prove.

Il corso pilota di chimica

Sembravano davvero lontani gli anni delle indagini della squadra narcotici di Marsiglia che si erano concluse — l'8 ottobre del '64 — nella campagna di Aubagne, con la cattura del «dottor» Joseph Cesari, «Jo» per gli intimi, a quei tempi forse l'unico trafficante francese capace di raffinare eroina pura al 98 per cento. È una storia che è in qualche modo l'antefatto di ciò che stava accadendo a Palermo e merita di essere raccontata proprio perché ebbe il suo epilogo, sedici anni dopo, in Sicilia. Due scenari, solo apparentemente distanti fra loro, che finirono con l'incrociarsi in maniera tutt'altro che casuale. Vediamo. Cesari fu arrestato in una villa hollywoodiana di sua proprietà. Uno specialista, tenuto in palma di mano dai malviventi marsigliesi, aristocratico e solitario, sospettosissimo tanto da far perdere le sue tracce con una tecnica di guida tutta sua. Alla vista degli agenti spense i fornelli, si sfilò i guanti, si tolse il camice immacolato e disse loro: «benvenuti ragazzi, diventerete famosi. Avete davvero fatto un bel colpo».

Autodidatta, eppure chimico d'eccezione. Non lavorava mai più di quindici ore al mese, temendo di intossicarsi. Collezionava libri rari, in edizioni numerate. Sei domestici, una decina di fuoriserie, tavolo prenotato nei locali più esclusivi di Marsiglia. Fu condannato a sette anni, e se li fece tutti. Tornato in libertà fu nuovamente pizzicato: era il marzo del '72. «Jo» non resse all'umiliazione e si impiccò. In gioventù, durante la guerra, aveva fatto di tutto: dal marinaio al barman, dall'allibratore all'allevatore di maiali. L'attenta lettura dei contatori di luce elettrica, un eccessivo consumo d'acqua, l'odore acre tipico dell'anidride acetica, pedinamenti e soffiate erano stati gli ingredienti dell'operazione poliziesca che aveva portato alla scoperta della villa di Aubagne. La scomparsa di Cesari, anno più anno meno, coincise con l'avvento del clan dei siciliani: negli anni '70, infatti, Marsiglia cessò di essere la piattaforma principale per la produzione dell'eroina.

Ha scritto Pino Arlacchi: «il cosiddetto clan dei marsigliesi era costituito dai membri di quattro famiglie corse, i fratelli Venturi, Marcel Francisci, Joseph Orsini e i fratelli Guerini. I marsigliesi sono stati poi sostituiti nel controllo della via dell'eroina fra l'Oriente e gli Usa dalle famiglie siciliane degli Spatola, dei Gambino, dei Bontade e dei Badalamenti». Ma i «nipotini» del dottor «Jo» dov'erano finiti? Possibile che la sua scuola non avesse lasciato eredi? Boris Giuliano, come abbiamo visto, ma anche il capitano dei carabinieri Basile, fino al loro ultimo giorno di vita giurarono sull'esistenza delle raffinerie in Sicilia. Tre allievi del dottor «Jo», ai primi d'agosto dell'80, pranzavano ad aragoste e champagne nell'hotel Riva Smeralda di Carini, un paesino ad appena venti chilometri da Palermo. All'apparenza uomini d'affari, trascorrevano la giornata fra la piscina e la scogliera, poco inclini ad attaccar bottone con gli estranei. La sera sparivano per «importanti riunioni di lavoro». Si chiamavano André Bousquet, Daniel Bozzi, Jean-Claude Rannem, tutti poco più che trentenni. Il terzetto era giunto in Sicilia da un mese, e fin dal momento dell'imbarco a Fiumicino la criminalpol italiana — su suggerimento della polizia francese — aveva predisposto un cordone di angeli custodi, invisibili e discreti. Il motivo c'era: André Bousquet non era un «turista» qualsiasi: era un chimico di fama internazionale, considerato un'autorità in materia di raffinazione, soprannominato — così come Cesari — «le docteur», con il nome d'arte di «Michele il marsigliese». Era riuscito spesso a beffare le polizie di mezzo mondo ricorrendo a travestimenti e plastiche facciali, ma soprattutto per la sua rapidità di intervento professionale. Eternamente incensurato. Battitore libero con provette e alambicchi, non legato a nessun clan mafioso in particolare, ma sempre disposto ad offrire consulenze dietro congrua ricompensa: «le docteur» degli anni '80 era infatti diventato proverbiale nel giro mondiale dei trafficanti per aver inventato un «suo» sistema che consentiva di cavar fuori eroina purissima da quantitativi assai modesti di morfina base. Insomma Bousquet arrivava, raffinava e se ne andava. Daniel Bozzi e Jean-Claude Rannem erano invece i maghi capaci di imbottire un'auto di polvere bianca senza che i cani poliziotto reagissero con un solo sternuto.

I tre trascorrevano piacevoli vacanze al Riva Smeralda, favorevolmente impressionati dalla bontà del servizio, del tutto ignari che quei camerieri tanto a modo fossero in realtà altrettanti agenti della polizia di stato. Per giorni e giorni i poliziotti, travestiti da addetti alle pulizie, da barman o portabagagli, spiarono le mosse del clan marsigliese in trasferta, fin quando, il 25 agosto dell'80, decisero il pedinamento per scoprire quali fossero queste «importanti riunioni di lavoro». Seguire il chimico e i suoi assistenti fu un gioco da ragazzi: l'auto sulla quale viaggiavano era stata infatti appesantita con qualche minuscola microspia che consentì alle auto civetta della polizia di non perderli mai di vista. Qualche chilometro fra stradine di campagna, passando al centro di profumatissimi limoneti, mentre si perdevano in lontananza gli echi delle discoteche aperte solo d'estate, e un piccolo esercito di poliziotti teso verso un obiettivo a lungo perseguito.

Quella notte trenta chilometri di giardini furono chiusi in un'unica morsa mentre il pannello toponomastico della questura di Palermo sembrava un albero di Natale stracolmo di luci rosse che segnalavano la posizione di decine e decine di volanti. Un caseggiato ancora in costruzione, a Trabia, blocchi gialli di tufo ammonticchiati all'esterno, betoniere e sacchi di cemento. I marsigliesi salirono, fischiettando, al primo piano del rustico in perfetto orario per la riunione. Qualche minuto dopo si ritrovarono tutti in manette. Nel sotterraneo di quell'edificio venne trovato materiale necessario alla raffinazione: bidoni di acido solforico, di acido acetico e scatole di stricnina. Mentre la raffineria vera e propria — costituita da modernissimi impianti mai usati — venne contemporaneamente trovata a Carini, nella villa di un palermitano insospettabile. Quella notte d'agosto anche tre mafiosi palermitani vennero presi. Fu un'operazione di polizia in grande stile che provocò subito un effetto valanga oltralpe.

Sedici trafficanti vennero arrestati dalla polizia di Marsiglia qualche giorno dopo il blitz di Trabia: il numero uno si chiamava Gérard Corbeille, aveva trentasei anni, e veniva considerato il braccio destro di Bousquet: ufficialmente esperto in pubbliche relazioni viveva in Libano, dove si forniva di ingenti quantitativi d'eroina per conto del «docteur».

Undicesimo comandamento: non pentirsi

Ma la sorpresa vera, per i poliziotti che entrarono in azione nel casolare di Trabia, fu un'altra. Ospite illustre, a far gli onori di casa con i suoi amici marsigliesi, era nientemeno che Gerlando Alberti, il boss mafioso ultralatitante, soprannominato «u Paccarè», coinvolto per intero nelle più sanguinose vicende di mafia fin dall'inizio degli anni '50. Le cronache narrano che quella sera, Gerlando Alberti, alla vista degli agenti sbiancò in volto e pensò per un attimo di tentare una fuga disperata. Poi si tranquillizzò, divenne docile e mentre si arrendeva disse ai poliziotti: «Sì, sono Gerlando Alberti, ogni tanto ci si rivede. Scusatemi, ma in un primo momento non ero sicuro che foste dei veri poliziotti».

Ne aveva viste tante, nella sua vita, da potersi considerare un sopravvissuto. Cominciamo dal soprannome. «U Paccarè»: uomo pacato, saggio, di rispetto. Gerlando Alberti si conquistò questo «titolo» nella Palermo sottosviluppata e depressa del dopoguerra, nel quartiere disperato dei Danisinni, dov'era nato il 18 settembre del '23, in condizioni di miseria. Su questo piccolo impero, popolato da derelitti e bambini denutriti, dettava legge un boss spietato, «u zu Tano Filippone». Per Gerlando Alberti l'unico modo di crescere — e lui voleva distinguersi proprio in quell'ambiente — consisteva nel lanciare una sfida al ras, sperando di farla franca: rubò un'intera forma di formaggio in un negozio posto sotto la tutela del vecchio Filippone. Superò l'esame. Al punto che «u zu Tano», impressionato favorevolmente da quella prova di coraggio, gli commissionò subito una vendetta. Gerlando Alberti si dimostrò all'altezza anche di questo compito, fulminando il gestore d'un bar del centro. Giovane killer conobbe presto le celle dell'Ucciardone, dove divenne capo riconosciuto dei detenuti prima di esser rimesso in libertà per insufficienza di prove; una gentilezza che si adoperava molto spesso in quegli anni verso i capi mafia.

Il tirocinio ormai era finito, ormai lo chiamavano tutti «u Paccarè». Correvano gli anni Sessanta. Guerre senza quartiere scandivano l'assalto a Palermo guidati dalla nouvelle vague mafiosa dell'edilizia. La mafia, dopo aver spremuto il cantiere navale e i mercati generali, scopriva la speculazione e quanto fossero essenziali i legami politici con il potere amministrativo e gli uomini del Palazzo. Gli anni delle licenze facili al comune di Palermo. La stagione felice dei carrettieri che in una notte si improvvisavano costruttori. «U Paccarè» invece se la spassava a Milano, dove esercitava il mestiere di insospettabile commerciante di tessuti. Unica nota stonata: venne a Palermo la notte che precedette la strage di Ciaculli, nel '63, quando persero la vita sette carabinieri. Agli investigatori che qualche giorno dopo chiesero conto e ragione di quella singolare coincidenza rispose: «ho trascorso la notte in compagnia d'una donna sposata. Non posso rivelarne il nome: infrangerei il mio codice d'onore». Lo presero in parola. Lui se ne tornò a Milano. Ma a Palermo si continuò a sparare. La strage di via Lazio, nel '69. Il delitto Scaglione, nel '71.

Perennemente chiamato in causa, più volte arrestato, «u Paccarè» scomparve definitivamente il 7 ottobre del '77, alla vigilia d'un processo a Napoli che lo avrebbe visto alla sbarra per contrabbando di sigarette. Ne aveva fatta di strada il ragazzino che rubava i formaggi, ma quell'episodio che segnò la sua vita deve essergli rimasto scolpito nella memoria. Disse in un'intervista: «la mafia? cos'è? Una marca di formaggi?». Sotto un certo profilo aveva ragione lui. È rimasto in prigione da quella sera d'agosto dell'80. Si dice che sia rimasto fedele al suo cliché di uomo posato e taciturno. Mai che abbia dato segni di pentimento. Buscetta che lo ha conosciuto in carcere lo descrisse ai magistrati come detenuto schivo, burbero, distante dagli altri compagni di sventura. Se «u Paccarè» decidesse di spalancare i suoi archivi, tanti capitoli d'una storia di mafia che abbraccia mezzo secolo potrebbero essere corretti, se non addirittura riscritti. Ma, allora, che «paccarè» sarebbe «u Paccarè»?

Albergatore te la sei voluta

Sono le sedici e quarantacinque del 28 agosto dell'80. Settantadue ore dopo l'arresto dei marsigliesi e di Gerlando Alberti. Ventidue giorni dopo l'omicidio Costa. Due ragazzi ventenni, che indossano jeans e maglietta, abbronzatissimi, posteggiano la loro auto, una A 112 color sabbia, nel piazzale antistante l'hotel Riva Smeralda. Entrano nella hall, piena di turisti tedeschi e francesi, gironzolano dalle parti del bar, ordinano due birre. Pagano e poi, con l'aria più normale di questo mondo, si dirigono verso il bancone dell'accettazione. C'è un uomo che armeggia smistando nelle camere le chiamate che provengono dall'esterno. I due ragazzi lo guardano, estraggono le pistole nascoste alla meno peggio sotto le magliette, gli sparano tre colpi in faccia, uno all'addome, e se ne vanno. L'uomo che si accascia su se stesso, ormai senza vita, si chiamava Carmelo Jannì, aveva quarantasei anni, una moglie, tre figli, ed era il gestore dell'hotel.

Ma come gli era saltato in mente di collaborare con la polizia accettando che gli agenti travestiti gli occupassero l'albergo facendo così violenza alla privacy dei marsigliesi? Una decisione suicida, la sua. Un pessimo esempio che andava cancellato in fretta. Ecco il significato della missione di morte eseguita dai giovani abbronzatissimi killer. Carmelo Jannì assassinato come Boris Giuliano. Jannì fedele allo stato italiano tanto quanto Cesare Terranova. Spericolato come il capitano Basile. Solo, incosciente e fiducioso, paragonabile in questo a quell'altro incosciente di Gaetano Costa. Non era giudice, non era poliziotto, né uomo politico, Jannì. Aveva in mano un alberghetto, che funzionava a meraviglia, ma solo d'estate. Disse sì allo stato italiano, spalancò alle divise le porte della hall, rimase a guardare come sarebbe andata a finire. Sorrise contento alla notizia che i clienti marsigliesi erano finiti al fresco. Fece il suo mestiere sino in fondo: precisò che Gerlando Alberti da quelle parti non si era mai visto. Qualche giorno dopo morì.

Dall'isolamento il boss ordina i delitti. Giunse a questa conclusione l'opinione pubblica profondamente colpita dalla rapidità della rappresaglia mafiosa. Si aprì un'inchiesta nel carcere borbonico dell'Ucciardone. I magistrati ispezionarono le celle dov'erano rinchiusi i detenuti più pericolosi. In quei giorni due ordini di cattura per omicidio aggravato vennero recapitati oltre le sbarre a Gerlando Alberti e Vincenzo Citarda, uno degli altri arrestati nel blitz di Carini e Trabia. Era noto in quegli anni, e fu oggetto anche di relazioni che fecero scalpore, che quella non era affatto una prigione moderna e tantomeno modello. Facilissimi i contatti con l'esterno. Molte celle restavano aperte con la giustificazione che le serrature erano «arrugginite». Tanti i reclusi di prima classe che se ne stavano tranquillamente in infermeria a fare salotto. Anche il regime di isolamento al quale erano sottoposti Alberti e Citarda pare che fosse all'acqua di rose. «U paccarè» tentò l'unica via possibile: «Come? sono in cella d'isolamento e venite a chiedermi spiegazioni di quanto accade fuori dall'Ucciardone?». Mentre lui non venne creduto, Citarda fu assolto. Per l'omicidio dell'albergatore Jannì, in primo grado, Alberti si vide infliggere ventiquattro anni di reclusione, per Citarda si fece ricorso all'insufficienza di prove. In appello, il pubblico ministero chiese l'ergastolo per entrambi. La corte gli diede ragione.

IV

I PROFESSIONISTI DELL'ANTIMAFIA

Giovanni Falcone. Chi era costui?

L'uomo simbolo della lotta alla mafia, l'incubo di incalliti «uomini d'onore», il giudice italiano più popolare e più protetto, più apprezzato o detestato, a quei tempi non era nessuno. Non era famoso. Non era temuto. Soltanto gli addetti ai lavori conoscevano il suo nome. Era un bravo giudice, come ce ne sono tanti. Ma chi avrebbe mai potuto pensare che in meno di dieci anni Falcone sarebbe diventato *Falcone*? Chi l'avrebbe mai detto che il suo nome avrebbe finito con l'evocare un ideale spartiacque fra quanti la mafia vogliono combatterla davvero e quanti invece sono disposti a subirla? Né era prevedibile che attorno a lui si sarebbe coagulato un nucleo di magistrati moderni, schierati fino in fondo dalla parte dello stato, determinati, pronti ad utilizzare tutti gli strumenti legislativi nel tentativo di disarticolare le strettissime maglie dell'organizzazione denominata Cosa Nostra.

Ci vollero anni per far nascere dalle ceneri dei processi farsa degli anni '70 uno scenario che fosse radicalmente diverso, ci volle tempo per recuperare un ritardo spaventoso nella comprensione del fenomeno. Ci vollero spirito di sacrificio, abnegazione, e soprattutto enorme lavoro d'archivio per ripescare in scaffali polverosi i precedenti capitoli d'una storia criminale mai conclusa e sulla quale a cicli alterni cala il sipario del silenzio. Di questo sforzo senza precedenti, di questa svolta nel modo di intendere il ruolo del magistrato, Giovanni Falcone — palermitano, ma di quei palermitani che hanno sempre rifiutato i comodi cliché alimentati dalla sottocultura mafiosa — è stato senz'altro uno dei protagonisti principali.

Falcone è stato il giudice che con una pazienza tipicamente orientale si è chiuso in un ufficio con carta e penna alla ricerca di un filo logico e processualmente valido per dimostrare che la mafia non è spontaneità o casualità criminale, ma qualcosa di molto più serio, assai più pericoloso. A molti — come purtroppo si è visto negli ultimi anni — la specifica preparazione sull'argomento, ma anche la tenacia di questo eterno primo della classe, hanno finito col dare fastidio, al punto che affiorano «nostalgie» per altre stagioni giudiziarie quando alla definizione mafia si preferiva quella più indolore di delinquenza organizzata. E questa è già storia di oggi.

Giovanni Falcone non aveva conosciuto Boris Giuliano, né il giudice Cesare Terranova. Ebbe l'occasione di scambiare un paio di battute con Gaetano Costa, qualche settimana prima che l'ammazzassero, ma niente di particolarmente interessante. In un certo senso, al palazzo di giustizia di Palermo era ancora un pesce fuor d'acqua. Nel luglio del 1978, data del suo arrivo, la temperatura delle inchieste antimafia era ancora molto fredda e le nomine più interessanti ai vertici degli uffici giudiziari — come abbiamo visto — sarebbero state messe presto in discussione a colpi di mitra. A trentanove anni, poteva appena andar fiero di una brillante carriera a Trapani, dove per otto anni aveva svolto il mestiere di sostituto procuratore. Disponeva d'una buona conoscenza del fenomeno mafioso in provincia, aveva studiato le poche e contraddittorie norme che esistevano sull'argomento, e si era fatto delle idee sue. La sua prima destinazione, alla sezione fallimentare del tribunale, anche se lontana dai clamori delle cronache, gli diede la possibilità di affinare i suoi strumenti conoscitivi in una materia utilissima e delicata. Reati fallimentari, reati contro la pubblica amministrazione, casi di bancarotta, lo assorbirono per tredici mesi, fino al giorno dell'uccisione di Cesare Terranova. All'indomani di quell'agguato Falcone presentò domanda per entrare a far parte dell'ufficio istruzione che a quella data — come abbiamo visto — era guidato da Rocco Chinnici. A quei tempi i *pool* antimafia non esistevano. L'opinione pubblica, e gli stessi mass media, non erano particolarmente interessati al problema, anche se le prime avvisaglie della guerra di mafia non lasciavano presagire nulla di buono. Né, fra gli stessi giudici, si avvertiva ancora molta consapevolezza dell'utilità d'un lavoro di squadra. Grandi personalità isolate, questo sì, ma non si andava oltre.

Falcone trascorse i suoi primi mesi di attività all'ufficio istruzione smaltendo l'enorme lavoro arretrato, più di cinquecento processi. Lavoro grigio, necessario, che accettò di buon grado tanto da richiamare su di sé l'attenzione di Rocco Chinnici, che comunque aveva già accolto con soddisfazione la sua richiesta di lavorare in quell'ufficio. E in un giorno di maggio dell'80, Rocco Chinnici chiamò il giovane che aveva ormai concluso il suo apprendistato, e poteva finalmente diventare titolare di una inchiesta tutta sua. Di poche parole, come al solito se si trattava di questioni di lavoro, Chinnici si rivolse al collega molto più giovane per dirgli semplicemente: «c'è questo processo Spatola che è molto delicato. La procura nei prossimi giorni lo invierà a noi per le richieste. Questo processo te lo devi fare tu». Fine del colloquio. Da quel momento in poi cambiò per sempre la vita del futuro giudice antimafia.

La prima doccia fredda si fece attendere appena ventiquattro ore. La notizia che Chinnici aveva assegnato a Falcone la grande inchiesta degli anni '80 su mafia e droga si sparse immediatamente al palazzo di giustizia mentre iniziarono supposizioni e dietrologie nel tentativo di decifrare il significato di quell'attribuzione. Il processo era delicato, era lo stesso processo che aveva trovato il procuratore Gaetano Costa in perfetta solitudine di fronte ai suoi sostituti, e vedeva coinvolti spezzoni significativi anche della mafia americana. Fatto sta che una quindicina di avvocati, probabilmente anche su sollecitazione dei loro assistiti, ritennero opportuno recarsi in delegazione da Falcone per suggerirgli «maggiore giudizio». Frase di circostanza ma dal contenuto «garantista» inequivocabile: «abbiamo saputo» — dissero quasi all'unisono — «che il processo Spatola è stato assegnato a lei. Noi condividiamo questa decisione perché abbiamo sempre stimato il suo senso di giustizia, il suo equilibrio, la sua freddezza di fronte ai problemi». Per uno come Falcone, appena arrivato a Palermo, poco più che un novellino in quell'ufficio istruzione, le parole eccessivamente affettuose dei penalisti sollevarono qualche perplessità. Soprattutto gli offrirono un vivido spaccato di certe logiche che hanno letteralmente avvelenato i rapporti nel palazzo dei veleni e che sono state poi alla base di tanti scandali, tanti *affaires*, tante polemiche al vetriolo. Forse Falcone finse di non capire il significato di quel messaggio, certamente rimase senza parole. Ma non ebbe molto tempo per riflettere perché era in arrivo la seconda doccia fredda.

In alto, molto in alto, era stata presa la decisione di scortare il nuovo titolare dell'inchiesta Spatola, Gambino, Inzerillo. Per scorta, a quei tempi, si intendeva una volante di polizia con tre agenti a bordo che accompagnavano a destinazione il giudice. Ma era davvero inquietante come, in pochissimo tempo, quell'inchiesta avesse già rotto tanti equilibri consolidati provocando terribili reazioni a catena. Falcone poté rendersi conto definitivamente del clima di quei mesi quando assassinarono Gaetano Costa. Il giudice istruttore era appena giunto sul luogo dell'agguato. Costa era sul marciapiede, agonizzante. Un collega si avvicinò a Falcone, gli strinse la mano e gli disse quasi a mo' d'augurio: «pensa un po' ero proprio sicuro che fosse toccata a te». Macabro ma autentico, l'episodio va riferito per ricordare il clima cupo di quei giorni, clima da esecuzioni annunciate, che si verificavano puntualmente.

La storia di Giovanni Falcone protagonista, la storia tutta luci — grandi successi — grandi foto — interviste sui giornali, iniziò così. Con centinaia di processi arretrati da smaltire, e il benvenuto di una categoria che dal suo eventuale zelo aveva tutto da perdere. Stretto in un'auto di polizia che in caso di assalto nemico avrebbe potuto fare ben poco. E, in sovrappiù, dato da molti istintivamente per morto: se ormai c'era da assassinare qualcuno, questo «qualcuno» — prima o poi — avrebbe finito con l'essere Falcone. È forse uno di quei pochi casi in cui lo spessore professionale del magistrato e il suo isolamento sono cresciuti di pari passo.

Libretto al portatore

Soverchiato dall'inchiesta Spatola ma forte di un'esperienza giudiziaria nei reati valutari, Giovanni Falcone partì subito da un presupposto che a prima vista potrebbe sembrare fin troppo ovvio. Vale a dire: poiché la mafia, pur con una sua distorta ideologia, privilegia in realtà l'aspetto economico finendo con il produrre utili, è proprio sul piano della consistenza patrimoniale che deve manifestarsi l'iniziativa investigativa. Elementare. Eppure a quel tempo Falcone era consapevole degli scogli contro i quali si sarebbe infranta una verità tanto banale. Ma non ebbe ripensamenti. Si consultò con Chinnici, e ottenuta via libera spedì a tutti i direttori di banca di Palermo e provincia una letterina che conteneva una richiesta a dir poco sconcertante: che gli venissero inviate tutte le distinte di cambio di valuta estera per le corrispondenti operazioni effettuate negli istituti di credito dal 1975 in avanti. Volle anche la documentazione che riguardava i conti correnti e i depositi delle persone coinvolte nel processo.

Un provvedimento ad amplissimo spettro che colse alla sprovvista tanti direttori. Alcuni risposero tempestivamente. Molti, la maggioranza, si fecero attendere mentre altri ricorsero al telefono per farsi spiegare da Falcone in persona *dove volesse arrivare*. E Falcone, paziente e sornione, ripeteva che avevano capito benissimo: dovevano inviargli la documentazione richiesta.

Alla constatazione lapalissiana ne faceva seguito un'altra, più specifica ma altrettanto solare. Falcone stesso la riassumeva così: la nostra filosofia di giudici palermitani deve essere questa *se l'eroina finisce negli Usa, ed è ampiamente confermato che questo accade, e se l'eroina viene pagata in dollari, a noi non resta che cercare dove finiscano questi dollari.* Quindi le banche. In altre parole se Boris Giuliano aveva speso buona parte della sua attività investigativa alla ricerca infruttuosa delle raffinerie si potevano ottenere invece ottime conclusioni seguendo il flusso monetario di ritorno dagli Stati Uniti. Falcone scelse quest'ipotesi e fu così che arrivarono nel suo studio grandi scatoloni contenenti quintali di documentazione bancaria. La spulciò tutta personalmente, mentre al palazzo di giustizia qualche magistrato pettegolo e anche qualche avvocato, avanzavano apertamente riserve sulla sanità mentale di questo giudice che non trovava niente di meglio che fare i conti in tasca a ciascun imputato. Agenti della guardia di finanza ed agenti di polizia facevano da tramite fra l'ufficio istruzione e le banche. Erano anni in cui la squadra mobile, pur avendo subito il durissimo colpo dell'eliminazione di Giuliano, poteva fare affidamento su uno staff di funzionari di prim'ordine: Vittorio Vasquez, Guglielmo Incalza, Tonino De Luca. I risultati non tardarono. Falcone trascorreva le sue giornate compilando schede di singoli imputati che sistematicamente riflettevano cifre con troppi zeri. E alla voce «Michele Sindona» riuscì a far corrispondere tutta la documentazione che riguardava — almeno apparentemente — il solito signor Joseph Bonamico. Ciò segnò la svolta di quel processo.

Aver verificato che Sindona, sotto falso nome, aveva potuto tranquillamente cambiare nell'agenzia della Cassa di Risparmio di piazza Borsa a Palermo un assegno da centomila dollari equivaleva ad aver trovato la prova della sua presenza in Sicilia proprio durante i giorni del finto sequestro. Ma l'indagine incrociata non si era conclusa lì: un'impronta digitale sulla carta di sbarco del passeggero Bonamico che proveniva da New York aveva permesso di accertare che Sindona e Bonamico erano in realtà la stessa persona. Furono giorni spiacevoli per le cosche siciliane finite nel mirino. La domanda in fondo era sempre la stessa: «lei ha cambiato quest'assegno a tizio per una cifra x in data... sa dirmi il motivo di quest'operazione?». Ma come rispondere quando gli assegni erano frequentissimi, per cifre sempre più alte, e nessuna giustificazione apparente poteva essere adoperata come arma di difesa? Così in molti vennero arrestati per falsa testimonianza. Altri vennero indiziati per associazione a delinquere. Quando poi si tenne il processo il numero degli imputati risultò quadruplicato rispetto agli ordini di cattura convalidati da Costa.

Lui ne parlò così

In una lunga intervista-racconto, concessa nell'autunno '86, Falcone parlò anche del processo Spatola: «la mafia, vista attraverso il processo Spatola, mi apparve come un mondo enorme, smisurato, inesplorato. Il processo trasse impulso da un rapporto che era la risultante di tre filoni investigativi: le indagini di Bruno Contrada, oggi nella segreteria dell'alto commissario, di Ferdinando Imposimato e Giuliano Turone. Un ottimo lavoro di intercettazione telefonica diretto da Guglielmo Incalza — oggi vicedirigente della squadra mobile di Roma — che ha contribuito in maniera decisiva all'arresto del boss mafioso Pippo Calò.

«Infine, una serie di episodi non secondari, quali l'omicidio del boss di Riesi Beppe Di Cristina, l'unico che nel '78 denunciò il ruolo decisivo dei corleonesi. E il sequestro d'eroina degli Adamita a Milano.

«Alla prima impressione sembrava che tutto fosse scollegato, si trattava quindi di riunificare tanti tasselli. L'eroina partiva da Bagheria: questo era uno dei pochi punti certi che avevamo acquisito, anche grazie ad un rapporto della Guardia di Finanza.

«Partii per Milano e disposi la perquisizione in via Larga 13, dove c'era una delle basi operative del traffico. E da questa perquisizione sarebbero scaturiti gli elementi che avrebbero portato al blitz di San Valentino, il 14 febbraio '83.

«Ma tutto nasceva a Palermo e riconduceva a Spatola. Chi era Spatola? Una persona indubbiamente omertosa.

«Ma mi resi conto che non era un personaggio di grosso spessore. In quel periodo un collega di Milano che stava istruendo il processo Adamita mi chiese quali garanzie vi fossero che il processo non sarebbe finito in archivio, nel caso fosse stato assegnato a Palermo.

«Di fronte a tanta crudezza il mio primo grossissimo sforzo fu quello di dialogare con i colleghi che si occupavano di mafia in altre città italiane. Senza il loro contributo, ad imputati di mafia, avrei potuto a malapena chiedere che ore fossero. Mi convinsi che, proprio perché il fenomeno era ramificato, socialmente ed economicamente, non andava affrontato direttamente».

Falcone ricordò gli aspetti innovativi contenuti nelle sue indagini bancarie: «Si imponeva la ricostruzione dell'intero percorso seguito da un impetuoso fiume di dollari che dagli Usa sfociava in Sicilia in cambio di eroina raffinata. L'unica strada era quella degli accertamenti diretti e inequivocabili: feci sequestrare — ricordo che qualche collega pensò che fossi uscito di senno — tutti i documenti bancari e le distinte di cambio. Fatta eccezione per qualche direttore di filiale, complice dei mafiosi, riscontrai subito la mancanza d'abitudine da parte dei direttori degli istituti di credito alle richieste dell'autorità giudiziaria. Si limitavano a fornire risposte evasive; se potevano, evitavano addirittura di rispondere.

«Il feticcio del segreto bancario, insomma, era duro a morire; quella di certi conti era ancora una pentola ben chiusa. Tutto ciò contribuì a rafforzare la mia convinzione che il metodo di indagine tradizionale era ormai sorpassato. Non si poteva più, ad esempio, perseguire la strategia antimafia che aveva animato i grandi processi di Catanzaro e dei centoquattordici. Processi che si conclusero, quasi inevitabilmente, con assoluzioni per insufficienza di prove e con il pannicello caldo del soggiorno obbligato».

E anticipò quel concetto dell'unicità di Cosa Nostra che ancora oggi le sentenze della Cassazione si ostinano a negare. «Cos'è che non funzionava in quelle indagini? Era inutile scavare su singoli delitti, in assenza di una visione complessiva che consentisse il collegamento di episodi apparentemente distinti. Si aggiunga che inefficienza, distrazione, scarsa professionalità, non favorivano, più in generale, la lotta alla mafia.

«Nelle carte del processo Spatola era racchiusa una grande realtà da decifrare. Per venirne a capo adoperai strumenti che già esistevano ma che pochi avevano sufficientemente utilizzato. Mi rivolsi, ad esempio, al servizio nazionale antidroga, alla direzione antidroga del ministero degli interni. Dovetti prendere atto che talvolta i documenti a disposizione non venivano letti fino in fondo.» E immediata, complementare a questo nuovo modo di fare indagini, la «scoperta dell'America», il continente dove già allora la caccia ai narco-trafficanti era inflessibile. «Ma bastava indagare a Palermo, in Sicilia, o in Italia? Se la polizia sequestra qui un carico di stupefacenti destinato agli Usa — mi chiesi — perché non andare in Usa a studiare gli effetti collaterali di quella operazione riuscita? Perché altri non avevano preso un'analoga iniziativa? Alcuni per istinto di conservazione, quieto vivere, altri per inadeguatezza culturale.»

Paolo Borsellino: il collega che veniva da lontano

Ai primi di dicembre dell'80 Falcone si recò per la prima volta a New York per discutere di mafia con Victor Rocco, l'assistente del distretto est, un giovane investigatore che oggi fa l'avvocato e che allora era l'equivalente di Rudolph Giuliani. Il confronto fu utile. Entrambi gli interlocutori erano giunti alla conclusione che quelle famiglie dell'eroina andavano tenute d'occhio e che appartenevano ad una mafia ben articolata molto più pericolosa di quanto ancora non si potesse sospettare. I Customs, i doganieri statunitensi, avevano messo a segno brillanti operazioni negli aeroporti con il ritrovamento di ingenti partite d'eroina appena sbarcate dalla Sicilia. E non dimentichiamo che le polizie americane consideravano l'uccisione di Giuliano un conto ancora aperto.

A Palermo invece gli sforzi di Falcone non sono graditi. Ecco così le prime lettere anonime, le minacce di morte, mentre nel suo ambiente di lavoro iniziano le prese di distanza. Ha raccontato Falcone: «Le abitudini peggiori al palazzo di giustizia di Palermo? Il pettegolezzo da comare, le chiacchiere da corridoio (quando sarebbe preferibile un minimo di riserbo), una riserva mentale costante. In una parola mancanza di serenità... Come si può isolare un giudice? Anche con una sfilza di luoghi comuni. Di me hanno detto: fa panna montata, affogherà nelle sue stesse carte, non caverà un ragno dal buco; è un semplice giudice istruttore; ama atteggiarsi a sceriffo; ma chi crede di essere, il ministro della giustizia? Io ho la coscienza tranquilla». Ma un amico vero — in quell'ufficio — Giovanni Falcone, per sua fortuna, se lo ritrovò: Paolo Borsellino. Si conoscevano da quand'erano bambini. Erano nati entrambi nel popolare quartiere della Kalsa. Avevano frequentato le stesse scuole, la stessa facoltà universitaria.

È Paolo Borsellino, l'altra grande personalità isolata che si ritrova all'ufficio istruzione all'inizio degli anni '80 a condividere con Chinnici e Falcone le stesse inchieste, le stesse intuizioni investigative, le stesse ansie. Un veterano di quell'ufficio, dove era giunto nel '75, dopo aver fatto per otto anni il pretore a Monreale. E anche lui, fino a quel momento, digiuno di inchieste di mafia. Chinnici che fin dall'inizio aveva puntato sullo svecchiamento e la managerialità del suo ufficio, ancor prima che sulla lotta alla mafia, aveva assegnato a Borsellino il compito di fare piazza pulita di inchieste con centinaia di imputati che risalivano all'epoca delle lotte studentesche, ed equamente bilanciati secondo la famosa teoria degli «opposti estremismi».

Sono gli anni del processo Maute — che trova le sue radici in un delitto passionale — istruito da Borsellino conclusosi con

un clamoroso ergastolo al termine d'un decennio in cui a Palermo non era mai stata inflitta la massima pena. Teneva per settimane la prima pagina dei giornali la notizia dell'arresto, su
mandato di cattura di questo giudice istruttore, del dc Gaspare
Giganti, presidente della Provincia coinvolto in una storia di
appalti pilotati. Si trascinavano intanto stancamente decine e
decine di processi sul saccheggio dei fondi destinati alla ricostruzione nella valle del Belice dopo il violento terremoto del '68
che aveva provocato migliaia di vittime. E la mafia? Circolava
al palazzo di giustizia una strana leggenda: che all'indomani
della conclusione del processo dei centoquattordici, avvocati e
giudici avessero sancito un tacito accordo per evitare in futuro
altri processi per associazione a delinquere. Paolo Borsellino si
occupò di mafia su larga scala per la prima volta nel febbraio
dell'80.

Un apprendistato velocissimo

Il capitano dei carabinieri Emanuele Basile era entrato in possesso delle carte che Boris Giuliano aveva ritrovato nel covo di
Leoluca Bagarella, in via Pecori Giraldi, qualche settimana
prima di essere ucciso. Non aveva abbandonato quella pista. E
lavorando su quel materiale si era ritrovato ad indagare su Altofonte, un paese alle porte di Palermo, controllato da una mafia agguerrita e feroce legata ai corleonesi. Arrestò una quindicina di persone, e presentò il suo rapporto a Borsellino. Da quel
giorno i due iniziarono uno stretto rapporto di collaborazione. Il
covo di via Pecori Giraldi infatti si stava rivelando un pozzo di
san Patrizio che sarebbe stato imperdonabile non sfruttare sino
in fondo. Si trovò ad esempio una foto, scattata molto probabilmente in un luogo pubblico, in occasione d'una festa. Ritraeva
riuniti lo stesso Bagarella, i Di Carlo di Altofonte, Joè e Marchese, — i due mafiosi arrestati dagli uomini di Giuliano nella
cabina telefonica — Giacomo Riina e Giuseppe Leggio, che in
quel periodo vivevano a Bologna, e un signore distinto, con i capelli leggermente brizzolati.

Borsellino decise di andare a Bologna, insieme al pubblico
ministero Antonio Gatto, per interrogare Riina e Leggio. Chie-

se la collaborazione di Basile che all'ultimo momento per un disguido perse il treno per Bologna. Era il 15 aprile dell'80.

Partirono dunque Borsellino e Gatto, ma alla stazione di Bologna si riunirono con Basile giunto in aereo, pur di non mancare a quell'appuntamento di lavoro che si annunciava interessante. Naturalmente Riina e Leggio cascarono dalle nuvole. Di quella foto non sapevano nulla. Non ricordavano dove e quando fosse stata scattata. Bagarella? E chi lo conosceva? I Di Carlo? Mai sentiti nominare. Gli altri due compari? Mah. Il signore distinto e con i capelli brizzolati? La sua faccia non diceva nulla ai magistrati figuriamoci a loro. I tre inquirenti ringraziarono e se ne tornarono a Palermo. I due vennero arrestati per falsa testimonianza. Dieci giorni dopo Basile venne assassinato. Si scoprì che il signore distinto era Lorenzo Nuvoletta, l'unico trafficante napoletano d'eroina rappresentato nella supercommissione mafiosa — come avrebbe raccontato quattro anni dopo Tommaso Buscetta — da Michele Greco, soprannominato il «papa».

L'inchiesta sul delitto Basile fu assegnata a Borsellino che in appena due mesi si ritrovò ad indagare contemporaneamente sul lavoro lasciato in sospeso dal capitano dei carabinieri e sulle piste — le stesse — che riconducevano proprio alla sua eliminazione (Borsellino e Gatto furono i primi due giudici palermitani per i quali si rese necessario il servizio della scorta). A fine maggio l'inchiesta Spatola venne assegnata a Falcone.

Ci volle ancora un anno perché Falcone e Borsellino si rendessero conto che stavano indagando sull'identica organizzazione criminale. Una realtà che affiorava lentamente mentre procedeva la lettura della contabilità bancaria. Spesso Falcone si ritrovava assegni e distinte di versamento che riguardavano imputati coinvolti nelle inchieste del collega. Quei giorni rappresentano forse l'alba del *pool*. Chinnici insisteva molto con tutti i colleghi dell'ufficio istruzione perché tenessero il passo con gli enormi sviluppi dell'inchiesta Spatola. Ma ancora si lasciava molto all'improvvisazione. Alla singola disponibilità di ciascun giudice di andarsi a cacciare in quel ginepraio di rapporti societari e criminali fra centinaia e centinaia di rappresentanti di famiglie mafiose che stavano venendo in quel momento alla ribalta.

Borsellino non ricevette minacce di morte. Avvertimenti e messaggi trasversali sì. Gli mandarono a dire che Leoluca Bagarella era una vittima di quel cleptomane di Antonino Marchese che aveva deciso di rovinarlo. Perché proprio cleptomane? Semplice. Nel covo di via Giraldi si erano trovati i vestiti adoperati da Bagarella per i suoi travestimenti durante i periodi di latitanza. E c'erano anche la droga e le armi. Se si fosse potuto dimostrare che qualcun altro nascondeva lì i vestiti del colonnello dell'esercito dei corleonesi a sua insaputa, Bagarella avrebbe potuto farla franca per l'accusa di detenzione di armi e sostanze stupefacenti. Un giorno qualcuno andò da Borsellino e parlando del più e del meno si limitò a dire: «signor giudice, non creda alle apparenze. Quel Marchese... Un disgraziato. Al povero Bagarella gli rubava persino le cravatte...». Borsellino non poté fare a meno di sorridere.

I *professionisti* dell'antimafia stavano cominciando a farsi strada.

V

MAFIA: LA GUERRA IN CASA

Angeli con la pistola

Con un bel faccione largo e birbante, gli occhi nocciola chiari, impomatato di brillantina, il francescano che piaceva alle signore si era abituato a vivere a rischio almeno da sedici anni. Di regole conventuali non voleva saperne. Il cantico di frate Sole lo recitava raramente e di malavoglia. I suoi confratelli li trattava a pesci in faccia. Sì, qualche volta diceva messa, ma, se poteva, preferiva marcare visita. Quando le porte delle piccole celle si richiudevano al calar della sera, lui, fra Giacinto, — al secolo Stefano Castronovo, nato a Favara, nel '19 — accendeva il suo giradischi e se era di pessimo umore lo metteva a tutto volume. Un bicchierino di Johnnie Walker «etichetta nera» gli dava una mano a rimettere ordine al termine di tante giornate burrascose. Che pensieri, che crucci terreni, che scadenze dovevano turbare il suo animo inquieto! Si era trasferito a Palermo all'età di trentatré anni, dopo aver girato le spalle a tanti zolfatari e braccianti dell'agrigentino, ma essendo di pochissime parole nessuno seppe mai, né osò chiederglielo, il come e il perché del suo trasferimento. Nessuno, nel silenzioso convento di Santa Maria del Gesù, aveva scelto fra Giacinto come compagno di processione. Giravano anche voci maligne sul suo conto: pare che un vescovo di una diocesi siciliana gli avesse vietato espressamente di salire sul pulpito, perché — spiegava l'alto prelato — «la parola del vangelo non si addice a tutti». Calunnie, forse. Facezie, rispetto all'idea che di fra Giacinto s'era fatta il commissario Angelo Mangano, un infaticabile segugio tormentato da un chiodo fisso: catturare nientemeno che Luciano Liggio, il boss dei corleonesi, super latitante, fin dai tempi della condanna all'ergastolo, per aver assassinato il medico condotto di Corleone, Michele Navarra, nell'immediato dopoguerra. L'idea del poliziotto era semplice: Liggio si nascondeva proprio nel convento di Santa Maria del Gesù, alle falde del monte Grifone, fra distese di limoni e i primi prepotenti pilastri della speculazióne edilizia.

«Questo è un convento, mi faccia vedere il mandato», reagì duramente il religioso alla richiesta del commissario. Il mandato di perquisizione c'era, ma Liggio no. Mangano e i suoi uomini se ne andarono scornati. Era il 1964. E quel giorno, attorno al convento-cimitero dei francescani, fiorì una leggenda che è viva ancora oggi. Anzi, due leggende in una. Secondo la prima, in questo cimitero patrizio che risale almeno a cinque secoli fa e che accoglie i resti di nobili e potenti palermitani, sarebbe mimetizzata una necropoli zeppa di cadaveri di mafia. Un'ipotesi più allegra vuole invece che numerosi latitanti abbiano trascorso fra quei cipressi secolari tante notti che diversamente sarebbero stati costretti a trascorrere in cella di sicurezza. In entrambi i casi chi se la sentirebbe di profanare un luogo talmente sacro? Fu questa certezza, per tanti anni, l'arma vincente di fra Giacinto? Fu questo il suo terribile segreto? Custodiva i morti, o custodiva i vivi? Garantiva pace eterna o alleviava sofferenze terrene? Un errore, comunque, lo commise. Erano appena trascorse le otto e trenta d'un lontano mattino del 1980. È il 6 settembre, fa ancora molto caldo a Palermo, il profumo della Conca d'oro sale su per i monti che costeggiano Palermo est. Due signori tracagnotti, forse uno ha trent'anni, forse l'altro ne ha quaranta, sudano accaldati nei loro vestiti in tinta unita mentre assistono con aria assorta al primo rito di quel giorno, officiato da padre Pio. Sono calmi, perché abituati ad aspettare. «*Ite, missa est.*» Così vanno anche loro, mentre un centinaio di fedeli si allontanano dal convento dei misteri. Ma dove possono trovare fra Giacinto? I francescani indicano la strada. Secondo piano, ultimo corridoio a sinistra. Bussano alla cella giusta i due fedeli tracagnotti: «lei è fra Giacinto?». «A disposizione...» Ma la risposta si spegne in gola. Cinque colpi di calibro trentotto, due al petto e tre alla testa. Il saio ormai è intriso di sangue. I due killer, insalutati ospiti, scompaiono nel nulla. Certo. I fraticelli hanno sentito quelle detonazioni secche, ma pensavano fossero le fucilate di un cacciatore. È questa la versione offerta ai primi equipaggi delle volanti giunti sul posto. Superato un comprensibile imbarazzo, i poliziotti salgono al secondo piano. È un sopralluogo inconsueto. Ma d'altra parte è inconsueto trovarsi alla presenza di un sacerdote ammazzato sebbene tenesse, in un cassetto della sua scrivania, una calibro trentotto, regolarmente denunciata alla questura di Palermo, cinque anni prima. Ed è normale che avesse in tasca cinque milioni in banconote nuove di zecca? Che tipo fra Giacinto! Aveva preteso un'intera ala del convento tutta per sé: sette stanze, al secondo piano. Due erano destinate alle visite, «pubbliche» e «private». Poltrone in pelle, televisore a colori, telecomando, mobile bar. Le altre cinque ospitavano camere da letto, biblioteche, guardaroba. All'epoca i giornali scrissero molto sulle «notti brave» d'un religioso irrequieto.

Si parlò tanto di signore della buona borghesia palermitana sorprese ad aggirarsi di notte nei paraggi del convento. Acque di colonia, vestiti di marca, scarpe inglesi, alimentarono la fantasia di tanti reporter. Fra Giacinto collezionava accendini in metallo prezioso, ma anche frustini in pelle, e le fantasie, imbattendosi in questo particolare, si sbizzarrirono. Tirava le notti in lungo e dormiva di giorno. Spesso lasciava Palermo per raggiungere Roma. Nei ministeri, soprattutto in quello degli interni, era di casa. Faceva votare per Giovanni Gioia e Carollo. Mentre, all'inizio della sua carriera di capoelettore dc, aveva preferito Mario Fasino, per approdare nei suoi ultimi giorni di vita, agli andreottiani di Salvo Lima. Ma nessuno dei big scudocrociati accompagnò i suoi funerali. Neanche la borgata di Villagrazia, dove ricade il convento-cimitero di Santa Maria del Gesù, dimostrò particolare interesse per quel francescano morto peggio che se fosse morto in odore d'eresia. Su di lui si scrisse di tutto: era usuraio; era donnaiolo, era un potente capo clientela. Si può dire che fra Giacinto era intimo amico del capo mafia «don» Paolino Bontade di cui frequentò i figli Stefano e Giovanni, entrambi assassinati. È risaputo a Palermo che tante persone ottennero l'assunzione per merito di fra Giacinto: all'Amat (azienda municipale trasporti) e all'Amnu (nettezza urbana). Che molte altre riuscirono ad evitare il servizio militare. Liti di vicinato sanate. Promozioni strappate in extremis.

Un'intera borgata gli volle bene. Ma in pochi seguirono i suoi funerali. Ad un cronista che gli sollecitò un parere, il cardinale Salvatore Pappalardo rispose: «di questa storia non so nulla, l'ho appresa dai giornali». Padre Timoteo, il provinciale dei francescani, chiamato a pronunciare l'omelia nella chiesa del convento, se la cavò in maniera molto classica: «chi di voi è senza peccato scagli la prima pietra...».

Cinghiali e champagne

Gli investigatori dovettero attendere le venti e trenta del 23 aprile '81 — esattamente otto mesi dopo — per rendersi conto che un vero ciclone di mafia si stava abbattendo su quelle borgate di Villagrazia e Ciaculli ove, per trent'anni, fra Giacinto aveva alternato il bastone del comando agli uffici religiosi. È una notte di pioggia. Un distinto signore di quarantadue anni guida dolcemente una Giulietta super, ancora in targa prova, commercializzata in un numero limitato di esemplari: millecinquecento in tutt'Italia. È di ottimo umore, — è il giorno del suo compleanno — ha trascorso una allegra serata festeggiato dagli amici con fiumi di champagne. Si è ormai lasciata alle spalle la sua casina privata nell'antico baglio Aloi proprio a due passi dal convento dei misteri. Per raggiungere la sua abituale abitazione, un'elegante villa munita di solide torrette e impianti a circuito chiuso, deve necessariamente immettersi nel caotico fiume stradale della circonvallazione. Forse non ha neanche il tempo di capire. Tutti i vetri della sua Giulietta immacolata si riducono in polvere sotto il fuoco concentrico di lupare e calibro 38. Cade fulminato, mentre l'auto continua a scivolare lentamente per una trentina di metri prima di schiantarsi contro il palo dell'illuminazione. Cominciò così, quasi per caso, al termine d'un compleanno con tante candeline, la seconda guerra di mafia, che fino a metà degli anni '80, avrebbe messo a ferro e fuoco la Sicilia, seminando centinaia e centinaia di cadaveri. Decine e decine di agguati, scomparse, vendette, tradimenti, secondo un macabro copione granguignolesco che avrebbe fatto impallidire al suo ricordo anche le pagine più efferate del terrorismo. L'uomo assassinato a due passi dal baglio Aloi era un condottiero mafioso a tutti gli effetti. Aveva un nome illustre: Stefano Bontade, e il titolo di «don», nella Palermo che conta, se l'era guadagnato molto presto. Suo padre, «don» Paolino Bontà (e il cognome abbreviato in quel modo dava la misura della benevolenza che lo circondava nella borgata di Villagrazia) era un grande proprietario terriero che aveva avuto il fiuto necessario per trarre lauti profitti dal mercato delle aree edificabili. Ma il suo «capolavoro» manageriale lo aveva firmato imponendo che proprio nei suoi terreni sorgessero i capannoni d'una fabbrica elettronica — la Raytheon-Elsi — che segnò il passaggio della borgata agricola ai primi livelli di industrializzazione. Perché meravigliarsi se un benefattore soprannominato «Bontà» regolasse in maniera «giusta» il movimento delle assunzioni in quella azienda? Tutto ciò non avveniva per caso: già nel dopoguerra «don» Paolino in politica aveva dimostrato di saperci fare. In un primo tempo aveva appoggiato monarchici e liberali poi aveva trasferito il suo pacchetto voti alla dc. E «Bontà» sapeva anche essere manesco, se necessario. I deputati più anziani, nel palazzo dei Normanni che ospita l'assemblea regionale siciliana, lo ricordano ancora quando veniva in quelle sale sontuose per perorare le sorti di questo o quel governo. O quella volta che rifilò un sonoro ceffone ad un loro collega dc che, in una votazione a scrutinio segreto, aveva voluto far di testa sua infischiandosene delle direttive del boss. Paolino era fatto così e non doveva avere tutti i torti se il suo comportamento, le sue strettissime relazioni con politici lo misero al riparo da due «calamità»: dalla prima guerra di mafia, quella che negli anni '60, per il controllo delle aree edificabili (leggi: il «sacco di Palermo»), vide contrapposte le cosche di Pietro Torretta e dei La Barbera; dalla prima commissione d'inchiesta antimafia, che di lui si occupò a lungo ma senza riuscire a scalfirne potere e prestigio.

C'è una bella testimonianza, riportata a suo tempo dai giornali, che la dice lunga sul personaggio. È quella d'un ingegnere genovese, il signor Profumo, chiamato a dirigere l'Elsi di Villagrazia fin dal giorno del suo decollo: «alla fine del '62, nel salone della fabbrica avevamo invitato le massime autorità regionali e stavo tenendo un discorso per illustrare le finalità dell'azienda. Ad un certo punto si spalancò la porta del salone ed entrò un uomo grasso. I presenti si voltarono e abbandonarono subito le loro sedie per correre ad abbracciare e festeggiare il nuovo venuto. Chiesi chi fosse quel personaggio e mi risposero: "don" Paolino Bontade. Allora mi resi conto di cosa vuol dire la parola mafia». L'ex agricoltore che prendeva a schiaffi gli onorevoli, che controllava migliaia di voti, che aveva agganci in curia e nei ministeri, morì di morte naturale — come morivano i veri capi mafia d'una volta — all'età di cinquantasette anni. Forse la sua stella stava perdendo smalto visto che lo avevano spedito, al termine d'una vita indisturbata, nel confino di Messina. Appena un mese prima che il suo diretto erede, «don» Stefano, cadesse falciato dal piombo dei killer in quella notte di pioggia del 23 aprile. Non fu impresa facile riconoscere in quel cadavere, sfigurato dai pallettoni, il figlio di «don» Paolino. I poliziotti rinunciarono all'impresa e solo all'arrivo del magistrato di turno e del medico legale fu possibile estrarre quella patente insanguinata che risolse il rebus della feroce esecuzione. Nel portafogli più di cinque milioni in contanti, fra la schiena e la cinta dei pantaloni una pistola automatica di marca francese, con doppio caricatore, e un prudenziale, quanto inutile, colpo in canna. Soldi e pistole: l'identico binomio nel quale aveva creduto fra Giacinto. E creò più d'un interrogativo il fatto che il sacerdote fosse il confessore di famiglia dei Bontade, il depositario quindi di tanti segreti. Appariva chiaro che le due esecuzioni mafiose erano strettamente intrecciate, che la «mano» era unica, e forse «don» Stefano aveva tardato a rendersi conto che l'uccisione del francescano era un segnale preciso che qualcuno aveva voluto rivolgergli. Nelle cronache giudiziarie anche il nome di Stefano Bontade figurava di sfuggita. Finito quasi per caso nel processone dei centoquattordici, venne condannato a tre anni, ma in secondo grado fu assolto. Mite e «moderato», benvoluto dalle «famiglie» che ne apprezzavano le doti di equilibrio, Stefano amava il bel mondo e la caccia al cinghiale. Ma, pur restando estraneo al traffico dell'eroina, non disdegnava il contrabbando di sigarette e i suoi legami con il clan del napoletano erano noti agli investigatori. Con lui se ne andò un altro pezzo di vecchia mafia (non anagraficamente parlando, s'intende), il rampollo d'una generazione che poteva essere ancora considerata l'ultima discendente del feudo: il padre di Stefano fu uno dei pochi vecchi capi mafia chiamato a reggere la bara di «don Calò Vizzini» gran capo dei capi di Cosa Nostra. Polizia e carabinieri non capirono granché (e come avrebbero potuto?) sul possibile movente d'un delitto tanto clamoroso. Intuirono però che il termometro delle cosche ormai segnava tempesta. Ma che strana guerra era questa che fra le sue prime vittime annoverava un religioso e un figlio d'arte tanto rispettato? Ciascun delitto si poteva spiegare alla luce dell'altro: la polizia, ad esempio, scrisse in un rapporto che i Bontade, padre e figlio, spesso erano ospiti di fra Giacinto nel convento di Villagrazia. Troppo poco. Rimanevano infatti nell'ombra i nuovi generali. Buio fitto anche sulle cause di quell'improvvisa esplosione di violenza. Ma il peggio doveva ancora venire. Se il clan Bontade era entrato nel mirino dei suoi misteriosi avversari, la risposta dei «picciotti» di Villagrazia non avrebbe tardato a manifestarsi. E sarebbe stata una risposta altrettanto «simbolica», altrettanto mirata, gregari e ufficiali del figlio di «don» Paolino avrebbero pareggiato il conto con l'uccisione del loro capo con l'uccisione se non d'un generale almeno d'un colonnello dello schieramento avverso. Si sarebbe innescata ancora una volta la spirale infernale che ciclicamente, in Sicilia, segna il passaggio da un vecchio a un nuovo «ordine» mafioso. Questo almeno prevedevano gli investigatori. .

Lo zio aveva visto giusto

Non andò proprio così. Non solo il clan legato ai Bontade non rispose per le rime, ma anzi, la mattina dell'11 maggio, pianse, per la seconda volta in meno di tre settimane, la morte d'un altro dei suoi strateghi. Salvatore Inzerillo, di anni trentasei, l'abile regista del finto sequestro Sindona, era l'uomo di fiducia a Palermo del ramo americano delle famiglie Spatola-Gambino-Inzerillo. Lo chiamavano «Totuccio». Era cresciuto nella borgata dell'Uditore, e con Stefano Bontade aveva ottimi rapporti personali, e forse anche in certi affari. Ma quanto erano diversi i due caratteri. Raffinato e schivo, Stefano. Ricordate? Aveva una pistola francese, mentre le rivoltelle di concezione americana, le calibro 38, stavano ormai invadendo il mercato della criminalità palermitana. Segno d'un mutar dei tempi questo cambiamento delle preferenze: da strumento di eventuale difesa, ad un'arma di scarsa precisione ma di devastante effetto, utilissima negli agguati. «Totuccio» invece si portava dietro una specie di cannone tascabile, la 357 magnum, sì, quella dell'ispettore Callaghan. Spocchioso e arrogante non badava a spese. Era stato lui infatti uno dei pochissimi eletti che aveva commissionato all'Alfa di Arese, una specie di fortezza viaggiante, una Giulietta blindata che gli era costata una sessantina di milioni. Comodamente seduto alla guida di questa locomotiva d'acciaio, «Totuccio» se ne andava tranquillamente in giro per le strade di Palermo, sebbene da parecchi mesi fosse teoricamente inseguito da un mandato di cattura emesso nella prima inchiesta su «mafia e droga». E se Stefano recalcitrava solo a sentir pronunciare la parola eroina, il reuccio dell'Uditore, abituato a far su e giù con gli States, dimostrava ben altra versatilità imprenditoriale. Magari non era capace di stabilire la qualità d'una partita di polvere bianca con il magistrale assaggio, ma certamente ebbe il merito di *ripulire* — riciclandoli — svariati milioni di dollari che finivano in Sicilia a saldo di tante spedizioni di droga andate in porto. Era proprietario di cantieri edili e nelle banche non lo ricordano in fila indiana dietro uno sportello. E a un personaggio di questo spessore non mancavano le parentele «giuste».

Suo zio era il mitico «Sasà» Di Maggio, il boss di Torretta — un paesino ad una ventina di chilometri da Palermo —. Sasà morì di crepacuore, nell'ottobre del '79, alla notizia dell'arresto di Rosario Spatola, coinvolto nel finto sequestro di Sindona, la messinscena che ora stava per rivelarsi un boomerang micidiale. Imperscrutabili regole ereditarie, mai codificate né verbalizzate, stabilirono che a «Sasà» dovesse succedere proprio Totuccio Inzerillo, per altri versi imparentato anche con i Gambino di New York. Il reuccio con la locomotiva d'acciaio era sposato con Filippa Spatola, e le tre famiglie a Brooklyn (secondo il rapporto d'una commissione senatoriale d'inchiesta) gestivano pizzerie e gioco d'azzardo, usura e traffico di droga, corse di cavalli truccate e sfruttamento della prostituzione. Anche «Totuccio», come i Bontade, aveva un occhio di riguardo per i rappresentanti della dc: fu infatti ospite di spicco della cena elettorale organizzata, alla vigilia delle politiche del '79, dall'avvocato Francesco Reale (membro del comitato regionale scudocrociato), in onore dell'allora ministro della difesa Attilio Ruffini. Detto per inciso: fin quando la salute fu dalla sua parte, Di Maggio si oppose strenuamente alle mire ambiziose di questo giovanotto che faceva di tutto per esautorarlo. «Totuccio» confidava agli intimi il vecchio padrino «ha troppa fretta e ha la testa fottuta.» Una volta ottenuta la benedizione delle «famiglie», il ricordo delle impietose parole dello zio svanì presto. E l'Americano a Palermo non volle più rassegnarsi alla figura del comprimario. Parentele invidiabili, solidi agganci politici, filo diretto con Manhattan, soldi a palate, cosa mancava a «Totuccio» per compiere il gran salto? Nulla. Per questo lo stroncarono sul nascere. Questa volta i killer dovettero eseguire un lavoretto più difficile del previsto, perché la vittima designata si spostava a bordo di quella diavoleria meccanica, e a meno di non utilizzare un bazooka o un carro armato, bisognava aspettare il momento buono. Alle dodici e trenta dell'11 maggio '81, ecco che venne il momento buono.

Il commando (almeno quattro persone), dopo aver atteso a bordo d'un furgone posteggiato di fronte ad un palazzone in via Brunelleschi, intravide la sagoma di Totuccio che si avviava verso la sua alfetta, posteggiata poco distante. Colpi di kalashnikov anche per il nipote di «Sasà» Di Maggio. Colpi in faccia al punto da sfigurarlo, al punto da rendere impossibile ai poliziotti il riconoscimento (l'uomo non portava con sé i documenti): ci vollero cinque ore, e l'esame delle impronte digitali prima di capire che quelle iniziali: I. S., sulla medaglietta d'oro che aveva al collo, stavano per Salvatore Inzerillo. Ormai il terrore si era impadronito dei giovani che vivono nelle borgate a più alta densità mafiosa. Qualcuno stava facendo tremendamente sul serio. Ma chi? E in pochi credevano alla favoletta che i rapporti fra Bontade e Inzerillo si fossero recentemente deteriorati. Sul «Corriere della Sera» del 13 maggio '81, Alfonso Madeo scrisse: «Ora, se fosse sempre vero che la spiegazione d'un delitto di mafia è fornita dalla morte successiva, si dovrebbe presumere che la morte di Inzerillo non è che la conseguenza dell'omicidio Bontade, cioè che gli uomini di Bontade hanno ucciso Inzerillo perché gli uomini di Inzerillo avevano ucciso Bontade. Ma non si hanno o non si conoscono i punti di collegamento tra i due gruppi: di conseguenza, perciò, un'ipotesi vale le altre sulle quali i palermitani, come la magistratura e la polizia, si interrogano con angoscia». È un ritratto efficace del clima difficilissimo delle indagini di quei giorni.

Era controproducente, in quei giorni, tentare di capire. Inge-
nuamente, fidandosi troppo del proprio carisma, sicuri di strappare una tregua al nemico invisibile, ci provarono i sei di Santa
Maria del Gesù. Tutti fedelissimi di Stefano Bontade e Totuccio Inzerillo, tutti convinti che si «dovesse far qualcosa» per ri-
conquistare le redini del gioco. Si chiamavano: Girolamo Teresi, Giuseppe Di Franco, Salvatore Federico, Angelo Federico,
Emanuele D'Agostino, Salvatore Contorno. L'unico che si salvò
fu Contorno, e vedremo come e perché. È una storia che merita
di essere raccontata. Inquadriamo i primi quattro personaggi,
quelli che ebbero in comune un tremendo destino. Teresi era
cugino e socio in affari dei Bontade, i fratelli Federico erano gli
abituali subappaltatori delle imprese che facevano capo ai Bontade e ai Teresi, il Di Franco aveva spesso fatto da autista a
«don» Stefano. Il quinto uomo, D'Agostino, riuscì solo a diffe-
rire una condanna a morte che era già stata emessa. Sono stati
Buscetta e lo stesso Contorno, a permettere, molti anni dopo, la
soluzione di uno dei capitoli più sconcertanti della seconda
guerra di mafia. Il «caso» esplose il 2 giugno dell'81, quando i
giornali siciliani riportarono con gran rilievo la notizia che
quattro boss di prima grandezza erano scomparsi nel nulla. Si
fecero molte ipotesi: si pensò all'inizio che i fedelissimi di Bontade e di Inzerillo, temendo di far la stessa fine dei loro generali, avessero prudentemente tagliato la corda chiedendo ospitalità
alle «famiglie americane»; si sospettò una messinscena concor-
data fra i quattro, decisi ad entrare in clandestinità per regolare
militarmente i conti con gli avversari; si temette una «strage
bianca», con l'occultamento dei cadaveri. L'ipotesi esatta era
l'ultima. I quattro erano usciti dalle loro abitazioni, per non
tornarci mai più, il 26 maggio, il «martedì nero», come poi si
seppe dai familiari che impiegarono più d'una settimana per informare la polizia. Quel giorno, il Teresi confidò alla moglie
che doveva incontrare degli «amici» e le raccomandò di occuparsi dei figli se non fosse più ritornato da quell'appuntamento.
Analoghe le testimonianze delle mogli dei suoi tre amici. I
quattro si recarono nel baglio di Nino Sorci, soprannominato «u
ricco», che, almeno ufficialmente, era stato legato in passato a

Stefano Bontade. Andavano per un «chiarimento», sapendo di incontrare almeno una decina di pericolosissimi luogotenenti del clan dei corleonesi. A differenza infatti degli ambienti investigativi, in quelli di mafia si cominciava ormai a far chiarezza. Anche Contorno e D'Agostino vennero «invitati» al summit, ma ebbero la giusta sensazione che quell'abboccamento potesse rivelarsi una trappola per topi. È Contorno stesso, l'unico superstite, a raccontare come andò a finire. Ascoltiamolo.

«Qualche giorno dopo la morte di Inzerillo mi incontrai nel solito posto (una casa rurale di Teresi, in contrada Falsomiele) con Mimmo Teresi, Di Franco e i fratelli Federico; c'era anche D'Agostino. Teresi ci informò che era stato convocato dal nuovo capo di Villagrazia, Leopoldo Pullarà (imposto dai corleonesi dopo la morte di Bontade) nella tenuta di Nino Sorci e ci invitò a seguirlo... ma né io, né D'Agostino, pur essendo convocati, li seguimmo, perché ci rendevamo conto che si poteva trattare di un tranello. Gli altri invece si lasciarono convincere e così li vidi partire... Ma da allora non li ho più visti.» «Io e D'Agostino attendemmo a lungo il ritorno di Teresi e compagni e alla fine capimmo che avevano fatto tutti la stessa fine di Bontade e Inzerillo. Così diventammo ancora più guardinghi sapendo bene che eravamo rimasti gli ultimi due a dover ancora essere soppressi.» Successivamente Contorno apprese i nomi di tutti i carnefici che nel baglio di Sorci avevano teso l'imboscata: in totale dieci persone recentemente condannate all'ergastolo al maxi processo. D'Agostino non riuscì a salvarsi: chiese ospitalità ad un altro mafioso che intanto, a sua insaputa, era passato armi e bagagli dalla parte dei corleonesi. Neanche il suo cadavere è stato mai ritrovato. La chiamano «lupara bianca». Un triste metodo di eliminazione — hanno scritto i giudici istruttori nella loro gigantesca ordinanza di rinvio a giudizio — che gli assassini possono applicare con l'aiuto di «amici» fidati della vittima. Sono loro infatti che hanno il compito di garantire la sicurezza dell'incontro e consegnare facilmente la vittima nelle mani del carnefice di turno. La fine dei quattro di Santa Maria del Gesù può entrare a pieno titolo in un'immaginaria antologia degli orrori compiuti dagli esponenti di Cosa Nostra. Le uccisioni di fra Giacinto, Stefano Bontade, Totuccio Inzerillo, la scomparsa dei quattro di Santa Maria del Gesù e poi di D'Agostino, rappresentano il poderoso segnale che la *pax mafiosa*, durata una decina d'anni, era finita. Indicano l'inizio d'una campagna di sterminio che ha trovato le sue punte più alte (oltre centotrenta delitti) nell'82, ma che continua ancora oggi. Il clan dei corleonesi contro la vecchia mafia. Una guerra di eliminazione che ha visto decine di «famiglie» letteralmente decimate, i vecchi assetti sconvolti, ma anche il definitivo tramonto d'un totem, quello dell'omertà, che nessuno si era mai sognato di violare. Il delirio di grandezza di una cosca che fa di tutto pur di imporre il suo regime di monopolio sulla «direzione strategica» di Cosa Nostra contiene in sé i germi dell'autodistruzione. È vero: ci vorranno almeno tre anni prima che Buscetta e Contorno decidano di spezzare un atavico cordone ombelicale con i segreti e i tanti retrobottega di Cosa Nostra. Eppure questi primi venti di guerra, fra l'80 e l'81, non furono ininfluenti sulla Grande Crisi della mafia aperta da confessioni e «pentimenti» clamorosi. Qui bisogna ricordare un ultimo episodio conseguente sviluppo di questa prima tragica sequenza di morte: il fallito attentato proprio contro Totuccio Contorno.

La donnola dalle mille vite

Abitava nella borgata di Brancaccio, era noto nel suo ambiente per essere un uomo «valoroso», furbissimo, capace di notevole sangue freddo, e soprattutto di uccidere. Era stato in passato il guardaspalle di Stefano Bontade, e rappresentava per i corleonesi l'ultimo ostacolo prima della vittoria finale. Doveva la sua salvezza al fiuto dimostrato alla vigilia del summit-camera della morte nel baglio di Nino Sorci, e all'esser diventato guardingo e sospettoso fin dai tempi dell'uccisione di «don» Stefano. A maggior ragione, per i suoi avversari, doveva morire. Rapidità e tempismo in quegli anni sono state le caratteristiche dell'«ala dura» della mafia. Così il 25 giugno dell'81, quasi un mese dopo la scomparsa dei quattro di Santa Maria del Gesù, qualcuno decide che anche per Totuccio Contorno è giunta l'ora del *de profundis*. Sono appena scoccate le diciannove e trenta. Contorno ha trascorso il pomeriggio in casa dei suoi genitori, in compagnia della moglie Carmela, di suo figlio Antonello, e d'un amichetto del figlio, Giuseppe di undici anni. Conclusa la visita marito e moglie tornano a casa su auto diverse, Antonello va con la madre, mentre Giuseppe insiste per esser riaccompagnato a casa da Totuccio. Diamo la parola a Contorno che raccontò in che modo aveva visto la morte in faccia.

«Imboccai il cavalcavia che dalla via Ciaculli immette in via Giafar. Notai subito, alla guida di una 127 che mi precedeva, Pino D'Angelo. Si lasciò sorpassare, rispose al mio saluto, proseguì a lenta andatura. Dal punto più alto del cavalcavia, dietro le finestre dell'ultimo piano d'un palazzo a cinque o sei piani, notai Vincenzo Buffa. L'ultimo piano dell'edificio infatti è allo stesso livello del punto più alto del cavalcavia dove io mi trovavo, per questo mi accorsi di Buffa. Andando avanti vidi — acquattato fra il cancello e il muro di cinta del giardino dei Prestifilippo — suo figlio Mario Prestifilippo (uno dei più pericolosi superkiller della guerra di mafia, al soldo dei corleonesi). Cominciai ad insospettirmi. Non avevo tutti i torti: all'improvviso, da una traversa a fondo cieco, sbucò una motocicletta potentissima e molto silenziosa. La guidava Giuseppe Lucchese (il "traditore" di Stefano Bontade), e dietro si trovava Pino Greco soprannominato "scarpuzzedda" (altro ferocissimo superkiller del quale non si è saputo più nulla). Fu lui, sporgendosi sulla sinistra, a lasciar partire contro di me la prima raffica di mitra. Intuita la mossa, abbandonai il volante, mi buttai su Giuseppe che era con me, facendogli scudo col mio corpo. Una volta esaurita la raffica, la motocicletta proseguì la corsa. Dallo specchietto retrovisore mi resi conto che Lucchese e Pino Greco stavano tornando indietro, così mi fermai. Scagliai fuori dalla mia macchina Giuseppe, che era già stato ferito ad una guancia, e, sceso anch'io dalla vettura, mi inginocchiai davanti ai fari impugnando la mia calibro 38. Mi preparavo a difendermi dal secondo attacco. Mentre scendevo dall'auto non mi sfuggì un altro particolare: una BMW stava facendo marcia indietro: la guidava Filippo Marchese, soprannominato "Milinciana" (un torturatore che poi si sarebbe macchiato di orrendi delitti nella camera della morte di sant'Erasmo). Ma essendo molto impegnato a respingere l'attacco non mi preoccupai più di tanto. Appena Pino Greco arrivò a tiro, riaprì il fuoco contro di me. Feci in tempo a sparare. Sono sicuro di averlo colpito al petto, perché cadde all'indietro e la raffica di mitra si diresse verso l'alto, perforando una saracinesca... Mi resi conto che era giunto il momento di fuggire e scappai a piedi. Successivamente seppi che non ero riuscito a ferire Pino Greco perché indossava un giubbotto anti-proiettile. Fu mio cugino, Nino Grado, a raccontarmi di averlo visto al mare, in costume, senza evidenti tracce di ferite. Io riportai una leggera scalfittura alla fronte, ed una pallottola, che mi colpì di striscio, mi strappò una ciocca di capelli.» I fatti si svolsero realmente in questo modo, anche se viene difficile immaginare una sequenza da far west, in un quartiere frequentatissimo, in ora di punta, con un dispiegamento di forze così massiccio. Questo è infatti uno degli episodi della guerra fra le cosche sul quale gli investigatori hanno lavorato di più cercando decine e decine di riscontri alle parole di Contorno. La sera dell'agguato, ad esempio, Giuseppe Faglietta, il bambino di undici anni venne ricoverato in ospedale e interrogato dal magistrato. Nessuno sapeva cosa fosse accaduto. Venti minuti dopo l'agguato, un automobilista si fermò spontaneamente ad un posto di blocco dei carabinieri in un quartiere poco distante da quello in cui i corleonesi avevano cercato di chiudere per sempre la partita con Totuccio Contorno. Raccontò di esser passato da Brancaccio, d'aver sentito dire che c'era stata una sparatoria, d'aver preso a bordo un bambino che era stato ferito. Il bambino era Giuseppe. I carabinieri lo presero in consegna e lo accompagnarono al pronto soccorso. A Brancaccio venne trovata l'auto di Contorno. Nei paraggi, una ventina di bossoli esplosi da Pino Greco con il suo kalashnikov. Qualche giorno dopo, in un paesino alle porte di Palermo, venne rinvenuta l'Honda 1000 adoperata dal commando. Ogni parola di Contorno trovò conferma.

Si scoprì anche che gli assalitori avevano fatto uso di radio ricetrasmittenti e che il piano d'attacco prevedeva l'intervento di molte staffette che avvertissero tempestivamente i killer: ecco perché l'intero percorso era disseminato di sentinelle la cui presenza, però, non sfuggì a Totuccio. Infine un'altra eloquente analogia che lega un po' questi delitti. Uno stesso fucile mitragliatore kalashnikov, AK 47, di fabbricazione sovietica venne adoperato per uccidere sia Bontade che Inzerillo e nell'agguato a Contorno. Ma non è tutto: alla vigilia dell'uccisione di Inzerillo, alcuni colpi di mitra vennero esplosi contro i vetri blindati d'una gioielleria, in pieno centro a Palermo. Due metronotte — Agostino Capuano e Francesco Spitale — sorpresero un giovane di venti-venticinque anni che sparava con un'arma di grosso calibro, lasciando ricadere i bossoli espulsi in un sacchetto che reggeva con la mano sinistra. Il giovane aprì il fuoco contro di loro, senza riuscire a colpirli. I metronotte replicarono e Capuano, in particolare, si disse sicuro d'aver fatto centro. Ma lo sconosciuto, dopo un balzo all'indietro, salì sull'auto d'un complice, riuscendo a dileguarsi. «Era munito d'un giubbotto antiproiettile», dichiararono le guardie giurate. Quel giovane era Pino Greco «scarpuzzedda». La guerra di mafia anni '80, era appena cominciata.

VI

QUEL TREMENDO '82

Una premessa

Porteranno dollari, benessere, e posti di lavoro. Ci difenderanno
da eventuali attacchi nemici e non saranno puntati — in particolare — contro nessuno. È un prezzo che il paese deve pagare
per onorare i suoi impegni militari, ma è un prezzo inevitabile
anche per riequilibrare gli SS20 sovietici. Missili Cruise: a te-
stata nucleare, intelligenti, capaci di sfuggire alla sensibilità dei
radar, smontabili, leggeri, facilmente trasportabili sui Tel, i ca-
mion che in poche ore li mettono al riparo da un eventuale attacco nemico. Serie americana di missili da crociera che seguendo le caratteristiche del terreno, rispettando un programma guida, raggiungono l'obiettivo. Iniziò così, quasi per caso...
Il governo italiano — il 7 agosto '81 — su precise sollecitazioni atlantiche e americane aveva deciso in gran segreto che la
più grande base nucleare d'Europa si potesse installare nel vecchio aeroporto di Comiso, il «Vincenzo Magliocco». Il Parlamento venne tenuto all'oscuro. La corsa al riarmo fra le grandi
potenze trovava ancora una volta uno snodo decisivo proprio in
Sicilia, dove i tecnici militari italiani credettero d'aver individuato una «landa desertica» nel ragusano, che è invece una delle province più ricche e fertili dell'intera isola. Il ministro della
difesa dell'epoca, il socialista Lello Lagorio, dopo aver taciuto di
fronte all'opinione pubblica, dopo aver preso tempo preoccupato
che da un momento all'altro esplodesse la protesta delle popolazioni finite nel mirino dei signori della guerra, espose l'infelice
teoria degli «aghi nel pagliaio». Le squadriglie di Cruise — fu
la risposta tranquillizzante di Lagorio — potranno sparpagliar-
si nell'intero territorio siciliano, nascondendosi appunto come

introvabili aghi agli occhi d'un nemico che non saprà dove cercarli.

Ma quell'immagine si rivelò un boomerang. Alimentò preoccupazione e inquietudine, moltiplicò nelle popolazioni del ragusano la consapevolezza che dovesse scattare un allarme di massa. Si stentava a capire l'eccessivo tempismo dimostrato dal governo italiano mentre altri governi dell'alleanza atlantica, ad esempio il Belgio e l'Olanda, avevano declinato analoghi inviti. E la prospettiva cupa che la Sicilia diventasse ricettacolo d'ordigni nucleari, o minacciosa portaerei nel Mediterraneo, non scosse più di tanto i rappresentanti dell'istituzione regione. Si limitarono a balbettare, una volta che la decisione era stata presa. Lo Statuto dell'autonomia siciliana e il trattato di pace di Parigi del '47, che facevano divieto dell'utilizzazione della Sicilia a fini militari, vennero così praticamente ignorati dal governo centrale.

Una quarantina di personalità siciliane denunciarono il presidente del consiglio Spadolini alla commissione inquirente, criticandolo per non aver convocato, in occasione del consiglio dei ministri in cui si scelse Comiso, il presidente della regione siciliana, il dc Mario D'Acquisto. L'iniziativa si richiamava all'articolo 21 dello statuto dell'autonomia siciliana (recepito dalla Costituzione) che recita: «... con il rango di ministro il presidente della regione siciliana partecipa al consiglio dei ministri con voto deliberativo alle decisioni che interessano la regione». D'Acquisto, in compenso, pur definendo «inaccettabile» la sua esclusione, divenne uno dei più convinti paladini di una «sicurezza nazionale» che andava tutelata.

Stretta fra una decisione che veniva considerata alla stregua di un iniquo balzello e l'insipienza della sua classe politica che non si avvaleva di prerogative che le avrebbero consentito di far sentire la sua voce, la popolazione siciliana iniziò lentamente a risvegliarsi. Il segnale partì dai grossi centri agricoli del ragusano, dove molte amministrazioni comunali, negli anni successivi, avrebbero proclamato «area denuclearizzata» i propri territori. Rita Costa e Giovanna Terranova, mogli dei due magistrati assassinati dalla mafia, insieme allo scienziato cattolico, Carlo Zichichi, lanciarono un appello a Spadolini. Lo invitarono ad un «ripensamento», e soprattutto a promuovere «un negoziato sugli euromissili fra i due blocchi e a chiedere la contestuale sospensione dell'installazione della base di Comiso». Era l'8 settembre dell'81. Ma già una settimana dopo, le cronache da Comiso segnalavano la preoccupazione della gente del luogo negativamente colpita dal viavai di «facce nuove» attorno alla base che non lasciava presagire nulla di buono. I lavori erano già in corso, gli americani alle porte, e si portavano dietro — agli occhi dei più creduloni — una scia di benessere imminente del quale tutti avrebbero finito col beneficiare. In realtà si stava già scatenando una dura lotta sotterranea fra le imprese che volevano concorrere agli appalti per i lavori di trasformazione del vecchio aeroporto. I severi controlli militari e polizieschi, se da un lato infastidivano una provincia di antiche e salde tradizioni democratiche, dall'altro alimentavano anche l'innato fatalismo contadino condensato nella formula «l'hanno deciso e lo faranno». Eppure è proprio a Comiso che subito dopo la decisione presa dal governo italiano si costituì il comitato unitario per il disarmo e la pace, un organismo prezioso che avrebbe assolto una decisiva funzione di raccordo fra i movimenti di tutt'Europa. A presiederlo è un deputato comunista, Giacomo Cagnes, che più volte nel passato era stato sindaco di questa cittadina. In una sua lettera aperta «a chi ci governa», Cagnes, nel novembre dell'81, ebbe il merito di avvertire subito quanto fosse desta ben al di là dei confini siciliani l'attenzione per ciò che stava accadendo in quell'angolo sperduto della costa sud-orientale d'Italia. «Sappiamo» scrisse Cagnes «che in questa battaglia per la pace, la vita e il disarmo e la convivenza pacifica fra i popoli non siamo soli in Italia, in Europa. Un forte e ricco movimento di pace è già in fermento, in Olanda, in Belgio, in Svizzera, in Germania, in Francia, in Italia, ed è sperabile nella stessa America. Ma se anche fossimo soli la condurremmo lo stesso. Non per altro, ma perché al centro della polveriera ci stiamo noi.»

Si avvertivano invece violente ripercussioni nel partito socialista di Comiso che non condivideva la scelta «atlantista» di via del Corso. Una linea rappresentata a Roma da Lagorio e accolta a malincuore da Salvatore Catalano, socialista e primo cittadino — in quegli anni — della futura città nucleare. E il socialista Salvatore Lauricella, presidente dell'assemblea regio-

nale siciliana dal canto suo proclamò l'82 «anno della pace».
Furono quelli, in Sicilia, giorni di mobilitazione febbrile.
Fece la sua parte l'università di Palermo, sotto la spinta del suo
rettore Giuseppe La Grutta, primo firmatario d'un documento
per il «no ai missili» sottoscritto da venti intellettuali. Si ritrovarono a Palermo, per la manifestazione dei centomila che si
tenne il 29 novembre, Lama, Marini e Benvenuto e Rosati, presidente delle Acli. Stava nascendo in Sicilia la «cultura della
pace». Un grande movimento, al quale concorrevano forze sociali e politiche, gruppi e associazioni, movimenti e singole personalità del mondo della cultura e della religione. La «diplomazia dei popoli», come la chiamarono, intendeva contrapporsi,
qui in Italia, — in assenza di un segnale che venisse dalle autorità di Roma e di Palermo — alla logica interplanetaria della
corsa agli armamenti, e ambiva a far sentire la sua voce nel negoziato di Ginevra che muoveva proprio in quei giorni i suoi
primi passi.

Anche un certo Pio La Torre, in quei mesi, era convinto che
fosse quella la strada giusta.

Un dirigente europeo che parlava siciliano

«Sono nato nella borgata Altarello di Baida, frazione di Palermo, e mio padre era un contadino povero. A quell'epoca, nel
1927, nel piccolo villaggio e fino a quando non ebbi otto anni,
non c'era la luce elettrica, si studiava a lume di candela o di petrolio, e l'acqua da bere dovevamo andarla a prendere quasi ad
un chilometro di distanza. I contadini, la domenica mattina,
quando si ripulivano, ed andavano in città dicevano: "vaiu a
Palermo", come se andassero in un posto lontano... Ho vissuto
nelle case dei contadini poveri del corleonese e delle Madonie,
le zone fondamentali del feudo della provincia di Palermo. Ho
dormito con loro per intere settimane. Mancavano di tutto, del
pane e delle strutture igieniche fondamentali. Nella casa d'una
famiglia di braccianti di Corleone avevano un secchio che non si
sapeva bene se era un secchio o una pentola perché serviva per
cucinare gli spaghetti e per lavarsi i piedi. C'era la capra che
girava liberamente per la casa come un animale sacro in quanto

solo grazie al suo latte si alimentavano i bambini che altrimenti sarebbero morti di tubercolosi...» Era stata questa l'infanzia di Pio La Torre, figlio di contadini poverissimi, e fu lui stesso a raccontarla — in un libro — poco tempo prima di tornare in Sicilia, nel settembre dell'81.

Era diventato comunista nel '45 e si era distinto molto presto nella partecipazione alle lotte contadine di quegli anni. Nel '50 era finito in carcere «a scopo preventivo», come si diceva allora, al termine d'una manifestazione bracciantile nel paese di Bisacquino, in provincia di Palermo. La «prevenzione» durò diciotto mesi. Spese un'intera esistenza prima nell'attività sindacale, poi in quella politica. Segretario dei comunisti siciliani dal '62 al '67, più volte consigliere comunale a Palermo, deputato all'assemblea regionale siciliana dal '63 al '71, La Torre nel '69 si era trasferito a Roma per ricoprire alti incarichi di partito. Deputato per tre legislature ('72, '76, '79), fece parte della commissione antimafia, per la quale preparò la relazione conclusiva di minoranza...

A riassumerla così può sembrare la vita d'un esponente politico particolarmente di successo, diviso fra un incarico e un altro, dopo l'inevitabile gavetta iniziale. Ma La Torre, anche se potrà sembrare un'osservazione retorica, non dimenticò mai le sue radici di siciliano, e soprattutto le condizioni di vita della sua gente. Un volto limpido, un linguaggio semplice e schietto che andava subito al cuore delle cose. Tale era Pio La Torre, negazione vivente del «politichese», che sapeva unire ad una bonomia mai intaccata da anni di miseria e di sofferenze la tenacia tipica dei leader meridionali. Non conosceva la freddezza gelida del burocrate. Mostrava un sano fastidio per le riunioni di partito se interminabili e inconcludenti.

«La Torre non era uomo da limitarsi ai discorsi e alle analisi, era un uomo che faceva sul serio, per questo lo hanno ucciso», dirà poi di lui Enrico Berlinguer. Ma non è tutto. Aveva la doppia capacità di saper parlare alla gente semplice, che a lui si rivolgeva quasi con fiducia istintiva, ma anche agli avversari politici che gli riconoscevano preparazione e lealtà. Fin troppo ovvio quindi che La Torre non lasciò Palermo per Roma spinto da ambizioni di carriera, ma per poter meglio perorare, nella città dei Palazzi, la causa di quel movimento nel quale aveva sempre militato. Altrettanto prevedibile quindi la sua decisione — nell'autunno dell'81 — di tornarsene in una Sicilia falciata dalla mafia e sulla quale incombeva la minaccia della nuova base missilistica.

Chiese alla direzione del Pci, della quale faceva parte, di essere «inviato» ancora una volta a Palermo ad assumere le redini del Pci siciliano. Ottenne ciò che voleva, ma segnò inconsapevolmente la sua fine. Il movimento pacifista mondiale deve molto a Pio La Torre. Sebbene dirigente «comunista di stampo antico», come è stato scritto, questo palermitano di Altarello, seppe cogliere subito le ragioni dei rappresentanti dei movimenti pacifisti svedesi o londinesi, giapponesi o norvegesi, che giustamente inorridivano all'idea che i missili potessero essere distinti in missili «buoni» e missili «cattivi». Intuì immediatamente, appena tornato in Sicilia, che il Pci doveva spendere l'intero patrimonio delle sue energie a sostegno d'un movimento che sarebbe andato ben al di là dei confini di un singolo partito. Il suo ritorno fu come una scossa per le organizzazioni comuniste che riscoprirono il gusto della politica e delle alleanze, dopo la breve stagione delle intese culminata nell'assassinio di Piersanti Mattarella.

La Torre fu così l'instancabile organizzatore di quella primavera di pace che toccò la sua più alta punta di mobilitazione nella manifestazione dei centomila, a Comiso, il 4 aprile dell'82. Si potrebbe forse dire — con il linguaggio di oggi — che La Torre riuscì ad essere un politico che seppe esprimere per intero la voce dalla società civile, mai sfiorato da pretese egemoniche, poco incline al *compromesso* soprattutto quando entra in rotta di collisione con valori insopprimibili. Ebbe l'idea di lanciare una petizione popolare per la raccolta d'un milione di firme a favore del disarmo da indirizzare alla presidenza del consiglio dei ministri. Si rivolse a democristiani e socialisti, liberali o socialdemocratici, ignorando volutamente le posizioni «ufficiali» di ogni singolo partito e costringendo tutti a schierarsi, a dividersi.

In pochissime settimane trecentomila firme si aggiunsero in calce a quella richiesta semplice così formulata: «Chiediamo al governo italiano di non dare inizio alla costruzione della base per i missili Cruise presso l'aeroporto di Comiso. Sospendendo la costruzione della base, l'Italia darà un contributo positivo alla riduzione progressiva degli armamenti nucleari, all'ovest come all'est, fino alla totale eliminazione, stimolando inoltre positivamente la trattativa di Ginevra».

Due guerre in una

La Torre combatté due grandi guerre. Sì, una vera e propria guerra per la pace, per impedire l'installazione della base missilistica, per rimettere in movimento grandi masse di popolo attorno alla «centralità Comiso», per restituire fino in fondo ai siciliani diritto di parola nella speranza di impedire quella scelta. E la guerra altrettanto dura, a viso aperto, contro la nuova mafia dal volto ancora sfuggente nonostante la carneficina iniziata nel '79. Pio La Torre non subordinò mai l'una all'altra. Anzi, fin dall'inizio espresse la sua convinzione — poi si rivelò profetica — che la costruzione della base, fra le tante iatture, avrebbe finito anche con l'alimentare gli appetiti delle famiglie di mafia. Fu molto esplicito il 14 gennaio dell'82. In occasione della sua relazione introduttiva al nono congresso regionale del Pci affermò: «Occorre respingere questa prospettiva, chiamando il popolo siciliano alla lotta per dire no ad un destino che, prima ancora di farla diventare bersaglio della ritorsione atomica, trasformerebbe la nostra isola in terreno di manovra di spie, terroristi e provocatori di ogni risma al soldo dei servizi segreti dei blocchi contrapposti. Ne trarrebbero nuovo alimento il sistema di potere mafioso e i processi degenerativi delle istituzioni autonomistiche, mentre la Sicilia sarebbe condannata alla degradazione economica e sociale».

A qualcuno quelle parole sembrarono esagerate, dettate da motivi congressuali, volte più che altro a richiamare l'attenzione di chi si dimostrava freddo sull'argomento. Non era così. E qui veniamo al secondo aspetto che caratterizzò l'impegno di La Torre in Sicilia. Mentre sul tema pace appariva sereno, soddisfatto per i risultati che si andavano conseguendo, perfino entusiasta se vedeva sfilare vecchi braccianti fianco a fianco con pacifisti stranieri, sul versante della lotta alla mafia era inquieto, preoccupato, come se i conti, in qualche modo, non gli tornassero. Come se ormai disponesse di una quantità enorme di informazioni sul fenomeno mafioso difficilmente spendibile sul piano politico se non a prezzo di rischi gravissimi. Ci sono alcune circostanze che non vanno sottovalutate.

Non gli erano sfuggite — ad esempio — tutte le inquietanti implicazioni dei delitti Terranova e Costa, che fra l'altro erano stati anche suoi carissimi amici. Non conosceva invece i nomi di Boris Giuliano ed Emanuele Basile. Sapeva che Piersanti Mattarella era diventato presidente della regione siciliana, ma anche lui — e in questo dimostrava un'assoluta buona fede — si ricordava di Bernardo, padre di Piersanti. Doveva «recuperare» un ritardo di quasi dodici anni. Voleva farlo alla sua maniera: ascoltando, convocando riunioni, incontrando investigatori, discutendo con i segretari di altri partiti, ma anche attaccando, rivolgendosi — secondo il suo stile — all'opinione pubblica. Alcune domande lo assillavano.

La prima: cos'era venuto a fare Sindona in Sicilia nell'estate del '79? Quali erano i suoi rapporti con la mafia siciliana? Si poteva capire il tornaconto del bancarottiere, ma trafficanti e piduisti quali interessi avevano avuto a quel carosello di trasferimenti? E chi poteva escludere che l'uccisione di Terranova e del suo agente di scorta Mancuso fosse uno dei tanti frutti marci della messinscena del banchiere di Patti? Non erano interrogativi gratuiti, anche se le risposte apparivano fumose. La Torre, ancor prima che siciliano, era un palermitano verace. Sapeva bene che Palermo è una città piccola. Sapeva che la venuta di Sindona e la morte di Terranova temporalmente coincidevano. Sapeva anche che l'eliminazione d'un alto magistrato, proprio per gli effetti repressivi che si sarebbe tirata dietro, non poteva esser stata decisa da una delle tante cosche dell'eroina, magari per la semplice restituzione di uno sgarbo. Troppo semplice? Scontato? D'accordo.

E La Torre allora capovolgeva la domanda: perché Sindona è venuto in Sicilia? Come aveva fatto a restare all'oscuro di tutto mentre era ospite proprio dei big della mafia siciliana? Quando non ne poté più, La Torre espresse pubblicamente i suoi crucci. Il 30 maggio '81, durante la tribuna politica del Pci in vista delle elezioni regionali... «Perché sottovalutare la spaventosa coincidenza fra la presenza di Michele Sindona a Palermo e l'esecuzione mafiosa del giudice Cesare Terranova? Ma le indagini si sono spinte fino a questo livello? Hanno puntato così in alto?...» La controffensiva del segretario dei comunisti siciliani non era solo squisitamente «teorica». Ripeté in diverse occasioni: «chi pensa che Mattarella sia stato ucciso per una questione di appalti non ha capito nulla».

A La Torre non era sfuggito che alcuni dei nomi sui quali aveva indagato la commissione antimafia figuravano negli elenchi della commissione d'inchiesta su Sindona e sulla P2. Supposizioni, coincidenze, ma come spiegare che due fra i massimi vertici investigativi palermitani (questore e capo della squadra mobile), proprio in quei giorni venivano chiamati pesantemente in causa per collusione con ambienti piduisti?

Il gatto e la volpe

Giuseppe Nicolicchia: Questore di Palermo ('79-81), iscritto alla «World organization of masonic "Thought"» (l'organizzazione fondata da Licio Gelli — all'inizio degli anni '70 — per esportare all'estero le trame della P2). Curriculum vitae: fu lui stesso a presentarlo per caldeggiare la causa della propria iscrizione. Il «Riservatissimo» venne presentato invece da un noto fratello massone che di quell'iscrizione si fece garante. Il questore di Palermo Nicolicchia si era infatti iscritto alla massoneria in tempi non sospetti: la lettera autografa con la quale chiese di essere ammesso alla loggia è del '74 mentre era questore a Reggio Calabria. Alle ore 16 del 25 giugno '76, Giuseppe Nicolicchia prestò giuramento a Roma in un appartamento a pochi passi nella sede dell'Onpam, in via Condotti. L'Onpam molto probabilmente serviva da copertura ad attività immobiliari della massoneria internazionale.

Giuseppe Impallomeni: capo della squadra mobile di Palermo, situazione personale molto simile a quella di Nicolicchia, spedito in ferie alle prime avvisaglie dello scandalo. E ascoltiamo adesso Pio La Torre, in quella conferenza stampa del maggio '81: «Devono dimettersi entrambi. O, comunque, in attesa di fornire spiegazioni, ammesso che ne abbiano, mettersi in aspettativa, non esercitando più le delicate funzioni cui sono preposti». E ancora: «il questore ha ammesso d'aver brigato per far parte della P2. E di aver tenuto con Gelli una corrispondenza durata due anni. Impallomeni si è spinto oltre entrando nell'accolita dei fratelli proprio mentre esaminava gli atti dell'inchiesta su Michele Sindona». Il nome di Sindona, inserito in alcuni rapporti preliminari di polizia, scomparve invece dal dossier che aveva provocato gli ordini di cattura firmati da Costa. Ne erano seguite critiche e polemiche. Ai primi di novembre Nicolicchia e Impallomeni non ressero alla valanga delle accuse e si dimisero.

Il legislatore

Aveva conosciuto carrettieri diventati miliardari. Trovava scandaloso che semplici funzionari o assessori comunali e regionali fossero diventati proprietari di lussuosissime ville con l'apparente introito d'un semplice stipendio. Aveva studiato la farraginosa legislazione che riguardava le opere pubbliche e non gli erano sfuggiti quei punti deboli la cui utilizzazione permetteva di aggirare limitazioni e controlli. Aveva assistito al «sacco di Palermo», allo spettacolo penoso di giunte che riuscivano in una sola notte ad approvare centinaia di delibere o di varianti al piano regolatore per favorire uno stuolo di clienti accattoni che però sapevano procurare migliaia di voti. Commissario dell'antimafia, La Torre aveva avuto l'opportunità di tener d'occhio le inspiegabili fortune dei Ciancimino, dei Gioia, dei Matta, o dei Salvo, i grandi esattori che contavano quanto un partito nelle vicende pubbliche siciliane degli anni '60 e '70.

Tornato a Palermo scopriva che molti personaggi d'un vecchio gotha eternamente chiacchierato non avevano perduto le loro posizioni di influenza. Giunse così alla semplice conclusione che se si voleva fare qualcosa di serio contro la mafia, di decisivo per recidere una buona volta i rapporti fra le cosche, la pubblica amministrazione e la politica, occorreva andare diritti al cuore del problema rappresentato dagli arricchimenti illeciti. I trentacinque articoli della «sua» legge (ma quanto sangue sarebbe stato ancora sparso prima che quella legge fosse approvata dal parlamento italiano) stabiliscono una serie di controlli patrimoniali destinati a colpire il portafoglio di Cosa Nostra. Introducono il nuovo reato dell'associazione mafiosa, cercano di mettere ordine nel ginepraio degli appalti e dei cantieri edili stabilendo anche il divieto del subappalto per le opere pubbliche. Un provvedimento legislativo del genere aveva fra l'altro l'effetto immediato di ridimensionare notevolmente quel totem del segreto bancario che i mafiosi avevano sempre considerato un prezioso alleato in difesa del riciclaggio di danaro sporco. Non è tutto: ai primi di marzo dell'82 La Torre guidò la delegazione comunista che discusse con Spadolini un pacchetto di misure precise e urgenti per fronteggiare la nuova controffensiva della mafia.

Qualche giorno dopo venne dato l'annuncio ufficiale che il generale Carlo Alberto Dalla Chiesa sarebbe venuto in Sicilia. La Torre era molto favorevole a quella nomina, perché convinto che lo stato potesse iniziare così a risalire la china dimostrando contro la mafia una tenacia pari a quella messa in atto contro il terrorismo. La Torre e Dalla Chiesa, entrambi in pianta stabile a Palermo, e contemporaneamente. Due uomini diversissimi ma espressione d'un modo nuovo di essere stato e quindi di fare antimafia. Voleva dire che Roma aveva finalmente deciso di regolare i suoi conti con la secolare «opposizione mafiosa»? Era troppo. E non poteva essere consentito.

A Comiso non ci andrai

Aveva già stabilito che l'indomani — primo maggio — non sarebbe andato a commemorare con i lavoratori di Portella della Ginestra, il trentacinquesimo anniversario della strage compiuta dalla banda Giuliano. Gli sembrava che la sua presenza fosse più utile a Comiso, accanto a dodici pacifisti di ogni nazionalità che avevano intrapreso un lungo sciopero della fame per protestare contro i missili. Negli ultimi giorni era irrequieto. Ad un paio di dirigenti di partito aveva confidato le sue preoccupazioni senza però entrare nei dettagli: «ho la brutta sensazione che prima o poi ce la faranno pagare per quello che sta accadendo in Sicilia». In qualche riunione aveva invitato i militanti, senza allarmismi, ma con fermezza, a tenere gli occhi aperti. Aveva chiesto il porto d'armi, lui così poco incline a forme di militarizzazione della lotta politica. E soprattutto aveva consigliato a Rosario Di Salvo — un giovane comunista di trentacinque anni, per lui molto di più che un semplice autista — di improvvisare sempre nuovi percorsi per evitare di essere seguiti.

Alle nove e venti del 30 aprile le cosche mafiose diedero un altro saggio di barbarie, volto a spezzare la controffensiva popolare. I killer seguirono La Torre e Di Salvo diretti alla sede del Pci. Aspettarono che la 132 si trovasse al centro d'una stradina stretta, in un punto scelto con cura perché poco frequentato, e diedero l'assalto. Una motocicletta costrinse Di Salvo a frenare. Partirono le prime raffiche, tutte per La Torre. Di Salvo fece in tempo ad estrarre la pistola ma i colpi andarono a vuoto. Da un'auto scesero gli altri macellai per i colpi di grazia. Vennero trovati sull'asfalto una quarantina di bossoli. La Torre e Di Salvo ancora con gli occhi spalancati come di chi ha avuto poco tempo per morire. Niente testimoni. Niente tracce. Niente informazioni anonime ma attendibili. La solita rivendicazione «terroristica», giudicata un depistaggio, come era già accaduto per Mattarella. Per il resto un altro zero investigativo che strideva fortemente con l'enorme trauma popolare prodotto dall'uccisione del capo del partito d'opposizione. Seguirono a Palermo giorni di sgomento.

Centomila persone parteciparono ai funerali durante i quali prese la parola Enrico Berlinguer. La petizione per Comiso raggiunse subito il milione di firme che La Torre aveva voluto, ma i lavori per la costruzione della base continuarono. Spadolini e Rognoni ministro degli interni chiesero a Dalla Chiesa di insediarsi a Palermo con sei giorni di anticipo. Ormai era guerra aperta. Ma poteva ancora una volta combatterla un uomo solo? Il generale fece la sua parte.

VII

IL GENERALE DISARMATO

Il tempo è già scaduto

Non si svolse mai una partita ad armi pari fra Dalla Chiesa e la mafia. Uccidendo La Torre le cosche imposero subito un terreno di scontro militare che impedì al prefetto di Palermo di programmare la sua iniziativa. In un certo senso Dalla Chiesa fu costretto a giocare di rimessa fin dall'inizio, combattuto fra l'esigenza d'un intervento di lungo respiro e le attese immediate di un'opposizione pubblica sconvolta che reclamava provvedimenti immediati.

Il generale, appena giunto a Palermo, si recò in taxi dall'aeroporto in prefettura. Spesso prendeva l'autobus, senza il codazzo degli uomini di scorta. Consegnava ai funzionari programmi della sua giornata di lavoro letteralmente inventati. Spariva all'improvviso dalle cerimonie ufficiali senza una ragione apparente. Si materializzava e prendeva la parola in dibattiti e convegni dove la sua presenza era l'ultima cosa che si potessero aspettare gli organizzatori. Sapeva di essere spiato e quindi non voleva rimanere un bersaglio immobile. Riteneva indispensabile il contributo della gente e in tante occasioni lo chiese apertamente. Si rivolse a imprenditori, studenti giovanissimi, familiari di tossicodipendenti, agli operai del cantiere navale. Attorno alla sua figura avvertiva diffidenza, ed essere un piemontese per di più un piemontese carabiniere e prefetto, non lo agevolava nel suo compito. Aver guidato a Corleone i nuclei antibanditismo alla fine degli anni '60 era un'altra di quelle *macchie* che lo rendevano particolarmente antipatico alle cosche. E non dimentichiamo che se si trovava in quel posto lo doveva anche a quell'altro *inquisitore* travestito da politico che era Pio La Torre.

Non si sa molto del lavoro di intelligence svolto dal prefetto di Palermo. Era avvolto dal segreto allora, e a maggior ragione lo fu dopo la sua morte. Scese in campo la guardia di finanza per chiedere al ministro Formica via libera alla definizione di duemila schede patrimoniali riguardanti altrettanti personaggi siciliani che, in pochissimo tempo, avevano moltiplicato le loro fortune. Ma lo scoglio insormontabile, ancora una volta in assenza d'una legge, era rappresentato dal segreto bancario. Venne messa a segno una clamorosa perquisizione negli uffici delle esattorie siciliane, contro l'impero dei cugini Nino e Ignazio Salvo di Salemi sui quali si era soffermata a lungo la commissione antimafia. «Dalla Chiesa in azione», titolarono i giornali all'inizio di maggio, anche se quelle iniziative non diedero risultati immediati. E il «toto Dalla Chiesa» iniziò a farsi martellante e lugubre. Dove voleva arrivare? In quale direzione si era messo in testa di colpire? E quanto poteva durare? Non molto. Anche perché a Palermo in quei giorni tutti ormai avevano capito che Dalla Chiesa avrebbe fatto le umane e le divine cose per colpire gli «intoccabili», e quella «direzione strategica» ormai indicata da più parti come la testa pensante dell'escalation mafiosa. Ma cos'era in realtà la direzione strategica?

Ne diede una spiegazione esauriente in un'intervista a «L'Ora», il 3 maggio, Ugo Pecchioli, «ministro degli interni del Pci», giunto a Palermo insieme a Berlinguer per ricordare Pio La Torre. Osservò l'esponente comunista: «Se si analizzano i grandi traffici di mafia, soprattutto la droga, si abbraccia un orizzonte molto ampio e si arriva alla rete internazionale della criminalità mafiosa: le famiglie italo-americane, le coperture finanziarie, gli agganci internazionali, uomini che girano il mondo e dispongono di strumenti moderni e potenti per l'importazione della droga. Un giro d'affari che dà alla mafia una potenza che le consente di agire in maniera sempre più autonoma dal potere politico. È la mafia che determina le operazioni politiche, la scelta degli uomini». E ancora: «È una gigantesca potenza economica che diventa anche imprenditoria... Costruisce catene di alberghi, gestisce commerci, ha società di import-export, traffici di varia natura». «E per fronteggiarla sono fondamentali» concludeva Pecchioli «gli accertamenti patrimoniali con possibilità di confisca e "indagini in deroga al segreto bancario".» Che anche Dalla Chiesa si fosse fatta un'idea analoga è molto probabile.

Qualche ricordo personale

Tante cose aveva capito di questa città il generale Dalla Chiesa. Non solo e non tanto gli organigrammi e gli interessi, le alleanze, le complicità, le coperture insospettabili di mafie vecchie e nuove, non solo l'esattezza di alcune piste investigative piuttosto che di altre. Le sue più importanti intuizioni furono due: 1) è buona regola, quasi un dovere, per un funzionario dello stato o per un uomo con incarichi pubblici delicati, non frequentare i salotti bene di Palermo. Dove non sai mai chi incontrerai e può capitarti di incontrare chiunque. Dove, se non metti dei punti fermi, puoi finire travolto senza accorgertene. Infatti nei cento giorni della sua drammatica esperienza, il prefetto declinò gentilmente ogni invito che potesse nascondere un'insidia. Praticamente li declinò quasi tutti. 2) La Sicilia, Palermo in particolare, è una terra dove il prestigio conta moltissimo, non per quello che sei, ma per come appari. Per il tenore di vita che esibisci. Per le amicizie, le parentele, ciò che si dice sul tuo conto, la «quotazione» che ti viene attribuita da una borsa valori il cui risultato è la media delle voci e dei segnali espressi da una subcultura di tipo mafioso. Ecco perché Dalla Chiesa, qualche giorno prima di morire, si rivolse al console americano a Palermo chiedendogli, metaforicamente, che qualcuno lo prendesse a braccetto perché tutti sapessero che non era più solo. Essere evitati da un giorno all'altro senza una causa apparente. Osservare che i comportamenti della gente che ti sta attorno rispondono a regie imperscrutabili ma paurosamente logiche, constatare di essere entrati in questa dimensione di «solitudine» è già troppo tardi. E spesso l'uomo-bersaglio non se ne accorge nemmeno. A Palermo si sa tutto di tutti. Le informazioni circolano in maniera sotterranea, per canali simili a quelli fognanti, che spesso quasi per una coincidenza emblematica scorrono fianco a fianco alla rete idrica inquinando le acque. Non si tratta di inseguire improbabili purezze. Ma esisterà pure una ragione per spiegare a Palermo la media annua di un centinaio di delitti. Ed ecco una terza verità scoperta dal generale: raramente gli uomini inclusi nella nomenclatura che conta, a tutti i livelli, si presentano con un «volto solo», praticano il difficile sport della coerenza, considerano valore inalienabile un minimo di concordanza fra impegno pubblico e consuetudini private. Palermo è piena di Giano bifronte. Creature doppie, triple, indefinibili, che giocano partite spesso più grandi di loro per il semplice gusto del potere e la ricerca del prestigio. In dieci anni trascorsi a fare il cronista a Palermo ho assistito più volte al funzionamento di questo meccanismo agghiacciante. Spesso ho raccolto in extremis, qualche giorno prima della inevitabile tragedia, lo sfogo, la denuncia, l'atto d'accusa di personalità pubbliche che volevano incontrare il cronista quando ormai era troppo tardi. Parlai tre volte con Dalla Chiesa nell'82, durante i cento giorni più frenetici vissuti dalla città in tempi di lotta alla mafia. In maggio, in una serata già estiva a Villa Whitaker, sede della prefettura, insieme a tantissimi miei colleghi.

Ci ritrovammo per una conferenza stampa che lui stesso aveva convocato all'improvviso, appena nominato prefetto. Ma eravamo noi giornalisti a pensare che si trattasse di una conferenza stampa. In realtà, quando ci ebbe tutti attorno, precisò subito che avrebbe preferito un «colloquio fra uomini». Non aveva voglia — e lo disse — di rilasciare dichiarazioni rituali. Semmai preferiva saggiare la nostra disponibilità. La disponibilità di noi operatori d'informazione, a sostenere fino in fondo una battaglia — quella contro la mafia — che si annunciava lunga, e che lui prevedeva (sante parole) molto più difficile che non quella contro il terrorismo. Un generale dei carabinieri si rivolgeva a dei giornalisti pregandoli — per il momento — di avere pazienza, di non scrivere nulla, perché non c'era nulla da scrivere. Eppure ebbi la sensazione che quella richiesta, apparentemente insolita, nascesse da una concezione alta della nostra professione, della nostra funzione. Ricordo bene il senso delle sue parole. Spiegò che mentre una certa platealità nell'iniziativa dello stato s'era rivelata un ottimo deterrente psicologico per i terroristi, ora, contro gli uomini di Cosa Nostra era molto più necessario lavorare in silenzio. Come il palombaro (adoperò proprio quest'espressione), capace di starsene a lungo in immersione, prima di sferrare l'attacco decisivo e andare al bersaglio. Dalla Chiesa era assente dalla Sicilia da più di dieci anni. Tornava all'indomani del 30 aprile '82. E anche lui, come La

Torre, tornava per capire, a rileggere, riannodare antiche piste poliziesche, lui che conosceva una certa vecchia mafia e sembrava non conoscesse il volto di quella nuova... Eppure. Eppure, poiché molti colleghi insistettero quel giorno a Villa Whitaker nella speranza di riferire almeno una sua frase «virgolettata», Dalla Chiesa ci autorizzò a scrivere che esisteva un paese che si imponeva all'attenzione di quanti volessero decifrare gli scenari di mafia. Questo paese era Corleone. E aggiunse che si riprometteva di indagare su chi vent'anni prima «aveva dieci» e inspiegabilmente oggi, negli anni '80, aveva «raggiunto cento e mille». Corleone, si chiedevano in tanti, ancora Corleone? Qualche mese dopo ci rendemmo conto di quanto fossero state profetiche le sue parole. L'ex comandante della legione siciliana dei carabinieri non aveva mai perduto d'occhio i capi corleonesi, i Riina, i Provenzano, quei superlatitanti che la prima commissione antimafia aveva solo sfiorato.

La seconda volta che incontrai Dalla Chiesa fu il 3 agosto, alle 18. «L'Unità» mi aveva chiesto un articolo in occasione del secondo anniversario dell'uccisione di Gaetano Costa. Sapendo che anni prima Costa e Dalla Chiesa si erano conosciuti proposi al giornale un'intervista al prefetto che fosse anche l'occasione per un bilancio sui primi tre mesi di lavoro a Palermo. Trascorsi esattamente tre giorni fra decine e decine di telefonate, estenuanti, inutili, ripetitive, e tutte in prefettura. Un particolare curioso: avevo trovato Dalla Chiesa «al primo colpo», alla prima telefonata. Gli avevo spiegato cosa volevo, lui era stato gentilissimo, ricordava Costa, mi chiese solo di pazientare perché era influenzato. Avevo ottenuto un primo risultato, anche se molto parziale: sapevo che non avrebbe più opposto un rifiuto. Ma da quel giorno non riuscii più a mettermi in contatto con lui. Venivo regolarmente sballottato da un funzionario all'altro della prefettura, da un capo di gabinetto, ad un addetto-stampa, mentre si alternavano al telefono voci maschili e femminili, tutte regolarmente infastidite, glaciali: «Lei vuole intervistare il prefetto? Ma Sua Eccellenza non rilascia interviste». Ed io a ripetere che già avevo parlato con lui e sapevo di una sua disponibilità in linea di massima. Passavano le ore, il tempo stringeva. L'anniversario del 6 agosto si avvicinava. Il pomeriggio del 2 richiamai la prefettura per l'ennesima volta e sbraitai fuori di me per cinque minuti di fila. Non diedi il tempo al funzionario di turno di riattaccare senza prima avergli dettato il numero della redazione de «l'Unità». Cinque minuti dopo chiamarono loro. Una delle solite voci più glaciali del solito recitò la formuletta di rito: «Sua Eccellenza la attende per domani a Villa Whitaker, alle 18».

Di quel giorno ricordo un caldo infernale e che il piantone non mi fece alcuna difficoltà quando gli chiesi di salire. Villa Whitaker sembrava deserta. Attesi qualche minuto, in un'anticamera, al primo piano. Apparve un vecchietto che mi chiese di pazientare ancora. Infine si aprì una porta: «lei è de "l'Unità?" Io sono Dalla Chiesa». Era di buon umore. Indossava un completo di lino, nocciola chiaro, camicia giallo pallido, cravatta marrone. Accese il ventilatore. Parlò quasi sempre lui, non mi diede il tempo di far molte domande. Raccontava soprattutto ciò che in quel momento gli stava a cuore. Insistette sull'importanza del rapporto di polizia dei «162», che offriva un quadro serio della «nuova mafia» di quegli anni e che la stampa invece — a suo giudizio — aveva sottovalutato. Mi disse, fra l'altro, «punto all'alta mafia». E insistette su un argomento a quei tempi inedito, quello del pentitismo. Sottolineò il contributo offerto da Leonardo Vitale, contributo insperato e del quale invece lo stato non aveva fatto alcun uso. Pronunciò questa frase che riportai per intero: «Il primo pentito l'abbiamo avuto nel '70 proprio fra i mafiosi siciliani. Perché dovremmo escludere che questa struttura possa esprimere un gene che finalmente scateni qualcosa di diverso dalla vendetta o dalla paura? Ma questo può verificarsi soltanto nei momenti più alti dell'iniziativa dello stato...». Parole meditate a lungo e che invece io riferii quasi meccanicamente nel resoconto di quel colloquio che poi il giornale avrebbe pubblicato il 6 agosto. A conclusione dell'incontro, un'ora e mezzo dopo, tentai con molto imbarazzo, tanta circospezione, non riuscendo a trovare le parole giuste, di fargli capire che attorno a lui — certamente a sua insaputa — qualcuno voleva stendere un cordone di silenzio, per impedirgli di incontrare giornalisti. Si alzò, spense il ventilatore. Socchiudeva gli occhi e mi guardava, senza dir nulla. Quindi tagliò corto: «le do il mio numero diretto. D'ora in poi, quando mi vorrà parlare non dovrà più superare alcun filtro, alcuno sbarramento».

Lo richiamai il 6 agosto. «Ha visto» esordì allegramente «com'è facile parlare con il prefetto di Palermo? E lei che non ci credeva... Sono io ad aver vinto la scommessa.» Sapeva? Non sapeva? Non lo seppi mai. Lo rividi l'ultima volta il 20 agosto, a Ficuzza, proprio vicino a quella Corleone che considerava la magica porta d'accesso a tanti santuari. Lo rividi insieme al ministro degli interni, Virginio Rognoni, entrambi lì a ricordare un'altra uccisione per mano di mafia, quella del colonnello dei carabinieri Giuseppe Russo, avvenuta dieci anni prima. Giungeva al culmine in quei giorni proprio quell'*Operazione Carlo Alberto* che le cosche avevano scatenato all'insegna d'un macabro propagandismo.

A rileggerla oggi, quell'intervista, dà l'impressione d'un colloquio volutamente prudente, ben mantenuto all'interno di certi limiti. Ho già detto delle più significative affermazioni del generale. Gli obbiettai che Palermo ancora non si rendeva conto fino in fondo dell'inversione di tendenza rappresentata dal suo impegno, che la gente perbene chiedeva di conoscere i nomi dei mandanti e degli esecutori dei grandi delitti terroristico-mafiosi. Rispose: «È vero. L'opinione pubblica più sensibile ci chiede di svelare fino in fondo ciò che si nasconde dietro i delitti che hanno avuto quale comune denominatore un disegno tendente a destabilizzare le stesse istituzioni. Uomini come Mattarella, Costa, La Torre, vollero imprimere una svolta alla vita pubblica siciliana. Ma si scontrarono con interessi consolidati, o in fieri». E ancora. «C'è una sfida di faide, con sgarri e vendette contrapposte: veri e propri gruppi di potere locali, sui quali stiamo già intervenendo. E c'è poi una criminalità più complessa, un connubio di mafia ed interessi, che punta in alto. Anche se non sono venuto a Palermo per stravincere, è decisivo impedire al più presto gravi inasprimenti della situazione che deriverebbero da nuovi salti di qualità di singoli clan.»

Minuzzaglia e stanze dei bottoni. Protagonisti e comparse. Gregari, soldati e alti strateghi del crimine organizzato e mafioso. Un esercito disciplinato e feroce. Un esercito di parenti, anche. Grande punto di forza questo, ma anche grande tallone d'Achille di Cosa Nostra. È utile ricordare la deposizione che Dalla Chiesa, allora comandante della legione dei carabinieri di Palermo rese ai commissari della prima commissione antimafia.

Illustrò loro l'utilità di una scheda genealogica dedicata alle famiglie mafiose. E mi spiegò in quel colloquio in prefettura: «Era una tecnica innovativa, valida ancora oggi. Stabilire con chi è sposato il mafioso, con chi si è imparentato, chi ha battezzato o cresimato, è un buon punto di partenza per gli investigatori. Seguendo questi percorsi si scoprirà ad esempio che un nucleo originario di Monreale, passando attraverso paesi e paesi della Sicilia, è giunto magari a mettere radici nel territorio di Castellammare». Forse era già in possesso del bandolo di qualche matassa investigativa. Forse riteneva imminente qualche primo grande «pentimento» nelle file dell'organizzazione mafiosa. Certamente sapeva che il tempo non gli era più amico. E aveva fretta. E parlava senza dare al cronista il tempo per le domande. Ormai sapeva di essere solo.

Terrore

Il generale aveva vissuto un'estate infernale. A metà giugno la mafia aveva manifestato i primi segni di fastidio. Strage della circonvallazione a Palermo: per eliminare il boss catanese Alfio Ferlito i killer non esitarono ad assassinare tre carabinieri e l'autista che stavano trasferendo il mafioso da un carcere all'altro. Ai primi d'agosto gli omicidi a Palermo superarono quota ottanta. Esplose il regolamento di conti fra le cosche nel famigerato triangolo della morte Altavilla-Bagheria-Casteldaccia. In quest'ultimo paese si contarono dieci morti in appena cinque giorni. Due cadaveri vennero abbandonati un sabato pomeriggio in un'auto a dieci metri di distanza dalla caserma dei carabinieri. L'impressione fu enorme. Era un aperto segno di sfida, un guanto lanciato in faccia agli investigatori e soprattutto a lui, il numero uno, a questo piemontese che ancora non si decideva ad abbassare la guardia. Ma non finì lì. Delitti a Villabate, dentro l'antico mercato della Vucciria, a Palermo, mafiosi che in quei giorni scomparivano nel nulla. Dalla Chiesa aveva capito che il cerchio stava per chiudersi.

Rimasto un generale disarmato, costretto ad inventarsi il suo esercito ogni giorno, circondato dalla diffidenza o dall'ostilità quasi palpabili della classe politica siciliana, Dalla Chiesa concesse a Giorgio Bocca la clamorosa intervista che la «Repubblica» pubblicò il 10. Il prefetto di Palermo disse fra l'altro: «Oggi mi colpisce il policentrismo della mafia anche in Sicilia e questa è davvero una svolta storica. È finita la mafia geograficamente definita della Sicilia occidentale. Oggi la mafia è forte anche a Catania, anzi da Catania viene alla conquista di Palermo. Con il consenso della mafia palermitana, le quattro maggiori imprese edili catanesi oggi lavorano a Palermo; lei crede che potrebbero farlo se non ci fosse una nuova mappa del potere mafioso?». Commentò così l'estate di fuoco «... uccidono in pieno giorno, trasportano i cadaveri, li mutilano, ce li posano fra questura e Regione, li bruciano alle tre del pomeriggio in una strada centrale di Palermo». E lui chi si credeva di essere? Un proconsole o un prefetto nei guai? «Beh» replicò a Bocca «sono di certo nella storia italiana il primo generale dei carabinieri che ha detto chiaro e netto al governo: una prefettura come prefettura, anche se di prima classe, non mi interessa. Mi interessa la lotta contro la mafia, mi possono interessare i mezzi e i poteri per vincerla nell'interesse dello stato.» E mezzi e poteri li aveva avuti? «Non mi risulta che questi impegni siano stati codificati.» Quali potevano essere le cause che avevano determinato l'uccisione del dc Mattarella? «È accaduto questo: che il figlio, certamente consapevole di qualche ombra avanzata nei confronti del padre, tutto ha fatto perché la sua attività politica e l'impegno del suo lavoro come pubblico amministratore fossero esenti da qualsiasi riserva. E quando lui ha dato chiara dimostrazione di questo suo intento, ha trovato il piombo della mafia...» E il comunista La Torre? «Per tutta la sua vita. Ma, decisiva, fu la sua ultima proposta di legge, di mettere accanto all'*associazione a delinquere* l'*associazione mafiosa.*» Bocca infine ricordò tanti altri predecessori del generale che avevano ritenuto possibile sconfiggere la mafia ma erano stati inesorabilmente sconfitti. «Ma lei, Carlo Alberto Dalla Chiesa» proseguì Bocca «si mette il doppio petto blu prefettizio e ci vuole riprovare.» «Ma sì» concluse il generale «e con un certo ottimismo, sempre che venga al più presto definito il carattere della specifica investitura con la quale mi hanno fatto partire. Io, badi, non dico di vincere, di debellare, ma di contenere. Mi fido della mia professionalità, sono convinto che con un abile, paziente lavoro psicologico si può sottrarre alla mafia il suo potere. Ho capito una cosa, molto semplice, forse decisiva: gran parte delle protezioni mafiose, dei privilegi mafiosi pagati dai cittadini a caro prezzo non sono altro che i loro elementari diritti. Assicuriamoglieli, togliamo questo potere alla mafia, facciamo dei suoi dipendenti i nostri alleati.» Ma ancora una volta per lui, per le sue illusioni di persona perbene sbattuta nella fossa dei leoni era troppo tardi.

L'11 agosto dichiarò al GR1: «Non si possono pretendere i taumaturghi per sconfiggere la mafia». Quello stesso giorno un altro delitto eccellente aveva scosso Palermo. Nei vialetti del Policlinico era stato ucciso Paolo Giaccone, il medico legale. Sconcertante la motivazione del delitto: il serio professionista si era rifiutato di falsificare l'esito di alcune perizie che mettevano in difficoltà una cosca di mafia. Durissime erano in Sicilia — in quel momento — le resistenze alla concessione di ampi poteri al prefetto che comunque non si perse d'animo. Convocò i sindaci dei paesi del triangolo invitandoli a mobilitare la popolazione. I parroci gli diedero indirettamente una mano pronunciando durissime omelie e denunciando che «troppi potenti partecipano ai funerali dei mafiosi».

Qui è morta la speranza dei siciliani onesti

Il commando fu rapidissimo nell'eseguire la strage. L'A 112, guidata da Emanuela Setti Carraro, con a fianco Dalla Chiesa, era seguita a breve distanza da un'alfetta di servizio guidata dall'agente Domenico Russo. Le due auto provenivano dalla prefettura. La trappola mortale scattò in via Carini. Una 131 e una BMW strinsero la A 112 contro un marciapiede, a meno d'un chilometro da Villa Whitaker. Le sventagliate di kalashnikov colpirono contemporaneamente Emanuela, il prefetto e l'autista dell'auto di scorta. Una decina di killer presero parte all'operazione. Il massacro fu scrupoloso. Emanuela e Dalla Chiesa morirono sul colpo. L'agente Russo in ospedale, qualche giorno dopo. L'indomani un cittadino scrisse nel luogo dell'agguato: «qui è morta la speranza dei siciliani onesti». Due giorni prima il ministro delle finanze Rino Formica aveva dichiarato pubblicamente che presto Dalla Chiesa sarebbe entrato in possesso dell'enorme schedatura dei patrimoni illeciti preparata dalle fiamme gialle.

Un cronista in via Carini

«Nota personalità... nota personalità... nota personalità...» Gracchiarono a lungo le autoradio, quella sera del 3 settembre, in via Carini. Non si pronunciava il nome di Dalla Chiesa in quei dispacci. Non si facevano i nomi di Emanuela Setti Carraro e dell'agente Domenico Russo, che stava agonizzando sventrato dai colpi di kalashnikov. Apparve infatti subito chiaro quella sera che la bestia mafiosa aveva superato il segno, e che sarebbero venuti ancora giorni ben più neri, ben più difficili. Era un venerdì. Mi trovavo come di consueto nella redazione de «L'Ora» in compagnia del collega che si occupava di politica regionale. Stavamo facendo le ultime telefonate di controllo prima di andarcene a casa. Ad un tratto il mio collega assunse un colorito spettrale, e riuscì solo a farfugliare «dicono che hanno ammazzato Dalla Chiesa». In portineria, anch'egli stravolto, incontrammo un poliziotto che sentiva ripetere dalla sua ricetrasmittente: «hanno ammazzato nota personalità... hanno ammazzato nota personalità...». Ricordo una autobotte dei pompieri messa di traverso in via Carini, per impedire l'afflusso di automobilisti curiosi. Ricordo un impressionante dispiegamento di forze. Mai viste tante pistole che spuntavano dalle cinture dei pantaloni come quella sera. Ricordo il grottesco carosello di decine e decine di volanti, per l'intera nottata, in ogni via di Palermo quando ormai il peggio era accaduto. E sirene, sirene, sirene: sembrava che tutti gli uomini di tante polizie, sbalorditi di fronte all'ennesima dimostrazione di potenza del nemico, cercassero di darsi conforto alzando il volume, quasi a non voler sentire l'eco ancora assordante di quei colpi che avevano messo in ginocchio lo stato italiano. Ricordo il cardinale Pappalardo — il capo della Chiesa siciliana — giungere sul luogo del delitto, a piedi, da solo, stralunato, lo ricordo che fendeva la folla consapevole d'un carisma che qualche giorno dopo, durante i funerali nella chiesa di San Domenico, gli avrebbe dato la forza, mentre tutti erano deboli e smarriti, di pronunciare la potente omelia su Sagunto che veniva espugnata mentre a Roma si discuteva. Ricordo le crocerossine in camice bianco giunte lì per l'estremo addio ad Emanuela. Ricordo la raffica di ordini secchi di tanti funzionari che purtroppo non significavano nulla. Ricordo il buio pesto di quella sera, i fari delle auto che mi fecero pensare alla luce irreale dei comuni terremotati del Belice quella notte del sisma, in un lontano gennaio del '68 che sembrava sepolto nella mia memoria. E ricordo ancora strani vecchietti, poveri pensionati cascati giù dal letto, vestiti alla meno peggio, alcuni in pantofole, altri con la giacca sopra la giacca del pigiama, con baschi e cappelli di lana. Ricordo nugoli di bambini, silenziosi, impauriti dalla serietà d'uno spettacolo che non capivano. Rivedo affacciate a quei balconi, al primo, al secondo piano, le popolane del vicinissimo mercato del Borgo, mute come vedette che forse avevano visto tutto, che certamente avevano sentito tutto. Che magari non avrebbero mai parlato, ma che certamente, anche se restavano impassibili, avevano già espresso dentro di loro una condanna senz'appello per gli autori della strage. Sì. Ricordo ancora qualche cosa. Ricordo che nessuno, quella notte, volle confermare ufficialmente che il nuovo agnello sacrificale si chiamava Dalla Chiesa. Scene di isteria, umane ma fastidiose lo stesso. Le maschere di cera di tanti funzionari della prefettura che non avevano amato Dalla Chiesa vivo e avevano paura adesso che era morto. Ricordo i colleghi, quella notte, disarmati, improvvisamente privi di certezze, senza taccuini, senza penne, che non prendevano appunti perché scolpivano nella memoria ogni particolare di quell'impetuoso fiume di «notizie» che scorreva di fronte ai nostri occhi. Giunsi finalmente a tiro della A 112 bianca la cui foto sarebbe stata pubblicata l'indomani da tutti i giornali del mondo. Non ho nulla da aggiungere. Lo strazio, la pena, la ripulsa di quella notte in via Carini, sono diventati, per fortuna, patrimonio comune di tanti. E dire che appena qualche settimana prima, all'indomani dell'intervista a «l'Unità», qualcuno, incontrandomi in quel palazzo, mi aveva detto: «Ma questo Dalla Chiesa chi cazzo crede di essere? Nembo Kid?». Nembo Kid aveva chiuso. Ricordo anche il 5 settembre, giorno dei funerali, giorno dell'ultimo saluto a Carlo Alberto Dalla Chiesa e ad Emanuela Setti Carraro. Ricordo che le facce di pietra degli uomini di stato erano schierate lì in prima fila, nella chiesa di San Domenico, mentre migliaia di persone premevano per entrare e dar sfogo alla loro rabbia incontenibile. Sotto la navata centrale del Pantheon le due bare in mogano. Monetine da cento lire vennero scagliate in quel primo pomeriggio — erano appena scoccate le sedici — contro alfette blu di ministri e sottosegretari.

La contestazione coinvolse tutti gli uomini politici presenti. Particolarmente bersagliati per la carica di ministro degli interni e di presidente del consiglio, Rognoni e Spadolini. C'erano anche La Malfa e Craxi, Colombo e Formica, Berlinguer e Lama, Emma Bonino ed Almirante. Nando, Rita e Simona Dalla Chiesa. E quella mattina, seppur distrutti dal dolore, avevano trovato la forza di rifiutare la corona di fiori inviata dalla Regione siciliana. Abbracciarono soltanto il presidente Pertini che quel giorno pianse come un bambino. Nella chiesa di San Domenico, nel cuore della vecchia Palermo, echeggiarono spesso fischi, insulti, e slogan inneggianti alla pena di morte. Anche il cardinale Pappalardo ignorò i rappresentanti delle istituzioni, e si accorse solo della presenza di Pertini. Pronunciò quel giorno un'omelia che avrebbe fatto storia: «Sovviene una nota frase, della letteratura latina, Sallustio mi pare: *Dum Romae consulitur... Saguntum espugnatur*, mentre a Roma si pensa sul da fare, la città di Sagunto viene espugnata. E questa volta non è Sagunto, ma Palermo! Povera Palermo nostra». Le telecamere della televisione di stato ripresero in diretta tutta la cerimonia funebre. C'era un'Italia con gli occhi rossi. E una classe politica con uno sguardo di pietra. La stessa che non aveva ben capito quali poteri andasse cercando questo generale piemontese mai contento che lo stato lo avesse scelto per andarsene in trincea. Ma anche quella parte di classe politica che avendo capito benissimo quali fossero i desideri del nuovo prefetto di Palermo aveva fatto di tutto per ostacolarli.

VIII

LA MAFIA È PIÙ FORTE E VINCERÀ

Lacrime di coccodrillo

Uccidendo Dalla Chiesa la mafia ha dimostrato tutta la sua debolezza. Con la strage di via Carini ha commesso un errore strategico imperdonabile. Renderà inevitabile un'offensiva dello stato implacabile e duratura. Per dedicarsi indisturbata ai suoi traffici illeciti la mafia ha bisogno di silenzio e di certezze: quei colpi di kalashnikov hanno provocato l'eco lunga di cento cannonate e scosso anche i tanti Ponzio Pilato che finora erano rimasti a guardare. È scesa in campo la Chiesa, come mai era accaduto in Sicilia. Nulla sarà più come prima. Uccidendolo, le cosche hanno fatto di questo generale piemontese un mito, un eroe, un faro che sarà difficile spegnere. Dopo lo sgomento iniziale, in quei giorni neri, i palermitani, e tutti gli italiani onesti, si davano conforto così, alimentando la speranza che l'ultimo eccidio avrebbe fatalmente capovolto l'andamento della partita. E cosa c'era ancora da vedere che già non fosse stato visto? Pensiamoci un attimo, senza stancarci di riascoltare i loro nomi: in soli quattro anni, fra il '79 e l'82, erano stati assassinati uno dietro l'altro Giuliano, Terranova, Mattarella, Basile, Costa, La Torre, Dalla Chiesa. A non voler includere nel macabro conteggio (e perché mai?) le centinaia e centinaia di vittime di mafia. Centoquarantotto solo nell'82.
L'opinione pubblica si aspettava soluzioni radicali. Si aspettava — e mai come durante i funerali a San Domenico il baratro che separava la società civile dagli uomini del palazzo era apparso incolmabile — una raffica di dimissioni a catena, l'apparire di facce nuove sulla scena politica, un grande dibattito rigeneratore all'interno di tutti i partiti siciliani. L'opinione pub-

blica pretendeva non solo un mea culpa generico, ma che tutti si
sbarazzassero di scheletri antichi che hanno sempre impedito in
questa terra un corretto funzionamento delle istituzioni democratiche. No, non andò così. Fin quando poterono, o tergiver-
sando (il sindaco Martellucci), o con arroganza cocciuta (il presidente della regione D'Acquisto), gli esponenti politici più
chiacchierati tennero duro, favoriti in questo da una vera e propria solidarietà di casta che ha sempre legato fra loro i detentori
del potere in Sicilia. Il Palazzo alzò i suoi ponti levatoi e la società civile rimase all'esterno a rumoreggiare, recriminare, prima di rendersi conto ancora una volta che la lezione di via Carini non era stata raccolta da chi avrebbe potuto cambiare le cose.

Si varava in quei giorni lo Spadolini-bis. Il 7 settembre, appena quattro giorni dopo l'agguato, Guido Neppi Modona,
scrisse sulla «Repubblica»: «... la feroce eliminazione di Dalla
Chiesa solleva interrogativi politici ed istituzionali estremamente gravi ed inquietanti. Sul terreno politico è fuori discussione
che i partiti di governo hanno irresponsabilmente, o peggio ancora consapevolmente, sottovalutato i rapidi mutamenti di metodo e di iniziative del fenomeno mafioso e il suo porsi come
contropotere a livello nazionale al punto che nel programma del
secondo governo Spadolini non una riga è stata spesa sulla mafia e sulla criminalità organizzata. Contro la mafia è cioè finora
completamente mancata da parte dei partiti di governo quella
mobilitazione politica e morale che sia pure a fatica si era creata
contro il terrorismo dopo il sequestro dell'onorevole Moro».
Tutto giocato su questa mancata analogia fra l'impegno dello
stato contro il terrorismo e quello contro la mafia, l'editoriale di
Neppi Modona proseguiva così: «Della mafia in realtà si sapeva molto di più di quanto non si conoscesse sul terrorismo nella
prima metà degli anni '60, non foss'altro perché il fenomeno ha
radici secolari e la sua trasformazione in contropotere nazionale
era già in atto ben prima degli efferati omicidi degli ultimi tre
anni. Tanto è vero che sin dal 31 marzo 1980 i deputati del Pci
hanno presentato un analitico disegno di legge per la prevenzione e la repressione della mafia, poi seguito da una scarna iniziativa governativa del novembre '81, che per altro nella sua inte-
stazione pudicamente non cita neppure la parola mafia». Infine, un duro richiamo alla classe politica italiana: «È doloroso»

aggiungeva Neppi Modona «ma nello stesso tempo politicamente istruttivo constatare che c'è voluta la morte di Dalla Chiesa perché la legge si muovesse dal letargo e venisse messa in discussione con procedura d'urgenza, tanto che si prevede una sua approvazione entro oggi o domani».

Fu un atto di debolezza delle cosche puntare così in alto? In un certo senso sì, nonostante tutto. Venne infatti finalmente approvata in parlamento quella legge La Torre che per anni era rimasta impantanata nelle secche dei rinvii, dei patteggiamenti e delle mediazioni, e che ben altri risultati avrebbe reso se accolta in tempo dal governo. Il primo ufficio istruzione italiano che la utilizzò — all'indomani dell'entrata in vigore — fu quello di Palermo, dove Chinnici, Falcone, Borsellino e altri giovani magistrati tirarono un sospiro di sollievo vedendo finalmente più praticabile la strada degli accertamenti bancari. Il primo imprenditore siciliano che la boicottò fu il catanese Carmelo Costanzo, uno dei quattro cavalieri che lavoravano a Palermo con il consenso della mafia, secondo la denuncia di Dalla Chiesa. Qualche giorno dopo l'entrata in vigore della legge, Costanzo chiuse i suoi cantieri in Calabria, licenziando cento dipendenti. Considerava insopportabile il nuovo sistema di controlli.

Il posto di Dalla Chiesa fu preso da Emanuele De Francesco. Con un apposito decreto legge di appena due articoli, firmato dal presidente della repubblica Sandro Pertini, De Francesco ottenne ampi poteri estesi a tutto il territorio nazionale: avrebbe potuto avere accesso a banche o istituti pubblici e privati e gli veniva riconosciuta la possibilità di avvalersi degli organi di polizia tributaria. Le imprese avrebbero avuto l'obbligo di fornirgli ogni informazione per individuare gli effettivi titolari delle azioni o delle quote sociali. Al nuovo prefetto venivano concessi tutti i poteri attribuiti all'autorità di pubblica sicurezza, compreso quello di intercettazione telefonica. Ma soprattutto il Sisde, che De Francesco continuò a dirigere, lo avrebbe messo in condizione di conoscere tutti i *top secret* sull'argomento mafia. Si ricominciava, ancora una volta.

La mafia invece procedeva come una locomotiva lanciata a folle velocità, pronta a travolgere ogni argine, del tutto indifferente ai segnali romani che in fondo non considerava tanto minacciosi. Quante volte lo stato aveva fatto la voce grossa lasciando intendere di volersi sbarazzare di quest'inquietante zavorra? Forse che non c'era già stata la prima commissione antimafia? E se si era risolta in una bolla di sapone, dopo aver macinato milioni di parole, perché mai la nomina di De Francesco e l'ingresso in campo dei servizi segreti avrebbero dovuto produrre un esito differente? Si disegnò dunque, con i poteri negati a Dalla Chiesa e attribuiti a De Francesco, la figura ideale di un superpoliziotto chiamato dallo stato a fronteggiare il braccio armato della mafia. Un progetto che — saremmo tentati di dire — è per definizione perduto in partenza. Dalla Chiesa, venendo in Sicilia, non aveva forse messo in chiaro con il presidente del consiglio Spadolini, con il ministro degli interni Rognoni, e con lo stesso Andreotti, che non avrebbe avuto alcun riguardo per la «famiglia politica più inquinata dell'isola», cioè per gli andreottiani di Salvo Lima? Il generale insomma sapeva bene, avendo guidato le campagne dell'antiterrorismo, che l'esito del nuovo scontro non sarebbe stato deciso semplicisticamente da un buon numero di conflitti a fuoco con bilancio favorevole ai rappresentanti delle forze dell'ordine. Occorreva fare molto di più: recidere quella vischiosa ragnatela che la mafia aveva tessuto con le centrali siciliane del potere politico e imprenditoriale. Spezzare definitivamente quel patto di scambio fra mafiosi e alcuni politici che data in Sicilia almeno dal dopoguerra. Riportare alla luce i sistemi per l'aggiudicazione dei grandi appalti delle opere pubbliche assegnati invece al termine di patteggiamenti clandestini e irregolari. Disegnare l'eloquente mappa dei voti di preferenza, magari per andare a scoprire che certi signori delle tessere sono tutt'altro che immuni da cattive frequentazioni. Ma questa verità, sconvolgente e semplice allo stesso tempo, è stata sempre rifiutata, criminalizzata o ridicolizzata, a seconda delle circostanze.

Ecco perché — l'8 settembre '82 — la clamorosa intervista concessa a Giorgio Bocca da Nando Dalla Chiesa, figlio del prefetto assassinato, provocò quasi una crisi di Palazzo. Venivano indissolubilmente legate mafia e politica. E questa conclusione, per nulla accademica, non apparteneva ad una «ricerca sociologica», ma rispecchiava il pensiero di un figlio che ha subito l'assassinio del padre dopo averne condiviso negli ultimi giorni di vita assilli e timori. Era l'intervista di un testimone.

Disse Nando Dalla Chiesa: «Che cosa penso dell'assassinio di mio padre? Penso che sia stato un delitto politico deciso e commesso a Palermo. Né a me né ad altri della mia famiglia interessa sapere chi sono stati i killer, se venuti da Catania o da Bagheria o da New York. Interessa che siano individuati e puniti i mandanti che, a mio avviso, vanno ricercati nella democrazia cristiana siciliana». Bocca, riprendendo un'intervista rilasciata dal prefetto, elencò alcuni dei possibili *avversari locali del generale*: il sindaco di Palermo, Martellucci, il presidente della regione D'Acquisto, Salvo Lima, Vito Ciancimino e Rosario Nicoletti. Chiese il giornalista a Nando Dalla Chiesa: «Lei pensa che questi nomi siano stati indicati a Rea [*il giornalista dell' "Europeo" che raccolse l'intervista al prefetto di Palermo, N.d.A.*] da suo padre?». Rispose Nando Dalla Chiesa: «Questo può dirlo Rea. Io so dalle dichiarazioni pubbliche rese alla stampa da questi signori che alcuni di essi si sono opposti alla concessione di poteri speciali a mio padre».

Un terremoto politico. La dc sul banco degli imputati. Rischiava di afflosciarsi in meno di ventiquattr'ore l'effetto-immagine che a Roma si voleva ottenere con l'insediamento di De Francesco. Ma Nando Dalla Chiesa, che forse aveva previsto tutto questo, che certamente non era così ingenuo da assegnare ad un'intervista, per quanto esplosiva, il compito di disarticolare una trama secolare, volle sottolineare nel suo colloquio con Bocca che suo padre era stato ucciso perché «era stato il primo prefetto della repubblica a dichiarare in pubblico, durante la commemorazione del colonnello Russo, che la colpa del delitto era della mafia e che la mafia era una realtà malavitoso-politica». E aggiunse: «Durante la lotta al terrorismo mio padre era stato abituato ad avere le spalle coperte, ad avere dietro di sé tutti i partiti dell'arco costituzionale, democrazia cristiana in testa. Questa volta appena arrivato a Palermo capì, sentì che una parte della democrazia cristiana non solo non lo copriva ma gli era contro».

Quell'intervista rappresentò un doppio capovolgimento degli schemi convenzionali sull'argomento. Anche perché qualcuno, finalmente, aveva il coraggio di indicare responsabilità precise, mentre le indagini — secondo copione — imboccavano la scorciatoia facile della ricerca dei killer che materialmente avevano preso parte alla strage in via Carini. La levata di scudi in casa dc fu massiccia. I giornali siciliani intervistarono gli esponenti democristiani a tre alla volta. Si discolparono. Contrattaccarono. Magari diedero del visionario al «povero figlio del generale».

Tentiamo una piccola antologia dell'«onore dc offeso» cominciando dall'intervista («Giornale di Sicilia», 9 settembre) a Mario D'Acquisto, il presidente della regione siciliana. Qual era stata la sua prima reazione all'intervista di Nando Dalla Chiesa? «Una reazione immediata, data l'enormità della cosa e l'assurdità della cosa. È anche questa una forma di ferocia, un'aggressione morale nei cui confronti è difficile una concreta difesa che non sia quella stessa offerta dalla semplice, oggettiva verità delle cose. E la nostra richiesta è appunto che si accerti la verità a tutti i livelli possibili, che non rimangano ombre di dubbio» (ne sarebbero rimaste tante, invece). Nello Martellucci, sindaco di Palermo («la Repubblica», 9 settembre): «È un attacco con fini politici da parte di un sociologo politicizzato. Non onora il sangue che suo padre ha versato, è il comportamento di un mascalzone». Disse la sua Vito Ciancimino (non occorrono presentazioni), in quel periodo responsabile degli enti locali per la dc palermitana («L'Ora» 9 settembre): «I mandanti si vogliono trovare nella dc siciliana? Credo che questa sia solo una valutazione soggettiva. Siamo nel generico. Se Nando Dalla Chiesa avesse avuto prove si sarebbe dovuto rivolgere non ad un giornalista ma alla procura della repubblica. ... Glielo assicuro: è una storia fumettistica». Passò invece quasi inosservata, quel giorno, sempre su «L'Ora», la dichiarazione di un fanfaniano, assessore comunale all'igiene, che si chiamava Giuseppe Insalaco. Forse fu l'unico che non si unì al coro dell'«onore dc offeso». Riconobbe che: «Di fronte a fatti come questi non si può dire: non si comprende nulla. Ci sono tanti episodi che coincidono. Allora si può anche avere il coraggio di dire: "sì, abbiamo sbagliato, c'è qualcosa che non va". Il problema del resto non è del partito, ma di alcuni tra gli uomini che lo gestiscono. Bisogna avere dunque il coraggio di spezzare questo coagulo di debolezze». Ma anche dagli spalti del palazzo scudocrociato di piazza del Gesù, venne lanciato olio bollente per sbarrare il passo a una «campagna scandalistica» scaturita da una «gravissima accusa», e il cerchio si chiuse a meraviglia. «I propositi del generale Dalla Chiesa di bloccare l'arroganza della mafia» scrisse la segreteria dc in una sua nota ufficiale «sono condivisi dalla democrazia cristiana. Qualsiasi tentativo di coinvolgere la dc come mandante occulto del tragico delitto è vile, ingiusto e ingeneroso.» Altri grandi capi dc tuonarono da Viareggio, dove era in corso la Festa dell'Amicizia. Serafico, disincantato, e anche sbrigativo, Giulio Andreotti diede del «birichino» a Nando Dalla Chiesa: «Se l'intervista è esatta mi sembra una cattiva azione spiegabile solo con l'emozione del momento». Mariano Rumor: «È forse in grado il figlio di Dalla Chiesa di dimostrare queste accuse?». Emilio Colombo: «Per fare affermazioni di questo genere bisogna provarle. Le accuse senza prova non possono essere prese in considerazione».

Meno retorico, sinceramente preoccupato da quanto era accaduto, e non incline ad una piatta difesa d'ufficio del partito dc, apparve il segretario Ciriaco De Mita che ammise ad Eugenio Scalfari («la Repubblica», 9 settembre): «Se lei mi domanda: "ci sono stati e ci sono mafiosi dentro la dc?" la mia risposta è: è possibile, come è possibile che siano dappertutto, negli altri partiti, nella polizia, nella magistratura, nelle banche. Ma è venuta l'ora di una lotta senza quartiere. Non dobbiamo tollerare più nessun inquinamento, nessuna complicità: non ci può essere nessuna assoluzione. Chi è contro la mafia, qualsiasi tessera abbia in tasca, milita nel partito delle persone perbene; e chi non si associa attivamente a questa lotta, o peggio, collude con i criminali, va espulso dal tessuto civile». Parole amare, un impegno tanto solenne quanto ambizioso, una nuova scelta di comportamento destinata a infrangersi non appena comunisti, socialisti, e pdup, si ritrovarono insieme — in Sicilia — nel sollecitare le dimissioni del presidente della regione, D'Acquisto, e del sindaco Martellucci. «Sono venute meno al sindaco di Palermo e al presidente della regione» scrisse il pci siciliano in una nota della sua segreteria «l'autorità morale per continuare a rappresentare Palermo e la Sicilia, ed essi debbono trarne le conseguenze.» I due invece — per il momento — restarono al loro posto. Andrea Barbato scrisse sul quotidiano «Paese sera»: «Il patriottismo di partito che, in simili circostanze si erge come uno scudo, non può far dimenticare che accanto al partito di Mattarella ne esiste, sotto il medesimo simbolo, un altro che ad esso è sempre stato contrapposto ed ostile, in una lotta che si combatte sotterraneamente e che non appare in superficie. La dc e De Mita hanno perciò le loro ragioni a respingere con rabbia l'accusa d'essere "il partito della mafia": ma ne hanno molte meno da mettere in campo dinanzi alle reticenze, alle tolleranze, agli interessi politici che hanno fatto comunque sorgere e prosperare un partito della mafia».

Ancora una volta, il diluvio di parole, la grandinata delle dichiarazioni, aveva centrato il bersaglio: in questo caso narcotizzare l'enorme *j'accuse* del figlio del generale. Nessuno, fra i plenipotenziari dc, si lasciò scappare una parola su quel vero e proprio tabù dei poteri mancati. Né mancarono le amenità: ci fu chi definì «imminente» il trasferimento in massa — fuori dalla Sicilia — di tutti gli impiegati degli uffici pubblici collegati in qualche modo al mondo degli appalti. Grande attesa infine, in quei giorni, per l'apertura della cassaforte del generale, nella sua residenza di Villa Pajno: i servizi segreti — naturalmente — batterono sul tempo i magistrati. Nessuno osò protestare, ora che De Francesco aveva ottenuto pieni poteri e in tutti i sensi. Non si trovò nulla di interessante, o almeno fu questa la versione ufficiale. Si trovò il diario del generale, ma ci vollero altri due anni prima che il suo contenuto divenisse pubblico, alla vigilia del maxi processo. Forattini — su «La Stampa» — disegnò una Sicilia a forma di coccodrillo che versava una lacrima ipocrita.

Poliziotto di strada

Ma l'effetto del «dopo Dalla Chiesa» si stava già esaurendo. Una ricostruzione a posteriori eccessivamente pessimistica? La risposta è in queste date che — riviste oggi — risultano drammaticamente eloquenti: il 3 settembre fu ucciso Dalla Chiesa, il 14 novembre, settanta giorni dopo, venne assassinato in un elegante bar del centro, Calogero Zucchetto, poliziotto della sezione investigativa che aveva da poco compiuto ventisette anni. E i giornali italiani, forse stanchi per l'overdose dell'argomento mafia nell'ultimo periodo, dedicarono un modesto rilievo a quell'agguato che invece confermava, ancora una volta, quanto fosse alto il potere militare delle cosche sul territorio. Era un agente semplice Zucchetto, perché meravigliarsi se avevano tolto di mezzo anche lui? In realtà Zucchetto svolgeva un delicatissimo lavoro sul rapporto dei «162» — quello che piaceva a Dalla Chiesa — e per conto del suo diretto superiore — il funzionario della sezione investigativa, Ninni Cassarà — faceva da esca in ambienti mafiosi pur di riuscire a mettere insieme un tassello dietro l'altro. Un bel ragazzo, dall'aria un po' dinoccolata, che aveva iniziato il suo apprendistato a diciannove anni, e per una breve parentesi aveva preso parte alle prime rudimentali scorte affiancate al giudice Falcone. Esuberante, gran lavoratore, intelligenza pronta, Zucchetto aveva manifestato subito il suo desiderio di «andare in strada». Trascorreva nottate intere nelle discoteche e nelle paninerie palermitane. Aveva ottimi agganci anche nel mondo grigio della prostituzione, delle case di appuntamenti, delle sale corse, del mercato ortofrutticolo, punti di riferimento naturali questi d'una varia umanità che a Palermo spesso incontra la mafia sul suo cammino.

Hanno scritto i giudici nell'ordinanza di rinvio a giudizio che ha istruito il maxi processo a Cosa Nostra: «Zucchetto con il suo carattere aperto e gioviale era stato in grado di stabilire rapporti confidenziali con gestori di locali pubblici, proprietari di negozi, prostitute, e con gli stessi pregiudicati, e ciò, nella risoluzione di varie indagini, si era rivelato di grande aiuto». Aveva più volte preso parte all'arresto di mafiosi di spicco. Spesso con il suo «vespone», anche quando non era in servizio, se ne andava in giro per i viottoli degli agrumeti di Ciaculli, gli occhi bene aperti a spiare i movimenti degli uomini dell'esercito del boss Michele Greco, soprannominato il «papa». Alla fine di ottobre giunse alla mobile la «soffiata» giusta: qualcuno giurava di aver visto in un'auto, dalle parti di Villabate, il boss Salvatore Montalto, che da tempo si era dato alla latitanza. Per accertare questa circostanza Zucchetto — incaricato da Cassarà di occuparsi del caso — impiegò una decina di giorni, trascorsi con altri collaboratori in uno snervante lavoro di appostamento a bordo di auto senza radio (quindi non collegate con la centrale) per non alimentare i sospetti. Finalmente la mattina del 28 ottobre, dalle parti di Ciaculli, il poliziotto ficcanaso incontrò tre uomini che parlavano fra loro, accanto alle auto dalle quali erano scesi. Un brivido scosse Zucchetto: ma quello non era Salvatore Montalto? E quell'altro non era il feroce super killer Pino Greco soprannominato «scarpuzzedda»? E c'era anche Mario Prestifilippo, «Mariuzzo», giovanissimo tiratore scelto che si saɪebbe macchiato di decine e decine di delitti per conto delle cosche legate ai corleonesi. Una pesca davvero miracolosa, quel giorno. Tanto miracolosa da non poter essere messa a segno con la semplice «esca» Zucchetto. Era un solitario nel suo lavoro, e in situazioni simili gli era capitato spesso di doversi ritirare per non soccombere in un inevitabile conflitto a fuoco. Come al solito, anche quella mattina, era giunto lì con un'auto senza radio. Dovette precipitarsi alla cabina telefonica più vicina, chiese rinforzi, ma volò via del tempo prezioso. Un buco nell'acqua: i tre si erano dileguati. Il 31 ottobre, appena tre giorni dopo, Zucchetto e altri poliziotti si nascosero alla meno peggio tra piccoli alberi di limoni poco distanti dalla villa dove Salvatore Montalto, ancora ignaro di tutto, trascorreva la sua latitanza. Con potenti binocoli cercarono di individuare tutti i partecipanti ad un summit che certamente si stava svolgendo all'interno della casa: una decina di persone a bordo di parecchie auto, infatti, erano giunte tutte alla stessa ora. Ancora una volta i poliziotti preferirono attendere l'occasione più propizia. Il primo novembre '82, il cerchio si strinse: Ninni Cassarà e Calogero Zucchetto, con l'aria innocente di due giovani universitari, ripercorsero in vespa la zona proibita. Si imbatterono in «scarpuzzedda» e Prestifilippo ed ebbero entrambi la spiacevole sensazione che la loro presenza questa volta non fosse passata inosservata. Il 7 novembre '82, la villa del latitante Salvatore Montalto venne accerchiata con tutti i crismi, e l'irruzione dei poliziotti si concluse con la cattura del boss. Zucchetto non prese parte al blitz. Non firmò alcun atto di servizio. Le precauzioni non servirono: anni prima, quando ancora i Prestifilippo non erano ricercati perché non inseriti nel rapporto dei «162», Zucchetto li aveva conosciuti e frequentati. Il poliziotto aveva tradito la loro antica ospitalità. Aveva «venduto» un'amicizia e contribuito all'arresto di un alleato di quella famiglia. Si era spinto fin dentro quella roccaforte di mafia — la borgata di Ciaculli — dove i latitanti razzolavano indisturbati. Una bella lezione, ormai, non gliela levava nessuno.

Zucchetto aveva l'abitudine di lavorare anche di domenica, e quindi poteva benissimo essere ammazzato anche di domenica: un modo sbrigativo scelto dalla mafia per ripetere che non gradisce i funzionari troppo zelanti, e anche un modo di approfittare della maggiore rilassatezza della vittima designata. Zucchetto venne ucciso alle 21 e 25 del 14 novembre, con cinque colpi di pistola calibro 38, davanti al bar Collica, dopo aver consumato la sua ultima birra e il suo ultimo panino. Tantissimi i testimoni. Un'ora prima aveva accompagnato a casa Anna Maria Ferla, la sua fidanzata, e stranamente — fu lei stessa a riferirlo — aveva imboccato alcune stradine interne. Un tragitto insolito, ma Zucchetto rispose in modo evasivo alla ragazza che preferì non insistere. Zucchetto fu il primo di un'altra lunga serie. Sarebbe stato assassinato Cassarà, il suo diretto superiore. Sarebbe stato assassinato Giuseppe Montana, l'altro funzionario che dava la caccia ai latitanti. Cassarà e Montana capirono più degli altri il significato vero dell'eliminazione di Zucchetto. Si resero conto che le famiglie dell'eroina stavano tornando — dopo l'uccisione di Boris Giuliano — a prender di petto la polizia. Quella polizia che presentava i rapporti, che svolgeva le indagini preliminari senza le quali il lavoro di un magistrato non può svilupparsi in nessuna direzione. Cassarà, Montana e Zucchetto, avevano contribuito alla stesura di quel rapporto dei «162», primo tentativo serio di inquadrare ciascuna famiglia al posto giusto, disegnando la mappa dei cosiddetti «vincenti» e «perdenti» della guerra iniziata con l'uccisione di «fra Giacinto». Ma la morte del poliziotto-esca venne letta con la giusta chiave solo dagli addetti ai lavori.

Libro nero

«Il libro nero su Palermo '82»: così il quotidiano «L'Ora» titolò il suo ampio resoconto della relazione del procuratore generale Ugo Viola per l'apertura dell'anno giudiziario nel distretto di Palermo. Un'analisi finalmente impietosa. Un documento giudiziario di particolare valore soprattutto se confrontato con il fastidio e l'imbarazzo che avevano avuto nel passato i predecessori di Viola nel trattare l'argomento. Ma anche un atto d'accusa per la classe politica siciliana già duramente sollecitata dalle parole di Nando Dalla Chiesa. Rivediamo allora le sequenze più significative dell'82 attraverso la relazione dell'alto magistrato. Pio La Torre? «Aveva fatto parte della commissione parlamentare d'inchiesta sulla mafia in Sicilia e redatto, insieme con il giudice Cesare Terranova la relazione di minoranza. Conosceva quindi molto bene uomini e fatti del potere mafioso ed aveva individuato come mezzo idoneo a combatterlo i controlli sui patrimoni e sulle attività economiche, oggetto di una sua proposta di legge alla Camera del marzo 1980.» Paolo Giaccone, il medico legale? «A lui ricorreva frequentemente la magistratura per delicate e difficili indagini in processi a carico di pericolosi criminali. È attendibile che sia stato ucciso per la sua decisa volontà di opporsi a pressioni e minacce, dirette ad influenzare il giudizio.» Dalla Chiesa? «Da pochi mesi nominato prefetto a Palermo, con lo specifico incarico di dare impulso alla lotta alla mafia, pur senza che gli fossero stati attribuiti poteri speciali, Dalla Chiesa si era impegnato in tale compito con tutte le sue energie, rivolgendo la sua attenzione al vasto mondo degli interessi collegati alla criminalità mafiosa, ai contrasti fra i diversi gruppi che gestivano il traffico della droga, ai rapporti fra mafia palermitana e la criminalità catanese e di altre regioni, ma principalmente era ferma e decisa la sua volontà di coinvolgere in quella lotta tutte le forze politiche e sociali e di ripristinare in ogni settore l'autorità dello stato. In quest'ottica aveva individuato nella gestione clientelare della cosa pubblica quell'humus fertile in cui prende corpo quella diffusa mentalità mafiosa...» Zucchetto? «Si trovava impegnato in difficili indagini sui gruppi mafiosi della città.» Si colsero finalmente accenti nuovi che esulavano dalla tradizionale compostezza analitica che caratterizza l'inaugurazione di un anno giudiziario. Viola fece aperto riferimento alla necessità della lotta alla mafia che fosse in qualche modo di sostegno all'impegno della magistratura. Disse il P.G.: «I partiti politici, la chiesa, la scuola, i sindacati hanno così trovato nella lotta al fenomeno mafioso non solo un campo d'azione comune, ma soprattutto una convergenza sul modo più adeguato di combatterlo. Ci si è resi conto di quanto sia urgente una riunificazione di tutte le forze sane della nostra società attraverso un processo continuo e capillare di mobilitazione morale che non si esaurisca in momenti isolati di protesta, dettati dall'immediato sdegno per barbari omicidi, ma si estenda in profondità per una formazione sociale delle coscienze». La Sicilia veniva finalmente descritta come «uno dei centri più importanti del traffico della droga e degli interessi mafiosi a questo collegati». Un vorticoso business: «gli ingenti profitti che si possono valutare in migliaia di miliardi di lire, essendo la valuta estera opportunamente riciclata mediante compiacenti operazioni bancarie, hanno trasformato le organizzazioni mafiose in vere e proprie potenti società imprenditrici, consentendo loro di emanciparsi da soggezioni di ogni tipo e di inserirsi nelle stesse strutture del potere economico e finanziario nazionale, e anche internazionale». Viola elencò anche gli enormi guasti provocati nel tessuto civile da quest'immediata immissione di ricchezza illecita che aveva consentito a larghi strati della popolazione di elevare notevolmente il suo tenore di vita. Ma non si limitò a questo. Osservò: «Questi fattori assumono particolare virulenza giacché la mancanza di una cultura operaia in larghissimi strati della popolazione ha impedito il radicarsi di quella coscienza civica, necessario filtro per le sollecitazioni criminogene ed ha predisposto a quella violenza efferata, assurda, che rende tragicamente insicura la vita cittadina». E per concludere sul quadro ampio delle responsabilità che consentivano e consentono alla mafia di trovare terreno favorevole in Sicilia Viola aggiunse: «Devo infine segnalare come non meno rilevante degli altri fattori, anche la gestione della cosa pubblica, alimentata da frequenti scandali, il clientelismo, le assurde evasioni fiscali da parte di categorie elitarie, una carenza di capacità decisionale delle pubbliche amministrazioni che esaspera i problemi che angustiano la vita quotidiana del cittadino». Molti politici presenti in sala, quella mattina, confidarono (ufficiosamente, per carità) di considerare alquanto «eccessiva» quella radiografia. Qualche parlamentare trovò indelicato che un'occasione così solenne venisse utilizzata per teorizzare addirittura la necessità di un fronte sociale e politico contro le cosche. Perché meravigliarsi? Anni dopo, la solfa del Magistrato che deve emettere Sentenze ma non deve essere Contro, neanche contro la mafia, non sarebbe diventato il cavallo di battaglia di certi inguaribili Soloni?

IX

ANCHE L'83 FU UN ANNO TREMENDO

La croce annunciata

«Quello vede nemici dappertutto», dicevano di lui i soliti bene informati che non perdevano occasione per spiarne le mosse, intuirne i disegni, prevederne le decisioni. Gian Giacomo Ciaccio Montalto: ecco, a dispetto di tutte le apparenze, le maldicenze interessate, le miserabili leggende sul suo conto, un'altra bella figura di magistrato zelante, coerente, coraggioso fino alla morte. È un'altra personalità forte che incontriamo ripercorrendo il lungo cammino di questi anni di sangue. Un altro giudice che per anni visse avvertendo in maniera quasi palpabile tutta la sua «solitudine», e che fino all'ultimo di questa maledetta condizione dimostrò di infischiarsene. Giudice antimafia a Trapani, per certi versi una professione ancora più difficile che a Palermo.

Trapani è una piccola città, e fra le città siciliane più improduttive; eppure i forzieri delle sue banche sono stracolmi di danaro. Si è meritata la definizione di Lugano del sud: nel 1988, soltanto negli istituti di credito privati, erano custoditi millecinquecento miliardi di depositi, il cinquanta per cento in più di Catania. Livelli di vita altissimi, boutiques da far invidia a Milano, una flottiglia da diporto paragonabile a quella della Costa Smeralda. Un terziario diffuso, uguale a quello di tanti altri capoluoghi meridionali, non spiega per nulla l'impetuoso successo di quest'Eldorado un po' pacchiano, giustificato solo in piccola parte da una speculazione edilizia che non ebbe certo le dimensioni conosciute a Palermo o Catania. Eppure Trapani ha sempre vissuto così, nuotando nell'abbondanza. Come? Ricorrendo a quali fonti nascoste di sostentamento?

Esattamente gli stessi interrogativi che si era posto Ciaccio Montalto venendo a Trapani nel '71. Per dodici lunghi anni cercò risposte esclusivamente nelle sue indagini, nei suoi processi, nei suoi dossier. Indossò quasi un'armatura, ancor prima che una divisa, pur di resistere alle tentazioni accattivanti di questa sirena dai mille volti e dai mille misteri e dove mai nessuna storia giudiziaria, neanche un piccolo scandalo, è stato chiarito fino in fondo. L'armatura consisteva nel suo rinchiudersi all'interno di un'esistenza scandita esclusivamente da casa e lavoro. Dicevano che Ciaccio Montalto avesse un brutto carattere. Sicuramente era un giudice di poche parole, che si faceva vedere raramente in giro e che evitava — per sua precisa scelta — una mondanità salottiera provinciale e rampante. Amava le buone letture, era un grande esperto di musica sinfonica. I pochi trapanesi che ebbero l'onore di frequentarlo, qualche collega, qualche avvocato, lo ricordano di fronte al televisore a rispondere ai quesiti di Mike Bongiorno battendo regolarmente sul tempo Massimo Inardi, il fenomeno di « Rischiatutto ».

Montalto fino al 1982, visse in compagnia della moglie, Marisa La Torre, trapanese, laureata in lettere, anche lei amante di musica classica, e delle sue tre figlie, Marena, Elena e Silvia. Abitavano tutti in un antico palazzo liberty, stracolmo di libri, porcellane, mobili d'epoca. Era qui, fra grandi saloni, salotti ottocenteschi, spartiti di Bach e di Beethoven, che il magistrato preferiva trovare conforto al termine di giornate lavorative ricche di sorprese via via sempre più amare. Un bell'uomo, amante del mare e della vita all'aria aperta, che appena poteva, prendeva il largo a bordo del suo « Lighea », — uno swan di dodici metri — con il quale batteva spesso la rotta delle isole Egadi e una volta si spinse fino in Turchia. Ma questo giudice, che con le sue inchieste per dodici anni aveva rivoltato come un guanto tutti gli ambienti della Trapani bene, era trapanese soltanto a metà. Nato a Milano, quarantadue anni prima, si era laureato a Roma e appena vinto il concorso per l'ingresso in magistratura aveva scelto Trapani. Suo padre, Enrico, era magistrato di Cassazione. Suo nonno, per parte di madre, era stato il notaio Giacomo Montalto, che alla fine dell'800 si era ritrovato dalla parte dei contadini nei fasci siciliani e sarebbe poi diventato sindaco socialista di Erice. Enrico, il fratello di Gian

Giacomo, morto a ventidue anni in un incidente stradale, era stato un giovane dirigente comunista che aveva partecipato nel trapanese alle lotte bracciantili del dopoguerra. Con un antenato socialista, un fratello comunista, il giudice che prediligeva soprattutto Bach, non poteva riscuotere grandi simpatie in ambienti imprenditoriali, politici e anche mafiosi accomunati dalla sensazione che fosse un persecutore, legato ad ambienti cittadini di sinistra e perciò tutt'altro che «imparziale». Iniziò a cercarsi i suoi guai nella prima metà degli anni '70, firmando una ventina di ordini di cattura per truffa e falso ideologico e portando alla sbarra i funzionari della Banca Industriale coinvolti in una gestione molto discussa. Gli andò male: gli imputati, condannati in primo grado a pene severe, vennero assolti a Palermo in appello. Ricordate lo scandalo per la mancata ricostruzione del Belice terremotato (centinaia di miliardi andati in fumo) che spinse il presidente Pertini a chiamare duramente in causa la classe politica e i pubblici poteri? Bene. Nel 1976, Moltalto, raccogliendo la circostanziata denuncia di «don» Riboldi, all'epoca parroco di Santa Ninfa, mise sott'accusa una ventina di alti funzionari dello stato, compreso il provveditore per le opere pubbliche di Palermo. Anche questa volta gli andò male: sei mesi dopo la Procura Generale di Palermo avocò l'inchiesta.

Si occupò anche di sofisticazione vinicola, fenomeno diffusissimo nel trapanese: nell'80 gli uomini della squadra mobile di Trapani, per sua iniziativa, sequestrarono un intero convoglio ferroviario carico di zucchero. Non lasciava in pace nemmeno i personaggi politici più in vista. Incriminò ben tre ex sindaci democristiani, il segretario regionale del partito liberale, Francesco Braschi, un assessore dc, Michele Megale, il presidente del Pri trapanese, Francesco Grimaldi, coinvolti tutti in storie di ordinaria cattiva amministrazione. Povero Gian Giacomo Ciaccio Montalto: gli imputati di lusso che voleva portare sul banco degli imputati o venivano rimessi in libertà o prosciolti o finivano per essere amnistiati. Otteneva così soltanto un risultato: nuovi nemici, in una città piccola piccola dove non c'è cosa peggiore che farsi la fama di persecutore, per giunta introverso, per giunta «straniero». Lui incassava con signorilità, sapendo che Trapani, tutt'altro che estranea al regolamento di conti fra le cosche, esprimeva una mafia feroce ipersensibile ai mutamenti di equilibrio all'interno del palazzo. Mise sotto torchio il clan dei Minore, alleati organici dei corleonesi, e coinvolti nelle peggiori pagine di cronaca nera: dal finto sequestro dell'industriale Rodittis al sequestro di Luigi Corleo, due «sgarbi» messi a segno da gruppi di delinquenti comuni che pagarono duramente subendo poi una vera e propria decimazione per mano di mafia.

Le indagini sui Minore costituirono il comune denominatore di tante indagini, grandi e piccole, di Ciaccio Montalto. Un precedente che dà un'idea della sua tenacia investigativa: aveva fatto riesumare il cadavere di Giovanni Minore, morto d'infarto, perché nutriva seri dubbi sulle reali cause del decesso: la perizia aggiunse dubbi su dubbi. Si disse a Trapani che la famiglia Minore aveva considerato blasfemo il comportamento del magistrato. Montalto, ancora una volta, nonostante gli insuccessi tenne duro e continuò ad indagare su questo gruppo: nel '79, Antonio Minore, detto «Totò», fu costretto a fuggire da Trapani inseguito da un paio di mandati di cattura firmati dall'ufficio istruzione su richiesta di Ciaccio Montalto. Da allora è latitante e viene ormai considerato come uno dei massimi rappresentanti della mafia trapanese, un boss che per anni aveva vissuto indisturbato frequentando — se necessario — proprio i politici più in vista. Di queste storie se ne potrebbero raccontare tante, perché numerosissime furono — in dodici anni di attività — le occasioni in cui il giudice non si fece scrupoli reverenziali al momento di ricercare la verità. Anche lui, come i giudici istruttori di Palermo, Chinnici, Falcone e Borsellino, si segnalò per un'immediata applicazione della legge La Torre. Fin troppo ovvio che la sua inchiesta sui trentanove soggetti della nuova mafia trapanese si fosse infranta, altrettanto tempestivamente, nello scoglio delle trentanove scarcerazioni per mancanza di indizi.

Era un magistrato colto e preparato. Non legato a gruppi o personaggi locali. Geloso della sua autonomia. Immerso in una realtà che da decenni produce scandali, misteri, traffici illeciti di ogni tipo. Eppure le sue indagini scrupolose e ponderate, a dispetto dei pettegolezzi di corridoio, nascevano sotto una cattiva stella. Cozzavano contro uno strano muro invisibile, fatto di alleanze sotterranee fra potenti di ogni risma. Negli ultimi tempi Gian Giacomo Ciaccio Montalto appariva stanco. Saremmo tentati di dire — se non si corresse il rischio di far torto alla sua proverbiale tenacia — che si era stufato. Stufato dei suoi colleghi, molto spesso sotto tono rispetto ad un nemico rapidissimo nel prendere le sue decisioni. Sconcertato per il comportamento di un magistrato, Antonio Costa, che aveva accettato centocinquanta milioni dai Minore per ammorbidire le sue richieste in veste di pubblico ministero proprio nel processo che vedeva i Minore alla sbarra. Che lite furibonda fra i due, il giorno che Ciaccio Montalto scoprì la pastetta. Almeno in questa occasione (anche se a futura memoria) ebbe ragione: Costa venne messo in galera per corruzione e perfino detenzione abusiva di armi. Circondato da ostilità, odi, disprezzo, Ciaccio Montalto, all'inizio degli anni '80, presentò domanda di trasferimento a Firenze. Il giudice era in ottimi rapporti con Pierluigi Vigna e Rosario Minna, impegnati in delicate indagini antimafia nell'ufficio istruzione del capoluogo toscano. E a Firenze, ormai da tempo, si era stabilita una vera e propria colonia di mafiosi siciliani (parecchi i trapanesi) spesso mandati lì al soggiorno obbligato e che a tutto pensavano tranne che a starsene buoni buoni: nel settembre '82 in un calzaturificio di Firenze erano saltati fuori — per far solo un esempio — ottanta chili d'eroina. Nascosti in scatole di scarpe erano destinati al mercato di New York. Il 15 ottobre '82, Montalto fu ospite a TG2 dossier. Lo intervistò il giornalista Fausto Spegni.

Quella di alcuni giudici siciliani antimafia non rischiava di diventare una «guerra privata» contro i clan più in vista? Montalto rispose: «... finisce per apparire una guerra privata... in realtà è una guerra pubblica. Ma siccome siamo in pochi, pochi che ce ne possiamo occupare, pochi che abbiamo determinate conoscenze, la cosiddetta memoria storica, e privi di determinati mezzi, va a finire che le nostre conoscenze... finiscono col diventare un patrimonio personale. ... Tutto ciò finisce per individualizzare la lotta al fenomeno mafioso». Sociologia giudiziaria? Protagonismo, come si direbbe oggi? E allora ascoltiamo quest'altra risposta ad una domanda specifica del giornalista sul riciclaggio: «Le indagini bancarie le facciamo sempre, quanto meno iniziamo sempre a farle. Solo che l'indagine bancaria è un'indagine tecnicamente difficile e molto lunga. In un'indagine occorrerebbe necessariamente memorizzare i dati perché quel singolo dato che emerge in un'indagine al momento può non essere significativo, ma diventarlo domani. E comunque il canale di riciclaggio passa necessariamente attraverso le banche di cui il trapanese è pieno». E, come se il povero Montalto non si fosse già fatto abbastanza nemici in quel di Trapani, rincarò ancora di più la dose: «dai dati ufficiali sappiamo che in provincia di Trapani ci sono più banche che a Milano».

Andò incontro alla morte da solo, come aveva vissuto sul lavoro per dodici lunghi anni, da quando fresco di laurea era venuto a Trapani. Considerando imminente il suo trasferimento a Firenze si era sfogato con una persona affezionata: «Me ne vado da questa città senza rimpianti, non lascio un solo amico». Quanti ne avrebbe trovati — se solo l'avesse voluto — in quei salotti che per tanto tempo gli avevano fatto la corte prima di indispettirsi per i suoi rifiuti! Quando invece si allontanava momentaneamente da Trapani per viaggi di lavoro in Alt'Italia, Montalto si incontrava con il giudice Carlo Palermo che stava già indagando su mafia, droga, armi e — guarda caso — entrambi concordavano sull'importanza della pista trapanese. Meglio cambiare aria, andare a Firenze e seguir da vicino le mosse dei signori della droga.

Aveva detto Dalla Chiesa nell'intervista a Bocca: «La mafia è cauta, lenta, ti misura, ti ascolta, ti verifica alla lontana». Ma anche: «Credo di aver capito la nuova regola del gioco: si uccide il potente quando avviene questa combinazione fatale, è diventato troppo pericoloso, ma si può ucciderlo perché è isolato». Se condividiamo la doppia intuizione del prefetto di Palermo possiamo senz'altro dire che l'uccisione di Ciaccio Montalto rientrava alla perfezione in questo schema. La mafia aveva «misurato» per dodici anni questo giudice ed era giunta alla conclusione che ne potevano venire solo dispiaceri. Era diventato troppo pericoloso ma nello stesso tempo sempre più isolato.

I ragionieri della morte tirarono le somme nella notte fra il 25 e il 26 gennaio dell'83. Il giudice, che da qualche tempo non viveva più in famiglia, stava rincasando nella sua villetta di Valderice, frazione di diecimila abitanti a pochi chilometri da Trapani. Era stato a cena con due avvocati. Tornava solo a bordo d'una Volkswagen Golf. Teneva fra le gambe un thermos pieno di caffè che gli avrebbe dato conforto in una nottata di lavoro che si prospettava lunga: l'indomani avrebbe dovuto prender parte ad un processo delicato. Non ebbe il tempo di scendere dalla macchina: numerosi killer fecero fuoco con una mitraglietta Luger, una pistola calibro 38 e una 7.65. Per Montalto non ci fu scampo. Il suo orologio da polso si bloccò all'una e trenta. Nessuno quella notte diede l'allarme: «pensavamo fossero cacciatori di frodo» diranno i vicini l'indomani. Alle sei e quarantacinque il cadavere venne ritrovato, grazie alla telefonata d'un pastore. E rimosso soltanto alle dodici, quando furono espletate le lentissime formalità di rito. Qualche mese prima una croce nera era stata disegnata con una bomboletta spray sul cofano della sua Golf. «Ce l'hanno con me», aveva confidato all'avvocato Elio Esposito, suo amico carissimo. Ma croce o non croce Ciaccio Montalto aveva continuato a percorrere la sua strada senza ritorno.

«La mafia a Trapani non esiste», tagliò corto Erasmo Garuccio, democristiano, sindaco della città, quando finalmente gli inviati di tutt'Italia riuscirono a strappargli una frase. E coerente con un'impostazione che fece scandalo, il sindaco ordinò di affiggere pochissimi manifesti per proclamare il lutto cittadino: nel testo non figurava la parola *mafia*. Tornò alla carica Forattini disegnando un Garuccio con *coppola* e *lupara*. Il provveditore agli studi «dimenticò» di inviare ai presidi le disposizioni per il giorno dei funerali. E perché meravigliarsi se gli amministratori del luogo si chiudevano a riccio quando lo stesso ministro della giustizia, Clelio Darida, aveva teorizzato che la mafia non poteva essere sradicata e andava ricondotta semmai entro «limiti fisiologici»? Concetto infelice, espresso pubblicamente durante un convegno di magistrati, a Palermo, alla vigilia dell'uccisione di Montalto. L'associazione dei magistrati liguri chiese le dimissioni del guardasigilli. Rosario Minna, giudice istruttore a Firenze, e amico personale del magistrato assassinato, dichiarò all'«Espresso»: «Io allora voglio sapere qual è il numero fisiologico degli assassinati per mano della mafia. E qual è il numero fisiologico dei chili di droga che si possono smerciare in Italia. Me lo dicano in faccia. Lo voglio sapere». È incredibile che a brevissima distanza dall'uccisione di Dalla Chiesa e di Zucchetto esistesse ancora un'Italia ufficiale tanto distratta e così disincantata rispetto alla necessità di prendere provvedimenti. I magistrati trapanesi invece — soprattutto quelli che avevano conosciuto Montalto, non quelli che si erano affrettati a scarcerarne gli imputati — stilarono un durissimo documento per denunciare carenze di organici, inerzia del potere legislativo ed esecutivo, mancate riforme e clientelismo politico. Furono giorni di grandissima esasperazione. Marisa La Torre, con Marene ed Elena, si recò da sola nella cattedrale di San Lorenzo. Subito dopo il delitto aveva fatto sapere che non avrebbe perdonato quei colleghi che avevano contribuito alla solitudine del marito. E non mise piede al palazzo di giustizia dov'era stata esposta la salma. Volle celebrare un funerale tutto privato, e perciò chiese che le venissero concessi venti minuti prima delle esequie di stato, da trascorrere in una cattedrale vuota, di fronte al feretro del marito. Al di fuori della chiesa, intanto — in corso Italia — una folla enorme stava riscattando con la sua presenza l'insipienza della propria amministrazione comunale. Ventimila, soprattutto giovani, molti dei quali avevano conosciuto il magistrato durante i dibattiti sulla mafia organizzati nelle scuole. Ancora una volta Sandro Pertini riuscì anche ad essere «il presidente» dei trapanesi, prima di correre a Palermo dove avrebbe presieduto, qualche ora dopo, la seduta solenne del CSM: «il popolo italiano non può essere confuso con il terrorismo e il popolo siciliano non può essere confuso con la mafia». Il ministro della giustizia ebbe il buon senso di ricredersi di fronte all'autorevole monito del capo dello stato.

Ancora in cattedrale, l'omelia di monsignor Emanuele Romano, vescovo di Trapani: «La mafia è tornata ad uccidere, a sfidare la forza e la dignità dello stato, colpendo un giudice servitore dello stato e della comunità nazionale». Ciaccio Montalto aveva detto in un'intervista rilasciata poco prima di morire: «i magistrati vanno e vengono. Non si fermano a lungo in una sede, e non è pensabile che tutto sia affidato alla loro memoria, che nulla o quasi resti, quando vanno via». Eppure, ancora una volta, era andata così. Quando Ciaccio Montalto venne assassinato, il nuovo palazzo di giustizia a Trapani era in costruzione da diciotto anni. Ce ne vollero venti, a conti fatti, perché i lavori fossero ultimati. In questa considerazione lo stato italiano teneva il problema della giustizia, a Trapani.

Furono i ragazzi siciliani i primi a provare un profondo senso di nausea e di ripulsa. «Dalla Chiesa ce l'ha insegnato: fuori la mafia dallo stato.» «Mafia, droga, missili Nato, per questo La Torre è stato assassinato.» «Dalle Alpi alla Sicilia uniti contro la mafia.» Slogan fino a qualche tempo prima inimmaginabili. Era la mattina del 25 febbraio '83. Una giornata di freddo e di sole. Ventimila studenti, giunti in pullman da ogni angolo della Sicilia, avevano deciso di osare l'impossibile: marciare in corteo attraverso i centri della «zona del terrore», Bagheria, Altavilla, Casteldaccia. All'interno di quelle roccaforti che avevano rappresentato — appena sei mesi prima — il sinistro scenario dell'*Operazione Carlo Alberto* scandita da una ventina di delitti. Finalmente la società civile esprimeva il primo di una lunga serie di sussulti. Finalmente un movimento di massa, anche se di dimensioni ancora modeste, sorgeva dal basso facendo proprie le spinte che venivano dalla Chiesa e dai partiti d'opposizione. Era la prima volta che un corteo andava a gridare il suo no alle cosche, proprio in casa della mafia, in paesi della provincia di Palermo dove è praticamente impossibile accertare fino a che punto si spingano le collusioni interessate prima di iniziare omertà e paura. Fu il primo tentativo di costruire una robusta coscienza di massa facendo leva proprio sullo stato di stanchezza di intere popolazioni costrette da decenni a subire il ricatto di poche e conosciutissime famiglie. E non mancarono le manifestazioni di simpatia, i momentanei sospiri di sollievo, gli applausi, le grida ripetute di «bravo, bravo», all'indirizzo di questa folla multicolore, salutata come fosse una truppa d'occupazione straniera, venuta per far rispettare le ragioni del diritto a conclusione d'un tunnel di barbarie. Una manifestazione indetta dal coordinamento degli studenti medi, con un'interminabile lista di adesioni aperta da Pertini e Nilde Jotti. Sul palco, fra i tanti, Rita Dalla Chiesa, la figlia del prefetto assassinato, Pompeo Colajanni, il leggendario «Barbato» della Resistenza, i parroci dei paesi falcidiati che — nell'agosto di sangue — avevano prontamente raccolto l'esempio del cardinale Pappalardo. E le loro omelie avevano scosso il mondo sonnolento delle parrocchie. Quali risultati concreti ottenne quell'iniziativa? Spostò realmente — come si dice con linguaggio politico — i rapporti di forza? Probabilmente no. Probabilmente quel giorno i mafiosi di Bagheria e di Casteldaccia furono costretti — come osservò un arguto bracciante — «a rinunciare alla passeggiata quotidiana per le vie del paese», niente di più. Ma era stato lanciato un segnale, era l'inizio d'un rifiuto che, nonostante tutto, avrebbe dato in futuro i suoi frutti più consistenti. E se un prefetto come Dalla Chiesa i giovani se li era andati a cercare quasi con il lanternino, scuola per scuola, affermando che quei «volti puliti» erano l'unica garanzia di un futuro migliore, perché gli storici dovrebbero un giorno sottovalutare il significato emblematico di quel 25 febbraio? La risposta della mafia non poteva farsi attendere. C'è una simbologia macabra nella scelta di date e luoghi per gli agguati, età, professione e parentele della vittima designata? Indubbiamente sì, sono propensi a rispondere i mafiologi più incalliti. Ed esiste una letteratura in proposito. Si va dalla strage di Portella della Ginestra, eseguita dalla banda Giuliano il 1° maggio, festa del lavoro, fino alla scelta di eliminare il boss Stefano Bontade il giorno del suo compleanno, dal classico colpo in bocca contro chi ha parlato troppo, all'uccisione dei mafiosi appena varcata la soglia dell'Ucciardone perché rimessi in libertà in anticipo, rispetto alle loro stesse previsioni. Così, mentre i giovani studenti siciliani stavano già disegnando i loro striscioni e i loro «dazebao» per la marcia nella «zona del terrore», ad un centinaio di chilometri da Palermo, le cosche della mafia agrigentina stavano già preparando una bella strage giovanile. Fu un caso questa coincidenza di tempi?

Sciacca, quarantamila abitanti, a trenta chilometri da Agrigento. Cittadina circondata da ricchissimi vigneti e frutteti, con un alto reddito pro capite, una flotta peschereccia seconda per importanza a quella di Mazara del Vallo, fino all'inizio dell'83 era rimasta tagliata fuori dalle rotte classiche dell'eroina. L'ultimo massacro, a memoria dei più anziani, risaliva all'immediato dopoguerra, poi, qualche delitto passionale, nulla di più. Ora invece, all'alba del 28 febbraio, una Mercedes bianca veniva trovata abbandonata lungo una strada di campagna: nel bagagliaio i cadaveri di tre giovani, età compresa fra i 24 e i 27 anni, uno solo con lievi precedenti penali, gli altri due incensurati. Si chiamavano Francesco Montalbano, Calogero Lauro Ciaccio, Giovanni Bono. La sera prima erano stati visti in giro per il paese. Molto probabilmente si recarono ad un incontro notturno e caddero nella più semplice delle imboscate. Cercavano droga? Avevano intenzione di smerciarla? Su questa triplice esecuzione a Sciacca si disse tutto e il contrario di tutto. Si parlò di Sciacca come possibile punto di sbarco della morfina e di Sciacca come possibile nuova base della raffinazione. L'attenzione dei mass media scemò e sull'orrenda fine dei tre ragazzi non si seppe più nulla.

La mafia non è mai immobile. Si aggiorna. Si adegua. È tutt'altro che abitudinaria. Si sposta e sposta i suoi interessi da un punto all'altro, con velocità sorprendente. L'aeroporto di Punta Raisi era diventato momentaneamente impraticabile per i trafficanti d'eroina a causa di una maggiore severità dei controlli? Niente paura. Esistono le automobili e fino a prova contraria non è necessario il passaporto per attraversare lo stretto di Messina. Ecco allora Guido Santoro, un quarantenne di bell'aspetto, proprietario di una lussuosa gioielleria nel centro di Palermo, mettersi alla guida della sua BMW fresca di immatricolazione. Appena l'auto sbarcò dal traghetto gli agenti della guardia di finanza e i carabinieri la bloccarono per un controllo. Un cane poliziotto diede in escandescenze. Venti chili d'eroina purissima, n. 4, per il valore d'una ventina di miliardi furono trovati nascosti fra i pannelli e la lamiera. Il gioielliere era da tempo nel mirino e quel giorno in tutt'Italia scattarono le manette per altre ventidue persone accusate di appartenere alla stessa rete di trafficanti. Dettagli, ordinaria amministrazione, cronaca nera davvero minuscola a confronto di quanto era già successo. Piccole scaramucce.

Come ciò che accadde la sera del 29 marzo nel quartiere di Brancaccio, una delle borgate palermitane dove è accaduto di tutto. Paolo Agnilleri, un giovane consigliere comunale comunista di trentadue anni, che si era già distinto per il suo impegno civile, venne pestato a sangue da un gruppo di «picciotti» mascherati. Se ne tornava a casa al termine di un'assemblea di giovani cattolici sensibili al tema della lotta alla mafia. Un mese prima una carica di tritolo aveva fatto esplodere un'alfa sud della polizia provocando il ferimento di tre agenti. Era la maniera scelta dalla mafia per comunicare al mondo intero che faceva volentieri a meno della presenza di un commissariato proprio a Brancaccio. Erano già stati dati alle fiamme la cereria dei fratelli Gance e i depositi dei panifici Spinnato perché i titolari non volevano subire tangenti. Fu costretto alla chiusura perfino un cineclub che non ebbe mai una lira di finanziamenti dal comune. E le cosche di Brancaccio avevano buon gioco a ricattare i piccoli imprenditori di questa zona industriale (un diffuso tessuto di piccole aziende, argenterie, lavorazione del legno, tipografie, qualcosa come tremila operai) imponendo la loro compartecipazione nella gestione delle aziende. Le circostanziate denunce in questo senso, avanzate dai sindacati, non provocarono particolari reazioni.

Ma bisognò attendere il 30 marzo perché i disincantati cronisti palermitani tornassero ad elettrizzarsi. In realtà la notizia era ghiotta. La prima sezione di Corte d'assise del tribunale di Palermo, presieduta da Salvatore Curti Giardina, al termine d'una sbrigativa camera di consiglio durata quattr'ore, assolse i presunti killer del capitano Emanuele Basile per «insufficienza di prove». Alla sbarra Vincenzo Puccio, Armando Bonanno, Giuseppe Madonia, tre affiliati al clan dei corleonesi che erano stati bloccati poche ore dopo l'agguato del 4 maggio '80 nelle campagne di Monreale. Il processo aveva subito fin dall'inizio un iter travagliatissimo. La prima istruttoria era stata annullata allo scopo di ripetere una perizia che confrontasse il terriccio rinvenuto nel luogo del delitto con quello che aveva inzaccherato i vestiti e l'automobile dei tre sospettati. Salomonicamente i periti sentenziarono: «il terriccio è lo stesso ma la densità è inferiore».

Fatto sta che gli avvocati difensori utilizzarono un classico cavallo di battaglia in processi per mafia: «I nostri clienti, quando vennero fermati quella notte» dissero in dibattimento «erano reduci da un incontro galante». Le tre fortunate non si trovarono mai, anche perché il codice di un «uomo d'onore» prescrive anni bui di galera pur di tutelare la privacy di una signora. Ma non ce ne fu bisogno, visto che anche la corte arrossì di pudore, mandando tutti in libertà, soverchiata da un argomento difensivo tanto delicato. Giornali e opinione pubblica, più prosaicamente, definirono la sentenza semplicemente «scandalosa». E fu altrettanto ghiotta, due settimane dopo, il 14 aprile, quest'altra notizia: Puccio, Bonanno e Madonia, erano fuggiti dalla Sardegna dove avrebbero dovuto attendere — almeno in teoria — il processo d'appello. Spediti al soggiorno obbligato nei minuscoli centri di Asuni, Sini e Alloi, i tre giovanotti evidentemente non erano a loro agio. Vivevano in modeste stanze in famiglia messe a disposizione dalle amministrazioni comunali. Erano simpaticissimi e ben voluti. Scapparono tutti insieme, probabilmente a bordo di un motoscafo, e per anni riuscirono a far perdere le loro tracce. E pensare che durante il processo erano stati perfino riconosciuti dalla moglie di un appuntato dei carabinieri che aveva inseguito i killer del capitano Basile.

Pasqua amara

Il 15 aprile il quotidiano «L'Ora» pubblicò in prima pagina la notizia di un tentativo di trasferimento del cardinale per iniziativa di ambienti vaticani. Scrisse il quotidiano della sera: «La decisione che stava per essere adottata era quella di chiamare l'attuale cardinale alla direzione della Congregazione dei vescovi. Un'apparente promozione che, in sostanza, sarebbe stata un fatto più che inquietante se si tiene conto del ruolo assunto da Pappalardo in tutti questi anni in Sicilia, specie da quando ha posto al centro della sua azione pastorale la condanna aperta e decisa della mafia». Il fatto che il progetto di allontanamento si fosse insabbiato venne messo da «L'Ora» in relazione ad «un colloquio risolutivo dello stesso cardinale con il papa.» Ma il ragionamento proseguiva: «Appare ora chiaro che la spinta si è fatta più risoluta nei pochi mesi successivi all'uccisione del generale Dalla Chiesa, quando l'azione pastorale di Pappalardo e della parte più impegnata del clero e dei cattolici palermitani ha avuto, fra l'altro, l'effetto di contribuire fortemente allo sconvolgimento dei tradizionali equilibri interni della dc siciliana... Si può dire con largo margine di sicurezza che le pressioni di provenienza democristiana per un diverso indirizzo della curia palermitana non hanno mancato di trovare qualche canale in Vaticano intrecciandosi con gli interessi non solo degli ambienti ecclesiastici più legati alla dc, ma anche con quelli dei gruppi più restii, addirittura ostili, al rinnovamento della Chiesa italiana di cui Pappalardo è, con il cardinale di Milano, Martini, uno dei più prestigiosi sostenitori».

Fu una brutta Pasqua per il cardinale Salvatore Pappalardo: il capo della Chiesa siciliana si recò, come di consueto ogni anno, nella cappella del carcere dell'Ucciardone per celebrare il precetto pasquale. Per la prima volta si ritrovò da solo, a dir messa in compagnia del cappellano e delle guardie di custodia. Gli ottocento detenuti del pianeta mafioso per eccellenza lasciarono intendere così, con un'assenza collettiva più che eloquente, che le coraggiose prese di posizione del presule avevano stancato. E quella non fu l'indiscrezione di un giornale. Il 9 maggio Pappalardo, dopo la grave intimidazione dei boss, tornò a far sentire pubblicamente la sua voce. Scelse la borgata di Brancaccio, l'azienda metalmeccanica dei fratelli Mineo, la scuola elementare «Di Vittorio». Senza scorta, accompagnato da qualche sacerdote, trascorse diverse ore nella borgata mattatoio. Disse alla gente: «Guai a chi spaventato si ferma. Guai a chi va avanti e non ardisce. Non dovete arrendervi, nonostante questi tempi, queste difficoltà, questa nostra città».

Un trimestre come un altro, senza fatti particolarmente eclatanti. Ma per troppi mesi la mafia, tutto sommato, era rimasta tranquilla. E la situazione, ancora una volta, stava precipitando.

X

BEIRUT? BELFAST? NO. PALERMO

La morte bussa col timer

Ci siamo: eccolo che arriva. Alto, corporatura massiccia, quel bel volto aperto che hanno gli uomini senza misteri, un vocione stentoreo da professore all'antica, più che da giudice d'assalto. Indossa un abito di lino chiaro, una cravatta dai toni smorzati, tiene in pugno nella sinistra l'inseparabile borsa in pelle zeppa di documenti. Ha appena varcato la soglia. È puntuale come è puntuale a quell'incontro da mesi, da anni. Ha sempre voluto bene alle persone che lavorano con lui, in particolare a questi umili servitori dello stato che gli si stringono attorno in ogni spostamento per proteggerlo, e di loro si fida ciecamente. Non ha mai dimostrato di avvertire fastidio per la scorta. Anzi. Ha sempre fatto il possibile per attenersi alle indicazioni, per non far capricci che potrebbero costare molto cari, soprattutto ora che il tam tam delle minacce è diventato lugubre e giornaliero.

Alle otto e cinque del 29 luglio '83, in una giornata di caldo africano, Rocco Chinnici — sì, il capo dell'ufficio istruzione che andava su e giù in ascensore con il procuratore Costa — scese dal terzo piano della sua abitazione in via Pipitone Federico, al numero civico 63. Tutto normale. Scontato, previsto. Una sequenza che lui, in quel momento il giudice più esposto del tribunale di Palermo, aveva vissuto decine di volte: un saluto al portinaio dello stabile, due agenti già in attesa sul marciapiede, l'autista alla guida dell'alfetta blindata pronta a sgommare, due auto d'appoggio che ad una ventina di metri di distanza chiudevano un paio di traverse. Ma quella mattina andò diversamente.

Appostato a breve distanza il sicario si stava godendo la scena. Eccolo che arriva il giudice più testardo d'Italia. Quest'altro rompicoglioni convinto che qualcuno gli abbia lasciato in eredità la lotta alla mafia. Un altro crociato che potrebbe andarsene a passeggio con moglie e figli se solo fosse prudente e conciliante, e invece sta mettendo nei guai mezza città. Te ne vai in giro con la scorta? Sei convinto che la mafia non possa raggiungerti dove, come e quando vuole? E allora beccati questa.

Il sicario premette il pulsantino del telecomando. E un istante dopo mezza Palermo tremò di terrore. Via Pipitone Federico diventò un cortile di Beirut, con lo stesso odore acre della guerra, le autoambulanze e le auto di polizia impazzite in mezzo a quel macello, gli occhi sbarrati dei passanti che si erano sentiti accarezzare da un alito gelido. Povero Rocco Chinnici! Poveri carabinieri, Mario Trapassi ed Edoardo Bartolotta. Povero Stefano Lisacchi, il portinaio di casa Chinnici! Pietosi brandelli, corpi scempiati da un centinaio di chili di tritolo, uomini vivi un attimo prima, e ora volati via come stracci. Quattro vedove, dodici orfani. E, per inciso, una ventina di feriti. La mafia, se vuole, gli uomini sa ucciderli anche così. Si salvò per miracolo l'autista Giovanni Paparcuri: l'alfetta blindata lo protesse a guisa di uno scudo.

Che maestri di sterminio, che potenza di fuoco, e che precisione, soprattutto. Pensate che per non correre rischi avevano parcheggiato una 500 (stracolma di esplosivo) esattamente di fronte al numero civico 63. In maniera tale che l'alfetta del magistrato sarebbe stata costretta a fermarsi in doppia fila proprio accanto all'autobomba. Con un congegno telecomandato da un uomo in condizione di assistere in diretta al rituale di Chinnici che saluta il portiere e prende posto accanto all'autista si sarebbero neutralizzate istantaneamente tutte le misure di sicurezza. Calcolo azzeccato.

Terremoto. Tuono. Boato. Ma nessuna parola scelta poi dai giornali riuscì a dare adeguato vigore espressivo a quel cratere nero di polvere da sparo, a quella fossa profonda un metro nel punto in cui la 500 si era disintegrata. Quella buca rappresentava la sinistra orma lasciata dalla bestia mafiosa. E tutt'attorno, desolazione e morte. Raccontarono testimoni e superstiti che alcune auto volarono fino al secondo e al terzo piano prima di precipitare in basso. Due bambine che stavano dormendo vennero estratte dai genitori da una valanga di calcinacci. Raccontano che dopo la detonazione trascorsero trenta secondi di calma irreale, e poi il coro dei lamenti dei feriti, quello delle sirene dei pompieri e delle ambulanze.

Personalmente ricordo pietosi lenzuoli bianchi, distesi fra la via Pipitone Federico e la via Prati, qualche albero piegato su se stesso, l'inestricabile caos di vetri, lamiere e calcinacci. Mi colpì il fatto che un'esplosione potesse strappare via i vestiti, mi serrò lo stomaco la vista di una gamba adagiata su un marciapiede, mi sembrò che cento pistole sfoderate dagli agenti in un posto come quello facessero da contrappunto ancora più macabro, mi resi conto che in certi momenti la vita può fermarsi prima di riprendere il suo cammino. Non provavo né odio né pietà, più semplicemente, come la maggior parte dei presenti ero attonito, annichilito. Scrissero i periti: «Le vittime sono state uccise dall'onda d'urto oltre che dalla pioggia di migliaia di schegge metalliche roventi». Sì, era andata davvero così.

Palermo ripiombava nel caos. Ancora una volta un magistrato, ancora una volta dei carabinieri assassinati, e il segnale era rivolto a tutti: vi faremo a pezzi, giudici e poliziotti, qui lo stato non passerà. Ma quali erano in quei giorni gli umori dei poliziotti mandati allo sbaraglio? La strage Chinnici lasciò un segno profondissimo. Gli investigatori si sentirono improvvisamente a petto nudo di fronte ai fucilieri della mafia. E «L'Ora» raccolse la testimonianza (comprensibilmente anonima) di un investigatore che il 4 agosto si rese interprete del malessere di un'intera categoria. Vale la pena riportarla quasi per esteso. «Siamo in guerra, ma per lo stato e le autorità di questa città, di questa regione, è come se non succedesse mai niente. Un esempio valga per tutti: quando nel luglio '79, assassinarono Boris Giuliano, ci vollero ben quattro mesi e mezzo prima che mandassero il nuovo capo della squadra mobile (...) I mafiosi sparano con mitra e tritolo. Noi rispondiamo con parole. Loro sono migliaia. Noi poche centinaia. Noi facciamo i posti di blocco spettacolari in pieno centro. Loro passeggiano tranquillamente per corso dei Mille, a Brancaccio, all'Uditore. E Palermo, non solo non collabora con la polizia e con i carabinieri, ma intralcia. Ostacola. Protegge per paura o per connivenza. Noi diciamo ai cittadini: non vogliamo esporvi, non vogliamo la vostra collaborazione con nome e cognome. Basterebbe che ci telefonaste, anonimamente, da una cabina: ho visto quel tale rapinatore, quella faccia "sospetta", quel ricercato (...) Ma Palermo non ha bisogno della polizia, non la vuole (...) Lo sapete che in questa città ci sono centinaia e centinaia di latitanti che godono dell'appoggio della maggior parte dei palermitani? Lo sapete che a Palermo, un boss mafioso latitante da quindici anni si può permettere il lusso di andare per ben quattro volte in una stimata clinica cittadina, per battezzare i figli? Lo sapete che qui i boss e i killer tornano nei loro quartieri e nelle loro case quando vogliono? Hanno ammazzato quattro persone, venerdì scorso. Hanno ferito e terrorizzato un'intera strada del centro. Bene: avete visto quanta gente è venuta ai funerali del giudice Chinnici, dei due carabinieri e del portiere? C'erano solamente poliziotti, carabinieri, finanzieri (...) La città piange soprattutto per i danni che il tritolo può avere arrecato ai mobili di casa, alle serrande, alle porte...». E l'investigatore concluse dicendo: «ma lo sa che la sera della morte di Chinnici, è dovuto intervenire il procuratore della repubblica per bloccare, almeno per un giorno, la festa patronale del Capo [*quartiere popolare di Palermo, N.d.A.*], dietro al palazzo di giustizia?». I commenti non aggiungerebbero nulla a queste parole.

Ma chi era Chìnnici? Cosa aveva pensato, detto o fatto di tanto grave da meritarsi una fine così orrenda? Esaminiamo da vicino il Chinnici teorico del fenomeno mafioso, ancor prima che l'insieme di inchieste e iniziative che avevano caratterizzato la sua attività di magistrato. Aveva detto a un cronista: «Un magistrato non è un uomo separato dalla società. Tutt'altro». Eccolo allora a Milano, il 2 luglio '83, per svolgere una relazione sulla criminalità organizzata di fronte ai componenti della commissione incaricata dal comune del capoluogo lombardo di studiare il fenomeno mafioso nell'hinterland. Chinnici non era uomo da eufemismi. E ora, rileggendo il suo intervento, non c'è che l'imbarazzo della scelta. Vediamo.

«Il sessanta o settanta per cento dei fondi erogati dalla Regione siciliana alle aziende agricole finiscono a famiglie direttamente o indirettamente legate alla mafia. Si sta tornando al Medioevo, agli immensi latifondi...» Un caso limitato all'agricoltura? No. «La pubblica amministrazione» proseguiva Chinnici «è talmente permeata di mafia, le istituzioni sono talmente permeate di mafia per cui sembra veramente difficile poter arrivare da un anno all'altro alla soluzione del problema (...) Oggi non c'è opera pubblica in Sicilia che non costi quattro o cinque volte quello che era stato il costo preventivato non già per la lievitazione dei prezzi ma perché così vuole l'impresa mafiosa, impresa alla quale è spesso interessato anche un "colletto bianco".» Un quadro desolante, un bubbone che finalmente, grazie alla legge La Torre, era possibile tentare di incidere. «In Sicilia» aggiungeva il giudice istruttore «abbiamo scoperto imprese mafiose solo dopo l'approvazione della legge La Torre, dopo indagini della guardia di finanza, ma quelle imprese erano gestite da persone neanche sfiorate dal sospetto di mafia.» E per semplificare, di fronte al pubblico milanese, il consigliere istruttore fece quest'esempio illuminante: «Abbiamo saputo recentemente» disse «che un grosso personaggio della mafia di oggi è un costruttore edile che ha innalzato ventotto palazzi a Palermo, per migliaia di appartamenti: nel 1974 era uno dei facchini della stazione centrale...». E ascoltiamo adesso Alfredo Galasso, componente laico del CSM in quegli anni: «Quando ai primi di aprile una delegazione del CSM è venuta in visita in Sicilia e nelle sedi giudiziarie più calde del Mezzogiorno, Chinnici prese la parola per ultimo e spiegò, sulla base della sua personale esperienza, che la mafia in Sicilia ha ormai messo le mani su una buona metà dell'economia».

Certe cose a Palermo non bisogna dirle. Anzi è consigliabile per essere «apprezzati» negarle o smentirle. Invece Chinnici andava a ruota libera, pensava ad alta voce. E pensava anche — dimostrando in questo un'incoscienza senza pari — che il terzo livello esiste, e che senza il terzo livello la mafia che spara, che fa le stragi, che taglieggia popolazioni intere, non avrebbe motivo d'esistere. Spiegò pochi giorni prima della sua morte: «c'è la mafia che spara; la mafia che traffica in droga e ricicla soldi sporchi; e c'è l'alta finanza legata al potere politico (...) Stiamo lavorando per arrivare ai centri di potere più elevati». Se l'avessero lasciato fare avrebbe certamente raggiunto l'obiettivo. Chinnici era andato ad occupare quella poltrona difficile nel dicembre del '79, sapeva bene che Cesare Terranova era stato assassinato proprio perché non offriva sufficienti «garanzie» ai suoi nemici. E non voleva né sfigurare, né cedere ai ricatti del Palazzo. Accentrò le inchieste più incandescenti, quelle sui delitti politici: La Torre, Mattarella, Riina, ma anche l'uccisione del cronista del «Giornale di Sicilia», Mario Francese, o le indagini sul grande sacco del Belice, o la morte dell'agente Zucchetto. Negli ultimi tempi non aveva fatto mistero con i suoi collaboratori di volerle unificare all'inchiesta sulla morte di Dalla Chiesa, perché aveva finito col convincersi che la regia strategico-mafiosa era identica in ciascuno di quei casi. Aveva confidato agli amici: «una mia eventuale condanna a morte scaturirà dallo stesso "cervello" criminale che ha già deciso gli omicidi Terranova, Mattarella, Costa, La Torre». Ben altro che semplici supposizioni.

Il 9 luglio il giudice Giovanni Falcone, in pieno accordo con Chinnici, aveva emesso quattordici mandati di cattura contro pericolosissimi mafiosi, accusati di essere fra i mandanti e i killer dell'uccisione di Dalla Chiesa: i superlatitanti Riina e Provenzano, i fratelli Michele e Salvatore Greco, Pietro Vernengo, Benedetto Santapaola, per citare soltanto i nomi più tristemente famosi. L'impressione era stata enorme. E si preannunciavano ulteriori sviluppi delle inchieste proprio alla luce di quella convinzione di Chinnici sulla matrice unica. Si disse, subito dopo la sua morte, che l'ufficio istruzione era sul punto di emettere un'altra ventina di mandati di cattura contro altrettanti mafiosi delle cosche che intanto stavano vincendo la «guerra» interna iniziata con le eliminazioni di fra Giacinto, Stefano Bontade e Totuccio Inzerillo. Si disse anche che Chinnici aveva deciso di arrestare i finanzieri Salvo, Nino e Ignazio, gli esattori che in quel momento apparivano fra gli uomini più potenti della Sicilia. Pensava a loro il giudice quando insisteva sul tasto del «terzo livello»? Risposte che sono rimaste senza interrogativo. Ma alcuni punti fermi sono stati ormai acquisiti. La raffica dei mandati di cattura per la *strage Dalla Chiesa* era stata resa possibile da un pentito, Armando Di Natale, immediatamente eliminato dai killer delle cosche che avevano agito «in trasferta» lungo l'autostrada Milano-Genova. Non era stato un esempio isolato il suo. In quel periodo l'alto commissario De Francesco aveva infatti rivolto un aperto invito ai superstiti delle famiglie «perdenti» invitandoli al pentimento prima che fosse troppo tardi. E in realtà l'appello non era passato inosservato se è vero come è vero che una valanga di testimonianze e di segnalazioni (anche se rigorosamente anonime) si era riversata all'ufficio istruzione diretto da Chinnici. Contemporaneamente si erano moltiplicate le minacce di morte contro il giudice.

Improntate ad ottimismo le prime dichiarazioni di Fanfani, in quel periodo presidente del consiglio, al termine d'un summit in prefettura dieci ore dopo l'esplosione dell'autobomba. Da una sua intervista al «Giornale di Sicilia» (30 luglio '83): «quando penso a quanti anni ci sono voluti per raggiungere dei risultati eloquenti nella lotta contro il terrorismo, quando penso ai tempi impiegati per sconfiggere camorre di ogni tipo, allora concludo che qui non si sta espugnando Sagunto, ma si sta difendendo Sagunto da coloro che vorrebbero disordinarla». Ma davvero la mafia si stava limitando a creare soltanto un po' di confusione? Fanfani comunque ne era convinto, tanto da esprimersi così con il giornalista Felice Cavallaro che gli chiedeva un bilancio del vertice: «Si è trattato di uno scambio di vedute su ciò che è stato realizzato in undici mesi. Sono stati esaminati i progressi e valutati i perfezionamenti da apportare». Manifestò maggiore determinazione il ministro della giustizia Darida che forse, costretto dagli eventi ad un veloce apprendistato, ebbe modo di rivedere i suoi giudizi concilianti espressi all'indomani dell'uccisione di Ciaccio Montalto. Darida promise categorico: «Staccheremo la testa del serpente». Ma fatta eccezione per questi impegni, in questo caso eccessivamente sopra tono, il clima generale, nel giorno dei funerali di tutte le vittime della strage in via Pipitone Federico, fu di grandissima stanchezza. La città era stanca. Rassegnata, certamente indisposta da quella sfilata di ministri in blu che tornavano ancora una volta nella chiesa di San Domenico, ancora una volta in occasione di funerali di stato. Si notò, quel giorno, persino la stanchezza del cardinale Salvatore Pappalardo che si limitò a chiedere allo stato di «continuare con fermezza il suo spirito di servizio», che non volle neanche parlare ad esecutori e mandanti perché a loro «non abbiamo nulla da dire» e che abbracciò soltanto i familiari delle vittime e il presidente Pertini, questo «doloroso pellegrino» che si ritrovava ancora una volta al suo posto, unico rappresentante del potere che aveva avuto la sensibilità di vestirsi a lutto. «Siamo stanchi» gridò un cittadino in chiesa, rivolto al capo dello stato. «Anch'io», rispose Pertini.

Parlavano in codice. Riattaccavano sul più bello. Cambiavano costantemente telefono. Per mesi e mesi la polizia rimase sulle tracce di questi due insospettabili palermitani che mantenevano stretti contatti con un misterioso libanese molto addentro al traffico di armi e droga fra il Medio oriente e la Sicilia. La polizia seguiva lo strano terzetto fin dai giorni del dopo Dalla Chiesa, fin da quando il pentito Di Natale aveva deciso di collaborare, spiegando molti retroscena proprio di quell'ambiente. I due palermitani erano Pietro Scarpisi, venticinque anni, e Vincenzo Rabito di quarantaquattro, entrambi proprietari di una fabbrica di sedie nella popolosa borgata dell'Arenella. Quest'ultimo aveva una fedina penale immacolata, il più giovane, invece, un piccolo precedente: un suo socio in affari, alcuni anni prima, era finito in carcere per traffico di droga. Ma nulla poteva lasciar supporre un benché minimo coinvolgimento dei due in un grande affare di mafia come la strage Chinnici. Eppure, intercettando decine di telefonate, nonostante le difficoltà provocate proprio da quel comportamento sospetto, gli investigatori si erano convinti che Scarpisi e Rabito tutto erano tranne che al di sopra di ogni sospetto. Anzi. Raccolsero elementi per sostenere che i due fossero emissari nientemeno che del clan dei Greco di Ciaculli. Al libanese si rivolgevano forse per la compravendita di partite di morfina base e di armi ed esplosivo? E chi era questo fantomatico «libanese»?

Bou Chebel Ghassan. Anni quarantanove. Una sola foto segnaletica: nell'80 e nell'83 i giudici di Trieste avevano emesso contro di lui due mandati di cattura per una storia di auto rubate che aveva visto coinvolti anche trafficanti mediorientali. Specialista in travestimenti e patito delle parrucche, delle quali aveva una vera e propria collezione. Ricercato anche a Milano, ma per traffico di droga. Amante della vita d'albergo, passaporto svizzero (rilasciato alcuni anni prima ad un inesistente signor Bernard Zufferej), amico fraterno di spacciatori internazionali di cocaina. Ma se Bou Chebel Ghassan avesse avuto soltanto questi precedenti tutto sarebbe stato più chiaro. In realtà vantava anche ottimi agganci con il centro nazionale della Criminalpol, con il servizio centrale antidroga del ministero degli interni, con la guardia di finanza di Milano. Fatto sta che ai primi d'agosto '83, il sostituto di Caltanissetta, Sebastiano Patanè, spiccò sei ordini di cattura per concorso in strage: tre erano per Scarpisi, Rabito e il «libanese». Quest'ultimo si trovava in quei giorni proprio a Palermo e alloggiava in un lussuoso albergo sul mare, in compagnia di una spogliarellista di nazionalità greca, che però venne subito rilasciata. Gli altri tre ordini di cattura non poterono invece essere eseguiti: i fratelli Michele e Salvatore Greco, soprannominati rispettivamente «il papa» e «il senatore», avevano preferito cambiare aria all'indomani della presentazione del rapporto dei «162» della nuova mafia. Mentre non si avevano notizie del cugino, Salvatore Greco, soprannominato «l'ingegnere», esattamente da vent'anni. Da quando cioè era esplosa un'altra autobomba, quella che proprio nella borgata di Ciaculli — nel '63 — aveva provocato la morte di sette carabinieri e l'inizio della prima durissima guerra di mafia.

«L'ingegnere» si trasferì in Sud America e si è favoleggiato sulla bellezza delle sue ville sparse nel Mediterraneo e sulle ricchezze accumulate in Venezuela. Secondo alcuni sarebbe ancora vivo e non avrebbe mai smesso di mantenere legami con Ciaculli. Perché i Greco vennero chiamati in causa dalle indagini del giudice Patanè? Perché Scarpisi e Rabito — secondo l'accusa — altro non erano che gli uomini di paglia del clan. I due «insospettabili» avevano ottenuto l'incarico di battere la *piazza* milanese alla ricerca di morfina base: le indagini sulla morte di Dalla Chiesa avevano infatti disturbato, se non interrotto, il canale di rifornimento assicurato ai palermitani dalle famiglie catanesi. Chebel Ghassan era invece l'uomo in grado di garantire questi rifornimenti. Fin qui il canovaccio del *giallo* sarebbe stato relativamente semplice: in altre parole la mafia siciliana, per entrare in possesso di quel grosso quantitativo di tritolo e del corredo necessario per farlo esplodere, si era rivolta ad uno specialista del settore.

A complicare lo scenario, a tutt'oggi quantomeno ambiguo, la personalità eccessivamente poliedrica di Bou Chebel. L'avventuriero infatti teneva costantemente aggiornati gli uomini dei servizi segreti del suo lavoro all'interno delle cosche mafiose. Li informò, ad esempio, che le famiglie di mafia trapiantate nel capoluogo lombardo erano in agitazione e cercavano, a parte la morfina base, anche armi pesanti. C'è di più. Molto di più. Ghassan anticipò alla polizia palermitana — con una telefonata, il 10 luglio — la notizia che era in preparazione un clamoroso attentato. Fece i nomi dell'alto commissario Emanuele De Francesco e del giudice Giovanni Falcone come possibili bersagli. Risultato: vennero moltiplicate le misure di scorta attorno al funzionario e al giudice, ma nessuno degli investigatori andò all'idea che potesse essere Chinnici la vera vittima designata. Naturalmente seguirono polemiche a non finire. Il giudice Patanè, ordinando l'arresto anche di Chebel, dimostrò di non credere alla tesi di un libanese esclusivamente votato ad una causa «pulita». La polizia si giustificò dicendo che l'uomo era stato troppo generico.

Chebel conosceva alla perfezione ciò che stava per accadere e si limitò ad informazioni generiche? O intuì soltanto il clima di «vigilia» senza però essere a conoscenza dei progetti militari delle cosche? (I processi di primo e di secondo grado non hanno mai chiarito l'equivoco, e le raffiche di ergastoli per i sei accusati di strage furono regolarmente annullate dalla cassazione per ben due volte.) Ma le sorprese non erano ancora finite.

Chinnici, negli ultimi tempi, aveva preso l'abitudine di annotare su un quaderno episodi, riflessioni, giudizi che gettarono poi una luce molto inquietante sul palazzo di giustizia di Palermo. Forse presagendo di avere le ore contate, il magistrato aveva deciso di non trascurare il clima pesante e difficile che faceva da sfondo al suo lavoro, riflettendo — in solitudine — su quei comportamenti dei colleghi che in più di un'occasione l'avevano lasciato perplesso. Riempì così con una grafia minuta trentatré fogli di un'agenda del 1980. Il risultato finale non fu la stesura di un diario nel vero senso della parola, dal momento che Chinnici scriveva saltuariamente, solo quando i fatti lo stupivano più del necessario. I testi vennero pubblicati dal settimanale «l'Espresso», ai primi dell'agosto '83, mentre erano in pieno svolgimento le indagini sul dopo strage. Naturalmente ci fu chi subito parlò di «polverone», chi denunciò l'esistenza di una regia e di una manovra di depistaggio, mentre si moltiplicavano le supposizioni sulla maniera in cui il memoriale fosse giunto alla stampa. «L'Espresso», fin dal primo giorno di questo nuovo rebus palermitano, affermò che i trentatré fogli erano stati trovati dai familiari e consegnati a Patanè, che a sua volta li aveva consegnati all'alto commissario De Francesco. I familiari si chiusero nel riserbo, Patanè sorvolò sull'argomento, De Francesco sostenne di non averli mai visti. Ma restavano quei giudizi duri, messi nero su bianco da un giudice, che poco tempo dopo avrebbe fatto la fine che sappiamo. Nel fuoco delle polemiche si ritrovò il vertice degli uffici giudiziari palermitani.

Rileggiamo ora quelle pagine che furono al centro di una delicatissima indagine del consiglio superiore della magistratura e che si conclusero anche con un provvedimento disciplinare. Scrisse un giorno Chinnici: «Se mi dovesse accadere qualcosa di grave, andate a sentire il giudice Francesco Scozzari [*sostituto procuratore in quel periodo, N.d.A.*] e l'avvocato Paolo Seminara (decano dei penalisti palermitani, legale di fiducia della famiglia Salvo)». E su Scozzari, il collega «che mi ha combattuto fieramente per la nomina a consigliere istruttore», Chinnici tornava a più riprese, ricordando ad esempio la sua raffica di richieste di assoluzioni per insufficienza di prove in veste di pubblico ministero al processo per la strage di viale Lazio [*uno dei capitoli più cruenti della prima guerra di mafia, N.d.A.*]. Né gli era sfuggito, durante il processo per l'uccisione del boss Di Cristina, quello strano avvertimento di Scozzari: «Stai attento, bada alla tua incolumità». In pessima luce appariva anche l'ex procuratore capo di Palermo, Giovanni Pizzillo, deceduto nell'82. Anche lui aveva fatto a Chinnici discorsi molto strani. Come questo: «Ma cosa credete di fare all'ufficio istruzione? La devi smettere Chinnici di fare indagini nelle banche, così rovini tutta l'economia siciliana...». O questo: «A quel Falcone caricalo di processi, così farà come ogni giudice istruttore: non farà più niente». Chinnici partecipava ai dibattiti che si svolgevano sempre più frequentemente in Sicilia sulla criminalità organizzata. Tornando da Messina il consigliere istruttore si sentì dire dal solito Pizzillo: «So che sei stato lì, non dovresti esporti così». E in un'altra occasione, durante un processo che coinvolgeva i Salvo per aver ottenuto finanziamenti regionali fin troppo benevoli, il procuratore capo aveva caldeggiato una soluzione morbida del dibattimento.

C'erano altri episodi che riguardavano invece il procuratore generale Ugo Viola e il procuratore capo Vincenzo Pajno, indicato da Chinnici come «un amico dei Salvo». Si faceva anche riferimento ai giudici istruttori Giovanni Falcone e Marcantonio Motisi, anche se per episodi molto marginali. Infine un'ultima annotazione assai inquietante: «Pochi mesi prima di essere ucciso, Mattarella [*il presidente della regione siciliana assassinato nell'Epifania dell'80, N.d.A.*] fece un viaggio a Roma con due funzionari della regione per incontrarsi con il ministro dell'interno [*era Rognoni, in quel periodo, N.d.A.*]. Al ritorno a Palermo Mattarella confida ai due funzionari: «Se qui si sapesse cosa ho detto al ministro mi ammazzerebbero». L'episodio era stato riferito a Chinnici proprio dai due funzionari, e il giudice, ancora una volta nel suo diario, si lamentava perché l'episodio, che in un primo tempo era stato inserito in un rapporto di polizia giudiziaria, era sparito nei dossier successivi sull'uccisione del noto uomo politico democristiano. Quale valore dare a quel documento? Si creò, all'indomani della pubblicazione, una confusione indescrivibile. Tutti i personaggi chiamati in causa intervennero subito per smentire che fra loro e Chinnici non corresse buon sangue. Viola e Paino ricondussero ad una «normale» divergenza di tattiche e strategie processuali quella che a Chinnici poteva essere sembrata una campagna persecutoria nei suoi confronti. L'8 settembre dell'83 il CSM emise il suo definitivo verdetto. Dispose il trasferimento d'ufficio del giudice Scozzari, il quale subito dopo preferì rassegnare le dimissioni dalla magistratura. Non entrò nel merito delle critiche di Chinnici a Pizzillo, poiché l'ex procuratore capo era morto. Decise il «non luogo a procedere» per Viola, Paino e Motisi: i tre comunque avevano confermato l'esattezza degli episodi riferiti nel diario pur ridimensionandone ovviamente il significato e la portata. Ebbe parole di elogio per Falcone la cui testimonianza aveva notevolmente impressionato i consiglieri. E ne volle sottolineare senza riserve le doti di professionalità, coraggio e dedizione al lavoro che ne facevano un degno erede di Chinnici. Un'assoluzione incondizionata per tutti (tranne che per Scozzari)? No. Il CSM dovendo scegliere fra l'azzeramento dei vertici e il tentativo di recuperare ciò che poteva essere salvato scelse la seconda strada. Commentò il consigliere Alfredo Galasso al termine dei lavori del consiglio: «Credo che le nostre decisioni, adottate all'unanimità, abbiano un duplice valore: dovrebbero rasserenare l'ambiente giudiziario palermitano e nello stesso tempo dovrebbero incitare tutti i giudici a lavorare con più incisività e con maggiore linearità ».

Restarono parecchi dubbi, parecchie ombre. Non si chiarì mai il misterioso episodio riferito da Chinnici e che riguardava Mattarella. Soprattutto non si fece piena luce sulle cause della solitudine crescente di Chinnici nei suoi ultimi giorni di vita. Perché il magistrato si era convinto che le pressioni mafiose trovassero canali favorevoli anche all'interno del suo palazzo di giustizia? E cosa l'aveva spinto alla decisione estrema di tenere un diario segreto? Una forma di autodifesa, questo è certo: lui stesso un giorno la consigliò proprio a Falcone dicendogli: « tenga un diario. Non si sa mai come vanno queste cose ». Le istituzioni seppero cogliere fino in fondo l'occasione offerta dai diari per accertare se tutto era in regola nei rapporti con la mafia? Ancora oggi a Palermo, molti fra i protagonisti di allora rispondono all'interrogativo con una notevole dose di scetticismo.

XI

MI VENDICO E MI PENTO

Ricordate ciò che aveva detto il generale Dalla Chiesa nella sua intervista al «l'Unità»? Aveva detto: «Il primo pentito l'abbiamo avuto nel '70 proprio fra i mafiosi siciliani. Perché escludere che questa struttura possa esprimere un gene che finalmente scateni qualcosa di diverso dalla vendetta o dalla paura? Ma questo può verificarsi soltanto nei momenti più alti dell'iniziativa dello stato...». La previsione si rivelò esatta, anche se al generale fu negata la legittima soddisfazione di assistere allo spettacolo che stava andando in scena in quell'eterno palcoscenico che è Palermo. Questo gene impazzito era un ex vetraio palermitano con la faccia da indio, la parlata lenta e la memoria di un elefante, tanti matrimoni alle spalle, tanti figli, e una collocazione di tutto rispetto nel gotha delle famiglie mafiose. Questo gene impazzito che, dopo tante stagioni di sangue, lutti, sconfitte, si offriva quasi spontaneamente per dare una mano allo stato italiano nel tentativo di una riscossa ormai auspicata a gran voce, si chiamava Tommaso Buscetta.

A Palermo lo ricordano ancora quando all'inizio degli anni '60 andava giornalmente nel bar «Commercio» della centralissima piazza Politeama accompagnato dai suoi guardaspalle. Quel bar era il suo studio. Lì, «don» Masino, si incontrava con i boss di quel tempo, offriva protezioni e dirimeva controversie d'ogni tipo mentre volgeva precipitosamente al termine la *pax mafiosa*. Entrato nella famiglia di Porta Nuova, nella zona ovest di Palermo, fin dal 1948 (all'età di 22 anni), era già considerato nel giro un decano dell'Onorata Società. Nel 1971, la commissione antimafia presentò un'ampia relazione scegliendo dieci biografie campione dei mafiosi più pericolosi. Fra essi c'era Buscetta, indicato come esponente tipico della mafia urbana, accusato d'aver contribuito al processo di americanizzazione dei metodi mafiosi. Il suo nome ricorre con impressionante frequenza in tutti gli episodi di cronaca nera all'inizio degli anni '60. Ha conosciuto personalmente, ha fatto affari, ha partecipato a regolamenti di conti con boss del calibro di Luciano Liggio o Gaetano Badalamenti, Gerlando Alberti o Salvatore Greco «l'ingegnere». Contrabbandiere internazionale di sigarette e stupefacenti, Buscetta fu per anni il killer di fiducia di Angelo La Barbera, uno dei protagonisti più violenti della guerra che si scatenò per il sacco edilizio di Palermo, anche se ha sempre negato questa circostanza. Ha viaggiato per tutti i paesi del mondo, con passaporti regolarmente falsi, utilizzando sapientemente una vasta rete di amicizie personali. Ma il primo passaporto che gli spalancò la carriera oltreoceano lo ottenne nel '61, grazie all'intervento di un deputato democristiano che scrisse personalmente al questore di Palermo: «Buscetta è una persona che a me interessa moltissimo». E da quel giorno al bar «Commercio» il boss non lo videro più.

Buscetta ha avuto una prima moglie palermitana, all'età di diciassette anni. Una seconda in America, a New York. E una terza in Brasile. Il 25 agosto del 1970 gli americani lo arrestarono a pochi metri dal ponte di Brooklyn: niente paura, qualcuno, pochi giorni dopo, pagò settantacinquemila dollari di cauzione, cifra enorme per quei tempi. Buscetta ricomparirà presto in Brasile, per ritrovarsi estradato in Italia, nel '77, dopo aver costruito un'immensa fortuna. Un breve periodo all'Ucciardone, poi il provvidenziale trasferimento alle Nuove di Torino: un giudice di manica larga prestò credito alla favola del boss che vuole tornare a guadagnare onestamente con il suo mestiere di vetraio e gli concesse la semilibertà. Buscetta ancora una volta uccel di bosco. Ancora in Brasile, per curare i suoi interessi nell'agricoltura e nell'industria carioche. Nell'83 i brasiliani lo pizzicarono una seconda volta. A Palermo intanto era in pieno svolgimento la seconda guerra di mafia. Cos'era accaduto in sua assenza?

Tutte le famiglie una volta alleate e rimaste per anni il referente palermitano di Buscetta, erano cadute inesorabilmente sotto i colpi dei corleonesi. All'inizio dell'80 i perdenti avevano chiesto a Buscetta di tornare a Palermo sperando in un suo rientro per galvanizzare truppe con un morale ormai a pezzi. Non si è mai saputo se Buscetta accolse l'invito. È rimasta invece agli atti processuali una telefonata intercontinentale registrata dalla polizia palermitana nell'autunno dell'80: Ignazio Lo Presti, insospettabile ingegnere, cognato del finanziere Nino Salvo, informava «don» Masino dell'inferno che si era scatenato. E invitava il boss, anche per conto dell'imprenditore, a non restare fuori dalla mischia. Fra l'estate dell'81 e il dicembre '82, in successivi raid per le strade di Palermo i corleonesi avevano assassinato tre fratelli di Buscetta, Benedetto, Antonino e Vincenzo, il genero Giuseppe Genova, un nipote, Vincenzo, e un numero imprecisato di suoi amici. Buscetta dunque aveva rinunciato da tempo a sconfiggere militarmente i suoi nemici, senza per questo aver rinunciato ai suoi propositi di vendetta. Ecco perché quando i brasiliani lo arrestarono per la seconda volta il boss ebbe la strana sensazione di essersi liberato da un peso.

Era un bel mattino del giugno '84, quando alle 9 e 30, in una spaziosa aula dell'avveniristica Corte federale di Brasilia, Buscetta, noto anche come «il boss dei due mondi», stava già meditando — ancora all'insaputa di tutti — di sconvolgere dalle fondamenta l'organizzazione nella quale era cresciuto e aveva fatto carriera. Indossava un doppiopetto bianco, pantaloni neri, una camicia blu scuro, una cravatta in tinta unita. Aveva l'aria di un ricco proprietario terriero saltato fuori da un racconto di García Márquez, dirà poi un testimone. Nella stessa aula i giudici Giovanni Falcone e Vincenzo Geraci — venuti appositamente da Palermo — e la terza moglie di Buscetta, Cristina Guimares, l'avvocato del boss, alcuni poliziotti. C'era anche il giudice federale brasiliano, con una sgargiante toga verde, certamente più allegra di quelle che si vedono nei nostri tribunali. I presenti all'incontro lo ricordano essenziale e obrigativo: stava per cominciare l'udienza di rogatoria che le autorità italiane, attraverso complessi canali diplomatici, erano riuscite a strappare ai brasiliani. I giudici palermitani lessero, forse con poca convinzione, una cinquantina di domande pilota compilate all'ufficio istruzione di Palermo, alla vigilia della loro partenza per il Brasile. Domande che da tempo i nostri giudici sognavano di poter rivolgere un giorno al boss dei due mondi. E Buscetta, dopo averle ascoltate attentamente, si limitò a rispondere: «Ci vorrebbe una nottata intera... Scusatemi ma ho riposato male, sono molto stanco...». In quella stessa aula, nel primo pomeriggio di quel giorno, l'udienza di estradizione si sarebbe conclusa favorevolmente per l'Italia. Il più era fatto.

Spiegò poi Falcone nella sua intervista racconto: «Perché parla Buscetta? È animato da un fortissimo spirito di rivincita; sa di trovarsi con le spalle al muro. Ma c'è un'altra componente che riguarda la sua biografia. Ha girato il mondo. Gli hanno raccontato del secondo matrimonio del capo di una delle cinque famiglie di Cosa Nostra americana al quale assistette il figlio della sua prima moglie, mentre lui era stato aspramente criticato perché "aveva l'amante". Ha rotto da tempo — è questo che voglio dire — con una subcultura tipicamente siciliana. Non bisogna dimenticare che quando la polizia brasiliana, torturandolo, gli staccò le unghie dei piedi si limitò a ribadire: "mi chiamo Tommaso Buscetta". Lo portarono in aereo sopra San Paolo. Aprirono il portellone, minacciarono di lanciarlo nel vuoto. Nulla. Né gli fecero cambiare parere le scosse elettriche o il fatto di essere stato legato ad un palo mani e piedi: non svelò mai i reati commessi, né quello che sapeva (...)». Adesso invece la vecchia quercia si stava lentamente piegando. Il 15 luglio un Boeing 747 lo riportò in Italia. Per la mafia il barometro stava finalmente segnando tempesta. Fino a quel momento lo scenario fu esclusivamente brasiliano. Non trapelò una parola di ciò che stava accadendo, perché giudici e poliziotti mantennero sino in fondo la consegna del silenzio. Nessun mafioso siciliano, piccolo o grande che fosse, sospettò mai che Buscetta, il padrino di un tempo, avesse già vuotato il sacco e girato le spalle a Cosa Nostra. Agivano indisturbati i boss. Agivano indisturbati i «picciotti» delle famiglie e di quartiere. Ah... se solo avessero intuito che un *pezzo da 90* aveva rivisto precipitosamente, — nell'aula di un tribunale straniero — la sua intera esistenza! Ma il tempo ormai lavorava contro le cosche.

Nell'84 Buscetta aveva cinquantasei anni. 16 luglio, 1984, ore dodici e trenta, Roma, sede della criminalpol laziale: alla presenza dei giudici Giovanni Falcone e Vincenzo Geraci, del dirigente dell'ufficio Gianni De Gennaro, inizia il grande racconto di Tommaso Buscetta, boss di prima grandezza. È la sua verità: «Sono stato un mafioso ed ho commesso degli errori, per i quali sono pronto a pagare integralmente il mio debito con la giustizia, senza pretendere sconti o abbuoni di qualsiasi tipo. Invece, nell'interesse della società, dei miei figli e dei giovani, intendo rivelare tutto quanto è a mia conoscenza su quel cancro che è la mafia, affinché le nuove generazioni possano vivere in modo più degno e più umano». Trecentoventinove pagine di confessione. Buscetta svelò il funzionamento interno di Cosa Nostra. Cosa Nostra in Sicilia, ma anche in America. Parlò di supercupola, famiglie, capi famiglia, capi mandamento e capi decina. Partì da lontano. Dal 1963, dalla strage di Ciaciulli, risalendo così fino alla prima guerra di mafia che ebbe come protagonisti i La Barbera, i Gerlando Alberti, i Cavataio e (fin da allora) i sanguinari corleonesi. Conclusi i flash-back, ancora al presente, spiegando che la seconda non fu guerra di mafia tra le famiglie, ma piuttosto una vera e propria caccia all'uomo per uccidere quanti si erano schierati con i Bontade, gli Inzerillo, i Badalamenti. Rese finalmente di dominio pubblico i codici più tenebrosi, il perché di una promozione o di un'espulsione. Il principio inviolabile della territorialità. Il «prestigio», l'«infamia», il linguaggio degli sguardi e l'obbedienza. Regalò agli investigatori una bussola che si sarebbe rivelata utilissima. Per due mesi, a giorni alterni, dalle nove alle tredici, dalle quindici alle diciannove, Buscetta avrebbe dettato le sue memorie destinandole ad un'aula di tribunale. E la mattina del 23 luglio decise finalmente di sollevare il sipario su alcuni dei grandi delitti di Palermo.

Ecco una sintesi delle sue rivelazioni: «So che il colonnello Russo è stato ucciso da Pino Greco soprannominato "Scarpuzzedda", non so se da solo o con altri. Terranova è stato ucciso su mandato di Luciano Liggio. Mattarella su mandato della commissione e su ispirazione di Salvatore Riina. Gaetano Costa è stato ucciso su mandato di Salvatore Inzerillo. Il capitano Basile per ordine di Riina da tre persone che la polizia ha già arrestato. Non so nulla dell'omicidio del capitano D'Aleo, né sull'omicidio La Torre. Anche l'onorevole Reina è stato ucciso su mandato di Riina. Infine, l'omicidio Scaglione: ho sentito dire che gli autori sono stati Luciano Liggio, Salvatore Riina ed un terzo a me sconosciuto. Riferirò anche dell'omicidio Dalla Chiesa che è stato compiuto, nell'interesse anche dei catanesi facenti capo a Benedetto Santapaola, con il consenso unanime della commissione... La sera del 3 settembre '82 mi trovavo all'hotel Ragen di Belém [*in Brasile, N.d.A.*] insieme a Gaetano Badalamenti. Mentre eravamo davanti alla televisione, venne diramata la notizia dell'uccisione, a Palermo, del generale Dalla Chiesa. Il Badalamenti, commentando con me tale evento disse che sicuramente era stato un atto di spavalderia dei corleonesi, che avevano così reagito alla sfida contro la mafia lanciata da Dalla Chiesa. Soggiunse che certamente erano stati impiegati i catanesi — perché più vicini ai corleonesi — e disse che qualche uomo politico si era sbarazzato, servendosi della mafia, della presenza, ormai troppo ingombrante, del generale».

Ma chi erano questi famigerati corleonesi? Buscetta: «Il capo è Luciano Liggio, nonostante sia detenuto. In sua assenza i reggenti sono Salvatore Riina e Bernardo Provenzano, con pari poteri; solo che Riina è molto più intelligente del Provenzano, e pertanto ha maggior peso. Leoluca Bagarella è uno dei membri. La caratteristica della famiglia di Corleone è quella di non fare conoscere alle altre i nomi dei propri adepti e di ciò Gaetano Badalamenti si è sempre lamentato». All'interno della «supercupola» mafiosa, nel '77, i corleonesi erano già la stragrande maggioranza: «a quella data» — proseguì «don» Masino — «la commissione era così composta: Antonio Salomone; Salvatore Riina; Gaetano Badalamenti; Stefano Bontade; Rosario Di Maggio; Salvatore Scaglione; Giuseppe Calò; Rosario Riccobono; Motisi; Michele Greco. All'epoca il capo era Badalamenti. Ma per motivi che ignoro Badalamenti fu estromesso del tutto dall'organizzazione. Michele Greco prese il suo posto: data la sua scialba personalità era la persona più adatta a divenire capo della commissione in modo da non ostacolare le mire di Riina». Poi, i primi attriti, i primi delitti che «dividono» la commissione, l'ambiguo ruolo di Michele Greco: «Fra i motivi di attrito con i corleonesi che mi riferì Stefano Bontade e che mi confermò Giuseppe Calò, era la posizione di Giovanni Bontade che per invidia nei confronti del fratello Stefano, tramava alle sue spalle; in particolare si lamentava con i corleonesi ed anche con Pippo Calò, perché il fratello lo trattava male. Stefano Bontade addebitava ai corleonesi di aver seminato zizzania in seno alla sua famiglia, ponendolo addirittura in contrasto con suo fratello Giovanni». Ma non solo piccole miserie individuali facevano da sfondo al regolamento di conti che aveva insanguinato la Sicilia. Aggiunse infatti il boss: «L'omicidio del colonnello Russo è stato un altro dei fatti che hanno determinato una frattura fra i corleonesi e Stefano Bontade. L'omicidio di Giuseppe Di Cristina costituì ulteriore motivo di attrito. Gli omicidi di Boris Giuliano, Cesare Terranova, Piersanti Mattarella, del capitano Basile, furono decisi dalla commissione all'insaputa di Inzerillo, Stefano Bontade, e Rosario Riccobono. Anche questi omicidi hanno determinato un allargamento del solco esistente fra Bontade, Inzerillo, e il resto della commissione».

Di Michele Greco, Buscetta ha sempre parlato come di un ignavo eternamente indeciso e bugiardo: «Michele Greco negò a Bontade perfino di essere stato preventivamente informato che uno della sua famiglia — Pino Greco, detto Scarpuzzedda — avrebbe fatto parte degli autori materiali dell'omicidio e anzi disse di averlo appreso successivamente. A me sembra del tutto improbabile, comunque nessun provvedimento venne preso dalla commissione né contro i corleonesi né contro Pino Greco».

Attriti, delitti e ambiguità: ecco i moventi che nell'80 avevano scatenato la guerra di mafia. Bontade, Inzerillo. Poi, silenziosamente, saranno eliminati i grandi alleati dei due capi, i Teresi, i Di Maggio, verranno sterminate le famiglie Inzerillo, Contorno, Badalamenti, Manzella, Mafara, Rimi. È la «vittoria» dei corleonesi. Michele e Salvatore Greco si daranno alla latitanza, insieme ai superkiller più sanguinari, Pino Greco e Mario Prestifilippo. Rimasero invece nascosti — dopo decenni di clandestinità — Salvatore Riina e Bernardo Provenzano. Ma si era veramente trattato di una guerra di mafia? Buscetta spiegò: «Non è avvenuto uno scontro tra famiglie mafiose avversarie, ma una vera e propria caccia all'uomo nei confronti di tutti coloro che, indipendentemente dalla famiglia di appartenenza, erano stati amici di Bontade o di Inzerillo, e quindi non davano garanzia di affidabilità. Io stesso che faccio parte della famiglia di Pippo Calò dovrei essere dalla parte dei vincenti, mentre sono perseguitato e ho subìto tanti lutti in famiglia esclusivamente per la mia amicizia con Bontade e Inzerillo, e poi per essere stato avvicinato da Gaetano Badalamenti». E chi era Pippo Calò? «Il Calò, fin quando era minorenne, ha dimostrato di essere "uomo valoroso". Ricordo infatti che sparò ad un uomo, che quando era piccolo gli aveva ucciso il padre. Ma non si comportava da "capo famiglia". Per fare un esempio, mentre è prassi che gli uomini d'onore siano sorretti economicamente dal capo famiglia, egli, pur avendone la possibilità economica, si è praticamente disinteressato di me quando ero in carcere, della mia prima e della mia seconda famiglia». E, ancora, chi erano i cugini Nino e Ignazio Salvo di Salemi, che per trent'anni avevano gestito le esattorie siciliane in regime di monopolio lucrando aggi triplicati rispetto alle altre città italiane? «Uomini d'onore. L'amicizia fra Bontade e i Salvo era saldissima ed ho potuto notare che si frequentavano regolarmente. Non sono affatto dei sanguinari né sono coinvolti per loro iniziativa nelle attuali vicende di mafia. Il ruolo dei Salvo in Cosa Nostra è modesto, mentre grandissima è la loro rilevanza politica, perché mi risultano i loro rapporti diretti con notissimi parlamentari, alcuni dei quali di origine palermitana, e di cui mi riservo di fare i nomi [*in realtà non li fece mai, N.d.A.*]». Buscetta — il 12 novembre '84 — durante l'ultimo colloquio con i giudici e De Gennaro volle che venissero messe a verbale queste sue parole: «Nel rendere spontaneamente le mie dichiarazioni sono stato ispirato solo dalla mia coscienza e non già da desiderio di rivincita o di vendetta: quest'ultima, infatti, non ha mai restituito quello che si è perduto per sempre. La mia scelta, quindi, maturata nel tempo, non è condizionata da rancori personali e tanto meno dall'aspirazione ad eventuali norme di favore per i cosiddetti "pentiti". Mi sono reso conto da tempo che l'epoca in cui viviamo è incompatibile coi principi tradizionali di Cosa Nostra e che quest'ultima si è trasformata in una banda di feroci assassini. Non temo la morte, né vivo col terrore di essere ucciso dai miei nemici, quando verrà il mio turno, affronterò la morte serenamente, senza paura. Ho scelto questa strada in via definitiva ed irreversibile e lotterò con tutte le mie forze affinché Cosa Nostra venga distrutta. So bene quali umiliazioni e quali sospetti sul mio conto sarò costretto a subire e quanta gente male informata o in malafede ironizzerà su questa mia scelta di vita; ma, anche se sarò deriso, o peggio, chiamato bugiardo, non indietreggerò di un millimetro e cercherò di indurre tutti quelli che ancora sono indecisi a seguire il mio esempio per finirla una volta per tutte con un'organizzazione criminale che ha arrecato solo lutti e disperazione in tante famiglie e che nessun contributo ha dato allo sviluppo della società».

Il 29 settembre dell'84 la gettoniera del bar del palazzo di giustizia di Palermo rimase a secco in pochissimi minuti. Tutti i telefoni vennero presi d'assalto dai cronisti dei giornali cittadini che iniziarono a gridare a squarciagola in uno stato di evidente e comprensibile esaltazione. Capannelli di imputati, avvocati, giudici, carabinieri di servizio, si radunarono attorno ai cronisti e rimasero tutti a bocca aperta. Era accaduto qualcosa di incredibile: «Sì, ci sono trecentosessantasei mandati di cattura, molti già eseguiti. Ha parlato Buscetta, ha vuotato il sacco... sta svelando i misteri di Palermo... dicono che si sia pentito. Ha indicato i nomi di mandanti ed esecutori di decine e decine di delitti... Buscetta sa un casino di cose, sa anche dei grandi delitti... È un terremoto. La prima impressione è che stia accadendo qualcosa di storico, che modificherà parecchio il futuro della lotta alla mafia...». Erano le dodici del 29 settembre '84, quando nelle redazioni romane di tutti i giornali italiani, la notizia bomba appena giunta da Palermo provocò una lunga serie di riunioni per capire, valutare, decidere, dividere responsabilità. Si stavano spalancando quei maledetti portelloni d'acciaio che avevano nascosto per quarant'anni i più nefasti segreti di Cosa Nostra? Sembrava proprio di sì. E come mai Buscetta aveva deciso di parlare? E chi era Buscetta, a parte la generica definizione di «grosso capo mafia»? Dunque era entrato in crisi proprio quel sacrosanto valore, quel tabù inviolabile, quel totem venerato da decine di migliaia di famiglie e chiamato omertà? Esatto. Buscetta non morirà nel suo letto. Buscetta è assente da Palermo da troppi anni per poter raccontare come stanno veramente le cose. Avrà detto quello che gli hanno voluto far dire. Sarà interessante vedere se avrà il coraggio di ripetere le sue accuse in un'aula di tribunale. Gliela farei io qualche domanda a Buscetta. Adesso si atteggia a mammola innocente, come se non avesse anche lui i suoi bei delitti sulla coscienza. È un pentito ad orologeria. Può dire quello che vuole, ma le prove dove sono?

Scattò immediatamente, quella mattina del 29 settembre '84, l'autodifesa degli ambienti di mafia ma anche di quelli più genericamente permeati di cultura mafiosa. Istinto di sopravvivenza? Sì, ma non solo. Tutti infatti, indistintamente, da una parte e dall'altra, avvertivano che nulla sarebbe rimasto come prima. E che lo stato italiano finalmente, dopo decenni di torpore, attraverso un gruppo di giudici intelligenti e coraggiosi rientrava in gioco, disponeva finalmente di ottime carte per guardare dentro una struttura segreta. Centoventuno gli omicidi sui quali il boss aveva fatto piena luce. Trecentosessantasei gli ordini di cattura scaturiti dalle sue rivelazioni. Una caterva di imputazioni: trecento reati contestati. E per gestire questo dossier, che si annunciava infinito, era stato formato uno staff di cinque sostituti procuratori e due giudici istruttori.

I cronisti palermitani, quella mattina, cercarono immediatamente lumi: un conto era affermare che Buscetta aveva raccontato tutto quello che sapeva, molto più difficile si presentava quel lavoro d'archivio senza il quale l'intera vicenda sarebbe rimasta confinata nella cerchia degli addetti ai lavori. Così per la prima volta, dall'autunno '83, i cronisti ebbero modo di conoscere personalmente un uomo avanti negli anni, schivo, alto e magro, asciutto e misurato sia nei concetti che nelle parole, un uomo al quale lo stato deve molto, un giudice all'antica, eppure modernissimo nel suo stile di lavoro e nei suoi rapporti con i colleghi. Un giudice che non si era tirato indietro quando, all'indomani dell'orribile morte di Rocco Chinnici, gli avevano chiesto di trasferirsi da Firenze a Palermo con nessun'altra prospettiva che lasciare la famiglia per andarsi a rinchiudere spontaneamente in una caserma della guardia di finanza. Si chiamava Antonino Caponnetto e aveva 63 anni. Stranamente il CSM, abituato a dividersi sulle nomine nei distretti giudiziari più caldi, sul suo nome, nell'autunno '83 aveva quasi raggiunto l'unanimità. Era giunto a Palermo l'11 novembre '83, e poche ore dopo il suo insediamento aveva convocato i futuri colleghi dell'ufficio istruzione dicendo loro senza particolari preamboli: «Ho intenzione di confermare metodi, struttura ed organizzazione del lavoro voluti dal giudice Chinnici. Dovremo andare avanti uniti, continuando il suo lavoro proprio dal punto in cui fu costretto ad interromperlo». Subito dopo aveva indicato le nuove linee operative che sarebbero state praticate per anni: la socializzazione fra i giudici istruttori della propria esperienza professionale; la massima circolazione di notizie, informazioni, nuove acquisizioni processuali per evitare che singoli giudici fossero detentori di scomodi segreti; in altre parole la costituzione di un *pool*, una squadra di magistrati che avrebbe dovuto dedicarsi esclusivamente ad indagini antimafia essendo esonerata — proprio per decisione del capo di quell'ufficio — dalla routine giudiziaria. Ricordate cosa aveva scritto Chinnici nel suo diario? Aveva scritto che un ex procuratore capo, Pizzillo, non faceva mistero di teorizzare: «A quel Falcone caricalo di processi, così farà come ogni giudice istruttore: non farà più niente». Caponnetto si regolò invece in maniera opposta. Valorizzò Falcone e Borsellino, i «professionisti dell'antimafia». E accanto a loro, altri due giudici molto giovani e molto preparati: Giuseppe Di Lello, un pupillo di Chinnici, e Leonardo Guarnotta, tutti insieme d'ora in avanti nel tentativo di opporre un disegno giudiziario comune al disegno criminale della mafia. E a capo della squadra lui, Caponnetto, magistrato da trent'anni e grande esperto in tecniche bancarie, emigrato giovanissimo da quella Caltanissetta dove era nato anche il giudice Gaetano Costa.

Quella mattina Caponnetto fu lapidario con i cronisti che ne volevano sapere di più sul contenuto delle rivelazioni di Buscetta: «Siamo finalmente penetrati nel cuore della struttura dell'organizzazione mafiosa. Finalmente il cuore si apre alla speranza». Il Grande pentito della mafia si era limitato a potare l'albero mafioso dei suoi rami più compromessi o aveva anche parlato con i giudici di quelle complesse radici politiche affaristiche e finanziarie giornalisticamente chiamate il «terzo livello»? Il capo dell'ufficio istruzione replicò: «Non ancora. Ma quest'indagine rappresenta un'importante manovra di avvicinamento in quella direzione».

Il blitz di San Michele viene considerato l'operazione antimafia più importante di questo secolo. In una sola nottata interi clan mafiosi vennero trasferiti in sette carceri italiane di massima sicurezza. L'Ucciardone non venne neanche preso in considerazione proprio per impedire a boss e «picciotti» di riprodurre all'interno delle mura borboniche la loro ragnatela di potere. Un particolare curioso: quella notte, la notte del blitz, a Palermo si esaurirono immediatamente le manette disponibili. Mafia sconfitta, mafia in ginocchio, titolarono i giornali. Un'euforia che non durò per molto. Pur accusando il micidiale colpo ínfertole dalle rivelazioni di Buscetta, Cosa Nostra tornò a far sentire tutta la sua potenza militare a Brancaccio, la borgata roccaforte che era stata uno degli scenari principali del regolamento di conti fino all'83. E nella notte fra il 17 e il 18 ottobre una decina di killer misero a segno la spaventosa strage di piazza Scaffa. Dentro una stalla otto persone vennero messe al muro e fucilate, secondo un copione che fece tornare alla memoria la strage di San Valentino nel '29. I successivi processi (conclusi da ineffabili assoluzioni) non hanno mai chiarito né moventi né mandanti né esecutori del bagno di sangue. Gli autori di quell'eccidio, in giorni in cui i riflettori di mezzo mondo erano puntati su Palermo, vollero lanciare un pauroso messaggio alle forze dell'ordine: dateci un taglio con Buscetta e le sue confessioni, la mafia non gradisce. Ma Buscetta, all'insaputa della mafia, stava facendo scuola.

Subito dopo aver raccolto le sue confessioni, gli investigatori erano andati a far visita al numero uno dei «perdenti», detenuto in un carcere della Toscana. A quel Totuccio Contorno rimasto miracolosamente illeso sotto una tempesta di proiettili e che poi aveva assistito all'eliminazione di una ventina di persone, fra parenti e amici. I poliziotti furono sbrigativi e giocarono sull'effetto sorpresa: Buscetta — dissero all'ex primula rossa di Brancaccio — ha confessato, fai altrettanto, anche tu ormai non hai più niente da perdere. Per la verità fino a quel momento Contorno aveva collaborato in qualche modo con la giustizia, ma si era limitato a dare una mano, al commissario Ninni Cassarà, per la stesura del famoso rapporto sui «162». Non si era spinto oltre. Adesso la richiesta era ben altra: si trattava di svelare tutti i retroscena della sua biografia di «soldato» delle cosche e di confermare o meno l'atto di accusa del suo diretto «superiore» Buscetta. Superato l'iniziale stupore, Totuccio chiese e ottenne di poter incontrare «don» Masino nel suo rifugio segreto, per accertarsi che il boss avesse veramente infranto la regola dell'omertà. Incontro commovente, anche se di poche parole, come si addiceva ai personaggi. Contorno si inginocchiò di fronte ad un Buscetta magnanimo e paterno che appoggiandogli un braccio sulla spalla gli diede il suo viatico: «Cosa Nostra ormai è finita. Totuccio, puoi parlare». Una benedizione (in tutti i sensi) che provocò di lì a pochi giorni un'altra valanga di mandati di cattura. Centoventisette per l'esattezza.

Contorno raccontò in pratica la Seconda Puntata. Raccontò con dovizia di particolari ciò che era accaduto nella Palermo di mafia durante la parentesi brasiliana di Buscetta. Confermò e arricchì il quadro organizzativo di Cosa Nostra già illustrato dal suo capo. Accusò — e a ragion veduta — anche personaggi insospettabili: medici, avvocati, commercianti, perfino qualche nobile, come Alessandro Vanni Calvello principe di San Vincenzo che si era adeguato al nuovo sodalizio mafioso. Soprattutto regalò agli investigatori una mappa aggiornatissima della supercupola, colmando i vuoti lasciati dalla deposizione di Buscetta. E ne chiamò in causa i componenti per la lunga teoria di delitti politici che avevano sconvolto la Sicilia. Dopo il clamoroso fallimento di quel tandem di incoscienti rappresentato da Vitale e Di Cristina finalmente lo stato italiano stava prendendo sul serio l'accoppiata Buscetta-Contorno. All'indomani del blitz di San Crispino, ventimila giovani sfilarono a Palermo di fronte agli uffici della squadra mobile e al Tribunale, ricordando i tanti caduti nella lotta contro la mafia, applaudendo a scena aperta per i risultati concreti che si stavano finalmente raggiungendo.

Quel giorno raccolsi per «l'Unità» queste dichiarazioni. Ninni Cassarà, dirigente della sezione investigativa della squadra mobile: «Una manifestazione come questa significa che a Palermo stanno davvero cambiando molte cose; che l'atteggiamento dei cittadini nei confronti delle forze di polizia non è più quello di una volta». Francesco Accordino, capo della squadra omicidi: «Ci voleva... Ci voleva... sono ormai lontani i tempi in cui la parola mafia non poteva neanche essere pronunciata». E Ignazio D'Antone, dirigente della squadra mobile: «Stiamo assistendo al prevalere della cultura sull'ignoranza e sull'omertà, ad un risveglio delle coscienze». Fatto insolito in una manifestazione di piazza, il colonnello Lanzilli, comandante della legione dei carabinieri aveva stretto la mano ai rappresentanti del coordinamento studentesco che aveva promosso il corteo. Ma il tempo si sarebbe preso la briga di dimostrare che quella caterva di ordini e mandati di cattura rappresentava soltanto l'inizio della lunga marcia che un pugno di giudici, degni eredi di Terranova, Costa e Chinnici, stavano intraprendendo dopo anni di sconfitte.

Certo. Nell'immediato era stato spezzato il braccio militare di Cosa Nostra siciliana. L'articolo 416 bis della legge La Torre, il nuovo reato di associazione di tipo mafioso, veniva finalmente contestato ad alcune centinaia di persone che fino a quel momento avevano agito indisturbate. Ciò era clamoroso, inedito, denso di conseguenze. Ma dalla fine di settembre in poi furono ben altri i nomi che tennero le prime pagine dei giornali.

Nomi eccellenti. Nomi di intoccabili. Nomi di personaggi assai chiacchierati dalle commissioni parlamentari d'inchiesta che però non erano mai riuscite a stringere le maglie dell'iniziativa repressiva. Il primo nome illustre che incontriamo in questa galleria degli *dei* in declino è quello di «don» Vito Ciancimino, democristiano, cervello oltre che protagonista dello scempio edilizio della città, proprio ai tempi in cui Buscetta frequentava il bar «Commercio». Una carriera politica, la sua, tanto arrogante quanto rapida. Nato a Corleone nel 1924, dopo aver esercitato la professione di barbiere, si trasferì a Palermo nell'immediato dopoguerra, e già nel '51 — grazie all'interessamento di notabili dc dell'epoca — ottenne dal ministero dei trasporti la concessione del servizio dei trasporti ferroviari. Poi, l'ascesa divenne costante. Capogruppo dc al comune di Palermo ('64). Assessore ai lavori pubblici per quattro anni ('59-64), mentre era sindaco Salvo Lima. Non è una leggenda: in una sola notte l'assessore Ciancimino rilasciò 2.500 delibere ad altrettanti prestanome varando così la più colossale speculazione edilizia che la città abbia subito nella sua storia. Nel '69 divenne il responsabile degli enti locali nel suo partito. E nel '70 coronò il suo antico sogno di diventare sindaco della città, ma lo fu solo per tre mesi. La commissione antimafia aveva infatti raccolto un'enorme mole di materiale investigativo sul suo conto e lo scandalo esplose costringendo «don» Vito alle dimissioni. Così si espresse sul suo conto Dalla Chiesa ai tempi della commissione antimafia, nel '70: «Non risulta che abbia mai lavorato. Fin dall'inizio ha orientato la sua attività verso obiettivi afferenti alla sfera politica della città e del suo entroterra». Ma anche Pio La Torre e Cesare Terranova, per lunghi anni, erano stati suoi implacabili accusatori. All'inizio degli anni '80 per un momento la sua stella sembrò tramontare. La dc siciliana, alquanto imbarazzata da un *pedigree* molto discusso, nell'84 non gli rinnovò la tessera. Ma lo stesso Ciancimino, in una famosa intervista al «Corriere della Sera», tenne a precisare che «non poteva certo dimettersi da consigliere per quei tanti amici democristiani (...)» che vedevano ancora in lui un costante punto di riferimento.

Sprezzante, baffetti alla Hitler, occhi neri, battuta prontissima, un archivio ambulante di fatti, date e nomi, Ciancimino per anni aveva dettato legge condizionando l'attività delle giunte che si erano date il cambio alla guida del Palazzo delle Aquile, sede del municipio. Il suo appartamento di via Sciuti è stato per un trentennio la meta obbligata degli amministratori democristiani, ma non solo. Elda Pucci, e Giuseppe Insalaco, sfortunati sindaci di Palermo (anche se per motivi diversi) raccontarono alla commissione antimafia, proprio nei giorni successivi al grande blitz di San Michele, le difficoltà, i boicottaggi, le trappole che avevano ostacolato il loro lavoro e indicarono in Ciancimino il gran burattinaio degli appalti comunali più appetitosi. Ma ci vollero ancora una volta i ricordi di Buscetta perché la stella dell'ex barbiere di Corleone tramontasse davvero. E così, al termine di una lunga trafila giudiziaria (perquisizioni, ritiro del passaporto, invio al soggiorno obbligato nel comune di Patti), nel primo pomeriggio del 3 novembre '84, Ciancimino finì in manette e poi subito a Rebibbia. Buscetta lo aveva accusato di appartenere a pieno titolo a Cosa Nostra. Di essere uomo di Luciano Liggio e legato ai corleonesi Riina e Provenzano che «lo tenevano in pugno». Ma nel suo caso c'era molto di più della testimonianza pur significativa del boss dei due mondi. Da tempo infatti, la polizia, indagando sull'uccisione di un trafficante mafioso avvenuta in Canada nell'81, aveva accertato che Ciancimino era anche un grande riciclatore di danaro sporco. E nelle sue cassette di sicurezza di miliardi ne trovarono parecchi, troppi per uno che non aveva mai lavorato, troppo pochi rispetto a quelli che riuscì a mettere al sicuro. Ma in una parola, cosa aveva rappresentato nel governo della città e in trent'anni di mafia Vito Ciancimino? Ancora una volta Caponnetto fu lapidario con i cronisti: «Per lo spessore che ha possiamo considerarlo un'espressione del terzo livello».

E per concludere il bilancio del giorno più lungo nell'iniziativa dello stato contro la mafia bisogna ricordare, appena dieci giorni dopo la cattura di Vito Ciancimino, gli arresti, altrettanto clamorosi dei due cugini Nino e Ignazio Salvo di Salemi. I due ricchissimi esattori, come avremo modo di vedere più avanti, avevano mantenuto rapporti strettissimi con Cosa Nostra. In particolare con Buscetta al quale avevano offerto ospitalità, in una delle loro lussuosissime ville, nell'80, quando il boss aveva ottenuto a Torino la sua insperata libertà. Fin quando poté Buscetta tacque sul ruolo dei due cugini all'interno dell'organizzazione. Poi, temendo di non apparire credibile proprio per quel silenzio troppo prolungato su personaggi che certamente erano appartenuti alla sua cordata, chiamò in causa anche loro con la descrizione minuziosa della villa in cui era stato ospitato.

Buscetta e Contorno superprotetti, che poteva fare intanto la mafia? Almeno saldare un vecchio conto: e una domenica mattina, il 2 dicembre, un commando di killer ridusse in fin di vita il povero Leonardo Vitale. Tornava a casa dopo essere andato a messa, con l'anziana madre e la sorella, in un popolare quartiere di Palermo. «Ora mi ammazzeranno», aveva confidato ai giornali qualche settimana prima. Quell'ambiente l'aveva sempre conosciuto, e pazzo non lo era mai stato.

XII

MA LA MAFIA NON S'ARRENDE

Ai cronisti ripeteva sempre lo stesso ritornello: «È inutile che veniate a trovarmi ogni giorno. Posso darvi in media una notizia ogni sei mesi. Il nostro è un impegno che si sviluppa in tempi molto lunghi. E se proprio dobbiamo parlare possiamo farlo solo a cose fatte». Cercare di cavar fuori una notizia dal dirigente di polizia Beppe Montana era un'impresa fallita in partenza.

Era difficile incontrarlo nei normali orari di lavoro, perché uno come lui — a capo d'una squadra di una quindicina di 007 per la caccia a duecento latitanti mafiosi — non poteva consentirsi abitudini troppo regolari. Era più facile incontrarlo di notte, per caso, a bordo d'una volante, che non nella sua stanzetta al primo piano di piazza della Vittoria contrassegnata dalla targhetta: «sezione catturandi». Fra loro, scherzando, i colleghi lo chiamavano «Serpico».

Serpico, perché non era abituato a cercare i latitanti pubblicando annunci sui giornali. Serpico, perché per il particolare tipo di lavoro che svolgeva considerava la scrivania d'ufficio alla stregua di una sedia a rotelle. E forse si era meritato quel soprannome anche perché era convinto che con tenacia e ore rubate al sonno si potesse supplire a quella vergognosa sproporzione fra il numero irrisorio dei suoi collaboratori e il plotone dei ricercati per mafia. Il Serpico siciliano pensava che aguzzando la vista si potesse fare benissimo a meno di quei potentissimi cannocchiali all'infrarosso che il ministero prometteva sempre ma che non arrivavano mai. E se nel parco macchine della questura non c'era l'auto civetta disponibile per un servizio (perché una aveva subito un guasto, l'altra aveva l'assicurazione scaduta, una era stata richiesta dai ragazzi di una diversa sezione, e magari ce n'era una buona, ma talmente vista e rivista nelle borgate di Palermo che un carro funebre con su scritto polizia sarebbe passato più inosservato), Beppe Montana, il *bounty killer* che non intascava taglie, saltava su una motocicletta (presa in prestito) e si dava da fare.

Quando venne assassinato — il 28 luglio dell'85 — Montana aveva trentaquattro anni e un curriculum di tutto rispetto. Originario di Catania, appena laureato in giurisprudenza, si era trasferito a Palermo nell'82, all'indomani dell'uccisione di Dalla Chiesa. Subito dopo in trasferta, proprio a Catania, con un incarico che avrebbe scoraggiato il Serpico di celluloide: catturare Nunzio Salafia, Antonino Ragona, Nitto Santapaola, fra i primi ad essere sospettati per la strage di via Carini. Si guadagnò la prima medaglia facendo scattare le manette per Salafia e Ragona. Ma in tempi rapidissimi aveva imparato a riconoscere nei mafiosi un nemico insidiosissimo: era suo amico quel Calogero Zucchetto che in compagnia del dirigente Cassarà se ne andava per i viottoli di Ciaculli sperando in una pesca miracolosa. E Montana, forse a differenza di Serpico, era un poliziotto cosciente anche dell'importanza del sindacato (era dirigente del Sap), e di quanto siano fondamentali — proprio in una città come Palermo — i rapporti con la società civile. Così era stato l'ideatore e il principale animatore del comitato in memoria di Calogero Zucchetto. Nell'83, mentre infuriava la guerra di mafia aveva concluso felicemente un'altra delle sue operazioni: gli uomini da lui diretti avevano scoperto infatti l'arsenale mafioso di San Ciro Maredolce, mimetizzato sotto un cavalcavia dell'autostrada Palermo-Catania. Saltarono fuori in quell'occasione parecchi mitra, fucili a canne mozze, decine di pistole calibro trentotto e munizioni in abbondanza. Ecco un nascondiglio che Montana non avrebbe dovuto scoprire, ecco un «passo falso» del commissario che aveva fatto molto arrabbiare i boss: a Maredolce erano conservate le armi dei gregari dei Greco e dei Marchese che in quel periodo stavano combattendo contro le vecchie famiglie restie ad accettare il nuovo ordine imposto dai corleonesi. E naturalmente era stato il «solito» Montana a bussare in quell'appartamento in via Lincoln (primavera '84) per notificare al boss Masino Spadaro — ex contrabbandiere di sigarette convertitosi al traffico dell'eroina, uomo di Michele Greco e prestanome per i suoi traffici bancari — un nuovo mandato di cattura per associazione di tipo mafioso. Incredibile: Spadaro trascorreva la latitanza a casa sua. (Tempo dopo, durante le sue confessioni, Buscetta avrebbe raccontato che Masino Spadaro era nella supercupola, e faceva da ponte fra mafia siciliana e la camorra degli Zaza, dei Bardellino, dei Nuvoletta.)

Nell'ultimo periodo di lavoro il commissario conseguì un successo dietro l'altro. Il più significativo: l'arresto di Salvatore Rotolo, superkiller, accusato di numerosi delitti e di aver ucciso anche il medico Paolo Giaccone, lo stimato primario del Policlinico che con una scrupolosa perizia balistica aveva incastrato i Marchese e gli Spadaro per la «strage di Natale». Il giovane catanese laureato in giurisprudenza ormai era un poliziotto eccellente. Si era fatto un quadro completo, raggranellava informazioni precise, saltava come uno stambecco da una pista all'altra, appena riconosceva le tracce fresche che denotavano il passaggio di un latitante. E con i nervi tesissimi stava sempre in attesa che scattasse l'allarme giusto. Come quella mattina di un giovedì. Il 24 luglio '85, quando una volante di pattuglia a Bonfornello chiese il suo intervento. Gli agenti avevano individuato una villa sospetta. E fu Montana, ancora una volta sul campo, a dare il via all'irruzione. Otto persone arrestate. Capintesta del gruppo, il boss Tommaso Cannella, il capo mafia del paese di Prizzi che insieme al padre Giuseppe svolgeva prosperosi affari nel settore delle opere pubbliche. Appalti, appalti ad ogni costo, tanto da uccidere — secondo l'accusa — un altro temibile concorrente di mafia, Sebastiano Alongi. Da un anno Cannella era latitante, si pensava fosse in Val d'Aosta, ma Montana lo cercava lì, a due passi da Palermo. Luogotenente dei Greco, utilizzava la sua impresa di calcestruzzi — la Sicilpali — per riciclare i narcodollari di Luciano Liggio. A Bonfornello le manette scattarono anche per Pietro Messicati Vitale, il nuovo boss di Villabate, Antonino D'Amico, anch'egli legato ai Greco, e figlio del gestore della raffineria di Alcamo scoperta dal giudice Carlo Palermo. Questa di Bonfornello fu l'operazione più riuscita di un poliziotto scomodo. E fu anche l'ultima. Serpico venne assassinato tre giorni dopo, una domenica sera, alla vigilia delle sue ferie d'agosto. Serpico venne ammazzato a Porticello, una bella borgata marinara dove si mangia del buon pesce e c'è un discreto attracco per le barche. Domenica sera Montana — dopo aver trascorso una bella giornata a bordo del suo motoscafo, in compagnia di amici e della fidanzata — si era rivolto ad un meccanico per riparare la sua imbarcazione. Poi, ancora in maglietta e zoccoli, finalmente disarmato, se n'era andato a spasso con la sua comitiva. Due killer lo affrontarono a viso scoperto, in un angolo buio del porticciolo e con quattro colpi di calibro trentotto stroncarono la vita del giovane poliziotto che braccava i latitanti d'oro. Ma questa volta non tutto filò liscio per i macellai di Cosa Nostra. Innanzitutto venne trovata in casa del commissario una dettagliatissima planimetria della costa dove erano state evidenziate le zone a più alta densità mafiosa. Si seppe dopo che Montana aveva scelto di affittare una casetta a Porticello per unire — se così si può dire — l'utile al dilettevole: la grande passione per il mare e lo sci nautico non mettevano a tacere la sua dote di segugio disposto ad arrestare un latitante anche in una bella giornata di sole. E si capì dopo che questa sua presenza non era né gradita né tollerata dalle «famiglie» che ne avevano fin sopra i capelli della versione invernale di Montana, figuriamoci di quella estiva! Ma il commando militare quel giorno non passò inosservato. Un testimone fornì agli investigatori le caratteristiche di una delle auto di appoggio al commando indicando anche i primi numeri della targa. Era l'inizio di una gigantesca caccia all'uomo che presto si sarebbe avvitata in una spaventosa spirale.

In cattedrale, poca gente partecipò ai funerali. Non venne il cardinale Pappalardo, al suo posto fu il vescovo Rosario Mazzola a pronunciare un'omelia essenziale. Scrissero gli agenti appartenenti al Siulp: «Ancora una volta i poliziotti sono olocausto di una direzione politica dissennata, superficiale, retorica e logorroica, che sa solo promettere a parole, e che partecipa compatta ai funerali di stato, ma che, quando è il momento non interviene, non muove un dito, affinché i problemi siano risolti, le tragedie evitate». Partecipando all'ennesimo inutile summit il ministro degli interni Scalfaro non esitò a definire «acre e ingiusta» la posizione del Siulp. E aggiunse: «meglio essere contestati che assenti». Il che poteva anche esser vero in linea teorica, se per anni lo stato italiano, in Sicilia, non fosse stato contemporaneamente contestato e assente. Ancora una volta invece era tutto così tremendamente semplice. Scrisse sull'«Unità» del

30 luglio Piero Sansonetti: «Lo hanno ammazzato perché faceva il mestiere più pericoloso del mondo: cercava latitanti. Gli hanno sparato in faccia. Era uno di quegli uomini coraggiosi che al proprio lavoro ci credeva sul serio. Alla legge, alla giustizia, allo stato. E lavorava bene. Non si tirava indietro. Neppure quando si accorgeva di essere solo. Troppo solo lì in prima linea. Senza chi gli coprisse le spalle, senza protezioni forti, garanzie, mezzi, aiuto. Era un uomo coraggioso che voleva arrivare troppo avanti. Un pochino più avanti della linea dove lo stato si ferma: il castello della latitanza mafiosa. Intoccabile. E forse era arrivato molto vicino alla "linea". Il potere delle cosche non se lo poteva più permettere vivo». Nulla di più esatto nel caso di Beppe Montana. Forse se avesse creduto alla favoletta che i mafiosi, per darsi alla macchia, fuggono dalla Sicilia, Serpico sarebbe ancora vivo. Non cedere invece alle apparenze, continuare a cercare i boss fra Bagheria e Casteldaccia, fra Aspra e Porticello, nei paesi dove le «famiglie» sono proprietarie di sontuose ville, in riva al mare, inaccessibili, e con fuoribordo a portata di mano, fu il colossale «errore» del commissario. Di lui conservo ancora un ricordo molto vivo.

Lo incontrai per l'ultima volta — allegro e indaffarato — il 26 luglio, due giorni prima dell'agguato a Porticello. Si era trattato di un incontro casuale, alla squadra mobile. Ma, fatto insolito per lui, poco propenso — come ho detto — a parlare con i giornalisti, mi era venuto incontro bloccandomi in un corridoio per rivolgermi un rimprovero bonario: «Tutti i giornali non hanno capito nulla del blitz di Bonfórnello. Mi rendo conto che i nomi degli arrestati apparentemente non dicono granché, ma almeno uno, quello di Tommaso Cannella, avrebbe dovuto farvi riflettere. Cannella e i corleonesi fanno parte di un'identica cordata. Cannella è quello che pranzava con Michele Greco, uno dei pochi autorizzati a dargli del "tu". Sì, questa volta abbiamo quasi la certezza che i capi mafia corleonesi non si sono mai allontanati da Palermo, e vivono qui la loro latitanza. Arrestando Cannella abbiamo svolto un ottimo lavoro.» Incassai la parte di rimprovero che mi veniva rivolta e gli strappai un mezzo impegno per consentirmi di scrivere in futuro un «pezzo» sulla sezione catturandi. Morto Zucchetto, morto Montana, all'altezza del compito restava solo il vice capo della mobile, Ninni Cassarà, l'unico ormai in grado di dare ancora filo da torcere alle cosche dell'eroina. Un portamento atletico, ottimi studi universitari, di estrazione cattolica, era cresciuto insieme — culturalmente e politicamente — a quel Leoluca Orlando che anni dopo sarebbe diventato sindaco di Palermo.

Cosa significava il nome Cassarà per la mafia? Una pratica in sospeso. Un conto che prima o poi andava regolato. Un lavoro arretrato che forse per negligenza i macellai mafiosi si trascinavano dall'82: non era stato proprio lui, Cassarà, insieme al dinamico capitano dei carabinieri Pellegrini, a stilare minuziosamente quel rapporto sui «162» che era piaciuto subito a Dalla Chiesa appena nominato prefetto? E Cassarà si era fatto le sue idee sulla mafia di Ciaculli, pedinando a volte con Zucchetto a volte con Montana, latitanti molto permalosi. Aveva portato a spalla dalla mobile in cattedrale le bare di entrambi i suoi uomini. Ed era troppo accorto, oltre che troppo intelligente, per non capire che quelle due morti rappresentavano anche un duplice messaggio contro di lui. Continuò ad indagare, come se nulla fosse. D'altra parte aveva scelto la strada del poliziotto rinunciando — all'ultimo momento — alla carriera di magistrato. Ed era un altro di quegli investigatori maledetti in partenza perché non sanno tenersi alla larga dai filoni mafia e politica, privo di un sesto senso che gli facesse da angelo custode, insomma uno di quelli che agli occhi dei mafiosi sembrava che le rogne se le andasse a cercare. Per capirsi: Ninni Cassarà era uno di quei funzionari palermitani pronti a scommettere sull'esistenza del terzo livello.

Anche lui con una carriera ancora agli inizi, ma molto promettente. Era entrato in polizia a venticinque anni, e nel 1975 — giovanissimo — aveva diretto con ottimi risultati la squadra mobile di Trapani. Nell'80 però era stato costretto a fare le valigie perché il questore — Giuseppe Aiello — era molto sollecito alle rimostranze della Trapani bene scocciata da questo poliziotto che invece di apprezzare l'ottimo couscus locale voleva dar la caccia a chissà chi. Né gli avevano perdonato quell'irruzione improvvisa all'esclusivo circolo «Concordia» dove potenti e blasonati si giocavano fortune al tavolo verde. Cassarà venne allora a Palermo, nell'80, e dopo un breve tirocinio alla squadra omicidi, per uno come lui il passaggio alla sezione investigativa fu quasi scontato. Qui, nel capoluogo siciliano, diventò per cinque anni l'animatore di un'intera équipe di polizia che si trovava a passare improvvisamente dagli anni dei ritardi e delle omissioni, se non addirittura delle complicità (non dimentichiamo il questore e il capo della mobile cacciati perché appartenenti alla P2) a quelli di un lavoro scientifico, volto a disegnare la mappa del nuovo potere mafioso. Cassarà raccolse, un verbale dietro l'altro, le prime reticenti ammissioni dei cugini Nino e Ignazio Salvo. Fu tra i primi poliziotti a cogliere l'importanza rivoluzionaria del lento declino dell'omertà e fece quanto era in suo potere per accelerare il fenomeno. Con Falcone volò a Rio de Janeiro volendo indagare personalmente sul clan Buscetta.

Ma era anche il funzionario amato dagli agenti, quasi idolatrato, perché oltre agli incarichi di prestigio non disdegnava la stesura manuale di un interrogatorio, il lavoro di pedinamento, perché entrava in ufficio alle otto del mattino e ne usciva a notte fonda. Molti pentiti di mafia ebbero modo di conoscerlo. E apprezzarlo: la sua sezione non accettava nessun racconto a scatola chiusa, verificava tutto con scrupolo, disponeva gli accertamenti bancari utili spesso per convalidare un'intera deposizione. E con i pentiti nessun patteggiamento, nessuna promessa di futura immunità. Una sola deroga, per Totuccio Contorno. Quando Cassarà andava a trovarlo nelle carceri di massima sicurezza del centro Italia, per raccoglierne le prime stentate confessioni si portava dietro un pacco di cannoli alla ricotta, il tipico dolce siciliano al quale il boss «Totuccio» non sapeva dire di no.

E prove di coraggio Cassarà ne diede più di una. Fu uno dei pochi funzionari di polizia — ad esempio — che non si tirò indietro a Caltanissetta, al processo di primo grado per la strage Chinnici. Raccontò con la sua faccia da primo della classe che stava imparando a conoscere i misteri di Palermo: «Mettetelo a verbale. I giudici Vincenzo Geraci e Alberto Di Pisa mi dissero personalmente che Chinnici aveva intenzione di arrestare i Salvo poco prima di finire assassinato in via Pipitone Federico». Quante critiche si beccò, per quest'«imprudenza», da parte dei suoi superiori! Anche così è Palermo: un poliziotto che rende una testimonianza, non generica, ma indicando nomi e cognomi, può diventare facilmente bersaglio di rimproveri nel suo stesso ambiente di lavoro (certo, certo, rimproveri affettuosi: «è per il tuo bene che ti dico di stare più attento...»). Ma era una solfa che a Cassarà non andava giù. Dimenticavo: sia Geraci che Di Pisa, più netto il primo, più sfumato il secondo, negarono quella circostanza.

Le tragedie di quei giorni neri del luglio-agosto '85 avevano scosso particolarmente Cassarà che si era stancato di vedersi cadere attorno i colleghi più affiatati, mentre dall'alto non si aspettava particolari aiuti e benevolenze. Quattro giorni dopo la morte di Montana, trovai Cassarà nel suo ufficio stanco e nervoso. Iniziammo a chiacchierare di quanto era accaduto e rispondeva alle domande quasi in tono beffardo. Come se volesse sottolineare che le stesse domande contenevano in sé la risposta, ma per uno stucchevole gioco delle parti entrambi dovevamo prestarci alla messinscena. Ci voleva tanto a capire perché avessero assassinato Montana? Cassarà quella mattina confidò tutta la sua amarezza autorizzandomi a pubblicare il colloquio sotto forma di intervista, e pregandomi di farne avere qualche stralcio alle agenzie.

Disse il commissario: «questa mattina ho avuto appena il tempo di fermarmi di fronte all'edicola della questura centrale e ne ho ricavato una pessima impressione vedendo le prime pagine dei giornali esposti. Tranne il "Giornale di Sicilia", la "Gazzetta del Sud", "Il Mattino" e "l'Unità", mi sembra che la grande stampa abbia molto sottovalutato l'uccisione del nostro collega. Ancora oggi, è difficile ammetterlo — ma è così — in questo paese esistono morti di serie A, B e C. È una spia del modesto valore che i mass media riconoscono alla nostra attività». Il funzionario, nonostante gli alti successi di «immagine» conseguiti dall'antimafia con le confessioni di Buscetta e di Contorno, era preoccupato di un eventuale riflusso di consensi e simpatie. «Temo» disse Cassarà «che quel clima di consenso che si era creato grazie ai giornali ora stia venendo meno.» Erano quelli i giorni delle polemiche sul processone napoletano alla camorra mentre già si profilava all'orizzonte l'inizio del maxi processo a Cosa Nostra. Osservò Cassarà: «Seguiamo con molta attenzione le preoccupanti vicende che stanno caratterizzando la vigilia del maxi processo alla mafia che si terrà a Palermo e lo svolgimento di quello che vede alla sbarra la camorra. In quest'ultimo caso non ci sfugge quanto accade dentro e fuori il dibattimento. Si conducono attacchi frontali contro il valore processuale delle deposizioni dei pentiti. Non sappiamo come si sono comportati i nostri colleghi napoletani. Sappiamo bene che qui, [a Palermo, N.d.A.], si è proceduto con un riscontro meticoloso, rigoroso, a volte estenuante, di ogni particolare accusatorio...». E ancora: «L'impegno della polizia giudiziaria rimane il nucleo propulsivo delle indagini investigative, presupposto fondamentale per ogni indagine, passaggio obbligato per lo sviluppo processuale. Senza la fatica, senza il sangue versato dai nostri poliziotti, molti soloni non potrebbero pontificare né in occasione di convegni né in occasione di summit».

Infine, un'ultima frase, agghiacciante: «Ricordiamo soprattutto l'impegno di Rocco Chinnici, le sue qualità manageriali nella direzione dell'ufficio istruzione di Palermo, il ruolo prezioso che svolse per tanti anni. Ma Chinnici è stato ammazzato. Come, prima o poi, finiscono ammazzati tutti gli investigatori che fanno davvero sul serio». Era giunta la sua ora, e forse se ne rendeva conto. Espresse il suo pensiero fuori dai denti. Così volle ricordare il suo amico Montana, quasi imponendo che quella morte tornasse a far notizia ora che i giornali stavano già parlando d'altro. Ma non poteva prevedere che la situazione stesse precipitando a ritmo tanto vertiginoso. E che, nel giro di una settimana di sangue, la polizia palermitana avrebbe perduto in un colpo solo i consensi, la stima, la simpatia che era riuscita faticosamente a conquistarsi in anni di grandi sacrifici individuali. Iniziò tutto (coincidenza paradossale, inquietante) con un'indagine che per la prima volta stava prendendo una piega favorevole. Con un'indagine che se fosse giunta in porto regolarmente — senza traumi, senza errori — avrebbe consentito molto probabilmente non solo di far piena luce sui nomi degli esecutori e dei mandanti del delitto Montana, ma anche di aggiornare le conoscenze sul fenomeno riprendendo il discorso dal punto in cui lo avevano interrotto Buscetta e Contorno. Naturalmente i poliziotti avevano dato il meglio di se stessi nello sforzo di assicurare alla giustizia gli assassini del loro funzionario. E per la prima volta si era stabilito un proficuo rapporto di collaborazione con i «cugini», i carabinieri palermitani che si erano messi a disposizione per uno scopo finalmente comune. Le indagini sull'agguato di Porticello avevano tratto impulso iniziale — come si ricorderà — da quella preziosa testimonianza sull'auto d'appoggio del commando, vista in paese quella domenica sera del 28 luglio. Ne era scaturito un gigantesco lavoro negli archivi della Motorizzazione. Diecimila vetture di quel tipo erano state controllate, fin quando la rosa delle auto sospette si ridusse ad una quantità di esemplari. Così entrò nel mirino delle indagini la famiglia Marino, una famiglia di pescatori poveri che viveva nella popolarissima borgata di Sant'Erasmo. Fu l'inizio di una nuova tragedia palermitana. Ancora oggi le ricostruzioni di quanto accadde sono lacunose e contraddittorie.

Fatto sta che un giovane di venticinque anni, Salvatore Marino, pesantemente sospettato di essere uno dei fiancheggiatori del commando di Porticello, venne torturato e ucciso alla squadra mobile durante un interrogatorio non stop. Fatto sta che il giovane Marino venne portato in ospedale quando ormai non c'era più nulla da fare. Fatto sta che per un giorno e mezzo la questura tentò di accreditare la tesi che un «tunisino» era stato trovato annegato in mare mentre conosceva benissimo le generalità della vittima. E le versioni ufficiali produssero in quei giorni un'incredibile quantità di menzogne condite alla meglio con omissioni e opportuni «ritocchi» di orari e di particolari eventualmente rivelatori. Ma almeno una parte della verità (perché pare ce ne sia certamente un'altra destinata a restar chiusa nel pozzo dei tanti misteri italiani) non tardò a manifestarsi.

Salvatore Marino era un giovane calciatore che godeva di ottima salute, si dedicava alla pesca subacquea, e non soffriva di cuore. E quel giorno in cui si presentò in questura, accompagnato dal suo avvocato, sapeva che i suoi familiari erano già stati ascoltati in merito all'uccisione di Montana. Marino era proprietario di una delle auto adoperate dal commando di Porticello ed anche lui aveva trascorso la domenica in quella borgata marinara. Sostenne però di essere tornato a Palermo poco prima del delitto, ma le persone che chiamò in causa lo smentirono. Durante una perquisizione nella sua abitazione gli agenti trovarono 34 milioni in banconote che Marino affermò di aver ricevuto dalla sua squadra di calcio. Ma i dirigenti della squadra lo smentirono. Parte del danaro era avvolta in una copia del «Giornale di Sicilia» stampata nella notte fra domenica e lunedì. Il giovane, ignorando che il giornale usciva in diverse edizioni, incappò in altre brutte contraddizioni. Gli trovarono in casa anche una maglietta sporca di sangue. A chi apparteneva? E di chi era quel sangue? E perché la nascondeva lui? In altre parole poco prima di morire Marino era sul punto di essere arrestato quantomeno per favoreggiamento dei killer. Ma qualcosa quella notte in questura non andò per il giusto verso, e Marino fu torturato e ucciso. I giornali di tutto il mondo pubblicarono la foto del suo cadavere all'obitorio, scattata dalla reporter Letizia Battaglia. Il volto di quel giovane non assomigliava neanche lontanamente a quello di un calciatore di venticinque anni, che andava a pesca, e aveva una «salute di ferro». I funerali si svolsero in un clima di indicibile confusione. I familiari portarono a spalla per mezza città la bara bianca reclamando vendetta e gridando: «poliziotti assassini». Il fiume di folla si riversò poi nel santuario di Santa Teresa, alla Kalsa, dove il carmelitano scalzo Mario Frittitta lesse il brano del «mistero di un giovane che muore».

La sera del 5 agosto '85 le telescriventi batterono la notizia clamorosa che il ministro Scalfaro, dopo un incontro con il presidente del consiglio Craxi, aveva rimosso — con apposito decreto — il capo della squadra mobile Francesco Pellegrino, il capitano dei carabinieri Gennaro Scala, il dirigente della sezione antirapine Giuseppe Russo. Quel repulisti, se da un lato servì a restituire all'opinione pubblica un minimo di credibilità nelle istituzioni tanto compromesse, dall'altro ebbe l'effetto di decapitare i vertici di polizia in un momento in cui alcune cosche mafiose erano sotto tiro. Si innescò così una spirale che sfuggì al controllo di tutte le parti in campo. Perché era stato assassinato Marino? La tragedia venne spiegata alla luce di quel clima di esasperazione che aveva preso il sopravvento fra le file dei poliziotti. Si stigmatizzò l'aberrante logica dell'occhio per occhio che aveva disonorato i rappresentanti di uno stato di diritto. Dal questore in giù il coro fu unanime: «eravamo i primi ad avere interesse che Marino restasse in vita».

Circolarono in quei giorni due opposte «filosofie» su quanto era accaduto. Entrambe inaccettabili. Da una parte quella dei familiari (fatta propria da quanti a Palermo sono stati sempre infastiditi dalla lotta alla mafia): la sua tragica fine veniva considerata la prova del nove della sua innocenza. Dall'altra quella dei poliziotti che insistevano invece sull'elemento «colpevolezza», quasi che ciò comportasse una riduzione delle loro responsabilità. Successivamente i poliziotti rimossi da Scalfaro finirono in carcere accusati di omicidio colposo. Ma ancora oggi resta un interrogativo: qualcuno ebbe interesse a togliere di mezzo Marino? Fra quelli che presero parte al pestaggio (durò un'intera nottata, vennero fatte ingerire a Marino grosse quantità di acqua e sale) c'era qualcuno che diede i colpi decisivi perché il giovane poteva diventare da un momento all'altro un testimone scomodo? Difficilmente il processo potrà fare piena luce. Ci pensò comunque ancora una volta la mafia, ventiquattro ore dopo la «defenestrazione» voluta da Scalfaro, a pareggiare i conti a suo modo. Lo fece ripescando dai suoi archivi quella pratica che si trascinava da troppo tempo: appunto, il «dossier Cassarà». E non esitò ad aprire il fuoco con tre fucili mitragliatori contro il commissario e i suoi ragazzi della scorta.

Delitto forse fra i più spettacolari compiuti dalla mafia. Almeno per tre motivi: Cassarà quel giorno rientrò a casa verso le tre di pomeriggio. (Da tre settimane saltava i pasti e non rispettava alcun orario.) Come fecero i killer ad entrare così tempestivamente in azione? Fu la stessa polizia a non nascondere la convinzione che qualcuno avesse seguito l'alfetta blindata del commissario dalla squadra mobile fin sotto casa. Vennero prese in considerazione anche due ipotesi subordinate: che qualcuno avesse avvertito il commando in agguato, dalla parte opposta della città, utilizzando delle ricetrasmittenti; perfino che fosse stata ascoltata dalla mafia proprio la telefonata che Ninni Cassarà fece quel giorno a sua moglie Laura per comunicarle il suo imminente rientro. Le tre piste investigative naturalmente si insabbiarono. Restò comunque il dubbio sull'esistenza di una «talpa» interna alla questura, una quinta colonna che aveva reso estremamente facile quell'esecuzione. Un «mega» commando prese parte alla strage. Almeno quindici persone. Nel preciso istante in cui Cassarà, con i giovani agenti Roberto Antiochia di ventitré anni, e Giovanni Salvatore Lercara, di venticinque, scesero dall'auto blindata, si scatenò l'inferno. I killer sparavano dal palazzo di fronte, dalle finestre che davano sulle scale, dove avevano atteso pazientemente il rientro della vittima designata. Alla fine si contarono più di duecento colpi di kalashnikov. Ancora due metri e il commissario si sarebbe trovato in salvo, all'interno della portineria. Morì Cassarà. Morì Antiochia.

Quel giorno Antiochia — pur essendo in ferie — si era offerto spontaneamente per avere l'«onore» di accompagnare il suo funzionario. Si salvò — sebbene gravemente ferito — il secondo agente della scorta. Natale Mondo, l'autista che — rannicchiato sotto l'alfetta — era riuscito ad esplodere alcuni colpi di pistola. Qualche settimana dopo venne arrestato con l'accusa infamante di essere stranamente sopravvissuto alla tempesta dei colpi. (Fu in seguito scagionato e totalmente riabilitato.) Ma di lui torneremo a parlare perché la sua vicenda umana è in tutti i sensi emblematica.

Udite le prime detonazioni, Laura Cassarà si affacciò al balcone e fu testimone diretta dell'uccisione del marito. Si precipitò nel cortile. Ma si ritrovò sola: tutti gli inquilini avevano sbarrato porte e finestre. Così quando, parecchi minuti dopo, giunsero autorità e colleghi delle vittime si presentò ai loro occhi un solitario e silenzioso scenario di morte. In un angolo, una moglie e un sopravvissuto piangevano a dirotto. Ironia della sorte: c'erano tutti quel giorno, in un clima di impotenza che non risparmiava nessuno, anche gli stessi funzionari «dimissionati» da Scalfaro ventiquattro ore prima. I giornalisti vennero cacciati dal luogo del delitto. Era un altro pezzo di stato che colava a picco sotto lo strapotere militare delle cosche. Laura si oppose ai funerali di stato per Ninni Cassarà. Vegliò il feretro in compagnia della madre e del figlio Gaspare di undici anni. Elvira e Marida, le altre due bambine del commissario, che quel giorno avevano rispettivamente due e nove anni, ricorderanno il padre da vivo.

In cattedrale, invece, i funerali per il giovane Roberto Antiochia. Qualche giorno prima di morire — appresa la notizia che Montana era stato assassinato — era tornato precipitosamente a Palermo per «coprire le spalle» (come lui stesso diceva) al dirigente Cassarà. Il ministro Scalfaro venne duramente contestato e aggredito. Il presidente della repubblica Cossiga fu l'unico a ricevere applausi a scena aperta. La camera ardente per il giovane Antiochia fu letteralmente sottratta dagli agenti all'ufficialità della questura. La bara con il corpo del giovanissimo poliziotto, avvolta dal tricolore e con adagiato il cappello d'ordinanza, fu esposta alla squadra mobile. Due palazzotti distanti una trentina di metri, questura e squadra mobile, in piazza della Vittoria, a Palermo. Quel giorno li divise un abisso.

XIII

IL PROCESSO SI FARÀ

In quarantena contro le cosche

Il primo maxi processo a Cosa Nostra non nacque dunque sotto una buona stella. La decapitazione dei vertici della squadra mobile se da un lato aveva raggiunto l'obiettivo di togliere dalla scena i poliziotti più scomodi, dall'altro aveva rappresentato un duro segnale di sfida verso lo stato per dissuaderlo dal tentare «avventure» processuali. Ingoiato, in attesa di tempi migliori, il boccone amaro dei pentiti, gli uomini di Cosa Nostra avevano ripiegato su altri bersagli dimostrando comunque che il potere militare dell'organizzazione non era stato minimamente scalfito dalle grandi retate dell'autunno-inverno '84. Appariva ormai chiaro che i ritardi nella comprensione e nella repressione del fenomeno si erano talmente accumulati da rendere davvero improbo lo sforzo di quel pugno di professionisti dell'antimafia rimasto a tenere le postazioni all'indomani dell'uccisione di Chinnici. E colpisce, a rileggerla oggi, la storia di quel periodo.

Non si trovano mai tracce di euforia o di ottimismo ingiustificato nelle affermazioni o negli atti giudiziari di quei magistrati, ben consapevoli che altro sangue sarebbe stato sparso. Semmai si riscontra l'aperta condanna della classe politica siciliana seraficamente indifferente ai ripetuti cicloni che si abbattevano su una società civile terrorizzata e ricattata. Come se le confessioni di Buscetta e di Contorno non avessero aperto squarci rivelatori sul modo di fare politica all'assemblea regionale siciliana, dove per anni i potentissimi cugini Salvo avevano fatto e disfatto governi. Come se non fosse possibile a molti politici fornire alla magistratura utili ragguagli sull'andazzo delle assegnazioni di certi mega appalti. I giudici antimafia erano perfettamente consapevoli che l'eventuale riscossa dello stato non avrebbe fatto seguito — in maniera meccanica, meno che mai indolore — ad un'inverosimile battuta d'arresto dell'escalation criminale. Si rendevano conto che stavano assolvendo al compito di una paurosa supplenza ed erano i primi a dichiarare che, senza un deciso intervento delle istituzioni sul terreno dell'occupazione e dello sviluppo sociale, la lotta alla mafia sarebbe rimasta eternamente dimezzata. In un certo senso furono loro — proprio i componenti del *pool* antimafia — i primi spietati critici di se stessi, quando ancora in sala si applaudiva e faceva comodo a tanti che la partita fosse solo a due, tra Cosa Nostra e gli investigatori.

Falcone, Borsellino, Guarnotta e Di Lello, per nominare solo i più conosciuti, erano davvero convinti in quell'estate '85 che fosse giunta la vigilia della grande riscossa? Sembra da escludere. Scambiai poche battute con Falcone, il giorno dei funerali di Ninni Cassarà, al cimitero di Sant'Orsola, un luogo imposto dalle circostanze. Il giudice esordì così: «È inutile fare le indagini, forse anche i maxi processi, se intanto non si arrestano i latitanti». Giova ricordare che in quel periodo i big di mafia e droga erano ancora quasi tutti in libertà. E che le centinaia di picciotti arrestati, insieme a qualche colonnello, rappresentavano comunque un affronto troppo alto per l'organizzazione. Chiesi a Falcone in quale strategia fosse iscritto l'omicidio Cassarà. «È proprio il maxi processo che rientra nella strategia mafiosa» rispose «una strategia che è sempre stata quella di non sottostare alle investigazioni. Sia chiaro: la mafia non accetta l'idea di farsi processare dallo stato.» Ma perché proprio Montana e Cassarà? «La mafia» concluse il giudice «ha compreso il pericolosissimo avvicinamento della squadra mobile ai covi dei latitanti. Quindi la "mobile" — secondo il loro calcolo — non dovrà continuare a salire quella scala che potrebbe portarla ad ottime conclusioni.»

Un tremendo messaggio, quindi, anche a chi era rimasto, perché non seguisse il cattivo esempio dei suoi predecessori. L'effetto immediato delle uccisioni di Montana, Marino e Cassarà, fu la smobilitazione generale nelle file delle forze dell'ordine scompaginate dal rigore ministeriale, da una sensazione di impotenza di fronte ad un nemico che non si lasciava pregare per offrire manifestazioni della sua potenza di fuoco, da un diffuso sentimento di paura in vista delle nuove scadenze processuali. Fu trasferito a Brescia il questore Giuseppe Montesano, non coinvolto direttamente nella morte di Marino, ma rimasto per troppo tempo all'oscuro di quanto era veramente accaduto nella notte del 2 agosto. Dopo l'incriminazione, scattarono gli ordini di cattura per una decina di poliziotti e carabinieri accusati di omicidio preterintenzionale. Passò i suoi guai l'autista di Cassarà, Natale Mondo, accusato di essere colluso con la mafia. Vennero trasferiti, in un colpo, solo i dirigenti di tutte le sezioni della squadra mobile, e alcuni su loro richiesta. Vennero sostituiti da «inviati» di altre questure del Nord Italia. Si teorizzò la necessità di un lavoro non «personalizzato» per evitare che le cosche si sentissero perseguitate sempre dalla stessa mezza dozzina di instancabili Serpico. Per la prima volta in tanti anni i cronisti vennero tenuti alla larga e si tennero segreti persino i nomi di quei funzionari venuti dal nord. Si sapeva solo che li dirigeva Maurizio Cimino, un fiorentino che per anni aveva diretto la mobile di Firenze. Il nuovo assetto assicurò in qualche modo un minimo di continuità, ma risultati concreti non se ne videro. Dopo qualche mese, infatti, i poliziotti senza volto e senza nome se ne tornarono nelle città d'origine.

Andavano tutelati due principi in quell'estate '85. Bisognava lanciare un preciso segnale all'opinione pubblica, per ribadire che sull'altare della lotta alla mafia non potevano essere sacrificati i valori inalienabili della convivenza civile, per ribadire che nessuno poteva indossare impunemente i panni del giustiziere della notte anche nei confronti del mafioso più feroce e più sanguinario. Ma era altrettanto necessario raccogliere la sfida delle cosche, rinvigorire lo sforzo investigativo, in una parola si trattava di creare le condizioni per un salto di qualità. Questa seconda esigenza — complementare alla prima, non antitetica — non trovò invece risposte. Per mesi non si indagò più sui delitti Montana e Cassarà. Quei fascicoli ben presto ingiallirono. Come se un senso di colpa collettivo, fatto proprio anche dal ministero degli interni, paralizzasse ogni iniziativa in quella direzione. Salvatore Marino era stato assassinato. Ma non per questo trovò poi giustificazione la cappa di silenzio che calò sulle sue responsabilità nell'agguato di Porticello. Entrò così nel senso comune, avallata anche dall'alto, la convinzione che l'uccisione di Cassarà non fosse altro che una «dolorosa» risposta, una ripicca necessaria allo scempio compiuto da un'antimafia forcaiola. Che bel regalo alle cosche dell'eroina che in realtà avevano avuto ben altri motivi per togliere di mezzo quel poliziotto valoroso! Palermo — ancora una volta — tornava ad essere città aperta. Sono i fatti a parlare. Vediamo.

In quell'estate '85 *il caso Palermo* era tanto incandescente che si temeva persino per l'incolumità dei suoi giudici più in vista. Se era stata necessaria appena una settimana per imprimere un nuovo giro di vite, perché escludere che altre operazioni militari potessero mettere in ginocchio anche gli uffici giudiziari? E una bella mattina, subito dopo ferragosto, gli uomini dei servizi segreti bussarono nelle case dei giudici del *pool*, invitandoli a far le valigie in quattro e quattr'otto. Un piccolo aereo militare aveva raggiunto in gran segreto il capoluogo siciliano per portare in salvo, in un clima da tragica vigilia, i giudici potenzialmente nel mirino. Segretissima anche la destinazione del viaggio. Scopo della missione: dar la possibilità ai professionisti dell'antimafia di scrivere in santa pace l'ordinanza di rinvio a giudizio. Quel documento giudiziario senza il quale nessun processo a Cosa Nostra sarebbe stato finalmente possibile. Prelevati a domicilio, i professionisti non fecero obiezioni, lasciarono in asso le famiglie, raccolsero pacchi di carte e centinaia di rapporti. Ormai la lotta alla mafia era esclusivamente nelle loro mani. Avevano raccolto le deposizioni dei pentiti, avevano studiato per anni l'identica materia, circoscrivendola, cogliendone i collegamenti meno evidenti. Se fossero stati assassinati anche loro — per brutale che possa sembrare la considerazione — del maxi processo non se ne sarebbe fatto nulla. Partirono. Solo al momento di atterrare seppero che si trovavano all'Asinara, in uno dei supercarceri italiani più sicuri e inaccessibili. Lì — in assoluto isolamento — in appartamentini di una foresteria, messa gentilmente a disposizione dal direttore del penitenziario, trascorsero due mesi. Quando si concedevano una nuotata decine di uomini non li perdevano di vista un solo istante. Scrissero tutto quanto c'era da scrivere. Rispettarono i tempi. All'esterno non trapelò nulla. Come nulla era trapelato sul pentimento dei grandi boss. A metà ottobre si concluse l'inconsueta quarantena ma prima di lasciare l'Asinara i villeggianti dovettero sbrigare una piccola formalità: pagare il conto per il prolungato soggiorno. Infatti avevano capito male: l'*agenzia turistica* dello stato italiano offriva solo i voli di andata e di ritorno. Il vitto era da intendersi a spese loro.

Di quella bella estate restano oggi quaranta volumi, ottomila pagine. Un documento giudiziario di portata straordinaria. Venivano indicate le responsabilità penali di centinaia e centinaia di imputati per la prima volta chiamati a rispondere dell'esistenza di un'organizzazione monolitica e verticistica. Era il risultato di uno sguardo finalmente unitario su una miriade di fatti di sangue, stragi, episodi criminali che potevano trovare spiegazione solo se ricondotti ad un'unica matrice. E come aveva fatto la mafia a diventare una struttura tanto potente? Scrissero i giudici: «Dieci anni di disattenzione al fenomeno mafioso avevano consentito a Cosa Nostra, già dilaniata dalla prima guerra di mafia, e dai primi effetti della commissione antimafia istituita dal parlamento, di riorganizzarsi impadronendosi dei canali internazionali di produzione e distribuzione degli stupefacenti. (...)». Ma c'è di più. «Tuttavia, negli anni '79-80, alcuni brillanti investigatori, pur in stato di sostanziale isolamento, circondati dal generale scetticismo, investivano a fondo con le loro penetranti indagini le attività criminose di tutte le cosche e particolarmente dei corleonesi, loro più stretti alleati, sino ad allora men che sfiorati dall'azione investigativa». E dopo la morte di Boris Giuliano? «Sei mesi dopo» si legge nell'ordinanza «si allenta la pressione investigativa, mentre sul piano giudiziario tutto si diluisce in ritardi sconcertanti.» Ma anche adesso — dieci anni dopo — non tutto stava andando per il giusto verso.

Il cardinale stanco

La punta più alta del ripensamento del cardinale Salvatore Pappalardo coincise infatti proprio con l'inizio del processone a Cosa Nostra. Il capo della Chiesa siciliana, che con le sue coraggiose e puntuali omelie aveva rivestito un ruolo tutt'altro che indifferente nella creazione di una diffusa coscienza antimafia, perse l'appuntamento decisivo e fu autore di una clamorosa marcia indietro. Una prima avvisaglia — anche se ancora molto contenuta — si era avuta alla vigilia del Natale '85, quando durante il tradizionale saluto ai giornalisti si era astenuto dal pronunciare. la parola mafia e aveva ripetuto con insistenza: «è molto meglio costruire il bene che denunciare il male». E analoghi concetti era tornato ad esprimerli poco tempo dopo in occasione dell'insediamento a Palermo, alla direzione del centro studi sociali Pedro Arrupe, del gesuita Bartolomeo Sorge. Il 4 febbraio '86 segnò il giorno della grande retromarcia. A sei giorni dall'apertura del maxi processo. Mentre Palermo era già invasa dalle truppe degli inviati venuti da ogni angolo del mondo. Mentre era già iniziato un durissimo braccio di ferro fra quanti affermavano che simili «parate» non avrebbero fatto altro che rovinare ulteriormente l'immagine di Palermo e della Sicilia e quanti invece ritenevano che quest'immagine fosse stata rovinata dalla mafia e dai suoi crimini. Pappalardo deluse e stupì tutti. Adoperò argomenti che nessuno prevedeva e che finirono, indipendentemente dalle sue reali intenzioni, col dar fiato alle trombe dei denigratori che vedevano come una iattura una màfia finalmente alla sbarra.

Quella mattina, nel palazzo arcivescovile, Pappalardo replicò ad un fuoco di fila di domande. Fin troppo ovvio, scontato, che i giornalisti battessero sul tasto della proverbiale omelia pronunciata per la morte di Dalla Chiesa e che aveva diffuso nel mondo intero la voce di un clero finalmente sceso in campo senza tentennamenti. Pappalardo però gelò tutti: «Vorrei dire che quell'espressione ha avuto fin troppa risonanza. Da quella frase si sono desunte troppe cose. Su quella frase, per giunta sbagliata nell'attribuzione, si è imbastito un discorso complessivo sulla Chiesa. Non è con le frasi che si risolvono le situazioni, ma con pazienza, lungimiranza, costanza. È vero. Palermo non è Sagunto, non lo è adesso, non potrà diventarlo mai. È una città con i suoi problemi, difficili da risolvere; li aveva allora, li ha oggi. In certi momenti questi problemi sembrano attenuarsi poi si condensano di nuovo. Ma c'è sempre l'impegno a voler andare avanti. E semmai qualche parte delle sue mura, delle mura di Palermo, se proprio si vuole adoperare quest'immagine, fossero state un pochino distrutte, si ricostruiscono e si va avanti».

Uno sgradevole capitombolo. I cronisti restarono interdetti. Stava finalmente iniziando un processo che comunque si annunciava di una certa consistenza. Possibile che Pappalardo stesse commettendo un errore di sottovalutazione proprio adesso?

Ed ecco la risposta del presule: «La Chiesa vive incarnata in mezzo al popolo, non ha un suo particolare punto di vista da esprimere di fronte a questo processone. La Chiesa da un lato si augura che serva a chiarire orizzonti nuvolosi, dall'altro è preoccupata che la celebrazione di un processo così grande possa attirare in Sicilia un'attenzione troppo concentrata. Ne sono impensierito, in qualche modo allarmato. Il processo finirà per riversare su Palermo un'attenzione esagerata. Auspichiamo certamente un processo chiarificatore, che si svolga serenamente, che serva a stabilire colpe e responsabilità. Ma non si può ridurre Palermo solo a questa dimensione...». Non mancarono le frecciate ai giornali «sempre pronti a cogliere l'aspetto più sensazionale, quello che meglio si presta ai titoli ad effetto». Questo fu quasi il filo conduttore delle sue risposte. Eccone un'altra: «Palermo non è diversa da altre città. È tanto invivibile quanto lo sono altre, dove si registrano crimini e violenze non tanto reclamizzate quanto quelle che accadono nella nostra città». Il che, a voler adoperare un eufemismo, era quantomeno una macroscopica forzatura. Ma ormai le omelie in cattedrale sembravano appartenere ad un remoto passato. «Molti dei mali che oggi si lamentano» aggiunse Pappalardo «sono dovuti alla mancanza di lavoro.» E quasi a voler stemperare subito il valore di questa constatazione creò una contrapposizione artificiosa fra il tema del lavoro e quello della lotta alla mafia: «Con le leggi antimafia si è contratto il volume dell'occupazione, in mancanza di altri interventi si è finito per dare l'idea che sia la mafia a garantire il lavoro e questo è catastrofico». Non si trattava di una considerazione casuale. Proprio in quei giorni, strumentalizzati da sindacalisti senza scrupoli, da galoppini legati a boss di borgata, cortei di disoccupati attraversavano Palermo inneggiando provocatoriamente alla mafia e chiedendo a gran voce che «don» Vito Ciancimino, arrestato e sott'accusa, venisse rieletto sindaco.

Eppure anche di fronte a questa vicenda Pappalardo preferì glissare con i cronisti intervenuti all'arcivescovado. E di acqua sul fuoco ne gettò davvero tanta quando affermò: «Non credo che a quei cartelli si possa dare un valore di scelta positiva a favore della mafia. Il fatto non manca di suscitare preoccupazione soprattutto se dovesse significare uno scollamento fra l'atteggiamento "ufficiale" nei confronti del fenomeno mafioso e la sensibilità di alcuni strati della popolazione priva di un lavoro. Eviterei confusioni scoraggianti, anche se certamente questi episodi rappresentano un allarme». Stava andando in frantumi, in diretta, sotto riflettori e taccuini spalancati, e in un momento molto delicato per uno schieramento che si sarebbe invece avvantaggiato di scelte nette, un autorevole avamposto. Pappalardo stava cedendo a tutta la sua stanchezza. Con quella rassegnata conferenza stampa stava piantando i paletti che avrebbero indicato il lungo percorso di una ritirata.

Quel giorno, a chi gli ricordò le omelie dei «suoi» parroci, nel triangolo della morte Bagheria, Casteldaccia, Altavilla, quando nel vivo della guerra di mafia, la Chiesa era stata sul punto di pronunciare la scomunica dei mafiosi, Pappalardo apparve quasi confuso: «Quando mai ho parlato di scomunica?». Poi tentò di correggersi: «Se ne parlò in un documento della conferenza episcopale, ma il riferimento non era alla mafia, bensì agli omicidi. Perché insistete su questo tema? Dovete capire che nella mia attività di vescovo, questa questione, che a voi sembra totalizzante, per me rappresenta il due per cento del lavoro». Il sipario calò mestamente con quest'ultima amara ammissione: «La mafia è uno dei tanti argomenti di cui mi occupo, uno dei marginali, necessario. Io non mi tiro indietro, non mi sono mai tirato indietro. Ma che tutto quello che ho detto in sedici anni sia stato rappresentato da quelle poche parole, questo è mortificante e riduttivo per un vescovo che si vede ingabbiato in un'unica dimensione, quasi fosse diventato un maniaco. Ma devo uscire in campo come Rinaldo, o come don Chisciotte, devo fare sempre battaglie?». Che poi il cardinale ritenesse opportuno mantenere una sua rubrica fissa sul «Giornale di Sicilia», proprio mentre quel giornale si trovava al centro di critiche pesanti per le singolari frequentazioni dei suoi dirigenti, era una circostanza che aveva sconcertato molti, anche all'interno delle stesse file cattoliche.

Alla vigilia del processone Giampaolo Pansa sarà l'inviato della «Repubblica» con il compito di descrivere in che modo la città si stava preparando ad un evento senza precedenti. Il giornalista scelse un'immagine, quella della Palude, per raccontare ciò che aveva sentito e ciò che aveva visto. Nel suo libro — *Carte false* — ricorderà così quell'articolo: «Che cos'è la Palude? In quell'inizio di febbraio, la Palude non è semplice descriverla poiché sta appena prendendo forma, e ha contorni sfumati, anche se è già chiaro a che cosa dovrebbe servire: a inghiottire il processone alla mafia. Non allo scopo di fermarlo, per carità!, ma di depotenziarlo, disinnescarlo, svalutarlo, sino a presentarlo come un che di gommoso, di asfissiante, di superfastidioso, insomma uno spettacolo poco credibile, inutile e dannoso. Dannoso alla giustizia e, soprattutto, all'onore di Palermo, della Sicilia e dei siciliani tutti. Questo è destinata a fare la Palude. E nel suo formarsi, lo sta già facendo. E lo fa abilmente, al rallentatore, e attraverso mille canali, ossia con tanti apporti di tante mani. Mani, sia chiaro, di gente pulita, e spesso di cittadini illustri, di onorevoli rappresentanti di Palermo. Mani per niente intenzionate a far male, e quasi sempre dichiarantisi volte a far bene. Ma l'effetto è proprio quello della Palude». La Palude ha un suo quartier generale che si chiama il «Giornale di Sicilia». Il quotidiano del mattino di Palermo più venduto in tutta la regione. Da quasi centotrenta anni è la voce monocorde dell'establishment, portavoce delle classi dominanti, come si diceva una volta. Un giornale mai sfiorato — negli ultimi quarant'anni — dalla tentazione di fare antimafia. Mai scivolato, si fa per dire, sulla buccia di banana della denuncia di un potentato o di un big politico chiacchierato per cattive frequentazioni. A metà degli anni '70, quando morì il dc Giovanni Gioia, granitico uomo di potere, sul quale la commissione parlamentare d'inchiesta pubblicò a suo tempo centinaia di pagine, il «Giornale di Sicilia» riuscì a non nominare mai la commissione antimafia nei numerosi articoli che ricordavano il benemerito uomo politico siciliano. E dire che nella relazione di minoranza della prima antimafia la sigla *Va.Li.Giò.* stava a significare l'asse di ferro fra l'ex carrettiere diventato super palazzinaro, Francesco Vassallo, l'ex sindaco di

Palermo Salvo Lima e, appunto, l'onorevole Giovanni Gioia. Il «sacco di Palermo», all'inizio degli anni '60, messo a segno anche da «don» Vito Ciancimino, assessore ai lavori pubblici mentre Lima era sindaco, non è mai stato nominato nelle pagine di quel giornale. Molto peggio: Ciancimino, nell'84, trovò invece ospitalità sul giornale del mattino per pubblicare intere pagine (e senza una parola di commento della direzione) che contenevano il suo «memoriale» contro la commissione parlamentare che — a sentir lui — lo perseguitava ingiustamente. Così, mentre tutti in Sicilia ricordano ancora le coraggiose e documentate inchieste sulla mafia di Felice Chilanti e Mario Farinella pubblicate da «L'Ora», il «Giornale di Sicilia» è stato il grigio contraltare di quelle grandi battaglie di democrazia condotte dal quotidiano della sera. Ma sarà l'inizio del maxi processo l'occasione vera in cui il giornale di Ardizzone riscoprirà la sua natura.

Sentiamo ancora Pansa. «C'è la polemica astiosa del "Giornale di Sicilia" contro Nando Dalla Chiesa. Lo si dipinge come un invasato, intento a diffondere proclami che il quotidiano trascrive così: "Ogni forma di garantismo è complicità, e chi non è d'accordo è mafioso", oppure: nell'ordinanza istruttoria di Giovanni Falcone e degli altri giudici istruttori, "ci sono le prove, fatevi il processo da soli anticipate la sentenza".» Sotto un apposito paragrafo di *Carte false*, intitolato «La tromba di Ardizzone» Pansa ha scritto: «Il processone, *'u maxi* come ormai lo chiamano i palermitani, comincia lunedì 10 febbraio 1986. E quella mattina il "Giornale di Sicilia" suona il silenzio. Sì, proprio il silenzio che intimano le trombe di caserma sul far della notte, quando bisogna spegnere le luci e restare a bocca cucita... Ardizzone ha le sue idee sulla mafia. E ne regala qualche campione a Vittorio Bruno (in un'inchiesta de "L'Editore"). Dice: "La mafia, oggi, è sostanzialmente estranea al potere". Oppure: "Non credo che oggi si possa dire che vi sono collegamenti organici fra potere e mafia, come non si può dire che ogni uomo pubblico corrotto sia per forza un mafioso..."». Infatti è proprio la mattina del 10 febbraio che il quotidiano fa la sua aperta scelta di campo. Titola: «Entra la Corte, silenzio». Un titolo doppiamente infelice. Intanto perché trasudava piaggeria e contrito rispetto verso il collegio giudicante. Quasi a sottintendere, strizzando l'occhio ai lettori più direttamente coinvolti nella vicenda, che l'ordinanza istruttoria — «colpevolista», basata sul «pentito dire», in una parola «falconiana» — era stata negativamente segnata da una rumorosa emergenza. D'altra parte non era proprio questa la speranza di boss e picciotti di Cosa Nostra? Che il processo sfoltisse significativamente numero e posizioni penali di singoli imputati? Insomma questa corte, per il "Giornale di Sicilia", ma anche per gli avvocati e soprattutto per centinaia di famiglie di mafia era ancora una corte a scatola chiusa. Un oggetto misterioso, tanto quanto si era manifestato con le idee chiare il *pool* dei giudici istruttori. «Certo. Quella era l'ordinanza, e si sa le ordinanze sono sempre accusatorie... Ma stia tranquillo, con la sentenza sarà diverso...» Era questo il ritornello comune di centinaia di avvocati ai loro assistiti. Ma perché ciò potesse accadere, e si realizzasse quindi il miracolo di uno sbrigativo «tutti a casa», o quasi, adesso si imponeva il silenzio. E quindi il giornale di Ardizzone fece la sua parte. I riflettori su Palermo andavano spenti. La contrapposizione mafia-antimafia andava bandita dall'aula bunker. Ecco perché il quotidiano del mattino aveva sparato a zero quando si era prospettata — per iniziativa del sindaco di Venezia — l'eventualità che i sindaci delle grandi città del nord fossero presenti all'apertura del «maxi» a testimonianza dell'attenzione dell'Italia democratica verso una piaga che non era certamente solo palermitana e siciliana.

Una gestione casalinga del processo, ecco il desiderio neanche tanto inconfessato di Ardizzone e dei suoi seguaci. Un esempio eloquente la proprietà lo aveva offerto a fine settembre, quando aveva licenziato in tronco, con motivazioni sindacali pretestuose, un cronista di nera, Francesco La Licata, che da anni seguiva le vicende di mafia. L'episodio non passò inosservato. Per tre giorni di fila, il «quotidiano officiale» della Sicilia conobbe per la prima volta l'onta dello sciopero proclamato dai suoi redattori. Emerse all'improvviso una realtà sconcertante: giornalisti di chiara fama messi nell'impossibilità di scrivere; ammonimenti verbali e contestazioni scritte verso quanti manifestavano autonomia professionale o simpatia verso le forze democratiche; improvvise sostituzioni di capi servizio del giornale. Né passò inosservata la singolare carriera di un caporedattore che — secondo la denuncia del mensile «I Siciliani», diretto dallo scrittore giornalista Giuseppe Fava (assassinato a Catania dalla mafia nel gennaio '84) —, aveva un rapporto di consulenza retribuita con l'impresa dei cugini Nino e Ignazio Salvo. E quel caporedattore fu interrogato dal giudice Falcone proprio nell'ambito del maxi processo: inquietanti intercettazioni telefoniche dimostravano che il suo rapporto con i Salvo èra di natura tutt'altro che «anglosassone».

A Palermo lo scontro fu durissimo. Alla fine, di fronte alla spinta dell'opinione pubblica, delle associazioni di categoria, e dei sindacati, la proprietà fu costretta a ritirare il provvedimento di licenziamento. Un banale incidente di percorso? Il fatto è che il giornale, avvicinandosi l'ora x del dibattimento, non aveva intenzione di puntare su La Licata, considerato eccessivamente zelante e scrupoloso. Adesso si imponeva il «silenzio». Piccoli segnali, forse. Ma come definire la vera e propria campagna denigratoria contro Nando Dalla Chiesa, accusato, anche se indirettamente, d'aver provocato con i giudizi contenuti nel suo libro *Delitto imperfetto*, il suicidio del dc Rosario Nicoletti, segretario regionale scudocrociato? «Schizzatine di fango sociologicamente ben orientate» erano state causa non secondaria — secondo la prosa rozza del giornale — nella scelta di Nicoletti di togliersi la vita. Per quasi due anni il giornale seguirà il processo pubblicando giornalmente due pagine. Una con la testatina «mafia». L'altra con la testatina «antimafia». Quasi che nell'aula bunker non si stessero processando autori e mandanti anche di centinaia di orrendi delitti, oltre che di un gigantesco traffico d'eroina, ma si stesse svolgendo un mieloso convegno che vedeva a confronto due distinte scuole di pensiero. Per due anni il giornale della Palude adoperò due diversi pesi, quando si trattava di render conto delle iniziative della parte civile e quando invece la parola era ai difensori degli imputati. Scoprì la definizione di *garantismo*, come foglia di fico destinata a coprire troppe vergogne. Insinuò che il comitato per le parti civili stesse sperperando i fondi raccolti con una sottoscrizione da tutt'Italia, piuttosto che garantire gli interessi dei familiari delle vittime. Mise alla gogna — schedandoli singolarmente per nome e cognome — gli iscritti al coordinamento antimafia (un'associazione di cittadini e familiari delle vittime), accusandoli di essere degli ayatollah, ciechi tagliatori di teste posseduti dalla ottusa cultura del sospetto. E naturalmente scomparve la parola «mafioso» sostituita da quella più rassicurante di «presunto mafioso» che, forse, poteva andar bene per pesci piccoli ma certamente suonava grottesca nel caso di personaggi come Michele o Salvatore Greco, Mario Prestifilippo o Pino Greco o Pippo Calò; alcuni dei quali, ad esempio Masino Spadaro, condannati pesantemente in altri processi per traffico di stupefacenti.

Ne parlò così un protagonista

Eppure, nonostante enormi difficoltà, ripensamenti, campagne stampa violentissime, il «maxi» riuscì lentamente a prender quota. Si dovette anche sconfiggere la paura dichiarata di tanti giurati popolari, letteralmente terrorizzati all'idea di dover giudicare i quattrocentosettantaquattro imputati. Infatti il 10 dicembre '85, su cinquanta, estratti fra migliaia di nominativi, solo in quattro accettarono il difficile compito. E altre estrazioni furono necessarie per nominare i sei giurati e i dieci supplenti che avrebbero dovuto far parte della corte. Ancora una volta furono i giudici istruttori, autori dell'ordinanza, a scendere in campo, temendo che il loro lavoro venisse vanificato.

Il 27 gennaio '85 raccolsi per «l'Unità» quest'intervista a Paolo Borsellino, uno dei più stretti collaboratori di Giovanni Falcone. Un professionista dell'antimafia, come abbiamo visto. Vale la pena riproporla. Fu concessa alla vigilia della ritirata di Pappalardo, mentre già il giornale della Palude si stava avvitando su se stesso. Rappresenta un documento ancora valido se si vogliono capire le ragioni individuali e la professionalità che spinsero un esiguo gruppo di magistrati a voltare pagina. Chiesi a Borsellino se il processo potesse subire dei ritardi. «Siamo giunti ad uno stadio molto avanzato. I tempi finora sono stati rispettati. L'aula bunker è pronta. Si attendono gli ultimi collaudi al sofisticato sistema elettronico che consentirà la ricerca computerizzata degli atti. Nulla lascia prevedere intoppi dell'ultima ora.» Sono risposte ancora tecniche — obiettai —. Intendevo riferirmi infatti al clima generale che avvolgeva l'attesa di un evento giudiziario senza precedenti in Italia. Borsellino:

«Non dimentichiamo che all'indomani delle uccisioni di Montana e Cassarà da qualche parte venne avanzato il dubbio che i giudici istruttori non sarebbero riusciti a concludere la stesura della loro sentenza di rinvio a giudizio. La nostra parte, invece, l'abbiamo fatta. Semmai le nostre preoccupazioni non riguardano l'inizio del dibattimento. Non vorremmo — non può essere così — che il maxi processo rappresenti l'ultima spiaggia dell'attività repressiva». C'è chi lo ha definito processo *storico*. Chi, all'opposto, ne mette in rilievo, per minimizzare, solo gli aspetti simbolici. «Questo processo riguarderà quattrocentosettantaquattro imputati. Ma sarà solo una prima tappa, l'inizio di una fase nuova. Non esprimo una semplice speranza: il lavoro istruttorio che si è chiuso è destinato ad aprire altri orizzonti.»

Qual era il principale elemento che stava consentendo allo stato di rientrare in gioco? «Se l'attività di conoscenza del fenomeno è andata avanti, giungendo al punto in cui è giunta oggi, lo si deve all'appropriazione, meglio alla riappropriazione, del grande patrimonio investigativo conseguito fra gli anni '60 e '70.» E cosa si sapeva in quegli anni, e perché non se ne erano tratte le debite conseguenze? «All'epoca» rispose Borsellino «si conosceva bene la struttura verticistica, piramidale e unitaria della mafia. Gli atti della prima commissione d'inchiesta, se letti, confermano il mio giudizio. Ma siccome quella era una commissione interlocutoria, squisitamente politica, gli atti finirono in archivio, non ne venne garantita la pubblicità, il parlamento ne fece un uso molto limitato.» Disattenzione, insoddisfacente professionalità o episodi di vera e propria collusione? «Forse questi ingredienti ci furono tutti. Ma in sede politica — ne siamo certi — il fenomeno fu molto sottovalutato, considerato bubbone regionale, mentre, proprio in quegli anni, il cancro mafioso si stava nazionalizzando, internazionalizzando. Questa disattenzione si riflesse anche in sede processuale con l'utilizzazione di strumenti adeguati. Si spiegano così, in quel periodo, le raffiche di assoluzioni per insufficienza di prove.»

Quali erano le novità giudiziarie emerse dalla ricerca di questi giudici istruttori? «Per noi le dichiarazioni dei pentiti hanno rappresentato un punto di forza, ma solo all'inizio. È seguita una fase — molto complessa — in cui abbiamo invece privilegiato l'aspetto dell'acquisizione probatoria. Abbiamo fatto ricorso ad intercettazioni telefoniche, ad un minuzioso esame di materiale bancario e patrimoniale sterminato. Scegliemmo di affrontare il fenomeno nel suo complesso, non disarticolando singoli fatti criminosi. Eravamo convinti, lo siamo anche adesso, che la potenza militare e la dimensione degli affari di Cosa Nostra, non possono essere compresi pienamente prescindendo dalla rilettura degli ultimi dieci anni della sua attività. I risultati non sono mancati.»

Sarebbe stato il processo al braccio militare di Cosa Nostra o c'era qualcosa di più? «Ora l'opinione pubblica conosce i nomi di chi spara e i nomi di chi traffica in eroina. Non è poco, non è tutto. Questa gente infatti non è stata ancora messa in condizione di non nuocere. E purtroppo l'amara verità è tornata alla luce in agosto quando la mafia ha dimostrato ancora una volta il suo potenziale di fuoco: riuscì, in appena una settimana, a contribuire all'azzeramento della squadra mobile palermitana, uno dei pilastri dell'attività investigativa. C'è poi un inquietante dato statistico. Mentre i latitanti rappresentano un terzo del numero complessivo degli imputati, diventano addirittura tre quarti se si restringe la rosa ai vertici e al gruppo di fuoco responsabili dei reati più gravi e degli omicidi.»

Rischiavano di essere condannate delle ombre? «Con calma» precisò il giudice istruttore. «Servono anche i processi a carico dei latitanti. Ma il processo è un momento dell'attività repressiva, la caccia ai latitanti è l'altra faccia della medaglia. Non è tutto: occorre ribadire che lo stato deve farsi carico della necessità di sostenere e potenziare lo sforzo investigativo. Cattura dei latitanti e indagini sono infatti attività che finiscono con il coincidere. Un personaggio mafioso di spicco, una volta arrestato, può dare, ad esempio, un contributo non indifferente alla conoscenza di tanti retroscena dell'organizzazione che ancora ci sfuggono... La mafia non è vinta, non è in ginocchio... E sta adottando alcune contromisure per tutelare le sue attività illecite.» Chiesi degli esempi. «Innanzitutto alcuni accorgimenti di natura geografica. È molto indicativa la scoperta di una mega raffineria di eroina ad Alcamo, nel trapanese [*la più grande d'Europa, N.d.A.*]. Quella provincia è ancora un pozzo molto profondo, dove le indagini dovranno indirizzarsi con nuova alacrità...»

E quali erano, all'estero, gli Eden non ancora scalfiti dalle indagini? «Non mi pare che ci siano degli Eden. Le indagini in Spagna, dove risiedevano i Grado, e in Canada, e che costituiscono oggetto di stralcio per la posizione di Vito Ciancimino, hanno avuto un buon esito. Si sono giovate dell'apprezzabile collaborazione delle autorità di quei paesi; collaborazione registrata anche in Svizzera. Nazione questa estremamente sensibile al problema mafioso, ma gelosa delle sue prerogative in materia di segreto bancario. Noi giudici palermitani abbiamo sempre rispettato i patti: con i giudici svizzeri il giochetto di indagare sui reati di mafia e poi risolvere tutto in accuse di natura fiscale non funziona. Analoga collaborazione invece non la riscontriamo in Germania...»

Infine: sarebbero emersi in aula bunker i tratti del cosiddetto *terzo livello*? «Terzo livello» — concluse Borsellino — «è forse un'espressione infelice. Ma sicuramente le connessioni, le frequentazioni, gli intrecci fra mafia e certo mondo politico e affaristico troveranno una migliore collocazione. In questi giorni i nostri colleghi romani hanno emesso mandati di cattura a carico di Giuseppe Calò, accusato di appartenere alla cupola mafiosa, per la strage di Natale. Emergono da quelle indagini inquietanti contatti della mafia con il mondo finanziario, con quello dei grandi capitali...» Il maxi processo era già cominciato.

XIV

LE TIGRI IN GABBIA

La mafia vista dai mafiosi

Questa mafia non ha mai gradito i primi piani. È abituata al buio, al silenzio, alla cancellazione della memoria. E invece, in quel 10 febbraio dell'86, le condizioni ambientali furono opposte. Inviati e televisioni da ogni parte del mondo, teleobiettivi che scrutavano senza pudore, un plotone di operatori dell'informazione che aveva tutta l'aria di voler mettere le tende a tempo indeterminato. Eccoli in gabbia. Ecco gli uomini d'onore che hanno dato vita all'organizzazione Cosa Nostra. Che hanno messo a ferro e fuoco la Sicilia. Che hanno torturato, ucciso, fatto scomparire cadaveri, come fossero sacchetti d'immondizia, che hanno commissionato o eseguito stragi, eliminato testimoni, parenti o amici dei pentiti. E tutto in nome del grande *Dio* Eroina. Erano amorevolmente assistiti da un nugolo di avvocati dall'eloquio forbito e dalla schiena, in qualche caso, dritta. Era il giorno del rancore sordo che esplose in aula bunker alla vista di cameramen e fotografi.

Quel mattino del 10 febbraio, mattino di pioggia e di vento, volò via fra interminabili appelli e la costituzione dei collegi di difesa. Quella mattina però di certi mafiosi finalmente si videro le facce. Luciano Liggio, da solo, alla cella ventitré, intento a giocherellare con il sigaro cubano che però non accese mai. Pippo Calò che se ne stava alla gabbia numero ventidue, austero dentro un cappotto scuro di buon taglio, riverito dall'intero popolo di mafia. Alla diciannove, invece, Mariano Agate, braccio destro di Nitto Santapaola — accusato d'aver preso parte al commando che eliminò Dalla Chiesa — il quale ascoltava distrattamente il suo avvocato: «per quell'istanza ho parlato con la sua signora che è la persona giusta, anzi la martire di questa situazione...». Alle dieci e quarantacinque l'udienza fu sospesa per consentire l'identificazione di tutti gli imputati a piede libero. I detenuti finalmente si trovarono a loro agio, in assenza della corte. Da una gabbia all'altra comunicavano con l'alfabeto dei sordomuti. Fra loro, compagni della stessa cella, ironizzavano di malavoglia sulla loro condizione: «Pasquale questa mattina in cella te l'hanno portato il lattuccio con i biscottini?». «Sì, anche i cioccolatini.» Un altro: «Il migliore avvocato del Foro di Palermo è il mio... Totò, te l'hanno fatta la fotografia? Stasera ci vediamo in televisione...». «Zu Mariano... Zu Masino... tutto a posto?» «Non c'è problema.» E ancora: «siamo belli». Risponde l'altro: «ci siamo nati belli... voglio la mamma». Seri, serissimi quando invece si trattava di stigmatizzare le parole dei pentiti: «tutte infamità»; o se si trattava di rispondere in coro alla domanda: chi sono i colpevoli? Il popolo carcerario aveva le idee chiarissime in proposito: «i colpevoli sono loro, i giudici istruttori, i pentiti, siete voi giornalisti...». C'erano i familiari di tante vittime, quella mattina. Disse Nando Dalla Chiesa: «Il "maxi" non è un evento spettacolare. Non è un circo, e lo dico con molta soddisfazione». C'era il sindaco Orlando, che aveva appena vinto la sua battaglia con il comune di Palermo finalmente parte civile contro la mafia: «Lo stato sta rispondendo alla violenza mafiosa con le regole del diritto». Alla cella numero tre, solo, nervoso, forse anche impaurito, l'unico pentito che quella mattina volle presentarsi in aula, Salvatore Di Marco.

Quante cose accaddero in quell'anno '86! Quante storie, grandi e piccole, quante bugie, quanti *non ricordo* vennero pronunciati di fronte alla corte presieduta da un giudice — Alfonso Giordano — piccolo di statura, con una vocina stridula, ma inamovibile come una roccia! Di lui, all'inizio del processo, gli avvocati della difesa si erano fatta un'idea sbagliata: pensavano che al primo soffio di vento sarebbe volato via come una foglia. E ne chiesero imprudentemente la ricusazione: dovettero ricredersi presto rendendosi conto che con Giordano avrebbero fatto meglio a convivere, visto anche che il processo si annunciava lungo. Vennero meno, ad una ad una, le certezze della strategia difensiva. *I pentiti Buscetta e Contorno, e tutti i loro epigoni, non avrebbero certo avuto il coraggio di venire in aula. Non avrebbero retto il confronto con il popolo delle gabbie. Non avrebbero osato, guardando negli occhi tanti «padri di famiglia» confermare le loro infamità.* E invece i pentiti vennero, eccome sè vennero. Venne Buscetta, col cuore e la mente gonfi di ricordi e rancore. Fu sottoposto ad un fuoco di fila di domande, poi anche ad un faccia a faccia con Calò. E stravinse. Ricordò al boss miliardario quando lui, con le sue stesse mani, aveva strangolato un giovane indisciplinato. E stravinse Totuccio Contorno, anche se adoperando un dialetto palermitano talmente stretto da rendere necessaria la presenza di un esperto traduttore. Riferì la cronaca del fallito attentato contro di lui e ricostruì la mappa delle famiglie, quartiere per quartiere, borgata per borgata. Confermarono tutto anche i pentiti «piccoli piccoli». E allora gli avvocati cambiarono tecnica, pretesero la lettura integrale degli atti processuali (mezzo milione di pagine), ma anche questo *filibustering* fu di breve durata di fronte al garbato decisionismo di Giordano. Minacciarono scioperi, astensioni. Poi ripiegarono su progetti più miti. Così lentamente la macchina del «maxi» iniziò la sua corsa. Una corsa che sarebbe durata quasi due anni. Una corsa spesso in salita, e vedremo perché. Una corsa non inutile, certo, ma fiaccata spesso dai tanti avvenimenti che accaddero quell'anno, soprattutto al di fuori di quella cittadella di acciaio e cemento che lo stato aveva voluto inespugnabile e altamente simbolica della sua volontà di riscatto. Ma prima di darne conto, può essere istruttivo ascoltare proprio loro, i boss più autorevoli, ascoltarli quando parlano di mafia come fosse un argomento di cui erano digiuni.

Apre la breve galleria proprio Pippo Calò, il primo pezzo da novanta che depose al bunker. Una breve presentazione: imputato di associazione a delinquere di stampo mafioso e traffico di stupefacenti, era chiamato a rispondere di sessantaquattro omicidi. Centotrentasette, in totale, i capi d'accusa. Esponente della famiglia di Porta Nuova, la stessa di cui aveva fatto parte — in gioventù — Tommaso Buscetta. Nell'82, già coinvolto in precedenti inchieste di mafia, era riuscito a far perdere le sue tracce. Arrestato a Roma, nell'85, era stato trovato in possesso di armi da guerra, mine anticarro, timer, telecomandi, centinaia di milioni e pezzi d'antiquariato. Calò è sempre stato il crocevia di affari che legano mafia siciliana, camorra napoletana, malavita romana (ottimi i suoi rapporti con la banda della Magliana) e sottobosco dell'estrema destra. Raggiunto anche da mandato di cattura per la strage di Firenze. E lui?

Si presentò calmo, sornione, con un gioco di ammiccamenti verso la corte che sottintendeva tutta la sua profonda strafottenza verso il «rito» dell'aula bunker. Indossava un doppio petto blu, pantaloni grigi, camicia azzurra di seta. Teneva le gambe accavallate, intrecciava le dita e inforcava spesso gli occhiali, ma più per darsi un tono che per reale necessità. Il presidente Giordano gli chiese dei delitti Dalla Chiesa, dell'uccisione di Boris Giuliano, dell'agente Calogero Zucchetto, della strage della circonvallazione... Calò replicò: «Sconosco quello di cui mi sta dicendo, signor presidente. Di questa associazione Cosa Nostra non ne conosco niente. Forse qualcosa da dire l'avrei... ma prima desidero un confronto con questo Buscetta e con questo Contorno...». Ma allora Buscetta lo conosce? «Lo conosco Buscetta... lo conosco... fin da giovane lo incontravo sull'autobus quando andavamo in piazza Ingastone... poi si trasferì ed andò ad abitare in corso Olivuzza, ma venne sempre a trovarmi nel mio bar. Parlavamo a lungo, sempre di sport. Non l'ho più rivisto dal '63, quando mi ritrovai imputato nel processo di Catanzaro.» Era miliardario Calò? «Macché. Ho iniziato la mia attività come rappresentante di tessuti a Palermo, poi ho aperto un bar in via Sant'Agostino, quindi mi sono occupato di una pompa di benzina. Infine ho ereditato da mia nonna: ed eccola qui, la mia ascesa economica...». Traffico di stupefacenti? «Signor presidente, proprio non ne so parlare.» Al momento dell'arresto Calò aveva con sé una rubrica con tantissimi nomi di fantasia. Ci volle un po' di tempo prima che gli esperti scoprissero che in realtà a quei nomi corrispondevano i numeri telefonici di molti personaggi dell'organizzazione che dovevano restare segreti. La chiave del codice era data dalla frase: «Lunga morte». «Non era questa la chiave del codice» replicò secco, e finalmente spazientito, Calò, prima di tornarsene in gabbia. La faticosa sintassi di Pippo Calò era l'unico neo in una personalità apparentemente signorile, distaccata, modellata in fretta dalla facile disponibilità di danaro e dalla dimestichezza con gli ambienti-bene della capitale.

Diverso, invece, il comportamento di Michele Greco, considerato il «papa» di Cosa Nostra. Uomo di campagna, eternamente legato alle sue terre, nato gabellotto diventato in fretta proprietario dopo aver costretto i nobili Tagliavia a far le valigie. Ricercatissimo in tutti i salotti palermitani, Michele Greco, fino all'82, non era mai stato sfiorato da indagini di polizia. Si ritrovò invece in quel rapporto dei «162» scritto personalmente dal commissario Ninni Cassarà, tre anni prima di finire assassinato. Un «papa», Michele Greco, ma dalla personalità incolore, caratterialmente debole, a giudizio di Buscetta. Il più potente dei Padrini, ma fin quando i corleonesi ritennero opportuno tenerlo in carica. È accusato d'aver «controfirmato» un centinaio di condanne a morte. Venne arrestato il 20 febbraio '86. Dieci giorni dopo l'inizio del «maxi». I carabinieri del gruppo 2 di Palermo lo trovarono in un casolare abbandonato sulle montagne di Caccamo, dove inizia la catena delle Madonie. Quattrocento uomini guidati dal colonnello Di Gregorio, comandante del gruppo, dopo aver fatto visita ad alcune masserie bussarono all'indirizzo giusto.

Era l'alba. Michele Greco che si era fatto crescere i baffi, esibì un documento falso intestato a un uomo morto alcuni anni prima. Era in pigiama, e sul suo comodino i militari trovarono la Bibbia. Ma chi era quell'anziano dall'aspetto irriconoscibile? A togliere dall'imbarazzo i carabinieri, fu il consigliere istruttore Antonino Caponnetto. Il magistrato, sospettando che l'uomo trovato nel casolare fosse proprio l'imprendibile «papa», si fece consegnare una vecchia foto segnaletica e su quel volto disegnò un bel paio di baffi. La rassomiglianza con la foto del falso documento risultò impressionante. Messo di fronte all'evidenza Michele Greco ammise: «Non state più a perdere tempo. Sono io. Ve lo dico perché vi siete comportati da gentiluomini». La mattina del 20 febbraio venne condotto a Palermo nascosto in un furgone Ford Transit, seguito da un'auto senza contrassegni piena di carabinieri armati sino ai denti. Gli vennero risparmiati l'assalto dei fotografi e l'onta delle manette. Fu — comunque — un'operazione repressiva sui generis. Probabilmente i carabinieri l'avrebbero tenuta nascosta per qualche altro giorno. Senonché, proprio quella mattina, una signora dalla voce priva di inflessioni dialettali telefonò al giornale «L'Ora» suggerendo di tener libera la prima pagina. Fece riferimento ad una notizia «con tanti lati» (anagramma di latitanti) e consigliò di rivolgersi alla «benemerita» per saperne di più. Il giallo della cattura di Michele Greco si trascinò stancamente per qualche mese. Poi la verità venne a galla. Ciò accadde il giorno in cui fu assassinato un giovane, Benedetto Galati, ex guardaspalle del «papa». Proprio il *fedelissimo* Galati lo aveva tradito consegnandolo ai carabinieri.

Michele Greco ha sempre avuto una prosa colorita, ed è riuscito sempre a catturare l'attenzione dei cronisti. Venne il suo turno l'11 giugno '86. Vestito blu, camicia immacolata, rolex in oro massiccio al polso. Ecco la sua verità: «A me mi hanno rovinato le lettere anonime. Un anonimato cieco e cattivo. Mi ha rovinato l'omonimia con i Greco di Ciaculli, mentre io appartengo ai Greco di Croceverde Giardini... La violenza non fa parte della mia dignità. Ho un mondo per i fatti miei. Un mondo fatto di piante e di campagne». E di suo nipote, Mario Prestifilippo, giovanissimo superkiller al soldo dei corleonesi, e in quel periodo latitante? «Lo tenni a battesimo, gli regalai cinquantamila lire. E quando lo incontravo gli ripetevo spesso: mi raccomando, studia, studia... fatti strada, fatti una posizione.» Si autodefinì un «uomo all'antica»: «è una vita ordinata, la mia, aggiunse, sia da scapolo che da sposato. Invece mi hanno descritto come un Nerone, come un Tiberio, perché il mio nome faceva cartellone, così si costruiva un mare, una montagna di calunnie contro la mia famiglia». I carabinieri — a quel tempo — erano convinti che il Verbumcaudo, un feudo sulle Madonie di proprietà del «papa» fosse stato dotato di piazzuole per l'atterraggio e il decollo di elicotteri. Si pensò che potessero servirsene i latitanti mafiosi. Michele Greco: «Appresi questa storia dai giornali. In quel periodo ero latitante e mi spostavo per le montagne a dorso di mulo. Da quel giorno soprannominai il mio somaro "elicottero". Ero abbagliato come una lepre, mentre tutti i giornali parlavano di me... ma io aspetto... so aspettare... non ho fretta anche ora in cella, non posso ricevere il cibo dalla famiglia e soffro...». Ma come mai era stato soprannominato il «papa»? «Anche questo lo appresi dai giornali, signor presidente, nell'82. All'improvviso fu fumata bianca. E da quel giorno diventai il "papa" per tutti.» E il nome di Stefano Bontade gli diceva qualcosa? «Veniva nel mio feudo per allevare cani da caccia, a lui piaceva la caccia alle pernici. Lo vidi la sera prima che venisse assassinato, era calmo, sereno, non aveva paura di nulla.» Infine, un colpo d'ala: l'elenco di tutti gli ufficiali dei carabinieri che avevano una copia delle chiavi del suo feudo di Favarella, dove, secondo le accuse di Contorno, si raffinava anche eroina. Ma perché il quadro sia completo è utile conoscere le prime dichiarazioni di Michele Greco, affidate al suo avvocato, all'indomani dell'arresto. «Le accuse contro di me? Una valanga di fango. Conosco solo coloro che si pentono davanti a Dio. Gli altri, i pentiti, utilizzati dalla giustizia sono solo dei criminali falliti che per farla franca non esitano a raccontare calunnie e falsità... Non dico che i magistrati non debbano prenderli in considerazione, fanno il loro lavoro nel migliore dei modi... ma se alle dichiarazioni dei pentiti non seguono fatti e prove allora i pentiti vanno trattati come si trattano le lettere anonime... comunque ho fiducia che in qualche modo la verità verrà a galla anche se sono rassegnato... mi hanno arrestato, ma per me è stata una liberazione. Mi chiamano il "papa" ma io non posso paragonarmi ai papi, neanche a quello attuale, ma per la mia coscienza serena, per la profondità della mia fede posso anche sentirmi pari, se non superiore a loro... Della mafia conosco solo quello che conoscono tutti. Giornali e televisione non fanno che parlar di mafia. La cupola? Io conosco solo le cupole delle chiese... Il personaggio sanguinario che mi hanno disegnato su misura è falso. Esistono i killer che sparano e commettono omicidi. Di tanto in tanto vengono presi e pagano... ma chi procura male con la penna non viene mai perseguitato dalla giustizia. La droga mi fa schifo solo a parlarne. I miei soldi sono puliti. Le mie terre sono frutto del mio lavoro e dell'eredità dei miei genitori. Non ho mai abbandonato la casa dove mi trovavo durante la mia latitanza e dove mi hanno trovato i carabinieri. Ho lavorato in campagna. Ho commerciato con il bestiame. Ho comprato e venduto vitelli. Ho letto molto, soprattutto la Bibbia...»

Nove giorni dopo — il 20 giugno — fu di scena Ignazio Salvo, il grande esattore di Salemi. Suo cugino Nino, alla vigilia dell'inizio del processo, era deceduto di morte naturale in una clinica di Bellinzona. Entrambi accusati d'appartenere a Cosa

Nostra, avevano dato ospitalità nelle loro ville a Buscetta durante la sua latitanza. Ignazio Salvo, vissuto per quarant'anni nelle torri d'avorio di tanti ministeri, di tanti consigli di amministrazione, non è mai stato un mafioso in senso stretto. Mafiosi ne ha conosciuti, e frequentati parecchi. Con molti ha fatto affari, anche se dei boss si è sempre definito una vittima. Al bunker non finì in gabbia, bensì nel settore riservato agli imputati agli arresti domiciliari. Doveva rispondere di associazione mafiosa. Cosa ne pensava della sua improvvisa caduta dal solido piedistallo dell'intoccabile? «Sono qui perché qui mi ha voluto Buscetta» ironizzò il finanziere. «Non posso dire di considerarmi ostaggio dei magistrati, perché so che questo non è vero. Ma è vero che fuori da quest'aula si è imbastito un processo parallelo nel quale è sufficiente che le accuse siano ripetute perché divengano realtà. Questa società doveva godere dello spettacolo di Ignazio Salvo con le mani in catena dietro la schiena che faceva il giro delle caserme dei carabinieri.» Poi aprì una voluminosa borsa in pelle e tirò fuori alcuni documenti nel tentativo di dimostrare la limpidezza di operazioni che, invece, i giudici sapevano spericolate. Al fuoco di fila delle domande di Giordano rispose deciso: «Mai stato uomo d'onore. Mai conosciuto Buscetta. Mai conosciuto Stefano Bontade... Mai conosciuti *don* Tano Badalamenti e Totuccio Inzerillo. Solo un paio di volte intravidi Michele Greco, ma negli uffici di mio cugino Nino...». Buscetta? «È un bugiardo.» E ancora: «dal giorno in cui mi ha accusato è diventato un fustigatore dei costumi. Mi ha invece accusato con malizia. Ed è diventato una specie di eroe nazionale. Viene preferito un simile soggetto a me che porto in quest'aula trent'anni di vita imprenditoriale, circondato dalla stima e dall'affetto dell'opinione pubblica».

Nei giorni caldi del loro arresto, Ignazio e Nino, si vantavano pubblicamente con i cronisti d'aver fatto e disfatto governi regionali, elargendo tangenti in tutte le direzioni, anche a sinistra. Al processo, Ignazio Salvo ebbe un ripensamento: «Sono estraneo a qualunque tipo di pressione o condizionamento nei confronti della politica siciliana. Non ho mai erogato finanziamenti a uomini o partiti politici». Sì. Erano davvero tutti galantuomini.

Cos'accadeva, in quell'anno, alla periferia della cittadella d'acciaio e cemento? Distratti dall'evento «maxi» i mass media sottovalutarono, forse, alcune poderose picconate inferte, — anche se in maniera mediata — al pilastro accusatorio rappresentato dall'ordinanza di rinvio a giudizio. Esaminiamo queste date: 3 giugno. La prima sezione penale della Corte di cassazione, presieduta da un Corrado Carnevale ancora lontano dai fasti della cronaca, cancellò — al termine di una sbrigativa seduta — l'ergastolo che la Corte d'appello di Caltanissetta aveva inflitto a Michele e Salvatore Greco, per la strage Chinnici. I due cugini, secondo i giudici supremi, non potevano esser considerati i mandanti dell'uccisione del consigliere istruttore. «C'era una pista americana alternativa alle accuse di Bou Chebel Ghassan della quale i giudici di Caltanissetta non hanno tenuto conto» affermarono i magistrati. Quale fosse, però, non si seppe mai. Quel verdetto, accolto in aula bunker da un Michele Greco euforico e in gran forma, divenne da quel giorno una sorta di «vessillo garantista» che i difensori agitarono contro «la mostruosità giuridica delle delazioni dei pentiti».

22 luglio. I giudici di Reggio Calabria, assolsero in appello, con formula dubitativa, Luciano Liggio, dall'accusa d'aver commissionato l'uccisione del giudice Cesare Terranova e della sua guardia del corpo, il maresciallo Lenin Mancuso. Anche Liggio apprese la notizia in aula bunker. Si lamentò con il suo avvocato: «questa formula dubitativa non mi piace». Incontentabile, il vecchio leone.

10 novembre. Tutti assolti i palermitani Pietro Vernengo e Carmelo Zanca, il catanese Nitto Santapaola, e un paio di personaggi minori. Non erano né mandanti né esecutori della strage di cortile Macello (quando vennero fucilate in una stalla otto persone). A pensarla così furono i giudici della seconda sezione penale della Corte d'assise di Palermo, presieduta da Giuseppe Prinzivalli. Anche Pietro Vernengo apprese la notizia in aula bunker ed esultò. Zanca e Santapaola — invece — ancora oggi sono latitanti.

No. Non vogliamo dire che fosse in atto una congiura contro il maxi processo. Ciascuno di quei verdetti assolutori giungeva al termine di inchieste con una loro storia autonoma. E diversi erano i personaggi coinvolti. Numerosi, e di diverse città, i magistrati che emisero quei verdetti. Ma la segnalazione si impone lo stesso. Rende bene infatti il clima contraddittorio di quegli anni, testimonia l'enorme difficoltà riscontrata dalle istituzioni nel tentativo di affrontare la questione mafia. Facciamo degli esempi. Era inaspettata la sentenza di Reggio Calabria a vantaggio di Liggio? Fu questo il commento a caldo della signora Giovanna Terranova, vedova del magistrato: «A mente fredda non potevo aspettarmi altro. L'assoluzione era nella logica delle cose. Assoluzione nell'83 (in primo grado), assoluzione ancora oggi. Anche se questa volta — lo confesso — la richiesta dell'ergastolo da parte del pubblico ministero mi aveva aperto il cuore alla speranza... Ma diciamo la verità: le prove contro Liggio, raccolte durante l'istruttoria, erano assai labili. I giornali in quei giorni erano zeppi di studi psicologici per interpretare la natura dell'odio che secondo alcuni avrebbe diviso mio marito da Luciano Liggio. Era stata ridotta a questo l'attività di un giudice istruttore. Liggio così ebbe buon gioco...». E loro, i familiari, avevano denunciato questa situazione prima della conclusione del processo? «Come no» rispose la Terranova. «Soprattutto dopo i più grandi delitti di Palermo mi resi conto che i pochi indizi raccolti contro Liggio andavano inseriti in un contesto ben più ampio: perciò presentammo istanza chiedendo che il processo venisse rinviato a nuovo ruolo. Ottenemmo un rifiuto, rinunciammo così alla costituzione di parte civile. Se considero Liggio colpevole d'aver ucciso mio marito e Lenin Mancuso? In quelle morti ebbe certamente una responsabilità. O diede l'ordine, o diede il placet, o mise a disposizione la manovalanza...»

Buscetta confessò d'aver appreso dal boss Salvatore Inzerillo che l'agguato del 25 settembre '79 era stato voluto da Liggio. «Sì» osservò la Terranova «ma questa affermazione è stata respinta dai giudici di Reggio Calabria. Mi aspettavo molto dal faccia a faccia Liggio-Buscetta, anche se entrambi i personaggi si sono imposti degli stop precisi oltre i quali decidono di non andare.» La corte di Reggio Calabria si trasferì a Palermo, in aula bunker, per interrogare Luciano Liggio. Ma non concesse mai alla corte di Palermo quel faccia a faccia fra Liggio e Buscetta che forse avrebbe riservato interessanti sorprese.

Secondo esempio: la storia di Pietra Lo Verso, moglie di Cosimo Quattrocchi, una delle otto vittime nella stalla di cortile Macello. Fu l'unica a costituirsi parte civile durante il processo. In istruttoria indicò i nomi degli assassini del marito. Confermò in aula le sue accuse di fronte ai diretti interessati. Non venne creduta dai giudici. Ma il tam tam di mafia non ebbe difficoltà ad indicarla alla gente del suo quartiere come spiona, inaffidabile, pericolosa. E da quel giorno nella sua macelleria non entrò più nessuno. Non si rassegnò e scrisse al sindaco Orlando: «Nella macelleria di mio marito, dopo la tragedia, non entra più un cliente, e per pagare l'affitto del negozio ho dovuto impegnare i gioielli e cioè quattro anelli d'oro, al Monte di Pietà. Un cugino mi ha prestato sei milioni, il telefono del negozio ho dovuto tagliarlo. Mio figlio, per badare al negozio, non va più a scuola... Ho detto la verità e non mi hanno creduta. Ricevo ancora telefonate misteriose, a casa, dove qualche sciacallo si diverte a tormentarmi. Ma non ho paura. Provo rabbia e disperazione. La stessa rabbia e disperazione che mi hanno imposto di dire la verità. Mio marito? Era un uomo buono, timido. Io lo amavo, me lo hanno ucciso senza che avesse fatto male a nessuno. Ai miei figli ho raccontato tutto, sono rimasti sconvolti. Sono piccoli, senza futuro, e hanno paura. Il più grande ha quindici anni e per far funzionare la macelleria ha dovuto abbandonare la scuola. Perché hanno ammazzato mio marito? Non lo so. Non posso capirlo. So però che se non ci fosse la mafia, a Palermo, queste cose certamente non accadrebbero. Avere io fiducia nella giustizia? Certo, anche se ora non la capisco più, davvero. Non riesco a capire più nulla».

E non era davvero facile capire il funzionamento della giustizia in quell'anno '86. Sarebbe comunque mistificante affermare che in aula bunker tutto filò liscio. Se non altro perché una faccia del prisma mafioso, quella dei suoi rapporti con il mondo politico e imprenditoriale, restò avvolta dalle nebbie. Non valsero a nulla la determinazione e la richiesta dei familiari del prefetto Dalla Chiesa e di Emanuela Setti Carraro. Fu accolta in parte la proposta di audizione dei ministri Andreotti, Rognoni e Spadolini, avanzata dai legali. Se lo stesso Dalla Chiesa nel suo diario personale, qualche giorno prima di venire assassinato, aveva lamentato la mancanza di poteri, definendola causa non secondaria della «solitudine» in cui si ritrovava, perché non ascoltare quei rappresentanti dello stato che quei poteri avevano preferito non concedere? E in particolare Andreotti. Com'è noto il generale si era già fatto una pessima impressione degli andreottiani siciliani fin dagli anni '70. E su questo preciso argomento aveva deposto nel '73, di fronte ai commissari della prima commissione antimafia. Così, appena nominato prefetto, si presentò proprio da Giulio Andreotti annunciandogli la sua intenzione di fare un repulisti in quella direzione. Ricordò al «maxi», Nando, suo figlio: «Gli andreottiani c'erano dentro fino al collo, fu mio padre a dirmelo. E mio padre aggiunse ad Andreotti che non avrebbe avuto alcun riguardo per i suoi grandi elettori in Sicilia. Andreotti» proseguì Nando Dalla Chiesa «replicò ricordando a mio padre che un mafioso, Pietro Inzerillo, era tornato dagli Usa in Italia rinchiuso in una bara, con in bocca un biglietto da dieci dollari». Il presidente Alfonso Giordano lo interruppe per chiedere se il generale avvertì un tono minaccioso nelle parole dell'allora ministro degli esteri. «Mio padre ne fu colpito, questo è certo. Ebbe la sensazione che forse Andreotti considerava i "suoi" soltanto alla stregua di grandi elettori.» Il riferimento a Salvo Lima e Mario D'Acquisto, plenipotenziari della dc andreottiana siciliana, erano chiari anche ai sassi. Disse ancora Nando Dalla Chiesa: «Fra gli esponenti politici che, ad avviso di mio padre, erano maggiormente compromessi con la mafia, egli mi fece i nomi di Vito Ciancimino e Salvo Lima».

Ci furono spaccature anche in seno alla corte. Il P.M. Domenico Signorino si disse contrario con questa inconsueta motivazione: «Diamo per scontato che i pieni poteri a Dalla Chiesa non erano graditi a una certa parte della classe politica. Ma è altrettanto arbitrario rileggere il dibattito politico sull'assegnazione di quei poteri, alla luce dell'omicidio successivo». La corte — comunque — accolse la richiesta. I ministri ottennero la gentilezza di poter deporre a Roma, evitando così un faticoso viaggio in Sicilia. Deposero a porte chiuse, nella sede della Corte di cassazione. Qualcosa, naturalmente, finì col trapelare. Andreotti si difese su tutta la linea negando ogni addebito. Non era vero che Dalla Chiesa gli avesse mai parlato di mafia e politica. Non era vero che gli avesse mai nominato gli andreottiani di Sicilia. D'altra parte, garantì il ministro degli esteri, quel colloquio non lo aveva sollecitato lui, bensì proprio Dalla Chiesa. Difese apertamente Salvo Lima dall'accusa di essere in qualche modo parte del sistema mafioso. E concluse dicendo che era un brutto vizio nella politica italiana, fin dai tempi di Vittorio Emanuele Orlando, quello di tacciare come «mafiosi» i propri avversari. Gli avvocati di parte civile accusarono a loro volta Andreotti di «falsa testimonianza». Adoperarono questi due argomenti: cosa poteva avere spinto una persona seria come Dalla Chiesa ad annotare nel proprio diario un dialogo immaginario? E com'era possibile che quelle stesse cose Carlo Alberto le avesse raccontate a suo figlio Nando? D'altra parte l'autodifesa di Andreotti sarebbe risultata convincente se si fosse trattato solo di contrapporre la propria parola a quella di un morto. Piccolo particolare: Nando Dalla Chiesa era rimasto vivo. Più onestamente Rognoni e Spadolini ammisero di aver parlato con Dalla Chiesa proprio dello scabroso argomento mafia e politica. Lo tranquillizzarono, lo invitarono ad andare avanti perché lui era un «prefetto della repubblica».

Ma cosa accadde veramente quella notte del 3 settembre a villa Pajno? Gli uomini dei servizi segreti — è documentato — giunsero sul posto con molto anticipo rispetto ai magistrati. Questo *zelo* complicò le cose. C'erano infatti ottimi motivi per ritenere che Dalla Chiesa, seriamente preoccupato, conservasse documenti molto delicati, perfino utili all'individuazione dei suoi eventuali assassini. Quella notte i familiari cercarono invano la chiave della sua cassaforte. Giorni dopo la trovarono, ma dentro un mobile che avevano già ispezionato personalmente. Il forziere — naturalmente — era vuoto. Solo qualche oggetto di nessuna importanza. Il giallo non fu mai chiarito. Eppure, Antonia Setti Carraro, mamma di Emanuela, nel suo libro «Ricordi, Emanuela» (Rizzoli, '88) ha riferito una circostanza molto inquietante. Emanuela raccontò a sua madre: «Carlo è un po' nervoso e preoccupato; ma non vuole farlo capire, desidera che i suoi figlioli siano tranquilli. Il lavoro si è accumulato in questo periodo, le lettere minatorie piovono sul tavolo della Prefettura. Carlo me ne parla e mi dice: "Qualsiasi cosa dovesse succedermi, corri subito dove tu sai e ritira quello che sai". Mi sento morire. Non voglio lasciarlo un momento. Se dovesse succedere qualcosa voglio essere con lui».

La corte — evidentemente — non diede peso processuale a questa testimonianza.

Morire a undici anni

C'era un modo per rimescolare le carte, dimostrando al mondo intero che se lo stato era in grado di organizzare il maxi processo la mafia non per questo batteva la fiacca, e anzi era sempre capacissima di colpire chi, dove, e quando voleva? Far strage dei familiari dei pentiti era un po' più complicato visto che le misure di sorveglianza si erano fatte più strette, ed era contro-producente ai fini della strategia processuale. Non si poteva ria-prire la pagina dei delitti eccellenti perché questo avrebbe pro-vocato l'inasprimento delle istituzioni e difficilmente la sentenza non ne avrebbe risentito. Occorrevano insomma mesi di buona condotta: 464 detenuti rischiavano condanne pesanti, era un pezzo di città che andava «tutelato» dall'esterno evitando colpi di testa e iniziative clamorose. Ma una risposta si imponeva lo stesso. E la risposta — agghiacciante, belluina, imprevedibile — giunse puntualmente una sera d'ottobre ancora calda, in una borgata a poche centinaia di metri dalla Palermo bene. A San Lorenzo, indiscusso territorio dei clan corleonesi, fra casermoni in cemento armato e casupole che sopravvivono all'agonia della vecchia e popolosa borgata. Quasi una scheggia tortuosa e mole-sta in una città nuova tutta protesa verso grattacieli ed eroina, dove stalle, tuguri e videocitofoni convivono con apparente na-turalezza. Mancavano pochi minuti alle 21 del 7 ottobre.

Un bambino di undici anni, Claudio Domino, si avviava verso casa con due amichetti della sua età con i quali aveva tra-scorso il pomeriggio. Si fermò davanti alla cartoleria mentre sua madre, la titolare, stava chiudendo. Fu proprio lei, ricordandosi di esser rimasta senza pane per la cena, a spedire il piccolo al panificio più vicino. Uno dei suoi compagni, Giuseppe, volle ac-compagnarlo mentre Claudio affrettò il passo al pensiero che a casa lo aspettava il nuovo Commodore 64, con un bel videogioco tutto per lui. Ecco Claudio e Giuseppe sulla via del ritorno quando si affianca al marciapiede una potentissima motocicletta Kawasaki.

«Ehi, tu vieni qua», dice il centauro. Claudio si avvicina, fa appena in tempo ad ammirare estasiato quel bel mostro d'acciaio a due ruote. E si distrae dal mostro vero, che con gesti lenti tira fuori una pistola calibro 7 e 65 e gli spara un colpo solo alla fronte. Claudio cade stecchito, come un passerotto. Il killer della mafia, uno dei tanti, riabbottona il suo giubbotto in pelle, abbassa la visiera del casco ultraregolamentare, e compiuta la missione se ne va via, così com'era venuto, anonimo, imprendibile. Giuseppe intanto col cuore in gola, piangendo disperatamente raggiunge la cartoleria: «hanno ammazzato Claudio, hanno ammazzato Claudio...». Antonio Domino di trentacinque anni, e Graziella Accetta di trentaquattro, i genitori, si precipitano in via Fattori dove la iena mafiosa ha appena lasciato il segno. Raccolgono Claudio che perde copiosamente sangue dalla fronte. L'inutile corsa in ospedale dove ai medici non resta che costatare il decesso.

A San Lorenzo, quella notte, si alternarono scene di terrore a svenimenti dei passanti, e le luci restarono accese fino all'alba in casa Domino. Luci accese alla squadra mobile, con gli uomini della sezione omicidi alle prese con questo nuovo e struggente rompicapo. Tutto, al cospetto di quel corpicino senza vita, sapeva di abnorme, di sproporzionato. Chissà se si chiama «morgue» anche quando è un bambino di undici anni a finirci dentro. E che potevano dire gli archivi? Cosa poteva saltar fuori da fascicoli zeppi di precedenti che ricordano assassini e vittime che non sono bambini? E come far «quadrare» la morte del piccolo Claudio in uno schema, che fosse plausibile, di cause ed effetti, di moventi e di scenari, in una parola, in uno schema criminale dotato di una sua logica? Era impresa disperata. Così, nei giorni del dopo tragedia, le ipotesi si moltiplicarono. Punto di partenza dell'indagine, la famiglia Domino. I suoi interessi, le sue attività, le amicizie e le parentele. I Domino erano benestanti. Antonio, venuto dal nulla, impiegato alla Sip e sindacalista, era riuscito ad aprire una piccola cartoleria, poi, insieme alla moglie, due imprese di pulizia. Una delle due, «La Splendente», qualche mese prima aveva vinto l'appalto per i lavori di pulizia all'interno dell'aula bunker. Per un attimo sembrò questa la chiave del mistero.

Si parlò di richieste che le famiglie mafiose avrebbero fatto al papà del bambino. Del tipo: «assumi uomini nostri alla "Splendente"». Oppure: «mettici in contatto con questo o quell'imputato, o porta dentro questo pacchetto senza chiederci cosa contiene». Si favoleggiò anche di un interesse della mafia a conoscere la mappa dei sotterranei dell'aula bunker, magari in preparazione di un attentato. Antonio Domino, fin dal giorno dell'uccisione di Claudio, negò sempre, con molta decisione, d'aver subito pressioni di questo tipo. D'altra parte era impensabile utilizzare la sua impresa come cavallo di Troia: ogni operaio che entrava in aula bunker veniva sottoposto a controlli personali rigidissimi. Più in generale ogni nominativo veniva passato al vaglio per accertarsi che in quel ramo genealogico non comparisse mai il tarlo della mafia. Lo sgomento e la rabbia, intanto, si erano diffusi a macchia d'olio. Secondo un sondaggio del quotidiano «la Repubblica», l'uccisione del bambino era il fatto di cronaca che aveva maggiormente colpito gli italiani nell'86. Così, ventiquattr'ore dopo, radio mafia emise il suo primo comunicato ufficiale, spezzando la regola che la mafia non rivendica e non si dissocia. Chiese di parlare in aula bunker Giovanni Bontade, fratello di «don» Stefano Bontade, a nome del popolo delle gabbie. Prese le distanze da quel delitto. Espresse «orrore e pietà». Protestò «contro gli attacchi indiscriminati di certa stampa verso gli imputati di questo processo... contro le vili e infondate accuse. Siamo uomini, abbiamo figli, comprendiamo il dolore della famiglia Domino... rifiutiamo l'ipotesi che un atto di simile barbarie ci possa sfiorare...» E chiese al presidente Giordano «un minuto di raccoglimento». «Il modo migliore di commemorare Claudio» tagliò corto il presidente, «è continuare a svolgere questo processo senza interruzioni.»

Quanti sforzi interpretativi si fecero a Palermo per decifrare quel messaggio di terrore! Gli esperti conclusero che i vertici di Cosa Nostra avevano deciso di eliminare gli assassini di Claudio. Guadagnò quota la tesi che a far fuoco fosse stato un tossicodipendente o un rapinatore del vicino quartiere Zen, dove le cosche non hanno mai avuto una loro rappresentanza. Era un modo, anche se inconscio, di alleggerire Cosa Nostra da un fardello emotivamente più gravoso di quelli che già pesavano sul maxi processo? Fatto sta che parecchi mesi dopo si sarebbe sparsa la voce che gli autori del delitto, appartenenti ad una *famiglia* di San Lorenzo, erano stati silenziosamente giustiziati. Si disse che nell'estate '86, Claudio, aveva assistito ad un doppio sequestro di persona (che effettivamente si era verificato). E ne aveva riferito al padre. Secondo altre voci aveva notato in un retrobottega strane operazioni con provette e alambicchi. Nell'uno, come nell'altro caso, alla tesi della punizione esemplare verso il padre responsabile di un rifiuto troppo deciso, si preferì quella del bambino-testimone. C'è di più. I genitori del bambino, fin dal primo giorno, negarono la matrice mafiosa del delitto. Anche quest'atteggiamento fece discutere molto fra gli addetti ai lavori e gli investigatori. Qualche giornale scrisse che addirittura Antonio Domino, mesi dopo l'uccisione di Claudio, fu prelevato di notte, portato in un garage fuori città e messo di fronte all'evidenza che gli assassini del figlio erano stati tolti di mezzo. Nei rapporti di polizia viene espressa comunque la convinzione che nessuno dei protagonisti di quella storia sia rimasto vivo.

XV

IN NOME DEL POPOLO ITALIANO

Un benefico acquazzone

L'87 non fu anno di eventi clamorosi, ma fu un anno denso di polemiche violentissime. Sul fronte giudiziario ci fu quella vera e propria bomba ad orologeria rappresentata dalle dichiarazioni di Leonardo Sciascia contro i *professionisti dell'antimafia* e la conseguente levata di scudi dei diretti interessati. Sul piano politico, in pieno agosto, la nascita della giunta Orlando, quel pentacolore che avrebbe mandato fuori dai gangheri gli esponenti del vecchio pentapartito e in particolare Claudio Martelli. Giunse a sentenza il processone, e le condanne fioccarono pesanti. Subì colpi durissimi il braccio militare di Cosa Nostra, continuò a godere invece ottima salute quel personale paramafioso — potremmo chiamarlo così — presente nelle istituzioni e nelle stanze dei bottoni. E fu anche l'anno in cui la mafia mise a segno solo un paio di delitti, prima di scatenarsi con il tiro al piccione contro i detenuti che uscivano dal «bunker» perché baciati in fronte da un'assoluzione con formula piena o per scadenza dei termini di custodia. Fu l'anno in cui la curva del rinnovato impegno dello stato cominciò a scendere precipitosamente. I magistrati antimafia stavano già facendo il loro tempo.

Avevano stufato. Avevano stufato con quella maledetta determinazione di dar l'assalto al cielo, gradino dopo gradino, pentito dopo pentito, intervista dopo intervista, magnificando un pool che a molti, a troppi, dentro e fuori la magistratura, non era mai andato giù. Nessuno lo diceva apertamente: ma se quei giudici dell'Apocalisse avevano avuto il coraggio di sbattere nell'ordinanza i nomi di politici insospettabili, imprenditori cavalieri e gentiluomini, solo per indicarne le «responsabilità morali», quali garanzie si potevano avere di discrezione e di auto-censura? Fu proprio questo l'interrogativo che in quell'87 attraversò tanti Palazzi del potere siciliano. C'era la paura, anzi il terrore, che a quei giudici l'appetito fosse venuto mangiando. Che non si fossero appagati d'aver violato la soglia di Cosa Nostra e ora si fossero messi in testa di dare un'occhiatina anche nel retrobottega. Se avessero compiuto il passaggio successivo dalle «responsabilità morali» a quelle «penalmente perseguibili» dove saremmo andati a finire? E provvidenziale come un prolungato acquazzone dopo anni di siccità era giunto quel discorso di Sciascia che tutti, anche gli analfabeti di borgata, recitavano a memoria, nuovo Vangelo da schiaffare in faccia a quei mangiapreti dei magistrati.

Un Vangelo scritto in una lingua perfetta. Scritto da un autore colto che di mafia ne sapeva. Che anzi aveva educato schiere di giovani, con i suoi romanzi, a conoscerla e diffidarne. Quindi con ottimi titoli per dire la sua e farsi ascoltare. Un Vangelo anche facile da consultare, un Bignamino condensato quanto poteva esserlo quella terza pagina del «Corriere della Sera», del 10 gennaio '87. L'occasione era ghiotta. I giudici finivano quasi per incanto di essere «eroi», «fedeli servitori dello stato», «eredi di Chinnici», «avamposto coraggioso in territorio nemico», «rappresentanti di pezzi delle istituzioni che non scendono a patti» e chi più ne ha più ne metta. Sciascia finalmente li derubricava, chiamandoli come andavano chiamati: «*professionisti dell'antimafia*», «strumento di potere», rappresentanti di un'antimafia che «non consente dubbio, dissenso, critica». E se Sciascia, male informato — come poi lui stesso avrebbe ammesso — indicava in Paolo Borsellino (andato nel frattempo a dirigere la procura di Marsala senza grandi requisiti di «anzianità») e nel sindaco Orlando, la personalizzazione vivente di questa macroscopica stortura, che male c'era?

Indovinello (con facile soluzione): quale poteva essere il giornale furbo come una volpe da scrivere in tempi record che lui l'aveva sempre pensata come Sciascia? È elementare: «Il Giornale di Sicilia». Ecco due righe di un editoriale del 14 gennaio '87 pensate e scritte come si pensa e si scrive un epitaffio: «L'antimafia-spettacolo è alle lacrime, agli ultimi sospiri, le sue carte scoperte. E come faceva Francesca Bertini viene giù con le tende alle quali si è aggrappata». Si moltiplicarono come funghi i garantisti del capello spaccato in quattro, gli avvocati furbacchioni che si trovavano una traccia bella e pronta per le loro arringhe, le signore palermitane infastidite da tutto quel fracasso di sirene e auto di scorta, i nemici del pci «partito delle manette», persino qualche vecchio comunista e sindacalista che protestava inacidito contro la «via giudiziaria al socialismo»; legioni di democristiani che non avevano perdonato mai l'amico Rognoni per aver firmato quella legge forcaiola voluta da La Torre. E tanti altri ancora. I socialisti, ad esempio, gli stessi che sei mesi dopo si sarebbero scagliati contro la neonata giunta Orlando, con il miraggio di acchiappare due piccioni con una fava.

Figurarsi! Era diventato sciasciano persino Aristide Gunnella, big repubblicano in Sicilia che per quarant'anni aveva tenuto la candela alla dc peggiore. Erano diventati sciasciani Salvo Lima e D'Acquisto, e si capisce. E quanti gli sciasciani anche fra la legione dei magistrati al palazzo di giustizia! Un ampio campionario. C'erano i giudici insabbiatori. Quelli che da anni tengono i fascicoli «aperti» *perché non si sa mai*. E che non hanno mai scritto una requisitoria di spessore. O quelli che alle domande dei cronisti su mafia e politica cascano sempre dalle nuvole perché «al nostro ufficio non risulta, non è giunta nessuna segnalazione». E i magistrati parrucconi fedeli alla litania che «il giudice non è contro nessuno». Pronti però ad assaporare quegli scatti di carriera che la tesi di Sciascia, a favore dell'anzianità, tornava a rendere attuali, dietro l'angolo. Sì. Poi c'erano anche i «picciotti» di borgata, quelli a bordo delle Kawasaki e delle BMW, che si dicevano «d'accordo con lo scrittore». Chissà cosa ne avrebbe pensato dell'espressione «*professionisti dell'antimafia*» il killer di Claudio Domino, se qualcuno non avesse pensato di farlo sparire prima.

Così era Palermo in quei primi mesi dell'87. Un gran parlare, un gran ripetere, un modo come un altro, comunque, per distrarsi dall'aula bunker e da quel processo ancora in corso. E della tesi di Sciascia piaceva soprattutto quel privilegiare l'anzianità che avrebbe dovuto far premio sui meriti acquisiti sul campo, sulle professionalità individuali che in quegli anni si erano accumulate. In una parola: l'antimafia come scorciatoia per la carriera, come dottrina giuridica di seconda classe.

I primi a replicare con sdegno furono i giovani del coordinamento antimafia ricordando che, fino a prova contraria, nessuno aveva fatto «carriera», semmai c'era stata una lunga sfilza di morti. Nella foga polemica definirono Sciascia un «quaquaraquà», adoperando un termine dispregiativo utilizzato dallo scrittore nel *Giorno della civetta*. E si beccarono bacchettate sulle dita da parte del «Giornale di Sicilia» perché colpevoli di «mancanza di rispetto» verso lo scrittore siciliano. Ed è in quell'occasione che il quotidiano li schedò tutti in prima pagina, uno per uno, con nome cognome professione e data di nascita. Tacquero Borsellino, Caponnetto e Falcone. Respinsero l'insinuazione, fra gli altri, i giornalisti Pansa e Corrado Stajano. Raccolsi qualche parere per il mio giornale nelle polemiche di quei giorni. Si pronunciarono i livelli intermedi della magistratura palermitana e alcuni componenti dei due *pool*. Il coro fu unanime: «Sostituto procuratore ero e sostituto procuratore sono rimasto. Non mi pare che le indagini antimafia diano diritto a scivoli particolari».

Qualche mese dopo Sciascia ebbe modo di chiarire, in un'intervista concessa alla rivista cattolica palermitana «Segno», che i quotidiani avevano volutamente distorto la sua posizione forzando nella titolazione degli articoli. Ma ormai la frittata era fatta.

Palermo in mano ai Gianburrasca

Ma chi è il sindaco Leoluca Orlando? Prima di rispondere proviamo a capovolgere la domanda: chi sono stati i sindaci di Palermo prima di lui? Come appariva al «non addetto ai lavori» il municipio, quel Palazzo delle Aquile, all'interno del quale sono stati consumati tanti patti scellerati? È necessario un passo in dietro, fino al settembre 1969. Seduto su quella poltrona di primo cittadino, un dc che oggi non ricorda più nessuno. Si chiamava Franco Spagnolo, aveva iniziato come monarchico e si era ritrovato dc. In un vecchio libro, intitolato *Cronache con rabbia*, Giampaolo Pansa accluse anche quest'intervista che gli fece da inviato del «Corriere della Sera». Rileggiamone i passi più significativi. Prima domanda del giornalista: «Signor sindaco, chi conta di più a Palermo: lei o la mafia?». Risposta («con voce stanca»): «Dottore mio, senta, ho già fatto dei colloqui con la commissione antimafia e ho già reso delle dichiarazioni dicendo che per me la mafia non esiste, non esiste nel modo più assoluto. Loro, quelli dell'antimafia quasi quasi si mettevano a ridere. Ma io ho aggiunto, se riconoscessi l'esistenza del fenomeno mafioso, non farei che denigrare la mia città, e quel poco di turismo che c'è ancora a Palermo scomparirebbe». Pansa: «Ma allora signor sindaco, lei, per non danneggiare Palermo, finge di pensare che la mafia non esiste. È così?». Spagnolo: «Questo è un commento che fa lei, io non aggiungo niente. Dico soltanto che l'antimafia ha un unico obiettivo: scoprire una cosa che non c'è! La mafia non esiste più, parliamo piuttosto di delinquenza organizzata che si trova dappertutto, e non capisco perché si debba indagare su quella di Palermo e non su quella di altre città italiane, Torino, Milano o Roma». Andiamo avanti.

Pansa ribadì con questa lunga domanda: «Va bene, parliamo di delinquenza organizzata. Lei, signor sindaco, conosce certamente i duri rapporti sulla sua città che l'antimafia ha inviato alla presidenza delle Camere. Lei sa pure che dopo la strage di Ciaculli la segreteria siciliana del Psi scrisse: "Il punto di forza delle cosche è nell'amministrazione comunale di Palermo". Lei ricorderà, infine, che un giovane consigliere comunale democristiano, Alberto Alessi, figlio dell'ex presidente della Regione, ha sostenuto in consiglio che fra il 1956 e il 1966 l'amministrazione comunale di Palermo è sempre vissuta ai "margini del lecito". Che cosa ne pensa? Esistono rapporti fra delinquenza organizzata e amministratori o funzionari del Comune?». L'immacolato sindaco garantì: «Lo escludo. Anche prima di oggi, credo che nulla di ciò sia accaduto. Oggi, comunque, no! No davvero! Se avessi riscontrato fatti di questo tipo, me ne sarei andato senza pensarci un momento, non starei certo qui a sedere su questa sedia...». E così via.

Bene: tutti i sindaci di Palermo, dal dopoguerra, in poi, chi più chi meno, sia che vestissero i panni della comparsa sia quelli del protagonista, l'hanno sempre pensata come l'ex monarchico Spagnolo diventato dc. A Salvo Lima e Vito Ciancimino, naturalmente, va riconosciuto il copyright di questa summa teologica raccolta da Pansa nel lontano '69. Ci sarebbe ricascato, anche se con una dose di buona fede che fu inevitabilmente sommersa dalla durezza delle polemiche per il «dopo Dalla Chiesa», il sindaco Nello Martellucci, quando affermò che «fra i doveri istituzionali di un sindaco» non c'è quello di arginare la controffensiva mafiosa. Eccezioni alla regola? Un paio. Elda Pucci e Giuseppe Insalaco, entrambi liquidati dai franchi tiratori dc, appena mossero i primi passi, gettandosi a capofitto nel sottobosco degli appalti convinti di poter adoperare il machete. Per il resto viene quasi da esser lapalissiani: la mafia è diventata quella che oggi è, perché a Palermo, per quarant'anni, non è stata neanche nominata. Abbiamo visto quanto fossero sapientemente sterilizzate persino le relazioni dei procuratori generali che davano il via ad anni giudiziari sempre più uguali a sé stessi. Certamente il campanello d'allarme non poteva esser suonato dagli inquilini del Palazzo delle Aquile. Se la guardia dormiva perché doveva essere il ladro a darle la sveglia? Ma se le guardie si svegliano che può succedere? Ciò che accadde con Orlando, che ladro non era. Faccione da bambino, ciuffo di capelli sempre in giù sulla fronte, studi ad Heidelberg, tre lingue, oltre l'italiano, dopo sindaci che usavano il siciliano come «lingua ufficiale», e invitato dal borgomastro di Berlino alle cerimonie per il 350° anniversario della fondazione della capitale tedesca «Leoluca» — come lo chiamano gli amici — è stato il primo sindaco di Palermo che non ha mai avuto altro da perdere che la propria dignità. Il che può darti una forza smisurata.

Battitore libero non per vocazione, ma per disinteresse. Di estrazione morotea. Legato politicamente ai Mattarella, il Piersanti ammazzato dalla mafia, e il Sergio che cercava di ripulire la dc siciliana. Voluto su quella poltrona da De Mita, che purtroppo poi se ne sarebbe dimenticato. L'avevo conosciuto (giornalisticamente) ai tempi della campagna contro i missili a Comiso. Allora era uno dei quaranta e più consiglieri dc al comune. Fu l'unico a pronunciarsi contro l'installazione dei Cruise richiamandosi idealmente alle battaglie per la pace del sindaco di Firenze La Pira, a Dossetti e Sturzo. Colsi sin da allora che questo dc parlava un'altra lingua. Detto per inciso non appariva arrogante, al cospetto dei suoi colleghi che invece, considerandosi «arrivati» per aver arraffato tot preferenze, non rispondevano al saluto, si consideravano tanti padreterni in sedicesimo abituati a ripetere ai cronisti «tu devi scrivere che...» e così via pontificando. Ma il nocciolo duro, la consistenza della spina dorsale di Orlando, si sarebbe vista più tardi, alla vigilia delle elezioni politiche dell'87. Da sindaco di un pentapartito, affermò, senza tanti complimenti, che i socialisti si sarebbero avvantaggiati del voto mafioso in alcune borgate di Palermo. Si scatenò un putiferio. I socialisti strillarono indignati, ma il voto elettorale a Palermo diede ragione a Orlando. Questo grande affronto non gli è mai stato perdonato dal partito di via del Corso. E il 20 giugno '87 il Gianburrasca, che aveva osato rompere una regola elementare del quieto vivere fra le segreterie dei partiti, fu costretto a dimettersi.

Un mese prima lo avevo incontrato nella Sala Rossa del municipio, per quest'intervista pubblicata da «Grandevù», il mensile dei *verdi* palermitani, fondato dalla fotografa Letizia Battaglia in seguito nominata assessore alla vivibilità nella giunta esacolore, sempre con Orlando sindaco. Orlando affermò esattamente il contrario di quanto aveva detto Spagnolo diciotto anni prima. Era una sera di maggio, e spirava vento di scirocco. L'orologio a pendolo della Sala Rossa segnava l'una di notte. In anticamera, il morale era a zero. Gli uomini della sua scorta, i commessi, i vigili urbani, i portinai mostravano facce disfatte per il caldo e per i ritmi di lavoro troppo stressanti imposti dal «nuovo sindaco». Orlando invece, a parte il viso buono e qualche ruga in più, dimostrava i soliti nervi d'acciaio. Disse subito: «Palermo è sempre stata capitale della mafia. E non provo soddisfazione nel fare quest'affermazione. Ma voglio esprimere l'orgoglio per la sua capacità di essere anche capitale dell'antimafia.» E le cannonate di Sciascia contro i *professionisti dell'antimafia*? «Ebbero il merito di far esplodere tanti bubboni, tanti luoghi comuni.» In che cosa erano state controproducenti? «Qualcuno, per nulla nemico della mafia, e per di più digiuno di lingua italiana ha creduto di vivere un momento di gloria.» E lui non aveva mai ricevuto telefonate di Lima o di mafiosi? «I mafiosi» replicò — «se necessario salgono le scale, e hanno le facce che si vedono normalmente nelle aule dei tribunali.» Era una maniera elegante per ammettere che quest'attenzione si era manifestata? «È una rete di vischiosità e interessi abituata — nel passato — a trovare coperture anche nell'amministrazione comunale.» Lui era sindaco di una città dove centinaia e centinaia di famiglie erano finite sotto processo. Evitò toni demagogici. Non volle accattivarsi la simpatia di nessuno: «Migliaia di persone dovranno prender atto che una fase si è chiusa per sempre e dovranno esser capaci di reinserirsi dedicandosi ad attività sane e lecite». Orlando parlava chiaro.

Troppo chiaro per chi fa politica a quel livello, verrebbe voglia di dire. Il resto è noto: il 15 agosto '87, contro ogni previsione, nonostante l'anatema di Martelli, Orlando avrebbe dato vita alla giunta scandalo (dc, cattolici di città per l'uomo, *verdi*, socialdemocratici e un indipendente di sinistra — Aldo Rizzo — vicesindaco). Una giunta che ancora oggi (con il recente ingresso dei comunisti) fa scandalo. E fa scandalo ancor prima che a Palermo a Roma, nelle segreterie nazionali terrorizzate che il cattivo esempio possa contagiare altre città.

L'ultimo dei Di Cristina

Ricordate il boss Giuseppe Di Cristina che nel '78 era andato a spiattellare tutti i suoi segreti ai carabinieri? E che successivamente la mafia aveva assassinato per punirlo della sua infamità? Giuseppe aveva tre fratelli: Angelo, Antonio e Salvatore. Vivevano tutti a Riesi — 16 mila abitanti, migliaia di emigrati —, dove ogni famiglia ha un parente negli States che annualmente va, viene e porta di tutto. E anonimi «corrieri» dell'eroina, magari un paio di volte nella vita. Così qualche maligno era solito ripetere: «La loro America i Di Cristina l'hanno trovata qui, senza andare molto lontano». Voci forse prive di fondamento. Angelo, considerato l'erede naturale di «don» Beppe, insegnava alla scuola media «Carducci» di Riesi e ancora oggi vive con in testa le schegge di cinque proiettili, ricordo dell'agguato mafioso che il 7 marzo dell'80 lo aveva quasi ridotto in fin di vita. Salvatore, impiegato di banca, non aveva mai «legato» con i suoi familiari e si era sempre tenuto alla larga da ogni traffico. Restava Antonio Di Cristina, anche lui insegnante, quarantanove anni, ultimo rampollo di una famiglia che aveva fatto fortuna negli anni '60 e '70. L'ultimo a sapere tante cose, ad essersi fatto un'idea precisa dell'accanimento dei corleonesi contro la sua famiglia, l'unico ormai capace di tentare una controffensiva, sempre che ne avesse avuto ancora la voglia. Ma aveva rinunciato a propositi di vendetta, preferiva impiegare il suo tempo nell'insegnamento, si accontentava del suo ruolo di piccolo intellettuale di paese, rispettato e temuto senza bisogno di particolari sforzi ma solo grazie a un cognome che metteva spavento.

Dopo la morte di Giuseppe, e ancor di più in seguito all'agguato ad Angelo, Antonio aveva avuto un attimo di sbandamento e si era tappato in casa, uscendo solo se indispensabile, e sempre con un codazzo di guardaspalle fidati. Poi, col tempo, si era rassicurato, aveva ritrovato coraggio convinto che ormai il peggio fosse passato. Esile, sobrio, tanto quanto Beppe era massiccio e di maniere rudi, Antonio era considerato in paese la mente politica della famiglia. Autorevole capocorrente dc, ossessionato dall'impresa complicata di riunificare lo scudocrociato di Riesi a quei tempi dilaniato in almeno tre spezzoni, per anni sindaco e per anni vicesegretario provinciale del partito, l'ultimo dei Di Cristina coltivava ormai solo un hobby: l'organizzazione di banchetti pantagruelici, nella sua casa di campagna alla periferia di Riesi, con gran folla di burocrati, funzionari, medici, operatori sanitari e impiegati delle Usl. Le occasioni dei festeggiamenti andavano da una cresima a un battesimo, da un'assunzione a una promozione che il professor Di Cristina — fra un'ora e un'altra di insegnamento — aveva in qualche modo favorite se non addirittura determinate. «Quando si muoveva lui» ricordano ancora oggi a Riesi «sembrava che si portasse dietro l'alone di una famiglia che da almeno settant'anni ha fatto e disfatto la politica dalle nostre parti.» Simile in questo a «don» Paolino Bontà, con la differenza che il primo si muoveva su palcoscenici regionali e romani, Antonio, invece, restava nel chiuso del suo orticello di paese. E possedeva anche due requisiti che lo aiutavano a vivere serenamente: non aveva mai avuto guai con la giustizia, e soprattutto non ostentava ricchezze bancarie, né smisurati appezzamenti di terreno.

Il 7 settembre '87, poco dopo le venti, i killer dei corleonesi dimostrarono ancora una volta che fidarsi è bene ma non fidarsi è meglio: perché rischiare che Antonio coltivasse qualche proposito vendicativo? Lo trovarono facilmente. Il professore stava consumando una bibita al bar del circolo Unione, nella piazza principale. Dieci colpi di pistola (tutti andati a segno). Almeno un centinaio i testimoni. Qualche giorno prima dell'agguato, sui muri della casa di campagna di Antonio, era comparsa questa strana scritta: «Quattro meno due uguale zero, zero, zero, zero». Scritta apparentemente esoterica, in realtà dal significato chiarissimo: una volta che avremo eliminato Antonio, volevano dire gli strani visitatori notturni, dei quattro Di Cristina non resteranno che quattro zeri. Angelo ormai sopravviveva a se stesso, da Salvatore non poteva venire alcun pericolo. Esatto: i Di Cristina? Ormai quattro zeri. Un'altra famiglia di mafia era stata cancellata. Ma una volta che la spirale dell'odio si avvita inesorabilmente ogni senso della misura risulta essere un impiccio superfluo.

E ricordate Mario Prestifilippo, il superkiller che a ventinove anni aveva già compiuto una quarantina di delitti? Quando era stato battezzato il buon Michele Greco gli aveva regalato cinquantamila lire e una catenina d'oro. Mariuzzo però di farsi una posizione, come il «papa» raccontò di avergli suggerito, non volle saperne. E mentre la sua famiglia, al gran completo, era alla sbarra in aula bunker, lui scorrazzava per Palermo da un nascondiglio all'altro, senz'altra precauzione che la sua 38 special, Smith and Wesson, caricata con pallettoni ad espansione. Fino alla sera di quel martedì 29 settembre, lungo la strada fra Bagheria e Baucina. «Mariuzzo» era a bordo del suo Vespone, aveva con sé una carta d'identità falsa, e della biancheria pulita che stava trasportando da un covo all'altro. Quella sera, poco prima delle venti, entrarono in azione almeno una decina di killer. Non c'erano infatti dubbi che se questo Billy Kid di Cosa Nostra avesse fatto in tempo a metter mano alle armi avrebbe certamente lasciato secco qualcuno dei suoi aggressori. In una stradina interpoderale due auto costrinsero il Prestifilippo a fermarsi contro un muro. I killer ne fecero scempio. Adoperarono fucili a pompa. Gli spappolarono la mano destra, per impedirgli di usare la 38. Poi, dopo averlo colpito in più parti del corpo, gli spararono una fucilata infilandogli la canna fra il casco da motociclista e la gola. E addio Mariuzzo.

Solo questi due delitti turbarono quell'anno l'andamento del maxi processo. Delitti certamente inevitabili, se è vero che in quel periodo la mafia dava prova di buona condotta in attesa del giorno del gran giudizio. Certo: come abbiamo visto attraverso l'eccezione rappresentata dal «caso Domino», la mafia non è abituata ai proclami scritti, non rivendica né si dissocia. Ma i segnali li sa lanciare, eccome! Se era impensabile un proclama che suonasse pressappoco così: ragazzi, da oggi non si spara più, perché prima dobbiamo vedere come va a finire questa cazzata del maxi processo, si poteva almeno offrire un ritratto inedito, rassicurante e persino struggente dei suoi grandi capi. Quelli, naturalmente, finiti oltre le sbarre.

Sapete che faceva Luciano Liggio mentre il processo andava inesorabilmente verso il suo epilogo? Dipingeva. Sì. *Lucianeddu*, accusato di essere il numero uno del clan dei corleonesi — lo stesso gruppo che aveva massacrato l'ultimo dei Di Cristina e Prestifilippo — nella cella dell'Ucciardone, si scoprì l'irrefrenabile vocazione dell'artista, dopo essersi abbonato alle dispense «Leonardo» che insegnano abc e tecnica del mestiere di pittore. Che rumore, in quei giorni, all'Ucciardone! Erano commossi i detenuti. Non credevano ai loro occhi le guardie carcerarie, perfino il direttore del penitenziario Orazio Faramo, era diventato orgoglioso di questo detenuto modello. Che paesaggi, che belle campagne siciliane e che tramonti! Forse qualche deserto di troppo, mai un volto o una figura umani, ma quale sarebbe quel critico d'arte tanto mascalzone da applicare i canoni di mafia e antimafia ad un talento come quello che si stava facendo largo in un ambiente così sordido? E poi — spiegava paziente in quei giorni il suo avvocato Salvatore Traina — Liggio aveva dipinto anche un bel mazzo di rose rosse per quella signora di Perugia, misteriosa e fugace ma ricorrente apparizione nella sua vita dietro le sbarre. «Un Liggio» aggiungeva Traina «che si rinnova meravigliando tutti. Si rinnova, si rinnova, Liggio, e il suo ingegno è indiscutibile. Dietro la maschera che hanno rappresentato i giornali ho scoperto un cuore che palpitava, un cuore particolarmente sensibile. Ecco perché lui, dei giornalisti ha una profonda disistima. Cosa pensa dei giudici? No. Loro non li odia.

Ne attende sereno il giudizio.» E se poi qualche cronista petulante insisteva per saperne di più sulla scuola artistica di appartenenza l'avvocato tagliava corto: «A metà fra il realismo e il divisionismo: potremmo definirlo così il Liggio pittore».

Forse Liggio commise anche qualche eccesso da autodidatta che scopre troppe cose in un arco di tempo troppo breve. E all'immagine del Liggio pittore i suoi difensori aggiunsero anche quella del gran divoratore di filosofia orientale. Prediligeva soprattutto i sacri testi dell'induismo veda, e il *Tao Te Ching*, il magico libro della via e della virtù... anche tanto Dostoevskji... Tolstoj... e, fra una lettura e un'altra, fra una tela e l'ora d'aria, persino la scrittura di qualche poesia di cui «era gelosissimo». A Traina ne fece leggere una sola «quella dedicata al giornalista Enzo Macrì» che qualche mese prima gli aveva fatto un'ampia intervista per un settimanale... Della serie: anche i padrini hanno un cuore.

Michele Greco, invece, continuò a leggere la Bibbia. E a Catania, durante il processo d'appello per la strage Chinnici, si concesse una seconda volta all'assalto dei cronisti. Si considerava perseguitato dalla stampa, simile in questo proprio a Liggio. «Un intervistatore mi ha detto di fronte a venti milioni di spettatori: lei è stato condannato all'ergastolo per la strage Chinnici: immaginate che rospo ho dovuto ingoiare. Avrei potuto replicare: sono stato assolto dalla Cassazione. Ma non l'ho fatto per rispetto a questa corte.» Ed era addirittura amico dei magistrati: «Rocco Chinnici? Che persona perbene. Lo hanno calunniato, sostenendo che danneggiava me e la mia famiglia. Lo hanno fatto per ingigantire questa tragedia contro di noi. Quando lo incontrai fu così gentile... mi chiese di mostrargli la denuncia dei redditi, ma solo quella dell'ultimo anno. Poi mi disse: so che Giuseppe, suo figlio, è un cineasta... Chiamatela la tragedia del secolo, dovete definire così ciò che mi è accaduto». E Scarpisi e Rabito, imputati come Michele Greco nella strage Chinnici? «Non sapevo neanche che fossero al mondo. Chiedetelo a loro che sono diventati famosi, come lo furono i gemelli del pallone, i gemelli del gol, Pulici e Graziani...» Un'infanzia dorata, la sua. «A sedici anni iniziai a frequentare il tiro a volo, dove conobbi il ceto più alto della società palermitana, dove ho realizzato amicizie per tutta la vita.» Gli diede una mano l'avvocato Mirabile:

«Michele Greco conosce le migliori famiglie di tutt'Italia». E quei potenti lo aiutarono durante la sua latitanza? «Le signore furono vicinissime a mia moglie...» E anche se già al maxi processo era stato «esauriente», Michele Greco dovette ancora una volta spiegare ·perché lo avevano soprannominato il «papa»: «Furono le lettere anonime a darmi l'epiteto... Mi chiamavano il papà... poi, per caduta d'accento, mi rimase il "papa"...».

Disgraziato, calunniato dai pentiti, sfottuto dai giornalisti senza scrupoli, Michele Greco comunque non perdeva fiducia nel futuro: «Nel futuro ci spero. Ho la pace interiore. Me la dà quel grande ospite illustre che è dentro di me e che ho ricevuto mediante il battesimo...». E si commosse anche Michele Greco: «l'avvocato Mirabile ha capito la mia tragedia, e mi difende col cuore. Venne da Roma e gli dissi: "Avvocato mi assista secondo scienza e coscienza... Anche se mi porteranno nei sotterranei, con le catene ai piedi, sprizzerò serenità"». Bambini buoni, ecco cos'erano diventati Luciano Liggio e Michele Greco.

Lo Yoga contro il Terrore

L'11 novembre 1987 la corte del maxi processo a Cosa Nostra entrò in camera di consiglio. Si lasciava alle spalle, prima di entrare nel cuore del bunker d'acciaio — dove avrebbe vissuto in assoluto isolamento per diverse settimane — un consuntivo di tutto rispetto. Trecentoquarantanove udienze, per un totale di milleottocentoventi ore. Milletrecentoquattordici interrogatori. Seicentotrentacinque arringhe difensive, pronunciate da duecento penalisti. Seicentosessantaseimila fotocopie di atti processuali. Cinquemila anni di carcere e ventotto ergastoli chiesti dai due pubblici ministeri, Giuseppe Ayala e Domenico Signorino. Gli ultimi fuochi d'artificio, in aula, li avevano offerti i detenuti di maggior spicco. Michele Greco era stato protagonista di un altro show spettacolare. «Presidente, sono vecchio, non vi vedo e non vi sento», aveva detto con aria beffarda al presidente Alfonso Giordano. E aveva proseguito: «Non sono a mio agio, vedo solo delle ombre... chiedo la grazia. E la pazienza di leggere attentamente il memoriale che vi ho consegnato. Quanto a voi esprimo il desiderio di farvi un augurio, vi auguro la pace e la tranquillità. Presidente non sono parole mie, sono le parole di nostro Signore che raccomandò a Mosè: quando devi giudicare abbi la massima serenità. Presidente, vi auguro che questa serenità vi accompagni anche nel resto della vostra vita...». Altrettanto apocalittico, Pietro Zanca: «Le accuse del pentito Stefano Calzetta sono tutte calunnie... vorrei ricordare alla corte che la calunnia si è fatta viva con i primi uomini apparsi sulla terra, ed è stata sempre apportatrice di atroci conseguenze». Ma ormai le parole scivolavano sull'acqua. Il diritto alla difesa era stato garantito. L'enorme materiale probatorio offerto dal giudice istruttore era stato verificato senza superficialità. I pentiti erano venuti in aula, dimostrando così, tranne qualche rara eccezione, di aver tirato il sasso ma di non aver nascosto la mano. E avevano vinto tanti drammatici faccia a faccia. Ne sarebbe scaturita una sentenza «giusta»? Osservò quel giorno il presidente Giordano: «Abbiamo gestito questo processo come dovevamo. Oserei dire: nella maniera in cui andava gestito. Innanzitutto occorreva offrire agli imputati il massimo delle garanzie processuali durante il dibattimento. Poi avevamo il compito di colmare eventuali lacune che potessero emergere dal lavoro culminato nella stesura dell'ordinanza di rinvio a giudizio. Ci siamo mossi in entrambe le direzioni». Aggiunse Pietro Grasso, giudice a latere: «Abbiamo cercato di adeguare la giustizia alla verità. Ma so bene che questo è uno sforzo molto relativo, perché non sempre la verità reale coincide con quella processuale».

Restavano sullo sfondo — comunque — i grandi scenari delle complicità economiche e politiche. «Non ci siamo mai sognati di processare la mafia» replicò Grasso «bensì un certo numero di imputati accusati di reati specifici. Le complicità? Quando è stato necessario ascoltare i rappresentanti del potere politico lo abbiamo fatto. Ma solo se quelle audizioni avevano attinenza diretta e precisa con la materia di questo processo.» Il 16 dicembre '87, alle diciannove e trenta, dopo trentacinque giorni di camera di consiglio, vennero lette in aula le pesanti condanne. C'era un silenzio spettrale quando Giordano iniziò pronunciando diciannove volte la parola ergastolo.

A carico di questi diciannove imputati: Giuseppe Lucchese. Salvatore Montalto. Francesco Spadaro. Antonio Sinagra. Giuseppe Greco. Michele Greco. Francesco Madonia. Antonino

Marchese. Filippo Marchese. Giuseppe Marchese. Bernardo Provenzano. Giovambattista Pullarà. Rosario Riccobono. Salvatore Riina. Salvatore Rotolo. Benedetto Santapaola. Pietro Senapa. Vincenzo Sinagra. Pietro Vernengo. Nell'elenco anche Mario Prestifilippo, ma, come abbiamo visto, la mafia aveva battuto i giudici sul tempo. Ventitré anni invece a Pippo Calò.

Avvocati e imputati restarono impietriti. In totale, duemilaseicentosessantacinque anni di carcere, la metà dei cinquemila chiesti dai P.M., undici miliardi e mezzo di multa. Un occhio di riguardo per i pentiti Buscetta (tre anni e sei mesi) e Contorno (sei anni). Pesante il verdetto per il finanziere Ignazio Salvo, condannato a sei anni dovendo rispondere di associazione mafiosa. Se la fece franca il vecchio Liggio, che in quel processo doveva rispondere di un'accusa difficile da dimostrare: quella di impartire ordini dal carcere dove era rinchiuso dal '74.

Le deposizioni dei pentiti spesso avevano retto, quando ciò non era accaduto le assoluzioni non erano mancate. Se ne contarono centoquattordici. Alfonso Giordano se n'era stato muto per quasi due anni. Non aveva mai concesso interviste. Aspettava che a parlare fosse il dispositivo di sentenza. Il giudice aveva allora cinquantanove anni, tre figli, Patrizia, Stefania e Stefano, rispettivamente di ventisette, ventidue e sedici anni; e una moglie, mi raccontò lui stesso quando lo andai a trovare a processo finito, che lo aveva accolto «come si accoglie un naufrago che ha preso parte a un viaggio di cui non si sapeva nulla».

Fu una bella conversazione. Era la mattina del 23 gennaio. Giordano mi ricevette nel suo minuscolo studio in aula bunker dove si era trovato spazio anche per una brandina. Una cella, a voler essere precisi. Una cella tappezzata di stemmi e gagliardetti degli uffici di polizia di mezzo mondo, un quadro della Madonna. E un gigantesco «divieto di fumare». Da lì, da quella cabina di comando piccola come fosse quella di un'astronave, aveva seguito il lungo viaggio della giustizia italiana nel tentativo di riuscire finalmente a condannare la mafia. Cosa avrebbe significato quel processo nella lotta alla mafia siciliana e internazionale? Volle precisare subito che «processo e lotta non sono né sinonimi né termini facilmente conciliabili». Ma aggiunse: «Sicuramente si è trattato di una grande vittoria dello stato. Una vittoria resa possibile, innanzitutto, da uomini politici illuminati; penso, fra gli altri, ai ministri Martinazzoli e Rognoni, che hanno predisposto tutti gli strumenti necessari ad un dibattimento di simili dimensioni. Ci tengo «aggiunse» a ricordare lo spirito di sacrificio dimostrato dalla corte, nella sua interezza. Una corte che non ha esitato di fronte a grandi fatiche...». All'inizio, e lui lo ricordava ancora, gli avvocati avevano ricusato Giordano. Alla fine, invece, aveva ottenuto gli applausi di imputati e avvocati. Cosa aveva prevalso? «Si è fatta lentamente strada la consapevolezza che non ci trovavamo lì a celebrare un rito sommario, nel disprezzo dei diritti degli imputati, dell'accusa o della difesa. È risaltata la nostra buona fede. Lo sforzo di essere assolutamente obiettivi. Lo scrupolo, fino allo spasimo, quando la corte ha esaminato ciascuna posizione individuale. Volevamo sfatare una leggenda: che i «maxi» debbano condurre, per forza di cose, a giudizi indiscriminati e di massa. Mi lasci però dire che gli avvocati non erano legittimati a ricusare il presidente. Semmai potevano farlo gli imputati. Invece qualche avvocato ha voluto inscenare una manifestazione inutile, antipatica, e credo anche ingiusta. Qual è stata la critica che mi ha ferito di più? Esser considerati gli esecutori, biechi e ciechi, di un disegno deciso altrove. Ma è un argomento che francamente non ho mai ben capito (...)»

Gli chiesi: con la formula, forse un po' semplicistica del «teorema Buscetta», si è voluto sintetizzare il principio che la supercupola fosse responsabile di tutti i delitti compiuti durante la guerra fra le cosche, dal momento che il codice di Cosa Nostra stabilisce che un boss sia a conoscenza di tutto ciò che accade nel suo territorio. Come ne esce questo teorema? «La corte ha respinto automatismi troppo assiomatici. Buscetta infatti ha rivelato che spesso i delitti venivano eseguiti e poi la commissione era chiamata, nella sua collegialità, quasi ad una ratifica notarile. Ecco perché, ad esempio, pur condannando Michele Greco all'ergastolo, lo abbiamo assolto — così come abbiamo assolto Pippo Calò, pur condannandolo — dall'accusa di aver eliminato il capo mafia Stefano Bontade. Per il primo non esistevano prove serie; per Calò il discorso era complicato dalle sue lunghe e ricorrenti permanenze a Roma. Ecco perché l'assoluzione di Luciano Liggio: in quegli anni si trovava in carcere. Quando le intuizioni o le certezze morali non hanno trovato riscontro, la corte ha deciso di non tenerne conto.» E qual era stato il merito principale dei pentiti? «... hanno fornito una preziosa chiave di lettura interna, per vedere chiaro in una congrega criminosa della quale, fino a qualche tempo fa, si avevano notizie di terza mano, notizie che sembravano favole.»

Insistetti: qualcuno, nel tentativo di declassare la portata di quelle accuse, ha sostenuto che i pentiti utilizzavano lo stato per individuali regolamenti di conti; se non addirittura per ottenere in cambio danaro o «sconti» processuali. «Non credo» osservò il presidente del «maxi» «che a decidere sia stata una molla di così bassa lega. In Buscetta e Contorno c'era un atto d'intelligenza: aver fiducia nello stato per ottenere giustizia contro quella organizzazione nella quale avevano creduto e che si era rivoltata contro di loro. Non dimentichiamo che se avessero voluto avrebbero potuto sempre ricorrere all'uso delle armi. Pur essendo ormai una minoranza era sempre una minoranza di *uomini d'azione* (...)» E i giudici popolari? «Io e il giudice Grasso ci mettemmo a studiare le grandi linee di questa materia prima che il processo iniziasse. Sono orgoglioso di poter dire che i giudici popolari non sono stati da meno: hanno accumulato un archivio personale, se così si può dire, soprattutto durante le arringhe della difesa; un tesoro di appunti incredibilmente precisi, che si è rivelato utilissimo in camera di consiglio. Tutti, fra una pausa e l'altra delle udienze, prendevamo poi lezioni di computer.» In quei giorni, il giudice Falcone aveva dichiarato che quando la mafia non spara, paradossalmente è più pericolosa. Cosa ne pensava Giordano? «Sì. Direi che la mafia che non spara non per questo è meno pericolosa. Forse oggi appare più accorta nel valutare le conseguenze di una contrapposizione militare allo stato. Forse vuol tornare a schemi tradizionali, quando preferiva inserirsi negli spazi lasciati vuoti dalle istituzioni. Il culmine della sua offensiva, con il delitto Dalla Chiesa e con l'uccisione dei poliziotti Montana e Cassarà, ha provocato risposte dello stato che non le hanno certamente giovato. Ha provocato l'approvazione di uno strumento utilissimo ma perfettibile: la legge Rognoni-La Torre.» Tanti erano in quei giorni gli imputati ancora latitanti... «da un punto di vista giudiziario» osservò Giordano «la latitanza non è un ostacolo. Sul piano dell'ordine pubblico invece sì: è, ancora oggi, una lacuna assai grave. Molti sono elementi di estrema pericolosità.» La corte si era imbattuta in casi di coscienza? «Sì. Ma ho sempre preteso: *in dubio pro reo*.» E il terzo livello? «Le ricordo che sono in corso indagini specifiche su ogni grande delitto. Ma se avessimo affrontato noi questa materia non avremmo potuto fare altro che costruire illazioni.» Cosa sarebbe diventata la mafia del Duemila? «... Sarà mafia di computer, telex, alta finanza, e società finanziarie. La mafia è sempre riuscita a trasformarsi, ad adeguarsi ai tempi.»

In molti ci eravamo chiesti: come aveva fatto Giordano a non prender fiato durante la lettura della sentenza durata parecchie ore? Replicò serafico: «Quattro anni di yoga serviranno pure a qualcosa... Gli esercizi di respirazione chiamati Prana Yana, questi esercizi mi hanno dato la capacità di non tirare il fiato».

Esattamente sei giorni prima di questo colloquio, in meno di un'ora Antonino Ciulla, trentacinque anni, era stato assolto, liberato, assassinato. Né Giordano né io potevamo sapere che la mafia si preparava a correggere — secondo il suo stile — gli «errori» commessi dalla corte. Alla data di oggi sono già diciotto gli imputati del maxi processo assassinati quando erano tornati ad essere liberi cittadini.

XVI

LA IRRESISTIBILE ASCESA
DI «PEPPUCCIO» INSALACO

Da bambino prodigio della politica a sindaco di rottura

Aveva iniziato a far politica nella democrazia cristiana, quando ancora — come lui stesso raccontava — aveva i «calzoni corti», a sedici anni. Due occhi che non stavano mai fermi, stampati su un volto da saraceno, vivace e accattivante. Dalla battuta pronta e gran conoscitore di segreti. Animale politico, dotato di un fiuto fuori dal comune. Gli intimi lo chiamavano «Peppuccio». Giuseppe Insalaco non era spuntato dal nulla sul palcoscenico della politica cittadina. Una storia alle spalle — a suo modo — ce l'aveva. Cresciuto nella segreteria del ministro degli interni Franco Restivo (alla fine degli anni '60) era subito riuscito a mettersi in luce nonostante la giovanissima età. E il ministro lo aveva valorizzato impiegandolo in un delicato lavoro di intelligence in Sicilia, ai tempi della prima commissione antimafia. «Peppuccio» infatti, figlio di un maresciallo dei carabinieri, si era specializzato nella gestione di quella giungla burocratica scaturita dalle vecchie diffide di polizia che, insieme all'istituto del soggiorno obbligato, avevano rappresentato per tanti anni il pannicello caldo contro una mafia che lo stato non riusciva a processare. Patenti, licenze, porto d'armi, permessi d'ogni tipo, sia che dovessero esser ritirati sia che venissero restituiti, passavano tutti dalle mani del giovane rampollo di Restivo. Naturalmente la sua rete di conoscenze si estese a macchia d'olio. E naturalmente non mancarono a «Peppuccio» le frequentazioni con una pletora di capi mafia grandi e piccoli che qualche volta non disdegnarono di favorirlo elettoralmente. Ad esempio «don» Stefano Bontade, il «principe» di Villagrazia non fu estraneo ai successi elettorali che Insalaco conseguì presentandosi al consiglio comunale di Palermo. Amministrative dell'80: Insalaco, sebbene non fosse un candidato di punta della Democrazia cristiana, fu il secondo degli eletti, subito dopo Nello Martellucci che sarebbe diventato sindaco della città. Alle regionali dell'82: quarantamila voti di preferenza, secondo dei non eletti subito dopo Mario Fasino, già presidente della regione siciliana. Fin dal '75 assessore all'annona (sempre al comune) Insalaco fu protagonista di una grande campagna propagandistica contro il dilagare degli esercizi abusivi. Ma dei commercianti palermitani, «Peppuccio», dopo un primo momento di incomprensione, divenne l'idolo: rilasciò infatti alcune migliaia di licenze che servirono per appianare tutto.

Insalaco — sempre a suo modo — non tenne mai in gran conto le regole cittadine della politica. E diventato assessore all'igiene, dopo la parentesi annonaria, finì sui giornali di mezzo mondo con l'insolito primato d'aver decretato la chiusura dell'ufficio d'igiene perché infestato dai topi. Ambizioso, quasi roso dal tarlo di far carriera per lasciarsi alle spalle le sue umili origini. Amante della bella vita e del bel mondo, diventerà presto uno dei frequentatori abituali di una mondanità salottiera che si contendeva il sempre giovane «Peppuccio». E questo fu il suo primo vero errore di grammatica politica. A Palermo conosceva tutti, parlava con tutti. Credeva davvero che tutti gli fossero amici. Ingenuo, a suo modo. Sognava (e non ne faceva mistero) di diventare primo cittadino di Palermo. Aveva le conoscenze giuste, un passato, risultava anche istintivamente simpatico, e sapeva tutto di tutti, perché non provare? E il sogno si avverò, il 13 aprile dell'84. Ma proprio quello fu l'inizio del suo declino. Con una discreta dose d'incoscienza, convinto ormai di poter fare a meno di quella lobby affaristico politica che per anni se lo era allevato, si convinse di non aver più bisogno di nessuno. E «Peppuccio» si mise così in testa di fare il sindaco sul serio, non solo di occuparne la poltrona.

Alla prima occasione (l'anniversario dell'uccisione di Pio La Torre e Rosario Di Salvo) eccolo con la fascia tricolore presentarsi sul luogo dell'agguato. Sua anche la decisione di far tappezzare la città con manifesti dell'amministrazione comunale dove finalmente campeggiavano — dopo decenni di omissioni e di silenzio — la parola mafia e la denuncia dell'escalation di sangue. E poco dopo — il 5 maggio '84 — ebbe il coraggio di partecipare a Roma alla manifestazione nazionale contro la mafia e la camorra. Sono piccolissimi segnali rispetto a quanto accadrà dopo. Insalaco decise infatti di metter finalmente mano in quella giungla dei grandi appalti per la manutenzione delle strade, delle fogne e dell'illuminazione, assicurata in regime di monopolio da due gruppi imprenditoriali molto chiacchierati: il gruppo Cassina e l'ICEM dell'ingegner Roberto Parisi. Due imprese che per un trentennio avevano imposto alla collettività costi triplicati rispetto al resto d'Italia. Così, mentre Insalaco spediva inviati in tutt'Italia per documentare all'intera amministrazione comunale lo spreco di Palermo, i due potentati — temendo la rescissione dei contratti — rumoreggiavano, provocando l'intervento di «don» Vito Ciancimino che nell'84 contava ancora molti uomini di sua fiducia tra i consiglieri dc. Ed è bene ricordare che, a quella data, Vito Ciancimino era uno dei capi indiscussi di Palermo, anche se un capo ombra, non ancora scalfito da quelle indagini che si sarebbero concluse con il suo arresto e poi con la condanna al soggiorno obbligato.

Ma «Peppuccio», al primo sogno che si era avverato, ne aveva aggiunto un altro, ben più pericoloso. Diventare in qualche modo l'esponente di un rinnovamento in casa dc, dopo la brutta parentesi di Martellucci. Senza che nessuno — in casa dc — glielo avesse chiesto espressamente. E per di più mantenendo ottimi rapporti con i dirigenti del Pci siciliano e il direttore del quotidiano «L'Ora», Nicola Cattedra.

Poteva avere una sua storia da raccontare un sindaco democristiano così eccentrico rispetto agli stessi democristiani, da esser defenestrato senza particolari preavvisi, in appena tre mesi? Credevo di sì. E quando il 26 luglio '84, pochi giorni dopo la sua rovinosa caduta, «Peppuccio» mi fece sapere che voleva parlarmi, lo raggiunsi immediatamente nel suo piccolo ufficio di consigliere d'amministrazione del Teatro Biondo. Ormai l'avevano fatto fuori. La notizia era già bruciata. Difficilmente i suoi vecchi compagni di cordata gli avrebbero concesso un'altra prova d'appello per rientrare in palcoscenico. Ma anche se temevo di trovarmi di fronte al solito dc tradito, disposto a rilasciare un'intervista al quotidiano d'opposizione pur di togliersi il sassolino dalla scarpa, decisi di andare a vedere. Sembrava un animale in gabbia. Si sentiva tradito dentro e fuori la dc. Proprio ora che aveva assaporato la forza del comando si ritrovava solo, impotente. All'improvviso era tornato ad essere il figlio di un carabiniere, senza arte né parte, caduto male nel tentativo di fare il gran salto. E così, quel giorno di tanti anni fa, Insalaco iniziò a rovesciarmi addosso giudizi pesantissimi sulle diverse componenti del suo partito. Ancora una volta a suo modo tentava di rompere l'accerchiamento, con un violento atto d'accusa che prima o poi qualcuno gli avrebbe fatto pagare.

Mesi dopo, alla commissione antimafia, Insalaco avrebbe reso una durissima denuncia. Sarebbe tornato a ripetere ad alta voce i nomi di quei maggiorenti dc che gli avevano impedito di fare il sindaco. Sarebbe tornato a denunciare il peso enorme della vicenda appalti che aveva segnato il suo destino. Ma restò convinto che il suo testamento politico (l'intervista che gli alienò le ultime simpatie) fu proprio quello che mi concesse per «l'Unità» nella stanzetta del Teatro Biondo. Era come se Insalaco continuasse a tenere l'acceleratore pigiato mentre la carreggiata su cui viaggiava si restringeva a vista d'occhio. Ascoltiamolo.

Un'intervista testamento

Insalaco: «La Dc siciliana? Un partito a pezzi. L'hanno ridotta una società per azioni, dove ogni capocorrente non molla il suo pacchetto-tessere e cerca in qualunque modo di conquistarne altri. La battaglia per il rinnovamento? Parole e proclami. Il congresso regionale di Agrigento [*la dc aveva preso qualche impegno antimafia, N.d.A.*] è ormai un lontano ricordo. È un dramma: i vecchi notabili, i Lima, i Gioia, i Gullotti, pretendono di esser loro a guidare il rinnovamento. C'è un impressionante tiro al piccione su qualunque esponente democristiano che si batte davvero per fare avanzare il nuovo».

Una settimana fa De Mita è venuto in Sicilia per mettere ordine nella babele delle correnti e dei potentati del suo partito. Con quali risultati?

Insalaco: «Tutta la base era convinta che la visita del segretario nazionale avrebbe coinciso con l'inizio della nuova era della chiarezza. Tirando le somme è stata un'illusione: il segnale tanto atteso non c'è stato. De Mita è rimasto ancorato ad un falso dilemma: mettersi d'accordo? Cosa significa? L'esatto contrario di rinnovare. Vuol dire narcotizzare quei pochi effetti positivi che potevano esserci, rinviando la soluzione dei nodi alle nomine del sottogoverno che rischiano di travolgere le istituzioni, compreso quella regionale... ».

Non vi aspettavate un po' troppo da De Mita?

Insalaco: « No. L'apparato del partito è disgregato. Non abbiamo più una linea ufficiale. Si sopravvive interpretando il pensiero di questo o quel "capo storico", e in questo clima emergono figure vecchie, tornano alla ribalta i gestori degli antichi interessi e le vecchie inadempienze che hanno finito col determinare lo stesso fenomeno mafioso... ».

Ricorre spesso nelle cronache il nome di Vito Ciancimino. Qual è oggi il suo potere reale all'interno del partito?

Insalaco: « Anche se ha dichiarato di non essere più iscritto alla dc, pesava moltissimo, e pesa ancor di più oggi proprio per la debolezza dei dirigenti locali. È potente. È influente. Prova ne sia che i comportamenti dei suoi gruppi hanno provocato la caduta di ben tre amministrazioni comunali. La sua influenza soffoca la dc siciliana. Ma non solo: c'è un partito strisciante dei cianciminiani che riesce ad aggregare interessi anche all'interno degli altri partiti della maggioranza: Lima e Gullotti che fanno il gran rifiuto. Ciancimino che riprende quota, e la sinistra — i Mattarella, i Mannino e gli esponenti della Cisl — che finiscono intrappolati nell'antica gestione, garantita da un tesseramento che guarda ormai all'al di là e non al presente (...) ».

Parliamo della sua brevissima esperienza di sindaco. In quei novanta giorni ha comandato più lei o la mafia?

Insalaco: « Evitiamo schematizzazioni: i gruppi mafiosi sono già sotto il tiro dello stato, o comunque sono stati individuati: ma ci sono gruppi economici e affaristici — meno nominati — i cui interessi spesso coincidono con quelli della pubblica amministrazione. Per il loro peso e i loro intrecci riescono spesso a condizionare scelte che in situazioni normali dovrebbero essere di competenza della classe politica ».

Le ditte Lesca e Icem sono da decenni clienti fissi del comune per la manutenzione di strade, fogne e luce. I risultati sono noti a tutti: servizio inadeguato, costi triplicati rispetto alle altre città italiane.

Insalaco: «Rivendico alla giunta da me diretta il merito di aver inciso più di tutte le altre amministrazioni precedenti. Siamo riusciti ad imporre la linea della trasparenza. Abbiamo approvato delle delibere che permetteranno alle future maggioranze di bandire un concorso aperto a tutti gli operatori economici nazionali. È vero, Cassina e Parisi hanno garantito un servizio con costi eccessivi: e questo lo dico non perché è stato il Pci a denunciarlo. Sono dati emersi da una ricognizione che io, appena eletto sindaco, ho promosso in altre città italiane. Ho bloccato a queste ditte pagamenti per decine e decine di miliardi di revisione prezzi (...)».

Gli chiesi quale futuro immaginava per Palermo.

Insalaco: «Con questa classe politica così troppo subalterna o condizionata da gruppi esterni, economici e affaristici, o addirittura permeabili all'iniziativa mafiosa, la città è ormai ingovernabile (...)».

E gli chiesi se avesse mai avuto paura.

Insalaco: «Non è la parola esatta. Ho ricevuto lettere e telefonate anonime. Ho avvertito la solitudine politica e un clima di disimpegno degli alleati di governo che a parole mi sostenevano. Sono segnali che in una situazione locale lasciano intendere parecchie cose. Ho preferito invece [con quest'intervista, N.d.A.] richiamare l'attenzione sul "caso Palermo"».

«Peppuccio» hai chiuso

Apparentemente le sue parole scivolarono sull'acqua. Con un gelido silenzio dei singoli big chiamati pesantemente in causa, la dc siciliana replicò ad un Insalaco che ormai non poteva dare più garanzie a nessuno. Lo incontrai qualche giorno dopo la pubblicazione dell'intervista. «C'è una brutta aria intorno a me» osservò «fingono di ignorarmi. Qualcuno sostiene addirittura di non averla letta.» Ancora per qualche tempo alla ribalta della cronaca con la denuncia ai commissari dell'antimafia, Insalaco subì poi una veloce quanto inesorabile emarginazione politica. Una storia di bustarelle finì in tribunale e contro di lui venne spiccato un ordine di cattura per peculato e falso. Insalaco venne accusato d'aver intascato una tangente di cinquanta milioni al termine di un'operazione di acquisto-vendita terreni quando ancora non era sindaco. Si diede alla latitanza, e venne condannato in contumacia. Ma non per quella storia di bustarelle, bensì per violazione della legge sulle armi: durante una perquisizione in casa gli vennero trovate quattro cartucce di calibro diverso da quelle dell'arma regolarmente denunciata. Lui si disse certo di essere vittima di una cospirazione affaristico-politica che aveva trovato zelanti esecutori anche all'interno del palazzo di giustizia.

Il 12 gennaio '88, mi trovai quasi per caso in via Cesareo. Sia detto per inciso: è una circostanza banale, per ogni palermitano, almeno una volta nella vita, imbattersi nel cadavere di uno o più uomini assassinati. E nel raggio di un chilometro quadrato, proprio dove i killer a bordo di un vespino raggiunsero l'uomo che per quattro mesi era riuscito ad essere primo cittadino di Palermo contro il parere di Vito Ciancimino, sono caduti negli anni: Piersanti Mattarella, Rocco Chinnici, Boris Giuliano, Michele Reina, Cesare Terranova, Ninni Cassarà, Roberto Antiochia e Calogero Zucchetto. Una toponomastica dell'orrore. Un insanguinato giro dell'oca che quella sera dell'88 giunse alla sua ultima stazione con la fucilazione «esemplare» di «Peppuccio» Insalaco. Erano da poco trascorse le ventuno. Vidi da lontano lo sciabolare sinistro delle lampade blu sui tetti delle volanti. I cronisti palermitani sanno stabilire a distanza, con buona approssimazione, il «peso» di ogni singola esecuzione mafiosa. Sembrerà cinismo ma è così. Quella sera sul luogo del delitto c'era la polizia e c'erano i carabinieri. Scariche di flash più prolungate del solito lasciavano intendere che i ragazzi non si stavano accontentando delle solite foto di maniera. Una folla numerosa, a suo modo composta. Ma nessuno indietreggiava, stavano tutti lì in prima fila. I vigili urbani, come inebetiti, giravano le spalle ad un ingorgo che gonfiava a vista d'occhio. Mi ritrovai di fronte a Francesco Accordino, da dieci anni capo della squadra omicidi. Un uomo difficilmente impressionabile essendosi imbattuto ormai in un migliaio di cadaveri. Era teso, nervoso. Gli chiesi chi avessero ammazzato quella sera. Sebbene abituato da tempo a rispettare il lavoro di noi cronisti girò le spalle dall'altra parte. Altri funzionari, intanto, ripetevano che forse si trattava di un regolamento di conti fra rapinatori. Vuole una vecchia regola di cronaca nera a Palermo che quando la polizia è istintivamente portata a minimizzare ciò significa che il morto, invece, conta parecchio. Mi intrufolai fra gli sbarramenti e riuscii finalmente a fissare l'uomo con il capo chino sul volante di un'auto metallizzata. Sembrava imbambolato. Aveva il bavero del cappotto blu rialzato. La morte era sopraggiunta di fianco, fra l'auto e il marciapiede sinistro di questa strada a senso unico, e lui forse non aveva fatto in tempo a vederla. Riconobbi Insalaco Giuseppe, detto «Peppuccio», l'uomo che per anni «aveva rotto i coglioni» credendosi chissà chi. Il democristiano amico dei comunisti che una mattina s'era svegliato e aveva deciso di sputare nel piatto dove mangiava. Un poco di buono. Un ricattatore che negli ultimi tempi, dopo la latitanza, aveva sempre bisogno di soldi. Uno che spendeva al di sopra delle sue possibilità. Uno che fin da piccolo aveva bazzicato negli ambienti grigi dei servizi segreti e non aveva mai perduto il vizio. Uno che ai mafiosi aveva dato del tu, e il primo amore non si scorda mai. Crepi l'avarizia: un cronista scrisse che in tasca gli avevano trovato non una, ma due tessere del ministero degli interni. Brutto tipo. Chi poteva fidarsi di lui? Davvero nessuno.

La Palermo che conta diede prova di grande ferocia di fronte al cadavere di «Peppuccio». Che da tempo non lo amasse più si sapeva. E ora, una volta che l'ex sindaco era stato assassinato, si sapeva anche che avrebbe fatto carte false pur di non conoscerlo. Insalaco (che stupido non era) sapeva che sarebbe finita così. E corse ai ripari. Ancora una volta a suo modo. Da uomo dei servizi. Che lascia in giro «carte». Che lascia elenchi con nomi e cognomi, fatti, episodi, ricordi, sospetti, intuizioni e persino pettegolezzi. Nelle sue ultime settimane di vita aveva mandato la famiglia fuori Palermo, in una località segreta del Nord Italia. E diceva in giro d'aver paura «di fare la fine di Mattarella». E diceva, a chi gli chiedeva spiegazioni del suo tonfo politico: «È sugli appalti che sono caduto».

Scrisse su «l'Unità» Ugo Baduel, all'indomani della sua morte: «Mi pareva strano questo personaggio così eccitato, accaldato, teso, che sembrava scatenato nel suo furore contro la mafia e contro il potere dc che le stava alle spalle. Strano perché Insalaco non era un uomo "esterno" al sistema di potere come la Pucci e nemmeno un cattolico del rinnovamento come quelli di "Città per l'Uomo": era proprio un figlio del peggiore apparato dc, quello sorto, cullato e perfezionato a Palermo e in Sicilia per tutti gli anni '50 e '60. Figlio politico di Restivo, adottato dai fanfaniani e quindi da Gioia (come la Pucci, per quanto esterna fosse), ma nemico giurato di Ciancimino che pure lui era stato dei fanfaniani. Nato e cresciuto quindi in quell' "habitat" — mi chiedevo — da dove tirava fuori tutto quell'ardore per compiere scelte tanto coraggiose non solo contro la cancrena degli appalti, ma perfino sul terreno politico? ».

Il delitto Insalaco fece tremare Palermo più di tutti gli altri delitti «eccellenti» messi assieme. «Peppuccio» infatti era interno al sistema di potere, come aveva colto bene Baduel. E «Peppuccio» scrisse tutto ciò che ritenne utile per offrire la spiegazione degli eventuali scenari che avrebbero fatto da sfondo alla sua eliminazione. Se ne ebbe conferma quando la polizia palermitana riuscì finalmente a scoprire il rifugio segreto (in un convento di suore nella vecchia Palermo) dove questo ex sindaco, ormai braccato, perfino trasandato nell'aspetto, con la barba lunga, trascorse l'ultima parte della sua esistenza davvero convinto che la rivincita contro i suoi denigratori fosse questione di giorni. Un materiale incandescente. Un durissimo atto d'accusa. Un articolato dossier su mafia e politica. Una chiamata in causa dei potenti palermitani. Tutto veritiero? E chi può dirlo? Autentico? Sicuramente. «La Repubblica» e «l'Unità», i due quotidiani entrati in possesso di questo vero e proprio testamento a futura memoria, pubblicarono tutto, per giorni e giorni, mettendo comunque in guardia i loro lettori da una valutazione acritica di quella documentazione. Innanzitutto vennero pubblicati gli elenchi di quei nomi che — a giudizio di «Peppuccio» — appartenevano alle «due facce» di Palermo. Una Palermo buona, schierata apertamente contro la mafia. Ne facevano parte: Sergio Mattarella, espressione, proprio in quel periodo del tentativo di rinnovamento della dc siciliana. Ugo Viola, ex procuratore generale di Palermo ormai in pensione. Cesare Terranova, il giudice assassinato dalla mafia. Elda Pucci, sindaco di Palermo prima che venisse nominato Insalaco. Calogero Mannino, ancora oggi segretario della dc siciliana e a quei tempi ministro dei trasporti. Luigi Cocilovo, segretario della Cisl provinciale. Il cardinale Salvatore Pappalardo. Il generale Dalla Chiesa. Pio La Torre, il segretario del Pci siciliano assassinato dalla mafia. Luigi Colajanni che ne aveva preso il posto. Luigi Scalfaro, ex ministro degli interni. Michele Reina, segretario provinciale della dc palermitana, anche lui assassinato dalla mafia. Tredici nomi in tutto, considerato anche quello di Insalaco che si volle includere nell'elenco.

Quindici, invece, i nomi, diciamo così, dell'altra Palermo: Francesco Canino, deputato dc all'assemblea regionale siciliana. Vincenzo Paino, procuratore generale che era subentrato a Viola. Vito Ciancimino. Giovanni Gioia, ex ministro dell'agricoltura. Salvo Lima, eurodeputato dc. Luigi Gioia, fratello di Giovanni, ed ex deputato dc alla Camera (recentemente deceduto). Aristide Gunnella, repubblicano e ministro per gli affari regionali. Giacomo Murana, ex assessore comunale socialdemocratico a Palermo. Salvatore Palazzolo, presidente del tribunale delle acque. Bruno Contrada, funzionario del Sisde. Mario D'Acquisto, ex presidente della regione siciliana. I finanzieri Nino e Ignazio Salvo. Stefano Camilleri, dc, anche lui ex sindaco di Palermo. E infine Giulio Andreotti. Contemporaneamente agli elenchi, «la Repubblica» e «l'Unità» resero noto anche il testo di un'intervista a Insalaco che non era mai stata pubblicata da alcun giornale. Non si seppe mai se l'avesse scritta lo stesso uomo politico durante la sua latitanza, sperando così di far venire a galla in qualche modo la sua «verità». Conteneva giudizi molto duri sugli uomini degli appalti più lucrosi. E alla domanda «quali sono gli uomini del potere occulto, chi comanda a Palermo», Insalaco rispondeva: «Non c'è un potere occulto. Parlarne è un comodo equivoco: è un potere alla luce del sole esercitato in modo visivo. Un potere che bisognerebbe vedere come viene esercitato, le sue connivenze, le sue colleganze». Poi, venne trovato il diario vero e proprio. Fu un'altra violentissima piccconata al vecchio sistema di potere in Sicilia. Ne uscì malconcio Aristide Gunnella. Insalaco infatti racconta nel suo diario che, mentre il clima sui grandi appalti era diventato incandescente, e lui era sindaco, ricevette una strana visita di Gunnella. Veniva in veste di «ambasciatore» a dargli una brutta no-

tizia. Gli disse che i leader dei gruppi economici e imprenditoriali colpiti dalla nuova linea dell'amministrazione cittadina
avevano decretato la sua «fine» politica. E quel giorno Insalaco
decise di mettere in salvo i suoi due figli, Ernesto e Luca. Offrì
la sua ricostruzione delle sue disavventure giudiziarie: e ipotiz-
zò il coinvolgimento di alcuni giudici, Salvatore Palazzolo e
Carmelo Carrara. (Il CSM, successivamente, non individuò,
nella denuncia di Insalaco, gli estremi per iniziative disciplinari
nei confronti dei magistrati citati negli elenchi.) Indicò apertamente in Arturo Cassina, re degli appalti comunali, e cavaliere
del Santo Sepolcro, il regista della «congiura contro di lui».

I Cavalieri del Santo Sepolcro (ne facevano parte in quel
periodo, fra gli altri, anche il procuratore Paino e Contrada del
Sisde) è — sia detto per inciso — una pittoresca congrega che
non si è mai ben capito a cosa serva, ma della quale, comunque,
ha fatto parte in passato il fior fiore della nomenklatura palermitana. E poco tempo prima di finire assassinato, Insalaco ne
volle parlare ampiamente con il giudice Falcone. Nei suoi diari
citò episodi che vedevano coinvolto Vito Guarrasi, consulente
del gruppo Cassina, e grande finanziere chiamato puntualmente in causa — con il soprannome di «mister X» — in quaran-
t'anni di misteri palermitani. Infine, Insalaco fece anche il nome di Elio Sanfilippo, capogruppo comunista a Palazzo delle
Aquile, affermando che si era messo a disposizione per far da
tramite con il gruppo Cassina. Un diluvio di smentite.

C'era chi perfino smentiva di aver mai conosciuto Insalaco.
Paino disse di esser stato cooptato nel Santo Sepolcro a sua insaputa. E aggiunse: «Non mi stupisco di ritrovarmi dalla parte
dei "cattivi" dal momento che fu proprio il mio ufficio a spiccare un ordine di cattura contro Insalaco». Contrada minimizzò.
Guarrasi dichiarò: «Non avrei mai portato in spalla la bara del-
l'ex sindaco». Cassina: «La mia famiglia è oggetto di una speculazione da parte di terzi». Cocilovo (comunque fra i «buoni»)
definì «irresponsabile» la pubblicazione del testamento di Insalaco. Palazzolo, presidente del tribunale delle acque parlò di
«elenchi stravaganti». Ma non finì lì. Gunnella, forte del suo
scranno di ministro, sollecitò apertamente un'inchiesta giudiziaria sulla «fuga di notizie» e chiese che venissero perseguite le
«gole profonde». La procura di Palermo non declinò l'invito.

L'inchiesta venne aperta da Alberto Di Pisa, sostituto procuratore, già titolare dell'inchiesta sul delitto Insalaco. E il capo della squadra mobile Nino Nicchi, in un'apposita conferenza stampa, annunciò la stesura di un documentato dossier «su tutte le fughe di notizie che si sono verificate a Palermo negli ultimi mesi». Con grande tempismo Salvatore Curti Giardina, da pochi mesi procuratore capo a Palermo, diramò una circolare interna per fare espresso divieto ai suoi collaboratori di intrattenere rapporti diretti con i giornalisti. Era il black-out, il giro di vite. Da quel momento, per mesi e mesi, le indagini sul delitto Insalaco sarebbero state insabbiate. Il «vero» caso Palermo, ormai, era rappresentato dalla fuga di notizie. Ma anche un'altra indagine, assai delicata, venne sacrificata per far posto a questa insolita caccia alle streghe. Vediamo.

C'è un «particolare» che fin qui abbiamo omesso. Fra l'uccisione di Insalaco (12 gennaio) e il terremoto scatenato dalla pubblicazione dei suoi diari segreti un altro gravissimo delitto. Proprio il giorno in cui si celebrarono i funerali dell'ex sindaco (assenti, naturalmente, tutti i suoi «amici» di un tempo), e quindi esattamente due giorni dopo l'agguato in via Cesareo, la mafia si manifestò ancora una volta alla grande. Tre killer trucidarono con decine di colpi di pistola Natale Mondo, trentasei anni, poliziotto della squadra mobile, per anni autista e braccio destro di Ninni Cassarà. Ne abbiamo già parlato: era l'agente rimasto illeso durante il micidiale agguato a colpi di kalashnikov in cui erano caduti Cassarà e il giovane agente Roberto Antiochia. Era l'agente che aveva conosciuto l'onta delle manette prima di riuscire a dimostrare (venne infatti prosciolto in istruttoria) di non essere stato la talpa che aveva informato i killer dell'imminente rientro a casa del vicecapo della squadra mobile. Ma era anche uno dei poliziotti presenti in questura la notte in cui venne torturato e ucciso il calciatore Salvatore Marino. E per questo, Natale Mondo, era stato rinviato a giudizio insieme ad altri funzionari e semplici agenti. Nei suoi ultimi mesi di vita, pur essendo stato riabilitato per la prima accusa, era stato trasferito alla questura di Trapani. Ma le cosche di mafia non potevano dimenticare facilmente il suo passato. Cassarà infatti gli aveva affidato il delicatissimo compito di infiltrarsi proprio dentro alcune famiglie dell'eroina che vivevano all'Arenella, la stessa borgata in cui abitava Natale Mondo con la sua famiglia. Era una circostanza ormai nota a Palermo: Cassarà infatti annotava in una agenda giorni e luoghi d'incontro del suo autista con i boss che ancora non sospettavano il doppio gioco. Mondo fu costretto a render noto il particolare volendo così dimostrare la sua estraneità all'uccisione del suo dirigente. Se la fece franca in tribunale, ma segnò la sua condanna a morte. Venne ammazzato all'Arenella. Nel preciso istante in cui stava alzando la saracinesca di un negozio di giocattoli, «Il mondo dei balocchi», di proprietà della moglie. Era l'orario dell'apertura pomeridiana. Cadde sfigurato fra fucili e pistole per bambini.

Chi aveva ordinato quest'ennesimo delitto? Se ne dissero tante. In un primo momento si pensò alla vendetta proprio di quelle famiglie che avevano dovuto fare i conti con questo «infiltrato» che non si era fatto scrupolo di avventurarsi in un nido di vipere. Poi emerse un'altra pista, clamorosa, e che si portò dietro uno strascico di polemiche. Si disse che Saverio Montalbano (che aveva preso il posto di Cassarà) aveva imposto all'agente, in qualche modo contro la sua volontà, di concedere «Il mondo dei balocchi» come osservatorio privilegiato agli uomini della squadra mobile. Un punto ideale per seguire movimenti, andirivieni di boss e picciotti dell'Arenella. E così il giudice Di Pisa incriminò Montalbano accusandolo di favoreggiamento nei confronti dei killer di Mondo. Nell'89 Montalbano sarebbe stato assolto da un'accusa analoga a quella formulata contro Mondo. Ma anche lui ebbe i suoi guai, e torneremo a parlarne. Quali che furono le cause vere dell'agguato nella borgata marinara dell'Arenella resta un interrogativo: come poteva esser fatta piena luce su quel delitto quando pochi giorni dopo — come abbiamo visto — il capo della mobile venne chiamato dalla procura a dedicarsi appassionatamente all'indagine sulle fughe di notizie? In altre parole veniva chiamato a collezionare ritagli di giornale e fotocopie. Ma il grottesco, la farsa, la burla erano solo all'inizio.

I pentiti non finiscono mai

Volò via un febbraio tranquillo, fatta eccezione per l'uccisione di Giovanni Fici, condannato al «maxi» a dieci anni, ma messo in libertà provvisoria. Non era uno qualunque: era cugino e braccio destro del superkiller Pino Greco «scarpuzzedda». Era il quarto a cadere, a meno di due mesi dalla sentenza del processone. E iniziò presto un marzo che si annunciò movimentato: questa volta (la sera del 7 marzo) venne ridotta in fin di vita una donna, Girolama Miceli, trentasei anni, con un discreto passato criminale. Ma il punto era un altro: aveva da tempo una relazione con Pino Greco. E probabilmente i suoi killer mancati erano gli stessi che avevano deciso di eliminare un superkiller ormai scomodo, ormai definitivamente bruciato. Ma la notizia da prima pagina, nel marzo '88, non se la guadagnarono i mafiosi con i loro crimini, bensì un nuovo pentito, un «nuovo Buscetta», come titolarono i giornali. Si chiamava Antonino Calderone. Era un catanese. Aveva cinquantacinque anni e una memoria di ferro. Con le sue confessioni, iniziate il 18 aprile '87, tutte poi regolarmente documentate dagli investigatori, provocò una raffica di centosessanta mandati di cattura del giudice Giovanni Falcone che investirono mezz'Italia. Iniziò a dar segni di pentimento (ironia del destino) con il giudice marsigliese Michel de Back, il magistrato che aveva preso il posto di Pierre Michel, assassinato otto anni prima dai trafficanti del *milieu* marsigliese su ordine della mafia siciliana. Erano calunnie quelle di Calderone? Difficile sostenerlo.

Iniziò così la sua deposizione ai giudici istruttori di Palermo: «Ho ucciso quattro giovani a Catania, nel luglio del '76. Si chiamavano: Benedetto Zuccaro, di quindici anni. Giovanni La Greca, quattordici anni. Riccardo Cristaldi, quindici anni. Lorenzo Pace, che ne aveva quattordici. Li abbiamo sequestrati e rinchiusi in una stalla perché disturbavano la tranquillità del quartiere con continui atti di teppismo (...) Vennero strozzati e buttati in un fosso (...)». Il summit in cui si decise l'eliminazione dei quattro adolescenti si tenne — confessò il pentito — nella lussuosa villa del principe Vanni Calvello di San Vincenzo, a Bagheria. Ma torniamo a Calderone. Suo fratello — Giuseppe — era stato assassinato nel '78, a Catania, alle prime avvisaglie della guerra di mafia che aveva sconvolto anche quella città. Simili le ragioni del pentimento di Antonino Calderone a quelle di Buscetta e di Contorno: il rifiuto di vivere eternamente braccato con moglie e tre figli perché i «corleonesi» avevano deciso di farla pagare anche a lui. Era stato arrestato nel maggio '86 a Nizza, in seguito ad un'intercettazione telefonica. Tirava avanti gestendo una lavanderia. Calderone ricostruì agli investigatori la mappa delle famiglie che in diverse province siciliane si erano riorganizzate dopo i clamorosi blitz dell'autunno '84. Indirettamente offrì impressionanti riscontri alle confessioni di Buscetta e Contorno e aggiunse che, a Catania, Cosa Nostra esisteva dal 1925. Confermò che i clan di quella città avevano avuto un ruolo decisivo nell'eliminazione del generale Dalla Chiesa. Fu durissimo con il cavaliere del lavoro, l'imprenditore catanese Carmelo Costanzo: metteva a disposizione gli uffici della sua ditta di Misterbianco per delicatissime riunioni di mafia (nel '78). I partecipanti? Da Gaetano Badalamenti a Beppe Di Cristina, da Salvatore Inzerillo a Salvatore Marchese, cugino dello stesso Calderone. Parlò dei rapporti intrattenuti da altri due «cavalieri» catanesi, gli imprenditori Mario Rendo e Gaetano Graci. Nutrita la parte della sua deposizione che riguardava Nino e Ignazio Salvo anch'essi in strettissimi rapporti con i capi mafia più in vista. Davvero addentro a tanti misteri di Cosa Nostra il nuovo Buscetta svelò anche molti retroscena sulla strage di viale Lazio a Palermo, il 10 dicembre del '69.

Delitti e stragi. Codici d'onore e rituali medievali. Droga appalti e sequestri di persona. Ragazzini strangolati e centinaia di persone scomparse nel nulla. Ma la mafia non è soltanto questo. E mentre Buscetta aveva preferito sorvolare, Calderone non si era fatto pregare per ribadire l'esistenza di inquietanti legami fra criminalità mafiosa e i rappresentanti di certi palazzi del potere politico. Non poteva mancare Aristide Gunnella. Disse Calderone: «Mi risulta che il boss di Riesi Beppe Di Cristina non avendo ricevuto un appoggio concreto dalla democrazia cristiana, quando aveva problemi che gli derivavano da una proposta di misura di prevenzione nei suoi confronti, si rivolse ad Aristide Gunnella. Ignoro ciò che abbia fatto Gunnella per Di Cristina. Ma so, avendolo appreso da Di Cristina, che Gunnella fu l'artefice dell'assunzione di Di Cristina in un ente pubblico regionale, credo la Sochimisi [*società chimica siciliana collegata all'ente minerario, N.d.A.*]... Ricordo, come fatto sintomatico di quest'appoggio di Gunnella a Di Cristina che, in occasione di una campagna elettorale nel comune di Riesi, il partito repubblicano riportò una valanga di voti, cosa che non era mai accaduta nel passato». Calderone fece il nome di Cassina: «So che i Cassina si aggiudicavano gli appalti al comune di Palermo senza alcuna difficoltà. E so anche che Costanzo non presentava mai domanda per lavori nel territorio palermitano. I Cassina facevano altrettanto in provincia di Catania. Non so se esistesse addirittura un accordo fra i Cassina e i Costanzo in tal senso». Calderone fece anche il nome di Insalaco.

Disse ai giudici: «Personalmente non l'ho mai conosciuto. A parlarmene spesso erano i due capi mafia Stefano Bontade e Gaetano Fiore. Sapevo che entrambi appoggiavano quest'uomo politico. Una volta Stefano Bontade ridendo disse: Siamo costretti ad appoggiare elettoralmente il figlio di uno sbirro (come si ricorderà Insalaco era figlio di un maresciallo dei carabinieri)». Infine, per completare il quadro, Calderone si soffermò sul ruolo del dc Salvo Lima.

Ascoltiamolo ancora, quando ricostruisce il periodo in cui era ricercato dalla polizia, in particolare da Francesco Cipolla, capo della criminalpol catanese: «Cipolla era l'unico che nella questura catanese faceva seriamente le indagini nei nostri confronti, recandoci disturbo (...) Non lo faceva per particolare inimicizia ma solo per senso del dovere. Avevamo tentato di farlo trasferire da Catania, ma non ci eravamo riusciti. Ci rivolgemmo a Nino e Ignazio Salvo. Li andammo a trovare nei loro uffici delle esattorie di Palermo. Eravamo noi due soli [*i due fratelli Calderone, N.d.A.*], così quando esponemmo loro il nostro problema ci risposero che sarebbe stato opportuno rivolgersi a "Salvino", cioè all'onorevole Salvo Lima». Ed ecco la cronaca dell'incontro decisivo, secondo la ricostruzione del pentito: «Avvenne negli uffici romani di Francesco Maniglia [*costruttore palermitano arrestato nel dicembre '87 a Parigi dopo una lunga latitanza, N.d.A.*], in un appartamento del centro storico che non saprei più individuare. Eravamo presenti io, mio fratello e Nino Salvo. Quindi sopraggiunse Lima. Egli ascoltò le nostre richieste, e disse che si sarebbe interessato della faccenda. È l'unica volta che l'ho incontrato (...) Successivamente venni informato dai Salvo che Lima aveva tentato di far trasferire Cipolla ma non c'era riuscito, per motivi che ricordo confusamente». Ma non sarebbe tardata una «spiegazione». Ancora Calderone: «Sembra che il ministro competente dell'epoca [*molto probabilmente quello degli interni, N.d.A.*] avesse detto a Lima di pazientare un po'. Cipolla infatti, entro un breve periodo, se ne sarebbe andato da Catania spontaneamente, per motivi che riguardavano il lavoro della moglie». Altri episodi si riferivano invece ad Attilio Ruffini, ministro della difesa alla fine degli anni '70 e già finito nell'inchiesta Spatola - Gambino - Inzerillo per le sue frequentazioni con i clan dell'eroina. Fermiamoci qui.

Nel marzo '88 le rivelazioni del pentito Antonino Calderone erano coperte da segreto istruttorio. E ancora una volta, «la Repubblica» e «l'Unità» fecero la scelta di pubblicarle con grande rilievo. Fin quando i due quotidiani si limitarono a riferire di vicende interne a Cosa Nostra non ci fu alcun contraccolpo. Quando invece si passò ai rapporti mafia, imprenditoria e politica, si scatenò ancora una volta il putiferio. Salvo Lima, proverbiale in Sicilia per non aver mai replicato in quarant'anni a tante accuse contro di lui, questa volta diede qualche segno di nervosismo. Definì «privo di fondamento» il tentativo di trasferimento di Cipolla e aggiunse: «Il ministro degli interni e le autorità di polizia sono certamente in grado — com'è giusto, e come chiedo — di accertare la fondatezza o meno di questa mia precisazione». Gunnella si scatenò letteralmente. Smentì con decisione sue eventuali responsabilità nell'assunzione del boss Di Cristina. Ecco la sua verità, come la raccontò — con parole sue — in quei giorni: «La rivelazione è un fatto noto, anzi arcinoto, da vent'anni su cui è stato scritto da molti giornali, i fatti sono notissimi. Documentatamente ho dimostrato che all'assunzione di Giuseppe Di Cristina, mai, dico mai, prima conosciuto, si addivenne su due richieste scritte dal suocero, sindaco comunista di Riesi, e su parallela pressione dell'ex presidente dell'Ente minerario siciliano, dottor Graziano Verzotto [*latitante da quindici anni, N.d.A.*], testimone di nozze del Di Cristina: il Verzotto era segretario regionale della democrazia cristiana (...)». E la «valanga di voti repubblicani a Riesi» ricordata da Calderone? «La valanga di voti a Riesi sono riconducibili ai minatori di zolfo residenti a Riesi che lavoravano nelle miniere di proprietà della Sochimisi di cui ero il consigliere delegato. Non scendo in altri dettagli noti ma sottolineo che nei voti di lista erano inserite le preferenze per molti candidati: i più votati erano La Malfa, Gunnella, Montante e altri a testimonianza di un voto politico e non mafioso. Il Di Cristina votava con tutta la famiglia sempre per la democrazia cristiana».

Mi è sempre rimasta la curiosità — detto per inciso — di sapere come facesse Gunnella ad essere tanto informato sugli orientamenti politici del boss e della sua intera famiglia. Né mi sembrò mai un grande argomento difensivo sostenere che i minatori di zolfo votavano Gunnella perché Gunnella era consigliere delegato della Sochimisi proprietaria di quelle miniere. Ma erano dettagli. Gunnella infatti ormai era partito lancia in resta. «Sollecito ufficialmente il ministro dell'interno, della giustizia, il CSM, per le parti di loro competenza, nella certezza che la procura vorrà intervenire per ripristinare un'inchiesta specifica, approfondita, per un diritto violato ripetutamente dai due giornalisti», dichiarò all'ANSA. I due giornalisti della «Repubblica» e dell'«Unità», eravamo — ahimè — Attilio Bolzoni e io. Il 13 marzo Gunnella chiese provvedimenti esemplari. Il 14 i giornali ne diedero notizia. La sera del 16 marzo Bolzoni e io ci ritrovammo nel carcere dei Cavallacci a Termini Imerese. Con noi i carabinieri del nucleo operativo della caserma Carini agli ordini del colonnello Antonino Mori furono gentilissimi. E non nascosero l'imbarazzo perché chiamati ad eseguire perquisizioni ed ordini di cattura tanto singolari. Ci risparmiarono il fastidio delle manette, ma non poterono fare a meno di prelevare le impronte digitali. Finimmo in carcere accusati di peculato. Accusati cioè di esserci appropriati di beni dello stato: le fotocopie dei verbali delle deposizioni di Calderone (anche se le perquisizioni nelle nostre abitazioni avevano dato esito negativo). Autore dell'iniziativa era stato il procuratore capo di Palermo Salvatore Curti Giardina. Evidentemente il suo blackout, all'indomani della pubblicazione dei memoriali Insalaco, non era stato preso alla lettera. Restammo in carcere sei giorni. Uscimmo — tecnicamente — grazie ad un provvedimento del Tribunale della libertà. Ci tirarono fuori dalle patrie galere l'enorme solidarietà dell'Italia democratica, lo sdegno e la protesta di tutta la stampa, la condanna espressa per quel provvedimento da uomini politici appartenenti a tutti i partiti, dall'estrema destra all'estrema sinistra.

XVII

LA PREOCCUPAZIONE DEL PRESIDENTE

I gerontocrati in pista

Arrestare due giornalisti non è una decisione che si prende a cuor leggero. Soprattutto se i giornalisti hanno violato il segreto istruttorio per informare i lettori sul nesso mafia e politica. È fin troppo evidente che non mancheranno le reazioni, è ovvio che sarà impossibile giustificare un provvedimento tanto drastico in una città dove i mandanti di centinaia di delitti restano impuniti, spesso mai sfiorati dalla giustizia.

A Palermo, città delle latitanze dorate, ci voleva davvero un coraggio non comune a spalancare i portelloni di un carcere di massima sicurezza per spedirvi dentro due giovani cronisti colpevoli di aver adoperato la penna biro e non una calibro 38 o un kalashnikov. E ci voleva fegato a ipotizzare l'accusa di peculato quando le perquisizioni domiciliari avevano dato esito negativo. Ci voleva una freddezza non comune dal momento che gli uomini del palazzo di giustizia sapevano fin troppo bene che lo «scoop» non era destinato a sgonfiarsi come una bolla di sapone. Gli uomini del palazzo, infatti, sapevano benissimo che il pentito Calderone quelle cose le aveva dette veramente. E ci voleva anche una bella faccia tosta: tutti infatti avevano visto i due politici coinvolti nello scandalo invocare apertamente la linea dura contro i cronisti. Insomma, l'operazione arresto, era un'operazione tutta a perdere, da qualsiasi lato la si fosse esaminata.

Eppure fegato, freddezza e faccia tosta non mancarono al procuratore capo di Palermo. Fece tutto da solo? Ideò, progettò e mise in pratica un delirio repressivo senza aver bisogno di una squadra? Non informò, non si consultò, non chiese il sostegno di nessuno? Era un marziano? Non sapeva che due mesi prima erano stati assassinati Insalaco e Mondo? Non andava all'idea che sul suo ufficio sarebbe piovuta una grandinata di critiche se non altro perché distoglieva in quel momento energie e mezzi dalle indagini su due omicidi? Era talmente miope da non capire che, all'indomani della maxi sentenza, sarebbe emerso lo strano volto di uno stato non più alla ricerca dei mafiosi bensì alla ricerca di giornalisti scomodi? Ne ho sempre dubitato.

Curti Giardina rappresentò la punta di diamante di quel settore della magistratura palermitana che aveva subìto le iniziative antimafia del *pool* come fossero olio di ricino. Curti Giardina rappresentò la banalizzazione fin troppo concreta dello *Sciascia-pensiero*, il grido di riscossa di tanti *travet* della toga, il biglietto da visita di un nuovo schieramento che invocava prudenza, che rimpiangeva di nascosto gli anni in cui, per un motivo o per un altro, i procuratori generali minimizzavano la questione mafia. E spesso con motivazioni apparentemente ineccepibili. Erano quei giudici che «parlavano lo stesso linguaggio della gente», ne condividevano il fastidio per le sirene e le auto di scorta, provavano allergia al pentitismo, erano eternamente d'accordo con il giudice della Cassazione Carnevale che demoliva sentenze perché il «garantismo» non può soccombere alla «cultura del sospetto», erano anche quei giudici che pretendevano l'annientamento dei «*pool* antimafia»; ma per ottenere lo scopo teorizzavano l'immissione di forze nuove, giovani, capaci, anche se digiune di inchieste antimafia.

Quando il CSM dovette affrontare il tema della nomina del nuovo capo dell'ufficio istruzione (Caponnetto se n'era tornato nella sua Firenze, alla fine dell'87) scelse — come è noto — Antonino Meli. E bocciò Falcone, nonostante un magistrato della competenza e della saggezza di Caponnetto lo avesse indicato come unico successore possibile. Tornava così a prevalere il criterio dell'anzianità per le nomine ai vertici degli uffici giudiziari. Ora la Procura aveva il volto di Salvatore Curti Giardina. L'ufficio istruzione aveva il volto di Antonino Meli. I *travet* tirarono un respiro di sollievo. I gerontocrati tornavano in pista. Naturalmente il primo a farne le spese fu Giovanni Falcone.

Accadde il 25 giugno, a Palermo, durante un convegno sulla mafia alle soglie degli anni '90. Erano venuti da ogni parte del mondo. C'era il Wisenthal dell'antimafia, Giuseppe Di Gennaro, direttore esecutivo dell'Unfdac, la *taske force* che dà la caccia ai trafficanti di ogni paese. C'era Michael Ayala, esperto dell'Onu per l'America Latina. Ma i gerontocrati, quel giorno, non si videro: né il procuratore generale Paino, né Curti Giardina, né Meli. Peccato! Perdettero un intervento di Falcone che equivaleva ad una spietata diagnosi dei rischi che stava cominciando a correre la lotta contro la mafia. Non c'era che l'imbarazzo della scelta a voler riassumere quelle ventitré cartelle dattiloscritte. Disse il giudice palermitano più odiato dai suoi colleghi: «Il declino di Cosa Nostra, più volte annunciato, non si è verificato, e non è purtroppo neanche prevedibile. È vero che non pochi "uomini d'onore", alcuni anche d'importanza primaria, sono attualmente detenuti: tuttavia i vertici di Cosa Nostra sono latitanti e non sono sicuramente costretti all'angolo.»

Destavano preoccupazione le condizioni di efficienza delle forze dell'ordine. «Le indagini di polizia giudiziaria, ormai da qualche anno» incalzò Falcone «hanno perso di intensità e di incisività, a fronte di un'organizzazione mafiosa sempre più impenetrabile e compatta. Le notizie in nostro possesso sull'attuale consistenza dei quadri mafiosi e sui nuovi adepti sono veramente scarse». E la mafia adesso dimostrava una rinnovata capacità a stringere alleanze: «Gli omicidi di Insalaco e Parisi (imprenditore eliminato sul fronte degli appalti) costituiscono l'eloquente conferma che gli antichi ibridi connubi fra la criminalità mafiosa e occulti centri di potere costituiscono tuttora nodi irrisolti con la conseguenza che, fino a quando non sarà fatta piena luce su moventi e mandanti dei nuovi come dei vecchi "omicidi eccellenti", non si potranno fare molti passi avanti.»

Ma dalla tribuna di quel convegno Falcone volle parlar chiaro sino in fondo. E affermò tra l'altro: «Non pochi uomini politici siciliani sono stati e sono ancora, a tutti gli effetti, adepti di Cosa Nostra». Non esistono cioè politici *prestati* alla mafia, semmai tanti mafiosi che si specializzano nella conduzione di attività pubbliche. Ecco perché in quel convegno Falcone sottolineò l'inesistenza di un terzo livello, inteso come struttura sovrastante la cupola mafiosa. Si espresse così: «Al di sopra dei vertici organizzativi non esistono "terzi livelli" di alcun genere che influenzano gli indirizzi di Cosa Nostra... In tanti anni di indagini non sono emersi elementi per autorizzare il sospetto che esista una direzione strategica occulta di Cosa Nostra. Gli uomini d'onore che hanno collaborato con la giustizia ne disconoscono l'esistenza». Ce n'era a sufficienza per dare la scossa a un plotone di elefanti. In un clima normale, di corretto funzionamento delle istituzioni, in assenza di veleni, quelle ventitré cartelle avrebbero dovuto scatenare un pandemonio. Ma non un pandemonio polemico. Il massimo esperto della lotta alla mafia non stava facendo accademia, tanto da concludere così il suo intervento: «Sarò anche considerato profeta di sventura, ma non è possibile trarre buoni auspici dalla drastica riduzione dei fatti di sangue che per altro si è verificata solo nel palermitano e che dipende in minima parte dall'azione repressiva».

Quel giorno Falcone mi diede l'impressione di un grande chirurgo che improvvisamente si ritrova solo in sala operatoria, abbandonato dai suoi assistenti, una volta che il paziente è già stato *vivisezionato*: troppo tardi per far finta di niente, rischioso procedere da soli. I gerontocrati, nei giorni successivi, tacquero. Una sola reazione: un fragoroso applauso dal quotidiano della Palude. E sapete perché? Perché Falcone aveva finalmente capito che non c'è un terzo livello. Quindi finalmente si poteva dire che tutto è mafia, solo mafia, nient'altro che mafia. Una bella lezione per quell'antimafia *cinematografica, letteraria e sociologica*, spasmodicamente affezionata all'idea che politici e imprenditori siano coinvolti nei grandi traffici. Ma Falcone non aveva anche puntato il dito contro gli *adepti di Cosa Nostra* che fanno politica? Niente paura. «Il Giornale di Sicilia» tutta quella parte, si limitò ad ignorarla.

Il je accuse di un grande protagonista

I giudici antimafia non vollero assistere indifferenti a quanto stava accadendo. Ma come? il *pool* era sorto all'indomani dell'uccisione di Chinnici per dar vita ad uno scudo protettivo che tutelasse indagini e giudici esposti, e ora i gerontocrati si ritrovano uniti in una campagna di discredito? I risultati di quel metodo di lavoro erano sotto gli occhi di tutti, erano stati oggetto di studio e apprezzamenti, e non solo in Italia. Eppure non era questo (ancora) il tema in discussione. A mettere in allarme uomini come Caponnetto, Falcone, Borsellino, Guarnotta e Di Lello era il grande riflusso seguito alla sentenza del processone. Si avvertiva a Palermo una precisa sensazione. Quasi un'aria impalpabile che si respirava al palazzo di giustizia. Un senso comune, apparentemente intriso di buon senso e di saggezza. E il ritornello era sempre lo stesso: vada per il processone, vada anche per le condanne, ma sarebbero venuti i processi di secondo e terzo grado, e il copione non sarebbe stato più lo stesso. *Leitmotif* duro a morire, fin dai giorni in cui aveva preso avvio il maxi. E si era scatenata in quel periodo — non dimentichiamolo — una durissima controversia contro i due Mostri che aleggiavano nelle aule di giustizia: i «mega» processi e il «protagonismo» dei giudici.

L'effetto immediato di questa nuova filosofia che iniziava a farsi le ossa era stato la flessione verticale di ogni forma di analisi e repressione del fenomeno mafioso. L'allarme lo lanciò Paolo Borsellino. Diventato procuratore di Marsala non faceva più parte, anche se solo formalmente, del *pool* di Palermo. Un buon motivo per stare zitto. Un buon motivo per non cercarsi rogne ora che i gerontocrati si preparavano all'assalto finale contro un gruppo di giudici antimafia irriducibili. Invece Borsellino parlò e — com'è sempre stato nel suo stile — disse tutto quello che pensava. Molto probabilmente, anche se è solo una supposizione, volle dare una mano al suo amico Falcone rimasto inascoltato a quel convegno. Ma Borsellino dovette sudare sette camicie prima di essere ascoltato, facendo esplodere un bubbone che ormai era sotto gli occhi di tutti.

E ad Agrigento, il 16 luglio, intervenendo alla presentazione di un volume sulla mafia in quella città, (scritto da Giuseppe Arnone), parlò di «smobilitazione dell'antimafia, piuttosto che di *normalizzazione*»; e ad ascoltarlo c'erano Leoluca Orlando sindaco di Palermo, Luciano Violante, responsabile dei problemi della giustizia per il pci, e Alfredo Galasso l'avvocato di Nando Dalla Chiesa. La domenica e il lunedì successivi, la notizia non figurava su nessun quotidiano, e il martedì venne pubblicata dall'«Ora». Quel giorno, insieme a Bolzoni, decidemmo di fare un salto a Marsala per capire meglio il significato delle parole di Borsellino. Non fu un viaggio a vuoto. Trovammo Borsellino stupito dalla nostra visita, chiuso in una stanza blindata di un palazzo di giustizia deserto, con i suoi quattro pacchetti di MS a portata di mano. È sempre stato un uomo schietto. Appartiene a quel ristretto gruppo di giudici che ricorrono al *top secret* o al *doveroso riserbo* solo se è veramente necessario. Conoscendolo da anni, e sentendolo parlare, mi resi subito conto che Borsellino non stava pronunciando il suo *je accuse* a cuor leggero. Non era mai stato abituato a giocare allo sfascio. E quando il clima generale della lotta alla mafia era stato diverso, Borsellino ne aveva colto tutti gli aspetti favorevoli e positivi. Ma allora cosa stava accadendo?

Il procuratore di Marsala osservò: «Fino a poco tempo fa tutte le indagini antimafia, proprio per l'unitarietà dell'organizzazione chiamata Cosa Nostra, venivano fortemente centralizzate nei *pool* della procura e dell'ufficio istruzione. Oggi invece i processi vengono dispersi per mille rivoli. Tutti si devono occupare di tutto, è questa la spiegazione ufficiale. La verità è che Giovanni Falcone purtroppo non è più il punto di riferimento principale». Gli feci questa domanda: «Mi risulta che Falcone continua a svolgere le sue inchieste. E negli anni passati, titolare del maxi processo, fu Antonino Caponnetto. Oggi invece, al posto di Chinnici e Caponnetto, c'è Antonino Meli. Perché trova strano che a Meli stia a cuore una direzione complessiva?». Borsellino: «Senza mettere in discussione la bravura, la competenza, la buona fede di Meli, dubito che si possa rivendicare la titolarità quando si è arrivati ieri, e quindi non si conosce la materia. Il precedente di Caponnetto è ben diverso: lui, quelle carte, le ha viste crescere. E ai suoi tempi si era affermata una preziosa filosofia di lavoro che ha consentito l'istruzione del maxi: salviamo le competenze territoriali, quando è possibile, ma ogni spunto di indagine che riguarda Cosa Nostra deve trovare riferimento nel maxi e nello stralcio che da quel processo è scaturito. Con questa tecnica si chiuse la pagina delle indagini parcellizzate che per anni non riuscirono mai a centrare veri obiettivi. Ho la spiacevole sensazione che qualcuno voglia tornare indietro».

Era giunto il momento di spiegare quella frase apparentemente sibillina pronunciata ad Agrigento. «Bene» esordì Borsellino «l'ultimo rapporto di polizia degno di questo nome risale al 1982. Era il dossier intitolato "Michele Greco più 161". Da allora ad oggi non è stato presentato più alcun rapporto complessivo sulla mafia nel palermitano. Se si escludono alcuni contributi del reparto anticrimine dei carabinieri, il vuoto è assoluto: nessuno, per esempio, che si sia posto il problema di capire quali effetti ha provocato negli equilibri di Cosa Nostra la sentenza del maxi. Recentemente, invece, il dottor Nicchi, capo della squadra mobile di Palermo, ha dichiarato pubblicamente che lui "lavora per la *normalizzazione*". Francamente non capisco una frase del genere detta da un funzionario di polizia.» E la situazione della squadra mobile di Palermo? Borsellino: «So solo che la squadra mobile, dai tempi delle uccisioni dei poliziotti Cassarà e Montana, è rimasta decapitata. Lo *staff* investigativo è a zero.» Gli chiedemmo, infine, perché avesse deciso di lanciare questo grido d'allarme. «Il momento mi sembra delicato. Avendo trascorso tanti anni negli uffici-bunker di Palermo sento il dovere morale, anche verso i miei colleghi, di denunciare certe cose.»

Le due interviste, su «la Repubblica» e su «l'Unità», vennero pubblicate il 20 luglio. E quella mattina io e Bolzoni andammo a far visita ad Antonino Meli per conoscere la sua versione, per raccogliere la sua verità. Fu un lavoro faticoso. Sembrava che Meli avesse preso la scossa. Non fece neanche in tempo a sedersi che già scandiva a gran voce: «Non una sola parola fra quelle dette da Borsellino risponde a verità, forse è male informato. Mi chiedo se non sia il caso di investire il CSM dei contenuti di quest'intervista».

Un'autodifesa impetuosa, tutta d'un fiato, quella del vecchio leone. Spiegò di aver subìto spesso tante ingiustizie giornalistiche, e di aver imparato a diffidare dei cronisti. Ci chiese un resoconto che fosse il più possibile fedele. Gli facemmo comunque notare che problemi e spaccature erano tutti interni agli uffici giudiziari, e che solo in seconda battuta finivano qualche volta sui giornali. Meli tirò dritto come una locomotiva. Non esitò: «Nego» replicò secco «che il *pool* sia stato sgretolato. Semmai è stato ampliato con l'immissione di altri magistrati sia per far meglio fronte agli assalti della criminalità organizzata, sia per garantire un necessario ricambio che tuteli, anche in futuro, la continuità nella gestione di un settore così importante e delicato». I telefoni si erano rotti.

Meli, anche se implicitamente, dava del bugiardo a Borsellino. Tanti magistrati della procura, che però non vollero finire sui giornali, ci dissero quella mattina: «Borsellino ha avuto il coraggio di affermare tutto quello che molti di noi pensano, anche perché, lavorando a Marsala, è più libero di esprimere il suo punto di vista». Seguirono sei giorni di curioso silenzio. Evidentemente il CSM non prestava particolare attenzione alla denuncia di Borsellino e alla replica stizzita di Meli. Fu così che la sera del 26 luglio il presidente della repubblica Cossiga lanciò un poderoso allarme antimafia, sollecitando i ministri di Grazia e Giustizia e degli Interni e lo stesso CSM a fare fino in fondo la loro parte, comunicandogli al più presto «ogni elemento utile di conoscenza e le misure ritenute necessarie per fronteggiare la situazione». Una bella tirata d'orecchie, anche perché Cossiga lasciò intendere, manifestando la sua preoccupazione, di considerare tutt'altro che fantasiosa la diagnosi del procuratore capo di Marsala. Il ministro degli Interni Gava non ebbe difficoltà particolari, e rispose all'invito del capo dello stato con un laconico «è tutto sotto controllo». Il CSM non sapeva che pesci pigliare: promuovendo Meli a capo di quell'ufficio aveva preventivamente chiuso la partita, ponendo le premesse per lo sfascio successivo. Calunnie?

Fra il 27 e il 29 luglio raccolsi tre interviste che prendevano spunto dall'S.O.S. di Borsellino: a Giuseppe Di Lello, del *pool* dell'ufficio istruzione, a Carmelo Conti presidente della corte d'appello, ad Alfonso Giordano, il presidente del processone. Una raffica di giudizi preoccupati. Un'articolazione, da angolazioni diverse, di quel concetto chiave — «antimafia smantellata» — che aveva provocato le ire del consigliere istruttore.

Di Lello: «Purtroppo c'è un visibile disinteressamento dello stato che negli ultimi anni è emerso in maniera davvero preoccupante. Ha ragione Paolo Borsellino quando allude ai ritardi nell'opera investigativa. E ha ragione anche quando lamenta che ormai siamo al buio nella conoscenza dei nuovi organigrammi di Cosa Nostra. Anche la città, nel suo complesso, è ripiombata negli anni bui del dopo Boris Giuliano, e del dopo Ninni Cassarà».

Giordano: «Cosa sappiamo oggi del nuovo volto della mafia? Davvero molto poco. Siamo al buio. Come pensiamo di aver sconfitto la mafia quando Riina, Provenzano, Pino Greco, cioè i capi dei "corleonesi" sono ancora latitanti? Come possiamo illuderci di aver sgominato le cosche? Non ci sono più voci dall'interno che ci offrono una guida per capire. E dopo l'eliminazione di Cassarà e Montana, dopo il "caso Marino", si è puntato alla ricostruzione amministrativa degli uffici di polizia piuttosto che alla rifondazione dell'attività giudiziaria. La mafia, com'è noto, ha eliminato molti giudici: ma negli uffici giudiziari un ricambio c'è stato, in polizia sembrerebbe di no». E Giordano non risparmiò le critiche per il CSM: «Hanno accuratamente evitato di mettere ai posti di direzione quei magistrati che avevano manifestato specializzazioni e comportamenti di un certo tipo. Hanno finito col fare strada coloro i quali ostentavano la "fine dell'emergenza". Quando è andata bene, invece, sono prevalse le "carriere" di quei magistrati che erano totalmente avulsi dalle realtà investigative degli ultimi anni. Ecco perché capisco perfettamente le ragioni del disappunto di Antonino Caponnetto, che fu alla guida di quell'ufficio».

Conti: «Lo stato deve riscoprire la stessa unità di fondo che riuscì a manifestare nei confronti del terrorismo (...) Questo che oggi ci sovrasta è un pericolo di gran lunga più inquietante del terrorismo, esige una solidarietà fra le forze politiche ben più alta di quella che si conseguì allora. Devo rilevare purtroppo che, fra ieri e oggi, in termini di intesa fra i grandi schieramenti politici, la forbice si è allargata. La compattezza di fronte al nemico-mafia non è neanche lontanamente paragonabile a quella contro il terrorismo (...) Stiamo attenti: Cosa Nostra ha ripreso in pieno la sua capacità di intervento sul territorio. Soprattutto la sua capacità di condizionamento della democrazia. La mafia è viva, agisce. Può tornare a colpire. Può tornare ad alzare lo sguardo contro i rappresentanti dello stato.»

«*Ho tollerato in silenzio*»

Sabato 30 luglio '88, il CSM iniziò gli interrogatori dei giudici coinvolti a vario titolo nelle polemiche scatenate dalla denuncia di Borsellino. E quel sabato sera, a Palazzo dei Marescialli, Giovanni Falcone ruppe ogni indugio annunciando all'organo di autogoverno della magistratura la sua decisione di dimettersi dal *pool* antimafia e la richiesta di esser trasferito ad altro incarico. Lo fece con una lettera di quattro cartelle che vale la pena rileggere per capire in che modo può essere liquidata, in Italia, un'esperienza giudiziaria di altissima professionalità.

Scrisse: «Ho tollerato in silenzio in questi ultimi anni in cui mi sono occupato di istruttorie sulla criminalità mafiosa, le inevitabili accuse di protagonismo o di scorrettezze nel mio lavoro. Ritenendo di compiere un servizio utile alla società, ero pago del dovere compiuto e consapevole che si trattava di uno dei tanti incovenienti connessi alle funzioni affidatemi. Ero inoltre sicuro che la pubblicità dei relativi dibattimenti avrebbe dimostrato, come in effetti è avvenuto, che le istruttorie alle quali ho collaborato erano state condotte nel più assoluto rispetto della legalità. Quando poi si è prospettato il problema della sostituzione del consigliere istruttore di Palermo, dottor Caponnetto, ho avanzato la mia candidatura, ritenendo che questa fosse l'unica maniera per evitare la dispersione di un patrimonio prezioso di conoscenze e di professionalità che l'ufficio cui appartengo aveva globalmente acquisito. Forse peccavo di presunzione e forse altri potevano assolvere egregiamente all'esigenza di assicurare la continuità dell'ufficio. È certo però che esulava completamente dalla mia mente l'idea di chiedere premi o riconoscimenti di alcun genere per lo svolgimento della mia attività. Il ben noto esito di questa vicenda non mi riguarda sotto l'aspetto personale e non ha per nulla influito, come i fatti hanno dimostrato, sul mio impegno professionale. Anche in quell'occasione però ho dovuto registrare infami calunnie ed una campagna denigratoria di inaudita bassezza, cui non ho reagito solo perché ritenevo, forse a torto, che il mio ruolo mi imponesse il silenzio. Ma adesso la situazione è profondamente cambiata ed il mio riserbo non ha più ragion d'essere. Quel che paventavo purtroppo è avvenuto: le istruttorie nei processi di mafia si sono inceppate e quel delicatissimo congegno che è il gruppo cosiddetto antimafia dell'ufficio istruzione di Palermo, per cause che in questa sede non intendo analizzare, è ormai in stato di stallo.

Paolo Borsellino, della cui amicizia mi onoro, ha dimostrato ancora una volta il suo senso dello stato e il suo coraggio, denunciando pubblicamente omissioni ed inerzie nella repressione del fenomeno mafioso che sono sotto gli occhi di tutti. Come risposta è stata innescata un'indegna manovra per tentare di stravolgere il profondo valore morale del suo gesto riducendo tutto a una bega fra *cordate* di magistrati, ad una *reazione*, cioè, di magistrati *protagonisti*, *oscurati* da altri magistrati, che con ben diversa serietà professionale e con maggiore incisività condurrebbero le indagini in tema di mafia. Ciò non mi ferisce particolarmente, a parte il disgusto per chi è capace di tanta bassezza morale. Tuttavia essendo prevedibile che mi saranno chiesti chiarimenti sulle questioni poste sul tappeto dal procuratore di Marsala, ritengo di non poterlo fare se non a condizione che non vi sia nemmeno il sospetto di tentativi da parte mia di sostenere pretese situazioni di privilegio (ciò, incredibilmente, si dice adesso a proposito di titolari di indagini in tema di mafia). Ed allora, dopo lunga riflessione, mi sono reso conto che l'unica via praticabile a tal fine è quella di cambiare immediatamente ufficio. E questa scelta, a mio avviso, è resa ancora più opportuna dal fatto che i miei convincimenti sui criteri di gestione delle istruttorie divergono radicalmente da quelli del consigliere istruttore, divenuto titolare, per sua precisa scelta, di tutte le istruttorie in tema di mafia.

Mi rivolgo pertanto alla sensibilità del signor presidente del tribunale affinché, nel modo che riterrà più opportuno, mi assegni ad altro ufficio nel più breve tempo possibile; per intanto chiedo di poter iniziare a fruire delle ferie con decorrenza immediata. Prego vivamente, inoltre, l'onorevole Consiglio Superiore della Magistratura di voler rinviare la mia eventuale audizione ad epoca successiva alla mia assegnazione ad altro ufficio. Mi auguro» concluse Falcone «che queste mie istanze, profondamente sentite, non vengano interpretate come un gesto di iattanza, ma per quel che riflettono: il profondo disagio di chi è costretto a svolgere un lavoro delicato in condizioni tanto sfavorevoli e l'esigenza di poter esprimere compiutamente il proprio pensiero senza condizionamenti di sorta». Queste parole restarono senza effetto.

Il CSM non volle prendere atto dell'errore commesso con la nomina di Meli al vertice di quell'ufficio, e piuttosto che rimediare, quand'era ancora in tempo, preferì perseverare ignorando il clima di grande simpatia che in tutt'Italia circondava ormai Falcone e il suo *pool*. Passò alle cronache come la partita del 7 a 4. Sette consiglieri del CSM (magistratura indipendente, unità per la costituzione, e dc) votarono a favore di un documento che in buona sostanza respingeva i contenuti della denuncia di Paolo Borsellino. In quattro (magistratura democratica, uno dei consiglieri «verdi» usciti da unità per la costituzione, pci e psi) votarono contro. E il 3 agosto Falcone, incontrando il cronista di giudiziaria dell'«Ora», Francesco Vitale, commentò con amarezza: «la partita è persa».

In quei giudici palermitani, che davvero avevano creduto che lo stato volesse fare sul serio, il 7 a 4 provocò sfiducia e smarrimento. Ormai era chiaro che si voleva normalizzare Palermo, narcotizzando i fermenti migliori. E la mattina del 3 agosto gli stessi vincitori apparvero quasi impauriti dal loro successo. Meli non sorrise. Sembrò più teso del solito, evitò di polemizzare con Borsellino, non lo accusò più di aver detto il falso. Per un momento fu consapevole che, se l'antimafia dei suoi «nemici» era finita in archivio, la «sua» antimafia era tutta da inventare. Quali sarebbero stati gli effetti immediati?

I cerchi concentrici provocati da questo pesante macigno avrebbero raggiunto presto gli States. Laggiù gli «italiani» avrebbero trovato difficoltà a spiegare agli uomini della DEA come mai improvvisamente era stato esautorato il giudice che con loro aveva stabilito ottimi rapporti di collaborazione. Sarebbe rimasto di stucco Rudolph Giuliani, procuratore distrettuale di New York con una vita professionale in qualche modo parallela a quella di Falcone. Avrebbero reagito male i pentiti Buscetta, Contorno e Calderone. Si erano decisi a confessare perché convinti dell'esistenza di pezzi dello stato dei quali potevano fidarsi. Ora quel capitombolo li avrebbe scoraggiati. E che fine avrebbero fatto le inchieste sui *delitti politici*? Chi avrebbe indagato sull'omicidio Insalaco? Era fin troppo facile dire che non di soli Falcone o di soli Borsellino vive l'antimafia. Ma avrebbe potuto sopravvivere con Meli? Questo era l'interrogativo di fondo, quel mattino d'agosto al palazzo di giustizia di Palermo. Sembravano ormai gli interrogativi retorici di un gruppo di anime belle, mentre gli uomini-apparato del CSM avevano dato ben altra prova di decisionismo e pragmatismo.

In quell'estate '88, intanto, come se niente fosse andò avanti il progetto di smantellamento della squadra mobile. Canovaccio questo ricorrente a Palermo, ogni volta che il termometro segna tempesta. L'onda lunga dei diari Insalaco era ancora in piena attività. All'inizio di agosto, «L'Espresso» pubblicò una ricostruzione delle indagini sull'omicidio dell'ex sindaco dc, che sollevò molte polemiche. Il settimanale scrisse che Saverio Montalbano [*il dirigente dell'investigativa incriminato all'indomani dell'uccisione di Mondo, N.d.A.*]: «dopo aver ricevuto il diario Insalaco, legge e rilegge attentamente quegli appunti, controlla le date, compie un paio di verifiche, alla fine si convince della loro attendibilità e nel suo rapporto parla di *lobbies* politico-imprenditoriali, comitati d'affari, mafia degli appalti: è lì che va cercata la ricostruzione del delitto. Trentacinque pagine di lucida analisi. Ma il questore Alessandro Milioni e il capo della squadra mobile Antonino Nicchi mandano a chiamare Montalbano, troppe allusioni, troppi nomi, troppa politica (...) Meglio ridimensionare tutto. L'ex sindaco Insalaco costituiva un serio pericolo per il sistema di potere politico-mafioso, aveva scritto Montalbano, e il questore lo costringe ad omettere il termine «politico mafioso». Altre discussioni, altri veleni. Nicchi, chiamato già in causa da Borsellino, preferì dimettersi. Saverio Montalbano venne spedito in ferie e al suo rientro, in autunno, avrebbe trovata occupata la sua poltrona. Oggi dirige un commissariato di Palermo. Il questore (misteri delle gerarchie) rimase al suo posto. In compenso venne trasferito Francesco Accordino, che per sette anni aveva diretto la squadra omicidi della mobile di Palermo.

Era soprannominato l'ultimo dei moicani. L'ultimo dirigente che rappresentava la memoria storica di grandi stagioni investigative ormai tramontate. Un archivio vivente al quale avevamo attinto noi cronisti ogni volta che si trattava (spesso più di una volta al giorno) di «inquadrare» un delitto negli schemi apparentemente imperscrutabili del regolamento di conti fra le cosche.

In quell'estate di polemiche violentissime, Accordino volle dire la sua con molta semplicità. E dichiarò ai microfoni del Tg1, al giornalista Ennio Remondino, che a Palermo poteva sorgere il sospetto che qualche funzionario della questura lavorasse per la *normalizzazione* più che per arginare la mafia. Ac-

cordino venne spedito al commissariato postale di Reggio Calabria con il compito di indagare sul traffico delle raccomandate
rubate. Al ministero non avevano gradito che un «modesto»
funzionario di polizia si fosse unito al coro dei giudici in rivolta.
Ma qualche provvedimento si imponeva. Ne vennero presi due.
La nomina di Domenico Sica ad alto commissario per la lotta
contro la mafia e la nomina di Arnaldo La Barbera, (che aveva
diretto a lungo la mobile di Venezia), alla guida della mobile di
Palermo. Ma potevano essere i semplici ritocchi alla pianta organica il balsamo necessario per curare strutture che per anni
avevano brillato per la loro assenza? Lo stato tornava a scoprire
l'importanza dell'Alto Commissariato. Riccardo Boccia e Pietro
Verga infatti avevano lasciato il loro incarico, fra l'84 e l'88,
non risparmiando dure prese di posizione sulla mancanza di
mezzi ed uomini che avevano segnato negativamente la loro attività di alti commissari.

Con Sica invece — garantì il ministro Gava — la musica
sarebbe cambiata. In Sicilia ce lo auguravamo in tanti. E il 13
agosto, Domenico Sica, vestito di lino beige, sudato, una sigaretta dietro l'altra, si presentò per la prima volta ai cronisti palermitani nei saloni della prefettura. Giocherellò a lungo con il suo
Dupont di lacca blu, riuscendo a dribblare egregiamente le domande più incisive. A conti fatti riuscimmo a strappargli solo
un laconico: «la mafia? Son qui per capire cos'è. Nei primi
tempi ascolterò molto».

Gianburrasca al contrattacco

In quell'estate di fuoco il sindaco di Palermo Orlando fu uno
dei pochi politici che ebbe il merito di non restare alla finestra.
E ai primi d'agosto convocò una conferenza stampa per denunciare che spesso la mafia rischia di presentarsi con «il volto degli uomini delle istituzioni». Quest'affermazione provocò reazioni e risentimenti in quegli stessi ambienti convinti che la vittoria di Meli e lo smantellamento degli apparati di polizia fosse
ormai un'operazione conclusa. Il silenzio dei Palazzi del potere
genera i mostri: fu questa la conclusione di una mia lunga conversazione notturna con Orlando che si svolse il 5 agosto in un

palazzo delle Aquile deserto. In quei giorni i suoi avversari lo accusavano di parlare troppo, di eccessivo presenzialismo, di aver convocato quella conferenza stampa mentre era in atto un duro scontro all'interno della magistratura. Come intendeva replicare a quelle critiche?

Orlando rispose con nettezza. «Ormai i veleni del palazzo sono chiari a tutti. Il re, in qualche modo, è finalmente nudo. Faccio un esempio. Fino a qualche tempo fa l'opinione pubblica si accontentava di una visione idilliaca della squadra mobile impegnata nella lotta contro la mafia. Oggi è diverso. La gente vuol sapere se ha ragione questo o quel funzionario, vuol sapere che senso ha che il capo della polizia venga a Palermo per dire che *tutto va bene*, mentre ventiquattro ore dopo, il dirigente della mobile, il dottor Nicchi, chiede il trasferimento. Non ha più senso allora presentare il volto di uno stato rassicurante e che tace di fronte ad un'opinione pubblica che ha bisogno di verità. La gente ha bisogno di parlare e di sentire: non si può più nascondere. Non si possono più nascondere gli inquinanti rapporti fra mafia e politica, i ritardi nell'accertamento delle responsabilità per i *delitti politici* (...)»

Resta il fatto — obbiettai — che fra gli uomini politici siciliani lui era quello più presente su questi temi. Ma sarebbe stato sufficiente un Palazzo «solo» per farsi carico di questa diffusa ansia di verità? Non si scompose? E continuò così il suo ragionamento: «In momenti come questo occorre che ciascuno faccia la sua parte. La gente deve sapere che è possibile contare sull'appoggio di tutti. Perché è stato assassinato Giuseppe Insalaco? Perché in quel momento di lotta alla mafia se ne parlava poco o niente, c'era una relativa soddisfazione per la conclusione del maxi processo, mentre tornavano ad alzare la voce quelli che provano fastidio per un impegno civile che definiscono noioso o addirittura opportunistico. La mafia è sempre in agguato, trova le condizioni ideali per colpire quando la chiarezza dei palazzi si appanna lentamente, quando le luci si spengono. Certo che in Sicilia il comune di Palermo non rappresenta tutto. La Regione siciliana potrebbe fare moltissimo, utilizzando i suoi poteri. Invece insiste in un atteggiamento che è quello di considerare le amministrazioni comunali delle grandi città siciliane come la sua controparte [...]».

In quelle settimane il Presidente della Regione, il dc Nicolosi, e il presidente dell'assemblea regionale siciliana, il socialista Lauricella, si distinguevano per il loro silenzio. Sia detto per inciso: se Orlando ha costantemente rappresentato il tentativo di trasformare il municipio in una cassa di vetro, Nicolosi e Lauricella hanno sempre considerato i «loro» Palazzi alla stregua di vere e proprie città proibite, sbarrate ai fermenti della società civile. E Orlando, nella sua conferenza stampa, aveva criticato entrambi per quel silenzio gommoso. Spiegò così il suo atteggiamento: «Quando ho denunciato il silenzio di Nicolosi e Lauricella non ero certamente animato dalla volontà di accrescere la separatezza delle istituzioni, ma spesso assistiamo ad un gioco di società che riduce il rapporto città-regione alla contrapposizione Nicolosi-Orlando. Comunque, se i *protagonismi personali* si moltiplicassero all'infinito avremmo certamente un miglior funzionamento della democrazia».

Una affermazione del sindaco, in quella conferenza stampa, aveva sollevato inquietanti interrogativi. A giudizio di Orlando, l'aver replicato fermamente al tentativo di smantellare l'antimafia aveva ottenuto almeno il risultato di evitare un nuovo grande delitto. Si riferiva a Falcone? «Per carità» tagliò corto «evitiamo di fare nomi. Ma l'ho detto e lo confermo: aver fatto scoppiare questo bubbone, essersi scontrati apertamente a tutti i livelli, sul tema mafia-antimafia, ha forse avuto l'effetto di risparmiare l'omicidio. Immaginiamo quale tentazione dovesse esserci, in un clima di *normalizzazione* strisciante, per regolare ancora una volta qualche conto, per prevenire così qualche indagine, qualche accertamento di responsabilità. Quale tentazione nei confronti di investigatori che, non rassegnandosi al ruolo di archeologi giudiziari, pretendono invece di indagare *al presente*. Ma se i magistrati oggi chiedono nel loro lavoro di puntare alto, possono i politici salvarsi la coscienza con i discorsi commemorativi, o non devono piuttosto *scommettersi* anche loro, magari a rischio di subire qualche cicatrice? Mi sembra questo un nodo decisivo: chiedere alla politica di far chiarezza al di là delle apparenze. Chiedere ai magistrati l'accertamento delle responsabilità di quanti sono colpevoli.

Dico di più: la vera autonomia della magistratura si misura anche dalla sua capacità di rendere libera, possibile, trasparente, la politica. Un rapporto allora molto stretto fra "antimafia" e "nuova politica" mi sembra il modo migliore per rispondere ad una mafia che penetra sempre più nel cuore delle istituzioni. » Gli chiesi anche il suo giudizio sull'articolo di Sciascia contro i « professionisti dell'antimafia ». Cosa restava di quei furori verbali? Orlando mi diede l'impressione di dire esattamente ciò che pensava. Pesò queste parole: «Sciascia ebbe il merito di avviare la *stagione della chiarezza*. Diede via libera a tante persone legittimamente insoddisfatte del modo in cui si combatteva la mafia. Ma diede anche una *patente di verginità* a tanti amici della mafia che adoperarono le sue tesi con la leggiadria di una clava. E tanti che erano rimasti dietro le fila di un indistinto impegno antimafioso furono chiamati a render conto a padroni e padrini. Furono chiamati a parlare, proprio in forza di un uso strumentale delle tesi di Sciascia, contro chi, con errori e lacune, aveva il solo torto di trovarsi in una posizione incompatibile con quella della mafia.»

Orlando fu costretto a pagare subito un doppio prezzo per la sua intromissione nello scenario di quei giorni apparentemente «solo» giudiziario. Innanzitutto un prezzo politico. Si moltiplicarono gli attacchi degli esponenti socialisti nei confronti della giunta comunale più anomala d'Italia. Per la prima volta in tanti anni i socialisti si ritrovavano seduti sui banchi dell'opposizione. E l'astio era tutto rivolto contro questo gianburrasca della politica che spezzava regole e schemi con una rapidità tanto sorprendente quanto inquietante. E non era una novità. Già sei mesi prima, nell'ottobre '87, Claudio Martelli era giunto appositamente a Palermo per una conferenza stampa che non era stata certo un capolavoro di diplomazia.

Ecco una breve rassegna delle idee di Martelli sul «caso Palermo» che i socialisti palermitani e romani avrebbero abbandonato solo all'indomani delle elezioni europee dell'89. Palermo era costretta a vivere in balia di un «governo ombra composto da gesuiti e magistrati», ad ospitare «cattivi pedagoghi» alla padre Sorge, partiti «superflui e aggiuntivi», come il socialdemocratico, o «salottieri e fragili» come il comunista (che comunque si limitava ad appoggiare la giunta dall'esterno), e perfino un gruppo che, definendosi «sinistra indipendente», in realtà «millantava credito», essendo invece «sedicente indipendente». Ma nell'agosto '88 i socialisti impugnarono addirittura il lanciafiamme.

In prima fila questa volta si trovò Baget Bozzo che invitò a diffidare apertamente di uomini come Sergio Mattarella e Leoluca Orlando e del loro «presunto» rinnovamento della dc siciliana. In quei giorni sull'«Avanti», Baget Bozzo scrisse fra l'altro: «In Italia tutti sanno che i cognomi di Orlando e di Mattarella erano indicati, in una precedente generazione, come autorevoli amici degli amici». Insomma, visto che erano «figli dei loro padri», che almeno se ne stessero zitti. E la procura di Palermo, che come abbiamo già avuto modo osservare, non si lascia pregare due volte se giungono *input* politici precisi, qualche giorno dopo diede un'ennesima prova di zelo. Come?

Semplicissimo: aprendo una bella inchiesta sulle affermazioni di Orlando in quella famosa conferenza stampa. Per settimane e settimane quattro procuratori di Palermo (gli aggiunti Pietro Giammanco ed Elio Spallitta, i sostituti Giuseppe Pignatone e Guido Lo Forte), con l'ovvio beneplacito del capo, il solito Curti Giardina, si distrassero da inchieste più serie per indagare sull'aria fritta. Orlando aveva chiesto «verità e giustizia» sulle pagine nere scritte da Cosa Nostra durante gli anni di piombo, e avvertiva il rischio che «la mafia possa presentarsi con il volto delle istituzioni». E poiché l'amministrazione comunale si era costituita parte civile (fatto mai accaduto nel passato) in tutti i processi per mafia, Orlando si dichiarava pronto — ma in quelle sedi — a dare il suo contributo di conoscenza. Un vulcanico avvocato (socialista) aveva fatto la sua parte presentando un esposto in procura. Orlando venne interrogato dai giudici in quell'agosto '88. Al termine del colloquio la procura emise un curioso comunicato stampa per dire che il «sindaco non aveva fatto i nomi dei responsabili» dei grandi delitti di Palermo. Che delusione per gli italiani convinti invece che Orlando conoscesse i nomi degli assassini di Russo, Impastato, Reina, Giuliano, Terranova, Costa, Mattarella, Zucchetto, La Torre, Dalla Chiesa, Montana, Antiochia, Cassarà, Insalaco, Mondo... Ma non è tutto.

Sotto torchio — qualche giorno prima — era finito il commissario Francesco Accordino. Cosa mai voleva dire in quell'intervista al Tg1? Il poliziotto diede la sua versione. E la procura fu subito in condizione, con un'apposita nota (alquanto cacofonica) di «affermare con assoluta certezza che da parte dei responsabili degli uffici della polizia di stato non è mai stato posto in essere alcun tentativo di non portare avanti indagini molto importanti su delitti molto eclatanti». E la denuncia di Accordino? Il suo pensiero — aggiunsero ancora quei giudici zelanti — era stato «travisato». E travisato da chi? Dai microfoni?

XVIII

ANCHE LA MAFIA SBAGLIA

Il benvenuto della mafia a Sica

«Non era un magistrato d'assalto», «non si era mai trovato in prima linea», «processi di mafia? Nessuno, tranne una vecchia storia di vent'anni prima», «sentenze particolarmente dure? non ce n'è traccia», «processi scottanti? nemmeno»: furono questi i commenti che i cronisti raccolsero nel baglio Ballotta, a sedici chilometri da Trapani, poche ore dopo l'uccisione del giudice Alberto Giacomelli.

Era una giornata ventosa, con un cielo limpidissimo. In una splendida casa padronale immersa fra palme, generosi vigneti e macchie di gerani, i familiari del magistrato — una delle figure più carismatiche e benvolute degli uffici giudiziari trapanesi — non riuscivano a capire perché fosse toccata proprio a lui. In città lo chiamavano tutti «u zu Alberto», una piccola confidenza per quest'uomo mite, moderato, per nulla incline ad avventure private o professionali. Forse poteva meritare una sola critica: di essere eccessivamente «rispettoso» degli equilibri nella zona, e proprio per questo era riuscito a vivere serenamente fino all'età di sessantanove anni. Giacomelli, nell'ultimo periodo della sua carriera, aveva diretto la sezione misure di prevenzione del tribunale, e quindi aveva firmato provvedimenti per la limitazione della libertà personale. Ma se aveva commesso qualche «errore» perché la mafia aveva atteso quasi due anni prima di regolare i suoi conti?

Alle otto di mattina del 14 settembre Giacomelli uscì di casa per andare a Trapani a sbrigare alcune incombenze della sua nuova attività di agricoltore. Salì sulla sua auto (da tempo non adoperava quella blindata) e riuscì a percorrere poche centinaia di metri: un vespino gli tagliò la strada costringendolo a frenare. Giacomelli, che forse conosceva il killer, scese dall'auto, ma venne immediatamente colpito da due proiettili in rapida successione, uno al fianco, uno alla testa.

Il suo corpo venne trovato al centro dell'asfalto; i poliziotti trapanesi, guidati dal giovane dirigente Calogero Germanà, quella mattina trovarono il vespino e anche la pistola del killer (una vecchia Taurus brasiliana e con matricola abrasa). Qualche imprevisto aveva messo in fuga l'assassino? Le indagini non diedero risultati concreti, continuando ad oscillare fra un movente collegato alla professione di Giacomelli giudice, e un movente ricercato nella sua nuova passione di Cincinnato. Proprietario di sedici ettari di terreno, Giacomelli era forse entrato in contrasto con qualche altro grosso possidente della zona? Interrogativi rimasti finora senza risposta.

Ma la caccia grossa della mafia, ancora una volta, era appena agli inizi. 25 settembre '88, appena dodici giorni dopo l'agguato a Giacomelli. È quasi mezzanotte. Antonino Saetta, sessantasei anni, e suo figlio Stefano di trentasei, un povero ragazzo mentalmente labile, stanno tornando a Palermo (a bordo della loro Lancia Thema) dopo aver trascorso il week-end nella residenza estiva di Canicattì, nell'agrigentino.

A differenza di Giacomelli, Saetta è giudice di primissima linea. Aveva presieduto la corte d'appello per la strage Chinnici, infliggendo l'ergastolo — il 14 agosto '85 — ai capi mafia Michele e Salvatore Greco. Aveva presieduto la corte che aveva inflitto l'ergastolo a Puccio, Madonia e Bonanno, per l'uccisione del capitano dei carabinieri Emanuele Basile. Sì. Gli stessi che erano stati assolti — in primo grado — da Salvatore Curti Giardina. E come se non bastasse, proprio in quei giorni, Saetta rientrava in una rosa assai ristretta dalla quale sarebbe stato scelto il futuro presidente per la corte d'appello del maxi processo a Cosa Nostra. Eppure, un giudice con queste caratteristiche, certamente non simpatico alle cosche, e in predicato per una designazione così importante, non disponeva di una scorta.

La dinamica di ciò che accadde non fu mai esattamente ricostruita. Si seppe che i macellai mafiosi per assassinare il giudice e suo figlio adoperarono quarantasette colpi di mitra. L'impressione fu enorme. Cosa Nostra tornava a puntare al cuore dello stato. Il segnale era rivolto alla categoria magistrati. Ed era fin troppo ovvio che l'agguato era stato firmato e sottoscritto dall'alta mafia.

Si registrò l'inquietante dichiarazione di Roberto Saetta, figlio del giudice che quella sera, a Palermo, era in attesa del rientro del padre e del fratello: «Mio padre mi aveva chiamato domenica sera verso le nove. Mi aveva detto di essere indeciso: forse voleva restare a Canicattì, per quella notte. Mi richiamò un'ora dopo per annunciarmi il cambiamento di programma. Solo chi ascoltò quella telefonata era in condizione di mettere a segno un piano criminale tanto perfetto. Ormai sono quasi sicuro: avevamo il telefono sotto controllo». Questa testimonianza rimase inascoltata.

Si cercò di capire quale logica avesse ispirato la scelta del luogo dell'agguato al confine delle province di Palermo, Agrigento e Caltanissetta. Ci fu chi disse che li avessero uccisi a Caltanissetta perché in quella città Saetta aveva inflitto l'ergastolo ai Greco. Altri trovarono la spiegazione nel fatto che in quelle zone il magistrato si muoveva senza l'auto blindata che aveva invece a disposizione a Palermo. Si teorizzò che l'o.k. alla sentenza di morte fosse venuto da tutte le famiglie delle tre province, concordi nella definizione di una tregua militare nel palermitano. Se le congetture si sprecarono, mancarono purtroppo i risultati concreti.

26 settembre, lunedì sera, appena ventiquattr'ore dopo l'agguato ad Antonino e Stefano Saetta. Questa volta a Trapani, fra Custonaci e Valderice. A pochi metri dalla comunità Saman, specializzata nel recupero dei tossicodipendenti. Fucilate e colpi di pistola per il buon Mauro Rostagno, che di quella comunità era leader indiscusso. Aveva quarantasei anni. Fino alla sua morte i giornali conoscevano esclusivamente il Rostagno ex sessantottino che aveva studiato e lottato alla facoltà di sociologia, a Trento. L'ex fondatore di Lotta Continua. L'ex fondatore del circolo creativo Macondo di Milano. L'ex arancione sanjasi che ad un tratto si era stufato di un Baghawan eccessivamente eclettico, e aveva lasciato in asso gli amici del centro meditativo di Pona. Ed era anche il Rostagno che qualche mese prima aveva ricevuto una singolare comunicazione giudiziaria per concorso nell'omicidio del commissario Calabresi, a Milano, negli anni

caldi. E in questi precedenti di una biografia, tanto complessa quanto cristallina, scavarono i giornali quella sera, alla notizia del nuovo agguato. Nessun giornale si salvò. E anche l'«Unità» commise un pasticcio definendo «misterioso» l'omicidio e collegandolo in qualche modo ai tanti «passati» di Rostagno più che alla sua attività trapanese. E che attività, si scoprì dopo, quella che l'ex macondino svolgeva a Trapani!

Si era trasferito in Sicilia dieci anni prima. Guidava, insieme alla moglie Chicca Roveri e al vecchio amico Francesco Cardella, la comunità Saman. Generoso, instancabile, coltissimo, Rostagno aveva già da qualche anno scoperto il gusto del giornalismo militante. L'unica forma possibile di professione in una città — Trapani — all'incrocio di traffici d'ogni tipo. Dai microfoni dell'emittente televisiva Radiotelecine, ogni sera, riusciva a ipnotizzare i trapanesi più pigri e più conformisti raccontando con dovizia di nomi, cifre e particolari, la storia autentica di un oligopolio di trafficanti, politicanti e mafiosi, che avevano saccheggiato la città. In una città dove gli esponenti dei partiti sono equamente divisi fra collusi, pavidi e sonnacchiosi, Rostagno era diventato in fretta l'altoparlante clamoroso di una società civile ansiosa di verità e giustizia.

Francesco Cardella diede questa lucida spiegazione del delitto Rostagno: «L'ambiente trapanese poteva tollerare tutt'al più l'esistenza della comunità Saman, ma dovevamo limitarci a far da contenitore chiuso dei disagi di tanti ragazzi. L'equilibrio si è rotto quando siamo entrati nella città, nelle sue contraddizioni, nel suo specifico. Farlo poi da una televisione, con un telegiornale, entrando nelle case, grazie alla personalità energica e all'eleganza intellettuale di Mauro, a qualcuno sarà sembrato un po' troppo». Rostagno venne assassinato pochi minuti dopo aver abbandonato la sua trincea televisiva.

Il delitto ebbe un testimone: Monica Serra, una ragazza milanese di venticinque anni. E insieme ad altri colleghi, giunti a Trapani da Caltanissetta, dove la sera prima era stato ucciso Saetta, raccogliemmo la sua agghiacciante ricostruzione: «Stavamo rientrando qui, in comunità. Pochi minuti prima Mauro aveva finito il suo turno in televisione. Era tranquillo, come al solito. Abbiamo oltrepassato quel ponticello laggiù e stavamo per immetterci nell'ultima curva. Ma questa strada sempre illuminata, l'altra sera, stranamente, era buia: ho saputo poi che avevano manomesso la centralina dell'Enel. Ho sentito le prime tre fucilate, i vetri dell'auto che andavano in frantumi, schegge dappertutto. Mi sono rannicchiata per terra. Un lunghissimo silenzio. Ho chiesto: Mauro come stai? Tutto bene, Monica, mi ha risposto, sono riusciti a colpirmi solo di striscio. Ed ecco che sono arrivate le altre fucilate (...) Ho nascosto la mia testa sotto le gambe di Mauro che ormai era tutto pieno di sangue e gemeva sommessamente (...) Ho sentito il rumore di uno sportello che sbatteva, un'auto che sgommava, poi più nulla (...) No, non è vero che Mauro sia morto mezz'ora dopo in ospedale (...) Non mi rispondeva già più (...) Se l'avesse fatto gli avrei chiesto: chi può aver deciso di ucciderti? Sono corsa giù dall'auto, sono andata a chiamare l'*Angelo* per dargli l'allarme e far venire "Chicca", la moglie di Mauro (...) Chi è l'*Angelo*? È un ragazzo che la sera vigila su di noi, che si preoccupa che tutto sia in ordine e gli ospiti siano andati a dormire, e che non si avvicinino auto sospette (...)».

Rostagno venne assassinato come tanti giornalisti coraggiosi che in Sicilia avevano fatto della parola un poderoso strumento di denuncia del fenomeno mafioso. Come Mauro De Mauro, dell'«Ora». O Giovanni Spampinato, corrispondente dell'«Ora» da Ragusa, ucciso il 27 ottobre del '72. O Mario Francese, cronista di giudiziaria del «Giornale di Sicilia». Rostagno faceva informazione da quei microfoni di RTC con la stessa passione civile e lo stesso spirito di servizio dimostrati a Cinisi, da Peppino Impastato, militante di democrazia proletaria che non perdeva occasione per denunciare dai microfoni di radio Aut, lo strapotere del boss del paese «don» Tano Badalamenti. Impastato venne assassinato l'8 maggio del '78. Rostagno come Giuseppe Fava, lo scrittore giornalista fondatore del mensile «I Siciliani» e implacabile accusatore di quei quattro «cavalieri del lavoro» contro i quali aveva cozzato invano anche il generale Dalla Chiesa. Fava venne assassinato il 5 gennaio '84. Eppure l'ordine dei giornalisti siciliani, all'indomani dell'agguato a Rostagno, non seppe far di meglio che stilare un telegrafico comunicato per precisare che l'ex sessantottino non era iscritto all'albo professionale.

In quei giorni la mafia non andò per il sottile. E il 28 settembre chiuse un'altra vecchia pratica rimasta in sospeso. Alla vigilia dei funerali di Rostagno offrì un altro saggio della sua potenza militare eliminando il boss Giovanni Bontade e sua moglie Francesca Citarda. Giovanni, fratello di «don» Stefano Bontade, ucciso all'inizio della guerra di mafia, era stato condannato ad otto anni al maxi, ma aveva facilmente ottenuto gli arresti domiciliari perché afflitto da una grave forma di ernia al disco. Come si ricorderà era stato lui, a nome del popolo mafioso delle gabbie, a leggere il proclama di dissociazione dall'omicidio del piccolo Claudio Domino. Era considerato un «traditore» essendosi alleato con i corleonesi che gli avevano ucciso il fratello. Bontade e la moglie conoscevano molto bene i killer. Quella mattina li ricevettero in vestaglia, nella lussuosa casa di Villagrazia, offrirono loro persino il caffè. Poi i sicari, con comodo, estrassero le pistole calibro 38. E il conto (inutile cercare di capire quale) fu regolato ancora una volta.

In quel fine settembre, in Sicilia, in soli tre giorni, vennero compiuti quattordici omicidi di mafia. Abbiamo parlato solo dei più importanti. Alla sua maniera, la mafia presentava a Sica il suo terribile biglietto da visita. Ma cosa accadeva intanto nel versante giudiziario?

Quell'autunno si registrarono altre polmiche al palazzo di giustizia di Palermo. Lo scontro Meli-Falcone si inasprì. E si inasprì all'indomani della decisione del plenum del CSM di salvaguardare l'esperienza del *pool* con una votazione che in qualche modo capovolse gli esiti della famosa partita del 7 a 4. Sull'«Unità» del 15 settembre, Fabio Inwinkl riassunse così l'esito del secondo round sul «caso Palermo»: «Il CSM ritrova la sua unità e vota compatto un documento di riconciliazione sulla tormentata vicenda dei giudici di Palermo. La risoluzione, frutto di un faticoso compromesso, riconosce il ruolo centrale del *pool* di Giovanni Falcone nella lotta alla mafia. Si sostiene che il consigliere Antonino Meli ha operato in buona fede. Ma l'allarme di Paolo Borsellino ha "segnalato" un problema reale». Il *pool* antimafia non doveva colare a picco. Meli rimaneva l'indiscusso capo dell'ufficio istruzione. Il CSM diventava in qualche modo l'interlocutore diretto degli uffici giudiziari palermitani. Il capo dello stato manifestò la sua soddisfazione per l'esito del confronto a Palazzo dei Marescialli.

Quanto sarebbe durata la tregua? Per un momento, a Palermo, tornò il sereno. Meli riuscì a controllare il suo nervosismo iniziale, Falcone ritirò la richiesta di dimissioni. La sera del 21 settembre i magistrati restarono a bocca aperta alla notizia che Meli e Falcone si erano finalmente abbracciati. In quell'occasione, Antonino Palmeri, presidente del tribunale, proverbiale a Palermo per saggezza e discrezione, si limitò a commentare: « macché vincitori, macché vinti [...] siamo tutti mortificati, tutti sconfitti e amareggiati: quello che è accaduto non doveva accadere. Speriamo non accada più. Qualcuno di noi potrà dirsi vincitore quel giorno in cui la mafia sarà sconfitta ». Appena due mesi dopo era ancora tempesta.

Questa volta, ad innescare la miccia, furono i giornali con la pubblicazione del carteggio Meli-Falcone. Era un carteggio che risaliva a qualche settimana prima. Quando i due erano ai ferri corti. A far precipitare le cose giunse la pubblicazione della deposizione di Meli al CSM. Meli accusava Falcone di aver avuto un occhio di riguardo per il cavaliere del lavoro catanese Carmelo Costanzo e di non averlo arrestato, pur in presenza di elementi probatori molto gravi. Falcone replicò duramente spiegando di non disporre di prove ma di semplici indizi. Costanzo ebbe il suo effimero momento di gloria. Meli risolse quella nuova ondata di polemiche esautorando l'intero *pool*, spogliandolo di tutte le inchieste di mafia più delicate. I giudici istruttori Peppino Di Lello e Giacomo Conte, stufi per un clima ormai insostenibile, diedero le dimissioni dal collettivo di lavoro. Ma l'88 doveva riservare anche una lieta sorpresa: la grande operazione di polizia, fra Italia e Usa, denominata « Iron Tower ». Cervelli investigativi: Falcone e il suo collega Rudolph Giuliani.

Nella rete caddero i boss americani dell'eroina, appartenenti alle vecchie famiglie dei Gambino e degli Inzerillo. Colpiti dalle prime grandi inchieste degli anni '80, ma non sgominati, quei clan storici avevano pazientemente ricucito una rete di rapporti con la Sicilia. E per tutti una sola avvertenza: nel traffico di stupefacenti non si doveva muovere una foglia senza che Totò Riina, il capo dei corleonesi, ne fosse informato. Giunsero a questa conclusione i poliziotti americani sulla base di molte intercettazioni telefoniche che in proposito apparivano univoche.

Ricordate Vincenzo Puccio, uno dei tre presunti killer del capitano dei carabinieri Emanuele Basile? Puccio, Madonia e Bonanno vennero fermati in aperta campagna, senza fiato e con le scarpe sporche di fango. In primo grado Curti Giardina li aveva salvati. In appello vennero condannati all'ergastolo. Il 23 febbraio 1987 la Cassazione annullò la sentenza per un errore di data nel decreto per l'estrazione dei giudici popolari. Il secondo processo d'appello, presieduto dal giudice Antonino Saetta, si concluse ancora una volta con l'ergastolo. E il 7 marzo '89, la Cassazione annullò anche questa sentenza.

Vincenzo Puccio si trovava in cella all'Ucciardone (per altri reati), in compagnia di altri due pericolosi ergastolani. Alle sei del mattino dell'11 maggio, venne avvolto dai suoi compagni in una coperta e ammazzato con una piastra di ghisa per arrostire bistecche. Giuseppe Marchese, uno dei due ergastolani, si giustificò così: «abbiamo avuto un diverbio: io volevo vedere un programma della televisione, lui ne voleva vedere un altro». Un ufficiale dei carabinieri quella mattina commentò: «Queste sentenze di mafia sono molto più eloquenti di quelle della Cassazione, anche se altrettanto definitive». Non era un giudizio azzardato.

Due ore dopo quella barbara esecuzione, in un'altra parte di Palermo, al cimitero dei Rotoli venne assassinato a colpi di pistola Pietro Puccio, fratello del detenuto. Del clan dei Puccio rimaneva ormai molto poco. Chi aveva dato un ordine tanto tempestivo e così mirato? Gli investigatori non ebbero dubbi. Totò Riina, il capo del clan dei corleonesi che negli ultimi tempi — proprio in Sicilia — doveva difendersi da numerosi attacchi alla sua *leadership* di Cosa Nostra.

Chi è Riina? Viene considerato il capo della famiglia dei corleonesi da quando Luciano Liggio è finito in carcere nel marzo del '74. La polizia lo cerca da vent'anni. Ma non è una ricerca facile: la sua unica foto risale — appunto — a più di vent'anni fa. Un uomo ombra, astuto e pericolosissimo. È sposato con Antonietta Bagarella, la prima donna di mafia ad esser stata spedita al soggiorno obbligato. Naturalmente, da vent'anni è scomparsa anche lei. Si spiegavano così le esecuzioni più eclatanti degli ultimi anni. Da Mario Prestifilippo a Pietro Messicati Vitale a Giovanni Bontade che durante la «guerra» degli anni '80 erano stati preziosi per l'avanzata dei corleonesi, ma ora venivano considerati inutile zavorra. L'uccisione dei Puccio rientrava in questo schema.

Una considerazione si impone. La mafia continuava a dar prova di idee chiarissime. Eliminava giudici, giornalisti scomodi, alleati diventati troppo potenti e incontrollabili, piccoli gregari che magari sapevano qualcosa. Continuava a fare il suo mestiere, come l'aveva sempre fatto. E lo stato? Diciamolo apertamente: non dava una bella impressione in quei giorni. La rissa a palazzo di giustizia era sempre in agguato. Ma l'89 poteva rappresentare la grande occasione per Sica di imprimere una svolta radicale nella strategia antimafiosa. Disponeva ormai di grandissimi poteri di controllo e coordinamento. E non solo sulle forze di polizia, ma anche sugli stessi magistrati. Poteri che il Parlamento gli aveva concesso — finalmente e all'unanimità — per non ricalcare lo squallido canovaccio che si era concluso con la fucilazione di Carlo Alberto Dalla Chiesa. Gli inizi invece non furono dei migliori. E a fine maggio, con la clamorosa cattura di Totuccio Contorno, il superpentito che tutti credevano al sicuro in America e che invece si trovava in un casolare alle porte di Palermo, si aprì una lunga stagione di gialli e di vicende enigmatiche.

I poliziotti della squadra mobile lo catturarono per caso. Da tempo infatti erano sulle tracce di suo cugino, Gaetano Grado (soprannominato «occhi azzurri»), latitante, rimasto sempre fedele ai perdenti, e che non aveva rinunciato a propositi di rivincita contro i corleonesi. In quel periodo nel triangolo Bagheria-Casteldaccia-Altavilla si contarono una ventina di delitti. E gli investigatori avevano buoni motivi per ritenere che anche l'esercito di Totò Riina stesse perdendo finalmente qualche penna. La villa si rivelò un arsenale zeppo di pistole, fucili, munizioni e persino uniformi di tipo militare. Ma che ci faceva Contorno? Arnaldo La Barbera, capo della mobile, ammise di fronte a telecamere e cronisti: «Noi ci siamo meravigliati di trovare Contorno, e Contorno si è meravigliato della nostra irruzione». Anche il ministero degli interni e l'alto commissariato caddero dalle nuvole. Insomma sembrava che nessuno sapesse che Totuccio aveva lasciato l'America per tornarsene in Sicilia. Era un'ipotesi credibile? Gli interrogativi si moltiplicarono.

Certamente Contorno venne arrestato nell'unica città del pianeta che avrebbe dovuto dimenticare per sempre: Palermo. Uno come lui, ispiratore di quasi duecento mandati di cattura, con una faccia nota e riconoscibile quanto quella di un anchorman televisivo, tornando in Sicilia rischiava la fine del topo. Contorno era sempre stato una macchina da guerra. Forse l'unico ad essersi salvato da un agguato teso dai corleonesi con tutti i sacramenti. E a suo tempo erano stati versati fiumi d'inchiostro per spiegare la differenza della sua indole rispetto a quella di un Buscetta più «misurato», più «riflessivo». Si era spedito un Rambo in zona di combattimento con la pia illusione che il giovanotto non avrebbe più sentito il richiamo della foresta? E Contorno era sfuggito ai suoi apprendisti stregoni che avevano dovuto arrampicarsi sugli specchi per riacciuffarlo? O una volta concluso il suo «lavoro» il pentito era stato tratto in salvo con l'espediente della cattura? E ancora. Se qualcuno lo aveva spedito in «missione» quale obiettivo voleva raggiungere? Si volevano conseguire risultati devastanti all'interno del fronte delle cosche in lotta fra loro? O la missione del Rambo di Brancaccio era tutta a suo rischio e pericolo? O più semplicemente qualcuno aveva «chiuso un occhio»?

Sica affermò di aver appreso del suo arresto con molto ritardo. I carabinieri sostennero di non aver mai ricevuto segnalazioni sul suo arrivo in Italia. La criminalpol comunicò invece che già da qualche mese Contorno era in Italia e non essendo sottoposto ad obblighi particolari aveva una sola incombenza: telefonare due volte alla settimana per segnalare i suoi spostamenti. La storia era davvero molto poco convincente. Sull'«Unità» del 28 maggio formulai questi interrogativi che ebbero il merito di non ottenere alcuna risposta: «Delle due, l'una. O stiamo assistendo ad un gigantesco scaricabarile fra i responsabili di uffici tutti regolarmente informati del rientro di Rambo; o, ipotesi forse meno inquietante ma che comunque fa cascare le braccia, Rambo è una sorta di Fantomas con la velocità di Superman. È credibile tutto questo? Ed è possibile che l'alto commissariato, sapendo del suo ritorno in Italia, non avesse almeno la curiosità di seguire minuto per minuto un personaggio di tale spessore?»

Contorno, interrogato in carcere, diede la sua versione dei fatti. E la confermò pochi giorni dopo, durante l'interrogatorio in aula bunker, dove la sua presenza era stata richiesta per un confronto. La versione era questa: «Signor presidente, il mio paese mi ha abbandonato, sono tornato dagli Usa e non mi è stata data una lira (...) Tra moglie, figli e parenti ho otto persone a carico (...) Mi è venuto a mancare il pane per i figli (...) Ero venuto a Palermo a trovare mio cugino Gaetano Grado, l'ultima persona che mi è rimasta, per avere un po' di soldi (...) E mi sono ritrovato arrestato per associazione a delinquere (...) Signor presidente, non voglio fare nessuna ricognizione, lo stato mi ha abbandonato (...) Ho collaborato e non è servito a niente. Non voglio più collaborare con lo stato, da questo momento non vado più ne avanti né indietro (...)»

Naturalmente non aveva commesso delitti né si era lasciato tentare da propositi di vendette private. Col tempo alcuni punti fermi emersero: le armi trovate nel covo di Trabia non avevano ancora fatto in tempo a sparare. Contorno non aveva più obblighi processuali in America. E gli americani avevano pensato bene di «licenziarlo» togliendogli il magro vitalizio mensile di settecento dollari. Totuccio per qualche mese aveva trovato lavoro in un mattatoio. Alla fine aveva preso un aereo e se n'era tornato in Italia. Neanche qui aveva pendenze particolari: condannato a sei anni al maxi processo aveva beneficiato della libertà provvisoria per decorrenza dei termini. Si spiegava così quel contatto telefonico «bisettimanale» preferito alla visita quotidiana ad un commissariato. Un'abitudine, quest'ultima, che avrebbe finito con l'esporlo alla caccia dei suoi nemici corleonesi.

L'intera vicenda sollevò un vespaio. Gli avvocati difensori colsero la palla al balzo nella speranza di mettere in discussione l'intero Contorno-pensiero. Se il grande pentito, l'emulo di Buscetta, adesso si era pentito di essersi pentito, perché ostinarsi a prendere per buone le sue accuse? E in quei giorni, a Palermo, si assistette ad un gioco molto sottile e animato da una sua logica. A palazzo di giustizia l'arresto di Contorno veniva messo tacitamente sul conto di una gestione spregiudicata dei pentiti da parte di Falcone e del nucleo centrale della criminalpol.

Il teorema era — apparentemente — di facile effetto: non è

stato Falcone a raccogliere le prime confessioni del Rambo di Brancaccio? Possibile che il giudice non sapesse nulla del suo rientro a Palermo? Iniziarono così, in quel periodo, a fioccare le prime lettere anonime. Giudici antimafia e «giustizieri della notte» in quegli scritti, spediti a ondate ricorrenti, diventavano sinonimi. Stava iniziando la grande estate del corvo. Ma perché il caso Palermo esplodesse ancora una volta in piena estate era necessario che quelle lettere finissero sui giornali. Questo non accadde subito. E non accadde perché tutti i cronisti palermitani che frequentavano il palazzo di giustizia, pur essendo perfettamente a conoscenza di quel materiale denigratorio, fecero la scelta di non costruirci sopra nessuna verità.

La mafia guarda al '90

Ora, mentre ci avviamo alle ultime battute di questo racconto, voglio proporvi un esercizio insolito. Mettiamoci per un momento (anche se l'impresa non vi apparirà del tutto suggestiva e affascinante) nei panni di uno dei tanti grandi capi mafia che hanno provocato questo sterminio. Solo per un momento. Proviamo ad immaginare un bilancio possibile di questo decennio, naturalmente dal loro punto di vista. Intendiamoci: un bilancio esclusivamente militare. Come si addice ad uomini d'onore. Come si addice ad un antistato, con regole sue, tutte particolari, (volendo adoperare l'espressione dell'ultimo pentito, Francesco Marino Mannoia che il 4 gennaio '90 ha iniziato a deporre in aula bunker). Hanno fatto affari per migliaia di miliardi. Hanno controllato il territorio, vicolo per vicolo, quartiere per quartiere. Hanno passeggiato indisturbati per città e paesi infischiandosene dei tanti mandati di cattura spiccati contro di loro. Hanno considerato la Sicilia niente di più che il cortile di casa loro. Hanno concesso appalti, sostituendosi ai poteri istituzionali veri. Hanno messo in ginocchio l'imprenditoria. Salassandola con le tangenti o entrando prepotentemente in compartecipazione. È un altro capitolo di questa storia, quello della violenza contro gli imprenditori, del quale non si sa molto. Eppure anche da quel versante, in questi anni, sono giunti agghiaccianti bollettini di guerra. Già. Come sono questi imprenditori palermitani? Ligi al dovere? Vittime inconsapevoli? O tutti sbilanciati dalla parte della mafia?

Pansa (nel *Malloppo*) ha offerto questa risposta: «L'imprenditore *protetto* era quello che pagava un *pizzo* concordato e grazie a questo non subiva sabotaggi né attentati, poteva fruire di capitali freschi e aveva un recupero dei crediti rapido e sicuro. L'imprenditore vittima era quello che non voleva subire, che resisteva e quasi sempre ci rimetteva la pelle». Esempi? Pansa li offrì: «Piero Pisa (costruzioni) Francesco La Parola (costruzioni) Roberto Parisi (servizi) Piero Patti (industria manifatturiera) Paolo Bottone (servizi) Francesco Paolo Semilia (costruzioni) Donato Boscia (direttore del cantiere palermitano della Ferrocemento) e infine Luigi Ranieri, amministratore delegato della Sageco (edilizia)».

Un elenco dietro l'altro, il risultato di un macabro collezionismo. Una lunga sfilza di croci che va ad aggiungersi a quella di magistrati e poliziotti, politici e giornalisti, senza dimenticare lo sterminio all'interno delle stesse fila della mafia. O lo stillicidio delle esecuzioni di amici e parenti dei pentiti. Eppure... Eppure, si saranno detti i signori dell'antistato, perché il lavoro sia scrupoloso, perfetto, definitivo, insomma, per entrare alla grande negli anni '90, bisogna raggiungere il top. Per concludere la collezione infatti mancava lui, il pezzo forte, il trofeo più ambito, il «dottor Falcone», il nemico numero uno. So che questa logica fa impressione. Ma ne troviamo un'altra sufficiente a spiegare quanto è accaduto in Sicilia?

Vediamo. La Palermo mafiosa non lo ha mai digerito: ostinato, abitudinario, troppo affezionato al suo lavoro, Falcone rappresenta uno scoglio, un diaframma insormontabile. O — come mi disse, con immagine semplice ma efficace, un abitante di un quartiere povero — è l'equivalente del tappo di una vasca da bagno. Se lo sollevi, in un attimo la vasca si svuota. Cosa pensa un mafioso di Falcone? Che la sua memoria storica costituisce una mina vagante per Cosa Nostra. Anche Falcone — a suo modo — è un collezionista. Lo è diventato nel momento in cui, alla fine degli anni '70, si rese conto che perdendosi dietro i singoli delitti lo stato non sarebbe mai venuto a capo di nulla. Aver intuito la presenza dura di un'organizzazione spietata, e non di singole bande criminali, credo sia questa l'intuizione più felice di questo magistrato. Ciò lo ha portato a conoscere intimamente i meccanismi più reconditi di Cosa Nostra, a conoscere l'effettivo peso di un mafioso dal suo modo di fare, dallo sguardo, dall'atteggiamento durante un interrogatorio.

Fino ad oggi i fatti hanno dato ragione a Falcone. E ci riportano invece ad anni lontani le tesi di certi giudici di Cassazione che si ostinano a negare l'esistenza di questa intelaiatura unica e centralizzata. Si spiega allora perché tutti i pentiti di mafia (ormai saranno una quindicina) hanno chiesto espressamente di esser confessati proprio da lui, dall'ex nemico numero uno. Forse, inconsciamente, per molti è anche un modo per tagliare definitivamente i ponti con Cosa Nostra, per intraprendere una strada senza ritorno, mettendosi al sicuro dai ripensamenti. Bisogna ricordare che Falcone fu tra i primi magistrati a stabilire un fittissimo dialogo con gli investigatori americani e che ha una elevata conoscenza dei meccanismi bancari e una capacità di sintesi investigativa non indifferente. La mafia, in diverse occasioni, ha sperato che Falcone risultasse stritolato dalla stessa macchina giudiziaria, dalle polemiche, dai veleni così ricorrenti a Palermo, dalle piccole e grandi invidie di molti suoi colleghi. Lui ha tirato dritto per la sua strada, continuando a firmare mandati di cattura, costruendo ipotesi accusatorie che raramente hanno scricchiolato, spesso rischiando l'impopolarità. Restava la soluzione di forza. Quella militare, appunto.

Quel giudice deve morire

Così, il 19 giugno '89 Cosa Nostra tentò una grande operazione di bonifica. Decise di chiudere il conto. Gli uomini di mafia piazzarono cinquantotto candelotti di gelatina a poche decine di metri dalla villa dove il magistrato trascorreva l'estate insieme alla moglie. A Mondello, sul lungomare dell'Addaura, a meno di dieci chilometri da Palermo. Un piano micidiale, messo a segno da un sub che — approfittando della confusione di bagnanti — aveva depositato il suo carico di morte sulla scogliera. Quel giorno Falcone aveva invitato a pranzo due colleghi svizzeri (Carla Del Ponte e Claudio Lemman) con i quali sarebbe tornato in ufficio al termine della pausa pomeridiana. Un improvviso cambiamento di programma salvò loro la vita. Alcuni testimoni riferirono infatti che un canotto incrociò al largo, di fronte alla villa del magistrato, per più di mezz'ora. In quel canotto, un killer solitario aspettava l'occasione propizia per premere il pulsante del suo timer.

Gaetano, Angelo, Roberto, Gaspare, quattro fra i trenta poliziotti che per professione coprono le spalle a Falcone nell'arco di un'intera giornata, ebbero la prontezza di spirito di non sollevare da terra quella borsa da sub che conteneva l'esplosivo. Aprirono con calma la chiusura lampo, impallidirono alla vista del contenuto, fecero in tempo a dare l'allarme. Falcone e i giudici svizzeri erano salvi. Fin dal primo momento, in un'intervista concessa a Paolo Graldi del «Corriere della Sera», Falcone avanzò due ipotesi molto precise sull'agguato. Individuò uno dei possibili moventi nelle sue indagini sul riciclaggio del danaro sporco che aveva in Svizzera il teatro principale. E fu perentorio nell'affermare che una *talpa*, molto addentro alle vicende giudiziarie, aveva segnalato a chi di dovere che quel giorno lui avrebbe pranzato con gli svizzeri nella villa dell'Addaura. La notizia resse le prime pagine per un paio di giorni. Poi non se ne parlò più.

Radio mafia, intanto, accreditava una versione di comodo: non si era trattato di un vero attentato, ma di un avvertimento più minaccioso del solito. E paradossalmente, in una città, Palermo, dove Cosa Nostra e lo Spirito Santo hanno in comune il dono dell'infallibilità, la circostanza insolita di un agguato sventato sollevò interrogativi sulla reale volontà dei mafiosi di uccidere Falcone. Anche in ambienti colti, al di sopra di ogni sospetto, scattarono riserve mentali e perplessità. Falcone si rese conto che era in pieno svolgimento una strisciante operazione di delegittimazione che non lasciava presagire nulla di buono. Trovandosi per la prima volta nell'insolita posizione di un giudice che è anche l'oggetto principale della sua indagine, il magistrato decise di ragionare ad alta voce sui possibili moventi dei suoi killer falliti e di lanciare così un segnale poderoso.

Se i diari del giudice Chinnici e quelli di Carlo Alberto Dalla Chiesa avevano rappresentato testimonianze a futura memoria, lui volle rendere noto il suo diario da vivo. Un diario naturalmente pieno di omissis, proprio perché il suo autore voleva continuare ad indagare. Quando lo incontrai nella sua villa dell'Addaura (l'8 luglio) non mi trovai di fronte, come qualcuno poi avrebbe insinuato, un uomo con i nervi a fior di pelle. Ma non per questo un robot, o un alieno. Aveva trascorso tre settimane molto sgradevoli. In qualche modo aveva avuto l'occasione di partecipare al suo funerale e non gli era piaciuto. Non gli era piaciuto avvertire sulla sua pelle la lentezza, la farraginosità del modo di essere della giustizia italiana. E sapendo che qualcuno gli aveva piazzato sotto casa cinquantotto candelotti di gelatina, non aveva gradito i *se*, i *forse*, e i *ma* che avevano messo in discussione l'autenticità del disegno criminale. Si era anche stupito del fatto che nessuno, ai massimi vertici, avesse sentito il bisogno di convocarlo per conoscere i risultati acquisiti indagando sui grandi delitti di Palermo.

Falcone disse poche cose, ma chiarissime. Innanzitutto «Ci troviamo di fronte a menti raffinatissime che tentano di orientare certe azioni della mafia. Esistono forse punti di collegamento tra i vertici di Cosa Nostra e centri occulti di potere che hanno altri interessi. Ho l'impressione che sia questo lo scenario più attendibile se si vogliono capire davvero le ragioni che hanno spinto qualcuno ad assassinarmi». Avvertiva anche la pessima sensazione del *dejà vu*: «Sto assistendo all'identico meccanismo che portò all'eliminazione del generale Dalla Chiesa (...) Il copione è quello. Basta avere occhi per vedere».

In quale zona di Palermo era stato organizzato militarmente l'agguato? «Tutto parte da qui» rispose «e non è una rivelazione: è risaputo che in occasioni simili la "famiglia" che opera nel territorio, dove è previsto un delitto o una strage, viene informata, deve essere d'accordo, poi deve fare sino in fondo la sua parte. Per chi conosce la mafia queste sono verità assolute.» Insistette molto su questo aspetto della programmazione militare: «La mafia uccide o basandosi sulle abitudini o basandosi sulle informazioni. Non uccide mai d'impeto. Diciamola brutalmente: se la mafia decidesse di assassinare lei, in un certo giorno, in un certo posto, anche se lei il giorno prima si dovesse trovare a passeggiare in via Ruggero Settimo, non le farebbe nulla. E io, qui, contrariamente a quanto è stato scritto dai giornali, non avevo l'abitudine di fare il bagno alla stessa ora».

Nella sua intervista al «Corriere della Sera» aveva parlato

espressamente di riciclaggio. Perché proprio il riciclaggio? «Rispondere in maniera chiara comprometterebbe indagini assai delicate. Lo ripeto: si tratta anche di riciclaggio». Cosa sarebbe accaduto nei prossimi mesi? «Le mie previsioni sono brutte. La mafia continuerà a regolare i suoi conti. È in atto una spietata guerra interna per l'egemonia. Se qualcuno fosse riuscito ad eliminarmi avrebbe vantato crediti nei confronti delle altre famiglie per parecchi anni. Ma questo qualcuno ha fallito. Ora c'è un piano preordinato che va avanti.» Il suo morale non era a pezzi. Ma colsi una sfumatura di grande amarezza quando si congedò dicendo: «La mafia per ora starà pensando: forse un giorno Falcone si arrenderà, dichiarerà forfait. Forse sarà sua moglie a mandarlo a quel paese, stufa di una vita impossibile. La mafia — è questo che voglio dire — non lascia mai nulla di intentato».

La telenovela delle impronte

L'attentato a Falcone avrebbe dovuto provocare una risposta senza precedenti da parte dello stato. Il magistrato più esposto nella lotta alla mafia, il giudice che gli americani ci hanno sempre invidiato, era vivo per miracolo. E abbiamo visto che lui stesso lasciava intendere di avere idee molto chiare su quanto gli era capitato. Si poteva — per esempio — cercare la talpa che aveva fornito ai killer notizie sui programmi del magistrato. D'altra parte nei delitti mafiosi più significativi — dall'uccisione di Gaetano Costa a quelle di Dalla Chiesa e Cassarà — la talpa aveva fatto puntuali e ricorrenti apparizioni. Invece l'alto commissario Sica scelse un'altra strada.

Ritenne decisivo, all'indomani dell'agguato a Falcone, riaprire il dossier sulle lettere anonime. Ne circolavano una mezza dozzina. Ce n'erano per tutti i gusti. Ma gli argomenti trattati erano più o meno gli stessi: violentissimi attacchi contro Falcone e il dirigente del nucleo anticrimine della Criminalpol, Gianni De Gennaro, accusati d'aver usato i pentiti a loro piacimento. E, in particolare, d'aver consentito il rientro a Palermo di Contorno, affidandogli una micidiale quanto tacita licenza d'uccidere. Né mancavano le critiche al sindaco Orlando per una antimafia di facciata contraddetta invece — secondo l'anonimo — dalle concessioni di appalti ad imprese in qualche modo collegate a gruppi mafiosi. Sica avviò indagini segretissime. Per un momento sembrò che il Corvo (dal titolo di un vecchio film di Clouzot che aveva per protagonista un anziano signore che si dilettava a scrivere missive anonime) fosse stato individuato nel sostituto procuratore Alberto Di Pisa.

A Di Pisa, Sica aveva rubato le impronte invitandolo a bere nel suo ufficio (almeno così scrissero i giornali); impronte che, confrontate con quelle degli anonimi, si disse fossero risultate identiche. Il motivo c'era: al palazzo di giustizia di Palermo, Di Pisa era chiacchierato da anni come autore di lettere anonime, anche se gli argomenti affrontati erano meno delicati. Né lo aveva aiutato un temperamento assai introverso che spesso lo spingeva a non vedere di buon occhio i suoi stessi colleghi. Poi, improvvisamente, i servizi segreti fecero marcia indietro con l'alto commissario, provocando così una grottesca e stucchevole «telenovela giudiziaria» che si sarebbe chiusa soltanto in novembre. Fra l'altro, alle indagini promosse da Sica si aggiunsero quelle del procuratore capo di Caltanissetta, Salvatore Celesti.

La definizione di «telenovela» non è impropria: per mesi e mesi sarebbe apparso il volto di uno stato pasticcione che, pur affidandosi a strumenti scientifici raffinatissimi, non è mai riuscito a dire una parola definitiva sulle responsabilità di Di Pisa. Un'estenuante altalena di conferme e di smentite: «il corvo è sicuramente lui», «probabilmente è lui», «forse non è lui», e ancora: «è lui, non è lui». Il tutto in diretta, di fronte a milioni di spettatori, dal momento che l'intera stampa italiana non risparmiò pagine e pagine per resocontare quest'ennesima estate palermitana dei veleni. Di Pisa, fin dal primo momento, minacciò tuoni e fulmini pur di ritrovare l'onorabilità perduta. Era un atteggiamento sacrosanto visto che il giudice per settimane e settimane era stato condannato, senza processo e senza sentenze, a portare la croce del corvo anonimo.

Quando finalmente il CSM si occupò della vicenda, gli animi erano ormai esasperati. E Di Pisa deluse tutti, sia gli innocentisti che i colpevolisti. Il giudice poteva limitarsi a sostenere che le lettere anonime non le aveva mai scritte, anche perché non era suo l'onere della prova. Adottò invece un'infelice linea difensiva. Disse sostanzialmente ai commissari: non sono stato io a scrivere quelle lettere, ma ne sottoscrivo i contenuti dalla a alla z. Durissimo contro Falcone e De Gennaro tirò pesantemente in ballo il suo collega Giuseppe Ayala, uno dei due pubblici ministeri al maxi processo. E rivelò che Ayala aveva una scopertura bancaria che sfiorava il mezzo miliardo. Come aveva goduto — incalzò Di Pisa — di questo trattamento di favore? La conclusione del CSM fu ancora una volta salomonica: i magistrati andavano trasferiti entrambi per incompatibilità con i loro rispettivi ambienti di lavoro. Né valse a nulla la spiegazione di Ayala che il debito non era suo, bensì della moglie (e comunque era stato onorato proprio alla vigilia del definitivo verdetto del CSM).

Stranamente il giudice Di Pisa non criticò mai l'alto commissario che pure era stato il primo ad avviare indagini supersegrete mettendolo nei pasticci. A novembre il Tar avrebbe accolto il ricorso di Ayala bocciando il trasferimento e rimediando così — anche se in parte — al verdetto del CSM, tutto nel merito di vicende private. Di Pisa il ricorso non lo presentò mai. Risultato: ancora oggi non ci sono prove schiaccianti per sostenere che il corvo fosse lui. L'inchiesta della procura di Caltanissetta è ancora aperta. La talpa dorme sonni tranquilli. Insomma, le indagini valsero a poco. Il 5 agosto '89 — mentre la telenovela era alle sue prime sequenze — la mafia era tornata a colpire alto, a Villagrazia di Carini, ad una trentina di chilometri da Palermo. E aveva assassinato un agente di polizia, Antonio Agostino di appena ventotto anni. Assassinò anche la moglie, Giovanna Ida Castellucci, che ne aveva 20. Era incinta: i due si erano sposati poche settimane prima. Con una bella omelia, il gesuita Ennio Pintacuda, tornò a chiedere «verità e giustizia» anche per questo nuovo delitto di Palermo.

L'antistato

Ma Palermo potrà mai ottenere verità e giustizia? Non è facile rispondere. Anche perché, ancora oggi, in Sicilia, tutti sanno che se la mafia vuole, può tornare a colpire. Può farlo da un momento all'altro: non le mancano gli uomini, i mezzi, la disponibilità economica. Batoste giudiziarie ne ha subite. I pentiti, che all'inizio sembravano kamikaze, o geni impazziti, per adoperare le parole di Dalla Chiesa, si sono moltiplicati e compongono un discreto drappello. Sicuramente hanno raccontato fatti ai quali hanno preso parte in prima persona, spezzoni di una storia criminale infinita, offrendo una guida per penetrare in un labirinto misterioso. Se non fosse così non avrebbero subìto lo sterminio di interi nuclei familiari.

Il recente esempio di Mannoia non ha bisogno di commenti. È il primo dei vincenti che si sia mai pentito. Ha raffinato, per il clan dei corleonesi, quintali di eroina. Era il miglior chimico sulla piazza, capace, nella seconda metà degli anni '80, di produrre eroina pura al 98 per cento. Quando i corleonesi hanno capito che stava già collaborando con i giudici hanno assassinato tre donne della sua famiglia, poi anche uno zio. Ma quando ha parlato al bunker nessuno ha osato interromperlo. Ha indicato in Leoluca Bagarella il killer di Boris Giuliano, capo della squadra mobile. Ha definito Stefano Bontade, il principe di Villagrazia, un grosso trafficante di droga, capovolgendo così un giudizio consolidato sul boss. Ha spiegato che durante le indagini per il delitto Costa, quando gli investigatori presero di mira Salvatore Inzerillo, in realtà commisero un errore di omonimia (Costa, secondo il pentito, venne ucciso da un altro Salvatore Inzerillo). Ha negato l'esistenza di una pista catanese nel delitto Dalla Chiesa, sostenendo invece che la responsabilità militare ricade solo sulla famiglia di Ciaculli.

Ed è proprio sulla strage di via Carini che ha svelato particolari raccapriccianti, adoperando parole molto crude: «La moglie di Dalla Chiesa non è stata uccisa da un proiettile vagante. È stata appositamente massacrata. Perché? Era una puttana(...) che aveva sposato un generale (...)». Il presidente della corte, Vincenzo Palmeggiano, lo interrompe invitandolo a moderarsi (...) Il pentito si giustifica così: «non sono parole mie (...) ma il commento negli ambienti del carcere era proprio quello».

E perché venne assassinato Dalla Chiesa? «Perché era un vero rompipalle, uno che dava fastidio. Conduceva un lavoro investigativo serio contro la criminalità organizzata, rompendo le scatole in quasi tutta la Sicilia (...) E quando è stato ammazzato, all'interno della nona sezione dell'Ucciardone si è brindato, ma non a champagne come hanno scritto i giornali. Abbiamo preso delle buste di vino e qualcuno ha detto: "ubriachiamoci alla faccia di Dalla Chiesa (...)» La corte rimane attonita. E Mannoia aggiunge: «Se non si riesce a pensare con una mente malefica, allora non si può capire veramente la crudeltà, quel terribile demone che regna dentro Cosa Nostra (...)»

Mannoia ha definito Rabito e Scarpisi estranei alla strage Chinnici e il libanese Ghassan un millantatore. E si è soffermato a lungo su decine e decine di delitti compiuti dai corleonesi negli ultimi anni. Pino Greco — il superkiller —, per far solo un esempio, sarebbe stato eliminato nell'85 dagli stessi corleonesi di Riina.

È presto per verificare l'attendibilità delle sue deposizioni. Ma una verità di fondo, in quelle deposizioni, c'è. Solo un anti-stato poteva mettere a ferro e fuoco la Sicilia per un periodo così prolungato, nonostante la ribellione degli onesti, l'ansia di libertà di milioni di siciliani, il senso del dovere di un gruppo di in-vestigatori intelligenti. Per sgretolare lentamente le fondamenta di questa tremenda struttura criminale il contributo dei pentiti continuerà ad essere decisivo. Ma con altrettanta certezza ci sentiamo di dire che i pentiti non raccontano fino in fondo quel-lo che sanno. Buscetta, Contorno, e ora Mannoia, per ricordare solo i più famosi, pur avendo voltato definitivamente le spalle a Cosa Nostra, continuano a rispettare una regola loro tutta par-ticolare: tacciono sul rapporto mafia-politica. Di quest'intreccio non negano l'esistenza. Più semplicemente scuotono il capo quando viene affrontato l'argomento.

Possono gli esponenti delle parti più sane dello stato vero, quello italiano, che dovrebbe esser rappresentato anche a Tra-pani o a Gela, rassegnarsi ad omissioni così singolari quanto decisive? Davvero pensiamo che la piovra mafiosa si lascerà ta-gliare uno ad uno i suoi tentacoli militari? E saranno sufficienti uno, dieci, cento pentiti o cento processi per sconfiggere Cosa Nostra? Se un boss può avere cento ragioni per togliere di mez-zo un investigatore il discorso diventa più complicato nel caso degli uomini politici. È impensabile che Cosa Nostra abbia fatto tutto da sola. Ma va anche detto: può la magistratura — da sola — arginare l'offensiva criminale? Non sarebbe preferibile una sintonia fra diversi poteri istituzionali?

Questa sintonia è mancata. Fatta eccezione per il comune di Palermo, guidato oggi da Orlando, gli altri Palazzi del potere si sono chiusi a riccio. A questa grande guerra hanno preferito rimanere estranei, ed è la più benevola delle ipotesi. Sono scesi invece in campo — e pesantemente — molti palazzi romani, immettendo altri veleni negli scenari siciliani tutt'altro che salubri. Da questa miscela — romana e palermitana — sono scaturiti i polveroni. Non sollevò un polverone l'arresto di due giornalisti all'indomani dell'uccisione di un ex sindaco e di un poliziotto? Non fu un polverone aprire un fascicolo di atti relativi a carico del primo sindaco che denunciava l'esistenza della mafia a Palermo e dintorni? Non fu un polverone ad inaugurare l'estate della talpa pochi giorni dopo il fallito attentato a Falcone?

Ho voluto raccontare la cronaca di una storia che va avanti almeno da dieci anni. Qualcuno, che avrà avuto la pazienza di giungere alle ultime pagine, penserà forse che questo sia il resoconto di una storia senza speranza. Non vorrei aver dato quest'impressione. Certo ho avuto modo di conoscere troppe persone che poi, proprio a causa del loro coraggioso lavoro, sono state assassinate. Ma è altrettanto vero che molte altre sono andate a ricoprire quei posti rimasti vuoti e dimostrano di saperci fare. L'opinione pubblica italiana oggi è molto più sensibilizzata su quest'argomento. I riflettori sul «caso Palermo» sono quasi sempre accesi. Non è poco. Non è tutto. Ma la mafia ormai ha capito che la Sicilia non è più il cortile di casa sua.

(11 gennaio 1990)

XIX

L'APOCALISSE

Sono stati i fatti a stravolgere il finale di questo libro. Sono stati i fatti che tutti sapete, tremendi, inimmaginabili, che ci hanno lasciato annichiliti. Anche Falcone. Anche Borsellino. E siamo finiti sulle prime pagine di tutto il mondo. Come se grandi registi dell'orrore si fossero impuntati, e avessero voluto privarci della possibilità di coltivare la fiducia in un finale che non fosse scandito ancora una volta da timer e tritolo, vittime e funerali, lacrime e rabbia. Quel lieve filo di speranza, rappresentato da «quelle creature che raramente Dio manda sulla terra, a una terra che non se le merita», per dirla con le nobili parole di Antonino Caponnetto, è stato spezzato. Ci sono voluti appena due mesi per rimettere seriamente in discussione quella frase conclusiva: «Ma la mafia ormai ha capito che la Sicilia non è più il cortile di casa sua». Quanto suona vacua, adesso. Non che fossero mancate le avvisaglie: il 29 agosto del '91 era stato assassinato Libero Grassi, l'imprenditore che si era ribellato al cappio del *pizzo* e aveva manifestato apertamente la sua decisione di non pagare. E il 12 marzo '92 era stato assassinato l'eurodeputato dc Salvo Lima, nevralgico punto di contatto — per quarant'anni — fra gli andreottiani siciliani e i poteri occulti e mafiosi. *Grandissimo* delitto, questo, destinato inevitabilmente a preludere ad un'impennata dell'escalation. Oggi, dopo le stragi di Capaci e via D'Amelio, ci vuole davvero coraggio a dirsi ottimisti sull'esito finale, a coltivare illusioni, a fare finta che il ciclone non sia mai passato, a reinventare terapie, ad ostentare certezze sul *sol dell'avvenire*. Come si fa? Soprattutto: cosa bisogna fare? Da dove ricominciare? Come colmare il pauroso divario fra il diluvio delle parole, la lettura della sfilza dei proclami, l'assenza di misure autentiche, incisive, e la martellante monotonia dell'escalation? E chi può farlo? Chi ha l'indiscussa autorevolezza necessaria per poterlo fare? Si troveranno giudici capaci di prendere il posto degli ultimi caduti di questo decennio che sembra non finire mai? E potranno essere solo giudici o poliziotti o carabinieri o soldati semplici, paracadutisti o carristi a giocare la partita? Leggendo siete arrivati sin qui: ricordate? Cominciò tutto con l'uccisione di un poliziotto di nome Boris Giuliano... E continua ancora così. Per quanto ancora? Con un attacco di proporzioni gigantesche Cosa Nostra ha chiuso i suoi conti con i due magistrati più irriducibili, ha gettato nel panico i rappresentanti delle istituzioni, ha soffiato sul castello di carte delle misure di sicurezza, dimostrando ancora una volta di sapere ciò che vuole e di saperlo fare, ha ucciso speranze, alimentato propositi di resa, diffuso angoscia. Ma allora. Siamo davvero tutti a mani nude? Quando questo libro uscì, Giorgio Bocca, recensendolo per «L'Espresso», iniziò così: *Dieci anni di mafia...* Il sottotitolo dice: *La guerra che lo Stato non ha saputo vincere.* Ma forse sarebbe stato meglio questo: «Dieci anni di mafia per capire che ce ne saranno altri cento, altri mille».

I fatti gli stanno dando tremendamente ragione. Il rullo compressore di Cosa Nostra va avanti. Scrivo queste note *conclusive* ai primi d'agosto, a Palermo. I fanti dell'esercito italiano si sciolgono dentro le tute mimetiche. Picchettano obbiettivi possibili, obbiettivi a rischio. Di notte si vedono le ronde, i controlli sono severi. Ma la Grande Paura è tutt'altro che svanita. Si moltiplicano le minacce di morte. Ce n'è per tutti: giudici e uomini politici. Circolano lettere anonime, elenchi macabri, sui fili dei telefoni corrono pessimi presagi. Il tam-tam di Palermo city mette in guardia: per la mafia, dopo le ultime stragi, tutto il resto sarà in discesa... Il CSM deciderà sul futuro assetto della Procura di Palermo. Pietro Giammanco è stato trasferito. È stato trasferito il questore, Vito Plantone, ha fatto le valigie anche il prefetto Mario Jovine... E Corrado Carnevale resterà a lungo sulla sua poltrona in Cassazione? Devo ammetterlo: avverto la tentazione forte di rimettere in discussione — in queste pagine — l'*abc* della cronaca, quel «chi, che cosa, dove, quando e perché», scarno ma collaudato pilastro di ogni giornalismo dignitoso. Davvero bisogna ricordare come sono stati uccisi Falcone e Borsellino, e Francesca Morvillo, e Antonio Montinari, e Rocco Di Cillo, e Vito Schifani, ed Emanuela Loi, e Walter Cusina, e Vincenzo Li Muli, e Claudio Traina, e Agostino Catalano? Davvero bisogna ricordare che la strage di Capaci è delle 17 e 38 del 23 maggio? E quella in via D'Amelio, delle 16 e 55 del 19 luglio? Interessa conoscere il quantitativo esatto dell'esplosivo? D'altra parte nessuno saprà mai indicarlo con esattezza. Non si possono più contare i colpi esplosi. Non si adoperano più le pistole i fucili i kalashnikov. Va in scena la Strage Assoluta. L'Operazione Sterminio. Si recita l'Apocalisse. Grandi registi dell'orrore hanno capito che il conflitto a fuoco è da evitare, è un rischio inutile, appartiene alle *cronache nere* di un passato lontano. Contro auto blindate e scorte armate sino ai denti, ci sarebbe poco da fare, e le vittime cadrebbero da entrambe le parti. Meglio cancellare interi pezzi d'autostrada, polverizzare interi condomini, disintegrare interi cortei di auto di scorta. Ecco perché quell'*abc* di una volta ci appare frusto e completamente inadeguato a rappresentare i fatti che tutti abbiamo potuto vedere scorrere sotto forma di immagini nei televisori di casa nostra. C'è invece ancora tanto da scrivere, se vogliamo sforzarci di capire. Lasciare *carte scritte*, pezzi di *memoria*, testimonianze, anche opinioni e interrogativi, e destinare tutto ad un ideale archivio della sofferenza, del disgusto, della rabbia, questo ci sembra oggi l'unica cosa che rimane da fare. Quando hanno ucciso Falcone, mi trovavo a Torino. Quando hanno ucciso Borsellino, mi trovavo a Messina. Non rimpiango di non *esserci stato*. Non rimpiango di non essere stato fra i primi cronisti a *giungere sul posto*. Non rimpiango di non aver potuto *vedere*. In entrambi i casi, quasi istintivamente, mi sono detto: meglio non guardare quei corpi straziati, meglio ricordare *da vivi* i giudici Giovanni Falcone e Paolo Borsellino. La notizia della strage di Capaci giunse al Salone del libro di

Torino con una sequenza di tre telefonate da Palermo. Mi trovavo con Corrado Stajano, Nicola Tranfaglia e Tana De Zulueta. Prima telefonata: c'è stato un agguato con esplosivo sulla Punta Raisi-Palermo. Stava passando Falcone. È fallito. Sono tutti vivi (pensai: che figlio di puttana Falcone, li ha fatti fessi un'altra volta). Seconda telefonata: Falcone ha le caviglie spezzate, lo stanno sottoponendo a massaggio cardiaco (pensai: tieni duro Giovanni, non gli fare questo regalo). Terza telefonata: sono morti tutti. Trovai la forza per una dichiarazione al TG3 che suonava pressappoco così: almeno questa volta nessuno potrà accusare Falcone di avere simulato un altro *auto attentato*, come era accaduto all'indomani dei fatti dell'Addaura. Ricordo che furono Stajano e Tranfaglia a decidere che il dibattito sulla mafia bisognava tenerlo lo stesso, che non dovevamo annullarlo, e che semmai bisognava cominciare da lì, sotto quei capannoni lucenti del Lingotto, a raccontare alla gente di Torino chi era e da dove veniva quel magistrato di Sicilia di nome Giovanni Falcone. Ma gli altoparlanti del Salone non diedero la notizia di quanto era accaduto pochi minuti prima. «Arriva la strage e il Salone va», scrisse qualche giorno dopo sull'«Unità», Grazia Cherchi. Quella notte Piero Sansonetti, condirettore dell'«Unità», mi chiese *al volo* un ricordo di Falcone che pubblicò l'indomani in prima pagina con lo splendido titolo: «Giovanni, cuore e cervello di Sicilia». E l'indomani mi trovai in camera ardente. Ancora una volta a Palermo. Nel cuore dell'Apocalisse, in quel Palazzo di Giustizia, dove già dal primo mattino si stavano riversando fiumi di folla. Cinque bare di mogano. Scotti, pallidissimo. Martelli che sembrava rimpicciolito, invecchiato di colpo. Spadolini con il capo chino. Alle 13 e 30 esplose la rabbia per l'ingresso del drappello della nomenklatura: «Assassini. Ladri. Sciacalli, andate via. Buffoni, non rappresentate la giustizia. La mafia siete voi. Tornatevene a Roma. Siete ambigui. Fra qualche giorno tornerà tutto come prima...». Vidi Borsellino, quella mattina: «Paolo Borsellino, con la toga, a fianco della bara di Falcone sembra una statua. Non batte ciglio. Sa che un'eredità gravosa non dovrà andare dispersa». E riascoltavo intanto quell'urlo: fra qualche giorno tornerà tutto come prima... Ma prima che il copione fosse completo ci volevano i funerali nella Basilica di San Domenico dove Rosanna Costa, vedova dell'agente Schifani, disse parole che gelarono il sangue. Ricordiamole: «A nome di tutti coloro che hanno dato la vita per lo Stato... chiedo innanzitutto... che venga fatta giustizia... adesso... rivolgendomi agli uomini della mafia, perché ci sono qua dentro... ma certamente non cristiani, sappiate... che anche per voi c'è possibilità di perdono. Io vi perdono, però vi dovete mettere in ginocchio. Però... se avete il coraggio di cambiare... ma loro non cambiano... tornate a essere cristiani...». E venne Scalfaro, per una prima visita spontanea, non protocollare, ora che finalmente era stato eletto capo dello Stato, ma non aveva ancora prestato giuramento. Sostò in silenzio sull'orlo del cratere di Capaci. Si fece il segno della croce, pregò. Le sirene tacquero, e il suo corteo scivolò per la città quasi in silenzio, fra gli applausi della folla. E in prefettura volle incontrare loro, le mogli degli *eroi*, di quegli uomini di scorta carne da macello servitori dello Stato... Ci aspettavamo tutti la Grande Svolta nella lotta contro la mafia. Ci aspettavamo tutti che almeno adesso lo Stato sapesse dimostrare sino in fondo la sua reale volontà di vincerla questa maledetta guerra. Che pagassero i collusi, i pavidi, gli inetti, i doppiogiochisti, gli incapaci, che per anni avevano inceppato il funzionamento della macchina giustizia. Che avevano isolato, ostacolato, e costretto Falcone a lasciare Palermo. Che se ne andassero a casa, che togliessero il disturbo. Fiorirono invece le chiacchiere da caffè. Venne detto e scritto tutto e il contrario di tutto, in quei giorni. Ricordate? Giovanni Falcone è stato assassinato perché la decisione che sarebbe diventato *capo della Superprocura* era già stata presa.

No. Giovanni Falcone è stato assassinato perché la mafia aveva paura che nel nuovo governo sarebbe diventato *ministro degli interni*.

Macché. Giovanni Falcone non faceva più paura a nessuno. Ma è stato assassinato perché Cosa Nostra non dimentica mai il passato.

Neanche per idea. Giovanni Falcone era ancora il nemico numero uno della mafia e dei poteri occulti. Lo hanno, dunque, ucciso, non per tutto quello che aveva già fatto, ma per ciò che avrebbe ancora potuto fare.

Da dove era partito l'ordine? I rappresentanti del governo americano: Cosa Nostra degli States, con la strage non c'entra nulla. Settimane dopo, Scotti, ministro degli Interni: l'ordine è venuto d'oltreoceano. Si sprecarono le *piste*. Si segue la pista dei narcos colombiani. Si segue la pista dei trafficanti turchi. Si segue la pista svizzera. Si segue la pista dei rubli finiti nelle casse del Pci. E via fantasticando, in assenza di indagini vere, punti fermi. Ricordate la storia delle cicche, di quei mozzoni di sigaretta che uno dei killer avrebbe lasciato sulla collinetta che dominava l'autostrada di Punta Raisi? Gli impeccabili *anchormen* dei tiggì ci spiegarono che *probabilmente* dalla saliva del fumatore si poteva risalire al codice genetico e dal codice genetico all'individuazione di almeno uno dei componenti del commando... Già. Ma a nessuno saltò in mente che dare quella notizia significava invitare la mafia ad eliminare l'incauto *fumatore* proprio per evitare che da un gradino si potesse risalire all'intera piramide? Puntuale — come in ogni grandissimo delitto — il diluvio delle parole, delle interpretazioni che cozzano fra loro, polveroni e depistaggi. Singolare destino, quello di Giovanni Falcone. Coloro i quali — uomini politici, magistrati, anche giornalisti — per anni ne avevano ostacolato la carriera, stavano tentando di diventare i più fedeli interpreti del suo pensiero. Rivendicavano il possesso delle spoglie di un uomo che per dodici lunghi anni aveva totalizzato solo umiliazioni, smacchi, sconfitte. I *cannibali* di turno tuonarono in quei giorni: chi è stato contrario all'istituto della Superprocura ha delegittimato Falcone, contribuito al suo isolamento, alla realizzazione di quei fattori che hanno provocato la strage di Capaci. No, le cose non andarono proprio così. Si cominciò infatti a parlare di Superprocura nel momento in cui Falcone si trasferì a Roma nella primavera del '91. Questo è un fatto. E non è casuale. Nei giorni del dopo strage, invece, da più parti si volle presentare la carriera di Falcone come un *unicum* di successi iniziati con il processo Spatola, Gambino, Inzerillo, e con il pentimento di Buscetta e Contorno. Niente di più falso. Fra l'88 e il '91, Falcone venne bocciato nella sua corsa alla guida dell'ufficio istruzione, da un CSM che gli preferì Antonino Meli. Gli venne preferito Domenico Sica per la guida dell'alto commissariato. Non venne eletto al CSM per colpa dei franchi tiratori della sua stessa corrente. In sovrappiù, subì l'agguato (fallito) dell'Addaura, prima di andarsi a cacciare in quella autentica tagliola che si rivelò essere il posto di procuratore aggiunto sotto il «capo» Pietro Giammanco. Falcone va a Roma quando si rende definitivamente conto che neanche lui avrebbe potuto fare il *profeta in patria*. Va a Roma quando capisce che a Palermo ormai *ha chiuso*. Va a Roma, con una speranza che si rivelò un'illusione: potere contribuire, in maniera diversa, alla lotta alla mafia. Falcone dunque è vissuto ed è morto per avere voluto fare sino alla fine il magistrato. Questa è stata, forse, l'unica vera, grande soddisfazione della sua vita. Quante elezioni, europee, regionali, politiche, si sono svolte, nel periodo della sua permanenza a Palermo. E quante volte, di fronte alle solite voci che davano per *imminente* e *sicura* una sua candidatura in questo o quel partito, mi ritrovai a registrare il disappunto di Falcone che ripeteva instancabile: «Siamo alle solite. Una volta mettono in giro la voce che sto per entrare nel Pci, una volta mi danno per candidato della dc, un'altra ancora dicono che sto passando con i socialisti... Ma quando riusciranno a capire che a me piace fare solo il mestiere che faccio?» Singolare destino, quello di Giovanni Falcone. I settimanali americani e tedeschi, giapponesi o brasiliani, gli dedicarono le loro copertine, ma qui in Italia, a Palermo, nel *suo* Palazzo di Giustizia, veniva osteggiato e combattuto. Nei giorni lontani delle confessioni di Buscetta, ci fu chi definì «don» Masino un *pentito ad orologeria*, sottintendendo che Falcone fosse il giudice che girava a suo piacimento la *chiavetta* di quelle rivelazioni *pilotate*. Si sprecarono le accuse di *protagonismo*. Il giudice che per la prima volta era riuscito ad arrestare gli *intoccabili*, i Ciancimino, i Salvo, si sentì dire che aveva potato *rami secchi*, che quelli erano *nomi vecchi*; e magari che lui li aveva sbattuti dentro perché ormai *politicamente* non contavano più nulla. Si capisce allora perché nasce in Falcone l'idea della Superprocura. Giovanni Falcone, insomma, fu costretto a fare di necessità virtù. E da quel vero servitore dello Stato che fu sino alla fine, ideò la Superprocura, nella convinzione che quel posto, finalmente, non glielo avrebbe tolto nessuno. Sappiamo come andò a finire. Ma ricordare ancora una volta questi precedenti *palermitani* è doveroso, ora che Falcone è morto. Proprio perché questo promemoria può essere utile a quei ministri e a quei rappresentanti delle istituzioni che *scoprirono* Falcone davvero in ritardo. Ed è infatti a Roma — guarda caso — che tanti cominciarono a rivendicare il *possesso* di questo giudice. Un'operazione talmente propagandistica che ha finito col danneggiare pesantemente l'uomo che si ritrovava ormai al centro di attenzioni *politicamente interessate*. L'enorme immagine di Falcone veniva usata per compensare — di fronte all'opinione pubblica — la ben misera immagine di uno Stato in balia dei poteri criminali. Stragi in Campania? Sequestri in Calabria? Mattanza in Sicilia? Il ritornello governativo era identico: «Ma noi faremo la Superprocura e ci metteremo Falcone». Come se con la promessa di questo provvedimento, gli uomini delle istituzioni si sentissero sgravati dal dovere di rispondere, in quel preciso momento, allo sgomento della gente. Se dunque si voleva che qualcosa cambiasse si doveva accettare il diktat governativo. Falcone, dunque, fu messo in mezzo. Se ne volle fare un Ercole che da solo doveva reggere l'intero impegno dello Stato. Falcone, sino alla fine, ha voluto portare sulle spalle quel peso immane che altri, per cinismo, opportunità, calcolo politico, gli avevano scaricato addosso. E quanti *coccodrilli* vedemmo all'opera anche nella Basilica di San Domenico, nel giorno dei suoi funerali. Singolare anche in questo il destino di Giovanni Falcone. Ma c'è ancora qualche cosa da dire. Una domanda da fare. Trasferendosi a Roma dimenticò l'esistenza del rapporto mafia e politica? Non era stato lui a raccogliere le testimonianze dei pentiti che, pur ammettendone l'esistenza, non intendevano parlarne perché non si fidavano di questo Stato? Sì. Ma è pur vero che lo stesso Falcone, quando il pentito Francesco Marino Mannoia fece un accenno a Salvo Lima che si incontrava col boss Stefano Bontade, non volle approfondire la circostanza. Non avrebbe senso, oggi, forzare il nostro giudizio in una direzione piuttosto che in un'altra. Una cosa va detta: Falcone, che per quasi venti anni aveva svolto il suo mestiere di magistrato ricorrendo esclusivamente ai suoi ferri del mestiere, alla fine fu costretto a fare i conti con la *politica*. Capì che non poteva più fare il battitore libero. E abbiamo già detto di quale portata furono le sconfitte che lo costrinsero a lasciare Palermo. Finalmente — avrà pensato qualcuno — Falcone comincia a *ragionare*, rinuncia al ruolo di *protagonista* nella città trincea. Si avvicinò dunque al Palazzo in maniera inesorabile. E non certo da *vincente*. Il suo scenario di vita e di lavoro mutò radicalmente. Dovette privilegiare alleanze, tatticismi, incontri con uomini politici? È probabile. Cosa sono infatti i suoi diari, quelli pubblicati dal «Sole 24 Ore», se non il testamento a futura memoria di chi si accorge di essere costretto a cambiare, ma almeno vuole che i posteri sappiano quanto gli costa? Se fosse davvero passato dall'altra parte, non avrebbe scritto parole di piombo sul capo del suo ufficio Pietro Giammanco, e sui colleghi Giuseppe Pignatone, Guido Lo Forte, Giusto Sciacchitano, indicati, praticamente, come insabbiatori di inchieste. Non avrebbe confidato ai suoi amici più cari, incluso Caponnetto, che lo avevano costretto a firmare sui delitti politici una requisitoria che non condivideva. Si dice che volesse tornare a fare il giudice. Si dice che si fosse ormai stancato di un ruolo *istituzionale*. Resteranno *si dice*. Ho una mia convinzione personalissima, non suffragata da elementi certi, e dunque il lettore farà bene a prenderla per quello che è. Sono convinto che un filo d'acciaio abbia legato i delitti Lima – Falcone – Borsellino. Non escluderei che Falcone si occupò dell'uccisione dell'europarlamentare dc. O comunque che fosse sul punto di utilizzare la sua profonda conoscenza del mondo mafioso per dare impulso alle indagini su un delitto che a Palermo aveva letteralmente chiuso un'epoca.

Due considerazioni mi spingono a fare questa affermazione. La prima: avendo conosciuto Falcone sono certo che non era tipo da assistere con indifferenza ad un episodio criminale di quella portata. Vero è che ormai stava a Roma, in un ufficio del ministero; ma se fossero vere le voci che davano per imminente un suo ritorno *nella mischia*, perché escludere che proprio le indagini sul delitto Lima potessero rappresentare l'occasione di questo rientro? La seconda è questa: del delitto Lima — stranamente — si parlò per un paio di giorni. Poi più nulla. Silenzio assoluto. Tacquero i rappresentanti delle istituzioni. E il *top secret* degli investigatori siciliani fu davvero impenetrabile. In dodici anni non è mai accaduto. C'era lo *stile Falcone* dietro questa riservatezza? Intervenendo a Mixer, dopo la strage di Capaci, Martelli si lasciò sfuggire che Falcone era andato in America per ascoltare Buscetta sul delitto Lima. A che titolo, visto che ormai Falcone lavorava agli Affari Penali?

Si replica l'Apocalisse

Borsellino non verrà. Le polemiche di questi giorni, la pubblicazione dei diari di Falcone, le proteste dell'opinione pubblica contro la guida sonnolenta di Pietro Giammanco alla Procura, non gli consentiranno di essere presente. Ragioni di opportunità gli sconsiglieranno di prendere la parola in un'assemblea che si annuncia incandescente. Era la sera del 25 giugno. Paolo Flores d'Arcais, per il trigesimo della morte di Falcone, Francesca Morvillo e dei tre uomini della scorta, aveva organizzato la presentazione di un fascicolo della rivista «Micromega» quasi interamente dedicato al fenomeno mafioso. Nell'atrio della settecentesca Biblioteca comunale non tirava un alito di vento. Duemila palermitani erano venuti per ascoltare Orlando, Tano Grasso, Pina Grassi, Nando Dalla Chiesa e Alfredo Galasso. Era stata annunciata anche la presenza di Borsellino. Ma non erano in molti a credere che sarebbe venuto. E invece Borsellino non si sottrasse. Arrivò poco dopo le dieci. Si scusò per un ritardo dipeso esclusivamente da ragioni di lavoro. Prese la parola e quell'intervento, a riascoltarlo oggi, mette i brividi. Mette i brividi per la schiettezza, la chiarezza, l'autentico coraggio, dimostrato da un magistrato che vedeva avvicinarsi la fine. Borsellino quella sera vedeva un plotone d'esecuzione già schierato, tutto per lui, anche se i duemila palermitani presenti non potevano vederlo. Capiva che dopo la morte di Falcone, amico collega e fratello, il cerchio si stava stringendo. Quell'intervento mette i brividi perché neanche questo impedì quella sera a Borsellino di dire sino in fondo ciò che pensava, eppure non dimenticò neanche per un solo momento che era e restava magistrato. Cominciò proprio così. Ricordando a se stesso e agli altri che la sua *toga* non gli avrebbe consentito quella sera di svelare particolari e circostanze di un'indagine dove si trovava a rivestire anche il ruolo di *testimone*, avendo lavorato per anni a fianco di Falcone, avendone raccolto confidenze, sfoghi, amarezze. Di tutto ciò — fu la premessa del suo intervento — ne avrebbe prima riferito al titolare delle indagini, il procuratore capo di Caltanissetta, Salvatore Celesti. Sembrava dunque che il suo intervento non avesse più storia. Che la sua presenza andasse intesa come puro atto di cortesia verso la platea che lo aveva invitato. Secondo errore di previsione, quella sera. Borsellino tirò diritto, fumando una Dunhill dietro l'altra, fissando negli occhi tutti quelli seduti nelle prime file, scolpendo concetti che imponevano il silenzio. La strage di Capaci — osservò — «è una strage che ha fatto pensare a me e non solo a me, che era finita una parte della mia e della nostra vita». Una lunghissima pausa, aspirò la Dunhill a pieni polmoni, ed entrò nel vivo dell'argomento dei diari di Falcone pubblicati qualche giorno prima: «Posso dire solo, per evitare che anche su questo punto possano nascere speculazioni fuorvianti, che quegli appunti pubblicati dal "Sole 24 Ore", io li avevo letti in vita di Giovanni Falcone». Stava dicendo di conoscere bene il calvario di Falcone nel suo ultimo periodo palermitano. Confermava, anche se apparentemente si manteneva sulle generali, il ruolo pernicioso dei Giammanco, dei Pignatone, dei Lo Forte, degli Sciacchitano. E da conoscitore di cose di mafia e di Sicilia temeva (preoccupazione sacrosanta) che prima o poi qualcuno non avrebbe resistito alla tentazione di mettere in dubbio l'autenticità di quei diari. Ricordò quindi le parole dell'anziano amico Antonino Caponnetto per il quale «Falcone cominciò a morire nel gennaio '88» (*quando il CSM gli preferì Antonino Meli, N.d.A.*). Borsellino aggiunse: «Con questo non voglio dire che la strage sia il naturale epilogo di questo processo di morte. Anche se oggi tutti ci rendiamo conto che lo Stato, la magistratura, che forse ha più colpe di ogni altro, cominciò a farlo morire quel giorno. Forse ancora prima, in quella data ricordata da Orlando, con quell'articolo di Leonardo Sciascia sui *professionisti dell'antimafia* pubblicato dal «Corriere della Sera». Ricostruì la stupefacente nomina da parte del CSM di Antonino Meli al posto di Falcone, il «miracolo» fatto dall'opinione pubblica che costrinse il CSM a rimangiarsi in parte le sue decisioni e nel «settembre '88, seppure zoppicante, il *pool* fu rimesso in piedi». Ma durò poco: «La protervia di Meli e l'intervento nefasto della Cassazione, iniziato allora e che continua ancora oggi, negando l'esistenza della mafia, continua a far morire Giovanni Falcone». Il magistrato mise in guardia da *teorie* semplicistiche che spiegavano il trasferimento di Falcone con il fatto che «si fosse innamorato di Martelli e dei socialisti». Si disse disponibile a discutere della Superprocura («anch'io firmai una lettera molto critica verso questo istituto»), ma non si poteva discutere che Falcone «ad un certo punto della sua vita, da uomo delle istituzioni, ritenne di potere continuare a svolgere a Roma un ruolo importante nella lotta contro la criminalità mafiosa». Perché era stato assassinato? «L'agguato venne preparato quando ormai si erano concretizzate tutte le condizioni perché, nonostante la violenta opposizione di buona parte del CSM e in base alle notizie che io stesso conoscevo e che gli avevo comunicato, era ormai ad un passo dal diventare direttore nazionale antimafia. Lui voleva tornare al più presto a fare il magistrato, ed è questo che gli è stato impedito, perché è questo che faceva paura.» Scrissi sull'«Unità» (27 giugno), riferendo del suo intervento: «Borsellino, l'altra notte, ha parlato in un modo davvero strano. Forse come chi sa di avere poco tempo».

Dopo quella sera, ci incontrammo il 29 giugno, nel primo pomeriggio, sul Super 80 Alitalia che da Palermo andava a Roma. Mi sedetti accanto a lui. Chiacchierammo di quella sera alla Biblioteca comunale. Gli chiesi se fosse *ottimista* sull'andamento delle inchieste antimafia. Rispose che stava lavorando bene, che a settembre i giornali avrebbero avuto di che scrivere, ma precisò che non si stava occupando della strage di Capaci. Confermò ancora una volta l'autenticità dei diari di Falcone. Mi raccontò che il suo collega era morto senza essere riuscito a mettere insieme i soldi per comperarsi una casa. E tornammo a parlare della Superprocura. C'era un precedente. La notte in cui i telegiornali diedero la notizia che il ministro Scotti, alla presenza di Martelli, aveva lanciato la proposta che il capo della Superprocura fosse Borsellino, lo avevo chiamato da Roma a casa sua, a Palermo. Rispose al primo squillo. Era teso, preoccupato. Mi disse: «Lei sa che quando vennero aperti i termini per il concorso non presentai domanda. Per due ragioni: sapevo che Giovanni ci teneva, e quindi mi feci da parte. Ma anche per motivi familiari. Oggi sono stato preso alla sprovvista dalla proposta di Scotti. E resto del parere che quel posto non fa per me. Se vogliono, li riaprano i termini, per ora si tratta solo di parole. Comunque mi dispiace che Scotti non abbia sentito il bisogno di verificare una mia eventuale disponibilità prima di avanzare la sua proposta». In aereo mi confermò che la sua posizione non era mutata di una virgola. Gli chiesi dove fosse diretto e non me lo volle dire. A bordo era solo, mi disse sorridendo, non c'erano *angeli custodi*. Ci congedammo sull'aereo al momento dell'atterraggio e non lo vidi mai più.

Il 1° luglio, trovandomi a Sassuolo per un dibattito sulla mafia invitato dai ragazzi della Sinistra Giovanile, Nicola Zingaretti, Umberto Gentiloni, Caterina Ginzburg e Stefano Vaccari, feci un intervento tutto centrato sull'eventualità che Borsellino fosse chiamato a dirigere la Superprocura. Mi rendevo conto della delicatezza dell'argomento. Erano i giorni in cui tanti *soloni* dell'antimafia continuavano a ripetere il ritornello che Borsellino sarebbe stata la soluzione ideale. Il vecchio schemino: «Faremo la Superprocura e ci metteremo Falcone» veniva sostituito da quest'altro: «Visto che Falcone è morto ci metteremo Borsellino». Come facevano ad ignorare che Borsellino era uno dei 42 giudici firmatari della lettera contro la Superprocura (lui stesso, come abbiamo visto, ne parlò quella sera alla Biblioteca comunale)? Come potevano pensare di *spendere* il suo prestigio, la sua autorevolezza, sapendo che il CSM aveva già indicato Agostino Cordova, procuratore capo di Palmi, come *suo* candidato? Non si rendevano conto che proporre Borsellino avrebbe ottenuto solo l'effetto di metterlo in una scomodissima posizione fra esecutivo e magistratura? E il 2 luglio lo chiamai al suo telefonino cellulare anticipandogli l'intenzione di scrivere qualcosa sull'argomento. «La ringrazio», replicò. Forse vale la pena riproporre una parte di ciò che scrissi sull'«Unità» del 3 luglio: «Da più parti, dopo l'uccisione di Falcone, si spezzano lance a favore della soluzione Borsellino per la direzione della Superprocura. La proposta a molti appare suggestiva. La mafia ha ucciso Falcone? Ne prendiamo atto, ma rispondiamo mandando allo scoperto il giudice antimafia migliore, quello che le *manifestazioni di Palermo* — come ha scritto Maurizio Mannoni sull'«Unità» — hanno "incoronato" come erede naturale di Falcone. Se questi argomenti dovessero prevalere ricadremmo in un errore già tante volte commesso: identificare la lotta alla mafia in un solo giudice, alimentando un rischioso simbolismo che in passato non ha portato niente di buono. I giudici — da soli — non possono che fare da *parafulmine*. Ce lo insegnano le storie tragiche di Carlo Alberto Dalla Chiesa (che era un carabiniere *solo*) e di Giovanni Falcone. Borsellino, come ieri Dalla Chiesa e oggi Falcone, rappresenta un patrimonio che appartiene alla gente che lotta contro la mafia, alla società civile, all'intero mondo del lavoro che ha dato vita alla manifestazione dei "centomila". E non solo, dunque, a qualche ministro o a qualche reparto di mafiologi, recentemente folgorati dalla *bontà* di un *pool* antimafia che non c'è più». E concludevo: «Se lo Stato vuole fare finalmente la sua parte, con coerenza, metta Borsellino nelle condizioni di lavorare a Palermo. Crei per lui quelle condizioni che non volle o non seppe creare per Falcone, costringendolo ad un esilio sofferto. Non serve invitare gli ultimi eredi di quella grande stagione giudiziaria a dare l'ennesima prova del loro valore salendo su trampolini sempre più alti. Quanto sta accadendo dentro Cosa Nostra ci dice che è a Palermo — innanzitutto — che si continuerà a giocare la partita. E, ancora prima della Superprocura, è la Procura di Palermo lo snodo decisivo».

Lo chiamai, per l'ultima volta, il 16 luglio. Non so dove fosse. Mi disse solo: «La prego, ora non posso parlare. Mi chiami in un altro momento». Seppi (dopo) che Paolo Borsellino aveva già ricevuto la notizia che un grosso quantitativo di esplosivo era giunto in Sicilia e che aveva riunito la famiglia per congedarsi dicendo: «Quell'esplosivo è per me». La sera della strage, il 19 luglio, raggiunsi Palermo da Messina. Una folle corsa in taxi, con i colleghi Cristina Parodi e Giorgio Gori, direttore di Canale 5. In via D'Amelio l'inferno era ancora in pieno svolgimento. Era lì, fra palazzi sventrati, carcasse d'auto arrugginite, pozzanghere di nafta e copertoni bruciati, che anche il mio amico Paolo Borsellino era stato fatto a pezzi. In appena 57 giorni avevo perso due amici veri. Povera antimafia... Sono grato a Walter Veltroni, nuovo direttore dell'«Unità», per avere voluto che fossi io a seguire per il giornale quelle indimenticabili giornate di Palermo e per non avermi creato alcun problema di *misura* — come si dice in gergo — nella stesura dei *pezzi*. Non avrebbe molto senso, adesso, *riscrivere* a posteriori quelle cronache. Penso sia meglio riproporle, anche se il rischio di qualche ripetizione con quanto è già stato detto è quasi inevitabile.

XX

CORRISPONDENZE DA PALERMO

Ecco il messaggio: cancellare del tutto la vera Antimafia

Sì. Anche lui. Anche Paolo Borsellino. Hanno ucciso l'erede naturale di Giovanni Falcone. Il collega più anziano. L'uomo che ne aveva raccolto i resti pochi minuti dopo l'orrenda strage di Capaci del 23 maggio.

Cosa Nostra ha ucciso un altro dei mitici fondatori di quel pool che a metà degli anni Ottanta aveva raccolto le confessioni dei pentiti, emesso centinaia e centinaia di mandati di cattura, dimostrando, per la prima volta dal dopoguerra, che i giudici siciliani non volevano più convivere con il fenomeno mafioso. E dimostrando così — per la prima volta in Sicilia — che lo Stato poteva presentarsi finalmente con un volto diverso.

L'antimafia deve morire. Di quei giudici, di quegli investigatori, non deve restare traccia nell'Italia che si affaccia alle soglie del Duemila. È questo il messaggio. Inutile girarci attorno. Inutile far finta di non capire. Di quell'antimafia, antimafia vera, autentica, di quell'enorme memoria storica, non deve rimanere davvero nulla.

E c'è un altro messaggio. La Sicilia non fa più parte dello Stato italiano. La Sicilia ormai è terra di nessuno. D'altra parte se ne era forse reso conto lo stesso ministro degli Interni Mancino, quando aveva alzato le braccia qualche giorno fa. Si infittivano i segnali minacciosi contro Leoluca Orlando e il ministro aveva invitato l'uomo politico più votato in Sicilia a non mettere più piede in Sicilia.

Avevo viaggiato con Paolo Borsellino in aereo il 29 giugno, da Punta Raisi a Fiumicino. C'eravamo seduti accanto. Si era detto fiducioso nell'esito delle indagini per la strage di Capaci. Mi aveva ancora una volta confermato l'autenticità dei diari di Falcone. Ne aveva — d'altra parte — dichiarato pubblicamente l'autenticità già a Palermo, qualche giorno prima, in occasione della presentazione di un numero della rivista «Micromega».

Mi aveva anche raccontato che Giovanni Falcone è morto senza potersi comperare una casa. E lo raccontava quasi sorridendo con quegli occhi nerissimi che non stavano mai fermi. Dov'era diretto? Non aveva voluto rispondere a questa domanda. Gli avevo chiesto se d'estate sarebbe rimasto a Palermo: anche su questo aveva glissato. Aveva angeli custodi su quell'aereo? Si era messo a ridere: «Sono solo. Non lo vede?» E infine: intendeva accettare eventuali candidature alla Superprocura? «Non me lo sogno nemmeno.»

Poi lo avevo chiamato al suo telefonino cellulare il 16 luglio, di pomeriggio. Era tesissimo: «La prego ora non posso parlare, mi chiami in un altro momento».

Non l'ho più visto, non l'ho più sentito. Muore un'altra di quelle creature rare — come aveva detto il giudice Antonino Caponnetto — che ogni tanto il cielo manda su questa terra. Ad una terra che non se le merita. Quanto potremo continuare ancora così?

(20 luglio 1992)

L'ira della gente contro i farisei

Un'altra corazzata dell'*antimafia* è colata a picco. E ora? E ora cosa urla la gente di Palermo? Cosa urlano gli uomini delle scorte? Cosa urlano i condomini di via d'Amelio, di via Autonomia Siciliana ancora tramortiti dal tremendo boato? È un crescendo assordante, disperato. Ieri sera, alle 18,03, le sei bare della nuova strage sono state esposte nell'atrio del palazzo di giustizia, ed è tornata ad esplodere la rabbia. Non prima di un fragoroso applauso per rendere onore ai caduti. Sviene Lucia, la figlia ventenne di Borsellino, fra le braccia del fidanzato. Piange a dirotto Manfredi, il primogenito di 21 anni. Non sa ancora nulla Fiammetta, che si trova in Indonesia e che sino a ieri sera è stato impossibile raggiungere. C'è vestita a lutto, Agnese Piraino Leto, moglie del magistrato. Stringe al petto la toga del marito. La sorreggono due amici di famiglia. A decine i familiari degli uomini di scorta spezzati dal dolore. Qualcuno si scaglia contro i fotografi ma dura poco. Dice un cartello: «Falcone e Borsellino eroi della nuova resistenza». Dice un secondo cartello: «Per vincere dovete ucciderci tutti. Siamo alcuni milioni». Ce n'è un altro: «Ministro Martelli giù le mani dalla magistratura».

Tranne Pietro Folena e Nino Mannino, segretario della Federazione Pds di Palermo, non ci sono esponenti politici. Meno che mai rappresentanti dei vertici governativi. Solo magistrati. È tornato, ancora una volta da Firenze, Antonino Caponnetto, anziano capo dell'ufficio istruzione di Palermo che sino a metà degli anni Ottanta diresse uomini come Falcone e Borsellino. È toccato a lui, sudato, stravolto, in una Palermo di sangue e lacrime che conosce a memoria, portare a spalla il *giovane collega*, aprendo il mesto corteo dei feretri. Indossa una maglietta verde-acqua, un pantalone beige. Ha appena finito di rilasciare una amarissima dichiarazione: «Non si può più fare nulla. La mafia ha dato il colpo di grazia. La nuova strage è stata compiuta per spezzare la rivolta morale spontanea della gente dopo l'uccisione di Falcone. Hanno anche voluto azzerare la memoria storica del pool, il suo bagaglio di conoscenze e tensione morale... Ci sono troppi farisei, a Palermo, troppi amici dell'ultima ora. Ho già avuto modo di vederli due mesi fa ai funerali di Falcone...». E se in un primo tempo l'anziano consigliere aveva detto «non andrò al palazzo di giustizia per non incontrare alcune persone, per non vedere alcune facce», in un secondo tempo aveva precisato: «Ci andrò di notte, quando ci andrà Agnese, vedova di Paolo, per evitare così di fare brutti incontri...».

Fuori, intanto, due manifestazioni distinte, una della Rete, una degli iscritti al Movimento sociale che chiedono la pena di morte. Ma fra ali di folla senza più distinzioni passeranno tutti i familiari salutati da ripetuti applausi. Poi, all'improvviso, arriveranno ancora una volta tutti gli equipaggi che compongono le scorte di Palermo. Ogni uomo, ogni donna, con un fiore che sarà deposto sulle bare. Sulla soglia del palazzo, Giuseppe Di Lello che, insieme a Caponnetto, Falcone, Borsellino, Guarnotta, diede vita al pool. Ecco Alfonso Giordano, presidente del primo maxiprocesso a Cosa Nostra. Ma le urla di Palermo è come se riecheggiassero ancora.

I palermitani urlano che Paolo Borsellino è stato lasciato solo dallo Stato italiano. Che Paolo Borsellino è stato dato in pasto agli squali mafiosi. Che Paolo Borsellino è stato esposto, strumentalizzato, e poi dimenticato dagli uomini delle istituzioni che avrebbero dovuto proteggerlo. Il suo nome prestigioso esibito come una bandiera dal pennone più alto, e poi deposto in un angolo. Fu lui a dircelo: «Quando a Roma, durante la presentazione del libro di Arlacchi, Scotti, presente Martelli, fece il mio nome come probabile superprocuratore, rimasi di sasso. Non mi aveva detto niente nessuno. A suo tempo non avevo fatto domanda sia perché sapevo che Giovanni Falcone teneva a quel posto, sia per motivi miei, di carattere familiare. Mi trovai spiazzato. Ebbi la sensazione che qualcuno volesse strumentalizzarmi. Se vogliono li riaprano i termini per la Superprocura, poi deciderò. Ma le posso assicurare che questa è l'ultima cosa che mi passa per la testa in questo momento».

Così il suo nome era rimasto a galleggiare, senza che accadesse nulla. C'è di più: Scotti e Martelli non sapevano che Borsellino era uno dei firmatari della lettera dei 42 magistrati contro la Superprocura? Non si rendevano conto che il nome di Borsellino rischiava di finire schiacciato fra l'esecutivo e il CSM che aveva già designato Cordova? E come noi, crediamo che tanti altri ebbero modo di registrare il suo forte disappunto. Ormai, fra televisioni, articoli di giornali, libri, occhi per vedere e orecchie per sentire, la gente di Palermo sa davvero tutto quello che c'è da sapere. Ha completato il suo ideale censimento delle *facce di bronzo*. Per questo urla. Urla che Borsellino non è stato ascoltato, non è stato preso in considerazione per tutto quello che aveva detto dopo la strage di Capaci del 23 maggio. Ma la gente di Palermo urla anche contro il nuovo governo perché, come tutti quelli che in questi ultimi quindici anni lo hanno preceduto, fa finta, o è impotente, o non ha le mani libere. Comunque non è all'altezza. Lo urlano, qualcuno più freddo lo dice, ma tutti lo pensano. Urlano che se si va a guardare nel piatto della bilancia dell'iniziativa dello Stato si troveranno soltanto disfunzioni, paurose dimenticanze, tantissime chiacchiere, retorica a quintali e spreco di aggettivi. E incalzano: come si fa a tenere al suo posto di procuratore capo Pietro Giammanco? Come si fa dopo che tutti hanno letto i giudizi non certo lusinghieri che sul suo conto aveva espresso Giovanni Falcone in quelle pagine poi pubblicate dal «Sole 24 Ore»? Falcone non aveva forse messo nero su bianco di essere stato costretto ad abbandonare Palermo proprio perché Giammanco e un pugno di sostituti a lui fedelissimi gli aveva reso (professionalmente parlando) la vita impossibile? Bene. Tutti i giornali avevano ripreso quelle notizie. Ma cos'era accaduto? Nulla. Parole sull'acqua. Ma su questo punto bisogna soffermarsi un attimo.

Proprio Borsellino, intervenendo il 25 giugno alla Biblioteca comunale di Palermo, in occasione della presentazione di un numero di «Micromega» prevalentemente dedicato alla mafia, aveva detto testualmente (e in assenza di sollecitazioni): «Posso dire soltanto, per evitare speculazioni fuorvianti, che questi appunti pubblicati dal «Sole 24 Ore», io li avevo letti in vita di Giovanni Falcone. Sono proprio appunti di Giovanni Falcone perché non vorrei che anche su questo, un giorno, vengano avanzati dei dubbi». Chiaro? Non tanto. Se appena nominato ministro dell'Interno, Mancino, giunto a Palermo per un primo assaggio di *Mafiopoli*, aveva annunciato che il Viminale stava verificando l'autenticità di quei diari. Come? Borsellino li aveva letti mentre Falcone era vivo e il ministro dell'Interno andava a *verificare*? Gaffe, non c'è dubbio, gaffe che il giorno dopo il neoministro aveva cercato di ridimensionare.

C'è tutto questo, e molto altro ancora, dietro le grida di Palermo. Dietro lo scoppio di ira e violenza, domenica notte, in una Prefettura immersa in un'atmosfera spettrale, e dove Mancino, Andò, Martelli, Parisi e Giammanco sono riusciti a stento a sottrarsi al linciaggio. Sono fatti spiacevoli, ma i fatti sono questi. Dal 23 maggio a domenica sono trascorsi 57 giorni. Troppo pochi per avere il tempo di riacquistare la capacità di riflessione. Ma davvero dobbiamo raccontare chi era Paolo Borsellino?

Dobbiamo raccontare perché lo hanno ucciso? Dobbiamo raccontare su quale filo, sempre più esile, sempre più teso, aveva iniziato a muoversi nelle settimane successive all'uccisione di Falcone? Verrebbe da dire: sempre le stesse cose. O non dovremmo invece raccontare le ultime 48 ore che si sono vissute in questa maledetta *Mafiopoli*? Cento chili di plastico, quattro condomini sventrati, sei persone fatte a pezzi, una cinquantina di macchine bruciate, ridotte ad ammassi di lamiera contorta. Si potrebbero anche raccontare gli odori. Di benzina, di copertoni liquefatti. O il tanfo all'ufficio di medicina legale, dove ieri mattina era in corso un'autopsia fatta quasi su una catena di montaggio. Pensate: dirigeva Paolo Procaccianti, medico legale che dal '71 ad oggi ha visto una infinita galleria di scempi. Meriterebbe un ruolo centrale la lapide all'ingresso della squadra mobile di Palermo che inizia ricordando il sacrificio di Corrado Silvestro Silvio, maresciallo di pubblica sicurezza, caduto il 30 giugno del '63... Ormai non può essere aggiornata: non c'è più spazio. Sia come sia, siamo stati costretti ancora una volta ad entrare in questa *Mafiopoli* che fa tremare, lascia stupefatti, annichiliti. Non finirà qui, urlano tutti a Palermo in queste ore. Il micidiale rullo è destinato a schiacciare altre resistenze, altri eroismi individuali, altri capi storici di una stagione giudiziaria e investigativa che mai come in questo momento appare tragicamente irripetibile. Gli uomini dell'*Antimafia* camminano tutti con la morte addosso. Lo sanno. Tutti si chiedono chi sarà il prossimo. Ieri abbiamo parlato con Arnaldo La Barbera, capo della squadra mobile. Due giorni prima della strage aveva avuto assegnata nell'equipaggio della sua scorta Emanuela Loi, la ragazza dilaniata insieme a Borsellino a soli 25 anni. Se quel giorno La Barbera si fosse trovato a Palermo non l'avrebbero assegnata a Borsellino e lei sarebbe ancora viva. La Barbera, mentre raccontava di queste incredibili scelte del destino, sistemava in una cassaforte del suo ufficio uno scatolone di cartone: c'erano dentro gli effetti personali del giudice: una borsa e un costume da bagno. Pare che di Borsellino non si sia trovato altro. Abbiamo incontrato Giuseppe Di Lello: «Due giorni fa c'eravamo dati un appuntamento con Borsellino ma per pochissimi minuti ci siamo mancati. Ora preferirei che non fosse accaduto». Leonardo Guarnotta ci dice: «Avevo trascorso una settimana lontana da Palermo. Al mio rientro ho trovato un appunto della segreteria: Borsellino mi aveva cercato due giorni prima. Ma neanche io ho avuto la possibilità di rimettermi in contatto con lui. La verità è che i mafiosi sono in guerra contro di noi. Noi disponiamo soltanto di armi davvero molto spuntate». Un altro magistrato: «La verità è che negli ultimi tempi stava riesplodendo il fenomeno del pentitismo. E i pentiti volevano parlare soltanto con Borsellino, dal momento che anche Falcone era stato eliminato. Oggi è facile prevedere che si richiuderanno ancora una volta nel loro mutismo. Se continua così moriremo noi, ma moriranno anche loro». Uno dei baristi della buvette del Palazzo di Giustizia: «Vivo qui dal 1971. Ricordo persino la bonanima di Pietro Scaglione, che in quegli anni era procuratore capo di Palermo e poi venne assassinato... Ricordo Boris Giuliano, e tutti quelli che sono venuti dopo di lui. Ma già dall'uccisione di Scaglione mi resi conto che avremmo vissuto questa storia... C'è davvero qualche cosa che non quadra, che non funziona, in questa storia della mafia... ne ho viste, ne ho sentite tante. Mi creda: siamo sempre allo stesso punto di partenza, anzi, la situazione peggiora di giorno in giorno».

Si spiegano, eccome se si spiegano, le urla di Palermo.

(21 luglio 1992)

Hanno blindato la Cattedrale. Hanno impedito ai fedeli di assistere alla messa. Hanno chiuso vicoli, strade, piazzette e bagli del centro storico. La gente è stata tenuta alla larga. Strattonata, spintonata, intimidita. Si sono visti idranti e cani poliziotto. Si è vista gente picchiata, gente portata via. Si è vista gente piangere, gridare, non credere a ciò che vedeva. Vedeva uno spettacolo ripugnante, che lasciava di stucco. Si vedeva finalmente uno Stato.

Rappresentato da quattromila uomini in divisa, efficienti, dislocati nei posti chiave, che riconquistavano, anche se per lo spazio di un solo pomeriggio, il *territorio*. Questo incredibile frutto proibito che da decenni viene controllato esclusivamente dalle cosche mafiose. Ma lo Stato aveva l'aspetto di un pugile suonato. Tirava i suoi colpi dalla parte sbagliata, contro la gente, considerava le decine e decine di migliaia di palermitani in piazza contro la mafia come un gigantesco problema di ordine pubblico.

Si dice spesso che a Palermo si assiste sempre allo stesso copione. Che alla strage di mafia seguono le esequie di Stato, che alle esequie seguono le passerelle delle autorità, che alle passerelle seguono i proclami e poi più nulla, sino ai nuovi morti, alla nuova mattanza. Ieri non è stato così. Un prefetto allenatissimo alle cerimonie ufficiali, molto impacciato quando si tratta invece di prevenire le esplosioni di violenza mafiosa, ha pensato bene di sfoderare i reparti migliori per una insulsa parata che ha offeso la coscienza dei palermitani. Questo prefetto — Mario Jovine, si chiama — rimarrà davvero nella memoria collettiva dei palermitani. Potrà anche non dimettersi mai, ma ieri ha firmato una pagina senza precedenti nella storia della città.

Giornata del rancore, dell'ira, giornata dei nervi a pezzi, delle urla, degli sputi, degli schiaffi, giornata che non sarà facile dimenticare. Il palazzo voleva, doveva, ha preteso di andare a piazzare le sue tende nella chiesa dei re normanni che da settecento anni riposano in pace. E perché quest'occupazione fosse possibile ha preteso che tutti i palermitani fossero considerati e trattati da alieni. Un capolavoro, non c'è che dire. Giuseppe Campione, presidente di una giunta regionale che sempre più ha l'aspetto di una bagnarola in un mare in tempesta, è entrato quasi sollevato da terra dai suoi uomini di scorta. Gli abbiamo chiesto perché non si avvaleva di quell'articolo del sofisticatissimo statuto dell'autonomia siciliana che dà al capo del governo facoltà di comando sul prefetto e sulle forze di polizia. In altre parole perché non si stava opponendo a quel modo surreale di amministrare l'ordine pubblico. Piangeva e non rispondeva, e sarebbe sin troppo facile dire che non di sole lacrime può vivere Palermo. Il cardinale Salvatore Pappalardo si è fatto largo fra cordoni di polizia, di finanza, di carabinieri. Per trovare un varco, lui, il capo della chiesa siciliana. Gli abbiamo chiesto come si sentiva in una chiesa costretta a lasciare fuori i suoi fedeli. Sono stati dei preti a cinturare il cronista spingendolo via.

Giornata davvero singolare quella di ieri, che sarà difficile dimenticare. Potremo dimenticare facilmente Agnese Piraino Leto, pallore spettrale, figura ricurva, ora che sa che finalmente anche Fiammetta ha saputo? I Borsellino non hanno voluto funerali di Stato per Paolo, padre, marito esemplare, ancora prima che magistrato tutto d'un pezzo. Ma i Borsellino sono venuti in Cattedrale per stringersi attorno ai familiari di Emanuela e Claudio e Walter e Vincenzo e Agostino. In questa città dove il dolore ha imparato a riconoscere, a capire, a rispettare il dolore. Ma ecco che mentre Agnese sta per entrare vengono spintonati fuori dalla chiesa gruppi di agenti di scorta. Agnese è sul punto di cedere, soffocata dalla folla e dagli agenti, urla: «Mio marito, me l'hanno ucciso, me l'hanno ucciso...». E la giovane Lucia, se possibile ancora più esile, ancora più spettrale, che le dice: «Mamma non fare così...». Potremmo dimenticare facilmente Claudia Loi, sorella di Emanuela, bionda, che con l'inconfondibile cadenza sarda porta la sua testimonianza nel giorno dell'ira e del dolore? Un collega di Emanuela, anche lui sardo: «Claudia, non metterti a piangere, non dare soddisfazione a questi assassini, ricordati che sei nata in Sardegna». Ed ecco che da un angolo remoto della cattedrale si fa avanti

Rosaria Schifani, la donna di Vito, fatto a pezzi con Falcone nella strage di Capaci.

Rosaria ha quasi il piglio della veterana. Nessuno riesce a fermarla. Spezza i cerimoniali, travolge i copioni. Lei così scavalcando tutti, raggiunge un Pappalardo imbarazzato, impacciato. Gli getta le braccia al collo. E urla: «O lo dici tu o lo dico io: devi dirlo che si devono pentire, io non dimentico, non dimentico... Vito, ti voglio, ti voglio...». Una galleria di donne forti, di donne capaci di trovare le parole giuste, donne che impartiscono lezioni di comportamento a rappresentanti delle istituzioni che in queste ore stanno perdendo la bussola. Riflettiamo su ciò che è accaduto. Da lunedì pomeriggio a ieri, dal sottosuolo dei quartieri poveri e dalle zone residenziali di borghesia grande e piccola si erano riversati fiumi di folla. Si doveva attendere un'ora in fila indiana per rendere omaggio alle salme in camera ardente, apporre infine la firma nei registri del cordoglio. Solo chi sa quanto sono istintivamente restii alla disciplina i palermitani, può capire quale enorme fatto di crescita collettiva siano state quelle file disciplinatissime in attesa che venisse il proprio turno. E in camera ardente la nomenclatura aveva pensato bene di non farsi vedere, dopo le violentissime contestazioni domenica notte, in Prefettura. Ieri, qualcuno ha pensato che si imponesse una rivincita. E il risultato è stato un disastro.

Sembrava che tutto stesse andando per il meglio, anche se soltanto dentro la Cattedrale. Pappalardo tirava via, con voce stanca, un'omelia anodina, segnata da brevi sprazzi: «È una nuova strage che ci trova incapaci di un commento... Mi sembra di vederlo ancora Borsellino, quando si esprimeva con accenti di fede e di coraggio... e quale pena per questi fedeli servitori dello Stato posti ad inutile tutela... Palermo, alzati e cammina...». Fuori, intanto, stava accadendo di tutto. Ma il punto era: terranno almeno le tre-quattromila persone stipate nella basilica? No. Non hanno tenuto. Il presidente del Consiglio Amato, il capo della polizia Parisi sono stati risucchiati da un gorgo di folla inferocita. Ad un tratto non si sono più viste le bare. Sono stati travolti i parenti. Poliziotti contro carabinieri.

Agenti con la faccia da Serpico, quelli delle scorte, che si dividevano fra loro, che si accapigliavano. Dunque, anche poliziotti contro poliziotti. Gli uomini in blu di Scalfaro, che altri avevano cacciato in una pessima trappola, stentavano a farsi riconoscere, ad arginare, a proteggere gli obbiettivi. Sputi e schiaffi. Chi inciampava nei cavi della tv. Chi scivolava di brutto su tappeti di fiori ormai liquefatti dal caldo. E urla, urla in Cattedrale. Le urla di Palermo: «Sciacalli, assassini, dimettetevi...». E Scalfaro, Amato, Parisi, spinti via, messi in salvo mentre il frastuono si è fatto assordante.

E fuori? Sono da poco arrivati Orlando e Nando Dalla Chiesa. Loro non sono costretti in questi labirinti di tubi Innocenti a trovarsi una possibile strada verso l'altare. Ma i palermitani li bloccano. Chiedono aiuto. Riconoscendo volti amici urlano la loro disperazione: «Ci stanno tenendo fuori, non fanno entrare noi, che siamo le vittime, per fare spazio a qualche politico... La gente perbene resta fuori, i mafiosi li fanno accomodare. Aiutateci almeno voi». Monta un coro possente: «Giustizia, giustizia, giustizia...». Tutti la chiedono. E chi può darla? Orlando e Dalla Chiesa chiedono spiegazioni a qualche ufficiale. «Ordini» è la scontata e laconica risposta. Orlando e Dalla Chiesa si impuntano. Chiedono che venga consentito alla gente di entrare. Di presentare tesserini e credenziali, per ottenere un trattamento differenziato dai comuni mortali, non se lo sognano nemmeno. Facce imbarazzate fra i poliziotti. Non si può fingere di non conoscere Orlando. Come ignorare la richiesta degli esclusi? Per un attimo questa città di paria trova i suoi portavoce. Il cordone si allenta. Poliziotti svegli transigono su un ordine che in molti reputano odioso. Piccoli gruppi filtrano, vengono lasciati passare, e così anche i due leader della Rete riescono a superare il bonario sbarramento dei palermitani. Volteggiano gli elicotteri.

Il popolo del Papireto, del Capo, dell'Albergheria ha svuotato le case. Esce dalla Cattedrale il drappello della Marina. Esce Fini, segretario del Msi. Si prende applausi e un fitto lancio di monetine. «Pena di morte», gridano i fascisti. «Nuova resistenza», gridano altri. Lenzuoli, striscioni. La guerriglia degli slogan. E notizie che corrono di bocca in bocca: «Si è dimesso Aldo Rizzo da sindaco». «Bravo». E un altro: «E si dimetterà anche la giunta regionale?» Sgommano le Alfette della scorta di Ayala, uno dei pochi volti noti, ieri, ad essere applaudito a scena aperta. Ronzano gli elicotteri. Rimbalzano le ultimissime: Borsellino che aveva riunito la famiglia perché aveva capito che ora toccava a lui. La notizia che un grosso quantitativo di esplosivo era giunto a destinazione.

E Borsellino: «Quell'esplosivo è per me». E la gente racconta di quando, ieri mattina, Caponnetto è apparso in tutta la sua grandissima umanità stringendo una per una le mani di decine e decine di familiari, portando conforto in camera ardente, aggirandosi fra le bare, abbracciando i bambini. E teneva spesso la mano sul cuore. E Colombo, Borrelli, i magistrati di *Tangentopoli*, ma anche la sfilata degli ipocriti, la galleria delle facce di bronzo. E i giudici della Procura distrettuale antimafia che stanno riuniti in seduta permanente. Molti di loro vogliono dimettersi. Non si riconoscono più nella direzione del capo, Pietro Giammanco. La chiesa, ai giudici che vogliono commemorare il collega Borsellino, non sarà concessa. Scelte, decisioni, voci, notizie e telefonate anonime, martellanti, uno stillicidio. E così anche il corteo del presidente del Consiglio Amato sarà fatto deviare dall'autostrada sulla statale, destinazione Punta Raisi.

La Sicilia è un continente, scriveva Vittorini. Molto miope, stupido, pretendere di tenerla *fuori dalla porta*.

(22 luglio 1992)

Il questore Plantone è stato rimosso

È incollato alla sua poltrona. Non molla, sfida la gente, sfida le urla, tiene duro. Si barrica nel suo ufficio. Spedisce fax per smentire categoricamente le *voci* fatte circolare in *malafede* da *fazioni politiche*. Spera nel conto alla rovescia. Che i riflettori si spengano. Che cali il sipario anche sulla strage Borsellino. Spera di tornare a galleggiare fra un morto e l'altro, fra una strage e l'altra, snocciolando cifre ragionieristiche, dispensando dichiarazioni al cloroformio. Troncare, sopire? Macché. Narcotizzare, sottoporre ad anestesia totale l'intera città.

Pietro Giammanco è il capo équipe degli anestesisti di un certo modo di fare antimafia. Hanno avuto modo di rendersene conto ieri mattina giornalisti venuti da tutt'Italia, fotografi, teleoperatori. Giammanco non ha accettato il colloquio, non li ha ricevuti. Ma questa volta, il *quinto potere* non ha subito in silenzio. L'anticamera dell'ufficio del procuratore è stata praticamente occupata. Giammanco, di gaffe in gaffe, prima ha mandato un usciere a fare le sue veci. Poi, rendendosi conto degli effetti che questa *mossa* aveva provocato sugli umori dei giornalisti, ha spedito dentro la selva di telecamere e microfoni, Vittorio Aliquò, procuratore generale aggiunto. Un giudice anziano, un signore distinto, costretto a balbettare che «il capo procuratore ha deciso di non dire nulla».

Nottetempo, martedì, mentre si avviava al termine il giorno dell'ira e del dolore, Giammanco aveva rilasciato una dichiarazione all'Ansa, sulla sua «presunta» volontà di lasciare l'incarico. Si è reso conto — dice Giammanco — che le sue dimissioni avrebbero rappresentato «un ulteriore successo di Cosa Nostra alla quale si sarebbe offerta l'immagine della decapitazione di un ufficio di Procura che finora, grazie allo straordinario impegno e professionalità dei colleghi Falcone e Borsellino, e alla validissima collaborazione degli altri colleghi, ha svolto la sua azione con grande incisività ed efficienza».

Le sue dimissioni *avrebbero*... Si *sarebbe offerta*... E via con i condizionali, quasi a dire: avendo deciso di non dimettermi, il problema non si pone. Ecco perché ieri mattina ha scelto il braccio di ferro di fronte all'assalto dei cronisti. Avrebbe potuto evitare le domande sui diari di Falcone? Avrebbe potuto spiegare quella spiacevole sequenza di episodi che lo vide protagonista di ostacoli e ritardi nell'attività del giudice simbolo nella lotta alla mafia? Avrebbe potuto negare i disagi crescenti anche di Paolo Borsellino in quell'ufficio? Avrebbe potuto polemizzare con il ministro Martelli che in Parlamento ha apertamente preso le distanze da lui? No. Non avrebbe potuto. Allora, meglio restare incollato alla poltrona. Aspettare che il ciclone passi. Calati giunco, che passa la piena. Così, a fine mattinata, è fuggito via utilizzando un ascensore secondario per evitare qualsiasi contatto ravvicinato con il *quinto potere*.

E ora che a nessuno salti in mente di dire che un magistrato non ha l'obbligo di incontrare i giornalisti. Nell'ultimo anno, a Palermo, sono stati assassinati Libero Grassi, Salvo Lima, Giovanni Falcone, Francesca Morvillo, Paolo Borsellino, a non voler ricordare otto uomini di scorta. Questo palazzo è diventato un obitorio, di normale non c'è più assolutamente nulla. Dunque non è *assolutamente normale* che lui, il capo della Procura, rifiuti il confronto con quanti di mestiere fanno da filtro fra istituzioni e opinione pubblica. A *Tangentopoli*, in queste settimane di fuoco, Francesco Saverio Borrelli non ha mai rifiutato gli incontri con la stampa. Perché mai a *Mafiopoli* devono valere regole differenti? Perché a *Mafiopoli* sedici parlamentari inquisiti per i reati più disparati (in tutto i parlamentari siciliani sono 90) possono tranquillamente sedere a Sala D'Ercole?

Giuseppina La Torre, vedova di Pio, segretario dei comunisti siciliani assassinato dalla mafia, ha chiesto un incontro al capo dello Stato per chiedergli un suo provvedimento per la sospensione dalle cariche dei parlamentari siciliani. Come mai — nello stesso tempo — questa è la regione d'Italia forse con il minor numero di inchieste di spessore sulla pubblica amministrazione?

Possiamo dire che Giammanco, insieme ai suoi sostituti Pignatone e Lo Forte, ha firmato una richiesta di archiviazione di una denuncia, teorizzando persino l'*intoccabilità* dei deputati siciliani? Diciamola tutta: questo Palazzo di Giustizia riesce ad essere casa di vetro solo quando ci entrano decine di migliaia di palermitani per rendere omaggio alle salme. Drammatico, ma è così.

Nella giornata di ieri, fortunatamente, un grande fatto merita di essere segnalato. Mentre Giammanco se ne stava arroccato nel suo ufficio era in pieno svolgimento la grande rivolta dei sostituti procuratori che fanno parte della Procura distrettuale antimafia. La misura è colma. Tantissimi giudici non si riconoscono più nella direzione del capo. Lo dicono già da domenica notte, lo hanno ripetuto in questi giorni. Sono in seduta permanente. Alcuni di loro hanno già annunciato le dimissioni: Vittorio Teresi, Ignazio De Francisci, Alfredo Morvillo, altri sarebbero pronti a seguirli. Si fanno i nomi di Teresa Principato, Roberto Scarpinato, Antonio Ingroia, Antonio Napoli. Tutti lavorano alla stesura di un documento non facile. Hanno un problema: non vogliono che le loro dimissioni siano fraintese. Sanno che sarebbe sin troppo facile il giochetto di accusarli di *resa* di fronte a Cosa Nostra. Sanno che Giammanco non vuole dimettersi. E in qualche modo, fra di loro, è iniziato un confronto a distanza: perché è sin troppo ovvio che se si dimettesse lui, potrebbero benissimo restare al proprio posto. Chi cederà per primo? Ieri, sino a tarda sera, erano ancora tutti riuniti. Una sorta di presidio di quei giudici che non intendono sfidare l'esasperazione della gente e che anzi ne vogliono raccogliere sino in fondo l'invito a bonificare *Mafiopoli*.

Gli echi forti di questa protesta si sono avvertiti durante l'assemblea distrettuale dell'Associazione nazionale magistrati, presieduta da Mario Cicala (il presidente) e Franco Ippolito (il segretario), venuti in Sicilia — hanno detto — «solo per sentire». Un'assemblea molto tesa. Ancora una volta è venuto a nudo il duro contenzioso con i vertici dell'ufficio. Incontro a porte chiuse, ma si sa, ad esempio, di un intervento di Giacomo Conte, procuratore presso la pretura di Gela, il quale ha spiegato che «una volta morti Falcone e Borsellino, i giudici palermitani non hanno più alcun punto di riferimento. È questa la ragione del loro malessere». Ippolito, al termine dell'assemblea, sciolta prima del tempo a causa di un diverbio molto acceso fra due magistrati, ha dichiarato di «avere parlato con tutti i sostituti ma di non averne trovato neanche uno disposto ad alzare bandiera bianca di fronte alla mafia».

In serata, intanto, veniva confermata la notizia della rimozione del questore Vito Plantone, chiamato a rispondere degli incredibili episodi che si erano verificati in Cattedrale durante i funerali. Plantone — amareggiato — ha fatto sapere di essere pronto ad incontrare i giornalisti «per uno sfogo senza peli sulla lingua». Sarà sostituito da Matteo Cinque, questore a Trapani fino a pochi mesi fa. E del prefetto Mario Jovine, invece, non si hanno più notizie. Nel primo pomeriggio un dispaccio della Adn Kronos legava la sua sorte a quella di Plantone. Ma fino a tarda sera pare che anche lui sia rimasto fortemente incollato alla poltrona.

L'Associazione dei giovani industriali spedisce alle redazioni siciliane dei giornali una nota per dire: «Crediamo che i vertici della questura, della prefettura, della magistratura abbiano dimostrato la loro assoluta incapacità». Di ricambio al vertice della Procura quale «contributo costruttivo per riportare serenità in un luogo assai delicato della lotta alla mafia, ormai attraversato da profonde lacerazioni» parla la Cgil, in un documento delle segreterie nazionali, siciliana e palermitana. Altri palazzi, in queste ore, sono nella bufera. Aldo Rizzo, ad esempio, il sindaco che si era dimesso, in realtà non ha mai fatto in tempo a dimettersi. Una telefonata del capo dello Stato ha invitato a *congelare* la decisione. Insomma, resta anche lui sulla sua poltrona. La Rete contrattacca. I suoi leader commentano forse malignamente: «È un trucco per rafforzare un governo apertamente contestato dai cittadini». Rientrano invece nei ranghi i penalisti palermitani: sospendono lo sciopero antidecreto, in attesa dell'assemblea delle camere penali di tutta Italia. L'avvocato del boss Riina, Cristoforo Fileccia, scrive una lettera privata al ministro Martelli per dirgli che le sue dichiarazioni sono state «travisate».

Infine la gente di Palermo. Sono 106 le famiglie sfrattate dalla mafia con 80 chili di esplosivo. Quasi 500 persone. Non hanno più casa. Non sanno a chi rivolgersi. Dormono in locanda, naturalmente a spese loro. Il Comune se ne lava le mani: «Lunedì abbiamo avvertito la Protezione civile. Tocca a loro intervenire».

Fiammetta Borsellino, figlia del magistrato assassinato, arriva oggi a Palermo. Un aereo della presidenza del Consiglio l'ha prelevata a Francoforte dove è giunta dall'Estremo Oriente. Domani mattina, alle 9 i funerali di Paolo Borsellino. In forma assolutamente privata.

(23 luglio 1992)

Tra gli applausi la preghiera di Scalfaro

Solo Scalfaro poteva rimarginare la grande ferita. Solo Scalfaro poteva finalmente scambiare un segno di pace fra lo Stato e il grande popolo di Palermo. Solo Scalfaro poteva entrare e uscire da una chiesa in punta di piedi, quasi inosservato, imponendo il silenzio, restituendo fiducia ai disperati, serenità a chi vive ormai con la morte appiccicata sulla pelle, mostrando lo stile della compostezza. È la seconda volta in due mesi che il presidente della Repubblica riprende le fila a Palermo. Che riprende il timone al posto di altri che lo hanno perduto. Che interrompe la tremenda spirale delle istituzioni in caduta libera. Si affacciò sul cratere lunare di Capaci che aveva inghiottito Giovanni Falcone, Francesca Morvillo e i tre uomini della scorta. Si fece il segno della croce e non disse nulla. Attraversò la città a sirene spente. Anche ieri non ha voluto richiamare l'attenzione, ha parlato poco ma la gente lo ha sommerso di applausi dentro e fuori la chiesa di Santa Luisa di Marillac, dove Paolo Borsellino andava a pregare, a confessarsi. Ed è stato il presidente a recitare una preghiera tutta per lui, per Borsellino Paolo, alto magistrato, stroncato nell'adempimento del proprio dovere, una preghiera per questo strano fedele che solo saltuariamente riusciva a trovare il tempo per praticare. Una preghiera che suona come un monito solenne: «Signore ti chiediamo, noi uomini che rappresentiamo i poteri dello Stato, di non disperdere la ricchezza che esce da questo enorme sacrificio. Nulla venga disperso, affinché noi, responsabili di fronte alla gente buona, onesta, pulita, che ama il lavoro, che chiede la pace... noi non siamo e non dobbiamo essere mai motivo di vergogna e di scandalo. Per questo ti preghiamo». Infatti.

Disperdere questo sacrificio sarebbe *vergognoso* e *scandaloso*. Falcone e Borsellino non vissero da kamikaze. Non intesero mai la lotta alla mafia come somma di bei gesti individuali, non furono neanche sfiorati dal dubbio o dalla tentazione di una cieca guerra privata. Già: non facevano altro che parlare di Stato Borsellino e Falcone. E cosa aveva fatto lo Stato negli ultimi 40 anni, e quali errori aveva commesso in un più recente passato, come avrebbe potuto mettersi in riga, e quanto fosse insostituibile per incentivare il pentimento mafioso una riscossa autentica, coerente, visibile. Gli storici del futuro non riusciranno a trovare una sola dichiarazione in cui il tema dell'autorità dello Stato non fosse presente o prioritario.

Fa caldo, dentro la parrocchia di Santa Luisa. I ventagli fanno quello che possono. Don Giuseppe Buccaro, il parroco amico di Paolo Borsellino, incita i palermitani snocciolando una sorta di decalogo: «resistere alle estorsioni, rifiutare le raccomandazioni, denunciare i mafiosi, fare sino in fondo la propria parte». Sotto l'altare, la bara in mogano, avvolta dalla toga rossa. In primissima fila la vedova, Agnese, e i figli, Manfredi, Lucia, Fiammetta, contengono a stento il loro dolore. Hanno chiesto di essere dispensati da esequie ufficiali. Ciò non toglie che alcuni amici — anche con alti incarichi istituzionali e di governo — siano stati comunque invitati. C'è il dottor Claudio Martelli quasi a fianco, per casuale coincidenza, al dottor Giovanni Galloni. C'è il dottor Massimo Fini. C'è Cossiga, venuto in visita privata. Se ne sta in disparte, fra i fedeli, e si tiene il capo tra le mani. Ci sarà un applauso anche per lui. Hanno tutti i volti tirati, occhi bassi, immancabili abiti blu. Ma oggi non sono loro a fare notizia. Non sono loro l'epicentro di una protesta che non c'è. Oggi, nessuno cerca simboli dei palazzi romani per scaricare rabbia e tensione. Corrono anche voci impietose: alcuni degli uomini della nomenklatura avrebbero fatto di tutto pur di ottenere dalla famiglia una deroga al carattere assolutamente privato della cerimonia, pur di ottenere un via libera che potesse in qualche modo cancellare l'umiliazione di qualche giorno fa in cattedrale, durante i funerali di Emanuela Loi e degli altri quattro agenti di scorta. Sarà vero. Ma un fatto parla chiaro. La famiglia ha chiesto solo ad una persona, a parte Scalfaro, di rappresentare fino in fondo il proprio dolore e la propria rabbia. Questo uomo è Antonino Caponnetto.

L'anziano magistrato che nei giorni dell'ira, del dolore, delle grida di Palermo, era apparso quasi come il grande ambasciatore di uno Stato che non aveva più uomini presentabili. Il Caponnetto che aveva trascorso giornate intere in camera ardente, consolando i palermitani, abbracciando i parenti delle vittime, sorridendo ai bambini. Il Caponnetto che se n'è andato ad abitare in via Cilea, in casa Borsellino, come fanno i vecchi zii che tornano in Sicilia dall'America o dall'Australia, ieri mattina ha fatto ancora una volta la sua parte. Grande parte, difficilissima, quella di un laico che parla in chiesa. Lo dice e strappa innanzitutto l'applauso di preti e chierichetti, un autentico schieramento di officianti giunti quasi in rappresentanza di tutte le parrocchie della città. La sua è, vuole essere — dice l'anziano magistrato — una preghiera «laica ma fervente». Le sue parole giungono all'esterno con un attimo di ritardo, amplificate per consentire alle migliaia di persone che stanno fuori sotto un sole a picco di seguire la cerimonia. Ed è come se un applauso volasse via verso il portone ed un altro, ben più fragoroso, si ripercuotesse in risposta fin sotto l'altare.

Caponnetto sembra avere recuperato energia. Lo avevamo visto stanco, vacillante, nei giorni scorsi. Si rende conto che l'ora è grave, non solo per Palermo, non solo per la Sicilia. Conosce troppo bene Cosa Nostra per illudersi che questi eccidi resteranno isolati, per sperare che non sarà più sparso altro sangue innocente. Dice: «La famiglia mi ha chiesto di dire due parole. Le mie saranno quelle di un vecchio magistrato venuto due volte a Palermo con il cuore a pezzi, per portare l'ultimo saluto a due pupilli, a due figli, con i quali aveva condiviso il lavoro, la gioia, l'amarezza di questi anni... Non potrò mai dimenticare la generosità, il coraggio di Paolo. Aveva il dono naturale di spargere attorno a sé l'amore. Negli ultimi tempi il suo lavoro era diventato frenetico, quasi come se sentisse incombere la fine. Mi mancheranno quelle sue telefonate e le ultime parole: ti voglio bene Antonio, mi diceva. E io rispondevo: anch'io ti voglio bene, Paolo».

Una leggerissima pausa: un ondeggiare lieve del corpo, quasi un tremito. La mano destra sembra aggrapparsi al microfono, come a cercare un sostegno. Caponnetto ora torna a scandire le parole: «C'è un altro peso che ancora mi opprime. Quell'attimo di sconforto che mi ha preso subito dopo la strage. Ho detto che tutto è finito, ma nessuno, io meno che gli altri, posso permettermi di mortificare le speranze della gente. In un momento del genere parole come quelle suonano come un tradimento alla memoria di Paolo e Giovanni». Poi, la parte più ferma del suo intervento. L'anziano consigliere prosegue con la lucidità che alcuni cronisti palermitani ebbero modo di riconoscergli, la prima volta, tanti anni addietro, in occasione della conferenza stampa per annunciare che un pentito di nome Buscetta Tommaso aveva finalmente parlato, consentendo l'emissione di quasi 500 mandati di cattura. Falcone e Borsellino — aggiunge — «sono morti per quello Stato in cui credevano, ora lo Stato ha il dovere di rispondere. È arrivato il tempo delle decisioni, non è più l'ora dei compromessi e delle furberie». Parole quasi centellinate: «Dovranno essere uomini credibili e onesti, dai politici ai magistrati, a gestire questa necessaria fase di rinascita morale. Solo così questi sacrifici e quelli degli uomini di scorta, non saranno inutili». Queste frasi scuotono il palazzo. Si capisce che per Caponnetto in questo momento tanti rappresentanti dei vertici istituzionali, anche in Sicilia, non appaiono agli occhi della gente né credibili né onesti. Si notano lievi cenni di assenso fra tutti i magistrati che sono in prima linea. Fra i tanti: Palmeri, presidente del Tribunale che, fin quando fu possibile, difese Falcone e Borsellino dagli attacchi nel vivo di tante estati dei veleni. Ecco Ignazio De Francisci, *pupillo* di Falcone, che ha apposto la sua firma in calce a quella durissima Carta dei magistrati che non intendono più far parte della Procura distrettuale e chiedono apertamente che Pietro Giammanco, procuratore capo, si metta da parte. Ci sono Giuseppe Di Lello e Leonardo Guarnotta, anche loro componenti del pool. Si vede Roberto Scarpinato, anche lui sostituto che oggi si ribella ad una direzione sonnolenta. Dirà Scarpinato, a cerimonia finita: «Condividiamo l'appello di Scalfaro. Lo raccoglieremo solo quando inizieranno a pagare coloro che sono responsabili di questo stato di cose». Se Scalfaro infatti ieri è riuscito in un mezzo miracolo, l'altra metà dovrà essere segnata da fatti inequivocabili che qui si continuano ad attendere. Ma Caponnetto non ha ancora concluso.

Si commuove ancora: «Fra i tanti fiori che ho visto sotto casa di Borsellino, uno mi ha particolarmente colpito. Un lilium adagiato su un messaggio non firmato: un solo grande fiore per un grande uomo solo». Caponnetto, mentre fuori la folla saluta le sue parole con ripetute ovazioni, si rivolge adesso a Scalfaro quasi a rassicurarlo: «Tu non sarai solo perché attorno a te batte il cuore di Palermo e di tutta la nazione». Abbraccia Di Lello e gli sussurra qualcosa. La cerimonia è davvero finita. Bara a spalla, tenuta da amici e colleghi di Borsellino. C'è anche il maresciallo Carmelo Canale. Aveva seguito Borsellino negli anni in cui il magistrato era diventato procuratore capo della Repubblica a Marsala. E quando era tornato a Palermo per ricoprire il posto di procuratore aggiunto, Borsellino aveva chiesto al maresciallo Canale di continuare a seguirlo. C'è Laura Cassarà, la moglie di Ninni, il capo della squadra mobile assassinato nell'estate dell'85 insieme al suo agente di scorta Roberto Antiochia. I palermitani applaudono «Paolo». Ma applaudono anche «Paolo e Giovanni». Dietro la bara Agnese, Manfredi, Lucia e Fiammetta. Vengono gridati a gran voce i nomi di Scalfaro, Orlando e Ayala. C'è chi dice, rivolto a questi ultimi: «Attenti, mi raccomando... almeno voi non fatevi fottere». Qualche fischio per il capo della Polizia Parisi, ma è una contestazione appena accennata, altri cittadini lo sommergeranno di applausi. Sgommano le Alfette. Corre specie quella del ministro Martelli: «Questa è la resistenza invocata dal Capo dello Stato, mormora uscendo dalla chiesa, questa che abbiamo visto oggi qui». Ma nel frattempo una minaccia anonima nei suoi confronti è giunta alla sede di una tv privata catanese. Un messaggio generico, simile a tanti altri che negli ultimi tempi sono rivolti a politici, magistrati, uomini delle forze dell'ordine. Ma con il clima che c'è, tanto è bastato, evidentemente, a consigliare la massima prudenza: Martelli ha annullato gli altri impegni che aveva a Palermo ed ha fatto subito ritorno a Roma. Dunque, ancora una volta Palermo ha seppellito i suoi morti. Ancora una volta Palermo ha celebrato funerali. Ancora una volta i palermitani tornano a sperare.

(25 luglio 1992)

Dura requisitoria del giudice «ribelle»

«Non è possibile vincere questa battaglia, questa guerra, se nei luoghi strategici delle istituzioni continuano a restare ai loro posti persone che per vari motivi, o un difetto di competenza, o forme di indifferenza morale, o per rassegnazione fatalistica, non sono in grado di assolvere ai loro doveri, ai loro compiti. Bisogna ristabilire il principio di responsabilità che passa anche attraverso rimozioni e dimissioni per affermare che oggi in Italia, quando si tratta di vita o di morte, se c'è qualcuno che non è all'altezza deve andare via». Roberto Scarpinato è uno degli otto sostituti che hanno rassegnato le loro dimissioni dalla Dda al procuratore capo Pietro Giammanco. Scarpinato in queste ore ha brutti presentimenti. Teme che ancora una volta tutto rimanga come prima. Teme che anche l'invito di Scalfaro a una nuova Resistenza sia destinato a cadere. Conta le ore, i giorni, dopo la strage di via D'Amelio, e resta in attesa di segnali che sino a questo momento non sono arrivati. C'è l'esercito, in compenso. Ma è una strada che non lo trova molto convinto. Scarpinato vorrebbe altre cose. Come Scarpinato le vorrebbero tantissimi suoi colleghi stanchi di andare al macello mentre la colonna sonora delle istituzioni intona proclami retorici. Sono giudici stanchi. Stanchi di gridare nel deserto un puntiglioso elenco di misure possibili per controbattere il potere di Cosa Nostra. Stanchi, soprattutto, di assistere a questa paurosa forbice fra quanto si dovrebbe, si potrebbe fare, e ciò che concretamente viene fatto. Ascoltiamo allora Scarpinato, senza fargli tante domande; perché lui come i suoi colleghi è perfettamente in sintonia con gli interrogativi più angosciosi che si pone l'opinione pubblica.

«C'è una cultura della rassegnazione — dice — che sta determinando un quadro complessivo disastroso. Si vuole far credere alla gente che certe stragi, certi delitti, siano una inevitabile fatalità. Questo è un falso storico. Quelle stragi potevano essere evitate con impegno e professionalità adeguati da parte dei responsabili della sicurezza. O quantomeno è certo che non è stato fatto il possibile perché fossero evitate. È vero o non è vero che non è mai stata creata una zona rimozione in via D'Amelio? Che non è mai stata costruita una garitta che consentisse di visualizzare tutti i movimenti in quella zona? Tanto che Paolo Borsellino disse ai familiari: se mi ammazzeranno, mi ammazzeranno qui. È vero o non è vero che prima della strage di Capaci venne abolito il servizio elicotteri perché costava troppo? È vero o non è vero che era stato sospeso il servizio bonifica sull'autostrada di Punta Raisi? È vero o non è vero che gli agenti di scorta, solo in minima parte, partecipano a scuole di specializzazione? È vero o non è vero che a guidare le auto blindate ci sono autisti civili, dunque molto simili ai taxisti?

«Questo Stato non ritiene che la vita dei magistrati valga il costo dello straordinario da pagare agli autisti. Abbiamo ricevuto una letterina con la quale ci è stato comunicato che se adoperiamo l'auto blindata di pomeriggio dobbiamo guidarcela da soli perché lo Stato ha intenzione di risparmiare. Ma la maggior parte di noi non sa guidare auto blindate, che richiedono particolarissime tecniche di guida. C'è di peggio: dopo l'uccisione di Falcone e Borsellino non è stato fatto assolutamente nulla per tutelare i magistrati a rischio. Faccio un altro esempio: il giudice Giuseppe Di Lello ha finalmente ottenuto un'auto blindata due giorni fa. Siamo andati in delegazione dal procuratore generale Bruno Siclari. Con grande sensibilità si è messo a disposizione, e il problema è stato finalmente affrontato. Ma non era compito del procuratore generale affrontarlo, come non era compito nostro farlo presente. I magistrati non sono specialisti in problemi di sicurezza. È il comitato per l'ordine pubblico che deve occuparsene.

«Quando tornò dalla Germania, Borsellino ci disse di essere esterrefatto per i sistemi di sicurezza tedeschi, e osservò che tra la loro preparazione tecnica e la nostra c'è un abisso. Come si può fare la nuova Resistenza quando la nostra vita è affidata a queste persone? Si può chiedere coraggio se corri un rischio, non quando c'è la certezza di morte. Ormai i magistrati e gli uomini delle scorte si rendono conto di essere abbandonati a loro stessi. Ecco perché dico che il concetto di nuova Resistenza, indicato da Scalfaro, va approfondito: deve essere una resistenza attiva, non passiva. Bisogna rimuovere tutte le cause che hanno determinato e determinano la sconfitta dello Stato nella lotta contro la mafia. Se non si parte da qui, se non si parte dall'individuazione dei momenti di debolezza, delle cause della sconfitta, si rischia, nonostante le migliori intenzioni, la massima buonafede, di perpetuare all'infinito le ragioni della sconfitta e della cultura della rassegnazione.

«Nuova Resistenza deve dunque significare una cultura che abbia, come momento cardine, la riaffermazione del principio di responsabilità a tutti i livelli. È un intero sistema di sicurezza che va riorganizzato. Ora c'è soltanto un'autentica Armata Brancaleone. Occorre perciò che le migliori intelligenze in materia — ora e subito — vengano concentrate a Palermo dal ministro degli Interni. E che si faccia così il massimo sforzo di intelligenza e profusione di mezzi per evitare le prossime stragi annunciate. Tutti, a Palermo, sappiamo che il pericolo è concreto e reale. Chi dovrebbe avere in questo momento la sensibilità di farsi da parte? Tutti i responsabili dell'attuale sistema di sicurezza... nessuno escluso».

Scarpinato sin qui si è limitato a indicare alcuni criteri di *massima sicurezza*. Si è cioè limitato ad affrontare un terribile problema: come tenere in vita il più a lungo possibile alcuni magistrati che oggi, dopo le eliminazioni di Falcone e Borsellino, sono entrati automaticamente nel mirino. Si è limitato a spiegare come dovrebbe funzionare — in uno Stato civile e moderno — una autentica autodifesa. Ma è tutta qui la lotta alla mafia? Si riduce solo alla sopravvivenza la sfida che lo Stato deve lanciare a Cosa Nostra? Certo che no. Riemergono, allora, attualissimi e irrisolti, decine e decine di volte già indicati dai magistrati palermitani, i nodi più complessi. Quelli di strategia giudiziaria, di strategia repressiva.

«Ancora non si è capito bene cosa sia esattamente Cosa Nostra — fa notare Scarpinato — C'è un approccio teorico astratto e intellettualistico a questi problemi. La cultura giuridica straniera è scandalizzata dal modo di affrontare in Italia i problemi della criminalità organizzata. Accade che dopo le stragi ci sia una grande indignazione collettiva: allora si comincia a formulare proposte di strumenti incisivi ed eccezionali, ma poco dopo scatta la corsa al ribasso. Col trascorrere dei giorni sembra prevalere, rispetto all'esigenza di dare risposte definitive e forti, la preoccupazione di intaccare il livello complessivo delle garanzie. È un falso dilemma. Da una parte c'è chi vorrebbe un diritto processuale penale tutto tarato sui livelli massimi di repressione. Ma questa scelta può diventare inutilmente repressiva verso altre forme di criminalità minore. Dall'altra chi vorrebbe un diritto processuale penale tutto modellato su una criminalità medio-bassa, facendo finta di ignorare quell'autentica punta di diamante che nel panorama criminale è rappresentata da Cosa Nostra.

«C'è una via d'uscita: un diritto *differenziato*, che costruisca un vestito su misura per gli uomini di Cosa Nostra che, non dimentichiamolo, è tra le più sofisticate e organizzate associazioni criminali del mondo, insieme alle Triadi cinesi e alla mafia colombiana. Non si può ritenere, come fa qualcuno, che Cosa Nostra, camorra e 'ndrangheta siano in qualche modo tra loro assimilabili. C'è una bella differenza. La *malattia Cosa Nostra* va curata con l'antibiotico adatto a quel virus, non con antibiotici ad ampio spettro, somministrati in dosi sempre più massicce, ma comunque inadeguati a quel particolarissimo virus.

«C'è il problema attualissimo di una legislazione sul pentitismo. Ancora oggi questa legislazione, trasparente, chiara, codificata, non c'è. Ancora oggi, dopo tutte le sciagure che abbiamo registrato, ci troviamo di fronte ad una gestione del pentitismo all'insegna della discrezionalità. In questo momento una legge in tal senso metterebbe Cosa Nostra in difficoltà molto più dei settemila uomini dell'esercito che sono sbarcati in Sicilia. Che cosa si aspetta per approvarla in Parlamento?»

È necessario ricordare che Falcone e Borsellino iniziarono a sollecitare questa legislazione sin dai primi anni Ottanta? È necessario ricordare che la legge La Torre venne approvata solo all'indomani dell'uccisione dello stesso La Torre, mentre prima giaceva tranquillamente in Parlamento? È necessario ricordare che l'alto commissario contro la mafia venne istituito solo dopo l'uccisione di Dalla Chiesa, al quale furono negati quei poteri che lui invece richiedeva? Si entra così nel vivo di quel perverso rapporto mafia-politica che tutti gli italiani sanno ormai esistere. Mentre solo i governi si ostinano a negarlo. Già dopo la strage di Capaci, il 23 maggio, i magistrati palermitani all'unanimità hanno indicato un loro *pacchetto legislativo*.

Ancora Scarpinato: «Abbiamo proposto l'introduzione nel 416 bis di un comma che preveda anche come partecipazione all'associazione criminale lo scambio voti-favoritismi, raccomandazioni, finanziamenti. L'abbiamo articolato in maniera precisa, indicando una specifica tipizzazione di reati, insomma *a prova Carnevale*. Abbiamo indicato la possibilità che il diritto premiale per i pentiti sia garantito da un vero e proprio contratto. Un contratto sicuro, minuzioso, senza alcun margine di discrezionalità. Il pentito quando inizia a collaborare deve sapere con esattezza quali sconti gli saranno concessi e a quali sanzioni andrà incontro in caso di dichiarazioni false. Ciò consentirebbe al pentito, quando parla di mafia e politica, di non temere più, come è accaduto sinora, l'effetto boomerang delle sue stesse dichiarazioni.

«Abbiamo indicato la strada di un'anagrafe patrimoniale per tutti i titolari di pubbliche funzioni, dal deputato all'usciere del Comune. Si tratta di stabilire il principio dell'assoluta trasparenza dell'accumulazione patrimoniale dei redditi, compresi quelli dei familiari. Chi vuole ricoprire responsabilità pubbliche a qualsiasi livello deve accettare il principio della *casa di vetro*: se dichiara il falso deve essere sospeso o rimosso. Il codice di autoregolamentazione antimafia è stato sin qui sistematicamente disatteso. E si è verificato anche — ne abbiamo qualche esempio illuminante alla regione siciliana — che il politico chiacchierato venga espulso dal proprio partito ma riesca a farsi eleggere sotto altri simboli. È essenziale la revisione della legislazione in materia di appalti. Abbiamo lanciato un appello alla trasversalità parlamentare. Alla creazione di un gruppo antipartitico che faccia del rapporto mafia-politica il punto centrale della sua strategia antimafia. Sinora non abbiamo avuto risposte, mentre nel programma del governo Amato la parte che riguarda la lotta alla criminalità organizzata è racchiusa in tredici righe tredici».

Come andrà a finire? Arriveranno questi benedetti segnali? O anche l'eco delle parole alte, nobili, di Scalfaro si spegnerà? Saranno l'attuale prefetto di Palermo Mario Jovine, l'attuale procuratore capo Pietro Giammanco, a guidare la nuova Resistenza? Se finisse così saremmo davvero messi male. Scarpinato non fa, non vuole fare nomi. Si limita a concludere: «Oggi abbiamo un grande nemico da sconfiggere: l'estate. Noi stiamo lottando contro il silenzio e contro il tempo. Se i segnali arriveranno presto, forse riusciremo a evitare altre morti, altre stragi annunciate. Bisogna spezzare le regole del *toto-morte*. È falso che questa tremenda roulette sia inevitabile. Ma ormai c'è davvero pochissimo tempo».

(27 luglio 1992)

XXI

IL PRIMO MIRACOLO

Il boss c'è ma non si vede

Oserei dire che lo Stato finalmente si è svegliato. Sembra un miracolo. All'estero non credono ai loro occhi. Della sua presenza si sono accorti persino a Corleone, che è quanto dire. Quella presenza l'hanno avvertita nelle province della Sicilia più interna, nel nisseno, nell'agrigentino. Ma non sono state le divise dell'operazione «Vespri Siciliani» a modificare il look. Lo Stato più autentico, quello che parla il linguaggio della coerenza e della determinazione, dell'efficienza e dell'intransigenza, incapace di scendere a patti, è venuto al seguito di quelle divise militari. Quegli abiti, da soli, in Sicilia, non potevano evocare nulla, se non altro scetticismo, altri sguardi di indifferenza. Non era di uniformi che si sentisse la mancanza. Dunque, non potevano essere le uniformi a materializzare la presenza dello Stato. Quello Stato, che per mezzo secolo non si era visto, pur riuscendo a mostrare il suo volto peggiore, aveva solo due chance: arrendersi o perire. Non si è arreso, non è finito al tappeto, sta conducendo la partita con ottimi risultati. Finalmente si intravede l'uscita dal tunnel. Resta un interrogativo amarissimo: era necessario il sacrificio di Giovanni Falcone, Paolo Borsellino, Francesca Morvillo, Emanuela Loi, e sette uomini delle scorte, perché si compisse il miracolo? Proprio così. Senza quelle stragi tutto sarebbe rimasto come prima. Senza quelle stragi, nelle stanze dei bottoni, avrebbero continuato a fare il bello e il cattivo tempo, a riproiettare l'identico film.

Quelle stragi hanno messo paura alle istituzioni? Non credo che il punto decisivo sia questo. Non era la prima volta che Cosa Nostra sceglieva lo stragismo: lo aveva già fatto per eliminare il giudice Rocco Chinnici, o a Pizzolungo, per togliere di mezzo Carlo Palermo. È stata l'intera opinione pubblica italiana a mettere davvero paura allo Stato. La gente è arrivata sino alla soglia della stanza dei bottoni. I Mancino, i Parisi, questi feldmarescialli passati indenni fra tante stagioni, avevano ancora ben vivo il ricordo della folla inferocita ai funerali di Falcone. La corda rischiava di spezzarsi. Le stragi di Capaci e via D'Amelio hanno amplificato in tutt'Italia, in un sol giorno, quegli interrogativi che per decenni erano rimasti soffocati in terra di Sicilia. Mai come nel giorno dell'estremo sacrificio, i due *professionisti dell'antimafia* riuscirono a fare ascoltare il loro grido su una mafia che da tempo era diventata problema nazionale e internazionale. E a quegli interrogativi ormai era impossibile sfuggire. L'impalcatura è venuta giù. Sono cessate di colpo le latitanze dorate. Le luci dei riflettori investigativi hanno illuminato a giorno le zone buie, le zone grigie, le zone nere, e potentissimi uomini politici, funzionari felloni e magistrati sleali sono stati colti con le mani nel sacco. Finalmente tutti hanno potuto vedere. Tutti hanno visto allora che fra la immensa forza di Cosa Nostra e la proverbiale debolezza delle autorità c'era un rapporto di simbiosi. Tutti hanno visto che non di sole armi, e di soli delitti, e di sole stragi, aveva vissuto la mafia. Tutti hanno visto chi era, che faccia aveva, come si esprimeva Totò Riina. Col tempo alcune immagini si imporranno sulle altre. Diventeranno simbolo di una caccia all'uomo durata 23 anni (o era durata 23 anni solo sulla carta?).

Forse queste immagini saranno tre. La prima: Totò Riina che da milioni di apparecchi televisivi guarda negli occhi gli italiani, avendo alle spalle la foto di Falcone e Borsellino, in una caserma dei carabinieri, nel giorno della sua cattura. La seconda: Totò Riina con il capo chino che si tiene la giacca e corre verso l'elicottero che da Palermo lo porterà a Rebibbia. La terza: il suo «corpo senza voce», come scrisse Francesco Merlo sul «Corriere della Sera», nel giorno del mitico confronto con Buscetta, nell'aula bunker del carcere romano. Cosa ci dicono queste immagini? Ci dicono, innanzitutto, che l'assassino è vissuto fra noi. Che ha potuto avvantaggiarsi a dismisura per le nostre incertezze, le nostre rimozioni, la nostra incapacità di capire ciò che stava succedendo. Se l'opinione pubblica italiana si fosse avvicinata *prima* alla soglia della stanza dei bottoni, le cose forse sarebbero andate diversamente. Se avessimo ascoltato *prima* quel ripetuto grido dei *professionisti dell'antimafia*, quel rapporto di simbiosi fra superpotenza di Cosa Nostra e vacuità dello Stato italiano non si sarebbe avvitato nella maniera perversa che tutti conosciamo. Banale, ma è così. L'assassino era fra noi. Gli assassini erano fra noi, agivano indisturbati. E ogni tanto, facevamo finta di dimenticarlo. Riina *è diventato Riina* un giorno dietro l'altro. Grande travet della burocrazia criminale, il boss è diventato «boss dei boss» senza che nessuno gli regalasse niente, conquistandosi il suo potere criminale palmo a palmo. Guarda negli occhi gli italiani con lo stupore di chi ha subito un licenziamento in tronco dopo ventitré anni di *onorata carriera*. I suoi capi ufficio sono forse impazziti? Perché — sembra chiedersi il boss — Cosa Nostra ha potuto mettere a ferro e fuoco la Sicilia e, all'improvviso, due stragi non le sono state perdonate?

Ma quelle immagini ci raccontano anche altro. Ci dicono che Riina corre verso il silenzio, che per lui la *macchina del tempo*, mirabilmente rappresentata dall'elicottero che lo porta verso l'ergastolo di Rebibbia o dell'Asinara o di Pianosa, corre all'indietro, verso il passato. Non c'è futuro, nella vita di Totò Riina. Davanti a lui ci sono solo i fantasmi di un passato remoto, alla sua memoria non affiorano ricordi, affiorano segreti. Difficilmente saprà liberarsene. Uno come lui non vuole, non sa, non può pentirsi. Ecco allora che a Rebibbia prende la parola solo lo stretto necessario, per *disprezzare* Buscetta, il capostipite del pentitismo, ma si richiude immediatamente nel suo granitico silenzio. Ha lanciato il suo messaggio a quello che resta del grande *popolo di mafia*, nel momento in cui ha stigmatizzato l'*immoralità* dell'eterno avversario, di quell'*uomo d'onore* che si era disonorato da solo, ancor prima che pentendosi, con una vita sentimentale *disordinata*, affollata da troppe presenze femminili. Il resto è folklore giudiziario. Riina è stato il capo della *cupola* e ha ordinato centinaia di delitti. A sentir lui durante la latitanza, durata un quarto di secolo, si è dato da fare per mandare avanti la famiglia, per mantenere agli studi i suoi quattro figli, Lucia, Maria Concetta, Giuseppe Salvatore e Giovanni Francesco e la moglie Antonietta Bagarella, che oggi vivono tranquillamente a Corleone. Le sue ricchezze? Aveva tirato avanti con le tre pensioni della madre e lavorando in un cantiere edile. Folklore giudiziario, appunto. Il boss adesso c'è, è in gabbia. E non si vede. Continuerà a esercitare il suo dominio con la forza del silenzio. Dovrà dimostrare di essere un capo autentico non piegandosi mai di fronte alla terribile evidenza di due ergastoli già passati in giudicato. Si trascinerà di processo in processo, continuerà a recitare la sua parte, statene certi, anche se questo continuerà a costargli la terribile condizione del duro isolamento. Solo gli storici sapranno raccontarci la verità sui retroscena del suo arresto. Solo gli storici potranno avere accesso a quei documenti che potranno effettivamente ricostruire cosa accadde effettivamente nei giorni che precedettero il 15 gennaio del 1992, quando, stando almeno alla versione ufficiale, il superlatitante venne bloccato a bordo di una Citroën ZX guidata da un autista apparentemente senza storia.

La trimurti degli intoccabili

Ma il 15 gennaio portò due gran belle notizie agli italiani: non solo la caduta del boss dei boss, ma anche l'insediamento a Palermo di Giancarlo Caselli che prese il posto di Pietro Giammanco, bruscamente allontanato dalla Procura più calda d'Italia in seguito alla pubblicazione dei diari di Giovanni Falcone (era stato il magistrato che aveva dato filo da torcere a Falcone costringendolo ad abbandonare la Sicilia). Con il suo insediamento, i cronisti palermitani intuirono subito che la lotta alla mafia non si sarebbe semplicisticamente identificata con la lotta al braccio militare dell'organizzazione criminale. Si sarebbe puntato più in alto: dai piani bassi ai piani alti dell'organizzazione criminale. I tempi erano finalmente maturi. La cattura di Riina, infatti, aveva aperto gli occhi agli italiani. Su che cosa? Vogliamo rispondere riproponendovi queste efficacissime parole tratte dall'«Autobiografia di Malcolm X»: «La criminalità può esistere solo nella misura in cui può contare sulla cooperazione della legge... i criminali, gli uomini politici e i tutori della legge sono in realtà dei partner inseparabili». Anche Riina aveva avuto i suoi *partner inseparabili*. E Caselli portò una ventata nuova in quell'ufficio che aveva visto spadroneggiare prima Salvatore Curti Giardina e poi Giammanco. Era giunto finalmente il momento di sollevare alcuni sipari. Nella galleria di personaggi che avevano favorito Cosa Nostra si ritrovarono così tre intoccabili, tre superpotenti, tre monumenti delle istituzioni repubblicane: Giulio Andreotti, «zio Giulio» in ambienti mafiosi, Corrado Carnevale, primo presidente di Cassazione noto come l'«ammazzasentenze», Bruno Contrada, numero tre del Sisde, il servizio segreto civile. Tutti e tre continuano a protestarsi innocenti. Tutti e tre affermano di essere stati chiamati in causa da pentiti senza scrupoli utilizzati ad arte contro di loro. Saranno le sentenze dei processi a pronunciare la parola definitiva.

Tuttavia, sin da ora, non è facile individuare quella potenza occulta, talmente omogenea da potere inserire tre nomi di quello spessore al centro di una campagna di delegittimazione. Sono stati tanti i pentiti che hanno fatto i loro nomi. Sono stati molti i riscontri. Una trimurti ai massimi livelli? Una trimurti che offriva coperture politiche, giudiziarie, poliziesche? Esattamente quello che ha sostenuto l'intera popolazione del pentitismo mafioso. Buscetta e Mannoia, Leonardo Messina o Giuseppe Marchese, Balduccio Di Maggio o Vincenzo Marsala o Gaspare Mutolo, riempirono con le loro confessioni le 243 pagine che la Procura di Palermo, alla fine del marzo '93, spedì al Senato provocando un terremoto politico senza precedenti: i giudici chiedevano finalmente di potere indagare su Andreotti Giulio, l'uomo che nella prima repubblica aveva totalizzato il maggior numero di cariche istituzionali e politiche.

Andreotti «referente di Cosa Nostra». Andreotti che aveva mentito al maxi processo su Carlo Alberto Dalla Chiesa nel timore che saltassero fuori i suoi rapporti con Michele Sindona, con il banchiere Roberto Calvi, con Licio

Gelli, con esponenti della loggia massonica P2, e con Cosa Nostra. I legami di Andreotti con Nino e Ignazio Salvo. La sua visita nella loro abitazione di Palermo, nella centralissima via Libertà, per incontrare nientemeno che Totò Riina durante la sua latitanza. Se non addirittura per abbracciarlo e baciarlo. Corrado Carnevale, invece, lo *specialista* nell'insabbiamento dei processi, che di mestiere li «aggiustava». Secondo i pentiti, lo schema tattico era questo: gli *uomini d'onore* con grane processuali si rivolgevano a Ignazio Salvo (*uomo d'onore* come loro), il quale, a sua volta, si rivolgeva a Salvo Lima, l'eurodeputato dc e, salendo salendo, sino ad Andreotti e Carnevale. E citiamo solo di sfuggita la richiesta della Procura di Roma che indica in Andreotti il mandante dell'uccisione del giornalista Mino Pecorelli. Quanto a Contrada fu accusato, negli anni in cui copriva cariche di responsabilità alla Questura di Palermo, di avere puntualmente informato quei latitanti che finivano nel mirino della polizia ed è stato iscritto nel registro degli indagati per la strage di via D'Amelio. Contrada è in carcere dal 24 dicembre '92. Carnevale è stato sospeso dalle funzioni e dallo stipendio di magistrato. Andreotti — senatore a vita — ha pagato solo in termini di immagine, a riprova di quanto abbia assomigliato a un appannaggio feudale l'istituto dell'immunità parlamentare. Una grande potatura ha così consentito di tagliare le cime più alte e più compromesse. E basterebbe ricordare la successiva bufera (scandalo fondi Sisde) che ha investito servizi segreti e spioni di casa nostra per rendersi conto dell'altissimo grado di inquinamento che ha infradicito quelle strutture preposte alla sicurezza nazionale. Ma è un bilancio complesso, quello del '93-'94.

Accanto alle realtà paurose che via via sono venute emergendo andrebbe scritto il lungo elenco dei successi repressivi, investigativi, politici. Il 18 maggio '93 cadde nella rete, per ricordare un altro caso clamoroso, quel Nitto Santapaola, rappresentante nella *cupola* degli interessi delle *famiglie* mafiose catanesi. Si aprì la cascata del *nuovo* pentitismo. Con ex *uomini d'onore* che raccontavano quasi in presa diretta gli ultimi misfatti dei corleonesi e consentivano anche di mettere a nudo gli organigrammi nelle province di Caltanissetta e

Agrigento rimaste nel cono d'ombra quando la repressione si abbatteva prevalentemente su Palermo. Veniva approvata la relazione della commissione antimafia su mafia e politica, autentico documento d'accusa per il sistema di potere che aveva permesso a Cosa Nostra di spadroneggiare indisturbata. Si aprì, finalmente, il capitolo delle stragi di Capaci e di via D'Amelio, e dell'uccisione di Salvo Lima. Oggi i giudici sono convinti di avere individuato i tre commando che entrarono in azione. I mandanti? Per il momento, dobbiamo accontentarci di quella strana definizione di «entità» adoperata da Buscetta di fronte ai commissari dell'antimafia parlando del delitto Dalla Chiesa. Di «entità» dovettero essercene parecchie dietro l'uccisione di Falcone e Borsellino. D'altra parte le stragi di Firenze e di Milano, i tentativi andati a vuoto a Roma contro Maurizio Costanzo, dimostrano la presenza di forze occulte che non hanno rinunciato a condizionare la vita pubblica e politica in Italia.

Personalmente non credo che Cosa Nostra sia l'esclusiva responsabile della stagione delle bombe nelle grandi città italiane. Su questo punto i massimi rappresentanti delle istituzioni sono stati caotici e contraddittori. In certi momenti si è detto: solo mafia. In altri: non è solo mafia. Si è spesso fatto riferimento ai narcos colombiani ma anche alla mafia russa e alle tante mafie dei paesi dell'Est. Un'ipotesi più attendibile dovrebbe partire dalla constatazione che in un anno sono stati inferti alla mafia colpi di gran lunga superiori a quelli che le erano stati inferti nel mezzo secolo precedente. Restiamo ai fatti. Ormai, tranne qualche rara eccezione, i boss della *cupola* sono finiti in galera. Ingenti beni patrimoniali sono stati confiscati. Non sarebbe serio, dopo tutto quello che è accaduto, affermare che Cosa Nostra, oggi, è più forte di prima. E che è in grado, da sola, di mettere in piedi una strategia della tensione e perdipiù fuori dai confini siciliani che le sono stati tradizionalmente congeniali. Sappiamo che in passato (golpe Borghese, sequestro Moro, presenza di Sindona in Sicilia) Cosa Nostra venne corteggiata da altri poteri criminali che la invitarono a fare la sua parte. Sappiamo anche che per un cumulo di ragioni Cosa Nostra declinò ogni invito. Ma quelli erano i momenti di massima espansione del potere dei boss che potevano consentirsi autonomia illimitata. Oggi non è più così. Quel che rimane di Cosa Nostra è costretto a scendere a patti. Sedersi a un tavolo con altri segmenti di potere occulto può essere diventata ragione di sopravvivenza. Un consorzio criminale con logge massoniche occulte o con residuati bellici della P2, con mafie di altri paesi o spioni che operano in Italia, con frange di un certo sottobosco politico terrorizzato dal tramonto di questa repubblica, potrebbe spiegare tante cose. Ma anche questa, in assenza di prove certe, resta un'ipotesi che ha il valore delle altre.

Effetti speciali

Se questo libro, rispetto alle prime edizioni, ha dovuto cambiare titolo (da «Dieci anni di mafia» a «Quindici anni di mafia»), una ragione c'è: Cosa Nostra, nonostante i colpi ricevuti, non si è sciolta, non ha cambiato nome né simbolo, come si direbbe oggi. Ciò significa che ancora per un certo periodo ne sentiremo parlare. Sarà ancora lo stragismo il modo di essere di questa organizzazione criminale dalle origini secolari? Può darsi. Ma giudici e investigatori, compresi i mafiologi più avveduti, temono che il fronte futuro di questa guerra sarà rappresentato dal pentitismo. Ci sono strane avvisaglie, a questo proposito. Pierluigi Vigna, procuratore capo a Firenze, ha lanciato l'allarme il 21 gennaio '94 affermando che Cosa Nostra potrebbe avere interesse a infiltrare nelle istituzioni «finti pentiti». In Italia, è bene ricordarlo, sono più di 600 i collaboratori di giustizia. Di questi, 181 sono pentiti mafiosi, ammessi al programma di protezione. Tanti, difficili da gestire, difficili da valutare. Ci sono pentiti che vorrebbero sbalordire gli investigatori con effetti speciali. Sono quelli che raccontano di congiure e mandanti internazionali dei delitti o che *sparano* grossi nomi nella speranza che il giudice abbocchi all'amo. E i giudici del pool ne sapevano qualcosa di questi mitomani del pentitismo proprio perché il pentitismo mafioso — quello vero — nacque a Palermo, con Buscetta e con Contorno.

Potremmo fare un lungo elenco di ciarlatani che speravano di vendere la *pietra filosofale* per ottenere in cambio vantaggi d'ogni tipo. Il loro caposcuola è tale Giuseppe Spinoni ed ebbe il suo momento di gloria all'indomani dell'uccisione di Dalla Chiesa. Un giornale lo accreditò come il «superteste» della strage di via Carini. Venne scoperto perché gli investigatori palermitani lo portarono in una strada omonima a quella dell'eccidio e lui, che non era palermitano e a Palermo non c'era mai stato, iniziò a recitare la lezioncina: «Tizio sparò da lì, Caio era nascosto all'angolo di questa strada, la macchina con il prefetto e la moglie si trovava in quella posizione...». Tito Baldo Honorati, il comandante dei carabinieri che aveva organizzato il sopralluogo, chiamò il giudice Falcone raccontandogli l'esilarante esito di quella ricognizione. Spinoni finì al fresco. Se la cavò invece con una denuncia per calunnia quel Giuseppe Pellegriti che pretendeva di convincere Falcone che il mandante del delitto Dalla Chiesa era Salvo Lima. E anche Paolo Borsellino non esitò a rispedire in carcere Rosario Spatola, un «pentito» di Campobello di Mazara che, raccontandogli mezze verità e mezze bugie, lo aveva profondamente indisposto.

Quando il giudice Vigna sollevò la questione, ascoltai per «L'Unità» alcuni giudici palermitani. Guido Lo Forte, procuratore aggiunto mi disse: «La linea della Procura di Palermo è quella di utilizzare le dichiarazioni dei pentiti solo quando le indagini consentono di affermare che non vi è neppure il dubbio più remoto sulla loro attendibilità. In concreto: il giudizio è sospeso su una pluralità di soggetti che hanno instaurato con noi un primo rapporto di colloquio. Di più: ci sono soggetti che hanno iniziato a parlare ma restano in carcere perché non abbiamo la certezza della loro integrale attendibilità». Antonio Ingroia, sostituto procuratore e principale punto di riferimento a Marsala di Paolo Borsellino, quando era procuratore in quella città: «La Procura di Palermo non ha mai avanzato richieste di custodia cautelare, o richieste di autorizzazione a procedere, sulla base di dichiarazioni di collaboratori la cui attendibilità non fosse stata vagliata nel modo più severo e rigoroso possibile. Anzi. L'estrema abbondanza di pentiti ci ha consentito di utilizzare criteri di selezione ancora più severi di quelli, già severi, che venivano utilizzati nel passato. E vero: ci sono pentiti sulla cui attendibilità il nostro giudizio è sospeso. E il nostro rigore ha fatto sì che, sino a oggi, nessun falso pentito sia stato utilizzato processualmente o per iniziative giudiziarie». Le parole di questi giudici ci dicono che il pericolo è sempre in agguato. D'altra parte sarebbe statisticamente impossibile che non ci siano mele marce e amici del giaguaro. I giudici palermitani infatti non affermano che tutti i pentiti siano *doc*, dicono che quelli *finti* non hanno ottenuto la patente della credibilità. Facciamo qualche esempio di pentiti che *son sospesi* per usare l'espressione di Lo Forte.

Vito Ciancimino: raccontò alcune cose vere, ma all'interno di un contesto assolutamente inverosimile. Disse di avere appreso in carcere, da Nino Salvo — e mentre si facevano la doccia — che dietro l'omicidio Dalla Chiesa c'era Andreotti, e che la strage era *estranea* alla Sicilia. I magistrati palermitani, pur verbalizzando quella *teoria*, non la allegarono mai agli atti inviati al Senato. Ciancimino credeva di offrire una primizia ghiotta, ma non era credibile. Né mai lo sarà sin quando non ammetterà l'esistenza di Cosa Nostra e di farne parte. Che lui infatti sia *uomo d'onore* i giudici lo hanno appreso da tantissimi pentiti, vecchi e nuovi. Dunque Ciancimino non risulta credibile: che senso avrebbe utilizzare parte delle sue dichiarazioni quando il punto di partenza è rappresentato da una omissione tanto grave e significativa? C'è il geometra Giuseppe Li Pera che consentì di svelare il funzionamento della compravendita degli appalti pubblici in Sicilia. Tutte le sue affermazioni, rigorosamente controllate, trovarono solo verifiche. Ma quando Li Pera decise di alzare il tiro della sua collaborazione, chiamando in causa una mezza dozzina di magistrati, la sua immagine di pentito si appannò pesantemente. Li Pera, messo alle strette, ammise di avere riferito storie che a lui risultavano *de relato*. Ma il capo fila di *color che son sospesi* resta Salvatore Cancemi, vice di Pippo Calò. È boss di prima grandezza. Ma è anche il prototipo del pentito che passa per caso dal luogo del delitto. Quando iniziò il *suo pentimento* (nel luglio '93) erano più i «non so», i «non ricordo», i «non è vero», che le ammissioni genuine dei reati commessi. Una mezza dozzina di *uomini d'onore* che oggi collaborano lo indicano come il successore di Calò alla guida della famiglia mafiosa di Porta Nuova. Lui ha sempre cercato di ridimensionare il suo ruolo a quello del semplice *soldato*. Molti pentiti lo hanno accusato di avere preso parte alla strage di Capaci. Quando i giudici palermitani gli fecero osservare che non poteva sperare di farla franca, Cancemi confessò di essersi trovato da quelle parti, ma di non avere avuto alcun ruolo operativo. Prima o poi rischiava di fare la fine di Spinoni, Pellegriti o Spatola: tornare in carcere. Ed essere espulso dal sistema di protezione. Lui aguzzò l'ingegno. Il 14 gennaio condusse i giudici in aperta campagna alla periferia di Lugano e indicò un punto preciso; scavando scavando, saltò fuori un bidone del latte a tenuta stagna che conteneva due milioni di dollari in banconote da cento, qualcosa come tre miliardi e mezzo di lire. Era un modo per riguadagnarsi la fiducia degli investigatori. Ma quando Carla Del Ponte, procuratore generale della confederazione elvetica, e Alfonso Sabella, sostituto della Procura distrettuale antimafia di Palermo, che avevano guidato l'operazione di ricerca, iniziarono con le domande, venne fuori il Cancemi di sempre. Di chi erano quei soldi? Da quale banca svizzera erano stati precedentemente prelevati? E perché era stato preferito quel nascondiglio primordiale? Cancemi è tornato alla carica con i «non so», i «non ricordo». Ancora oggi, le sue dichiarazioni vengono prese con le pinze.

Utilizzare questi collaboratori di giustizia è quasi un'arte, paragonabile a quella dell'acrobata: bisogna conoscerla. A Palermo, Falcone e Borsellino fecero scuola sull'argomento. Non c'è niente di peggio del magistrato che si *innamora* del suo pentito. Del magistrato che fa di tutto perché il pentito gli racconti quello che vuole sentirsi dire, anche se in buona fede, spinto solo dall'ansia di fare progredire le indagini. E non c'è niente di peggio del giudice la cui esperienza si riduce solo a un paio di collaboratori. Falcone, Borsellino e Caponnetto ebbero la possibilità di ascoltare tante campane, sapevano che si commette un errore madornale quando si pretende di *fare violenza* al racconto di un *uomo d'onore*, non perdevano mai di vista gli scopi occulti che potevano essere perseguiti dall'interlocutore. Soprattutto seguivano una regola d'oro: mettevano le dichiarazioni del «pentito» in relazione all'effettivo grado ricoperto all'interno dell'organizzazione. Diffidavano, in una parola, degli effetti speciali.

XXII

IL SECONDO MIRACOLO

La Chiesa in prima pagina

Dicevamo che il bilancio del '93-'94 è un bilancio complesso: si udì, finalmente chiara, inequivocabile, la voce della Chiesa. E la condanna del fenomeno, ai massimi livelli, non si manifestò sotto la forma della scomunica, ma con l'invito al pentimento religioso. La Chiesa ruppe gli indugi, colmò ritardi gravissimi, chiamò la mafia per nome, lanciò un segnale che nessuno avrebbe più potuto ignorare. Sotto il tempio della Concordia, nella Valle dei Templi ad Agrigento, alla presenza di centomila fedeli, Papa Wojtyla compì l'altro miracolo, dopo quello realizzato dallo Stato.

A mezzogiorno del 9 maggio 1993, in un giorno dedicato al ricordo di Giovanni Falcone, Francesca Morvillo, Paolo Borsellino e degli otto componenti delle scorte, il Pontefice scese a tu per tu con gli *uomini d'onore* apostrofandoli con queste parole di rara efficacia: «Mafiosi, convertitevi. Un giorno verrà il giudizio di Dio e dovrete rendere conto delle vostre malefatte... Questo popolo talmente attaccato alla vita, un popolo che ama la vita, non può vivere sempre sotto la pressione della morte. Qui ci vuole la civiltà della vita. Nel nome di questo Cristo crocifisso risorto, di questo Cristo che è vita e verità, io dico ai responsabili: convertitevi, per amore di Dio... Ecco, sia questo nome, Concordia, emblematico. Sia profetico e sia concordia in questa vostra terra. Concordia, senza assassinati, senza paura, senza minacce, senza vittime. Che sia concordia. Questa concordia, questa pace cui aspira ogni popolo e ogni persona umana e ogni famiglia. Dopo tanto tempo, avete finalmente diritto a vivere nella pace. E questi che sono colpevoli di disturbare questa pace, questi che portano sulle loro coscienze tante vittime umane, devono capire che non si possono uccidere tanti innocenti. Lo ha detto Dio: non uccidere. Non può l'uomo, qualsiasi aggregazione umana, la mafia, non può cambiare e calpestare questo diritto santissimo di Dio. E a voi, fratelli, dico: il Male non vincerà». Parole pensate a lungo, parole che segnavano la fine di un'epoca. Ma non era la prima volta che Papa Wojtyla visitava la Sicilia.

Era già accaduto undici anni prima, nel novembre dell' '82, l'anno delle uccisioni di Pio La Torre e Dalla Chiesa. Quando la guerra di mafia era ancora nel vivo, quando i corleonesi di Totò Riina non avevano ancora preso il potere ai vertici di Cosa Nostra, quando la sfida contro gli uomini delle istituzioni non si era ancora conclusa. Già in quell'occasione c'era fortissima attesa, molti davano per imminente la scomunica dei boss, si avvertiva l'importanza che avrebbe assunto l'eventuale condanna del fenomeno da parte del capo della Chiesa. Le speranze furono deluse: nel testo di uno degli interventi del Papa, anticipati alla stampa, figurava un passaggio molto duro contro Cosa Nostra. Quando si trattò di leggerlo, quel passo scomparve. E in tutti gli interventi pronunciati durante la visita siciliana, la parola «mafia» non figurò mai. Negli osservatori si fece strada il sospetto che settori tradizionali del clero siciliano, quelli più vicini agli ambienti mafiosi, avessero fatto pressioni per evitare una rottura irreversibile. Meriterebbe infatti una storia a parte la ricostruzione dei rapporti fra la Chiesa siciliana e la mafia, dal dopoguerra a oggi. Storia scandita da momenti di presa di coscienza e da vicende ed episodi che andavano invece in tutt'altra direzione. Si può dire che se la Chiesa avesse fatto sin dall'inizio una scelta di campo netta e dichiarata, la storia siciliana avrebbe avuto un andamento diverso. Ma senza volere andare troppo lontano, forse sarebbe stato sufficiente utilizzare la visita dell' '82 per imboccare quella strada che sarebbe stata tracciata nella Valle dei Templi. Anche la Chiesa dunque, come lo Stato, come l'intera opinione pubblica, favorì in qualche modo con la sua indecisione, la sua timidezza, la sua esasperante lentezza, l'impressionante ascesa dei boss. Ora — però — che il miracolo è compiuto, bisogna prenderne atto. E che le parole del pontefice non erano scivolate sull'acqua si sarebbe visto molto presto. I mafiosi infatti, a modo loro, si sono sempre considerati uomini di chiesa, pii e devoti. Praticanti di prim'ordine, in testa a ogni processione, solleciti nel risolvere i problemi economici delle parrocchie di paese o di quartiere, gli affiliati a Cosa Nostra si sono sempre distinti per una vita religiosa apparentemente ineccepibile. Prevaleva un quieto vivere, fra loro e il clero siciliano. In alcuni casi c'era qualcosa di più e di peggio: c'erano compromissioni e affari in comune. Le contraddizioni, a lungo sopite, esplosero all'indomani della decisione del Papa di pronunciare quelle parole di condanna. Cosa Nostra mandò a dire, con il suo linguaggio più efficace, quello delle armi, che non aveva gradito. Volle rispondere con un segnale altrettanto poderoso.

Un prete piccolo piccolo

E il 15 settembre del '93 si aprì una pagina inedita. Si aprì a Brancaccio, borgata roccaforte delle cosche, dove già da tempo l'attività di un prete *piccolo piccolo* era mal digerita. Quale migliore occasione per saldare un conto di quartiere colpendo contemporaneamente l'intera comunità ecclesiastica galvanizzata dalle parole del pontefice?

Padre Giuseppe Puglisi, 55 anni, parroco della chiesa di San Gaetano, era conosciuto da tutti, stimato da moltissimi, odiato da pochi. Pur essendo da tempo in prima linea, non aveva mai fatto notizia. Silenzioso, schivo per natura, «don» Pino preferiva gesti concreti e quotidiani, e soprattutto si dedicava con passione ai ragazzi tossicodipendenti e sbandati di Brancaccio. Il giorno in cui lo uccisero si era recato in Prefettura per segnalare l'esistenza, all'interno di un grande scantinato, di un autentico spaccio di droga. Aveva dato vita a un gruppo di giovani volontari, diventato presto punto di riferimento per tutti gli emarginati della zona. Aveva ricevuto minacce, piccoli avvertimenti, che aveva denunciato ai fedeli: ad esempio, gli avevano incendiato la porta della chiesa, avevano dato alle fiamme un furgone della ditta che si occupava del restauro della *sua* parrocchia. Raccontò tutte queste cose durante la sua omelia nella messa in occasione dell'anniversario della strage di via D'Amelio. E nel centro di accoglienza «Padre Nostro», annesso alla chiesa, accanto alle foto del Papa e del cardinale Pappalardo, aveva esposto un bel poster a colori di Falcone e Borsellino. L'ultimo *dettaglio*: padre Puglisi, parecchie volte, aveva impedito agli uomini politici della zona, quelli inquisiti, di scrivere sul giornale della parrocchia.

Alle 22 del 15 settembre, lo seguirono dalla chiesa fin sotto l'abitazione, a poche centinaia di metri di distanza. Fece appena in tempo a inserire la chiave nella toppa. Subito dopo, un killer solitario, gli esplose contro un colpo di pistola calibro 7 e 65 che lo raggiunse alla tempia. Per mezz'ora il suo cadavere rimase sul selciato, prima che i vicini si decidessero a dare l'allarme. Si capì subito, quella notte, che l'agguato era stato deciso dall'*alta mafia*. Non potevano essere stati balordi di quartiere a mettere a segno un delitto tanto dirompente. Se quel prete aveva svegliato le coscienze, era sin troppo ovvio che solo dalla *cupola* di Cosa Nostra poteva essere giunto o l'input o il placet per il killer solitario. Era *la prima volta*. Il precedente di fra Giacinto, assassinato nell' '80 dentro il convento di Santa Maria del Gesù, non è utilizzabile, non fa testo, dal momento che in quel caso la vittima, per testimonianze pressoché unanimi, si lasciava alle spalle una vita tempestosa e carica di ombre. A tutto tondo, invece, il ritratto di padre Puglisi. I sacerdoti più avveduti, in quei giorni, colsero subito l'aspetto intimidatorio per l'intera comunità religiosa rappresentato dall'eliminazione di quel prete apparentemente *piccolo piccolo*. I boss erano terrorizzati che le parole di Wojtyla potessero innescare meccanismi moltiplicativi di denuncia diffusi nei singoli quartieri, nelle singole borgate, nei paesi. In questa cornice andava letto l'omicidio. Se ne rese subito conto padre Paolo Turturro, parroco del Borgo vecchio, il quale affermò: «È un martire della giustizia e della Chiesa di oggi». C'è infatti una Chiesa di *oggi*, che è tutt'altra rispetto a quella di *ieri*, quando spadroneggiava il cardinale Ernesto Ruffini, proverbiale per la sua ostinazione nel negare l'esistenza del fenomeno mafioso e per le sue strette frequentazioni con i grandi potenti di Sicilia. A Cosa Nostra la Chiesa di ieri andava a genio, quella di *oggi* molto meno. E se ne rese subito conto Francesco Stabile, che già nel 1980 aveva alzato la sua voce contro le cosche: «Padre Puglisi stava risvegliando le coscienze. L'interesse a ucciderlo lo ha avuto chi non ha interesse al cambiamento. A Brancaccio, chi alza la testa deve essere messo a posto. E nelle chiese ormai si sta facendo quello che non si è fatto per secoli». Il cardinale Salvatore Pappalardo commentò in modo lapidario: «Quanto è successo rappresenta un segnale ben preciso».

Ma quel delitto così apparentemente anacronistico (fu il primo a oltre un anno di distanza dalle stragi di Capaci e via D'Amelio) non sortì l'effetto sperato dai boss. Impresse infatti un altro colpo d'acceleratore al processo di liberazione inaugurato nel tempio della Concordia. Otto sacerdoti di prima linea (Antonio Garau, Cesare Rattoballi, Ennio Pintacuda, Vincenzo Noto, Baldassarre Meli, Aldo Nuvola, Giacomo Ribaudo, Paolo Turturro) si rivolsero direttamente al pontefice con questa lettera che riproduciamo per intero, in considerazione del suo alto significato storico, ancor prima che religioso.

Scrissero gli otto: «Santità, è appena trascorso un anno dalle stragi di Giovanni Falcone, Francesca Morvillo, Paolo Borsellino e degli agenti di scorta e di nuovo arriva un altro terribile delitto di mafia. Questa volta è stato ucciso un sacerdote. Padre Giuseppe Puglisi era un parroco impegnato in un quartiere di Palermo piegato da mafia e degrado. Questo sacerdote, come tanti altri della Chiesa di Palermo, era uno che viveva il Vangelo e si specchiava ogni giorno nel messaggio che Sua Santità ha dato il 9 maggio scorso alle chiese di Sicilia nel vibrante discorso pronunciato nella Valle dei Templi di Agrigento. Il nostro confratello, Giuseppe Puglisi, non era sicuramente uno di coloro, sacerdoti e vescovi, ai quali fu rivolto il Suo duro monito di non essere tiepidi e deboli nella lotta alla mafia. Santità, la città di Palermo tutta, i sacerdoti e i cristiani sono affranti e terribilmente colpiti; ci chiediamo quando finirà questa terribile catena di morte. Qualcuno è anche smarrito e scoraggiato e si chiede se vale la

pena continuare a lottare. Anche perché continuano a esserci
sacerdoti e vescovi che non sono testimoni autentici della liberazione che Cristo vuole per questa nostra Isola. Santità,
prima della Sua visita, è stata la signora Agnese, vedova Borsellino, affranta dal dolore a chiedere un segno... Adesso
siamo noi, i Suoi figli sacerdoti, colpiti e sgomenti, a chiederLe, anche sollecitati da tanti fedeli, proprio in questa circostanza, un forte segno della Sua presenza tra noi, come
conferma e guida di questo cammino difficile e ogni giorno
più rischioso. Deve essere sempre chiaro volere e deve essere
pur possibile sconfiggere le forze del male e far trionfare con
la giustizia e la verità un'autentica cultura di vita e di pace».

Ci sono dunque, è questo il passo decisivo della lettera,
«sacerdoti e vescovi che non sono testimoni autentici della liberazione che Cristo vuole per questa nostra isola». Gli otto
non potevano essere più chiari.

Chiesa Nostra

Quali vescovi? Vediamo.

L'arcivescovo di Monreale, monsignor Salvatore Cassisa,
è diventato l'emblema della Chiesa di *ieri*. Da quindici anni
è inamovibile. Governa, a modo suo, la diocesi più estesa e
più importante di tutta la Sicilia, ostenta l'arroganza che dovrebbe essere più congeniale a un capobastone che a un prelato. Rappresenta ormai uno scandalo permanente, una macchia profonda sull'immagine di un clero che tenta di rinno-
varsi, e — lo supponiamo con estrema facilità — un'autentica spina nel fianco per il capo della Chiesa convinto di
avere girato per sempre la pagina delle compromissioni e
delle complicità. È sufficiente alzare la voce contro Cosa Nostra? È sufficiente invitare i boss al pentimento? È sufficiente stigmatizzare con parole definitive un fenomeno criminale con profondissime radici? Molto probabilmente no. Soprattutto quando le parole rischiano di essere smentite dai
fatti, contraddette dai comportamenti di chi, a quelle parole,
dovrebbe immediatamente uniformarsi. Non ci sarà liberazione assoluta della Chiesa dalla mafia sin quando un arcive-

scovo potrà simultaneamente sfidare le inchieste della magistratura, il grave turbamento dei fedeli, le scelte delle alte gerarchie ecclesiastiche. Chi è monsignor Cassisa?

Uno degli ultimi nipotini del cardinal Ruffini, il prototipo dell'alto prelato ammanicato con i novanta *onorevoli* della regione siciliana sempre pronti a inginocchiarsi di fronte a lui, attentissimi a non disertare festini e celebrazioni religiose, ricorrenze di santi patroni e scadenze liturgiche di ogni tipo, prodighi di finanziamenti e assetati di voti. E Cassisa, per anni, fu gran maestro di quella bizzarra congrega dei Cavalieri del Santo Sepolcro, che vedeva fianco a fianco uomini di tutte le nomenklature: magistrati e generali, questori e bancari, imprenditori, prefetti e ministri. Chiacchierato, Cassisa, lo è sempre stato. Orlando, quando fu sindaco di Palermo per la prima volta, tanto per dirne una, raccontò che Cassisa lo aveva pesantemente sollecitato per il pagamento di una *parcella* di un centinaio di miliardi al conte Arturo Cassina, ras degli appalti e delle manutenzioni pubbliche. Per la gestione scandalosa di quegli appalti, Cassina finì sotto processo. Ma Cassisa, subentrato proprio all'imprenditore nella guida dell'ordine equestre del Santo Sepolcro, trovò naturalissima quest'intercessione a favore di un *amico*. Orlando si sottrasse e Cassisa ci restò assai male. Ma non era facile potere dimostrare che il Santo Sepolcro, fondato nel 1209 dopo la caduta di Gerusalemme, era diventato ricettacolo di personaggi equivoci, tutti uniti appassionatamente dal culto della segretezza, degli affari, delle congiure. E che fra quei personaggi equivoci ci fossero anche mafiosi è stata sempre più che una voce. Ma è nel 1993 che l'astro di Cassisa precipita in caduta libera.

Questa volta non sono gli avversari politici, o i giornalisti, o Leoluca Orlando, a sollevare pesanti interrogativi. La protesta viene infatti dall'interno, dalla denuncia di Giuseppe Governanti, ex presidente del tribunale ecclesiastico, e parroco della chiesa del Carmine. Il sacerdote scrive a Roma, in Vaticano, per «segnalare» ai superiori che la situazione a Monreale sta diventando insostenibile, che i fedeli chiedono spiegazioni del comportamento di Cassisa. È accaduto infatti che il pentito Li Pera, raccontando ai giudici fatti e misfatti degli appalti, ha svelato anche che a Cassisa sarebbe andata una tangente di 600 milioni, tangente pagata dall'impresa «Rizzani De Eccher» per aggiudicarsi l'appalto (nove miliardi) per la ristrutturazione del Duomo arabo normanno di Monreale. Cassisa oggi è sotto inchiesta della Procura di Milano e di quella di Palermo. Ma non è tutto. Mentre infuriava la polemica, mentre Governanti e Cassisa erano ai ferri corti, mentre l'intero paese di Monreale insorgeva contro il rappresentante di «Chiesa Nostra», un avviso di garanzia, pesante come un macigno, raggiungeva il segretario particolare di Cassisa, «don» Mario Campisi. Si ipotizza il reato di favoreggiamento di un latitante che risponde al nome di Leoluca Bagarella. Il boss corleonese, che avrebbe preso il posto di Riina, dopo il suo arresto, ai vertici di Cosa Nostra, teneva i contatti con i suoi fiancheggiatori attraverso il telefono cellulare di «don» Campisi. Ancora oggi, Cassisa e il suo segretario, ovviamente amici per la pelle, restano al loro posto. Cassisa è persino passato al contrattacco pronunciando un'omelia a metà fra l'autodifesa e l'avvertimento di chiaro stampo mafioso.

Nel «suo» Duomo di Monreale, il 15 gennaio, ha convocato la diocesi per spiegare di essere vittima di una «campagna denigratoria le cui origini sono abbastanza chiare e le finalità ben troppo evidenti», per ricondurre la sua scandalosa vicenda personale all'esistenza di un «attacco, ora palese, ora ambiguo, alla Chiesa in quanto tale», per difendere il suo segretario: «per Don Mario Campisi, torno a garantire l'assoluta fiducia sulla sua persona e sul suo magistero...». In prima fila, ad annuire, ad applaudire contenti, decine e decine di *picciotti* scesi in massa dal quadrilatero mafioso Monreale, Roccamena, Corleone, San Giuseppe Jato, insieme a tanti ex sindaci e consiglieri comunali di quei paesi inquisiti per mafia. Ai cronisti sembrò di assistere a una spettacolare sequenza del «Padrino».

Ancora una volta, un gruppo di sacerdoti palermitani scrisse al Papa lamentando l'assenza di «smentite e chiarimenti ufficiali» rispetto a ciò che stava succedendo. L'invito era rivolto anche a Cassisa: «Senza volerci erigere a giudici sommari, riteniamo auspicabile che l'arcivescovo, pubblicamente e secondo la coerenza evangelica, renda conto della sua totale estraneità ai contenuti delle accuse e delle dicerie e sospenda, almeno temporaneamente, l'esercizio del suo ministero sinché non sarà fatta luce su tutte le vicende». Parole al vento.

Giro di vite

Per uno di quei curiosi paradossi attraverso i quali spesso si esprime la storia, la fine del '93 e l'inizio del '94 sono stati segnati da un pesante giro di vite che ha colpito proprio gli esponenti della Chiesa di prima linea. Sembrava che, dopo il monito del Papa, la strada per i preti di trincea fosse ormai tutta in discesa. Che dovessero diventare automaticamente maggioranza, all'interno di un clero così fortemente richiamato — dall'alto — ai suoi doveri. Previsione azzardata, calcolo sbagliato. Negli ultimi tempi, invece, lo scontro si è fatto più acuto. Hanno rischiato di farne le spese proprio alcuni degli otto firmatari della lettera dopo l'assassinio di «don» Puglisi. Un'autentica falcidia, una raffica di «casi», a prima vista distinti e legati invece da un filo comune, ha tenuto per giorni e giorni le prime pagine dei giornali, creando interrogativi angosciosi sui reali umori della Chiesa.

Innanzitutto, «don» Paolo Turturro, parroco della chiesa di Santa Lucia, al Borgo vecchio, in uno dei quartieri più degradati del vecchio centro di Palermo. Da anni, «don» Turturro è una presenza viva nella Chiesa siciliana, avendo scelto di opporsi quasi fisicamente al degrado che segna la città. Chi è «don» Turturro? Di origini pugliesi, 48 anni, capelli bianchi e occhi celesti, sembra bruciato dalla passione per gli «altri», capace di dialogare per ore e ore con il parrocchiano più *insignificante*. Ma soprattutto è uno che non si adegua a nulla, neanche alle abitudini più consolidate. Un esempio. Nella notte fra l'1 e il 2 novembre, per la ricorrenza dei defunti, i palermitani, soprattutto quelli dei quartieri poveri, hanno l'usanza di regalare ai figli pistole e fucili giocattolo. Tradizione vuole che siano i *morti a farsi vivi*, carichi di doni, con figli e nipotini. È una consuetudine sentita in città:

una delle foto che rese famoso Enzo Sellerio è l'istantanea in bianco e nero che riproduce, all'indomani del *giorno dei morti*, un plotone d'esecuzione composto da una mezza dozzina di ragazzini palermitani che *fucilano*, con aria solenne, un loro coetaneo precedentemente messo al muro. «Don» Paolo Turturro, preoccupato che questa familiarità con le armi, sia pure giocattolo, iniziasse una lenta opera di corrompimento delle coscienze, lanciò, anni fa, un'autentica campagna per l'*infanzia disarmata*. Diede appuntamento ai ragazzi del Borgo, si fece consegnare i regali che avevano ricevuto, diede loro in cambio giocattoli ben più innocui. Le armi finirono in cenere dentro un gigantesco falò, alla presenza di genitori stupiti e bambini festanti. Al Borgo, l'abitudine di regalare armi giocattolo sta quasi scomparendo. «Don» Paolo Turturro, con iniziative come questa, è riuscito a stringere un rapporto molto forte con i suoi parrocchiani, molti dei quali, inutile sottolinearlo, gravitano nel sottobosco della malavita organizzata e anche mafiosa. Durante le vacanze del Natale '93, «don» Turturro ricevette la lettera firmata da un carcerato, il quale si dichiarava pentito per tanti crimini commessi, e autorizzava il sacerdote, se lo avesse ritenuto opportuno, a rendere noto il contenuto nascondendo però la sua identità.

Nella notte del 25 dicembre, durante la veglia di preghiera, un giovane di Milano lesse il testo accorato di quella missiva. Successivamente, durante l'omelia, «don» Turturro fece riferimento a una testimonianza raccolta in confessione: «Un ragazzo è venuto da me piangendo, dicendomi: "Padre ho ucciso tante volte. Ho partecipato a diverse stragi, compresa quella di Capaci. Potrò mai avere perdono?"». La notizia, a causa delle festività, uscì in ritardo, in maniera pasticciata, con diverse versioni. Non c'erano cronisti quella notte, a Santa Lucia. E tutti commisero l'errore di indicare in padre Turturro il «primo» sacerdote che aveva osato mettere in discussione il principio della segretezza della confessione. I giudici, alla lettura dei giornali, rimasero senza parole. Interrogarono «don» Paolo che, ovviamente, si richiamò al segreto. Quella che non era altro che una bella favola di Natale, raccontata a una comunità di fedeli a riprova di quanto sia forte la Luce del Signore contro il Buio di Satana, diventò una sorta di pernicioso atto d'accusa contro un prete di prima linea. Editoriali a pioggia, commenti al vetriolo, e soprattutto pressioni, all'interno dell'alta gerarchia ecclesiastica, perché Turturro fosse chiamato a rispondere per la violazione di un sacramento. Per molti Turturro aveva sbagliato due volte: prima perché aveva *parzialmente* violato il contenuto sacro di una confessione, poi per non averlo violato *sino in fondo* raccontando tutto alla magistratura. Lo attaccarono i laici, lo attaccarono i religiosi. Qualche giorno dopo, i giornali cominciarono a riferire l'esatta ricostruzione dei diversi passaggi dell'omelia dello scandalo, ma il «caso Turturro» ormai era stato archiviato. Il sacerdote da quel giorno si è imposta la regola di un rigorosissimo silenzio. Continua a dire messa al Borgo. E forse si considera un miracolato.

Finì peggio a Sant'Ignazio

Si era appena spenta l'eco del «caso Turturro» che esplose il «caso Pintacuda». Il 29 dicembre mi trovai nella Sala delle Lapidi del Municipio di Palermo, dove si svolgeva la presentazione del libro «La Scelta», scritto dal giornalista Aldo Civico che ha raccolto una lunga intervista a padre Ennio Pintacuda. A presentare il libro, in un'aula stracolma, c'erano, fra gli altri, Leoluca Orlando, nuovo sindaco di Palermo, Antonino Caponnetto, presidente del consiglio comunale, padre Antonio Garau, parroco della Zisa e anche lui «prete di trincea». Tutto sembrava pronto per iniziare. Ma Pintacuda non si vedeva, e il brusio in sala lasciava intendere che il ritardo del principale ospite della serata non stava passando inosservato. Allora, Orlando prese la parola leggendo una lettera di Pintacuda ai presenti con la quale spiegava la sua assenza per «impegni personali». Orlando era teso, la sua mimica facciale sembrava contraddire l'autenticità di ogni passo di quella lettera. Il mistero fu parzialmente chiarito dall'intervento successivo, quello di Antonino Caponnetto.

Con voce solenne, l'ex fondatore del pool antimafia di Palermo, esordì così: «Non sarei sincero sino in fondo se dicessi di credere alle ragioni esposte da Pintacuda nella sua lettera. Avrei voluto che questa giornata iniziata festosamente [*in mattinata si era insediata la nuova giunta con Orlando sindaco e Caponnetto presidente, N.d.A.*] si concludesse in modo migliore, e non con l'assenza di padre Pintacuda». Questo, infine, il passaggio più duro: «Non vorrei che la voce di padre Ennio Pintacuda restasse soffocata». Caponnetto ha l'abitudine di dire quello che pensa, ma anche di pensare sempre quello che dice. Un'affermazione come quella, in una circostanza come la presentazione di un libro, poteva significare solo che «cause di forza maggiore» avevano impedito al gesuita più scomodo d'Italia di prendere parte alla serata.

Sudai sette camicie, quella sera, per strappare qualche parola a Orlando, Caponnetto e Garau, mentre ormai la presentazione era iniziata. Mi resi conto non solo che Pintacuda era stato diffidato dai superiori della «Compagnia del Gesù» a presenziare all'incontro, ma, quello che era più grave, lo avevano apertamente invitato a lasciare Palermo e la Sicilia e a scegliersi una nuova sede, meglio ancora se in America. Giungeva all'epilogo un antico contenzioso fra il gesuita e la «Compagnia del Gesù». La nuova scintilla della polemica era rappresentata dal libro «La Scelta», per quelle parti critiche nei confronti di padre Bartolomeo Sorge che aveva già mortificato Pintacuda privandolo dell'insegnamento della sua materia (sociologia politica) nel centro studi gesuiti di via Lehar. Ma la ragione vera, espressa dallo stesso Pintacuda, è che molti non gli perdonano di essere diventato uno dei consiglieri di Orlando. Gli addebitano dunque, anche se indirettamente, l'uscita dell'uomo politico dalla dc, la nascita della «Rete» e il trionfo di Orlando e della «Rete» alle ultime amministrative di Palermo. Sorge, invece, è diventato consulente della dc (oggi Partito Popolare Italiano) di Martinazzoli. Della grande gamma di sanzioni previste per il «prete ribelle», alla fine è rimasto ben poco. La mobilitazione dell'opinione pubblica, la grande eco che ebbe sulla stampa il «caso Pintacuda», hanno indotto i rappresentanti della Compagnia a provvedimenti meno traumatici. Pintacuda è rimasto a Palermo, anche se è stato costretto a *separarsi* da padre

Sorge considerato da molti il vero mandante della congiura. Anche Sant'Ignazio da Loyola, fondatore dell'ordine, dovette fare i conti con i superiori: gli ordinarono di interrompere bruscamente la sua visita ai Luoghi Santi. E lui obbedì. Ecco perché anche Pintacuda, come Turturro, si sente un *miracolato*. Traslocare da un centro all'altro restando a Palermo, cosa alla quale ha sempre tenuto di più, rappresenta per lui uno *scampato pericolo*: quello di abbandonare per sempre la Sicilia. Infine, il «caso Noto».

Padre Vincenzo Noto, 49 anni, giornalista, fondatore della rivista «Novica» (Notiziario di vita cattolica), il 27 dicembre '93 si recò in tribunale per ritirare la sua firma di direttore responsabile. Era reduce da una durissima campagna interna contro la linea seguita dal giornale: troppo vicino al cardinale Pappalardo, troppo vicino alle posizioni di Leoluca Orlando. Anche lui, come Pintacuda, ha pagato il conto per il forte successo conseguito dalla «Rete» alle ultime amministrative di novembre. Può essere un caso che in un paio di settimane la bufera si sia abbattuta su alcuni dei preti migliori della Chiesa palermitana? L'omicidio di padre Puglisi non avrebbe dovuto consigliare una linea di condotta diversa, anche da parte delle alte gerarchie ecclesiastiche, verso il «caso Palermo»? Il cardinale Salvatore Pappalardo ha già consegnato le sue dimissioni alla Santa Sede, avendo compiuto i 75 anni previsti dal codice di diritto canonico.

Alcuni osservatori, di ambienti interni alla Chiesa, ritengono che siano già iniziate le grandi manovre per la sua sostituzione. Sostituzione che si presenta delicatissima. Il nuovo capo della Chiesa siciliana non potrà non tenere conto di quanto è accaduto in Italia dopo le stragi di Capaci e via D'Amelio. Si vedrà. Una cosa è certa: il Papa ha compiuto il secondo miracolo. Il terzo, forse, lo dovrà compiere la congregazione dei vescovi.

(16 marzo 1994)

XXIII

QUALCOSA SU BERLUSCONI

Piedi per terra

In un libro che si occupa di vicende di mafia, e con la prospettiva di periodici aggiornamenti, è facile cedere alla tentazione di disegnare scenari solo apparentemente suggestivi per spiegare in qualche modo tutto quanto è accaduto e – purtroppo – continua ad accadere. È una tentazione comprensibile ma che indurrebbe il lettore in errore. Ognuno è liberissimo di pensarla come vuole. Ognuno può immaginare i retroscena più foschi, le alleanze più inconfessabili, gli interessi più sordidi, e pensare che siano la molla principale di questa storia dai mille attori, dalle mille comparse, dalle mille trame. Ognuno è libero di immaginare, di farsi un'idea; non può farlo, invece, chi scrive e aggiorna un libro come questo. Bisogna resistere alla tentazione di fare politica parlando di questioni di mafia. Cosa penseremmo di uno scrittore di libri gialli che, non venendo a capo, lui per primo, dell'intrigo che sta illustrando, decidesse di mettere in campo la politica dimenticando così di indicare il nome dell'assassino? E i giudici del pool di Palermo non raggiunsero forse i loro risultati migliori quando si sedettero intorno a un tavolo spogliandosi, nel loro lavoro, delle convinzioni politiche delle quali ciascuno di essi era pur sempre portatore? Si liberarono di prevenzioni o tesi precostituite, decidendo di affidarsi solo all'esercizio della propria funzione. D'altra parte, i pochi successi del fronte antimafia sono stati raggiunti quando l'antimafia è apparsa agli occhi degli italiani un grande problema nazionale la cui soluzione prescindeva dagli interessi immediati di questo o quello schieramento. I tanti insuccessi si sono registrati quando l'antimafia ha dato l'impressione di diventare strumento di parte, adoperato per fini politici di bottega. Se così stanno le cose è ovvio che qui non troverete esposta la tesi che fra Cosa Nostra e Forza Italia si è stabilito un patto, si è creata una complicità, come non troverete la prova che i boss di mafia guardano ormai agli esponenti del Polo delle libertà come ai loro unici possibili referenti. E salvatori. Ma sarebbe un'omissione imperdonabile, in questa lunga cronaca, evitare di pronunciare il nome di Silvio Berlusconi, o fingere di non sapere che per sette mesi Forza Italia ha guidato un governo che ha affrontato – a modo suo – il nodo mafioso. Berlusconi, appena sceso nell'arena politica italiana, venne proprio a Palermo. Fu un battesimo di fuoco. E a Palermo lo accolsero così. A Palermo, dove – com'è noto – la mafia gode sempre di buona salute.

La fiera delle vanità

Parlava in trance. Non vedeva di fronte a lui. Non vedeva la prima fila. Non si accorgeva della seconda. Alla sua destra? Non guardava. Alla sua sinistra? Nemmeno. Sentiva solo l'inno. Il suo inno, quel Forza Italia ritornello teologico, politico e canoro dei nemici sempreverdi del comunismo pronti a seppellire una volta per tutte la mastodontica carcassa della Prima Repubblica. Vedeva solo quel gigantesco fondale alle sue spalle, un cielo azzurro appena velato da qualche cirro che però non minacciava tempesta, sovrastato dal simbolo di un movimento appena nato eppure già grandicello. Scenografia soft, pastelli tenui, garbo grafico, niente di truce, tanta calma nel futuro e nel presente degli azzurri. Quanta arroganza, quanta pacchianeria invece, quando, nel 1981, Craxi pretese che un gigantesco garofano rosso campeggiasse su Monte Pellegrino e sovrastasse Palermo per salutare il dodicesimo congresso del Partito Socialista Italiano. Allora i nipotini di Garibaldi raggiungevano in nave i loro congressi, tirava ancora l'epopea dei Mille, il ritratto del Quarto Stato di Pellizza da Volpedo lo trovavi in qualsiasi sede sindacale o del patronato Inca. C'erano una volta la DC, il PCI, il PSI, repubblicani, socialdemocratici e liberali, Andreotti e Gava, Signorile e De Michelis, Nicolazzi e Vizzini, La Malfa e Gunnella, Zanone e Malagodi... Preistoria, ormai. Ora si celebrava il nuovo rito di Forza Italia.

E lui, il grande officiante, il grande sacerdote del «mi consenta», appariva per la prima volta in terra di Sicilia. 5000 fedeli ad ascoltarlo. Altrettanto in trance, altrettanto rapiti dal verbo che si offriva per la prima volta dal vivo, non più in diretta televisiva. Correva il 20 marzo del '94. Silvio Berlusconi stava già piacevolmente sorseggiando l'amaro calice della politica. Lo sorseggiava infatti a Palermo, città che di suo ha un pizzico di amarostico, ma lo sorseggiava di fronte a una platea impaziente di applaudirlo. Un catino incandescente, quel giorno, il padiglione più esteso della Fiera del Mediterraneo, scelto per la prima autentica grande uscita allo scoperto di dirigenti e supporter di Forza Italia. Berlusconi poneva la prima pietra, il resto sarebbe venuto dopo. Ma si può andare per il sottile in giornate tanto indimenticabili? Si può spaccare il capello in quattro quando ti ascolta una folla oceanica? Si è mai visto un sacerdote interrompere la messa su due piedi perché qualche fedele gli sta antipatico? Così, quel giorno, l'ispirato sacerdote del «mi consenta» non poté guardare di fronte a sé, non poté guardare a destra e a sinistra, apparve al pubblico come fosse bendato, lungimirante però di una vista interiore alimentata da meravigliosi sondaggi, da granitiche certezze, dall'ispirazione che gli veniva direttamente dal popolo osannante. La grande traversata aveva spiccato il salto, sarebbe presto venuto il tempo delle tavole della Legge. E poi, perché meravigliarsi? Non è stata sempre rappresentata come una dea bendata, la giustizia che tiene in mano la bilancia? Quando ci si muove ad alto tasso di ispirazione, essere bendati è quasi obbligatorio. Un'incandescente graticola di spot bruciava la faccia dell'uomo al podio. Penombra, ombra, buio pesto per la platea, luce e tenebre, parola e fede, la liturgia della Seconda Repubblica era tutta lì, prendere o lasciare. E nessuno dei presenti, quel giorno, volle lasciare.

La Palermo ricca, opulenta, delle professioni, la Palermo del potere e del sottopotere, la Palermo delle banche, degli studi penali, civili e notarili, e delle imprese edili, quella del commercio, dei regionali. Il popolo in giacca e cravatta. Abiti blu, regimental, tailleur grigi, foulard, per una prima che più prima non si può. Si capisce: i palermitani hanno nostalgia di Teatro Massimo, chiuso da vent'anni. Si capiscono anche col senno di poi, le pattuglie delle hostess, rigorosamente in blu, filiformi, dagli sguardi al miele e premurose, tutte giovani o giovanissime, pronte ad appuntare coccarde. Si capiscono i colleghi giornalisti Fininvest, elettrizzati da una giornata gloriosa di festa e lavoro. Berlusconi era finalmente lì, su quel podio. Si era fatto attendere, quel 20 marzo. Quasi un'ora e mezza di ritardo che aveva fatto crescere il delirio nel catino arroventato della Fiera del Mediterraneo.

Che avrebbe detto? Come avrebbe lavato l'onta di quelle notizie al vetriolo che coinvolgevano nientemeno che il numero 3 dell'impero Fininvest, il palermitanissimo Marcello Dell'Utri? Proprio così. Appena ventiquattr'ore prima, sulla festa grande in terra di Sicilia si era rovesciato un autentico ciclone: Dell'Utri era stato chiamato in causa da Salvatore Cancemi, uomo d'onore e capo della famiglia mafiosa di Porta Nuova, erede di Pippo Calò, il cassiere di Cosa Nostra. A sentire Cancemi, Dell'Utri si sarebbe già lanciato nel grande affare del Risanamento del centro storico di Palermo – una spesa prevista di mille miliardi – non andando troppo per il sottile nella scelta dei compagni di cordata. La giornata era nata storta. Non solo tempestosa sul fronte mafia, ma tempestosa anche sul fronte 'ndrangheta. Il boss calabrese Peppino Piromalli, aveva fatto sapere – dal carcere – che avrebbe votato per Berlusconi e Forza Italia, provocando la presa di posizione di Achille Occhetto che sfidava il cavaliere a rifiutare voti tanto compromettenti. Il terreno di gioco si era dunque fatto ancora più pesante. E rischiava di diventare impraticabile dopo dieci giorni già scanditi dalle polemiche per la clamorosa richiesta di arresto di Dell'Utri (false fatturazioni e falso nel bilancio di Publitalia) avanzata a Milano dal pool Mani Pulite. Con un ampio gesto della mano destra, appena scoccata la mezza, il sacerdote zittì tutti dando inizio al rito.

Il sacerdote vittima di oscuri complotti: «Non so più cosa aspettarmi. Ma Occhetto sappia che sono ingenuo ma imparo presto, molto presto». Il sacerdote paladino delle regole: «Vogliono stravolgere il regolare andamento della campagna elettorale». Il sacerdote intravede scenari sinistri: «Nella prossima settimana può succedere di tutto. Non riesco a fare previsioni. Stiamo assistendo a qualcosa che potrebbe essere paragonato davvero ad un golpe bianco». Lo inquietano parecchio le vicende giudiziarie che lo riguardano, vere, presunte o annunciate che siano: «Prima ci sono i fatti di Milano, un teorema accusatorio di magistrati dall'ideologia che ben conosciamo, contro un'azienda del mio gruppo, che non ha riscontri nella realtà. Poi c'è il caso di questo boss, questo Piromalli, di non so quale onorata società, che contro ogni comportamento logico grida forte e alto che lui e quelli come lui voteranno per Forza Italia. A questo punto entra in scena Occhetto chiedendo un mio pronunciamento...». Il sacerdote scocca due frecce avvelenate. Una è per Giancarlo Caselli, il procuratore capo di Palermo accusato d'avere cenato con Paolo Mieli, direttore del «Corriere». Una cena poco ortodossa, grida il cavaliere. Fra una portata e l'altra, Caselli fa trapelare un interessamento della magistratura palermitana per Berlusconi e i vertici Fininvest. L'altra freccia è per Nicola Mancino, ministro degli interni, al quale si rivolge dicendogli: «Non è libero, è prigioniero. In qualche modo è stato ricattato e costretto a fare quelle dichiarazioni. Forse c'è qualcuno che ha ancora delle carte». Quali dichiarazioni? Quali carte? Semplice. Mancino aveva lanciato l'allarme sul possibile condizionamento del voto da parte delle organizzazioni criminali. Le carte invece richiamavano alla memoria il presunto coinvolgimento di Mancino nello scandalo Sisde. Il monologo raggiunse il suo acuto più riuscito: «Tutti i voti di Forza Italia raccolti in Sicilia, Campania, Calabria, e nell'intero paese saranno voti contro la mafia». Per la verità, sommersa da polemiche e inchieste, allarmi rossi sulla tenuta della democrazia e pettegolezzi d'alto bordo, la politica risultò un po' sacrificata, quel giorno, nelle parole del grande sacerdote.

I 5000 fedeli furono rincuorati sull'eventualità di un esasperato separatismo leghista. «Posso assicurarvi – tuonò la voce dal podio – che l'idea delle tre Italie è seguita da meno dell'uno per cento della gente del Nord. La base leghista non condivide le sparate di qualche suo leader.» Castigato Bossi e grandi complimenti a Fini, quella mattina: «un patto, inizialmente solo elettorale, si è trasformato in autentica simpatia». Ovazione sterminata. Delirio ritmato da slogan iperbolici: «Silvio, grazie di esistere, San Silvio, pensaci tu». Fu l'apoteosi. Il grande sacerdote chiese di tirare il fiato: «Datemi il tempo di far tornare normali i battiti del mio cuore. Nemmeno la curva del Milan mi ha mai dato questa emozione». Risuonò l'inno Forza Italia, esplose il karaoke. In tredici città italiane collegate in diretta con il catino della Fiera del Mediterraneo, giunsero le immagini della prima convention in terra di Sicilia. Silvio Berlusconi chiamò attorno a sé candidati e supporter, ma ancora una volta nòn li vide.

Che ne sa Berlusconi di chi sino a quel momento lo ha ascoltato in quelle prime file di poltrone immerse nel buio? Che ne sa di Mario D'Acquisto (l'ex presidente della regione siciliana costretto a dimettersi dopo l'uccisione di Dalla Chiesa)? O di Salvatore Carollo e Sebastiano Purpura, bastioni della vecchia DC palermitana? O di Silvio Liotta (fino al giorno prima fedelissimo di Salvo Lima)? Non sono forse illustri sconosciuti Salvatore Porcari (documentati trascorsi massonici) o il costruttore Gianni Jenna (finirà in carcere per mafia poco tempo dopo)? I loro volti, lambiti appena dai riflessi delle sciabolate di luce tutte rivolte al grande solista, si avvicinano solo il tempo per una fugace stretta di mano, per un bravo, per un complimenti, un avanti così. Chi sono? I distinti rappresentanti di una vecchia, vecchissima, Palermo, stagione Prima Repubblica. Che importa, ormai? C'è spazio per tutti in quella gigantesca arca di Noè presa d'assalto nel giorno del delirio. Può importare solo il presente e il futuro. Il passato? Spettri da dimenticare.

Solo i politicanti di professione, i giornalisti prezzolati, i magistrati accecati dal demone persecutorio, possono arricciare il naso di fronte alla trovata grandiosa dell'imprenditore che si autopresta alla politica, pronto all'olocausto, disposto a spiccare il volo nella fossa dei leoni. Come si permettevano di mettere in discussione la buona fede del cavaliere altruista e disinteressato che visita Palermo con la certezza – come disse lui stesso quel giorno – di fare apostolato? Solo i mestatori e i mestieranti dell'intrigo possono eccepire sulla sua serenità d'animo, sull'intima convinzione che sostenne le sue parole nel giorno del delirio. Ma chi ce lo portava? Chi glielo faceva fare? Quali interessi personali poteva mai avere da difendere uno come lui, imperatore indiscusso del pianeta Fininvest? Aveva tutto da perdere, niente da guadagnare. Come non capire che se era stato costretto a prendere il toro per le corna, ciò era dovuto esclusivamente alla presenza di una folla di nani che occupavano, ormai abusivamente, il palcoscenico della politica italiana? Silvio Berlusconi meritava di essere ringraziato. Bisognava accettarlo a scatola chiusa. Assecondarlo, applaudirlo e riverirlo. Chiedergli spiegazione su certe voci che adombravano le sue origini? Una cafonata. Tentare di capire se eccellente spirito manageriale, determinazione, lavoro duro fossero gli unici ingredienti della ricetta del suo successo? Imperdonabile mancanza di fair play. «Santo Silvio, pensaci tu», lo avevano apostrofato nel catino della Fiera del Mediterraneo, in quell'indimenticabile 20 marzo. E con i Santi, si sa, non si discute. Figurarsi se poi ci si mette in testa di disturbare un Santo che annuncia la sua futura lista dei miracoli. Ma è anche vero che i bilanci si tirano alla fine. E il governo presieduto da Santo Silvio sappiamo tutti la fine che ha fatto. Ecco perché – adesso – tutti pretendono di andare a curiosare nel retrobottega di un Santo che ha perso le ali. E allora, almeno adesso, apriamo gli occhi sul passato. Ora che l'euforia non intralcia più la possibilità di ragionare, perché non cercare risposte agli interrogativi che già allora, in molti, si portavano dentro?

Eh, sì: Berlusconi si dimostrò un gran furbacchione nella sua visita a Palermo. Buono, ingenuo, e vittima, così si presentò. Certo. Non era tenuto a conoscere i misteri grandi e piccoli della Prima Repubblica. Aveva forse tutto il diritto di illudersi sul fatto che coloro che inneggiavano alla Seconda non avessero alcun cordone ombelicale con la Prima. Ma, vivaddio, il dovere di leggere i giornali o di ascoltare i tg, lo aveva. Oppure no? Le grandi abbuffate di sondaggi, le indigestioni da percentuali, il contagio dal virus Pilo, lo avevano esentato forse dal ragionare con la testa sua? E non bastava la fede dei fedeli? Fede non rischiava di essere un di più? Ferrara più la Maiolo, più Sgarbi, più Tajani, più Liguori, più la Parenti, non rischiavano di provocare il corto circuito nell'officina dei miracoli? Possibile che Berlusconi, nei giorni del trionfo, non avesse qualche curiosità su passato e presente di quella repubblica che lui intendeva rilevare?

Facciamola breve: sapeva, a esempio, chi era Licio Gelli? Sapeva che la P2 non era la marca di una pistola giocattolo? O che il Piano di Rinascita non era il progetto costitutivo di un ente di bonifica in zone di paludi? Sapeva chi era Luciano Violante? E la commissione antimafia da lui presieduta, apparteneva alle cose da buttare o a quelle da salvare dalla bancarotta della Prima Repubblica? I magistrati che combattevano Cosa Nostra rappresentavano una zavorra dalla quale liberarsi volentieri? O un tesoro da custodire? E i pentiti? Tutta gentaglia? O, invece, una specie decimata dai regolamenti di conti e, dunque, da proteggere? Mani Pulite una congrega di giudici rossi? O professionisti che applicano la legge a difesa del Paese? Ancora un aspetto da chiarire. I voti sono tutti uguali? È ragionevole dire che *tutti* i voti per Forza Italia sarebbero stati utilizzati contro le mafie organizzate? Anche i voti di mafia? Anche i Santi hanno il senso della misura. E quando il miracolo si presenta troppo gravoso, si riservano di accettare con riserva. Fermiamoci un momento. Torniamo al leggendario Gelli.

Sarà un caso ma, da anni, di questo venerabile spettro non si sentiva più parlare. Scomparso dalle pagine dei giornali, assente in tv. Disperso, dimenticato, obsoleto come capita a volte a certi fantasmi. O forse prepensionato da

quella stessa Italia dei misteri che spesso finisce con l'in-
ciampare nelle sue stesse trame. Forse ci sbagliamo. Ma abbiamo l'impressione che non appena si ventilò in Italia l'entrata in scena del grande cavaliere, anche i reduci vennero
immediatamente richiamati al fronte. Era giunta l'ora del riscatto. E dei riservisti. E chi meglio di Gelli poteva tornare
ad aleggiare sulle prime pagine dei giornali, a dire la sua, a
dare benedizioni, a celebrare battesimi, a pronunciare diagnosi e prescrivere terapie? Berlusconi, che – come abbiamo visto – procedeva bendato, non vedeva a un palmo
dal suo naso. Ecco perché forse gli era sfuggita l'intervista
rilasciata da Gelli al giornalista Sandro Ruotolo, e pubblicata il 16 gennaio sul mensile «Avvenimenti». Diamo un'occhiata, non dimenticando che Berlusconi entrò in politica
nel gennaio del '94, appena due mesi prima dell'incorona-
zione alla Fiera del Mediterraneo.

Innanzitutto, una coincidenza che non può essere ignorata. Lo spettro venerabile si dice preoccupato per l'eccessiva presenza di lavoratori extracomunitari in Italia: «Se noi
eliminassimo tutti gli extracomunitari dal nostro Paese la-
sceremmo almeno un milione di posti disponibili per gli italiani». Avete sentito benissimo: un milione. Un milione di
nuovi posti di lavoro. Buffe coincidenze della politica italiana... Ma occupiamoci di cose più serie. Ruotolo gli
chiede: «Ma lei come ha conosciuto Berlusconi?». Gelli, con
galanteria: «Come uno dei tanti. Non mi ricordo in quale
occasione. Poi siamo diventati amici. Poi ho fatto parte della
loggia massonica. E poi tutto è finito lì». Ruotolo, insoddi-
sfatto: «Quante volte lo ha visto?». Lo spettro dà qualche segno di impazienza: «Come faccio a ricordare. Saranno state
cinque, sei, sette volte. Dieci». E a Ruotolo che insiste per
sapere se l'intervistato ricordi quegli incontri, giunge una risposta che chiude l'argomento: «No. Assolutamente. Lei lo
sa bene, no, che si ossida anche la memoria?» Non è colpa
nostra se Berlusconi non sentì mai il bisogno di smentire Licio Gelli. Quale delle due «memorie» si era ossidata col passare degli anni? Quella dello spettro venerabile? O quella di
Santo Silvio? Il cavaliere infatti, qualche mese prima, il 3 novembre del '93, era comparso, in qualità di testimone, di

fronte alla seconda Corte d'assise di Roma dove si celebrava il processo sulla P2. Così, rispondendo alle domande del presidente Sergio Sorichilli e del pubblico ministero Elisabetta Cesqui, aveva offerto la sua versione.

Questa: «Sì. Conobbi Gelli attraverso il mio amico Roberto Gervaso. Sì. Io incontrai Gelli. Adesso è molto lontano il tempo perché sono parecchi anni, quindi...» «Avvenne nel '78?», domandarono i giudici. «Sì. Aderii nei primi mesi del '78. Questo è nella mia dichiarazione.» Poi, parlando parlando, venne fuori che Berlusconi stesso di incontri ne ricordava due: «Lo incontrai due volte. Penso all'Excelsior e una volta al Grand Hotel dove io scendevo quando venivo a Roma per le mie cose. Mi riempì di complimenti, dicendomi che mi considerava tra i nuovi imprenditori quello più bravo, e insistette molto sul fatto che io avevo un futuro importante davanti». Dunque, fu Gervaso che fece da chaperon. Berlusconi ammise candidamente che le frequentazioni di Gelli erano di altissimo livello. E aggiunse: «Gervaso mi raccontava che Gelli era introdotto presso tutti i più alti gradi istituzionali del Paese, e quindi che era persona assolutamente rispettabile. Credo anche, forse, che su di me influirono i complimenti che ricevetti e il tipo di insistenza motivata col fatto che si vedeva in me una persona di sicuro avvenire. Il meglio che l'imprenditoria italiana in quel momento esprimeva fra i giovani imprenditori. Probabilmente fu anche la mia vanità che mi portò...» In quell'audizione non stop, Berlusconi ebbe modo di esprimere il suo punto di vista sulla massoneria. Questo: «Certamente sapevo che la P2 era un'associazione che apparteneva alla massoneria. Avevo della massoneria una mia impressione positiva, perché anche in casa c'erano delle tradizioni a riguardo, e quindi era un'adesione a una associazione che doveva raccogliere, che era in procinto di raccogliere, nomi importanti nella vita...»

Quali delle due versioni sia quella più attendibile, forse non lo sapremo mai. Un punto è acquisito, dalle dichiarazioni di entrambi: Berlusconi fece parte della P2. E Gelli, proprio alla vigilia dell'incontro di Palermo, sponsorizzò Forza Italia con un inquietante gioco di ammiccamenti. Incontrando dei giornalisti a fine gennaio, a quanti gli chiedevano per chi avrebbe votato il 27 marzo, rispose con il sorriso sulle labbra: «Chissà, questa Forza Italia, effettivamente ci sto facendo un pensierino...» I riservisti, insomma, tornavano a colpire. E Santo Silvio non si accorse di nulla.

Abbiamo visto che Gelli e Berlusconi parlano della P2, dunque di una massoneria deviata, col distacco e l'eleganza che normalmente si riservano alla trattazione di argomenti accademici o ricreativi. Parlano delle finalità di un'organizzazione criminale segretissima paragonandola o a una bocciofila incruenta e rassicurante, o a un propellente per entrare nella fiera delle vanità, dove complimenti e applausi non vengono mai lesinati alla crema dell'Italia che conta, istituzionale o imprenditoriale che sia. Concezione salottiera, quella di Gelli e Berlusconi, che non si concilia per niente con le conclusioni della commissione Anselmi; che fa sorridere i tanti giudici italiani che hanno indagato sull'argomento; smentita dai tantissimi pentiti di mafia che l'hanno posta sullo stesso piano di Cosa Nostra; in contrasto stridente con le sentenze di tanti processi che se la sono trovata sul loro cammino. C'è la massoneria ufficiale, riconosciuta, alla luce del sole, che per definizione non si occupa di stragismo ma di filantropia. Perché non ha soddisfatto i fondatori delle logge deviate e coperte che sono diventate ben presto crogiolo di delinquenti di ogni risma? Questa domanda, apparentemente ingenua, non ha mai trovato risposta da parte dei diretti interessati. E il venerabile spettro non galleggia forse da decenni per merito di un potere sommerso, non dichiarato, non istituzionalizzato, non previsto dalla Costituzione, ma che ha dimostrato di essere fortissimo?

Se – come dice Gelli – «la P2 è il nulla», lui, che di questo nulla è il capo riconosciuto, chi rappresenta davvero? Perché banchieri o generali, dirigenti dei servizi segreti o direttori dei giornali, politici o imprenditori, hanno fatto carte false in Italia pur di legare i loro destini a una messinscena tanto vacua? Se il nodo logico non lo scioglie Gelli, non possiamo pretendere che lo sciolga Berlusconi che ai giudici di Roma diede tali prove di ingenuità da giustificare addirittura il proprio ingresso con i «complimenti ricevuti». Verrebbe da dire che il diavolo fa le pentole, ma non fa i coperchi. Sarà un'altra coincidenza, sarà un caso, ma proprio nei giorni in cui i due gentiluomini discettavano amenamente su una massoneria pacioccona e ingiustamente perseguitata, a Trapani accadeva qualcosa di poco elegante a un giudice che indagava, per l'appunto, su mafia, massoneria, servizi, e Gladio siciliana.

Trapani dei misteri

Il sostituto procuratore Luca Pistorelli, 31 anni, padovano, ha conosciuto a sue spese una faccia di quei poteri occulti tanto diversa da quella descritta a giornalisti e giudici da Gelli e Berlusconi. Dire che Trapani e la sua provincia pullulano di logge massoniche, coperte e deviate, equivale a dire che lo Stato Vaticano gravita attorno a San Pietro. Nessuna persona di buon senso può fingere di non sapere che, in quell'estremo lembo di Sicilia, negli elenchi dei fratelli un nome su due è rappresentato da mafiosi latitanti, politici regionali sott'inchiesta, sedicenti imprenditori, funzionari dello Stato al soldo di tante bandiere, compresi artificieri di Cosa Nostra, magistrati e poliziotti uniti da un discutibilissimo passato. Scontrino, Iside 2, Scorpione, Gladio, sono solo alcune delle sigle di un catalogo ancora oggi tutto da scoprire. Luca Pistorelli iniziò a fare i conti con questa fauna sin dal 13 maggio del '91, quando si insediò a Trapani – anche lui è uno dei tanti giudici ragazzini –, in uno dei palazzi di giustizia più sconsigliabili d'Italia. Si ritrovò a rappresentare l'accusa nel processo contro gli appartenenti alla Iside 2. Stava per portare alla sbarra i famigerati clan alcamesi di Cosa Nostra che per un paio d'anni avevano dato vita a una delle faide più truculente che si erano mai registrate nell'intera provincia. Clan alcamesi, per completezza d'informazione, che avevano stretto con i corleonesi un patto tanto affidabile da gestire in grande tranquillità anni e anni di latitanza di «don» Totò Riina. Un segno del destino: Pistorelli andò ad abitare in quello stesso appartamento blindato che, sino all'85, era stato utilizzato dal giudice Carlo Palermo. Un giudice – lo ricorderete – che, avendo indagato su analoghe trame di quegli anni, era sopravvissuto per miracolo alla strage di Pizzolungo: un'autobomba aveva dilaniato Barbara Asta e i suoi figli gemelli. Ora, anche Pistorelli doveva morire.

Nella notte fra il 23 e il 24 gennaio del '94, il dirigente del commissariato di polizia di Alcamo bussò alla porta del giudice ragazzino. Teneva sotto braccio un ingombrante fagotto, e sollevando un lembo di una coperta che nascondeva qualcosa gli disse: «Signor giudice, questi erano per lei». Sul tavolo del magistrato il commissario posò un fucile di precisione di fabbricazione americana e un discreto corredo di cartucce. Poi, a un Pistorelli comprensibilmente turbato, il funzionario raccontò cosa era accaduto quella notte. Un paio di giorni prima, alcune intercettazioni telefoniche e ambientali avevano consentito agli investigatori di conoscere un progetto di morte deciso dal ghota mafioso di Alcamo per punire il giudice curioso. Era in cartellone la replica della strage di Pizzolungo. Il commando avrebbe dovuto bloccare le auto blindate di Pistorelli e della sua scorta, adoperando un bazooka armato con granate anticarro. I tiratori scelti, con fucili di precisione, avrebbero fatto il resto. Qualcosa non andò per il verso giusto. Il ritardo del bazooka, il cui arrivo era atteso da Roma di giorno in giorno, non permise ai boss locali di passare alle vie di fatto. Gli investigatori corsero ai ripari riuscendo a recuperare almeno i fucili di precisione. Il commissario, quella notte, ne portò a Pistorelli un esemplare che da solo era abbastanza eloquente. La mattina del 25 gennaio la foto del giovane Pistorelli finì sulle prime pagine di tutti i giornali e nelle aperture dei tg.

Chi era Pistorelli? Cosa aveva scoperto di tanto significativo un giudice che, nonostante la giovane età, era l'unico magistrato distaccato a Trapani per la Divisione Distrettuale Antimafia della magistratura palermitana? O era sul punto di scoprire qualcosa? Sentiamolo dalla viva voce di Luca Pistorelli: «Le indagini di mafia qui, a Trapani, hanno subito un black-out investigativo dall'85 al '90. Questo è un fatto inaccettabile e scandaloso. Da due o tre anni stavamo cercando di colmare questo vuoto e in parte c'eravamo riusciti». Proprio così. Una volta spenti i riflettori sulla strage di Pizzolungo, nessuno, o quasi, si accorse che a Trapani erano finalmente venuti gli anni del grande letargo. Pistorelli, col suo lavoro, aveva rotto la pax. Aveva portato in processo Vincenzo Milazzo, il gestore della più grande raffineria di droga scoperta ai tempi di Carlo Palermo (Milazzo poi fu ucciso, su ordine di Riina, insieme al fratello e alla fidanzata). Era stato determinante per il rinvio a giudizio del gruppo di mafia responsabile della strage di Pizzolungo: fra gli altri, i capi clan Gioacchino Calabrò, Mariano Asaro, Filippo Melodia. Disse Sergio Lari, all'epoca capo della Procura trapanese (oggi al CSM): «L'attività investigativa ci ha permesso di identificare in Pistorelli il destinatario del piano della mafia. Mi stupisco comunque del fatto che la mafia non abbia ancora compreso l'inutilità di colpire singoli magistrati, perché non ci sono più eroi isolati, ma si lavora in pool». Ma quel giorno, a Trapani, tutti sapevano bene che Pistorelli non aveva certo rischiato di morire di sola mafia.

Nella conferenza stampa indetta a caldo dagli investigatori, emersero scenari molto inquietanti. Furono ricostruiti, ad esempio, tutti i filoni investigativi ai quali il sostituto procuratore stava lavorando. Il capitolo più consistente di quest'inchiesta riguardava la presenza di Gladio in Sicilia, e l'attività del centro Scorpione fra l'87 e il '90. Leggenda vuole che questo centro, oscuro e inafferrabile, fosse stato costituito dal colonnello del Sismi, Paolo Fornaro, al quale poi era subentrato il maresciallo Vincenzo Li Causi, originario di Partanna (Trapani), anch'egli agente dei servizi segreti militari, ucciso durante una sparatoria in Somalia il 12 novembre del '93. Naturalmente, quali fossero le ragioni della nascita e gli scopi dello Scorpione nessuno lo ha mai spiegato. Si sa solo che in quella parte della Sicilia operavano due centri di Gladio, uno con sede a Castellammare del Golfo e l'altro nell'isola di Pantelleria. Si sa anche che, lungo la costa di San Vito Lo Capo, era stata predisposta una pista per decollo e atterraggio di piccoli aerei. E che furono proprio i giudici dello staff di Pistorelli a scoprirla. Nei giorni del fallito attentato a Pistorelli si fece un gran parlare di una altra vicenda complessa e con ogni probabilità collegata. A casa di Vincenzo La Colla, appuntato dei carabinieri, i magistrati avevano scoperto un fornitissimo arsenale: bombe a mano, fucili e pistole. Erano tutte armi pronte all'uso. «Pronte all'uso», come si disse spesso ai tempi di Gladio? Avrete potuto farvi un'idea della vischiosità delle trame trapanesi. E vi sarete resi conto che Pistorelli ha rischiato la vita non per avere indagato su qualche delitto passionale o su liti condominiali. Mafia, massoneria coperta, poteri occulti, servizi deviati: è di questo che si è occupato il magistrato nei tre anni di permanenza nel distretto.

Oggi, Pistorelli non è più in Sicilia, lavora a Milano. Anche Carlo Palermo, dopo l'agguato, lasciò quella Procura. Chissà se dopo questa ennesima pagina di ordinaria cronaca trapanese, Gelli e Berlusconi hanno avuto modo di rivedere le loro rappresentazioni rosa dell'attività della massoneria e della P2. In quest'Italia di misteri, delle stragi, degli attentati, riusciti o falliti, ci sono ancora 1600 iscritti alla P2 che, dopo la sua messa fuorilegge e il suo scioglimento, sembrano essersi volatilizzati. 1600 anime belle che sono rimaste incappucciate resistendo ai mille perché sollevati dalla storia di questi ultimi quindici anni di Prima Repubblica. Siamo sicuri che molti di loro non hanno già fatto in tempo a saltare dentro quell'accogliente arca di Noè? Qualcuno avrà chiesto loro se i documenti erano in ordine? Difficile crederlo, visto che i diretti interessati considerano la P2 la crema della società italiana. Pistorelli – questo è indubbio – nel suo comitato d'accoglienza non ha certo riconosciuto il fior fiore della società trapanese. O erano solo pecore nere della massoneria deviata quelle che volevano fare la festa al giudice ragazzino?

Una conclusione si impone. Dal giorno del grande trionfo nel catino della Fiera del Mediterraneo, è passata tanta acqua sotto i ponti. Schizzate di massoneria deviata hanno raggiunto, in Sicilia, il Polo della libertà. C'è stato il clamoroso episodio dell'arresto di un boss mafioso e massone, quel tal Pino Mandalari, commercialista da sempre, e indicato dai giudici antimafia come prestanome di fiducia di Totò Riina e dei corleonesi. Nei giorni del trionfo alle politiche di Forza Italia e di Alleanza nazionale in Sicilia, Mandalari fu al centro di una vivacissima attività telefonica per ottenere le contropartite al suo presunto impegno elettorale a favore di Berlusconi. Finirono sulle pagine dei giornali i senatori Enrico La Loggia, di Forza Italia, e Filiberto Scalone, di Alleanza nazionale. Entrambi definirono Mandalari un mitomane che millantava credito. I testi delle intercettazioni, pubblicate dai giornali, provocarono un'imbarazzante tempesta sugli uomini nuovi della Seconda Repubblica siciliana. Fini, si impegnò: «Prenderò Scalone a calci nel sedere». La promessa non è stata ancora onorata. Ai primi d'aprile del '95, finì in manette Vittorio Mangano, lo stalliere di Arcore, *uomo d'onore* della famiglia mafiosa di «Porta Nuova», che per anni era stato inserviente di fiducia di Silvio Berlusconi. I giudici lo accusano di avere mantenuto rapporti con Cosa Nostra sino a tempi molto recenti. Berlusconi, però, aveva declinato ogni responsabilità dichiarando: «Avevo bisogno di un fattore e Dell'Utri mi presentò Mangano. Si comportò sempre benissimo». Quando finì coinvolto in un sequestro di persona, il cavaliere lo mise alla porta. E anche Dell'Utri finì in carcere il 26 maggio '95, per decisione dei giudici di Torino. Reati valutari, niente a che vedere con la mafia.

Dunque, costruire la Seconda Repubblica è più difficile di quanto si pensi. Molto più difficile di quanto diede a intendere Berlusconi ai suoi supporter della Fiera del Mediterraneo. Difficile, soprattutto, quando non si è molto rigorosi nel concedere il visto d'imbarco sull'arca di Noè che dovrebbe traghettare al sicuro la *parte sana* del personale politico della Prima. Se poi si hanno le idee molto confuse su mafia e massoneria deviata, i guai sono inevitabili.

XXIV

LE OMBRE

Il passato non torna

Sono trascorsi esattamente tre anni dalle stragi di Capaci e via D'Amelio. Cosa Nostra rappresenta ancora un problema apertissimo per la collettività nazionale. Con una formula adoperata spesso dagli addetti ai lavori, si può dire che in questi tre anni l'iniziativa dello Stato ha registrato luci e ombre. Una maniera elegante per dire che il bicchiere può essere indifferentemente considerato mezzo vuoto e mezzo pieno. Che le carenze sono inevitabili, ma riscattate da splendidi successi investigativi. È davvero così? Siamo sicuri che il bicchiere non sia più vuoto che pieno? Che le ombre non siano preponderanti rispetto agli squarci di luce che pure sono innegabili? A tre anni da Capaci e via D'Amelio, è questo l'interrogativo che non possiamo eludere. E l'ultimo anniversario può rappresentare l'occasione migliore per non cadere nelle trappole di una retorica sempre in agguato.

Stiamo attraversando una fase in cui di mafia si parla molto poco. La grande stagione delle mobilitazioni massicce, all'indomani delle stragi, è finita. Il bombardamento televisivo è finito. Il bombardamento dei giornali è notevolmente rallentato. Gli editoriali infuocati sono sempre più rari. E il procuratore Giancarlo Caselli ebbe modo di lamentarsene apertamente durante un'assemblea di studenti palermitani al Teatro Biondo il 28 febbraio del '95. La mafia finisce in prima pagina solo se si verificano le stragi, i delitti; come in anni lontani che vedevano prevalere una concezione del fenomeno a metà fra il folklore e la cinematografia a effetto. La mafia stanca. I mafiosi hanno stancato. I libri sull'argomento non incontrano più il favore di pubblico che incontravano quando più alta era l'iniziativa repressiva dello Stato. E anche l'impegno di grandi e piccoli editori, di conseguenza, è diminuito. Recentemente è uscito qualche buon libro, a esempio quello di Alexander Stille, *Nella terra degli infedeli* (Mondadori), o la storia – raccolta da Maurizio Torrealta, e con prefazione di Ilda Boccassini – di «Ultimo», il capitano che arrestò Riina (Feltrinelli). Ma in generale, l'editoria non considera più l'argomento mafia «sicuro investimento».

Ha sollevato un vespaio polemico Carmelo Petralia, pubblico ministero del processo per la strage di via D'Amelio e sostituto alla Procura nazionale, che il 24 maggio '95, durante una pausa del processo in aula bunker a Rebibbia dichiarò ai cronisti: «Cosa Nostra è riuscita a zittire Maurizio Costanzo e Pippo Baudo. Costanzo è intimidito. Era questo il messaggio di via Fauro. E Costanzo lo ha perfettamente interpretato». E Baudo? Ancora una volta, Petralia non ebbe dubbi: «Non è più quello di prima. Prima della bomba esplosa nella sua casa di Acireale». Dura la replica dei due anchormen: «È distratto. Lui faccia il suo mestiere di magistrato, che noi facciamo il nostro, quello di presentatori». Per completezza – però – dovremmo aggiungere che se tutti gli anchormen avessero detto contro la mafia un quarto di ciò che hanno detto in questi anni Costanzo e Baudo, forse non avremmo avuto né l'attentato di via Fauro né quello di Acireale.

Certo. Ci sono ancora provvidenziali temporali d'agosto. Ci sono ancora giornate in cui l'attenzione di tutt'Italia torna per incanto a concentrarsi su Palermo. Quando? In occasioni di qualche revival criminale. Quando, ad esempio, le cosche riprendono alla grande a regolare i loro conti interni a Palermo, lasciando per strada cadaveri di altri mafiosi o di sconosciuti incensurati. È accaduto fra la fine del '94 e l'inizio del '95, persino con l'uccisione di Domenico Buscetta, detto Domingo, uno dei nipoti del pentito che era sopravvissuto a un decennio di vendette trasversali. Quando finisce sotto tiro qualche superpotente della Prima Repubblica del peso di Giulio Andreotti. Quando vengono diffusi dossier per metà veri e per metà falsi, come il dossier Di Maggio, nel tentativo di screditare gli uomini di punta dell'antimafia (si voleva dimostrare che Balduccio Di Maggio, uno dei tantissimi pentiti che accusano Andreotti, era inattendibile e pilotato nelle sue confessioni). Operazione, sia detto per inciso, fallita miseramente, anche se Titti Parenti, presidente dell'antimafia, lo aveva considerato un caso molto serio. Quando si accende l'attenzione? Quando un maresciallo dei carabinieri, come Antonino Lombardo, si suicida con la pistola d'ordinanza dopo aver scritto una lettera carica di segnali, allusioni, risentimenti, e amarezza (il 4 marzo '95). O quando si alza il sipario, a Caltanissetta, per il processo sulla strage di Capaci. Quando, infine, ricorrono gli anniversari. Ma sono sprazzi improvvisi di interesse. Da parte dei media, quasi atti dovuti. Tributi pagati alla grande retorica che – inevitabilmente – si finì col fare dopo l'estate del 1992.

Possiamo discutere all'infinito se ciò sia un bene o un male, ma quella stagione è finita. Occorre prenderne atto. Si parla molto di più, invece, di giudici che combattono la mafia e il suo intreccio con i poteri occulti. Raramente se ne parla bene. Conflitti istituzionali e di governo, sul tema giustizia, sono perennemente all'ordine del giorno. Le Procure di Milano e di Palermo (e non solo) vengono viste da alcuni come una anomalia indigeribile, che chiede di essere al più presto sanata, ridimensionata, se non addirittura cancellata. Dal 1994 a oggi, abbiamo registrato le impennate più clamorose sul fronte della contrapposizione fra giudici e potere politico. Basta elencare questi nomi: Borrelli, D'Ambrosio e Colombo e Davigo, o Caselli e la sua squadra palermitana, o Cordova, per evocare altrettante pagine di scontri al vetriolo, equivoci colossali, sfrenato desiderio di regolamenti di conti, richieste giustizialiste – queste sì – contro i giudici migliori che sono venuti alla ribalta in Italia negli ultimi cinquant'anni. Sapremo mai la *verità* su Antonio di Pietro? Appena il giudice di Brescia Fabio Salomone ha iniziato a indagare seriamente, sono iniziati i guai anche per lui.

E basta ricordare quel grumo di risentimenti che si sono

lasciate dietro le perniciose ispezioni ministeriali volute prima dal Guardasigilli Alfredo Biondi e poi dal Guardasigilli Filippo Mancuso. Ha sfiorato la crisi persino l'anglosassone dicastero Dini. Di conseguenza, sfogliando le collezioni dei giornali, ci si accorgerà che hanno fatto più notizia loro, i magistrati, che il fenomeno mafioso. Non i singoli comportamenti dei boss, il che è cosa diversa. Ci torneremo.

Occorre ripeterlo per i più increduli: Cosa Nostra esiste sempre. Ha continuato a dare prova della sua virulenza, della sua stupefacente vitalità in tutto il territorio siciliano, ma anche nel resto del Paese. Ma qualcosa è profondamente cambiato. Cosa Nostra, sul palcoscenico italiano, è un soggetto che tende a rimpicciolirsi. Sta perdendo visibilità. Non appare più agli occhi di milioni di italiani come quel gigantesco convitato di pietra che aveva condizionato la politica e gli affari negli anni Ottanta. Continuare a dire che Riina è il grande capo, rischia di diventare un gigantesco luogo comune. È tutta lì, la mafia? E i due aspetti – sovraesposizione dei giudici e arretramento del mondo dell'informazione sul tema mafia – ci appaiono oggi quasi assolutamente complementari. Cerchiamo di spiegare meglio. Per quasi vent'anni si è definita la mafia solo come un potere criminale, diverso da altri poteri criminali, ma pur sempre un potere che basava la sua immensa forza sull'uso delle armi, sull'immensa disponibilità di risorse finanziarie, sul controllo totale del territorio. Si diceva anche, – e Dio sa quanto costò fare diventare questa affermazione diffuso senso comune, – che la mafia aveva rapporti con la politica, con l'economia, con le banche, con le istituzioni. Ma questa seconda parte del ragionamento, nella testa di molti, doveva rimanere quasi un teorema indimostrabile dal punto di vista processuale. Le centinaia e centinaia di imputati che riempiono le gabbie dei processi di mafia nell'Italia anni Novanta sono i figli di quella concezione giudiziaria e repressiva. Sono infatti processi senza mandanti, quelli che si stanno celebrando. Primo fra tutti quello di Caltanissetta, che presenta una sfilata di boss e soldati personalmente coinvolti nell'agguato dinamitardo, ma che viene difficile considerare come gli *unici* ideatori del massacro di Capaci.

Ecco perché oggi la mafia *rimpicciolisce*. Perché si è raggiunto un limite nell'accertamento della verità, un limite che in pochi hanno la seria intenzione di superare.

Facciamo un esempio che può rendere bene il sentire comune su questo argomento. In Sicilia, quando venne arrestato Riina, e il suo volto venne finalmente inquadrato dalle telecamere sotto il ritratto del generale Dalla Chiesa in una caserma dei carabinieri, la gente diceva: «E vorrebbero farci credere che un pastore ignorante come Riina sia a capo, da solo, del traffico mondiale degli stupefacenti? Ci sarà certamente qualcuno sopra di lui». Obiezione pertinente, fondata. Ma quando iniziarono i guai giudiziari di Giulio Andreotti, culminati – il 2 marzo del 1995 – nel suo rinvio a giudizio, quegli stessi che esprimevano perplessità sul ruolo solitario di Riina, manifestarono altri dubbi: «Possibile che un uomo politico, uno statista, un intellettuale della levatura di Andreotti si sia incontrato con Riina e lo abbia addirittura baciato?» Obiezione pertinente, anche questa fondata, non c'è dubbio. Viene infatti difficile accettare di essere stati governati per mezzo secolo da un partito il cui massimo rappresentante trescava con un'accolita di killer e di trafficanti. Ma non è scritto da nessuna parte che le verità più sono sgradevoli meno sono attendibili. Come si concluderà il processo Andreotti non lo sappiamo. Il punto è un altro: una volta che quell'immenso macigno (il «caso Andreotti», appunto) è stato gettato nello stagno, diventa impossibile continuare a fare informazione su Cosa Nostra con le categorie che andavano bene sino a qualche anno fa. Centinaia, anche migliaia di pastori ignoranti e rozzi come Riina, possono – e devono – finire sotto processo, ma non ci aiuta più a capire. Quella verità ormai è stata digerita dagli italiani. C'è dell'altro che si nasconde dietro quelle facce? Rispondere a questa domanda significherebbe oltrepassare quel limite, nell'accertamento della verità, che per ora appare inviolabile. Così, se la mafia rimpicciolisce per forza di cose, delle due l'una: o il limite viene violato, – e allora bisogna spingere lo sguardo più in alto rispetto alla comunità dei pastori «rozzi e ignoranti» –, o si mettono sotto accusa quelle Procure che con il semplice recupero della legalità appaiono tendenzialmente *eversive* rispetto a un sistema di poteri forti, istintivamente portati a sentire, e spesso a riconoscersi nelle ragioni di Cosa Nostra.

La mia impressione è che si stia verificando la seconda ipotesi. Anche se Pierluigi Vigna, il procuratore di Firenze, a fine maggio '95 ha aperto un fascicolo contro i mandanti (ignoti) delle bombe agli Uffizi. Ma attenzione: Cosa Nostra ha continuato tranquillamente a mettere a segno le mosse dalle quali pensa di poter trarre giovamento. L'ultimo capitolo della precedente edizione si intitola: *Il Secondo miracolo* ed è dedicato per intero al ruolo della Chiesa in Sicilia nella prima metà degli anni Novanta. La controffensiva mafiosa non si limitò all'uccisione di padre Pino Puglisi.

La mafia dal «volto buono»

Si verificò qualcosa di più grave, di inedito, e che non è stato chiarito nonostante indagini tempestive e – sotto un certo profilo – esaurienti. Come abbiamo già visto, Cosa Nostra ha esportato il terrore in tutt'Italia. Ha seminato cariche di tritolo nelle città più grandi e simboliche: Roma, Firenze, Milano. È stata a un passo dall'eliminazione di Maurizio Costanzo, colpevole di eccessiva attenzione, durante il suo talk show, al fenomeno di tutti i poteri criminali. Ha colpito al cuore gli Uffizi. Per la prima volta nella sua storia ha dimostrato di sapere «sparare nel mucchio». Anche i turisti stranieri si sono sentiti potenziale bersaglio di uno stragismo mafioso che rompeva i controproducenti confini siciliani. Andò in scena una grandissima drammatizzazione del conflitto, nella speranza di riuscire finalmente a «dialogare con lo Stato». Ho avuto modo di definirla – nel mio recente libro *Dall'altare contro la mafia. Inchiesta sulle chiese di frontiera*, (Rizzoli, settembre 1994) – «la mafia della Seconda Repubblica». Una mafia del *potrei ma non voglio*. Propensa ad evitare le carneficine, ma altrettanto intenzionata a mantenere il controllo del territorio, e a fare sentire la sua voce nella definizione degli assetti politici di questo paese. Una mafia che vuole presentarsi quasi con un *volto umano*. Ciò accadeva soprattutto durante i fatidici sette mesi del «governo Berlusconi».

Il motivo c'era. In quella fase, ai boss di Cosa Nostra stavano a cuore soprattutto tre questioni: la revisione della legge sul pentitismo, l'ammorbidimento di un regime carcerario diventato finalmente duro con l'applicazione del 41 bis, un definitivo regolamento di conti con i pubblici ministeri diventati in Italia i rappresentanti di un'accusa ormai poco disposta a mediare in presenza di gravissimi reati di mafia. Sappiamo quali polemiche insorsero durante i sette mesi del governo Berlusconi. Conosciamo – e anche i lettori di questo libro ricorderanno – la sollecitudine dimostrata da personaggi di punta del Polo delle libertà (da Tiziana Maiolo a Vittorio Sgarbi, da Titti Parenti allo stesso Berlusconi) nel prestare ascolto agli *innocenti* argomenti «garantisti». Ricordate? Era una gara a chi la sparava più grossa. Chi voleva chiudere entro ventiquattr'ore le carceri di Pianosa e dell'Asinara. Chi voleva riammettere i detenuti mafiosi a vita comune. Chi si era specializzato nella denuncia contro l'uso distorto dei pentiti. E chi, di conseguenza, proponeva di rimettere in discussione la legislazione sull'argomento. Naturalmente, quelli furono mesi bui per gli addetti ai lavori più seri, consapevoli di quanto fosse costato riuscire a voltare definitivamente pagina nella lotta alla mafia. Vogliamo tirare oggi un bilancio dal punto di vista dei boss? Hanno perduto. Quella linea non è passata. Quello sfibrante braccio di ferro si è consumato con una secca sconfitta per i rappresentanti del Polo delle libertà.

Il carcere per i mafiosi è ancora oggi particolarmente gravoso. E lo spirito di quell'articolo 41 bis dell'ordinamento carcerario ha finito con l'ispirare un'apposita legge ormai approvata dal Parlamento. Ha retto alla tempesta delle contestazioni e delle accuse la legislazione sul pentitismo. Le Procure – ma su questo torneremo – mantengono ancora oggi una buona agibilità d'azione. Non sappiamo come siano state digerite queste nuove sconfitte dal vertice della *cupola*. Abbiamo visto invece che dopo più di due anni di relativa *pax mafiosa*, la guerra fra le cosche è tornata a esplodere. A voler essere precisi bisogna ricordare che dopo gli attentati di Roma, Firenze e Milano, si era aperta una seconda fase – all'inizio dell'estate '93 – segnata da una sessantina di attentati (è una sfilza che continua ancora oggi) tutti contro sindaci e amministratori progressisti e del PDS, in provincia di Palermo. Ancora una volta, mafia *dal volto buono*: fra Piana degli Albanesi e Altofonte, Corleone e Monreale, San Giuseppe Jato e San Cipirrello, e Camporeale, ma anche in paesi costieri, come Isola delle Femmine, o Cinisi o Terrasini, venivano distrutte case, incendiate auto, rasi al suolo uliveti e vigneti, ammazzati capi di bestiame. Mai una sola persona è stata ferita, sia pur di striscio. Quale migliore prova di una strategia militare ormai attenta a evitare le stragi e i delitti? Ma anche questa seconda fase sembra destinata al superamento.

Sono in molti a ritenere che si sia aperta una pericolosissima guerra di successione ai vertici di Cosa Nostra. C'è chi sostiene, ad esempio, che i quaranta e più delitti di Palermo fra il '94 e il '95, siano da ascrivere alla contrapposizione insanabile fra due colonnelli corleonesi, entrambi, una volta, legati a Totò Riina: Leoluca Bagarella, genero del boss (finalmente arrestato il 24 giugno '95), e Pietro Aglieri. Ne è convinto il sostituto Alfonso Sabella, titolare delle indagini su molti di quei delitti e normalmente parco di *certezze*. Qualcosa si è rotto. Non è normale che persino il paese di Corleone, tradizionalmente estraneo a questi scenari, abbia registrato l'uccisione di tre persone imparentate fra loro e tutte incensurate, sconosciute alla stazione dei carabinieri. Non ci sembra convincente, a questo proposito, la lettura proposta da Luciano Violante che vede in ciò che sta accadendo una iniziativa dei corleonesi quarantenni, ormai stufi dello strapotere di Totò Riina. Difficilmente, nella storia di Cosa Nostra, le guerre di mafia sono state accese da semplici conflitti generazionali. Sta accadendo qualcosa che sfugge agli investigatori. Ma prima di parlarne merita di essere concluso il ragionamento sulla fase dell'esportazione del terrore. Se Cosa Nostra ha inteso *dialogare* con lo Stato è però vero che ha chiuso i ponti con la Chiesa. Il primo avvertimento lo avevano lanciato con l'uccisione di padre Pino Puglisi. Il secondo venne con le bombe di Roma.

In occasione della pubblicazione del libro *Dall'altare contro la mafia*, raccolsi questa testimonianza di padre Vincenzo Noto che vale la pena riproporre quasi integralmente: «A parte le ragioni localistiche, c'è una strategia della mafia più ampia, che parte dall'attentato alla Chiesa del Laterano. La scelta della Piazza del Laterano non è fatta a caso, è altamente simbolica. Infatti la cattedrale del Papa non è San Pietro, ma San Giovanni in Laterano che è anche sede del vicariato e del seminario di Roma dove si formano i sacerdoti. Hanno voluto colpire il Papa nel luogo per lui più significativo. Volendo reagire al messaggio del suo discorso ad Agrigento, hanno deciso di colpirlo dove esercita il suo magistero. L'obbiettivo dell'altro attentato è stato invece San Giovanni al Velabro, chiesa storica del centro di Roma; vedo nella scelta di quei due luoghi una risposta molto intelligente, molto sottile, che è solo una parte della sfida della mafia. L'uccisione dei sacerdoti, fatto senza precedenti, avviene perché la mafia ormai sa che questo Papa ha innescato un meccanismo di reazione che i sacerdoti, proprio per la devozione che hanno per il Santo Padre, non potranno più ignorare. Ci può essere il pavido, il collaboratore inconsapevole, il finto tonto, il don Abbondio... Ma nell'insieme troverai migliaia di sacerdoti in tutto il mondo che ormai sanno che devono rendere testimonianza come Chiesa di frontiera.

«La mafia ha capito che i sacerdoti fanno riferimento a quel discorso. E allora: la punizione al Papa arriva con le bombe nelle chiese, la punizione ai sacerdoti comincia con le uccisioni di Puglisi e Diana che, per un motivo o per un altro, avevano già attuato in proprio questa linea del Pontefice. La mafia avrà pensato che l'intervento di Agrigento creava attorno alla Chiesa siciliana una solidarietà nazionale e internazionale che le poteva dare quella forza, quella capacità di opinione pubblica che prima non aveva, perché probabilmente restava sempre una Chiesa isolana e isolata. La mafia avrà pensato: qui scende in campo il Papa. Sino a quando parla il vescovo di una diocesi, il sacerdote può dire: va bene, ha parlato il vescovo... Ma se parla il Papa, tu sacerdote o operatore pastorale, in qualsiasi centro lavori, anche nel più piccolo paese di questo mondo, incontrerai quel gruppo giovanile, quel circolo ricreativo, quell'associazione che conosce il discorso di Agrigento, e se ti comporti in maniera difforme, te lo faranno notare. Insomma: la mafia avrà capito che questa Chiesa isolana ha un sostegno che va al di là delle proprie forze, ed è passata alla controffensiva.» Concludendo: «Hanno commesso un gravissimo errore di valutazione. C'è una consapevolezza più diffusa che qualsiasi forma di connivenza politica o economica deve saltare per aria. Perché la collaborazione con la mafia non è solo la collaborazione con il mafioso delinquente, è la collaborazione con il sistema nel quale il mafioso–delinquente si trova come il pesce nell'acqua. E i mafiosi non si sono accorti che queste morti, nella Chiesa, hanno ottenuto il risultato opposto, producendo molta più gente che ora è capace di resistere. Tertulliano diceva: "Il sangue dei martiri è seme di nuovi cristiani". Io potrei dire, parafrasando Tertulliano, che il sangue di questi sacerdoti innocenti uccisi dalla criminalità mafiosa genera altri sacerdoti che sicuramente continueranno con molto più impegno la loro testimonianza».

Neanche a farlo apposta, nella notte fra il 20 e il 21 maggio del '95, un nuovo attentato intimidatorio prese di mira padre Gregorio Porcaro, l'ex vice di Puglisi che da qualche mese aveva lasciato Brancaccio per motivi di sicurezza, trasferendosi nella borgata marinara dell'Acquasanta, considerata più tranquilla. Non è che l'ultimo di una serie di attentati contro sacerdoti di punta della Chiesa palermitana. Ricordiamo i più clamorosi: impressionò l'opinione pubblica il caso di padre Roberto Zambolin, parroco missionario della chiesa di Santa Teresa, nel quartiere Noce, costretto a lasciare Palermo al culmine di una lunga serie di minacce (ottobre '94); «don» Mario Scifo, frate minore conventuale, parroco della chiesa di Maria Santissima dell'Assunta, ancora una volta alla Noce, vide la chiesa svuotarsi mentre stava pronunciando una coraggiosa omelia antimafia (gennaio '95). Anche lui lasciò Palermo su suggerimento dei superiori. A «don» Gino Sacchetti, cappellano del carcere di Termini Imerese, fecero trovare la testa di un capretto e gli spedirono tre proiettili con questo messaggio: «Uno è per la testa, uno per il cuore, l'ultimo per il colpo di grazia». Lui chiese di rimanere al suo posto. Non c'è che dire: il tempo sta dando ragione alle profetiche parole di Tertulliano.

Attacco ai giudici

E allora, di fronte a tutti questi fatti, torniamo a chiederci: a cosa è servito il terzo anniversario della strage di Capaci? C'era un rischio: che tutto affogasse nelle celebrazioni retoriche e in gigantesche passerelle di facciata. Che si volesse mettere in piedi una gelida *macchina dei ricordi* in grado di rinverdire le emozioni di quei giorni, riattualizzando la figura di un giudice, di sua moglie e di tre fedeli agenti della scorta. C'era il rischio revival, manifestazioni e convegni, dichiarazioni e prese di posizione, «come se» fosse stato ancora una volta quel lontano 23 maggio del 1992. Ci sono momenti irripetibili, che nessuna cerimonia commemorativa può riprodurre. Gli stati d'animo non si prestano a operazioni ad orologeria. Lo schema che dice: occorre insistere periodicamente in quel ricordo se vogliamo evitare che la tensione antimafia subisca un rallentamento, non funziona. I ricordi non possono rappresentare un ostacolo al procedere della vita quotidiana. Lo evidenziò Vittorio Grevi sul «Corriere della sera», nel suo commento del 23 maggio 1995, intitolato significativamente «Le idee di Falcone finite nel cassetto».

Ha scritto Grevi: «Importa domandarsi, in particolare, che cosa sia rimasto vivo, oggi, dell'eredità di Falcone: quanto dei suoi insegnamenti e delle sue strategie di contrasto alla criminalità mafiosa si sia tradotto in testi legislativi e in prassi investigativa, e quanto, invece, sia rimasto lettera morta. Certo bisogna riconoscere che nell'arco dell'ultimo triennio molto è stato fatto, molti risultati sono stati ottenuti, e molti squilibri sono stati compensati, grazie anche alla fortissima carica di emozione suscitata nel Paese dalla terribile sequenza tra la strage di Capaci e quella di via D'Amelio. Ma proprio qui si annida il maggior rischio, tipico del momento che stiamo attraversando». E il rischio, per Grevi, non ha nulla a che vedere con il funzionamento di una generica macchina dei ricordi, quanto con la capacità o meno – tre anni dopo – di saper mettere a profitto tutte le idee di Giovanni Falcone. Ecco allora l'elenco puntiglioso dei pericoli che dovremmo cercare di evitare: «Quello del calo di tensione, del compiacimento degli obbiettivi conseguiti, del convincimento che il peggio sia ormai alle spalle». E ancora: «Un rischio più che mai reale, come dimostrano la leggerezza e la sufficienza con cui negli ultimi mesi sono stati talora affrontati, nel dibattito politico, argomenti cruciali come quelli che riguardano l'assistenza statale ai collaboratori di giustizia, il regime di rigore per i detenuti pericolosi, il sistema delle carceri di massima sicurezza, la disciplina dei sequestri e delle confische volti a colpire i patrimoni di non legittima proprietà. Argomenti delicatissimi, ma troppo spesso trattati senza la necessaria professionalità, e senza rendersi conto dei riflessi controproducenti che possono determinare nell'universo mafioso i segnali di incertezza e di disorientamento offerti da uomini delle pubbliche istituzioni sul tema della lotta alla mafia».

Nella seconda parte del suo ragionamento, Grevi osserva, fra l'altro, che «tutto questo non sarebbe piaciuto a Giovanni Falcone, instancabile fautore della necessità di una giustizia organizzata e compatta dinnanzi alla compattezza delle organizzazioni criminali. Come pure non gli sarebbe piaciuto un certo clima di isolamento che negli ultimi tempi si è venuto creando intorno ai magistrati di Palermo e delle altre sedi più esposte contro la mafia. Un isolamento al quale sempre si accompagna un effetto di delegittimazione dei medesimi magistrati nel contesto sociale in cui operano, e quindi di indebolimento della loro immagine, della loro stessa potenzialità operativa sul terreno delle indagini. Dunque, per ottenere un consistente salto di qualità, conclude Grevi, occorre una ripresa di iniziativa governativa rispetto alla "questione mafia", che è una questione nazionale di grado prioritario, rispetto alla quale si impone la convinta convergenza di tutte le forze politiche, al di là delle divisioni tra maggioranza e opposizione. Ed è questo anche l'unico modo serio per celebrare, oltre la retorica delle parole, la figura e la memoria di Giovanni Falcone».

Non ci sarebbe nulla da aggiungere. La questione è ben centrata, i punti di difficoltà – tre anni dopo – sono esattamente quelli indicati, e Falcone queste cose le pensava davvero. E Falcone – certamente – si sarebbe notevolmente infastidito di fronte a una retorica delle luci che dimentica le ombre.

Ma una questione, in particolare, ci preme approfondire fra le tante ricordate da Grevi: quella dell'isolamento dei giudici accompagnato dalla delegittimazione e dall'indebolimento della loro immagine. Se n'è parlato diffusamente nei giorni del terzo anniversario. Anche il convegno della Fondazione «Francesca e Giovanni Falcone» ha avvertito l'eco di questa tematica che però i diretti interessati hanno preferito affrontare in interviste ed editoriali sui quotidiani nazionali. Niente di strano. La tre giorni della Fondazione vide la partecipazione di tutti i segretari di partito, da Bianco a Buttiglione, da Fini a Bertinotti, da Segni a D'Alema. Quest'ultimo (non ce vogliano gli altri) ci è sembrato quello più attento a una lotta alla mafia che non sia solo repressione, ma anche occupazione e sviluppo. Era assente Berlusconi, per il quale in quei giorni la Procura di Milano chiese il rinvio a giudizio. Intervennero tutti i massimi vertici investigativi, ma il convegno non si prestò alla messa a punto di una linea comune fra addetti ai lavori che così finirono col cercare altre strade. E probabilmente si poteva trovare una sede migliore dell'Assemblea regionale siciliana che con i suoi 55 parlamentari inquisiti (in tutto sono 90) a molti non sembrò lo scenario ideale per commemorare la strage di Capaci. Ha scritto Francesco La Licata, sulla «Stampa» del 22 maggio: «La "Sala gialla" (*dove si tenne il convegno, N.d.A.*) è un frullatore: vi si agitano le diverse anime dell'antimafia, le contrastanti opinioni sul "valore" dei magistrati di Palermo o sull'opportunità della ricerca a qualunque costo di un impossibile ecumenismo».

Ma dietro le quinte del convegno non mancarono le sorprese, i colpi di scena, le polemiche. Giancarlo Caselli, sulla «Repubblica» del 23 maggio: «In questi tre anni, grazie all'attività di vari uffici giudiziari, la magistratura è stata vista (ed era per certi versi improprio) come un fattore salvifico, una specie di salvagente della democrazia. Forse per una certa naturale stanchezza, per una caduta prima di tutto interna all'attenzione dell'opinione pubblica, la tensione appare oggi calata. La coscienza collettiva, se pure è ancora convinta dell'alto valore della giurisdizione, non appare più così compatta e vigile com'era stata, ad esempio, al tempo del "decreto Biondi". In questa situazione si profila, spesso, un'opera di erosione della credibilità della magistratura presso l'opinione pubblica. Si aprono così delle brecce, attraverso le quali si ha l'impressione che si vogliano far passare progetti di abbassamento del livello dell'operato giudiziario, che si voglia rendere il processo un fatto asettico–burocratico, tornando – sostanzialmente – al vecchio "non fare". Si coglie in altre parole, una crescente insofferenza per la giurisdizione, i cui ambiti di esplicazione si vorrebbero contenere riducendo un presunto strapotere dei giudici».

E ancora: «C'è quindi il rischio che a poco a poco si inneschino meccanismi capaci di smorzare l'impegno dei magistrati, facendo riaffiorare vecchi moduli di lavoro. Per intenderci, quelli propugnati da chi si era rivolto al consigliere Chinnici, quando Giovanni Falcone stava avviando le prime inchieste di mafia, perché quel giovane fosse caricato di "lavoro ordinario", così da non danneggiare più di tanto... l'economia siciliana. Certo, anche i magistrati possono commettere errori o essere responsabili di incertezze e ritardi. Ma ciò nulla toglie alla pericolosità di ogni disegno di riduzione della giurisdizione: perché, riducendo il controllo di essa sui poteri pubblici e privati, si finisce per aprire la pista a una voglia di "meno regole" in ordine al funzionamento di tali poteri, sotto l'apparenza del ripristino o del maggior rispetto, da parte della magistratura, di determinate forme». Infine: «Farsi carico di questi problemi e segnalarli non significa indulgere a un allarmismo esasperato e meno che mai dare vita a una specie di "guerra civile". Significa soltanto difendere, nell'interesse del servizio pubblico, l'integrità della giurisdizione, contro le insofferenze e le tentazioni di comprimerla. Se l'ostilità che serpeggia nei confronti della giurisdizione dovesse conseguire i suoi obbiettivi, alla fine del percorso ritroveremmo "il buon tempo antico": quando i processi magari si facevano, ma la sistematica conclusione era che non esistevano né la mafia né la corruzione. Dei morti di Capaci, allora, non ci sarebbe più bisogno di conservare memoria».

Quest'ultimo passaggio di Caselli sulla «guerra civile» merita una spiegazione. Si trattava di un aperto riferimento polemico alla tesi che Sergio Romano aveva esposto in suo editoriale sulla «Stampa» del giorno prima. Vediamone qualche passaggio. Innanzitutto, dopo avere riepilogato le polemiche di quei giorni sulle ispezioni ministeriali e la messa sotto accusa della Procura di Milano nel giorno della richiesta del rinvio a giudizio di Berlusconi, Romano osserva: «Mentre Tizio indaga su Caio, Caio indaga su Sempronio e Sempronio indaga su Tizio, alcuni procuratori lanciano segnali, ammonimenti, accuse. Caselli afferma che "i pm rischiano di trasformarsi da inquisitori in inquisiti." Scarpinato ricorda che i procuratori rischiano la vita. Morvillo sostiene, in un'intervista televisiva, che l'attentato contro Falcone non fu opera di "sola mafia"...» Dopo aver ammesso che il quadro disegnato dai procuratori non è un quadro fantasioso, Romano aveva bruscamente virato: «Ma l'emergenza politico giudiziaria ha deformato le funzioni dei procuratori, li ha sollecitati ad assumere posizioni e iniziative che non sono compatibili con l'equilibrio dei poteri in uno Stato di diritto. Delicati strumenti come la detenzione preventiva, gli avvisi di garanzia, gli avvisi di reato e i rinvii a giudizio sono stati branditi come mazze e usati con raffinato "tempismo" in un clima di crescente pubblicità». Non è tutto: «Come tutte le guerre civili anche questa rischia di lievitare su se stessa e obbedire alla logica spregiudicata della conflittualità. Mi spiego meglio. Vi è il pericolo che ogni contendente si serva, per meglio difendersi e meglio colpire l'avversario, degli strumenti che sono conferiti dallo Stato per l'esercizio di una funzione pubblica. Le carte bollate sono armi che l'uomo delle istituzioni, quando torna a casa, deve lasciare nel suo ufficio. Se le usa per scopi diversi, nell'ambito di una guerra fra poteri e corporazioni, mette in discussione la credibilità dello Stato e la propria». C'era questo scenario dietro l'editoriale di Caselli su «Repubblica». E quello stesso giorno, «L'Unità» pubblicò una mia intervista al procuratore capo di Palermo della quale vale la pena riportare due domande e due risposte.

Chiesi a Caselli: «Sergio Romano, sulla "Stampa" di ieri, vede addirittura una sorta di guerra civile di tutti contro tutti. Siamo a questo punto?» Risposta: «Farsi carico dei problemi dell'integrità della giurisdizione e dell'efficacia del controllo di legalità significa porre un problema istituzionalmente importantissimo. Denunziare i relativi pericoli significa assolvere un fondamentale dovere morale e giuridico. Quell'integrità e quell'efficienza sono garanzia che il "servizio giustizia" si svolga nell'interesse di tutti». Rivolsi a Caselli quest'altra domanda: «Lei vede in chiave positiva ciò che Romano vede come una jattura. O sbaglio?» E Caselli: «Le rispondo così: non vedo come si possa parlare di guerra civile quando si tratta solo di impedire che si torni al tempo in cui i processi si concludevano – sistematicamente – con l'affermazione che non esisteva né mafia né corruzione».

In altre parole, stiamo correndo il rischio di assistere al replay di vecchissime polemiche contro Falcone, Borsellino e Caponnetto. Ricordate quando anche loro venivano criticati per eccessivo protagonismo, perché rilasciavano interviste, o perché denunciavano che si stava abbassando il livello di guardia della lotta alla mafia? Ricordate i conflitti Meli–Falcone, Meli–Borsellino? Ricordate Curti Giardina? Interviste non ne rilasciava, ma ciò non gli impedì di combinare guai colossali. Anche allora, – apparentemente – c'erano tutti i segni distintivi di una guerra civile. Ma i magistrati, in quella guerra erano schierati *tutti* dalla parte sbagliata? Erano anche solo paragonabili fra loro?

E fece male, Alfredo Morvillo, cognato di Falcone, a rilasciarmi il 20 maggio quella clamorosa intervista all'«Unità» che poi il Tg2 ebbe la sensibilità di riprendere? Neanche la posizione di Morvillo, come abbiamo visto, piacque a Sergio Romano. Vediamo di che si tratta. Morvillo, fra l'altro, mi disse: «Dopo le stragi c'è stato un periodo di grande risveglio. Anche sull'onda del lavoro svolto proprio da Giovanni. Oggi c'è un evidente allentamento. Si fa credere all'opinione pubblica che ci sia un grosso impegno dello Stato. Si sbandierano grandi risultati. In effetti ci sono notevolissime carenze». Quali? E Morvillo: «Certe lentezze ingiustificate nell'assolvimento dei precisi impegni già assunti con i collaboratori di giustizia. Pensiamo al cambio di identità che sulla carta sarebbe semplicissimo. In realtà viene bloccato da incredibili lungaggini burocratiche, col risultato che intere famiglie di pentiti restano sospese fra presente e futuro. I pentiti invece vengono rappresentati con un chiodo fisso: chiedere soldi, soldi, soldi. Non è così. Posso fare altri esempi. Il 41 bis, il regime di isolamento carcerario, è un ottima misura, vanificata nei fatti».

Vanificata da che cosa? «Dall'assenza di una normativa che permetta all'imputato di assistere al dibattimento con il sistema della teleconferenza. Ciò consentirebbe a ciascuno di restare nel suo carcere. Per ora il gotha di Cosa Nostra è perennemente in viaggio da un processo all'altro. E il 41 bis diventa un bluff». Gli chiesi anche: «Su un piano autenticamente investigativo quali sono i sintomi di quest'abbassamento della guardia?» Morvillo: «È cronaca di questi giorni il mancato pagamento dello straordinario a operatori della Questura di Palermo. Trovo clamoroso il fatto che lo Stato possa pensare di "risparmiare" sulle indagini antimafia in una città come questa. Sono comportamenti che demotivano la gente e creano un pessimo clima di sfiducia». Qual era l'opinione di Morvillo sul processo di Caltanissetta per la strage di Capaci? Non solo rose e fiori: «Quella è una parte della verità. Quella verità che per altro, e già da tempo, è sotto gli occhi di tutti. È la verità che ci viene offerta dalle modalità degli stessi attentatori». Insistetti: «Sono sotto processo quelli che garantirono l'attentato "chiavi in mano"?» E lui: «Possiamo dire di sì. Non c'è dubbio che quello è il comando militare. Sinora si è arrivati a questo punto. Per fortuna le indagini continuano».

Ma com'è noto, le critiche ai giudici di Palermo vengono da tante direzioni. Anche Enzo Biagi aveva replicato in maniera stizzita quando Caselli, parlando al Teatro Biondo di

Palermo, si era lamentato del silenzio dei media sul tema–mafia. Biagi aveva scritto su «Repubblica» che i giudici palermitani devono smetterla di considerarsi l'ombelico del mondo. Morvillo, in quell'intervista, mi rispose così: «Di essere considerati "l'ombelico del mondo" faremmo volentieri a meno. Non è colpa nostra se dalla fine degli anni Settanta a oggi, a Palermo, è accaduto tutto quello che è accaduto. Non è stata risparmiata nessuna categoria sociale. Non c'è un solo palermitano che non si sia visto uccidere almeno una persona che conosceva. Non appena qualche rappresentante dello Stato, a qualsiasi livello, infrangeva l'inerzia, si trovava in situazioni di sovraesposizione, veniva prima isolato, poi ucciso. In tante parti d'Italia ancora non si è capito cos'è accaduto qui. Chi legge o scrive i giornali, a Roma o a Milano, non ha ancora autentica consapevolezza che quello che è accaduto – e in parte accade ancora – in questa città, non ha precedenti in nessuna parte del mondo. Così, di fronte a certi allarmi, qualcuno avanza la critica di un'eccessiva valutazione della problematica mafiosa. Quasi che se ne voglia imporre la centralità. Col risultato che chi lancia quegli allarmi viene visto come qualcuno che si attribuisce un ruolo improprio perché commette un errore di ipervalutazione. Come diceva lei, questi atteggiamenti si manifestano anche da parte di uomini di cultura assolutamente insospettabili. Manca loro la consapevolezza di ciò che significa Palermo. Tutto qui».

Morvillo avrebbe dovuto tacere in ossequio all'equilibrio fra i poteri dello Stato? Non scherziamo. Dispiace ricordare che persino «L'Unità» non colse sino in fondo l'importanza di quell'intervista che non meritò alcun richiamo in prima pagina.

Perché il panorama sia completo, ricordiamo infine l'editoriale di Alessandro Galante Garrone, sulla «Stampa» del 24 maggio. Galante Garrone: «Si pensi all'importanza fondamentale che hanno assunto i "pentiti", allorché si sono sentiti a un certo punto sorretti dall'energica azione delle istituzioni, dalla fattiva ed energica protezione dello Stato. Dalla strage di Capaci ad oggi, molti passi avanti sono stati fatti. Guai a fermarsi o, peggio, retrocedere. Sappiamo benissimo che ci sono nell'ombra forze che, sotto troppo facili pretesti formali, speculano su questi primi indizi di cedimento dei propositi degli onesti, o che sembrano non rendersi conto che di fronte alla vastità dei fenomeni delittuosi, corruttivi o mafiosi, è ingenuo balloccarsi in procedure isolate, senza ricorrere al necessario congiungersi delle iniziative individuali in un'azione ben concertata, in quella che correttamente oggi si identifica nei pool dei magistrati. Se non si continua a procedere risolutamente su questa via (sempre, è ovvio, nel rispetto della legge; ed è questo che di regola accade) il pericolo è quello del progressivo, fatale isolamento di quei magistrati che sono in prima linea nell'assolvimento dei loro doveri. È chiaro che, lungo questa linea di azione giudiziaria, non ci sono zone franche, per le quali l'azione giudiziaria dovrebbe arrestarsi con cautela. Indubbiamente, le dimensioni della corruzione e della mafia si sono rivelate, ahimè, ben più vaste di quanto gli stessi magistrati non avessero sospettato all'inizio delle loro indagini. Ma quest'immensità del male non può essere accolta come una ragione per rallentare o addirittura interrompere le indagini. Essa dovrebbe anzi indurre ad un impegno ancor più risoluto».

Non trovate stupefacente che, a tre anni da Capaci e via D'Amelio, i giudici siano ancora nel mirino?

Addaura (Palermo), 20 agosto 1995.

XXV

FINALE DI PARTITA

Il crepuscolo dei corleonesi

Siamo agli sgoccioli dello strapotere corleonese. Sono bastati tre anni per annichilire il più temibile gruppo di comando che la mafia abbia mai espresso in un secolo di storia. Crollate le complicità istituzionali, è crollato l'impero delle marionette, imprendibili e sanguinarie, che hanno gestito — anche se la definizione, ovviamente, pecca per difetto — questi «diciotto anni» di traffici e di stragi. Ci sono tutti i segnali a conferma di questa constatazione: la cattura dei Grandi Capi, degli ultimi Signori della Guerra, dotati di un esercito personale, di una propria cassa, rimpinguata dai taglieggiamenti del racket e dai proventi dell'eroina; di un reticolo di covi, bunker, casematte, utili per occultare sia latitanti che arsenali micidiali. L'incapacità degli ultimi Signori della Guerra, e in particolare dei loro mercenari, a mantenere il «segreto», a subire decenni di galera pur di non rivelare il funzionamento degli ingranaggi più reconditi di Cosa Nostra. A questo proposito, stiamo assistendo a un totale ribaltamento di quanto accadeva nella prima metà degli anni Ottanta. Lo ricordate? Allora, a pentirsi, a collaborare, o a «tradire», erano solo i gruppi di mafia del palermitano, quelli che avevano perduto la guerra di mafia, quelli che avevano ormai come unica prospettiva lo sterminio dei propri familiari. I «corleonesi», vincitori di quell'efferato regolamento di conti, non avevano motivi validi per pentirsi. Le complicità istituzionali — nonostante tutto — non erano neanche scalfite dai primi «maxi» processi, ragion per cui i seguaci di «don» Totò Riina avevano ancora tutto da guadagnare in una logica di contrapposizione frontale.

Oggi dieci pentiti su dieci provengono dal milieu corleonese: Balduccio Di Maggio e Salvatore Cancemi, Gioacchino La Barbera e i fratelli Emanuele e Pasquale Di Filippo, Tullio Cannella e Calogero Ganci, Antonio Mangano e Pietro Romeo, e l'elenco si limita a segnalare i nomi di maggiore spicco. Questo ribaltamento non è casuale. La «clandestinità», la totale «secretazione» dei nuovi componenti della «famiglia» corleonese si è rivelata un boomerang. La stessa abolizione del «giuramento», se da un lato ha *alleggerito* la affiliazione e la vita quotidiana dei *soldati* e dei boss, dall'altro ha provocato paurose smagliature nella rete difensiva: aumentando infatti il numero dei corleonesi in posizione di comando che non hanno mai prestato giuramento, la «regola» del silenzio sembra ormai fatta apposta per essere infranta. Una volta l'iter prevedeva prima l'arresto, poi anni e anni di galera, e, solo alla fine, la richiesta di parlare con questo o quel magistrato. Ormai ci si pente in tempo reale. C'è gente che oggi commette qualche delitto, domani finisce in manette, e dopodomani ha già vuotato il sacco. Mentre una volta i pentimenti prendevano le mosse da giganteschi «amarcord» rimuginati per anni e anni, ora il pentimento si muove quasi via fax. Una sorta di folgorante vado-l'ammazzo-e mi pento. Basta ricordare lo svolgimento delle indagini sulle stragi di Capaci e via D'Amelio per farci un'idea del contributo prezioso che possono dare i collaboratori di giustizia che hanno appena smesso di commettere stragi e delitti.

I ricordi sono freschi, i covi dei latitanti ancora caldi, e chi è sopravvissuto al blitz spera sino all'ultimo che il nuovo arrestato tenga la bocca chiusa almeno per qualche mese. Di regola — invece — non è più così. Col risultato che prima si stringe il cerchio attorno al Signore della Guerra, e subito dopo inizia il repulisti dei suoi fiancheggiatori, siano essi il «proprietario della casa» o gli autisti di fiducia o, più prosaicamente, i guardaspalle.

In questo nuovo scenario, inimmaginabile sino a qualche anno fa, vanno inseriti tutti gli interrogativi che ancora oggi ci portiamo dietro non solo sull'immediato futuro di Cosa Nostra ma, soprattutto, sulla prospettiva che si apre per i prossimi dieci e forse vent'anni. Il potere corleonese è agli sgoccioli. Ma anche Cosa Nostra è agli sgoccioli? L'attualità non autorizza simili salti logici, simili scorciatoie. C'è una data di svolta per capire quali potrebbero essere i prossimi scenari. Una data passata quasi inosservata al grande circo dei media. È registrata solo, a suo tempo, dall'«Unità», dal Tg2, da TeleMontecarlo e dal Gr1. Una data che forse verrà riscoperta in un prossimo futuro, anche da chi allora fece la scelta di non vedere e non sentire. Ciò che era accaduto era troppo inquietante, troppo al di fuori degli schemi, gravido di conseguenze imprevedibili e tutt'altro che rassicuranti.

La data è il 22 febbraio del 1996, l'episodio si verificò nell'aula bunker di Mestre, dov'era in corso una delle tante udienze del processo per la strage di Capaci. Cosa accadde quel giorno a Mestre? Per un'intera mattinata aveva parlato il pentito Gaspare Mutolo, e andava avanti così dal giorno prima, tanto che alla fine la sua deposizione fu da guinness dei primati: venti ore filate (venti ore che sfiancarono la corte, l'accusa e la difesa). Gaspare Mutolo è un altro di quei pentiti corleonesi che da tempo hanno deciso di collaborare e le sue conoscenze non sono di poco conto visto che per tanti anni è stato autista di fiducia di Totò Riina e ne ha condiviso viaggi, segreti e confidenze. Ovvio che Riina lo detesti. Tanto che mentre il capo dei corleonesi assorbe ormai in silenzio tutte le «infamità» (così le chiama lui) dei pentiti che lo chiamano in causa non appena sente la voce di Mutolo da in escandescenze. E chiede immediatamente al Presidente della Corte del processo di rendere dichiarazioni spontanee. Copione rispettato anche quella mattina del 22 febbraio. Parola accordata dal Presidente della Corte d'Assise Ottavio Sferlazza, e inizio dello show di Riina.

In tutto meno di dieci minuti, ma con questo esordio: «Questo Mutolo è un poveraccio, un disgraziato, da noi si dice un cane di Vucciria, un canazzo di bancata...». Traduciamo la parte più colorita dell'immagine: la Vucciria è uno dei mercati più antichi di Palermo, e il «canazzo di Vucciria», o di «bancata», sta a raffigurare quei cani randagi che stanno appiccicati ai banconi nell'attesa che il macellaio lanci qualche osso da rosicchiare. Insomma, Mutolo — dice Riina — è un accattone, un cane randagio. Effettuate le presentazioni, Riina dedica alcuni passaggi delle sue dichiarazioni a Bruno Contrada, l'ex funzionario del Sisde finito sotto processo per mafia e condannato in primo grado a dieci anni. Riina, rispondendo polemicamente a Mutolo: «Mutolo dice che io ero amico... conoscevo il dottor Contrada... Signor presidente, io non conosco il dottor Contrada. Quello che ho letto del dottor Contrada è che mi ha sempre cercato di arrestare perché io sono stato latitante 23 anni e mezzo, quasi 24 anni. Quindi: lei pensa che il dottor Contrada mi ha cercato per 24 anni e il dottor Contrada si è incontrato con me?».

Uno lo sente e dice: sta difendendo Contrada, sta dicendo di non averlo mai conosciuto, ciò significa che tanti collaboratori di giustizia si sono prestati a giochi pesanti contro l'ex 007. Senonché — quel giorno — Riina non chiuse l'argomento: «Ora se lui [*il riferimento era sempre a Mutolo, N.d.A.*] mi scambia con lui o con altri amici suoi, che loro si potevano pure incontrare, questo errore di persona, presidente, vorrei che lei sappia, che la corte sappia, che non ho mai conosciuto il dottor Contrada...». Stava dicendo: forse Contrada incontrava Mutolo, o «amici suoi». Il riferimento, sin troppo evidente, era a Rosario Riccobono, boss della borgata palermitana di Partanna Mondello che — secondo l'accusa al funzionario Sisde — era proprio il boss che «aveva nelle mani Contrada». Ma Riccobono — a sua volta — era il «capo famiglia» proprio di Mutolo. E Riina, quasi a chiudere il cerchio, si rivolge ancora al presidente Sferlazza: «Lei può assodare, può sentire, può fare i controlli... mi sembra giusto, visto che questo parla sempre a ruota libera...».

Sembrerebbe finita lì. Ma ecco Riina pronunciare le due frasi più criptiche della sua carriera di ergastolano. Proprio mentre invita Sferlazza ad «andare a fondo» nella verifica sulla totale inattendibilità di quel canazzo di Vucciria che è Mutolo, il capo corleonese aggiunge: «Signor presidente, perché quando io esco...». Poi si blocca, fa una pausa, borbotta incomprensibilmente in dialetto. Si avvicina all'inferriata della gabbia, e ben saldo sulle gambe, aggiunge con decisione: «Anzi prima che parlo...». E nel dirlo si aiuta con le tre dita della mano destra, quasi a significare l'imminenza di un fatto, a sottolineare una certezza acquisita. Cosa intendeva dire con quelle frasi: «quando io esco... anzi prima che parlo...»?

Quel giorno, mi trovai a fare un'esperienza professionale davvero inconsueta: per la prima volta scambiai un paio di battute proprio con «don» Totò. Vale la pena tornarci. Dopo avere visto e rivisto il filmato di quella deposizione in un pulmino-regia della Rai, insieme ai colleghi, decidemmo di sollecitare un «verdetto» sul significato di quell'enigma all'avvocato Cristoforo Fileccia, difensore di Riina fin dagli anni della sua latitanza. Fileccia, dopo avere riascoltato un paio di volte le parole del suo assistito, dimostrò poche incertezze: «Dite e scrivete quello che avete sentito, eventualmente sarà lui stesso a fare correzioni o precisazioni». Pochi minuti dopo, tornammo tutti in aula. E fu lì, durante una pausa, che mi ritrovai per la prima volta — unico giornalista — a parlare con l'uomo che per almeno trent'anni ha diretto Cosa Nostra. L'avvocato Fileccia era fermo di fronte alla cella numero uno, quella del boss. Ne approfittai per avvicinarmi. Un carabiniere mi chiese chi fossi. Mentii: «Sono l'assistente dell'avvocato Fileccia…». Fileccia captò la bugia e la certificò: «Appuntato, il signore lavora al mio studio, lo lasci avvicinare…». Ero accanto a Riina.

Gli occhi di Riina emanavano lampi; avvertii una capacità attrattiva fuori dall'ordinario in quello sguardo che aveva impartito mille condanne a morte e c'era uno strano miscuglio espressivo che non aveva proprio nulla di rassicurante e avrebbe meritato la penna del Manzoni per finire in maniera dignitosa sulla pagina scritta. Trovandomelo di fronte, mi resi conto di una verità quasi banale: non era un caso se fra decine e decine di migliaia di mafiosi, killer, stragisti, una stranissima selezione della specie, tutta in negativo, aveva catapultato proprio lui alla poltrona di numero uno. Il personaggio mi apparve — e ci sono pochi dubbi che non lo sia — sinistro, come si dice normalmente. Ma la natura deve avere evidentemente concentrato in lui anche altri poteri caratteriali determinando, a lavoro finito, l'esemplare umano del quale stiamo parlando. Riina non è «un» capo di Cosa Nostra. È stato — anche se forse non lo è più, e sicuramente non lo sarà più — «il capo» per definizione. Capace di esercitare un «mix» di consenso e dominio, di vincere tutte le sue battaglie pur non riuscendo a vincere mai l'intera guerra (in quel caso sarebbe ancora libero), disposto a piegare alle sue esigenze e al suo imperscrutabile despotismo l'intero esercito criminale. Ma torniamo al nostro telegrafico colloquio.

Esordì così: «Dottore, scriviamola giusta la cosa...». A quale argomento si riferiva? Io e lui non avevamo argomenti di conversazione in comune. E non c'era tempo per mettere in chiaro le regole di una nostra ipotetica conversazione. L'unica spiegazione possibile era forse che l'avvocato Fileccia aveva già avuto modo di informarlo che ai giornalisti, presenti a Mestre, non erano sfuggite le sue parole.

Continuai il gioco: «Signor Riina, normalmente cerco di scrivere le cose così come io le ho capite... Non vedo perché dovrei comportarmi diversamente con lei...». Mi sembrò «divertito» e insistette: «Glielo dico perché ogni tanto anche voi giornalisti fate qualche giochetto...». Intendiamoci: se era la mia «prima volta», era pur vero che quella era la «prima volta» di Totò Riina a tu per tu con un giornalista. Né potevo aspettarmi particolari trasporti da uno che era stato descritto per decenni nel modo che sappiamo. Cercai di tranquillizzarlo: «Non ho alcuna intenzione di fare giochetti con lei...» (e, credetemi, dissi esattamente ciò che pensavo). Poi mi venne spontanea quest'altra frase: «E lei, signor Riina, giochetti non ne fa mai...?». Quando mi accorsi che avrei potuto benissimo evitare quell'aggiunta, era troppo tardi.

Riina ebbe uno scatto impercettibile. Il suo volto si oscurò. Si diresse verso l'interno della gabbia, i suoi occhi scivolarono via, e borbottò solo un «no» che stava a significare contemporaneamente la risposta a una domanda e il suggello a una conversazione finita. C'è una sola riflessione da aggiungere: era certamente la prima volta che uno come lui si vedeva costretto a scendere sullo stesso piano di «qualcuno». Oserei dire di più: era la prima volta che si vedeva costretto a scegliere il «dialogo» per ottenere un determinato scopo. Sono state altre — lo sappiamo — le logiche che hanno ispirato i suoi comportamenti, le sue condotte.

L'indomani «L'Unità» avrebbe titolato in prima pagina: «Annuncio di pentimento? Totò Riina in aula: "Presidente quando esco..."». Nessun altro giornale dedicò una riga all'enigma di Mestre. Si pensò che facendo cadere nel silenzio quel titolo dell'«Unità» le cose si sarebbero rimesse a posto in fretta. L'imbarazzo era evidente. I giornali non disponevano di «inviati» che seguivano il processo di Capaci, scelta disdicevole visto che proprio in quel processo, per la prima volta, sono finiti alla sbarra i killer di Giovanni Falcone, Francesca Morvillo e tre uomini delle scorte. Né — obbiettivamente — quella notizia era *facilmente* recuperabile, dal momento che Riina si era limitato a lanciare un segnale, senza per questo offrire agli ascoltatori particolari bussole di comprensione. Naturalmente, la notizia non passò inosservata. Il semplice accostamento di quel nome, Riina, e di quella parola, pentimento, costituiva una rottura di tutti gli schemi sintattici sull'argomento. Il punto interrogativo, usato prudenzialmente dall'«Unità», mitigava, ma sino a un certo punto, la violenza dirompente di quella semplice supposizione. Per settimane e settimane non se ne parlò più.

Esattamente due mesi dopo, Antonio Manganelli, uno degli investigatori antimafia più noti, che attualmente dirige il centro di protezione dei pentiti e dei loro familiari, rilasciò un'intervista al settimanale «Avvenimenti» (24 aprile 1996). Al giornalista che gli chiedeva: «Lei crede alle voci di un pentimento di Totò Riina?», Manganelli rispose: «Non c'è nessun segnale di una cosa del genere, che tuttavia non mi stupirebbe. Buscetta, quando si pentì, era uomo d'onore di rango». C'erano voluti due mesi prima che qualche giornale raccogliesse quell'autentico *messaggio nella bottiglia* lanciato dal capo corleonese. Il ghiaccio era rotto. Quell'accostamento proibito era finalmente entrato in circuito, anche nel circuito istituzionale: non era infatti scritto da nessuna parte che uno come Riina non potesse prendere in esame, anche se per ora solo in via ipotetica, l'ipotesi di un suo pentimento. Confermo le parole che scrissi quel giorno nella mia corrispondenza da Mestre: «Riina vuol fare sentire *rumore* di pentimento?». Sono convinto — se mai dovesse verificarsi — che questo sarebbe davvero un pentimento sui generis, ma su questo argomento avremo modo di tornare.

Il 23 febbraio, a Mestre, il processo continuò. E all'indomani di quello strano monologo — «signor presidente, quando io esco... anzi prima che parlo» — mi presentai in aula, devo ammetterlo, con un pizzico di apprensione. Quelle frasi, il boss le aveva dette. Era fuori discussione. E insieme ai colleghi Francesco Vitale, «Tg2», Silvia Resta, «TeleMontecarlo», e Andrea Vianello, «Gr1», le avevamo sentite e *viste* alla moviola, almeno una ventina di volte. Essere smentiti non era possibile. Altrettanto vero che a uno come lui, del suo rango, nella sua posizione, non sarebbe risultato complicato riprendere la parola per tranquillizzare tutti i detenuti delle altre gabbie, chiarire che magari le sue intenzioni erano altre, o persino cavarsela dicendo che si trattava di un lapsus linguistico. Non mi allettava la prospettiva di trovarmi a dover rendere conto quasi in diretta di quella che sarebbe stata facilmente liquidata come una «forzatura giornalistica». Il mio ingresso in aula, quella mattina, non passò inosservato.

Sentii sguardi laser che partivano dalle gabbie e mi seguivano passo dopo passo mentre attraversavo l'aula in direzione del settore riservato alla stampa: gli occhi di Leoluca Bagarella, gli occhi di Nitto Santapaola, gli occhi di tutti i componenti della famiglia Ganci, gli occhi del vecchio Brusca, gli occhi del vecchio Madonia... Neanche a loro era piaciuto quell'accostamento proibito: «Riina», «pentimento». Diedi anch'io un'occhiata. Alla gabbia di Riina. E Riina non c'era. Seppi subito dagli avvocati — imbarazzatissimi — che quel giorno il boss dei boss aveva rinunciato al suo diritto di presenziare all'udienza. E che aveva accusato un leggero malore. Nel grande linguaggio dei segnali — l'unico che tutti avevamo respirato dal primo giorno di questa storia — ciò significava che Riina non aveva alcuna intenzione di smentire. Non aveva alcuna intenzione di rifugiarsi in corner. Ne dedussi che dal suo punto di vista, entro certi limiti, «la cosa l'avevo scritta giusta...».

Scrissi un secondo articolo per «l'Unità» che rincarò la dose. Titolo: «Dopo l'avvertimento Riina marca visita. Il boss si prepara a fare rivelazioni?». Iniziai così: «Clamorosa assenza di Totò Riina, il boss di Cosa Nostra... Nell'aula bunker di Mestre, dove si celebra il processo per la strage di Capaci, nelle gabbie c'è subbuglio: cosa sta meditando Riina? Cosa ha intenzione di fare il capo dei capi? Cosa voleva dire con quelle parole? Si spalancano inediti scenari». E ancora: «Messaggio di resa? Neanche per sogno. Incidente di percorso lessicale? Macché. Frase semplice e scontata? Nemmeno. Lo abbiamo scritto ieri, e lo ripetiamo: siamo solo all'*ouverture*. Quanto siano prossimi gli scenari evocati da Riina lo vedremo. Ma che ci sia rumore di avvertimento ci sembra palese. Quasi una minaccia. Chiamiamolo il "promemoria Riina". Sapete cosa contiene questo "promemoria"? Sapete cosa potrebbe accadere se il capo di Cosa Nostra decidesse di *dare alle stampe* il suo promemoria? Non per pentirsi, lo ripetiamo. Ma per mantenere, ribadire la sua posizione di forza. Il baule di Totò Riina — baule metaforico, si capisce — è pesante e contiene mezzo secolo di misteri, stragi, connivenze con parti dello Stato, nomi di politici rappresentanti delle istituzioni...». E conclusi: «Ieri, Totò Riina, dopo aver lanciato un sasso niente male, ha pensato bene di non farsi vedere. "È stanco", ha detto il suo difensore. E allora via libera alle congetture. Interrogativi e sbigottimento. Tutti alla ricerca del "messaggio trasversale" contenuto nel monologo della discordia. In quei dieci minuti metabolizzati troppo in fretta dal grande circo dell'informazione c'è "qualcosa" di importante». Ancora una volta nessun giornale mi «riprese».

C'è da dire che il tempo è galantuomo. Il 22 aprile, durante il processo per l'uccisione del giudice Antonino Saetta, si svolse il secondo «atto». Esattamente due mesi dopo quello che, forse, passerà alla storia di Cosa Nostra come il «discorso di Mestre». Data importante il 22 aprile: ventiquattr'ore dopo le elezioni politiche che avrebbero segnato la vittoria dell'«Ulivo» e la sconfitta del «Polo». Ma anche all'indomani di un'altra data, tutt'altro che legata all'attualità politica. Il processo per la strage di Capaci nel frattempo si era spostato da Mestre al bunker di Rebibbia, e fu in quella sede, proprio il 20 aprile, che il pentito Salvatore Cancemi rilasciò una dichiarazione shock: «Raffaele Ganci [*boss detenuto, N.d.A.*] mi disse che qualche giorno prima della strage, Totò Riina ebbe incontri con persone molto importanti che non appartenevano a Cosa Nostra. Poiché dentro Cosa Nostra la persona più importante era Riina ne dedussi che Ganci voleva riferirsi a persone estranee all'organizzazione».

Il 22 aprile Giancarlo Caselli raggiunse Pierluigi Vigna a Firenze. Entrambi andavano a far visita a Riina. La notizia doveva restare segreta. Filtrò invece sui giornali, ormai attentissimi a qualsiasi «indiscrezione» sul capo corleonese. Incalzati dai giornalisti fiorentini, Vigna e Caselli minimizzarono sostenendo che un interrogatorio del genere appartiene alla routine. Alcune settimane dopo, si sarebbe conosciuto il contenuto di quell'interrogatorio. Possiamo riassumerlo così: Riina considerava «oltraggiosa» la semplice ipotesi di un suo pentimento; non aveva alcuna intenzione di aiutare i magistrati nello svolgimento del loro lavoro; li invitava — comunque — a svolgerlo nel migliore dei modi... Ma non sfuggì a nessuno che Vigna e Caselli, proprio con quell'interrogatorio apparentemente intempestivo, forse avevano iniziato a «dialogare» con il capo di una potenza nemica, valutando insieme — perché no? — anche la praticabilità di un simile percorso.

Signora Cosa Nostra

È un fatto che in casi del genere le prime a far sentire con prepotenza la loro voce sono le donne di mafia. Sono le donne, siano esse mogli o fidanzate, suocere o sorelle, madri o zie, quelle che custodiscono gelosamente i «valori» della tradizione mafiosa. Lo sanno molto bene tutti i «pentiti»: il primo stop, il primo altolà, il primo avvertimento a non *tradire*, decidendo di collaborare con la giustizia, viene proprio dalle donne del clan. E tantissimi sono stati i pentiti ripudiati, messi alla porta, privati della possibilità di rivedere i figli. Un solo esempio per tutti: Vincenzina Bagarella, moglie di Leoluca Bagarella, scelse il suicidio: per cancellare l'onta di essere contemporaneamente moglie di un capo corleonese di altissimo rango e sorella di un pentito, Giuseppe Marchese, che aveva trascinato nel «fango» l'intera famiglia (il suo corpo non è mai stato ritrovato, e i pentiti dicono che fu proprio Leoluca a ordinarne degnissima e segreta sepoltura).

E fortemente intrecciata alla vicenda del cosiddetto «pentimento» di Riina, è la cattura di Giovanni Brusca, l'uomo che aveva preso il posto di Leoluca Bagarella dopo il suo arresto. Giovanni Brusca, 36 anni, figlio del grande capo mafia Bernardo Brusca, è accusato dai pentiti di essere stato il superkiller che azionò il telecomando provocando la strage di Capaci. Era scomparso nel 1990. Da allora era diventato un altro di quei Signori della Guerra che interpretavano alla lettera il *Riina pensiero*, pur non essendo corleonese in senso stretto. Originario di

San Giuseppe Jato, appartiene infatti a una famiglia che durante la guerra di mafia si schierò apertamente dalla parte dei «vincenti» corleonesi. La prima avvisaglia che il suo potere stava scricchiolando si ebbe il 27 febbraio 1996 quando uomini della Dia e della squadra mobile di Palermo scoprirono il micidiale «covo» di San Giuseppe Jato. Covo che in passato era stato adoperato dal boss per brevi periodi della sua latitanza, ma soprattutto *santabarbara* zeppa di armi leggere e pesanti. Ecco il dettaglio della armi trovate nel covo: un lanciamissili con dieci missili, venticinque kalashnikov, cinquanta fucili, trentacinque pistole, cinquanta bombe a mano, quaranta chilogrammi di esplosivo, dieci bombe anticarro, un lanciagranate, diecimila munizioni, quindici silenziatori, cinque giubbotti antiproiettile, detonatori e cannocchiali per fucile di precisione.

Il 20 maggio 1996, Giovanni Brusca cadde in trappola. Cento uomini circondarono una villa nelle campagne di San Leone, località «Cannitello», in provincia di Agrigento, solo quando ebbero la certezza che dentro c'era proprio il «killer di Capaci». Lo arrestarono insieme al fratello, Vincenzo, anche lui latitante: i due erano in compagnia delle mogli e dei figli. Ricorderete ancora quelle immagini televisive con i poliziotti incappucciati che avevano preso parte alla missione e che sfilarono, mitra in pugno, davanti agli uffici della squadra mobile di Palermo. Di quelle immagini si fece un gran parlare. Qualcuno ci vide un eccesso di spettacolarizzazione e il venir meno di uno stile, di una misura, che dovrebbero essere la divisa degli apparati dello Stato anche in momenti di trionfo. Qualcun altro ci vide la fine d'un incubo. Dopo mesi e mesi di stress, logorio professionale e personale, decine di agenti si davano alla «pazza gioia» avendo catturato il killer di Falcone, della Morvillo e di tre colleghi delle scorte. Il neoministro degli interni Giorgio Napolitano, pur deplorando gli «eccessi», diede atto alla polizia palermitana d'aver messo a segno una brillantissima operazione. Troncata la polemica, sarebbero stati sufficienti pochi giorni perché altre polemiche tenessero le prime pagine dei giornali. E questa volta proprio per l'intervento diretto e pesante delle donne di Cosa Nostra nelle vicende di mafia.

La prima a farsi sentire fu la signora Antonina Brusca, moglie di Bernardo, madre di Giovanni e di Vincenzo. Il 23 maggio 1996, a settantadue ore dall'arresto dei figli, rilasciò una durissima intervista che «Repubblica» pubblicò il 24. Il quotidiano titolò così: «La matriarca: il mio Giovanni non si pentirà...». E infatti era questo il passaggio più significativo: «Io dovrei vergognarmi? Mio figlio dovrebbe vergognarsi? E di che cosa? Ma se lo Spirito Santo ci illumina la mente, e la illumina ai giudici, lui non sarà condannato. Però io avrei voluto che Enzo, il più piccolo, si fosse consegnato. Anche mio marito era di questo parere. Ma con questo "41 bis" (il carcere di massima sicurezza) come fai a consegnarti? Sono tre mesi che aspetto di vedere mio figlio Emanuele. A Bernardo poi gli hanno appena dato un ergastolo, e io so che non uscirà più. Mi ha riferito che quando ha saputo che avevano preso Enzo e Giovanni ha alzato le braccia, come per dire sia fatta la volontà di Dio. Io invece dico magari si pentisse Giovanni. Non lo farà mai perché non è un vigliacco, ma i pentiti fanno vita da signori, e così i loro parenti. E sono liberi. Ha ragione Sgarbi che i processi sono giusti per tutti meno che per uno, e finisce sempre che quell'uno sei tu».

Nei giorni successivi la signora Brusca avrebbe manifestato ancora in maniera assai sanguigna la sua avversione ai giornalisti, avrebbe preso a colpi di borsa operatori televisivi che la seguivano dentro e fuori dell'aula bunker di Palermo, quando Giovanni faceva le sue prime «apparizioni», prima di tornarsene nell'ombra. Il suo obbiettivo ormai l'aveva raggiunto: aveva lanciato un fortissimo segnale al figlio, diffidandolo dal pentirsi, e al popolo di Cosa Nostra che chiedeva di essere tranquillizzato proprio su una simile eventualità. Quel Giovanni Brusca, indicato dalla madre come vittima di un sistema giudiziario «mostruoso», è lo stesso che assistette alle torture di Giuseppe Di Matteo, il ragazzino di undici anni figlio del pentito Santino Di Matteo. Lo stesso che poi gettò il cadavere del ragazzo nell'acido muriatico affinché non restasse più alcuna traccia. Quella pagina è talmente nota all'intera opinione pubblica italiana che ci sembrerebbe di pessimo gusto riproporla.

La seconda signora di Cosa Nostra a far sentire la sua voce fu Ninetta Bagarella, la moglie di «don» Totò Riina. Anche lei colpita negli affetti: l'11 giugno 1996, venne arrestato a Corleone, perché accusato di associazione mafiosa e indagato per alcuni omicidi, Giovanni Riina, figlio del boss. È accusato d'aver partecipato a summit con capi corleonesi, d'aver intrattenuto con loro costanti relazioni, d'essersi incontrato con Leoluca Bagarella nei tempi della sua latitanza. Ragazzo giudicato di comportamenti «eccessivi» venne sospettato, dopo il suo ritorno a Corleone, d'aver divelto la targa che in paese ricordava il sacrificio di Falcone e Borsellino. Naturalmente, per sua madre, resta un bravo guaglione. A differenza di Antonina Brusca, lei scelse la formula della «lettera aperta». E fu ancora una volta «Repubblica», il 3 giugno del 1996, a pubblicarla, con a fianco una risposta del giudice Vigna.

Vediamone qualche brano: «Ora che si è chetato il gran vocio, ho deciso di aprire il mio cuore di madre gonfio e traboccante di tristezza per l'arresto di mio figlio Giovanni. In casa tutti sentiamo la sua mancanza, la nostra situazione familiare, adesso, è diventata un inferno, non riusciamo ad accettare che un ragazzo di appena vent'anni, incensurato, viene prima fermato, poi interrogato dopo due giorni e rinchiuso in carcere. Non gli si concede nessuna attenuante per poterlo rimandare a casa dopo l'interrogatorio perché figlio di Riina Salvatore, da tanti anni vissuto in latitanza, avrebbe potuto anche lui darsi alla latitanza». E ancora: «Ai miei figli viene attribuita la grande colpa di essere nati da papà Riina e da mamma Bagarella, un peccato questo congenito che nessuna catarsi può mai redimere. Proprio a Giovanni in questi ultimi giorni, alcuni giornalisti hanno fatto pesare come una condanna "a priori" il fatto di essere nato "latitante"... I miei figli invece nascono colpevoli del loro stato senza pensare e considerare che quando sono nati io (la mamma) ero libera cittadina, mio marito colpevole solo di non essersi presentato al Comune del paese assegnatogli come soggiorno obbligato». Ma c'era anche dell'altro in quella sconcertante «lettera aperta».

Anche questa volta si aprì un dibattito: per alcuni era solo una lettera «intrisa» di cultura mafiosa, per altri, invece, un primo importante passo verso la redenzione e la rottura dei vecchi codici mafiosi. In quell'occasione scrissi un commento che «L'Unità» non poté pubblicare per mancanza di spazio. Lo riporto perché rende l'idea delle durissime polemiche di quei giorni.

Bisognerebbe avere il coraggio di dire — senza perifrasi o sconti ingiustificati — che la «lettera aperta» firmata da Antonietta Bagarella — pubblicata da «Repubblica» con a fianco la risposta spontanea del procuratore Vigna — è una brutta lettera. Una lettera che non smuove di una virgola l'immobilismo sin qui manifestato da chi per quasi trent'anni è stata suggestivamente definita la «moglie del padrino». E non per le tante cose che dice, legittime, umanamente comprensibili, quanto per le due che non dice, e per una terza che dice a modo suo.

Intendiamoci: non si può pretendere che la moglie di un pluriergastolano e la mamma di un figlio ventenne arrestato per mafia, scriva lettere in perfetta sintonia con il sentire comune di chi non ha mai condiviso, pagando prezzi di sangue elevatissimi, e tenacemente combattuto, la cosiddetta «cultura mafiosa». Ma abbiamo l'impressione che nella lettera di Antonietta Bagarella non ci sia la benché minima traccia di un suo sforzo di cambiamento.

C'è la richiesta di una «vita normale» per i suoi figli, in quel manoscritto che sta sollevando un vespaio di polemiche. C'è la rivendicazione orgogliosa di un «cognome onorato» e — di riflesso — la pretesa che le colpe dei padri non ricadano sui figli. Sia la richiesta che la pretesa sono giustificate, legittime, quasi ovvie. E vediamo invece le due cose che in quella lettera non ci sono e la terza che la signora avrebbe dovuto — questa sì — scrivere in tutt'altro modo.

La signora Bagarella non può stendere un velo su ventiquattro anni di latitanza volontaria. Lei stessa, in proposito, adopera un passaggio autoassolutorio e contorto: «I miei figli, invece, nascono colpevoli del loro stato senza pensare e considerare che quando sono nati io (la mamma) ero libera cittadina, mio marito colpevole solo di non essersi presentato al Comune del paese assegnatogli come soggiorno obbligato».

Lei «cittadina libera» (che per ventiquattro anni scompare), lui «colpevole solo» di una mancata firma. Non avrebbe forse fatto un passo significativo se almeno avesse voluto svelare le modalità di quella latitanza tanto prolungata? Trova normale che i suoi figli siano nati e vissuti nel buio e non trova altrettanto normale che oggi qualcuno gliene chieda spiegazione?

Qui è in gioco lei, come donna, ancor prima che come moglie o come madre. Stiamo assistendo, proprio in queste settimane, in questi ultimi mesi, al fatto che clan e famiglie mafiose si sfaldano perché qualcuno, dall'interno, decide finalmente di parlare. Calogero Ganci con le sue rivelazioni non solo si autoaccusa di un centinaio fra stragi e delitti ma tira in ballo il padre, il fratello.

Nessuno può aspirare ai «pentimenti pilotati», nessuno può cercare scorciatoie nella lotta a Cosa Nostra, imponendo le collaborazioni per decreto. Ma se la signora Bagarella esprime, attraverso la forma dirompente di una «lettera aperta», quella richiesta e quella pretesa, dovrà mettere nel conto che lo Stato non può semplicemente comportarsi da opera pia. Sarebbe sin troppo facile dire che la giustizia farà il suo corso stabilendo «innocenza» o «colpevolezza» di Totò Riina e di suo figlio Giovanni. E sarebbe un «non rispondere» ai quesiti posti dalla signora Bagarella.

Alla quale — però — abbiamo il dovere di rivolgere una seconda domanda. Si è parlato insistentemente dell'eventualità di una qualche forma di «collaborazione» se non di vero e proprio «pentimento» di suo marito. Se n'è parlato sulla scia di una frase volutamente criptica adoperata a Mestre da Totò Riina, durante il processo per la strage di Capaci: «Signor presidente, quando io esco... anzi prima che parlo...». Ne è scaturito quasi un esercizio dialettico nel quale si sono cimentati un po' tutti rivolgendo a Riina inviti a collaborare, pentirsi, arrendersi.

E qualche settimana fa, è stata attribuita alla signora Bagarella questa frase che lei non ha mai smentito: «Continuando a parlare del pentimento di mio marito rischiano di farci ammazzare tutti...». Ci permettiamo di chiederle: la pensa ancora così? E in caso di risposta affermativa, da quale parte proviene il pericolo visto che suo marito ha avuto come unico torto quello di «non essersi presentato al Comune del paese assegnatogli come soggiorno obbligato»?

E veniamo, infine, alla terza cosa, quella che dice «a modo suo». Ascoltiamola: «Giovanni decise di dedicarsi al lavoro perché non si sentiva tagliato per la scuola e poi perché in casa qualcuno doveva lavorare per guadagnare un po' di danaro». La rivendicazione della «povertà» quasi a suggello della propria innocenza: ma tutti sanno che in questi anni il tribunale di Palermo ha già sequestrato beni dei Riina per centinaia e centinaia di miliardi. Probabilmente solo una piccola parte del «patrimonio» della famiglia.

Concludendo. In questa «lettera aperta» abbiamo trovato: la rivendicazione dell'innocenza del marito, la rivendicazione dell'innocenza del figlio, l'accurata omissione del termine «Cosa Nostra», l'accurata omissione del termine «pentiti» (eppure in passato la signora Bagarella aveva detto apertamente che «quei cornuti» erano stati la rovina della sua famiglia), l'assenza di qualunque riferimento alle migliaia di morti che la Sicilia ha subito negli ultimi vent'anni per mano di mafia.

È una lettera aperta legittima, quella pubblicata da «Repubblica». Ma è altrettanto legittimo definirla una «brutta lettera». Il che non impedisce che la signora Bagarella possa trovare forme più incisive e convincenti per farsi ascoltare da un'opinione pubblica che ha diritto — altrettanto «legittimamente» — a definitivi atti di rottura con il passato.

Secondo voi questi interrogativi non sono aperti ancora oggi?

Addio corleonesi

Abbiamo cercato di offrire un quadro del ruolo femminile in certe vicende di mafia. Il segnale inviato a Giovanni Brusca e Totò Riina è fin troppo chiaro. Le loro donne pretendono coerenza. Sino alla fine. Sino all'estrema scelta di subire in silenzio un ergastolo eterno. Ma è pur vero che le voci sui loro possibili «pentimenti» si infittiscono. Lo dicevamo all'inizio: il potere dei corleonesi è agli sgoccioli. E proprio in quell'articolo «mai pubblicato» non vi sarà sfuggito il riferimento al «pentimento» di Calogero Ganci.

Pentimento che inizia il 7 giugno del 1996, collocandosi dunque, assai significativamente, all'indomani dell'intervista di Antonina Brusca e della «lettera aperta» della Bagarella. Coincidenza casuale? Ne dubitiamo. Semmai spia eloquentissima del forte travaglio che sta attraversando le fila dei corleonesi. A sorpresa, Ganci fece esattamente quella scelta che le first lady di Cosa Nostra considerano una sorta di maledizione da esorcizzare. È passato «dall'altra parte». E con risultati devastanti. Vediamo.

Ancora una volta, lo scenario è quello del processo per la strage di Capaci, ma nell'aula bunker di Caltanissetta. È lì, nel cuore della Sicilia interna, in una giornata di caldo torrido, che Calogero Ganci chiede di potere incontrare il pubblico ministero Luca Tescaroli. Giudice tanto giovane quanto scrupoloso, Tescaroli si meraviglia che questa richiesta sia rivolta proprio a lui che viene dal Veneto e non ha perduto occasione, in aula, di martellare contro i killer di Capaci. Ma si rende immediatamente conto che Calogero Ganci fa sul serio. L'imputato si dice scosso per la sorte riservata al piccolo Giuseppe Di Matteo. E le sue prime parole sono inequivocabili e annunciano «seguiti» clamorosi: «Voglio dare una lezione di civiltà a Cosa Nostra, rompere con il passato e garantire un futuro ai miei due figli... Tanto per cominciare: ho ucciso il generale Dalla Chiesa, ero in via Carini il 3 settembre del 1982». Viene giù una valanga: a deposizione ultimata — andrà avanti per una quindicina di giorni — Ganci si è autoaccusato d'un centinaio fra stragi e delitti.

Dalla «strage Chinnici» a quella di Capaci, dalla «strage della circonvallazione» all'uccisione del capitano dei carabinieri Mario D'Aleo. Ha tirato in ballo il padre, Raffaele Ganci, e il fratello, Domenico Ganci. Ha raccontato al giudice Tescaroli i nuovi organigrammi di Cosa Nostra, e in che modo i corleonesi hanno tentato in questi anni di arginare le perdite a seguito degli arresti di Riina e Bagarella.

Ha fatto i nomi di giudici palermitani «contattati» dalle cosche. Ha raccontato di valige di soldi che arrivano dalle sedi Fininvest di Milano in cambio della «benevolenza» dei boss per i ripetitori Tv in Sicilia. Persino della decisione di Riina di uccidere il cognato, Leoluca Bagarella, in una fase in cui si era convinto che stesse preparando la fronda contro di lui. E ha parlato anche di Marcello Dell'Utri, dei suoi esordi a Palermo, negli anni '70, quando ancora non si andava tanto per il sottile nelle frequentazioni di certi «ambienti».

Eccezione che conferma la regola: sua moglie ha condiviso il suo pentimento, e ha accettato anche lei di vivere sotto protezione. Scelta complicata: Calogero Ganci assassinò il suocero, Vincenzo Anselmo, perché aveva deciso di schierarsi contro i corleonesi. Il particolare rivelatore sta nel fatto che la moglie di Ganci ha appreso d'aver vissuto per anni con il killer del padre, solo alla presenza del giudice Tescaroli. Per l'esattezza: al terzo giorno di pentimento, Calogero Ganci ha chiesto di restare qualche minuto da solo con la moglie. E le ha raccontato tutto. Lasciandola libera di andarsene o rimanere. Lei, che non ha rilasciato interviste o scritto «lettere aperte», ha deciso di continuare a vivere con lui. Che speranze possono avere ormai i corleonesi?

XXVI

CORLEONESI VECCHI E NUOVI

Il corleonese fantasma

Attilio Bolzoni ha scritto su «la Repubblica» del 2 novembre 1998 che «da tredici mesi, nella città di Palermo, non c'è più un delitto di mafia. E ciò non accadeva dai tempi dell'Unità d'Italia». Cioè da Garibaldi, dallo sbarco dei Mille, dalle camicie rosse. Bolzoni coglie uno di quei classici dati di fatto rispetto ai quali discutere non serve granché. Come mai, la mafia più feroce ha improvvisamente deciso di deporre le armi?

Come mai l'unico grande delitto (e ne parleremo) è quello di Domenico Geraci, avvenuto a Caccamo, nell'ottobre del '98? La chiamano «la grande pace». O anche la «direttiva Provenzano». Si potrebbe continuare: la mafia dal volto umano; Cosa Nostra nell'era del buonismo; Cosa Nostra alla vigilia del terzo millennio.

Ma non è con i giochi di parole che possiamo capire le grandi linee di tendenza di un fenomeno che sembra destinato a durare nel tempo. La stagione nera dello stragismo è finita. È finita per sempre? Non lo sappiamo. Sappiamo che con le punte «alte» di Capaci e via D'Amelio l'escalation ha iniziato a ripiegarsi su se stessa. Al punto che vengono evitati persino i singoli delitti, se non sono strettamente «necessari», vedi quello di Caccamo.

Sappiamo anche che il nucleo storico dei corleonesi ormai batte in ritirata, decimato dagli arresti e dagli ergastoli. Totò Riina e Leoluca Bagarella restano in gabbia a rimuginare. Almeno per ora, di pentirsene non se ne parla. Ha invece sorpreso tutti quel Giovanni Brusca che iniziò il suo «pentimento» come un autentico falsario della collaborazione.

Ci sono voluti quasi tre anni. Ma alla fine, le tre Procure

che lo avevano «sotto osservazione» (Firenze, Caltanissetta, Palermo) hanno definitivamente sciolto la riserva: Giovanni Brusca, assistito dall'avvocato Luigi Li Gotti, entra a pieno titolo nel programma di protezione. Scelta difficile, travagliata. Ma Giovanni Brusca – anche per effetto benefico delle dure polemiche che avevano accolto la fase iniziale del suo «pentimento» – è stato letteralmente passato ai raggi X da una trentina fra pubblici ministeri, presidenti di tribunale, presidenti di Corte d'Assise, giudici a latere, giudici per le indagini preliminari.

Conclusione unanime: superata la tentazione iniziale, quella di contribuire con le sue rivelazioni alla destabilizzazione dell'antimafia, Giovanni Brusca ha raccontato per filo e per segno tutto quello che sapeva e che sa.

Ha opportunamente distinto fra ciò che gli consta personalmente, ciò che ha appreso dalle confidenze del padre Bernardo e Totò Riina, ciò che è il risultato di sue deduzioni e suoi collegamenti. Rimarrà in carcere a lungo. Lo sa e ha chiesto di restarsene in isolamento. Questa scelta di solitudine – ha detto – deve essere ormai la migliore garanzia per gli investigatori sul fatto che «ho deciso per sempre di raccontare soltanto la verità».

Naturalmente è impossibile dar conto dell'immensa mole di informazioni trasmesse da Brusca all'autorità giudiziaria. È importante che non si sia limitato a ricostruire il «passato», ma che abbia fornito – a giudizio degli investigatori – notizie «preziose» anche per la cattura di pericolosissimi latitanti e utili alla ricostruzione della pianta organica di Cosa Nostra in questa delicatissima fase. Infine, particolare non del tutto secondario, non si è tirato indietro quando sono state affrontate le sue responsabilità sia per la strage di Capaci sia per il sequestro del piccolo Giuseppe Di Matteo, concluso da un tremendo delitto commesso da altri.

I corleonesi, dunque, o marciscono in galera o scoprono quell'arma del pentimento che centinaia di loro nemici avevano da tempo utilizzato. Brusca ha due strani «primati»: è il primo del fronte corleonese che si è pentito, ma è anche il primo collaboratore di giustizia rimasto nel limbo per quasi tre anni.

Quando gli è stato chiesto – e non solo a lui – chi fosse diventato l'autentico capo di Cosa Nostra, la risposta è venuta spontanea: Bernardo Provenzano.

Sulla carta, Provenzano è davvero l'«ultimo» dei corleonesi. È vissuto fianco a fianco con tutti quelli che oggi sono in galera. Lui, latitante da quasi quarant'anni, è riuscito a passare indenne attraverso le forche caudine di ben tre guerre di mafia e di almeno altrettante strette repressive dello Stato.

Non a caso abbiamo detto «sulla carta». Perché appena si cerca di mettere a fuoco la personalità di questo generale di Cosa Nostra, la faccenda si complica fino al punto da diventare irrisolvibile.

Anche gli identikit litigano fra loro. Alcuni lo vogliono alto e con la forza di un toro. Alcuni vecchio, malato e malandato. Alcuni lo vogliono ottimo tiratore di pistola. Alcuni incapace di far male a una mosca. Secondo una scuola di pensiero avrebbe il cervello di una gallina. Secondo un'altra scuola di pensiero lui, al cospetto di Riina, sarebbe Einstein.

Secondo alcuni ha il fascino del fantasma invisibile, ma che al momento buono batte un colpo. Secondo altri, invece, è un nonno onnipresente fra centinaia di «nipoti». C'è chi dice che è morto da tempo. C'è chi dice che è vivo e vegeto. Non è l'araba fenice, Bernardo Provenzano. Ma poco ci manca.

E siamo solo al «che faccia ha?». Se tentiamo di capire il suo ruolo strategico e criminale ci andiamo a infilare in un vespaio. Ipotesi ne sono state formulate tante.

Potrebbe essere nient'altro che l'erede naturale dei Riina e dei Bagarella. Un sopravvissuto agli arresti che non si tira indietro rispetto ai suoi doveri di direzione di un'organizzazione criminale che non può restare acefala. La linea genetica corleonese continuerebbe con lui, in previsione, magari, del passaggio del testimonio quando i tempi saranno maturi.

Potrebbe essere l'eterno doppiogiochista, capace di tenere sospesi tutti i fili, sia quelli mafiosi sia quelli – perché ci sono – istituzionali. Propendono per questa interpretazione coloro i quali mettono in risalto il suo proverbiale (ma smentito da altri) «indecisionismo». Finalmente, secondo questa lettura del personaggio, Provenzano si sarebbe ritrovato al vertice strumentalizzando a fini interni il repulisti messo a segno dallo Stato contro i suoi compagni d'armi di un tempo.

Noi non siamo in condizione di sciogliere rebus tanto impegnativi. Siamo sorpresi – questo sì – che una latitanza possa durare quarant'anni. Al punto in cui stanno le cose, sapere in che modo Provenzano sia arrivato dove è arrivato è quasi secondario. Sono altre le cose che ci colpiscono.

Vai con Dio

Vengono costantemente inflitti duri colpi all'ala corleonese. I due successi più significativi sono stati rappresentati dalla cattura di Pietro Aglieri e da quella di Mariano Tullio Troia. Certamente, nonostante il forte divario anagrafico al momento dell'arresto – trentotto anni Aglieri, sessantacinque Troia – è il primo ad avere ereditato i galloni del comando dopo l'uscita di scena dei Riina, dei Bagarella, dei Brusca.

I poliziotti, guidati dal nuovo questore di Palermo Antonio Manganelli, lo hanno acciuffato in un casolare disadorno – metà abitazione, metà magazzino per la conservazione degli agrumi – il 6 giugno del '97. E la zona, lungo la provinciale che collega Ficarazzi a Bagheria, è di per sé rivelatrice dei forti legami di Aglieri, sin dall'inizio della guerra di mafia, proprio con Bernardo Provenzano. Quella parte della costa, all'uscita di Palermo Est, pullula infatti tradizionalmente di fedelissimi di Bernardo Provenzano. I poliziotti, che da un anno avevano iniziato a stringere il cerchio intorno ad Aglieri, conoscevano perfettamente la sua appartenenza a questo ramo della secolare pianta corleonese. E mettevano in conto che, trovando Aglieri, sarebbe saltato fuori anche il suo dante causa.

Le cose non andarono proprio così. La tentazione dell'ingordigia spesso può lasciare a bocca vuota: motivo per cui quando i poliziotti ebbero la certezza che Aglieri era in trappola, la chiusero senza complimenti. E rinunciarono – almeno per il momento – al pesce più appetitoso. Fu comunque «caccia grossa», anche per l'utilizzazione di sofisticatissime apparecchiature fotografiche che consentirono di selezionare progressivamente un'area territoriale immensa. Tutto – alla fine – si ridusse a una casa, un cortile, una finestra.

Un cannocchiale astronomico, di quelli in dotazione all'FBI, puntato verso il basso invece che verso l'alto, immortalò la faccia di Pietro Aglieri nell'unico istante in cui il boss aveva messo il naso fuori casa. Se ne ricavò una foto aggiornata. Fu sottoposta a Giovanni Brusca, che stava già collaborando e non ebbe esitazioni a riconoscerlo. Al mattino presto, Aglieri si ritrovò in casa un centinaio di poliziotti armati.

Era lui. «U signurinu.» Detto così per i suoi modi garbati, e la riconosciuta «signorilità» di origini e lineamenti. Sull'Ansa, nel giorno della sua cattura, Giuseppe Lo Bianco disegnò un efficacissimo ritratto che, pur nella sintesi obbligata del «dispaccio», si rivela autentica miniera di notizie.

Il nonno del boss, a sua volta «uomo di rispetto» di alto rango nella borgata agricola della Guadagna, era solito percorrere le vie della città vestito elegantemente di bianco, sia d'estate che d'inverno, e a bordo di un calesse. E «u signurinu» qualche tocco anglosassone nel suo portamento doveva pure averlo se «The Guardian», nei mesi precedenti la cattura, lo aveva incluso – con provocatoria forzatura – in cima alla classifica degli italiani più noti nel mondo.

Solo apparenza? Forse no. Aveva conseguito un diploma di maturità classica nel seminario della Curia arcivescovile di Palermo, sotto la amorevole guida di monsignor Salvatore Gristina che non sospettava che i suoi sforzi educativi sarebbero stati gettati al vento da una pecora nera chiamata «u signurinu». Il quale, crescendo, si fece paracadutista della Folgore, a Livorno, e divenne spericolatissimo «driver» capace per anni di eludere ogni posto di blocco che si fosse trovato sul cammino.

Ma l'uomo che finiva in manette non aveva più il piglio dell'uomo d'azione, già condannato all'ergastolo per l'uccisione del boss Benedetto Grado. Completamente calvo, taciturno e dimesso, vestito senza alcuna ricercatezza anglosassone, né tantomeno di bianco, sbalordì investigatori e opinione pubblica. Nel suo covo, fra cassette d'agrumi e tavoli per le riunioni con altri sodali, aveva allestito un'autentica cappella per il culto.

Un piccolo altare, crocifissi, immagini sacre, breviari e vite dei santi, erano la cifra più inquietante di un arredamento casalingo davvero insolito. Come accade in questi casi, le fantasie si lasciarono andare. Per alcuni, gli insegnamenti di monsignor Gristina non erano stati poi così sprecati. Per altri, si trattava di una volgarissima messa in scena: sapendo di avere le ore contate, «u signurinu» aveva allestito una sua personalissima «via crucis» nella speranza di ripulire la sua immagine di «braccio destro» di Provenzano e di raffinato pluriomicida.

C'era, infine, un'altra ricostruzione: Aglieri poteva essere il «prelato» di Cosa Nostra in ottimi rapporti con certi ambienti della Curia – duri a capire che il mondo è cambiato – tradizionalmente contigui, per ragioni d'ufficio ma non solo, ad ambienti mafiosi. Calunnie? Molto probabile.

Fatto sta che pochi mesi dopo la cattura di Pietro Aglieri, il 4 novembre '97, ci fu una delicatissima appendice giudiziario-religiosa: venne condotto all'Ucciardone, accusato di favoreggiamento di mafiosi (non solo di Aglieri), don Mario Frittitta, carmelitano, parroco della chiesa di Santa Teresa alla Kalsa. Celebrava messe private in casa del «signurinu» durante la sua latitanza. Lo ammise candidamente ad Alfredo Montalto, giudice per le indagini preliminari, durante il suo primo interrogatorio, precisando di non avere mai fatto grandi differenze fra questo o quel peccatore.

Potete immaginarvi le polemiche anti Caselli che ne seguirono: la Procura intendeva forse dare l'assalto persino al tempio di Dio? Si tennero grandi manifestazioni popolari di quartiere a sostegno del carmelitano. Il carmelitano era orgoglioso di avere esercitato «a domicilio» il suo magistero. Quattro giorno dopo – l'8 novembre – fu rimesso in libertà. Ne seguirono altre ovazioni in un chiesa zeppa sino all'inverosimile.

«Sono un vostro fratello» esordì don Mario «Gesù è morto fra due ladroni, tutti noi siamo fratelli e ci dobbiamo amare. Nessuno deve essere escluso da questo amore...» Poche ore dopo, don Mario lasciava la Sicilia. Il 30 ottobre 1998 Renato Grillo, giudice per l'udienza preliminare, al termine del rito abbreviato, gli ha inflitto una condanna a due anni e due mesi. Pene più severe per sei coimputati nella stessa inchiesta. Oggi don Mario Frittitta è tornato. Celebra messa alla Kalsa.

Quanto ad Aglieri dicono che ormai si sia pentito «davanti a Dio» di tutti i suoi crimini. Di un eventuale «pentimento» giudiziario non si hanno notizie.

Meno conosciuto di Aglieri, Mariano Tullio Troia, detto «Mario», era anche lui personaggio di prim'ordine. Capo mandamento della borgata di San Lorenzo, luogotenente di Totò

Riina, indicato fra i mandanti dell'uccisione di Salvo Lima, il suo nome non figurava nelle dichiarazioni dei pentiti «storici» Buscetta e Contorno. Ciò non toglie che i collaboratori dell'ultima generazione, a esempio Gaspare Mutolo e Giuseppe Marchese, lo indicavano da tempo come protagonista di una carriera rapida e prestigiosa.

Il 6 giugno del 1997 fu scoperto dai poliziotti della squadra mobile diretta da Guido Marino, in un anonimo appartamento della borgata di Tommaso Natale, a due passi da San Lorenzo, dunque nel cuore del «suo» mandamento. Viveva con una famiglia di quattro persone: padre, madre e due figli. La bambina più piccola, di dodici anni, lo chiamava affettuosamente «nonno». Non era armato e apparve rassegnato, quasi avesse messo in conto quella «visita» fastidiosa.

Troia era già informato del pentimento di Alberto Lo Cicero, suo ex autista personale, sin dalla fine del 1991. Lo Cicero di lui sapeva tutto. Sapeva che aveva interessi miliardari in Sud Africa, paese dove era solito trascorrere anche lunghe fasi della latitanza. Conosceva il suo ruolo durante la guerra di mafia, quando era stato fra i mandanti dell'uccisione di Mario Prestifilippo – ricordate? –, nel timore che potesse vendicare l'uccisione del suo carissimo amico, il ferocissimo Pino Greco detto «scarpuzzedda». E aveva già rivelato agli investigatori che nella villa di Troia a San Lorenzo, denominata «Chiusa Grande», si erano svolti parecchi summit anche alla presenza di Riina.

Alfredo Montalto, giudice per le indagini preliminari, scrisse nell'ordine di custodia cautelare che Troia «gestisce attività economiche di notevole livello e ha il monopolio della zona di Capaci e Punta Raisi, attraverso il sistema dei subappalti». Eppure «Mario», di fronte alla contestazioni dei giudici, non fece una piega.

Per spiegare a Vittorio Teresi, Domenico Gozzo e Gaetano Paci, i tre pubblici ministeri titolari delle indagini, l'origine delle sue ricchezze disse di avere vinto per tre volte al Totogol: «Ho centrato un sette e due sei. Mi basta poco, vivo con poco. E mi è andata molto bene con la vendita di un gregge di pecore».

Le ricadute

L'autunno '97 fu un autunno nero per pentiti e pentitismo. Già da qualche anno le maglie del controllo si erano allentate. Le ricorrenti campagne contro quest'istituto, che in passato si era rivelato preziosissimo per aprire varchi e voragini nel compatto muro dell'omertà, cominciarono a ottenere perversi risultati. Il pentito di mafia ormai è diventato un peso per lo Stato. Se prima la tendenza era quella di largheggiare – a volte ingiustificatamente – nell'inserimento nel programma di protezione, ora prevale l'atteggiamento opposto. Meriterebbe di essere conosciuta una recente casistica per capire in quanti sono usciti dal programma, in quale fase delle loro collaborazioni, con quali conseguenze per i familiari che spesso si trovano a condividere un destino che non è il loro.

Le posizioni pregresse, più antiche, sono quelle che hanno retto meglio. Chi, invece, ha avuto la sfortuna di arrivare quando la stagione della grande luna di miele fra Stato e collaboratori di giustizia era finita ha pagato o rischia di pagare prezzi molto salati.

Che una simile questione sia complessa e – alla lunga – difficilmente gestibile, è risaputo. Alcune migliaia di «anime morte» a carico dell'erario, e spesso vita natural durante, costituiscono una voce passiva del bilancio non indifferente. Pentitopoli è cresciuta a dismisura negli ultimi dieci anni. A un certo punto, in questa cittadella superaffollata sono andati a vivere un numero sproporzionato di «cittadini». Le strutture – però – rimanevano quelle che erano. Il minimo che poteva accadere è che saltassero le condutture idriche, la rete fognaria, il sistema delle comunicazioni. È quello che è accaduto.

Il problema è stato affrontato, ma non risolto, con una sorta di evacuazione forzata da Pentitopoli. Ma l'esodo dal programma di protezione ha coinvolto tutti, assecondando una logica quantitativa più che qualitativa. Il moralismo di molti – prevalentemente uomini politici irritati dalla libertà di parola riconosciuta in una certa fase a molti collaboratori di giustizia – ha offerto una verniciatura etica a un'operazione spregiudicata.

Tuonare contro i pentiti perché hanno la fedina penale mol-

411

to, molto sporca, equivale a meravigliarsi perché in un lebbrosario è diffuso il contagio. Tranne rarissime eccezioni, quelli che vengono definiti «pentiti» mantengono radici, modi di pensare, abitudini di vita, sistema di relazioni e amicizie, un sentire comune, fortemente cristallizzati. Il richiamo della foresta può scomparire del tutto, in presenza di un nuovo universo di riferimento. Può tornare facilmente a esercitare la sua suggestione perversa quando l'alternativa di vita, per il collaboratore, cessa di essere credibile, duratura, persino conveniente.

Il cittadino di Pentitopoli che si vede consegnare il foglio di via non è che abbia molte soluzioni. E nella maggioranza dei casi torna a delinquere, a fare l'unica cosa che ha sempre fatto e che sa fare. Bisogna aggiungere che ogni collaboratore di giustizia si porta dietro un contenzioso gigantesco di odi, rancori, fame di vendetta: è rarissimo – ve ne sarete accorti – che due collaboratori di giustizia si scambino attestati di stima. Anche quando sono stati schierati, militarmente parlando, dalla stessa parte della barricata. Bene che vada, uno ammetterà che l'altro ha fatto rivelazioni «molto simili rispetto a come sono andate le cose».

Abbiamo fatto questa premessa semplicemente per dire che quando la maglia del controllo sul pentitismo si allenta i guai sono inevitabili. E che non serve, a cose fatte, gridare allo scandalo. Da diversi anni, San Giuseppe Jato, il paese dei Brusca alle porte di Palermo, è teatro di regolamenti di conti. San Giuseppe è «seconda» solo a Corleone, quanto a capacità dei mafiosi di ordire trame di morte, imbastire tragedie, seminare zizzania. La cattura dei Brusca e il clamoroso pentimento di Giovanni hanno lasciato campo libero ai rivali dei Brusca.

Balduccio Di Maggio, il collaboratore che sostiene di avere assistito al «bacio» fra Riina e Andreotti, per vecchissime faide paesane, è stato l'alter ego di Giovanni Brusca. Quando i due erano entrambi latitanti e liberi di scorrazzare per le campagne del paese, i colpi non mancarono da una parte e dall'altra. Di Maggio voleva uccidere Brusca. Brusca voleva uccidere Di Maggio. Il match fra i due duellanti venne interrotto – almeno così sembrò in un primo tempo – dall'arresto di Brusca.

Sennonché Di Maggio approfittò sia della sua favorevole condizione di pentito, sia della detenzione in isolamento del suo acerrimo rivale. In altre parole tornò più volte a San Giuseppe – da pentito – per riprendere i suoi «affari» e regolare i suoi conti con gli uomini che in passato erano stati legati proprio a Giovanni Brusca.

La storia andò avanti per almeno un anno. All'insaputa di tutti? All'insaputa di molti, questo è certo. Ma i delitti si moltiplicavano e nessuno riusciva a farsene una ragione. Brusca metteva in guardia gli investigatori. Ma gli investigatori erano convinti che a far parlare Brusca non fosse altro che il suo odio atavico per Balduccio Di Maggio.

Il 14 ottobre 1997, la svolta clamorosa. Al termine di stringenti interrogatori, durati quasi una settimana, la Procura di Palermo emise ordini di cattura per omicidio e favoreggiamento nei confronti di Balduccio Di Maggio. Analoghi provvedimenti, per detenzione di armi, quattro giorni dopo a carico di Santino Di Matteo (il padre del piccolo Giuseppe assassinato a quindici anni) e di Giuseppe Di Matteo padre di Santino, nonché di Gioacchino La Barbera. Componevano ormai un identico clan, quello dei pentiti tornati in servizio a San Giuseppe Jato ora che una certa stagione antimafia era definitivamente tramontata? «No» commentò Caselli «l'indagine ha portato ad escludere l'esistenza di un clan unico. Si sono scoperchiate le storie di due persone che però non si intrecciano: c'è la storia di Di Matteo, che ha avuto ucciso il figlio, e quella di La Barbera, a cui Cosa Nostra ha ucciso il padre, simulando il suicidio.»

Il fatto in sé era comunque scandaloso. Quei collaboratori – stranamente – riuscivano a fare il bello e cattivo tempo senza che nessuno si prendesse cura di loro. Tornavano in paese a loro piacimento. Minacciavano, taglieggiavano, ricattavano. Di Maggio arrivò a uccidere. E dire che quello è forse il paese italiano dove per ogni abitante si contano tre fra poliziotti, carabinieri, uomini dei più disparati servizi segreti...

L'arresto di Di Maggio sembrò un'occasione da non perdere per chi intendeva demolire il processo Andreotti. Il teorema era semplice: se il pentito del «bacio» è lo stesso che viene arrestato per omicidio, ciò significa che fu un madornale errore prestargli ascolto quando tirò in ballo uno degli uomini politici italiani più prestigiosi. Lui confermò ancora una volta la genuinità delle sue originarie dichiarazioni. Semmai emerse un grigio contesto che si era mosso dietro le quinte proprio nel tentativo di indurlo a ritrattare pubblicamente sul particolare del «bacio». Ancora oggi Di Maggio è detenuto ed espulso dal programma di protezione. Ma occorre prendere atto che, sul punto che riguarda Andreotti, non ha fatto né sconti né marce in dietro.

Il comandante del ROS «contro» un libro

Il 23 maggio del 1998, proprio per mettere insieme un catalogo dei dubbi, degli interrogativi, delle versioni ufficiali poco convincenti, insieme a Bolzoni, abbiamo pubblicato un libro: *C'era una volta la lotta alla mafia. Storie di patti e di ricatti* (Garzanti).

Quattro storie. Quattro spaccati di mafia e di antimafia. Quattro spicchi di un unico problema: la caduta di tensione dell'impegno antimafia ai massimi livelli istituzionali.

Storia numero 1: un fantasma si aggira per l'Italia (la storia, appunto, di Bernardo Provenzano); storia numero 2: il mistero del covo (la singolare cattura – cioè – di Totò Riina); storia numero 3: la mafia buona (quella che non spara più, o molto meno di una volta); storia numero 4: storie di patti e di ricatti (prendendo spunto dalla ormai famosa intervista di Gherardo Colombo al «Corriere della Sera»).

Filo conduttore delle quattro storie, l'ipotesi – non data per scontata – che Cosa Nostra stia continuando a trattare con pezzi delle istituzioni in vista del suo traghettamento al terzo millennio.

La cattura di Totò Riina e la prolungata libertà di Bernardo Provenzano possono essere collegate? Provenzano può essere diventato il garante della «pax mafiosa»? Perché i carabinieri del ROS guidati dal generale Mario Mori non entrarono mai nel «covo» di Totò Riina? Perché la magistratura palermitana rimase all'oscuro di tutto?

Ovviamente si trattava e si tratta di interrogativi pesanti. E che forse avrebbero meritato risposte pacate e documentate. Invece?

Grande successo di recensioni: da Giorgio Bocca a Corrado Stajano, da Corrado Augias ad Aldo Grasso e Antonio D'Orrico, per ricordare solo alcuni nomi. Silenzio di tomba, invece, dai

Palazzi romani. Pur chiamati in causa, il ministro degli interni dell'epoca, Giorgio Napolitano, il presidente della commissione antimafia, Ottaviano Del Turco, a non voler dire del presidente del consiglio Romano Prodi e del suo vice Walter Veltroni, non fecero sentire la loro voce...

Perché – e ce lo chiediamo ancora oggi – si cucirono la bocca? Siamo giunti alla conclusione che in quel libro, quasi inconsapevolmente, fossero finite più verità di quelle che gli stessi autori avevano voluto includervi. Attenzione: Napolitano e Del Turco rilasciarono una fiumana di interviste che si riferivano – senza mai nominarlo – proprio a quel libro. Interviste-carillon per ribadire che lo Stato non aveva mai avuto un profilo così alto nella lotta contro la mafia.

Prevalsero toni sdegnati, affermazioni apodittiche, qualche accusa di lesa maestà, e Pietro Folena, in quel momento responsabile DS per le questioni della giustizia, rivendicò ai microfoni di Andrea Vianello del GR1 e per gli ascoltatori di «Radio anch'io», che «io chiedo da anni che venga arrestato Provenzano». Insomma, tutti lo volevano arrestare, da Napolitano a Del Turco a Folena, ma nessuno se la sentiva di entrare nel merito degli interrogativi e delle contestazioni contenute in quel volume.

Essendo uno dei due autori, e avendo vissuto tutti i passaggi di quella vicenda, posso dire che se c'è un argomento in Italia sul quale non è lecito discutere a voce alta, avanzare critiche, discostarsi anche solo di qualche centimetro dal seminato ufficiale, questo è proprio il tema della mafia e delle terapie possibili per sconfiggerla.

Ora una distinzione va fatta. E ci permettiamo, ancora una volta, di «trasgredire». Un conto sono gli investigatori, i procuratori, quelli che di mestiere si occupano a tempo pieno di queste cose. Sono gli specialisti. I conoscitori per definizione. Gli uomini che raccolgono, parola per parola – a volte miliardi di parole –, le dichiarazioni di centinaia e centinaia di pentiti. Addetti ai lavori che meritano rispetto e che bisogna ascoltare. Che qualcuno di loro possa anche sbagliare, è umanamente comprensibile.

Un altro conto sono gli uomini politici che intervengono in questo dibattito sulla spinta dei fatti che possono finire in prima pagina. Quelli che io chiamerei i «posseduti dalla fregola della dichiarazione», i «tarantolati» del protagonismo.

Quelli che di primo mattino sentenziano sulle «quote latte», a mezzogiorno «su bipolarismo, maggioritario e proporzionale», all'ora del tè scoprono «la disumanità delle periferie delle grandi metropoli» e prima di andare a letto vorrebbero spiegarci che «la lotta alla mafia si fa con i piccoli passi e l'impegno straordinario delle forze dell'ordine». Il che è anche vero. Ma ci è consentito essere stufi di certi grilli parlanti che assomigliano sempre di più a saccenti di Stato che si sono autonominati esperti?

Oggi ci pare giunto il momento di dire che certi uomini politici – e non conta il «colore» di appartenenza – forse farebbero meglio a riflettere in silenzio riservandosi, semmai, di rilasciare qualche dichiarazione. Ma almeno nelle ventiquattro ore successive.

Il lettore vorrà scusare lo sfogo. Ma se ne sentono talmente tante su questa materia che verrebbe di dire che ogni volta sembra di tornare all'«anno zero».

Per chiudere su quel libro scritto insieme a Bolzoni: due mesi dopo la sua pubblicazione, il generale Mario Mori, all'epoca comandante del ROS (oggi non lo è più), ha presentato regolare querela presso la Procura di Roma. Si è sentito diffamato da una ricostruzione della cattura di Riina che a suo giudizio non corrisponde alla realtà dei fatti. Spetterà al giudice accertare i fatti.

L'alto comandante di un reparto speciale dei carabinieri «contro» un libro che reca in copertina non una, bensì due firme? È un fatto che non si era mai visto. Come non si era mai visto il silenzio imbarazzato dei «tarantolati» del protagonismo che, sul punto, sono rimasti stranamente zitti. E dire che una «dichiarazione» non si nega a nessuno...

Il Mattarella di Caccamo

Torniamo al punto di partenza di questo capitolo. Se a Palermo un silenzio delle armi così prolungato non si registrava dall'epopea dei Mille, a Caccamo – paese a cinquanta chilometri da Palermo – un delitto di mafia non si verificava da vent'anni. Ci dicono qualcosa questi due primati speculari anche se apparentemente capovolti? Ci dicono che Cosa Nostra non firma cambiali in bianco.

Il 9 ottobre del 1998, alle venti e trenta, un killer armato di fucile a pompa e a volto scoperto affronta Domenico Geraci che sta rientrando a casa, alla periferia del paese. Geraci cade colpito a morte in una pozza di sangue. Tenta di rialzarsi. Il killer gli esplode contro una seconda sventagliata di colpi. Uno dei figli della vittima, udendo i primi spari, si affaccia dal balcone. Assiste alla seconda sequenza dell'agguato. Lancia anche un vaso di fiori nel tentativo disperato di colpire il messaggero di morte. Il killer, compiuta la missione, sale sulla Fiat «Uno» dei complici e scappa indisturbato.

Lo shock è molto forte, sia a Caccamo che in tutt'Italia. Misteriosissime simbologie hanno voluto che il giorno dell'uccisione di Domenico Geraci, detto «Mico», fosse lo stesso della caduta del governo Prodi. Nel momento in cui l'Italia tornava a essere senza governo, Cosa Nostra rialzava il tiro in grande stile. Domenico Geraci, 44 anni, sindacalista della Uil allevatori, sposato e con due figli, apparteneva al Partito popolare per il quale era stato consigliere comunale a Caccamo. Sarebbe stato il prossimo candidato dell'Ulivo per la poltrona di primo cittadino. Qualche mese prima, Geraci aveva partecipato a un dibattito sulla mafia. Iniziativa insolita, in un paese come quello. Eppure, alla presenza di una cinquantina di paesani, di Giovanni Scaletta, direttore della Caritas diocesana di Palermo, di Beppe Lumia, deputato dell'Ulivo e componente della commissione antimafia, Geraci aveva pronunciato parole molto dure contro il piano regolatore (che si stava discutendo in quel periodo) affermando che era ispirato a interessi tutt'altro che limpidi.

Geraci non era di quelli che si improvvisano moralizzatori nell'arco di mezza giornata. Gli ultimi dieci anni della sua carriera politica, spesi sempre al servizio della collettività paesana, erano stati ripetutamente scanditi da avvertimenti e minacce. Lugubri mazzi di crisantemi ne aveva ricevuti parecchi. La macchina gliela avevano incendiata, come da copione. Ma perché rompere una tregua durata vent'anni?

Caccamo è uno di quei paesi che rappresentano il vero entroterra di Cosa Nostra: è il più vasto mandamento mafioso dell'intera provincia. A Caccamo tutti sanno che il «capo» di quel mandamento si chiama Nino Giuffrè – detto «manuzza» per una malformazione alla mano sinistra –, e che è latitante da parecchi anni. A Caccamo tutti sanno che Giuffrè è uno dei tanti luogotenenti di Bernardo Provenzano.

Geraci ha pagato con la vita il suo sostegno a un progetto riformatore. E l'aver ostacolato un piano regolatore «fatto su misura» per qualcuno, ha rappresentato un'aggravante. Infine, la decisione di candidarsi a sindaco per il centrosinistra, in un paese dove le prevenzioni «ideologiche» sono ancora fortissime, ha rappresentato per Cosa Nostra una sfida bella e buona. Ma un conto è la causale immediata del delitto, un conto è il significato più complessivo che assume il delitto stesso.

Ai funerali di Geraci, a Caccamo, partecipò, fra gli altri, Walter Veltroni. Denunciò che Cosa Nostra «tornava» a mettere a segno «delitti politico-mafiosi».

Già.

XXVII

C'ERA UNA VOLTA LA LOTTA ALLA MAFIA

L'aritmetica dell'antimafia

Fatta esclusione per il titolo, che ha risentito di aggiornamenti puramente cronologici, questo libro ha recato impresso il segno del «tempo» che trascorreva, soprattutto nel suo sottotitolo. Nel 1990: «La guerra che lo Stato non ha saputo vincere». Nel 1994: «La guerra che lo Stato può ancora vincere». Nel 1996: «Una guerra che non sarà infinita».

L'andamento eternamente altalenante della lotta alla mafia negli ultimi venti anni ha giustificato, almeno in qualche misura, questi continui cambiamenti. Scrivere sotto l'effetto delle emozioni provocate dalle stragi di Capaci o via D'Amelio non è la stessa cosa che riprendere il filo del discorso all'indomani della cattura di Riina dopo una trentina d'anni di latitanza. Cambia la prospettiva di chi scrive. Scrivere, dovendo prendere atto dell'ennesimo colpo inflitto da Cosa Nostra allo Stato è un conto, mettere in fila grandi successi repressivi e processuali produce, anche sul lettore, un altro «suono». E per anni, adoperando un eufemismo, potremmo dire che la guerra fra lo Stato e la mafia ha registrato alterne fortune.

Questo libro non è un libro di battaglia. Questo libro, anche nei momenti più cupi e più difficili, non ha mai voluto contenere proclami o requisitorie contro «qualcuno», fosse esso anche il mafioso più incallito. Chi lo ha scritto si è sempre riproposto di fornire una ricostruzione documentata e plausibile di una significativa tranche del tempo presente. Senza rinunciare al proprio punto di vista e senza nasconderlo al lettore. Questo rapporto di fiducia fra chi scrive e chi legge è forse la causa principale dell'evoluzione – davvero singolare – di questo testo. La causa – oseremmo dire – della sua «fortuna».

Una lunga premessa, ma necessaria, prima di formulare una raffica di interrogativi: com'è possibile che Cosa Nostra sia ancora un'organizzazione criminale segreta capace di funzionare, assicurando il ricambio sia dei suoi vertici sia dei suoi semplici affiliati? Come è concepibile che l'Italia sia entrata in Europa, che «globalizzazione» sia ormai una delle parole più ricorrenti, che si navighi in Internet, mentre la mafia, perverso intreccio di primitivismo e business, non mostra segni di volere entrare nella linea d'ombra?

Quando iniziarono i fatti che si raccontano in questo libro Falcone e Borsellino erano ancora vivi. George Bush era il presidente degli Stati Uniti. Michail Gorbaciov era alla guida dell'Unione delle Repubbliche Socialiste Sovietiche. Non navigavamo in Internet. Esistevano la DC, il PCI, il PSI, il PSDI, il PRI, il PLI... Mario Chiesa era un illustre sconosciuto, pochissimi italiani avevano sentito nominare il Pio Albergo Trivulzio, insomma «Mani Pulite» non era neanche in gestazione.

Ma allora: di quali armi segrete sono dotati questi ex braccianti analfabeti che riescono ancora a tenere in scacco una intera regione assumendo il ruolo del convitato di pietra in qualunque governo nazionale (a non voler aggiungere all'elenco «camorra» e «'ndrangheta», altrettanto sanguinarie e onnipresenti)? E quali armi sono mancate, o non sono sufficienti, allo Stato italiano per riuscire a imporre – davvero e dappertutto – la sua legge?

Sono quesiti che non possono essere elusi. Se questo non vuole essere un libro di battaglia, non vuole neanche essere un breviario per la buona notte. Non ci sembra infatti più credibile che ai cittadini italiani venga riproposto l'identico schema: al culmine di tante battaglie vinte, sarà la guerra a essere definitivamente conclusa. Poteva andare bene in passato, oggi non più. Tutti abbiamo il diritto-dovere di formulare questa domanda semplicissima, e tuttavia essenziale: quale è l'ostacolo da rimuovere affinché la partita sia definitivamente conclusa?

Non mancano le leggi. Non mancano i provvedimenti ad hoc. Non mancano poliziotti o carabinieri, finanzieri o appartenenti a quasi una dozzina di reparti speciali. Non mancano superstrutture. L'esercito c'è. Eppure è impantanato. E ci limitiamo qui solo all'aspetto repressivo e militare della faccenda.

All'indomani di qualche maxiretata, dopo la cattura di qualche latitante più pericoloso degli altri, mi sono sentito rivolgere spesso queste domande: «ma quanti sono questi mafiosi?»; «come si spiega che a ogni boss che finisce in manette ne subentra un altro pronto a prendere il suo posto?»; «la Sicilia non è l'Afghanistan. Se lo Stato volesse...».

Già: se lo Stato volesse... Tenendo ben presenti questi interrogativi, si è reso necessario il sottotitolo – «C'era una volta la lotta alla mafia» – che farà arricciare il naso a certi ottimisti di professione, certi cultori dello sdegno a go-go, certi politicanti specializzati nello slogan «non disturbate il manovratore».

È un sottotitolo che va spiegato pur sapendo che non c'è peggior sordo di chi non vuol sentire.

Sono sempre stato convinto che la lotta alla mafia non può essere considerata un problema aritmetico, banalmente quantitativo: «più» blitz, «più» latitanti arrestati, «più» mafiosi sotto inchiesta, «più» processi, non danno, come risultato finale, la sconfitta di Cosa Nostra. Sono i fatti a dimostrarcelo: non passa giorno dell'anno in cui, ognuno di noi, a casa propria, non possa apprendere dal «Televideo» la notizia di decine e decine di arresti nelle zone del sud Italia.

«C'era una volta la lotta alla mafia» non significa, ovviamente, che alcune migliaia di rappresentanti delle forze dell'ordine abbiano smesso di fare il loro mestiere. Il «c'era una volta» significa che una grande stagione di impegno collettivo è tramontata. È la «politica» italiana, in tutte le sue articolazioni, le sue sfaccettature, i suoi apparentamenti, la principale responsabile di questo diffuso e strisciante virus del «compromesso» che sta provocando guasti giganteschi.

Se la politica è l'arte del «compromesso», il «compromesso», trasferito sul piano della lotta alla mafia, diventa il tronco d'albero capace di far deragliare anche la locomotiva più potente. Conosco l'obiezione: chi ha parlato mai di «compromesso» con i mafiosi? Nessuno, nessuno. Infatti nessuno è talmente sciocco.

Ma quali risultati ottiene la polemica, costante e dura, degli uomini politici contro i magistrati di prima linea? Giancarlo Caselli è costretto – un giorno sì e uno no – a denunciare la cappa di piombo calata sull'argomento. Va avanti così almeno da tre anni. Il procuratore capo di Palermo trova regolarmente qualcuno, sul suo cammino, che si risente «perché Caselli ora sta esagerando». E trova regolarmente qualcuno pronto a esprimergli la sua «solidarietà». E dopo?

Usciamo dal generico con alcuni esempi concreti.

Il 1998 è stato il primo anno, quanto meno a memoria di chi scrive, in cui nel programma della Festa nazionale dell'Unità non è comparsa la parola «mafia». È grave. E non è casuale.

Giovanni Falcone fu invitato e partecipò alla Festa dell'Unità, nel 1990. Vi prese parte Antonino Caponnetto. Erano di casa, alle Feste dell'Unità, Leoluca Orlando e padre Ennio Pintacuda, quando volevano costruire una Palermo antimafiosa. Persino i sacerdoti, qualche volta, si fecero coraggio accorciando le distanze con un mondo che sentivano distante. Ai poliziotti e ai carabinieri più in gamba veniva sempre riservato un posto d'onore.

Come è noto le Feste dell'Unità durano almeno tre settimane. Ospitano convegni, dibattiti, conferenze, presentazioni di libri, a parte le attività ricreative e gli spettacoli musicali e teatrali.

Il programma delle Feste dell'Unità non è improvvisato. Corrisponde alla logica seguita dagli organizzatori per presentare al Paese l'immagine della sinistra e del PDS – oggi DS – in una determinata fase del confronto politico. Occorre precisare, per chi non lo sapesse, che il gruppo dirigente che organizza le feste non ha molto a che vedere con il gruppo che dirige il giornale «l'Unità».

A proposito. Dicono che «l'Unità» abbia smesso da tempo di essere «l'organo del partito». Ma allora, perché continuano a indire feste... «in nome dell'"Unità"»?

Il problema, per l'argomento che stiamo affrontando, rimane. Se nel programma del 1998 non c'era traccia né di mafia né di antimafia, e non sono stati invitati – anche qui è una «prima volta» a memoria di chi scrive – i magistrati e gli investigatori più conosciuti, ciò significa che si intendeva lanciare un segnale all'opinione pubblica.

Il «segnale» può essere riassunto così: l'emergenza è finita; non di sola «antimafia» vive il centrosinistra; l'immagine dell'Italia che entra in Europa non può essere sfregiata da una questione criminale secolare; la «normalità» deve diventare un valore assoluto; la «politica» deve tornare ad avere il suo primato, anche a costo di mettere il silenziatore alle tensioni sociali più acute.

Intenzioni nobili, nobilissime. Ma si da il caso che Cosa Nostra non sia stata sconfitta, non sia scomparsa, non si sia sciolta, non abbia consegnato le armi.

Due grandi novità nello scenario politico italiano degli ultimi anni: il governo di Romano Prodi e quello di Massimo D'Alema. Del governo Prodi è già consentito un bilancio.

Si può dire – senza timore di essere smentiti – che all'onorevole Prodi va riconosciuto il «primato» di non aver incluso il tema «mafia» nelle sue dichiarazioni programmatiche e d'avere preferito l'espressione «criminalità organizzata».

Dalle sue dichiarazioni programmatiche (22 maggio 1996): «Il Paese ha bisogno insieme di legalità, la massima legalità possibile, e di normalità»; «Il governo auspica che la magistratura possa sempre più svolgere la sua naturale e doverosa funzione di tutela della legalità intesa, correttamente, come una funzione ordinaria e normale». È un fuoco di artificio di aggettivazioni e avverbi: «naturale», «doverosa», «correttamente», «ordinaria», «normale». Calma ragazzi, sembrò dire in realtà il presidente del consiglio...

Più in generale, non ricordiamo che Prodi abbia compiuto gesti simbolici o lanciato «segnali» particolari che potessero essere interpretati a sostegno degli uomini impegnati in prima fila nelle trincee calde del Sud. Lanciò «segnali» quando era leader dell'Ulivo, questo sì: nel maggio del '95, quando venne in Sicilia a rendere omaggio alle vittime della mafia.

L'unica volta in cui il presidente del consiglio dell'epoca affrontò l'argomento in maniera diretta, commise una gaffe formale e sostanziale. Era l'agosto del '97. In un'intervista al «Welt am Sonntag», alla domanda se le accuse di associazione mafiosa rivolte a Giulio Andreotti potessero danneggiare l'immagine dell'Italia all'estero, il presidente del consiglio Prodi rispose così: «Non posso naturalmente esprimermi su un processo in corso, ma una cosa posso dirla: la vicenda mi ha tolto il sonno».

Al giornalista che gli chiedeva se poteva immaginare il «sette volte presidente del consiglio» che trescava con la mafia e ordinava delitti, Prodi rispose: «No. Un'ipotesi estrema come questa mi è difficile da immaginare». E meno male che non volle interferire in un «processo in corso»... Che – a volere essere pignoli – sono due: uno a Perugia, per omicidio, l'altro a Palermo, per mafia.

Con il governo D'Alema stiamo assistendo a una timida ripresa. Il neopresidente del consiglio ha toccato la questione nelle sue dichiarazioni programmatiche. E subito dopo l'elezione del nuovo esecutivo sono venuti in Sicilia, nell'ordine, il ministro del lavoro Antonio Bassolino, il ministro di grazia e giustizia Oliviero Diliberto, il ministro degli interni Rosa Russo Jervolino. Tutti hanno espresso «solidarietà» a Caselli.

La Jervolino, in particolare, si è detta «personalmente» disponibile a forme di riutilizzazione dell'esercito in Sicilia pur dovendo prendere atto dell'esistenza in Parlamento di una «maggioranza trasversale» che è contraria all'operazione «Vespri siciliani». Poi la situazione è precipitata: la feroce strage di Vittoria in provincia di Ragusa (cinque ragazzi assassinati nel bar annesso a un rifornimento di benzina, la sera del 2 gennaio 1999) ha provocato (all'inizio di febbraio) una visita in Sicilia di Massimo D'Alema, presidente del consiglio. La visita si è conclusa con l'annuncio che 500 militari verranno impiegati per la tutela della sicurezza nell'isola.

Ci si risveglia, dunque, dal «lungo sonno»? C'è da augurarselo.

Il lungo sonno e lo scudo romano

Il lungo sonno della sinistra c'è stato. Ed è durato esattamente dall'inizio del governo Prodi (fine maggio 1996) alla sua conclusione (9 ottobre 1998): Walter Veltroni vice premier, Giorgio Napolitano agli interni, e Giovanni Maria Flick alla giustizia. Non ci è possibile, per ragioni di spazio, riassumere dettagliatamente i ritardi, i silenzi, gli errori di prospettiva, le prese di posizione non condivisibili assunte da quel governo. E non certo per «malafede» o intese sottobanco con il nemico mafioso.

Discorso delicatissimo, quello sul governo Prodi e l'antimafia, che cercheremo di spiegare bene.

Intanto, alcuni risultati operativi non sono mancati. Ci limitiamo a ricordare l'arresto di Giovanni Brusca; l'arresto del boss Pietro Aglieri; l'arresto del boss Mariano Tullio Troia, che era assurto agli alti livelli di Cosa Nostra nel disinteresse generale; ma anche la cattura dei «pentiti» di San Giuseppe Jato; tutti argomenti trattati nel capitolo precedente.

A Palermo è diventato questore Antonio Manganelli, che proviene dalla buona scuola di Gianni De Gennaro, oggi vice capo della polizia e braccio destro di Fernando Masone. È stata ricostruita la Squadra Mobile, sotto la direzione di Guido Marino.

Questo per dire che le forze dell'ordine non sono mai rimaste con le mani in mano e si sono guadagnate ancora una volta lo stipendio. Se lo hanno potuto fare, ciò è dipeso anche, con ogni probabilità, da indicazioni e impegni «ministeriali» di una certa consistenza.

Ma ridurre l'intera problematica al problema degli arresti, equivarrebbe a veicolare una lettura retorica degli avvenimenti.

«Grande impegno delle forze dell'ordine»; «grande abnegazione e spirito di sacrificio»; «durissimi colpi inferti a Cosa Nostra»; la qualifica di «nuovo numero uno della mafia dopo Totò Riina» attribuita con eccessiva disinvoltura e generosità ai boss che via via finivano in manette: sono stati questi gli «spot» governativi più ricorrenti per zittire i dubbiosi e i critici di una stagione che si annunciava molto promettente.

A questo punto, gli interrogativi formulati all'inizio possono essere riassunti – sotto il profilo dell'impegno governativo e dello Stato – in questa unica domanda: è ancora il tempo di puntare a un ridimensionamento, sia pure consistente, del potere criminale, o, piuttosto, non ci sarebbero tutte le condizioni per infliggere a Cosa Nostra il colpo definitivo?

Il primo governo di centrosinistra ha esorcizzato questo interrogativo. Lo ha eluso. Non ha permesso che qualcuno lo formulasse apertamente. Si è creato uno «scudo romano» col compito di respingere eventuali sollecitazioni in questo senso. In parecchie occasioni, il ministro Napolitano si avvalse della collaudata metafora leninista del «bicchiere mezzo pieno» che solo inguaribili nichilisti e pessimisti riescono a vedere «mezzo vuoto».

E affinché non sembri gratuita la definizione di «scudo romano», basta un riferimento alle accanite prese di posizione contro i pentiti di Ottaviano Del Turco, presidente della commissione antimafia, che hanno fatto da contraltare urlato alle sottili e garbate metafore di Napolitano: «I pentiti non sono né santi né eroi», dichiarò Del Turco (Ansa, 8 febbraio 1997). Che bella scoperta.

Il fatto è che tutti condividono da tempo la necessità di colpire le frange militari di Cosa Nostra. Mentre appena si tratta di offrire risposte alte per quanto riguarda la normativa antimafia o – caso altrettanto ricorrente – si impone un incoraggiamento agli investigatori affinché – come si diceva una volta – non guardino in faccia nessuno, le grandi fondamenta della retorica e dell'«aritmetica» dell'antimafia si sbriciolano e può venire giù tutto.

Sotto il governo dell'Ulivo – lo ricordiamo – il Parlamento ha varato, in un clima di grandissima concordia, quell'articolo 513 che tempo dopo la Corte Costituzionale avrebbe faticosamente rimesso in discussione. E ora si tenta di introdurlo, d'imperio, nella carta costituzionale.

Sotto il governo dell'Ulivo, in un clima di grandissima concordia, Silvio Berlusconi ha pronunciato parole sprezzanti su magistrati e collaboratori di giustizia. La Politica non vuole fare i conti con la questione criminale. E poiché proprio il centrosinistra punta a un lento recupero della «normalità» nella vita del Paese, si è verificato il paradosso che il primo governo di centrosinistra si è negativamente contraddistinto persino nel rapporto con l'opinione pubblica. Non ricordiamo inviti alla mobilitazione antimafia che venissero dai Palazzi romani.

I processi sono diventati argomenti dello scontro politico. Questo sì. Prodi ha detto la sua, come ricordavamo, sul processo Andreotti, ma anche sul processo per l'uccisione di Marta Russo. Walter Veltroni ha atteso qualche giorno e, quando non era più al governo ma era diventato segretario del maggior partito della sinistra, ha trovato molto naturale far sapere che «ora il processo Sofri può essere riaperto». Come la pensano Berlusconi e Marcello Dell'Utri sui processi che li vedono in veste di imputati è cosa risaputa. Noi, non avendo alcun titolo, non ci sognamo di entrare nel merito di dibattimenti aperti.

Questi riferimenti li facciamo per sottolineare la stranezza di comportamenti di una classe politica che trova la sua maggiore compattezza all'insegna del «magistrati, fate silenzio». È quella stessa classe politica che non si accorge di quanto sia abnorme la sua condotta disinvolta rispetto a singoli processi con loro storie, propri imputati, propri giudici. Questi esponenti politici credono – evidentemente – di avere titolo per pronunciare personalissime sentenze di innocenza o colpevolezza. Direte: che c'entra con la lotta alla mafia? C'entra moltissimo.

Cosa Nostra ha sempre tenuto d'occhio gli orientamenti della politica in materia di giustizia. E ci sarà una ragione se la questione della giustizia è stata lasciata in eredità – irrisolta – dal governo Prodi al governo D'Alema. Ma noi non vogliamo avventurarci in quell'autentica casa degli orrori dove di solito conducono la dietrologia e le congetture che hanno alla loro base il presupposto che recita immancabilmente: «ma questa non può essere una coincidenza». E anche perché quando si imbocca la via della dietrologia si sa da dove si parte, ma non si sa dove si rischia di arrivare.

Ci limitiamo a prendere atto che:

1) Certe sentenze della Cassazione possono rivelarsi autentici colpi di spugna. Che senso ha pretendere – in caso di una modifica del collegio giudicante – che i testimoni vengano a ripetere in aula le loro dichiarazioni? In Italia, dove occorrono almeno una decina d'anni perché una sentenza passi in giudicato, diventa platonica la pretesa che i tribunali e le Corti d'Assise non registrino la sostituzione di un suo componente per trasferimento, malattia se non addirittura la scomparsa. Se ogni volta – come pare ritenga la Cassazione – si dovesse ricominciare il processo, la giustizia italiana sarebbe regolata da tempi molto più sesquipedali di quelli attuali. E analoga riflessione va fatta per un'altra sentenza di Cassazione: quella che ha stabilito che i processi per rapina aggravata o estorsione aggravata devono essere celebrati dalle Corti d'Assise e non più dai tribunali. In questo caso, per scadenza dei termini, solo a Palermo verrebbero rimessi in libertà oltre un centinaio di pericolosissimi estorsori.

2) Giancarlo Caselli diventa spesso l'autentica «emergenza nazionale». E quando diciamo Caselli intendiamo riferirci all'intera Procura di Palermo, ora che quella di Milano è stata fortemente bersagliata da «ispezioni mirate», «inchieste» giudiziarie e campagne «giornalistiche».

3) Quando la magistratura affonda la lama nei rapporti fra mafia e politica, tutta la Politica si chiude a riccio.

4) Non esiste più alcuna plausibile spiegazione per la durata di un fenomeno del quale, governi moderni ed efficienti dovrebbero venire a capo in tempi molto rapidi.

5) Il rifiuto da parte dell'opinione pubblica a occuparsi ancora di queste cose è il risultato di una sistematica opera di denigrazione che ha finito con il coinvolgere persino gli strumenti più adatti a fronteggiare il fenomeno. Valga soprattutto per i pentiti. Negli ultimi tempi si è seguita una linea mefistofelica: abbandonarli al loro destino, allentare la briglia, correre ai ripari quando le stalle erano ormai vuote. Non accadde questo, in buona sostanza, con i Di Maggio, i Di Matteo, i La Barbera? E a quel punto si sono aperte le cataratte contro i «collaboratori di giustizia». La gente è dunque sconcertata, e non vuole più saperne. Ci sembra molto «normale».

6) Guasti ne sono stati fatti tanti. E molti dei peggiori nemici, l'antimafia li ha avuti al suo interno. Ma non potrà mai esistere un'«antimafia» efficace, coerente, rigorosa, sin quando tutta la Politica non si doterà di «valori» assolutamente inconciliabili con gli interessi delle cosche.

7) Il 13 novembre del 1996, l'Ansa ha reso noto che : «è negativa la parola italiana più citata all'estero: "mafia"». Lo rilevava – si legge ancora nel dispaccio Ansa – un'indagine della «McCann Erickson» italiana che, esaminando tutte le citazioni riguardanti 14 argomenti italiani su 60 testate (dal «New York Times» al «País» a «Vogue») di sei Paesi stranieri (Usa, Gran Bretagna, Spagna, Svizzera, Germania e Francia) ha elaborato una sorta di «indice di immagine»... L'indagine era intitolata a *Nathan il Saggio*, l'opera teatrale di Lessing. E ci vuole davvero molta «saggezza» a rassegnarsi all'idea che la parola italiana più conosciuta all'estero sia quella che i governanti italiani pronunciano di meno.

Ci vuole – invece – molta «pazienza» per assistere indifferenti ad alcune operazioni di lifting a distanza di undici anni. Ci riferiamo a un curioso convegno indetto dalla «Fondazione Sciascia» a Racalmuto (Agrigento) – paese natio del grande scrittore siciliano – il 24 novembre 1998.

Di cosa si è discusso a Racalmuto?

«Corriere della Sera» (25 novembre 1998). Pagina 1: «Per Sciascia il giorno del riscatto. Nell'87, sul "Corriere", Sciascia accusava i "professionisti dell'antimafia", attirandosi critiche feroci. Ieri a Racalmuto, paese dello scrittore, il mea culpa degli avversari di allora. Tra questi, Lo Forte». Titolo nella prima di cultura: «Sciascia, il giorno del riscatto».

«La Stampa» (25 novembre 1998). Titolo nella seconda di cultura: «Sciascia, rivincita del provocatore».

«l'Unità» (25 novembre 1998). Pagina 8: «Sciascia, da "quaquaraquà" a moderno garantista». Il convegno di Racalmuto riabilita lo scrittore siciliano: «Fu un anticipatore».

«Giornale di Sicilia» (25 novembre 1998). Pagina 8: «Sciascia e i professionisti dell'antimafia. Dall'aspra polemica alla riabilitazione».

Il piccolo panorama dei titoli può dare un'idea. Si vede che quel giorno è passata una «linea»: i detrattori di Sciascia avevano recitato il mea culpa; Sciascia era stato «riabilitato», si era «riscattato», si era presa una «rivincita», era diventato il «moderno garantista». Andando a leggere sui giornali le cronache di quel convegno, colpivano le «assenze», più che le «presenze».

Non figuravano fra i presenti al convegno: Giampaolo Pansa, Corrado Stajano, Giorgio Bocca, Nando Dalla Chiesa, per ricordare solo alcune delle personalità che all'epoca dissentirono apertamente con le tesi dello scrittore siciliano contenute in quel lontano articolo intitolato ai «professionisti dell'antimafia». Ma è solo un aspetto marginale.

Bisogna, infatti, essere davvero digiuni di letture sciasciane per pretendere che uno come lui sia sottoposto a un «processo di revisione». Francamente non ho mai pensato che Leonardo Sciascia abbia bisogno di una «riabilitazione». E che poi

a «riabilitarlo» – com'è accaduto a Racalmuto, per un'imperscrutabile regia degli organizzatori – fosse qualche sopravvissuto del «coordinamento antimafia», è circostanza che provoca
sconcerto.

Da che cosa deve essere «riabilitato» lo scrittore del *Giorno
della civetta*, del *Consiglio d'Egitto*, o del *Contesto*? Cosa avrebbe
da farsi perdonare? Di essere stato persona intelligente e colta
in una regione zeppa di avvoltoi pronti a saltare su qualsiasi
zattera?

Leonardo Sciascia resta Leonardo Sciascia, con buona pace
dei convegni e di chi li organizza su misura. A Racalmuto non
c'era uno – dico uno – dei protagonisti della polemiche di allora contro quell'articolo di Sciascia, protagonisti con i quali lo
scrittore siciliano non si sottrasse mai alla discussione. Persino
Guido Lo Forte, attuale procuratore aggiunto a Palermo, all'e-
poca dei fatti era uno dei tanti sostituti procuratori e non poteva avere i titoli – allora – per polemizzare con Sciascia su questione tanto delicata.

Comunque i fatti – quelli veri – restano. Rimane che Paolo
Borsellino e Sciascia si incontrarono, tempo dopo quella polemica. Fra loro nacque un'amicizia. E fu Borsellino a raccontarmi proprio i retroscena di quel «chiarimento» in una intera pagina dell'«Unità», pubblicata il 13 agosto 1991. Dunque in
tempi «non sospetti».

Conviene riproporne oggi ampi stralci? Forse sì.

L'intervista dimenticata

Lo andai a trovare a Carini, dove aveva affittato una villa sul
mare per trascorrere l'estate insieme alla famiglia rimanendo a
due passi da Palermo e Marsala, località decisive per il suo impegno antimafia in quegli anni ormai lontani. Faceva molto caldo, ma la nostra lunga conversazione si prolungò per l'intero
pomeriggio alleviata dal fresco regalatoci da una macchia di
verde dove Borsellino aveva piazzato due sedie a sdraio.

Gli chiesi se considerava l'attacco di Sciascia un attacco alla
sua persona.

Sorseggiò una spremuta d'arancia con ghiaccio prima di rispondere secco: «No. Non attaccava me. Mi citava come esempio di magistrati che facendo antimafia facevano carriera. Poi Sciascia, rimeditando sulla faccenda, convenne sul fatto che in magistratura con l'antimafia non aveva mai fatto carriera nessuno. Né tantomeno l'avevo fatta io. Sono estremamente convinto della sua buona fede, e del fatto che lui abbia rimeditato arrivando ad altre conclusioni, anche perché fu lui a dirmelo personalmente in un paio di incontri che abbiamo avuto e in un paio di lettere che poi mi ha scritto».

Gli feci notare che di questi incontri e di questo scambio epistolare nessuno sapeva nulla. E gli chiesi di rivelarne di più.

Borsellino: «Ero stato appena nominato procuratore a Marsala. E gli incontri avvennero uno a Gibellina, l'altro a Marsala. Era il gennaio 1988, un anno dopo la pubblicazione dell'articolo [*sul «Corriere della Sera», N.d.A.*]. Gibellina: fu in occasione del ventennale del terremoto del Belice. Incontro casuale: Sciascia era relatore ufficiale in quella manifestazione. Che c'entravo io? Gibellina era nella giurisdizione del tribunale di Marsala. Ed è chiaro che intervenni come «autorità». Sciascia in quell'occasione, lui, di sua iniziativa, mi ha avvicinato e mi ha detto...

Gli chiesi se già si conoscessero...

Borsellino: «Mai visti. Ci conoscevamo nel senso che io sapevo benissimo chi era Sciascia. Ci siamo incontrati... e Sciascia iniziò un discorso riferendosi a questo suo articolo sul "Corriere della Sera": e mi disse che era stato travisato, strumentalizzato in malafede da molti, mentre in realtà lui aveva inteso dire tutt'altro; e che non aveva assolutamente inteso indicarmi come esempio di professionista dell'antimafia. Aveva inteso indicare, invece, il Consiglio superiore della magistratura come esempio di autorità amministrativa che non aveva il coraggio di darsi certe regole e di decidere in conformità alle stesse. Ricordo che lui insisteva che il CSM si era data la regola dell'anzianità per gli incarichi direttivi. Non osava cambiarla perché questo disturbava il corporativismo diffuso fra i magistrati, e per riuscire a nominare in determinati posti taluni che non corrispondevano a questo "modello di regola", faceva i salti mortali. Mentre invece sarebbe stato più onesto che il CSM avesse avuto il coraggio di cambiare le regole.

«In sostanza, la posizione di Sciascia era questa: se voi rite-nete che il criterio dell'anzianità non è un criterio valido, e che vi può portare a compiere scelte sbagliate, cambiatele queste maledette regole, abbiate il coraggio di cambiarle... A Gibelli-na, fu uno scambio di battute, in mezzo alla gente. Cosa risposi a Sciascia? Quello che dico ora: su questa osservazione di Scia-scia, su questa mancanza di coraggio, o di capacità, del CSM di darsi nuove regole in materia e di agire in conformità, concor-do perfettamente».

Ma lei – insistetti – oggi è procuratore a Marsala...

E Borsellino: «So bene che la mia nomina fu motivata ar-rampicandosi sugli specchi. Naturalmente non ritenni allora, né ritengo adesso, che Sciascia nel suo articolo originario aves-se voluto dir questo... Confesso che non gliel feci rilevare: io ebbi l'impressione che Sciascia, nel dirmi quello che mi disse, fosse profondamente imbarazzato nei miei confronti anche se mi parlava sinceramente riferendomi quella che era la sua opi-nione in quel momento del nostro incontro. A mio parere per-ché lui sapeva che nell'articolo originario del "Corriere" aveva detto cose diverse. Bisogna riconoscere a tutti il diritto di cam-biare opinione.

«Comunque questi concetti me li ribadì, ripetendo che ce l'aveva con il CSM, a Marsala, e in presenza del collega Alca-mo... A Marsala, infatti, il nostro non fu un incontro a due, fu un incontro a tre. Ci incontrammo io, Sciascia e il collega Alca-mo, cioè lo stesso che avevo scavalcato con la mia promozione. Beh, non fu un pranzo organizzato: anche per l'occasione fum-mo invitati per presenziare alle manifestazioni promosse dal-l'Ente Teatro Mediterraneo. Il collega Alcamo, contrariamente a quanto molti possono pensare, ha avuto con me sempre rap-porti che definire ottimali è poco: la polemica non ha lasciato nessuno strascico. Quando io venni nominato procuratore ca-po, lui, a Marsala, era giudice, così per un paio d'anni lavoram-mo insieme, nei rispettivi ruoli.

«Anche durante quel pranzo Sciascia ribadì la sua tesi che il CSM da un lato non sapeva rinunciare a certe sue regole, dal-l'altro aveva fatto salti mortali per lasciare fisse quelle regole, pur nominando me che ero meno anziano. In quell'occasione volle ribadire che con i suoi articoli aveva inteso criticare pesantemente quelli che con l'antimafia facevano politica. In seguito avemmo anche uno scambio epistolare. Due lettere che conservo ancora...».

Le lettere non riguardavano la polemica, ma Borsellino me ne parlò a riprova di rapporti che nel tempo si erano consolidati. Come si vede, già a soli due anni di distanza, i due principali protagonisti del «caso» avevano avuto modo di confrontarsi apertamente pervenendo a un chiarimento.

Ce ne ricorderemo di questo mondo

Venne sempre fatta una distinzione – anche undici anni fa – tra il contenuto di quell'articolo di Sciascia e la «lettura strumentale» che ne diedero ben individuati ambienti cittadini. Il problema era molto serio.

Gli imputati del maxiprocesso erano tutti sciasciani. Vito Ciancimino era sciasciano. Salvo Lima era sciasciano. Nino Salvo era sciasciano. Ignazio Salvo era sciasciano. Si potrebbe continuare. Significa che Sciascia, allora, avesse torto? O fosse mafioso?

Significa solo che, in quel particolarissimo momento, una legittima preoccupazione di Sciascia fu stravolta *ad usum delphini*. Aveva ragione Sciascia quando diceva che Borsellino aveva fatto carriera? Con il senno di poi ci sentiremmo di rispondere negativamente. Aveva ragione Sciascia quando chiamava in causa Orlando per la stessa ragione? Forse è ancora presto per rispondere.

Ma ricordo perfettamente ciò che mi dissero un giorno sia Falcone che Borsellino: «Quando eravamo giovani, prima di diventare magistrati, la mafia abbiamo imparato a conoscerla proprio sui libri di Leonardo Sciascia».

Sono trascorsi tanti anni da allora. La casa editrice Adelphi ha ripubblicato nel 1994 un saggio che riletto oggi verrebbe da definire «perfetto»: *L'affaire Moro*. Contiene una diagnosi autenticamente impietosa del comportamento della politica italiana durante il sequestro Moro. Ma Sciascia, per chi non lo ricordasse, era stato anche quello che durante la cupa stagione del terrorismo aveva teorizzato «né con lo Stato né con le BR».

Avrebbe senso riaprire oggi quella stagione all'insegna della «riabilitazione» per le posizioni assunte dallo scrittore sulla vicenda del terrorismo? Giriamo la domanda agli appassionati. È probabile, prima o poi, che qualche convegno si farà carico anche di questa fatica.

Intanto, sono passati oltre vent'anni. Che fanno il doppio di undici. E comunque, fra gli invitati, ci sarebbero anche i sostenitori del «fronte della fermezza». Quei pochi che sono rimasti vivi. E quei pochi, fra i sopravvissuti, che nel frattempo non hanno cambiato opinione.

In Sicilia, invece, c'era fretta, molta fretta, di riscrivere, se non la storia, almeno le cronache dei giornali.

Perché? Forse perché – ma è risposta a caldo, sull'onda di uno sdegno – gli ipergarantisti-anni duemila hanno bisogno di stampelle teoriche che diano fiato al minimalismo di certe argomentazioni. Ripescare Sciascia, allora. Prefabbricare l'abiura dei suoi detrattori di un tempo. E scagliare ancora lo scrittore siciliano nell'agone odierno della difficilissima questione giustizia.

Più che di riabilitazioni, Leonardo Sciascia avrebbe bisogno di essere lasciato in pace.

Sulla sua lapide volle inciso: «Ce ne ricorderemo di questo mondo». Ma il fatto è che un certo mondo non riesce a dimenticarsi di lui, convinto com'è di esserne l'autentico – e unico – interprete.

XXVIII

IL SECOLO SCORSO

I buchi della memoria

Con una battuta facile potrei dire che la lotta alla mafia risale al secolo scorso. Che aggiungere ormai? Che pensare? Quali «letture» offrire degli ultimi sviluppi di una storia che affonda le sue radici in un passato davvero molto lontano? A volte solo la letteratura può darci una mano ad orientarci. Ci sentiamo, in questo 2000 che se non chiude un millennio segna comunque l'azzeramento definitivo di un'intera epoca, un po' come Winston Smith, il protagonista di *1984* di George Orwell.

Sentite: «Tutto si confondeva in una nebbia. Il passato era cancellato, la cancellatura era stata dimenticata, e la menzogna era diventata verità». E ancora: «Identiche fessure si aprivano a migliaia, anzi a decine di migliaia, per tutto l'edificio, e non soltanto in ogni stanza ma anche, a brevi intervalli, in ogni corridoio. Per non si sa quale ragione erano stati soprannominati "buchi della memoria". Quando si sapeva che un certo documento doveva distruggersi, ovvero anche soltanto quando si vedeva un qualsiasi pezzo di carta inservibile abbandonato per terra, si procedeva all'azione automatica di sollevare lo sportello del più vicino buco della memoria e di buttarcelo dentro: di lì sarebbe stato rapito per mezzo d'una corrente d'aria calda e condotto ai forni che dovevano essere nascosti in qualche parte, nei sotterranei dell'edificio».

Una corrente d'aria calda. Una corrente d'aria calda che manda al macero pezzi di memoria. Inquietante descrizione, ma di raggelante efficacia. E già che ci siamo ridiamo la parola a Orwell: «La libertà consiste nella libertà di dire che due più due fanno quattro. Se è concessa questa libertà, ne seguono tutte le altre... Alla fine il Partito avrebbe proclamato che due e due fanno cinque, e si sarebbe dovuto crederlo». Tralasciamo la tentazione della letteratura, e andiamo al sodo.

Non avremmo mai pensato che saremmo giunti a questo punto nella lotta contro la mafia. In pochissimi anni tutti gli scenari di riferimento sono stati stravolti. Ciò che sino a qualche tempo fa veniva percepito come rischio possibile, ormai si è affermato con solare evidenza. Tutte le ipotesi più peregrine, le suggestioni fantapolitiche, le futurologie apparentemente strampalate, impallidiscono al cospetto di quanto è accaduto. Ammetterete che non sono mancati i colpi di scena.

Chi rivaluta Giulio Andreotti. E chi rivaluta Bettino Craxi. Accostamento faziosissimo, lo sappiamo: il primo è stato assolto, il secondo condannato. Il primo si è sottoposto per sette anni al suo processo. E lo ha vinto. Il secondo aveva cambiato aria, e molti dei suoi processi aveva cominciato a perderli. Quanto a Silvio Berlusconi si è sempre assolto da solo, non scappa all'estero, processa puntigliosamente i processi che si sognerebbero di processarlo.

Chi chiede la commissione sul caso Mitrokhin. E chi la concede. Chi chiede la commissione di indagine su Tangentopoli. E chi è pronto a concederla. E chi non si accontenta.

Chi – come Cossiga – vorrebbe licenziare in tronco Caselli, che ora dirige il dipartimento dell'amministrazione penitenziaria. Chi vorrebbe licenziare Scarpinato che, insieme a Lo Forte e Natoli, sostenne l'accusa contro Andreotti. Chi vorrebbe sapere quanto è costato agli italiani il processo del secolo, ma se gli proponi – come ha fatto il nuovo procuratore di Palermo Pietro Grasso in un'intervista alla «Stampa» e durante l'inaugurazione dell'anno giudiziario nel capoluogo siciliano – di ridurre a uno i due gradi del giudizio, ti risponde che non se ne parla e dimentica che un attimo prima voleva «risparmiare» il danaro pubblico. Chi finge di non sentire l'accorato appello del procuratore generale di Palermo, Vincenzo Rovello, quando parla di una «Caporetto» della giustizia italiana. E chi invece si scandalizza per l'eccessiva presenza dei magistrati in Parlamento, dimenticando il detto del Vangelo: «scagli la prima pietra» chi non ha mai fatto profferte ai magistrati affinché entrassero in lista (la propria). Chi tace sul fatto che la presenza degli avvocati nel Parlamento italiano è almeno doppia di quella dei magistrati, e dimentica che spesso, in commissione per le autorizzazioni a procedere, è capitato di vedere l'avvocato votare a favore del suo cliente. E nessuno ha mai fatto una piega.

Chi si offende se parli male della DC e vorrebbe rifondarla ora che Andreotti è stato assolto. Buoni e onesti. Chi in Italia non è mai stato comunista, ma ci tiene a ribadire che il Partito Comunista non fu mai sorpreso con le mani nella marmellata di Tangentopoli. Onesti e nuovi di zecca.

Chi periodicamente torna a Racalmuto, dove nacque Leonardo Sciascia, per fare a brandelli qualche altra pagina dello scrittore che se oggi fosse ancora vivo forse farebbe incidere sulla sua lapide: «di questo mondo cercheremo di dimenticarcene in fretta».

Chi vuole utilizzare la Storia per decifrare il presente, non rendendosi conto che la Storia, bene che vada, può «aiutarci a capire il presente» che dobbiamo comunque essere noi a governare. Chi vuole riscrivere la Storia nel tentativo di rendere leggermente meno indigesto il presente. Chi vuole correre a capofitto verso il futuro tagliando tutti i ponti con il passato, convinto che, in fondo, il presente, essendo sapientemente manipolabile, non esiste.

Modestissima domanda: chi sono i «saggi» ai quali ci si riferisce liturgicamente quando si tratta di ipotizzare commissioni parlamentari e di studio e di inchiesta e di regolamenti di conti su questo o quell'argomento della vita nazionale? Si è «saggi» con o senza una storia personale alle spalle?

Escono valanghe di libri sugli orrori del comunismo. Escono valanghe di libri sull'«oro» di Mosca. Ci si dimentica dell'oro di Dongo, che passò da un bottino all'altro. E ci si dimentica dell'oro di «Odessa», quello strappato dai nazisti agli ebrei, che faceva parte di un'altra contabilità. Evidentemente ci sono «cadaveri» e «tesori» che ci inseguono mostrando una vitalità inaspettata.

Vecchie glorie del comunismo italiano, che in gioventù teorizzavano «d'alleanza della classi popolari con la piccola mafia per combattere la grande mafia», oggi restano folgorate dall'attuale commissione antimafia, come se Del Turco potesse essere ricordato dalla Storia.

Chi dice ai vignettisti «vade retro», ma di solito l'esorcista non chiede tre miliardi di danni all'anticristo. Chi dice al vignettista «vada avanti», ma lui resta seduto, perché contro i potenti di turno non ha mai scritto una sola parola che non fosse men che lusinghiera.

Chi tiene d'occhio lo *share*. Chi tiene d'occhio il collegio. Chi tiene d'occhio il conto corrente. Chi tiene d'occhio il casellario giudiziario.

Si spostano trasmissioni televisive se «domani si vota». Si possono spostare gli appuntamenti elettorali «se ieri a qualcuno è arrivato un avviso di garanzia». Ci si lamenta perché la magistratura non è indipendente dalla politica. E ci si lamenta quando gli atti della magistratura «cadono» in un momento politico «particolare». Geniale.

Ci sono giudici «buoni» e giudici «cattivi». Ci sono giudici che «fanno onore» alla magistratura. E ci sono giudici «vergogna» della magistratura. Ma se c'è una cosa che agli italiani provoca nausea per intero, questa è la politica. Tra poco, a votare, ci andranno solo gli stacanovisti della «partecipazione democratica».

Non se la passano meglio i giornali. In questo momento, in Italia, si vendono giornalmente sei milioni e mezzo di copie. Esattamente quelle che si vendevano a metà degli anni '50. E ci sono sei milioni di italiani che navigano in Internet. Nell'ipotetica arca di Noè verso il terzo millennio, gli italiani hanno messo in salvo – lo dicono i sondaggi – cellulari, radio e personal computer. Si sono dimenticati la matita per andare a votare? Sembrerebbe di sì.

Recentemente è morta Nilde Jotti, che apparteneva a un'altra specie di politici. Walter Veltroni ha detto che «anche le stelle più belle cadono». Eugenio Scalfari, prima della morte di Nilde Jotti, ha scritto più o meno così: «italiani, navigate pure in Internet, ma non dimenticatevi di guardare le stelle». Il fatto è che qui sembra venire giù tutto. Persino la navicella Usa mandata su Marte – e che è «ammartata» come da programma, perché «è giusto dire così», come ci ha spiegato un Tg della sera – è rimasta muta. Doveva comunicare con noi terrestri, ma evidentemente saranno stati i marziani a sottoporla a stringente interrogatorio nel tentativo di orientarsi su quanto accade dalle nostre parti. Neanche la Nasa riesce più a guardare le stelle. Come possiamo concederci questo lusso noi piccolissimi cittadini?

Apriamo gli occhi. Non avete anche voi l'impressione che la «memoria» in Italia sia ormai colpita a morte? Di fronte alle «riabilitazioni» e alle «crocifissioni» mediatiche che vanno di moda di questi tempi, ricaschiamo nel gioco della letteratura. Ancora da *1984*: «La Storia era un palinsesto grattato fino a non recare nessuna traccia della scrittura antica e quindi riscritto tante volte quante si sarebbe reso necessario. In nessun caso sarebbe stato possibile, una volta che il fatto era stato commesso, provare che aveva avuto luogo una qualche falsificazione».

Non ci dice niente – lo ha acutamente notato lo storico Mario Isnenghi, nel suo recente libro *La tragedia necessaria* (Il Mulino) – che la parola «Riconciliazione è diventata un'invocazione quasi corale, nella seconda metà degli anni Novanta. La ripetono presidenti delle Camere e opinionisti.»?

Le baruffe chiozzotte

C'è Ernesto Galli della Loggia che con background goldoniano spiega che il problema odierno dell'Italia sta nel conflitto irrisolto fra «esagitati», presenti trasversalmente in ogni partito, e «sereni», presenti trasversalmente in ogni partito. E anche nelle *Baruffe chiozzotte* di Goldoni c'è Toffolo che vuol dare querela a tutti, e il povero Isidoro, giudice della cancelleria criminale, che vorrebbe risolvere la contesa e poi è costretto a dare forfait per l'eccessiva litigiosità delle parti in causa. Da Chioggia a Montecitorio, insomma, ma la baruffa non accenna a placarsi.

Quando una minestra è indigesta se ne rendono conto anche i palati grossolani. La buona politica può essere distinta dalla cattiva e dalla pessima politica, già dall'aspetto. E mai, come in questi anni, la cattiva politica ha scacciato la buona politica, e la politica ha avuto un aspetto tanto repellente per milioni e milioni di italiani.

Ricordate cosa dicevano gli uomini politici negli anni di Tangentopoli? «La magistratura deve fare un passo indietro, la politica deve fare un passo avanti»; «la magistratura sta riempiendo spazi impropri, spazi lasciati vuoti dalla politica»; «il governo del Paese non può essere lasciato ai magistrati». Poi venne la lenta agonia di Tangentopoli.

Se qualcuno si desse pena di sfogliare la collezione dei giornali scoprirebbe che mai funerale fu più annunciato. Ogni sei mesi c'era un titolo che suonava così: «Addio a Mani Pulite». E certi commentatori, che di quell'opera di becchinaggio virtuale furono gli antesignani (nessuna offesa, per carità: «becchino»: «epiteto spregevole per chi fa finire o affossa qualcosa», dal *Dizionario italiano ragionato* di Giacomo D'Anna), furono i primi a partecipare ai funerali scrivendo versi frementi di sdegno contro chi aveva mandato a morte «Mani Pulite»; incoerenze funerarie. Recriminare non serve.

Possiamo solo prendere atto che oggi, con «Mani Pulite» finalmente zittita, con l'«antimafia» costretta a giocare quotidianamente in difesa, la politica ha finalmente fatto il suo passo in avanti. Con i risultati che conosciamo. Con lo spettacolo che conosciamo.

Si è scatenata una campagna maramaldica per il rientro di Craxi in Italia. Per un paio di settimane televisioni e giornali non parlarono d'altro. Tutto cominciò con un articolo de «l'Unità» (agosto '99) per affermare che Craxi è sempre stato dotato del profilo dell'uomo di Stato che non potrà essere cancellato dalle inchieste di Tangentopoli. E mesi dopo, il giornale fondato da Antonio Gramsci, rivendicò «a questo giornale» il merito di avere riaperto una *querelle* di tanto alto profilo.

Dovette intervenire il capo dello Stato, Carlo Azeglio Ciampi, per ricordare sommessamente che a un latitante, seppur gravemente ammalato, nessuno può cancellare le condanne passate in giudicato.

E la politica italiana, quella che finalmente riempie gli «spazi vuoti», non poteva arrivarci da sola evitando di scomodare il presidente della Repubblica?

A Craxi, a cui tutto si può rimproverare tranne di non aver conosciuto i suoi paesani, va riconosciuto il merito di avere tagliato corto: «da Tunisi non mi muovo, mi faccio operare dai tunisini». Immaginiamoci quali conflitti di competenze – politiche, giudiziarie, ospedaliere – sarebbero scoppiati se lui fosse tornato in Italia...

Il goffo funerale di Stato fu l'epilogo di una storia italica raccontata magistralmente da Bernardo Valli. Altra storia – e che merita il massimo rispetto – il dolore della famiglia Craxi espresso nella toccante intervista televisiva della collega Rosanna Santoro (per «Porta a porta») a Stefania, la figlia dell'uomo politico morto in Tunisia.

Sul «dossier Mitrokhin» c'è poco da dire. Prima bisognerebbe capire se è un merito o una vergogna esserci finiti dentro. Sul «Corriere della Sera», su «Repubblica», su «l'Unità», sull'«Espresso», ma forse l'elenco potrebbe essere più lungo, abbiamo potuto leggere: «io, agente del KGB al servizio di

Mosca». Tutti finiti dentro per caso, tutti «agenti inconsapevoli», che sarà certamente verissimo – e sarebbe stupido dubitarne –; ma allora, altra modestissima domanda: perché si è nominata addirittura una commissione d'inchiesta? Non ci risulta che anche uno solo dei sospettati, su qualche centinaio di persone, abbia detto di se stesso: «Sì. Ero una spia russa. E me ne vanto». Oppure: «Sì. Ero una spia russa. E me ne vergogno». Indagate, indagate, qualche «agente russo» resterà...

In questo momento, in Italia, il conflitto fra maggioranza e opposizione si è talmente inasprito da dare l'impressione che la strada maestra per la sua soluzione sia offerta solo dalla «guerra della carta bollata». I quattro dirigenti DS che intentarono la causa civile per risarcimento danni contro Berlusconi non ci stavano a essere considerati «mandanti» delle Procure italiane. Richiesta legittima. Ma è un caso – clamoroso e per tanti versi inedito – di pesantissima commistione fra il piano delle relazioni politiche e quello della dialettica processuale.

La circostanza infatti che la politica, ora che dice di avere recuperato gli spazi precedentemente occupati in «maniera impropria» dalla magistratura, debba autoinvitarsi nella aule di giustizia per pretendere giustizia proprio dai giudici ha del paradossale. Ma allora serve ancora a qualcosa la magistratura nel nostro Paese?

A ben vedere la «guerra della carta bollata» ci segnala qualcosa di molto più drammaticamente serio: la sconfitta della politica quando pecca – come avrebbero detto gli antichi greci – di *hybris*, di arroganza cioè.

L'appetito vien mangiando

Di amnistie, sanatorie o colpi di spugna per cancellare i reati di Tangentopoli, si cominciò a parlare ai tempi del ministro Conso (allora, per carità, solo una «via d'uscita»), quando non c'era ancora il governo Berlusconi. Era il 1993. «Mani Pulite» aveva appena un anno di vita...

È sufficiente questo esempio per dimostrare quanto siano antiche le ragioni dell'attuale *hybris*. E quanto sia stata sfacciata e insolente la pretesa dei nostri politici di chiudere con una guerra – ammesso che tale sia stata «Mani Pulite» – che, per il suo scopo dichiarato di estirpare la mala pianta della corruzione pubblica in Italia, avrebbe dovuto avvalersi di ben altre proroghe e ben altri consensi. Detta in parole poverissime: ciò che accade oggi non è che il frutto marcio di anni e anni di falsificazioni e strumentalizzazioni propagandistiche che non hanno risparmiato nessuno.

L'impunità della politica. È questo il tema vero, autentico quanto nascosto e non dichiarato, che muove la stragrande maggioranza dei parlamentari italiani. A impunità, possono far seguito intoccabilità e inamovibilità: la politica delle tre «I». E ognuno, a casa propria, può fare un test sullo stato di salute della politica italiana.

Provate per un paio di settimane a vedere scorrere le immagini dei Tg Rai dopo avere tolto l'audio. La cosiddetta parte politica del telegiornale si identifica con una galleria di facce in ordine di importanza politica decrescente. Sempre le stesse. Facce impunite, intoccabili, inamovibili, appunto. Un paio di facce fanno capo da poltrone con spalliera e braccioli giganteschi. Un altro paio – ma qui siamo già nei talk shaw – sono incorniciate da «finestre» che sovrastano lo studio televisivo. Sono i rari casi in cui gli *anchormen* Mosè sono costretti a guardare «in alto», verso il Verbo, verso l'Assoluto.

Sono i rari casi in cui il «minutaggio» Rai può concedersi il lusso di sforare nell'eternità (lo vedremo Cossiga, prima o poi, che si slaccia le scarpe e si infila le pantofole, che si mette la vestaglia e si aggiusta la papalina per la notte, mentre in studio, il Mosè di turno, gli augurerà con voce tremante: «buona notte presidente..., si riguardi e attento ai colpi di freddo»; e che vette di *share*, l'indomani, c'è da scommetterci). Totale austerità, invece, sui Tg Mediaset: una sola faccia, sempre la stessa.

Non dobbiamo lasciarci distrarre dal rutilante carnevale della politica italiana. Il peccato di arroganza – riprendendo il filo – sta tutto nelle pretesa che la politica sia talmente sovrana da imporre i suoi diktat su tutto. E a tutti. Guardate quante cose strane si sono verificate sotto i nostri occhi.

Si è inserita nella Costituzione la modifica denominata del «giusto processo». A cinquant'anni dall'entrata in vigore della carta costituzionale, non è che non mancassero gli articoli da modificare. Sarebbe stato sufficiente un lieve ritocco al primo articolo che avrebbe potuto suonare così: «la Repubblica italiana "non" è una Repubblica fondata sul lavoro». E nessuno avrebbe avuto nulla da ridire. Invece è sembrato a tutti – visto che la unanimità sul «giusto processo» è risultata schiacciante – che fosse proprio la questione della giustizia la prima da regolarizzare a colpi di alzata di mano.

Comunque sia, l'indomani, tutti quelli che avevano votato a favore, si sono precipitati a dichiarare ai Tg: «il voto di ieri non significa che le riforme istituzionali siano più vicine». E a strettissimo giro di posta è arrivata in Senato l'approvazione delle norme «antipentiti» che rappresentano una torsione di trecentosessanta gradi rispetto alla linea perseguita dai giudici del «pool antimafia» di Palermo. Anche in quel caso totale unanimità fra le forze politiche.

Sul resto, si può litigare all'infinito. Ma «giusto processo» e «antipentitismo» sono diventati la prima, e per il momento unica, regola di convivenza moderna fra la maggioranza e l'opposizione. Anche se, a volere essere pignoli, va ricordato che analoghe vette idilliache vengono raggiunte quando la Camera deve votare contro l'arresto di qualcuno dei suoi sodali.

Ho voluto incorniciare l'aggiornamento di questo libro sulla mafia nel contesto che più le è proprio: quello politico. E mi rendo conto che la cornice è troppo grande per il nulla che contiene. Ormai non dovrebbero più esserci dubbi sul fatto che non c'è davvero nulla di casuale nel definitivo abbandono della lotta alla mafia nel nostro Paese. Il pragmatismo dilagante non intende più investire in campi che rischiano di non essere più di immediata remuneratività.

Buscetta? Chi era costui?

Con una mafia che non spara si può convivere, e si convive. Se la mafia non disturba il manovratore, perché il manovratore dovrebbe disturbare il passeggero quand'anche fosse mafioso? Semplice. Normale. E regolare.

Ho intitolato la mia recente intervista a Tommaso Buscetta, *La mafia ha vinto* (Mondadori). Ero andato in America, nel luglio del 1999, a trovare il primo grande pentito di Cosa Nostra: il vecchio patriarca che quindici anni fa mandò in frantumi il totem dell'omertà. Come vedeva questi ultimi scampoli di secolo il boss che aveva messo per la prima volta lo Stato italiano in condizione di acciuffare cinquecento mafiosi in una volta sola? Che ne pensava dell'interminabile *querelle* italica sulla giustizia? Quale futuro immaginava per Cosa Nostra alla vigilia del terzo millennio?

Ebbi modo di conoscere un Buscetta tanto amareggiato quanto lucidissimo. Vive con la moglie Cristina Guimaires che gli sta accanto da oltre venticinque anni. Ormai è gravemente ammalato e non mi sembra che abbia ricevuto particolari trattamenti di favore dal nostro Paese. In fondo, se non ci fosse stato Buscetta, tutti i mafiosi sarebbero ancora in libertà. Neanche gli americani si sono svenati se è vero che lui, ancora oggi, è privo di un passaporto statunitense. Ma le disavventure non lo hanno piegato. È un Buscetta che avendo creduto sino in fondo nella volontà dello Stato di voltare pagina, non è oggi disposto ad accettare questi tempi bui.

Mentre lo intervistavo non potevo prevedere che di lì a qualche mese sarebbe stato indicato come «l'antiandreotti» per eccellenza, anche perché lui stesso, durante i nostri colloqui, non lasciò mai intendere che un'eventuale sentenza di condanna dell'uomo politico avrebbe comportato la modifica del suo giudizio sull'attuale stato della lotta alla mafia.

A questo proposito va ricordato che quando Buscetta riferì ai giudici quanto gli aveva riferito il boss Badalamenti sull'uccisione del giornalista Pecorelli, la Procura di Palermo aveva già avanzato alla commissione del Senato per le autorizzazioni a procedere la sua richiesta di processare Andreotti. E che quella richiesta fu sostenuta dalle dichiarazioni di una decina di pentiti: Buscetta non aveva ancora reso le sue dichiarazioni. Fu dunque buon ultimo – e nel libro ne spiega le ragioni – quando si decise a pronunciare il nome tabù.

Ciò non toglie che Buscetta sia stato considerato il solitario responsabile del «processo ingiusto» al sette volte presidente del Consiglio. «Buscetta è stato smentito» fu la grossolana mistificazione di molti giornali.

Freddezza e silenzio istituzionale accolsero il libro-intervista destinato a rimanere – per le amarissime e documentate affermazioni del primo pentito di Cosa Nostra – il canto del cigno di una stagione che in molti avevano creduto potesse avere un esito diverso. Due le obiezioni più ricorrenti. La prima: ma a Buscetta chi dà l'autorevolezza del commentatore? La seconda: il titolo del libro è sbagliato, o almeno provocatorio. Mi siano consentite due piccolissime precisazioni.

Tommaso Buscetta è stato indicato per anni quale esempio da seguire per tutti quei mafiosi che avrebbero dovuto scoprire la sincera volontà dello Stato italiano di combattere e sconfiggere Cosa Nostra. E chi non lo ricorda? Forse solo chi, all'epoca, riteneva più utile spendere il suo tempo politico nella seconda e nella terza fila craxiana, piuttosto che nella comprensione del fenomeno mafioso. Nel suo campo Tommaso Buscetta, al cospetto di certi onorevoli italiani, è un autentico statista.

Oggi Buscetta ci lancia un fortissimo allarme. E perché non dovremmo stare a sentirlo? Perché quello che dice non è più musica per le nostre orecchie, come quando diceva addio a Cosa Nostra? Perché i manovratori di turno non vogliono più essere disturbati? Siano seri.

Se hanno argomenti contestino il contenuto dell'analisi di Buscetta. Se in una materia come questa diamo la stura al gioco della «titolarità» – lo ripetiamo – scopriremmo presto che tanti antimafiosi di fresca nomina dovrebbero andare a fare corsi da uno come Buscetta.

La seconda precisazione. Dire che la «mafia ha vinto» significa solo dire che la mafia ha vinto in questa fase. Il che non significa che sia invincibile per definizione. Il che non significa che, solo volendolo, la rotta non potrebbe essere invertita. Ci si chiederà: ma come?

Tornando innanzitutto ad ascoltare gli addetti ai lavori. Tornando al compito primario della giustizia che è quello di impegnarsi per il recupero della legalità sull'intero territorio nazionale. Mentre lo scrivo, e lo ripeto, mi rendo conto che di utopie si può anche morire, come di crepacuore.

Ma dovremmo forse rassegnarci all'idea che in Italia mafia, malaffare, malcostume politico, siano destinati a restare una costante fissa della vita quotidiana?

Stiamo attraversando uno dei momenti più bui nella lotta contro la mafia. Potremmo ricordare l'ecstasy.

Potremmo ricordare la kossovizzazione dell'Adriatico. Potremmo ricordare le truppe contrabbandiere che affrontano all'arma bianca, e su quattro ruote, le truppe governative. Potremmo, in una parola, ricordare il Sud Italia. Ma anche se quel titolo è sbagliato, quale avrebbe dovuto essere il titolo giusto: «L'Italia ha sconfitto la mafia»; «La mafia non c'è più»; «La mafia sul viale del tramonto»?

Dicevo prima delle norme «antipentiti». Il legislatore – chiamiamolo così – sa benissimo che oggi, con queste norme, il maxi processo alla mafia, che si tenne a metà degli anni '80, non potrebbe più essere celebrato. Sa benissimo che non potrebbe neanche essere provata l'esistenza della *cupola* mafiosa. Sa benissimo che Giovanni Falcone e Paolo Borsellino, con simili norme in vigore, si troverebbero disoccupati. Ma il legislatore tira avanti per la sua strada.

Molti boss feroci sono stati assicurati alla giustizia. E se per loro fossero valse in processo le norme che stanno per diventare legge, oggi sarebbero tutti in libertà. I boss, intanto, si allenano nell'aula bunker dell'Ucciardone a Palermo. Furono loro, il 4 gennaio – a 2000 appena iniziato – a farsi sentire per primi. Capi del calibro di Michele Greco e Pippo Calò, Leoluca Bagarella o Pietro Aglieri, chiesero di potere accedere al rito abbreviato perché avrebbe garantito loro una condanna a un massimo di trent'anni, e non avrebbero rischiato più l'ergastolo. Questo è parlar chiaro. L'indomani (5 gennaio 2000) si volle correre ai ripari con un decreto legge governativo: le nuove norme sul «giusto processo» non potranno essere applicate nei processi che sono già in fase dibattimentale. I vecchi boss dovranno rassegnarsi a stare dentro «ingiustamente»?

Come per Tangentopoli, anche in Mafiopoli si raccolgono i frutti marci di falsificazioni e strumentalizzazioni che vengono da lontano. Prima è stata scatenata una campagna forsennata contro il pentitismo. Poi si sono regolati i conti con quei magistrati che avevano osato salire qualche scalino della piramide delle complicità politiche e istituzionali di Cosa Nostra. E il cerchio si è chiuso.

Nessuno, ad esempio, ha mai detto – ma il tempo sarà galantuomo – che certi pentiti avevano licenza di ritorno in Sicilia, pur essendo sotto protezione, perché era in corso una guerra di apparati che doveva culminare nell'annientamento della Procura diretta da Caselli. Per la verità, l'unico che ha avuto il coraggio di dirlo è stato Giovanni Brusca. Ma si può credere a chi fece uccidere un bambino di quindici anni? E così le mistificazioni hanno finito col prevalere.

Il caso del «pentito Di Maggio» è da manuale. È il caso più

eclatante di «pentito» che sfugge al controllo degli apprendisti stregoni. Sfugge al controllo? O viene mandato in avanscoperta? Tornato a San Giuseppe Jato, commette un delitto, altri ne prepara. È Caselli a disporne l'arresto. È Caselli a chiederne l'espulsione definitiva dal programma. Grandi titoli, grandi prime pagine.

Eppure quando Di Maggio, due anni dopo, raccontò in processo le cose che aveva già raccontato ai magistrati di Palermo, nuovi titoloni e nuove prime pagine. Come se la «notizia» fosse esplosa quel giorno per la prima volta.

Con una piccolissima omissione: nessuno ricordava più che proprio a causa di quei reati, ora confessati in dibattimento, Di Maggio già da due anni era in galera e di quel programma di protezione non faceva più parte.

Questo non è stato un caso isolato. È stata stravolta la figura stessa del «collaboratore di giustizia». Si è finto di non capire che un «collaboratore» quanti più reati ha commesso tanto più ha da svelare alla giustizia. Quanto più è stato importante il suo peso nella gerarchia criminale, tanto maggiore è il peso delle sue rivelazioni.

Il disegno di legge Flick-Napolitano è fermo da quasi due anni in Parlamento. Mentre la campagna antipentiti non ha mai smesso di infuriare. Dimenticanza della classe politica? Suvvia. Quello era un provvedimento che mirava a intervenire sulla materia delle concessioni premiali ai pentiti, modificando tutte le storture di gestione che si erano indubbiamente riscontrate dopo anni di applicazione dei vecchi regolamenti. Ma che aveva il merito di non mettere in discussione il ruolo del «collaboratore di giustizia» in quanto tale.

Come trascorsero i due anni? In un estenuante braccio di ferro fra maggioranza e opposizione.

Con quest'ultima che dichiarava la sua disponibilità ad accettare il testo Flick-Napolitano, ma a condizione che venisse modificato l'articolo 192, quello che riconosceva alle deposizioni incrociate dei pentiti il valore di «prova». Questa è stata, per anni, la partita in gioco. Una partita che la maggioranza ha perduto e l'opposizione ha vinto. Almeno per ora.

Ma perché la ricostruzione degli eventi sia esatta, va ricordato che in mezzo ci sta la conclusione del cosiddetto «processo del secolo», quello a Giulio Andreotti, appunto.

Non c'è molto da dire. Giulio Andreotti prima è stato assolto a Perugia dall'accusa di avere ordinato l'omicidio del giornalista Pecorelli (24 settembre 1999), e poi è stato assolto a Palermo dall'accusa di un rapporto organico con Cosa Nostra (23 ottobre 1999). Di una sentenza si può solo prendere atto. Due sentenze chiudono ogni discussione.

La duplice assoluzione venne salutata dai boatos degli andreottiani e dal silenzio tombale degli antiandreottiani. Ho l'impressione che i boatos abbiano finito con l'infastidire lo stesso Andreotti. Chi non voleva un processo «politico» al sette volte presidente del Consiglio, il giorno della sua assoluzione, cambiò la parte in commedia pretendendo risarcimenti «politici» in nome della vecchia DC. Certi uomini politici siciliani (e non solo), che per anni costruirono la loro fortuna sul «dagli ad Andreotti», il giorno della sua assoluzione si misero la coda in mezzo alle gambe e declinarono l'invito a partecipare alle dirette televisive.

Nessuno ricordò che quel processo fu autorizzato dal Senato che – evidentemente – ritenne tutt'altro che persecutorie le richieste della Procura di Palermo diretta da Caselli. Ordinaria amministrazione. Circo dell'informazione. Ma il fatto è che oggi, dopo quelle assoluzioni, solo uno scriteriato potrebbe osare ancora sull'esistenza di rapporti fra «mafia e politica», «mafia e istituzioni». E dire che in Italia c'è un buon numero di scriteriati (mi includo nel gruppo) convinti che il rapporto «mafia-politica» sia qualcosa di più che un'invenzione cinematografica, giornalistica e persecutoria. Se ne potrà mai tornare a parlare, sapendo che per due volte Andreotti è stato assolto?

Altra domanda: e se le motivazioni della sentenza di Palermo non fossero un complimento per il sette volte presidente del Consiglio? La Procura si appellerà contro la sentenza di assoluzione? E chi se ne importa. In Italia di regola assolviamo i condannati, figurarsi se può venirci in mente di stigmatizzare i comportamenti degli assolti.

Viene assolto padre Mario Frittitta, il parroco della Kalsa che frequentava Pietro Aglieri e gli diceva messa a domicilio: «per avere commesso il fatto nell'esercizio di un diritto». Qualche pesce piccolo di mafia finisce pur sempre nella rete. Qualche traffico di droga viene pur sempre sventato. Qualche delitto di mafia viene pur sempre commesso. Qualche disgraziato viene pur sempre condannato. Qualche mega boss resta pur sempre latitante.

Ecco perché «la mafia ha vinto». Perché ha prevalso la «normalità». Perché ha prevalso la «rimozione» del passato, anche quello molto recente. I momenti più alti nella lotta alla mafia sono stati quelli che vedevano la «politica» dei faccendieri sconfitta dalla politica delle grandi idealità, dalla politica dei grandi valori nei quali si riconoscevano milioni di italiani.

Andare oggi alla ricerca di grandi idealità e grandi valori nella «politica» italiana significa pretendere che a qualcuno stia davvero a cuore la lotta alla mafia.

Di fronte alla volgarità e alla truculenza di certi commenti all'indomani della sentenza Andreotti, Antonio Ingroia, sostituto procuratore a Palermo, rivolse un appello accorato: «donne e uomini di questo Paese, se ci siete, battete un colpo». L'appello venne raccolto, a Firenze, da Antonino Caponnetto. L'anziano magistrato, che aveva guidato il pool di Falcone e Borsellino, si fece promotore di un «vertice sulla legalità» che vide la partecipazione, fra gli altri, di Caselli, Gherardo Colombo, Vigna, Dario Fo e Franca Rame.

Per cinque ore di fila, centinaia di fiorentini ascoltarono con attenzione e simpatia gli esponenti di quello che sembrava un «governo dell'antimafia» ormai in esilio. L'impressione è questa.

Le parole di Ciampi

Torno spesso al palazzo di giustizia di Palermo. Si respira un'aria da 8 settembre prolungato. L'esercito antimafia è da tempo allo sbando. I giudici di prima linea restano barricati nelle loro stanze. Molti di loro hanno fatto domanda di trasferimento. Ma si immergono ancora – quasi un riflesso condizionato di altre stagioni – in montagne di carte. Avvertono – e lo dicono – un fortissimo senso di impotenza. Per i ragazzi delle scorte non è cambiato nulla: attendono ancora ore e ore che la persona da «tutelare» esca dal bunker. Vengono celebrati stancamente tantissimi processi d'appello. Imputati e avvocati non nascondono di avere ormai le ore contate in vista della futura assoluzione. I giornalisti locali che frequentano il palazzo di giustizia di Palermo sono diventati una rarità. Gli inviati della «grande stampa» e della televisione da tempo non abitano più qui. E questa non è un'impressione, è una constatazione.

Ma perché il quadro sia aggiornato merita di essere ricordata la visita del capo dello Stato, Carlo Azeglio Ciampi, in Sicilia (dal 12 al 14 gennaio 2000). Dal raccoglimento di fronte alla sede che ricorda tutti i caduti di mafia alla commemorazione di Piersanti Mattarella, dall'incontro con i deputati dell'Assemblea regionale siciliana alla visita, nel quartiere di Brancaccio, della scuola media intitolata a «don» Pino Puglisi, Ciampi ha ribadito due concetti essenziali: «La mafia non vincerà», e «La lotta alla mafia, senza compromessi, deve tornare al primo posto della battaglia politica». Parole coraggiose, visti i tempi. È toccato ancora una volta a Ciampi, dopo il caso Craxi, pronunciarle. Parafrasando Brecht, potremmo dire: sventurato quel Paese dove a dire cose sensate (in tema di lotta alla mafia) è rimasto solo il presidente della Repubblica.

Infine, appena due mesi dopo, la Commissione ministeriale per i collaboratori di giustizia, presieduta dal sottosegretario Massimo Brutti, ha riconosciuto lo status di «collaboratore» a Giovanni Brusca, definito ormai attendibile dalle tre Procure di Palermo, Firenze, Caltanissetta. Ci sono voluti quattro anni.

Adesso, in molti sperano che questo forte «segnale» istituzionale venga raccolto da altri irriducibili di Cosa Nostra che potrebbero decidere di fare il gran salto. Ma proprio le violente polemiche all'indomani della soluzione del «caso Brusca» dimostrano che in Italia sono anche in molti a temere che il «pessimo esempio» possa essere seguito.

XXIX

CORRISPONDENZE E INTERVISTE

Avvertenza

Ci sembra utile riproporre alcune corrispondenze e interviste che possono aiutare il lettore nell'approfondimento delle vicende più delicate che si sono verificate fra il 1996 e il 1998. Abbiamo scelto alcune «giornate» emblematiche di questa storia infinita: quella del confronto, a Padova, fra Buscetta e Andreotti; quella, a Palermo, della condanna di Bruno Contrada; quella del primo interrogatorio, sempre a Palermo, di Marcello Dell'Utri; quella della sentenza, a Caltanissetta, per la strage di via D'Amelio. Ma anche, in tempi più recenti: quella della sentenza, a Caltanissetta, per la strage di Capaci; quella dell'arresto del pentito Balduccio Di Maggio; quella, a Firenze, della deposizione di Giovanni Brusca sulla trattativa Cosa Nostra-Stato. Infine, il lettore troverà anche la richiesta di rinvio a giudizio per mafia di Corrado Carnevale e tre interviste: a Tommaso Buscetta, a Giovanni Tinebra, procuratore di Caltanissetta, a Giuseppe Cipriani, sindaco di Corleone. A conclusione di ogni «pezzo» è indicata la data di pubblicazione su «l'Unità», giornale per il quale abbiamo lavorato.

Undici articoli: ci auguriamo che diano l'idea di quanto sia complicata – e lontana dalla conclusione – questa partita.

Il senatore di fronte al pentito

Ci sono due grandi «statisti», in aula. Uno, si chiama Buscetta. L'altro, Andreotti. Dialogano fra capi di Stato. A distanza, ma dialogano. Entrambi vanno al sodo. Curano i particolari, solo quando è necessario. Uno parla e l'altro tace. Uno parla e l'altro ascolta. Uno parla e l'altro prende appunti, con il capo chino, con il pennarello blu, su un block-notes a righe larghe, molto larghe. Uno risponde, ricorda, tiene a precisare, si informa prima di rispondere, non risponde quando non conosce l'argomento. Talmente «composto» nella sua deposizione, che solo in rarissimi casi il presidente Francesco Ingargiola lo interrompe. Andreotti muove impercettibilmente le sopracciglia, si morsica il labbro, tamburella con le dita, flette leggermente una gamba, accarezza il borsone di cuoio. L'altro, Buscetta, parla con lo sguardo fisso di fronte a sé, non sapendo cosa accade alle sue spalle, potendo solo immaginare il terremoto interiore provocato dalle sue parole. Uno, Andreotti, vede uomini di spalle, schiene, manichini immobili, sagome che nascondono la sagoma, le spalle, la schiena di un altro manichino immobile. Fra i due statisti, infatti, c'è lo Stato.

Uno Stato che un po' per convinzione, un po' per caso, molto per inerzia, e con un vagone di sensi di colpa, ha deciso di andare a vedere le carte di questi due giocatori incalliti, sopravvissuti a giochi grandissimi, a quei giochi — diceva Falcone — che quando si fanno troppo grandi si concludono inesorabilmente con la morte di uomini che risultano essere troppo piccoli, seppure grandissimi. Cos'è lo Stato italiano visto nell'aula bunker di Padova?

Lo Stato è quel paravento che divide Buscetta dal resto dell'aula, dal «pubblico». È quel séparé bianco sporco, da pronto soccorso, secondo l'espressione più leziosa di qualcuno. Ma uno Stato può essere soltanto un paravento? Sì e no. Sì, quando è necessario coprire l'identità di un mega testimone, mettere al riparo la sua faccia da possibili vendette, proteggere il primo piano di un uomo che da solo sta dando una spinta poderosa nella comprensione di mezzo secolo di storia.

Dice Buscetta: «Mi hanno sterminato figli, fratelli, generi e cognati, e nessuno di loro era *uomo d'onore*. Hanno cominciato ad ammazzarmeli quando ancora non ero pentito... Ancora oggi non so darmene una spiegazione». No, quando quel paravento diventa solo una larva, diventa una foglia di fico rispetto al circo dei media, quando in trasparenza si vede la silhouette di chi si vorrebbe nascondere. È stato Buscetta, ieri, ad apertura d'udienza, a strappare il sipario, rompendo l'incantesimo: «Signor presidente, dopo quella sventurata crociera di quest'estate, il mio volto purtroppo è ormai arcinoto, e quel paravento non è più necessario...». Andreotti non gradisce: «Non credo che lo abbia fatto per affrontarmi a viso aperto. Glielo hanno suggerito. E lui è molto bravo. Del resto ha cambiato identità dieci volte... E quando uno deve recitare una parte...». Vietate, comunque, le riprese. Ma ciò che conta, in Buscetta, non è più la «faccia».

Sono infatti le parole, ormai, a *identificarlo*; piuttosto che il suo viso largo e un po' appesantito, l'inappuntabile blazer blu, giacca a tre bottoni dorati, camicia celeste, cravatta regimental, foulard bianco e mocassini neri con piccola fibbia. Elegante come al solito, «don» Masino, in questa giornata dedicata al titanico sforzo di rappresentare uno Stato che non c'è più, e di farlo alla presenza del massimo rappresentante dell'altro Stato che non c'è più. Due statisti che dialogano fra loro, Buscetta e Andreotti. Certo. Ma anche due superstiti, due sopravvissuti, saliti insieme sulla stessa «arca di Noè», due creature venute da due mondi intercambiabili, come dice l'accusa? A suo tempo, lo sapremo. Si tengono insieme, i due protagonisti. E in questo si avverte un clima da «arca di Noè»: Buscetta e Andreotti, sia pure facendosi paladini di due versioni diametralmente opposte, evocano lo stesso mondo che non c'è più. Versioni diametralmente opposte sui grandi capitoli della storia italiana almeno negli ultimi trent'anni.

Il tentativo di golpe di Junio Valerio Borghese. Con Buscetta che racconta della strana pretesa del "principe nero": «Chiedeva l'elenco degli *uomini d'onore* che in Sicilia avrebbero partecipato, oppure che gli *uomini d'onore* si mettessero un bracciale verde sulla manica della giacca. I mafiosi dovevano tranquillizzare l'opinione pubblica siciliana facendo capire di essere d'accordo con il colpo di stato. Ma non se ne fece nulla perché i capi di Cosa Nostra dissero che non gli interessava». Che racconta di come Natale, uno dei Rimi, i mafiosi di Alcamo, andò a rubare le armi in una caserma romana. E di come proprio la liberazione del padre e dello zio del giovane, condannati all'ergastolo, fosse una delle contropartite richieste dalla mafia per la sua partecipazione. O il delitto Moro. Con Buscetta che racconta di trattative segrete fra Cosa Nostra e potere politico romano al fine di individuare al più presto il covo in cui era tenuto nascosto lo statista DC: «Il mio ruolo è stato semplice. Mi è stato chiesto da due fonti, una mafiosa e una della malavita milanese, se mi potevo interessare a scopo umanitario per farlo liberare...». Poi il contrordine: «Pippo Calò mi disse che una parte della DC non voleva Moro vivo». E soprattutto parla di quei «documenti» con i testi degli interrogatori nella prigione br e che non vennero mai ritrovati.

O l'uccisione del giornalista Mino Pecorelli. Con Buscetta che racconta come il giornalista andò incontro ai suoi killer: «Dissi a Bontade: ma che c'entriamo noi con l'omicidio di questo Pecorelli? E Bontade: lo abbiamo fatto su richiesta dei cugini Salvo su richiesta di Andreotti. Lo abbiamo fatto perché questo giornalista provocava grandi disturbi mettendo a repentaglio la vita politica di Andreotti». O l'omicidio di Roberto Calvi e la vicenda Sindona. Su Calvi: «Non ho notizie personali. Ma Badalamenti, in Brasile, leggendo un giornale mi disse che il mio *figlioccio*, Pippo Calò, era coinvolto fino al collo». Su Sindona: «Non lo conobbi personalmente... ma seppi che era venuto nel '79 in Sicilia... per incontrare Bontade e Inzerillo e convincerli a fare un colpo di stato successivo a quello del principe Borghese, ma la *commissione* di Cosa Nostra disse di no, e allora non ci furono altri rapporti di Cosa Nostra con Sindona...». È andato avanti così per sei ore, Buscetta.

Raccontando delle sue latitanze e di quando dirigeva di fatto il carcere dell'Ucciardone a Palermo, con «grandissima stima» del suo direttore. O raccontando di fatti e misfatti della guerra di mafia. O dei Salvo e di Cosa Nostra americana. Non cercate le «novità» in questa deposizione. Le verità — in senso stretto — sono un paio. Giudizio netto, nettissimo su Dalla Chiesa: «Non prese alcun provvedimento talmente significativo da giustificare che Cosa Nostra lo volesse morto». Ergo — sembra sottintendere — il mandante autentico della strage non è mandante di mafia. O ancora l'ambiguo ruolo del capitano dei carabinieri Ninni Russo, a sua volta ucciso dalla mafia: «Era nella massoniera. Del golpe Borghese sapeva tutto. E in quel piano gli avevano affidato il compito di arrestare il prefetto di Palermo...».

Molti dicono: Buscetta si esprime male. È vero. Non si contano gli strafalcioni, gli errori di grammatica, le concordanze improvvisate. Anche se si vede che è migliorato tantissimo rispetto agli anni lontani del primo grande «maxi processo». Per dire che aveva rapporti quotidiani con una certa realtà dice: «Avevo rapporti diari»... A volte appare ingenuo: «Il mio faro era Falcone», e lo ripete spesso. A volte pittoresco: «Nei processi in America si risponde alle domande: se il procuratore Dick Martin ha fatto un erutto si dice che ha fatto un erutto. Non ci sono giri di parole...». Perché i Salvo chiamavano Andreotti «lo zio»? Lapidario: «Per ometterne il nome, per rispetto, anche parlando fra loro». Buscetta è uno degli ultimi grandi capi di un'organizzazione criminale segreta con alle spalle secoli di storia. I suoi affiliati si sono sempre espressi attraverso i silenzi, gli sguardi, la capacità di mantenere i segreti. Se qualcosa non andava per il giusto verso la parola passava alle armi. È da lì che viene l'uomo che ieri ha preso la parola nell'algida aula bunker del supercarcere di Padova. Sta parlando una «lingua nuova», totalmente sconosciuta anche a lui stesso. Sta dando voce a ciò che resta di un'organizzazione che del linguaggio non ha mai saputo che farsene. Ecco una delle tante «rivoluzioni» messe a segno da «don» Masino. E in certi momenti non capisci più chi stia davvero facendo sentire la sua voce: lui, Buscetta, ormai si colloca nella genealogia dei *migliori* dello Stato italiano che a un certo punto decisero di affrontare la mafia a viso aperto.

A modo suo, ha ragione: «La potenza di Andreotti era tale che se avessi fatto il suo nome dall'inizio — questa è la sua versione — io sarei stato ridicolizzato, e Falcone lo avrebbero trasferito, ammesso che avesse continuato a fare il giudice». Anche Andreotti, ieri, ha parlato tantissimo. Ma ha dovuto aspettare che l'altro finisse. Sono due «lingue» ormai inconciliabili, le loro. Ma quei due «mondi» appaiono impastati fra loro in modo impressionante. Buscetta, questo, lo ha fatto toccare con mano.

(10 gennaio 1996)

Cosa passa per quella testa? Quali atroci certezze? L'atroce certezza del ladro d'auto tenuto poi all'oscuro del fatto che quell'auto sarebbe stata imbottita di tritolo? O l'atroce certezza di chi è costretto a barattare la fine dei suoi giorni in galera con la vita dei suoi familiari? O l'atroce certezza di chi, non essendo *uomo d'onore*, sa che di quell'ergastolo non potrà mai farsene una ragione? Cosa passa per la testa di Giuseppe Orofino mentre la sbatte con violenza due, tre, quattro volte, contro vetri blindati duri come l'acciaio? Il mondo gli è crollato addosso alle 12 e 30 del 27 gennaio 1996, quasi quattro anni dopo l'Apocalisse di via D'Amelio. Fanno in tempo a tirarlo fuori dalla gabbia. Ma non si può spegnere la sua voce. Il suo grido disperato che gli prorompe da dentro. È quasi una litania «La vita m'arrubbasti... la vita m'arrubbasti... la vita m'arrubbasti... la vita mia...».

La Grande Tragedia esplode così. Al termine di una lettura di sentenza pesante come un macigno. Lettura velocissima, una decina di minuti. Ergastolo per Giuseppe Orofino. Ergastolo per Pietro Scotto. Ergastolo per Salvatore Profeta. 18 anni, ma uscirà subito dal carcere, per Vincenzo Scarantino, il pentito unico e solo di questo processo. Tutti interdetti dai pubblici uffici. Condannati a 270 milioni di spese processuali. Decaduti dalla «patria potestà».

La Grande Tragedia esplode in un'aula piccola della Corte d'Assise di Caltanissetta, col tetto a cupola, simile a una moschea. Tre imputati e un centinaio di parenti. I parenti delle vittime della strage. I sopravvissuti. Gli avvocati della mafia. E gli avvocati delle parti civili. Carabinieri e poliziotti. Giornalisti e cameraman. È mezzogiorno. Tutti in piedi. Entra la Corte. Entra il presidente Renato Di Natale, affiancato dalla giuria popolare. Fasce tricolori. Si alza il Pubblico Ministero, Carmelo Petralia. Spazio troppo stretto per tutti. Miscela ribollente di dolore e disperazione. Odio e disperazione. Ferite mai rimarginate che tornano a sanguinare. In diretta Tv, sotto gli occhi gelidi delle telecamere, in presenza di microfoni che registrano quest'impressionante accavallarsi di «voci», di «pianti» a dirotto. Con i carabinieri che cacciano via tutti dall'aula. Con lo strazio che andrà in scena nei corridoi, lungo le scale, e poi più lontano, per le strade che portano al Tribunale. Con donne che svengono e mariti che se le portano via di peso.

Giornata greve, densa di umori pesantissimi. C'è un momento in cui in un capannello parlano i familiari di tante vittime. In un altro, i miracolati che quel giorno si salvarono dalla tempesta di fuoco e fiamme. In un altro ancora, i familiari degli imputati alla sbarra. Mondi contrapposti, giustamente inconciliabili. Ma nessuno, ieri mattina, era sereno. Nessuno poteva legittimamente dire di avere «vinto». E la «giustizia» aveva un suono sordo, di ferraglie, di portelloni destinati a chiudersi per sempre.

Giuseppe Orofino (giacca grigia, camicia blu elettrico) sbatteva la testa contro le pareti della cella. Salvatore Profeta, 45 anni, vice capo della «famiglia» mafiosa di Santa Maria del Gesù (cardigan a scacchettoni marroni e color miele), non batteva ciglio. Impassibile prima che entrasse la Corte, impassibile a ergastolo ricevuto. Una via di mezzo, Pietro Scotto (camicia rosa e jeans), messo da solo in una gabbia di ferro, senza vetri blindati. È il «telefonista» della strage, l'esperto in intercettazioni, che spiò i movimenti in casa Borsellino. «Sono innocente, hanno fatto tutta questa montatura ma io quella via non so neanche dov'è.» Non urla però, non si scompone. Si limita a rilasciare a una Tv questa sua dichiarazione d'«innocenza». Il coro delle donne, invece, non ha registrato distinzioni. Con questa sentenza, dentro Cosa Nostra, si aprirà un contenzioso non indifferente.

A molti, il «comportamento» di Orofino non sarà piaciuto. Non sarà stato ritenuto «all'altezza» della situazione. Orofino, ora, ha di che pentirsi. Secondo l'accusa custodì nella sua autorimessa la «126» rubata su ordine di Profeta. Secondo l'accusa non fu tenuto all'oscuro della destinazione finale di quel micidiale ordigno. Lui dice di no, che non sapeva nulla. Ma non dimentichiamo che sin qui ha persino negato l'evidenza. Ora sa che l'ergastolo non gli è stato risparmiato. Potrebbe dire quel poco o quel tanto che sa. Sarebbe più che sufficiente per fornire un ottimo riscontro. Ma, come ha osservato l'avvocato Francesco Crescimanno, che nelle 118 udienze di questo «primo» processo per la strage ha rappresentato la famiglia Borsellino:

«Alle spalle di questo dibattimento c'è un'inchiesta di polizia classica. Tutto cominciò dall'individuazione del numero del telaio del gruppo motore della 126... Così si giunse all'individuazione degli esecutori materiali. Scarantino si pentì *dopo* offrendo un formidabile riscontro a posteriori a dati di fatto già acquisiti. Oggi provo una grande emozione. Ma non per gli ergastoli. Perché finalmente si comincia a fare giustizia per Paolo Borsellino e per quanti lo accompagnarono alla morte».

E tutti, in quell'aula, non possono fare a meno di tornare a quel «lontano» 19 luglio del 1992. Paolo Borsellino. E con lui, anche Emanuela Loi, Agostino Catalano, Walter Cusina, Claudio Traina, Vincenzo Li Muli... Corpi maciullati. Ferraglie fumanti per ore e ore. Palazzi sventrati. Potrebbero mai dimenticare i parenti? Potrebbero mai dimenticare soprattutto ora che sanno di quella «riunione» di boss in cui Totò Riina disse: «Questo Borsellino può fare più danno di Falcone»? Emanuele ed Emilia Catalano, genitori di Agostino. Emanuele, il viso scolpito come fosse una maschera di legno: «La sentenza è giusta, ma anche con la condanna a morte mio figlio non torna. Ho dato allo Stato un giovane di 18 anni e me lo ha restituito a 42 che era un cumulo di carne umana». E Provvidenza Melia, la mamma di Vincenzo Li Muli, parole e lacrime: «Mio figlio doveva sposarsi e per risparmiare non andava neanche in pizzeria. Avevo questa fortuna e me l'hanno strappata. Loro invece spendevano i soldi della droga. Hanno avuto l'ergastolo ma possono ancora respirare l'aria. I nostri figli no». Come potrebbe dimenticare l'agente di polizia, Antonio Gullo, che quel giorno si salvò, ma attorno a lui erano tutti morti? «Sentenza giustissima — e lo dice quasi d'impeto — anzi: poco, rispetto a quello che accadde».

Sarà l'avvocato Crescimanno a riferire ai cronisti una sola frase di Agnese Borsellino, «perché non se la sente, in un giorno come questo, di rilasciare interviste». C'è amarezza e tanta tristezza: «Provo pietà per costoro. Nessun accanimento. Non capiscono quello che hanno fatto. Non conoscono il valore della vita umana». Parole sacrosante.

Altra scena, altro quadro, altre voci. Si scaglia con forza in direzione dei familiari delle vittime, la sorella di Orofino: «Assassini, assassini... hanno creduto alle parole di un pentito fasullo… avete condannato degli innocenti». Poi, quasi un anatema, una maledizione che gela il sangue a tutti, fa piombare il silenzio, interrompe quasi le «dirette» Tv, fa impallidire i carabinieri: «Neanche i morti avranno pace… neanche i morti avranno pace…». La portano via, la allontanano. Sembra calmarsi, ma un attimo dopo torna alla carica…

Giornata greve, lo avevamo detto. Ma restano alcuni «dati di fatto» inoppugnabili. Si è concluso il primo processo per le stragi. Si è chiuso con condanne per i macellai. Ma non è finita qui. Ci sarà un processo «bis» per via D'Amelio: comincerà il 14 maggio. Questa volta, alla sbarra, non ci sarà solo manovalanza. Saranno 18 gli imputati: da Totò Riina a Giuseppe Graviano, da Lorenzo Tinnirello a Giuseppe Calascibetta. Molti sono latitanti. Ma tutti sono accusati di avere partecipato alla riunione in cui fu decisa la strage. E, forse, ci sarà un processo «ter». Ne hanno parlato apertamente Giovanni Tinebra, procuratore capo a Caltanissetta, e il sostituto Carmelo Petralia.

Dicono: «Stiamo continuando a indagare su eventuali mandanti esterni a Cosa Nostra». Precisa Tinebra: «Pezzi delle istituzioni deviate? Pezzi delle istituzioni, o sette, o corporazioni, o quant'altro…». E il tam tam giudiziario parla già di 40 nomi «eccellenti» iscritti nel registro degli indagati. Ci sarebbero anche numerosi «politici». Questa storia, ieri, non è finita.

(28 gennaio 1996)

Contrada colpevole

Ha servito la mafia. Dunque, era proprio vero. Dunque, per decenni, è accaduto il peggio. Senza che nessuno se ne accorgesse. Senza che a qualcuno entrassero in funzione le antenne. Senza che nessuno corresse ai ripari. I Nemici erano tra noi, e ci sono stati più del dovuto: questo sembra aver detto, fuori dai binari di una sentenza ridotta all'osso, il presidente Francesco Ingargiola. Allora non si trattava di calunnie, o di complotti, o congiure di palazzo. Contrada aveva tradito. Contrada era passato dall'altra parte. Aveva fatto del doppiogioco un'arte raffinatissima, e a gioco concluso lo Stato aveva contato le sue perdite. Cosa Nostra ebbe in lui, in questo funzionario dal volto perennemente accigliato, con buoni studi alle spalle, dal carisma indiscutibile, l'amico solerte, il consigliere premuroso, l'ineffabile angelo custode che metteva le cosche al riparo dalle imboscate, dalle iniziative repressive, dai potenziali colpi di scena. Contrada garantì a boss e soldati, picciotti e semplicissimi affiliati, trafficanti o modesti travet del crimine, anni e anni di pacchia. La carriera di Contrada ebbe un «prima» ed ebbe un «poi». Ma quel «poi» si verificò senza riserve, senza tentennamenti, senza particolari crisi di coscienza.

Crolla definitivamente un nome. Crolla definitivamente un'«immagine». Viene messo a nudo un verminaio, svelato un congegno quasi perfetto. Qui, infatti, non siamo al «delitto perfetto»: neanche la penna di un Chase o di un Le Carré, di un Ambler o di uno Scerbanenco, avrebbe potuto descrivere con maggiore efficacia di quanto abbia fatto questa sentenza di tribunale, l'ascesa e la caduta di un funzionario che per trent'anni riuscì a non dare nell'occhio. Quasi una vita intera tenuta all'oscuro. Quasi un fiume carsico che travolgeva di notte quei pochi paletti che — in anni lontani — funzionari davvero fedeli si illudevano d'avere piantato delimitando un insuperabile perimetro. La sentenza lascerà il segno, un segno indelebile.

Questa sentenza, emessa alle 20 e 15 del 5 aprile 1996, nel giorno di «San Vincenzo», chiude, in maniera pesante, definitiva, il grande ciclo della risposta dello Stato alle stragi di Capaci e via D'Amelio. Sentenza che fa da argine, da sbarramento, contro funzionari e agenti collusi che per decenni e decenni sedettero alla stessa tavola dei boss di Cosa Nostra. Sentenza attesa e temuta, annunciata e rimossa, anticipata e radiografata da impetuosi tam tam quando non era stata ancora concepita. Sentenza che è caduta nel gelo. Lo sconcerto dell'avvocato Milio, la reazione misuratissima dell'avvocato Gioacchino Sbacchi. Il volto impenetrabile di Ingargiola, e dei giudici a latere, Salvatore Barresi e Donatella Puleo. Il commento a caldo del giudice Ingroia: «Si è dimostrato che in presenza di indizi e prove, la giustizia non tiene conto delle particolari qualità degli imputati». Giornata durissima, che si conclude comunque male per tutti i «protagonisti». Sin troppo banale osservare che non ci sono né vincitori né vinti. Pesa scoprire, questo sì, che ai massimi livelli istituzionali le infiltrazioni erano possibili. E Milio chiede, nella bagarre del dopo sentenza, fra la selva delle telecamere e la ressa dei fotografi, che «se Contrada è colpevole allora occorrerà portare sul banco degli imputati tutti quelli che in questi anni lo avevano protetto».

E lui? È rimasto con la faccia che aveva, che ha sempre avuto. Imperscrutabile. Uguale al giorno del suo arresto, quella vigilia di Natale di un lontano 1992. Uguale ai lunghissimi giorni della sua prigionia, in un carcere militare disabitato e riaperto per l'occasione: tre anni, giorno più giorno meno. Uguale ai giorni del processo, maratona scandita da centosessantotto udienze. Uguale a se stesso, sino al rush di un'autoapologia che ieri mattina non poteva contemplare cedimenti e concessioni alle tesi accusatorie. È stata questa l'ultima chance. Bruno Contrada ha opposto la sua immutabilità, il suo look rigido — blazer blu, camicia celeste, cravatta regimental — alla bufera di voci, deposizioni, racconti, testimonianze, prove, che lo hanno cinto d'assedio. Assedio scomodo, infamante, per un funzionario dello Stato. Chiamato a combattere la mafia, alla sbarra per averla favorita.

Poliziotto d'avamposto? No, aveva argomentato l'accusa: poliziotto delle retrovie, quelle retrovie gelatinose dove si scende a patti, si combinano baratti poco edificanti, si dialoga, mentre ne resta all'oscuro chi sta davvero in prima linea. Contrada a tutto questo ha opposto una gran rifiuto.

La sua immobilità facciale, dicevamo. E il suo eloquio scandito, a volte ricercato, con dosatissime impennate retoriche («i mafiosi — questa ci rimase impressa — li ho sempre visti dall'alto in basso durante gli interrogatori alla squadra mobile, o in posizione orizzontale, ormai cadaveri, durante i sopralluoghi della scientifica»), è stato il suo principale ferro del mestiere: il Funzionario, il Fedele Servitore, il Super Poliziotto non poteva abbassarsi all'infimo livello verbale, al trivio pettegolo dei pentiti e dei loro ispiratori. «Sono sempre rimasto quello che ero; anche in carcere, a Forte Boccea, insegnavo agli altri detenuti a sopportare la detenzione, a conservare l'equilibrio», aveva detto rivolgendosi al suo giudice. Si era espresso così: «Per nessuna ricchezza al mondo avrei tradito lo Stato. Non sono un traditore delle istituzioni, della polizia, di quegli uomini che per anni hanno lavorato al mio fianco. Sono stato accusato di essere un mendace, ma non avevo alcun interesse a mentire». Così era volata via l'ultima autoapologia.

Una «parola», quella del Fedele Servitore, contro la «parola» degli infami, dei mitomani, dei perseguitati dalla durezza «esemplare» del poliziotto che finalmente avevano trovato l'occasione della grande ripicca. Ma proprio la sua «parola», alla fine, non è stata creduta. Parola, dunque, scritta sull'acqua. Forse talmente detta e ripetuta da suonare falsa. Parola menzognera? Parola artefatta, studiata. Parola volta a ricostruire e riscrivere, occultare e omettere, rendere incerto il sicuro, assoluto l'opinabile, una grande macchina che fabbricava «controdeduzioni», «controtesi», «versioni» cavillose di episodi che testimoni e funzionari, pentiti o vedove di mafia, cittadini qualsiasi o semplicissime comparse avevano indicato nella loro presunta chiarezza. È questa l'idea che la corte si è fatta delle sue parole condannandolo a dieci anni. È inutile tergiversare.

Si trovarono al suo fianco, giudici come Gaetano Costa o Cesare Terranova o Rocco Chinnici. Dovettero riferire a lui, funzionari del calibro di Ninni Cassarà e Beppe Montana. Si trovarono a lavorare al suo fianco, Giovanni Falcone e Paolo Borsellino, o Antonino Caponnetto. E i mafiosi, dunque, se la ridevano. Se la ridevano i «don» Totò Riina o i Saro Riccobono, avvertiti a domicilio dei blitz in arrivo. Se la ridevano gli Stefano Bontade o i Vanni Calvello, che da lui ottenevano regolari porto d'armi o patenti di guida. Se la rideva l'imprenditore Oliviero Tognoli (al quale Falcone dava la caccia) e che poteva spiccare il volo proprio grazie alla «dritta» datagli da Contrada. Dieci pentiti avevano detto la loro contro lo 007.

Pentiti dello spessore di Tommaso Buscetta e Francesco Marino Mannoia, Gaspare Mutolo o Gioacchino Pennino, ma anche Giuseppe Marchese o Rosario Spatola, o Salvatore Cancemi, detto «Totò», avevano disegnato il grande «affresco nero» di un Fedele Servitore dello Stato, che si trovava però sempre dalla parte sbagliata. Buscetta: il boss Riccobono mi disse che Contrada gli passava informazioni; Mutolo: Contrada era a disposizione; Pennino: Contrada mi interrogò dopo l'uccisione di Reina, ebbi l'impressione che volesse depistare le indagini; Marchese: mio zio mi mandò tre volte da Riina per dirgli che Contrada gli suggeriva di scappare. Ma non di soli «pentiti» si era nutrito il processo.

Non aveva avuto dubbi Carla Del Ponte, procuratore svizzero. Avevano pesato le parole sofferte di Laura Cassarà: «Mio marito non si fidava di lui». O quelle della vedova dell'ingegner Parisi, o del giudice Dino Cerami, o del giudice Imposimato. Restano agli atti le strane «telefonate» fra Contrada e Nino Salvo. E forse non si chiariranno mai le circostanze di quegli incontri («presunti» secondo la difesa) fra il capo della squadra mobile Boris Giuliano e Giorgio Ambrosoli, a Milano, poco prima dell'uccisione dello stesso poliziotto palermitano.

Tesi inconciliabili, quelle di Accusa e Difesa. Tesi che continueranno a fronteggiarsi ancora, nonostante il verdetto univoco di una sentenza. Ci saranno le prove di appello. Una stagione, oggi, si è chiusa.

(6 aprile 1996)

Intervista a Tommaso Buscetta

Lasciamo che si presenti da solo: «Io sono come Davide, combatto con i miei giganti, devo stare attento. Una parola espressa da me si può prestare a interpretazioni maliziose, a equivoci, fraintendimenti magari in buona fede. Sono anni e anni che cerco di stare attento alle parole. Tutti possono sbagliare. Tutti i pentiti possono sbagliare. Ma il giorno in cui si scoprisse che io dico una cosa non vera, una parola fuori posto, un'idea invece che un fatto, si può immaginare quello che succederebbe». Credo finalmente di avere capito l'incubo vero di quest'uomo. Parla come se fosse sempre in agguato, costruita su misura per lui, tarata solo per lui, una cattivissima macchina della verità pronta a captare ogni virgola, ogni aggettivo, ogni data. Una macchina — questo, almeno, deve essere il suo incubo ricorrente — programmata con l'unico scopo di sbugiardarlo, di mettere a confronto le cose dette in passato e le cose dette oggi, con la segreta speranza di costringerlo ad ammettere di avere mentito. Da dodici anni questa macchina fa cilecca. Gira a vuoto contro questo Davide dalla parola lenta che non teme smentite. Di lui qualcuno ha detto: «È la Cassazione del pentitismo». Dalla Chiesa, nell'82, due anni prima che iniziasse a collaborare con la giustizia italiana, si espresse con queste parole profetiche: «Perché escludere che un giorno dentro la mafia possa manifestarsi un gene impazzito?». Vide giusto il generale. Da dodici anni Cosa Nostra è costretta a fare i conti con questo «gene impazzito». E ne è uscita con le ossa rotte. Il «Davide», il «gene impazzito», chiamatelo come volete, è quel Masino Buscetta che nel 1984, con le sue prime rivelazioni, si abbatté con la violenza di un uragano contro i solidi palazzi della più tremenda delle organizzazioni criminali. Quella che ha espresso leader sinistri come Riina, Bagarella, o Giovanni Brusca. E lui, dalle sue località segrete d'oltreoceano, la tiene costantemente sott'osservazione dotato d'un potentissimo binocolo che ha affinato la sua vista in decenni e decenni di partecipazione «dall'interno». Alla prima domanda («In che condizioni si trova ora Cosa Nostra?») reagisce quasi con uno scatto verbale: «Cosa? Cosa Nostra? Quella attuale? È tutta rabberciata. Ormai serve solo per dimostrare ai singoli che ha ancora una sua forza, una sua ferocia. In giro c'è molta nostalgia che possa tornare a funzionare come una volta. Ma non se ne conosce più né il capo né la coda». Questo mi è sembrato un buon punto di partenza per la nostra lunga intervista durante la quale parleremo sia di mafia che di antimafia.

Domanda. *Signor Buscetta, lei sta dicendo che Totò Riina non è più il boss dei boss?*
Risposta. Non lo è più. Assolutamente. E le rispondo con convinzione, è una certezza la mia. E non lo è più neanche in carcere. Non dà più ordini. E quei pochi ordini che dà non sempre vengono eseguiti. Attorno a lui c'è sempre meno gente disposta a seguirlo.
D. *Ora comanda Bernardo Provenzano?*
R. Preferisco non rispondere a questa domanda, perché il discorso diventerebbe molto lungo e a me non piacciono i «fantaromanzi». Le ho detto che Cosa Nostra ormai è una cosa rabberciata. E le dico che la «cupola», in parole povere, non c'è più. Quindi la cosa di cui stiamo parlando è diventata una «cosa isolata».

D. *Alla vigilia della sua definitiva scomparsa?*

R. Questo forse lo pensa lei. Io temo molto di più questa «cosa isolata» di quanto non temessi la triste cupola. E sa perché? Perché adesso ognuno può andare per la sua strada.

D. *Vale a dire?*

R. Ogni mafioso sarà più feroce, e cercherà di attingere a quei livelli di ferocia ai quali qualcuno ha già attinto nel passato.

D. *Esclude che possa prevalere il «buon senso», quello che una volta si sintetizzava nell'espressione calati junco ca passa a china [piegati giunco che passa la piena, N.d.A.]?*

R. Non vedo più questi individui di una volta che sapevano aspettare il momento migliore.

D. *Cosa vede?*

R. Colpi di coda. Cose gravi. E tutto per dare la dimostrazione che ancora possono incutere terrore. Bisognerà ancora fare i conti con la balordaggine del pensiero di queste persone.

D. *Da qualche mese, si rincorrono voci su un possibile «ripensamento» di Totò Riina. Non parlo ovviamente di pentimento. Ma di rivelazioni, anche se parziali, di alcune «verità».*

R. Non ci credo. Neanche se me lo dicesse lo stesso Totò Riina.

D. *È stracarico di ergastoli...*

R. Per una questione di convenienza, dice? Lui non lo farà, a meno che mi sbagli. E sarebbe forse l'errore di previsione più grande della mia vita. Poi non credo che ci possa essere un giudice disposto a rimettere sulla strada uno come lui.

D. *Buscetta, in Italia, ormai da qualche anno, si cerca di colpire anche i livelli alti dell'organizzazione criminale. Le espressioni delle sue complicità con la politica e l'economia. Che idea si è fatto di Andreotti?*

R. Ho letto quello che sta succedendo in Italia. Ma mi esima da questa risposta. Su Andreotti quello che avevo da dire l'ho detto. E non voglio dare l'impressione di volere cavalcare i tempi. Io so andare come so andare io, sono abituato ad andare piano e convinto sulla mia strada.

D. *Bruno Contrada, anche sulla base delle sue rivelazioni, è stato condannato a dieci anni per mafia.*

R. E anche questa è una risposta che non mi sento di dare. Mi sentirei di sovrappormi ai magistrati. Sarei presuntuoso. Molti pentiti hanno ricevuto questa critica, e io non vorrei esse-

re accomunato. Ho detto e lo ripeto che il boss Rosario Riccobono mi confidò: «Vieni a Palermo, starai tranquillo perché noi
abbiamo il dottor Contrada, è nelle mie mani». Questo sapevo
e questo ho detto. Il resto adesso è compito dei giudici. Io non
voglio abbellire la realtà e non mi piace esagerare. Voglio essere preso di petto per le poche cose che so e per le poche cose
che dico.

Ecco tornare l'incubo della macchina della verità. Ecco tornare
la preoccupazione spasmodica che qualche parola possa essere
rivolta contro di lui. Buscetta è un professionista della «parola». «The voice» dell'antimafia mi sembra che renda bene. Ma
questa voce è roca, a tratti fievole. Parla da dodici anni. Da
quel lontano 1984 quando iniziò i suoi lunghi colloqui prima
con Gianni De Gennaro e poi con Giovanni Falcone. Racconta
divertito: «Gli americani mi hanno visitato e mi hanno chiesto:
signor Buscetta da quanti anni ha smesso di fumare? Ho detto:
da dieci anni. E allora si prenda queste pillole e si tenga questa
voce. Mi hanno fatto tutti i test: niente cancro, niente polipi...
ma la voce va e viene. La prima volta che ho avuto questo sin-
tomo è stato in Italia dopo che sono venuto a testimoniare contro Andreotti, l'indomani mattina ero completamente muto...». Eppure, in crociera, ha trovato la voce per cantare
«Guapparia». Buscetta, leggermente risentito: «Guardi che in
quella crociera io non ho mai cantato "Guapparia"... cantavo
normalmente, canticchiavo. E non esiste al mondo persona
che è stata in carcere che non sappia trascorrere il tempo ac-
cennando qualche motivo. Comunque non ho l'umore né per
cantare "Guapparia" né per cantare "Ridi pagliaccio"... Ho altri problemi».

Domanda. *Quali? I suoi nemici dicono che lei se la passa benissimo. Lei non rifarebbe tutto quello che ha fatto?*
Risposta. Ah sì? Dicono che me la passo benissimo? Li lasci
dire. Io rifarei tutto daccapo e con le stesse persone di allora.
Su questo non c'è dubbio. Diciamo che nel mio pentimento
non mi sono mai pentito di essermi pentito. Ho sposato questa
causa dopo averci pensato su. Avevo solo un obiettivo: che i
miei familiari fossero salvati dalla carneficina. Non ho mai
chiesto sconti, non ho mai chiesto soldi, non ho mai chiesto di

non essere portato via dal carcere... Ai miei tempi, quelle condizioni non c'erano...

D. *Com'era ai suoi tempi?*

R. Semplice. Ho creduto negli occhi di due persone, una che è morta e una che è ancora viva. Ho creduto negli occhi di quel giudice che avrebbe almeno garantito una speranza di vita ai miei familiari. Ma lo sa cosa mi disse una volta Giovanni Falcone? Signor Buscetta, l'unica cosa che posso darle è nasconderla in una caserma in Sardegna — mi sembra che fosse una caserma di polizia — dove potrà stare un po' più tranquillo. In quegli anni era questo «il più» che uno come Giovanni Falcone poteva darmi...

D. *E lei conobbe anche Paolo Borsellino. Come lo ricorda?*

R. In tutto lo incontrai tre volte. Ebbi l'impressione di un giudice buonissimo. Ricordo quello che di lui mi diceva Falcone quando ancora non lo conoscevo: «Guardi, signor Buscetta, che lei parla, parla. E io scrivo tutto. Forse nella foga di scrivere mi scapperà qualche svista. Ma quando tornerò a Palermo sarà Paolo Borsellino che le farà l'esame, che controllerà tutto parola per parola». E accadeva proprio questo. Ma per fortuna non mi scappò niente di sbagliato...

D. *E lei conobbe anche Ninni Cassarà, capo della squadra mobile...*

R. Lo conobbi negli ultimi tempi, quando ormai non parlavo quasi più con nessuno perché non mi fidavo più di nessuno, soprattutto in polizia. Falcone mi diceva: «Buscetta, le cose che lei sta dicendo diventeranno pubbliche. Non resteranno segreti a vita...». E gli rispondevo: «Io non mi fido. Lo so che quello che dico diventerà pubblico. Ma è adesso che non devono saperlo». Fu lì che mi parlò di Ninni Cassarà: «Guarda che di lui ti puoi fidare come ti fidi di me». Poi, in America, incontrai Giovanni Falcone dopo l'uccisione di Cassarà. Era molto abbattuto. Mi raccontò di tutto quel sangue del suo amico sparso per terra... Era un uomo molto abbattuto, molto triste...

D. *Signor Buscetta, ma lei sa che uno di quei pochi sopravvissuti di quella stagione, il dottore Gianni De Gennaro, spesso ha le sue gatte da pelare per difendersi da attacchi mascalzoneschi. C'è sempre qualche politico di turno, qualche onorevole, che ne mette in discussione serietà e professionalità.*

R. Che errore si fa, che errore madornale. Questa persona io non finisco mai di apprezzarla. Forse sarò soggettivo nel mio giudizio. Sa cosa mi diceva all'inizio dei miei interrogatori? Mi diceva: «Buscetta, guardi che io non sono un suo amico. Io sono un servitore dello Stato. Sono qui per raccogliere la sua testimonianza e trasmetterla ai magistrati». Ah, De Gennaro... Affrontava con me voli aerei dal Brasile o dall'America per l'Italia che spesso duravano 24 ore. Non erano voli di linea. Per motivi di sicurezza eravamo costretti a volare su aerei da carico di una lentezza esasperante. Io passavo il tempo a vomitare... e questi erano i viaggi di piacere che De Gennaro faceva insieme a me...

In certi momenti sembra che «the voice» si rivolga prevalentemente al passato. La sua storia è segnata da quegli anni. Si intuisce che spesso gli verrebbero spontanei i confronti. Allora e oggi. Il «suo» pentimento e quello di centinaia e centinaia di altri uomini d'onore che poi lo avrebbero emulato. I tanti caduti. I tanti arrestati. Domani ricorre il quarto anniversario dell'uccisione di Falcone, Francesca Morvillo, Antonio Montinari, Rocco Di Cillo, Vito Schifani... Gli chiedo se ne è valsa la pena. Fa una lunga pausa, questa volta non tace perché non gli viene la voce. Quasi sussurra: «Me lo sono chiesto spesso. Quando devo leggere che il procuratore di Palermo, ancora oggi, è costretto ad andare in giro per l'Italia per spiegare cos'è la mafia, allora mi dico: ma questi italiani non vogliono capire cosa è la mafia? Cosa ci vuole a capire che è un cancro sociale? Mi permetterà di dire che in questi anni ne ho viste e sentite tante: "faremo... diremo... scomparirà...". E poi vedevo scomparire la messa con tutto l'altare...».

Domanda. *Ma ai suoi tempi, Riina, Bagarella, Brusca, Madonia erano liberi, solo per ricordare i più famigerati.*
Risposta. Mi lasci finire. Allora io avevo le mie remore. Ora la giustizia, i poliziotti, i carabinieri cominciano a fare sul serio. I pentiti sono diventati una valanga. E quando gli uomini dei servizi di polizia ricevono un'informazione attivano le orecchie. Non fanno più orecchie da mercante: questo informa a quello, quello avvisa a quell'altro, e quell'altro ancora scappa... Oggi non è più così.
D. *In Sicilia, al vertice di questa nuova struttura che fa sul serio, c'è un piemontese, Giancarlo Caselli. Ci voleva un «piemontese».*
R. Intanto è un torinese che fa del suo meglio per capire il si-

ciliano. E Dio sa quanto siamo complicati noi siciliani. La sua non è una poltrona di comodo: chiese di venire giù dopo la morte di Falcone. Nessuno dovrebbe mai dimenticare questo «particolare». So che al Palazzo di giustizia di Palermo, da quando è arrivato lui, si respira finalmente un'aria buona. Non ci sono più i veleni di una volta. Tutti i magistrati sono in concomitanza fra loro, si tengono in strettissimo contatto, socializzano tutte le informazioni di lavoro. Non ci sono più il primo attore, la prima donna... Caselli ha il merito di avere messo questo tribunale in condizione di lavorare. Lui si mette *dietro* i suoi pubblici ministeri, cerca di apparire il meno possibile. E dice ai suoi colleghi: «Fate come volete, ma fate, fate sino in fondo il vostro lavoro...».

D.   *Signor Buscetta, cosa pensa di questo nuovo governo italiano?*

R.   I mafiosi sono preoccupati perché sanno che questo non sarà un governo permissivo. Per il resto è un governo giovane, con poca esperienza. Ma faranno del loro meglio.

D.   *Contro la mafia?*

R.   In Sicilia dovrebbero creare centri di istruzione particolare per fare dimenticare ai bambini che vengono su adesso la parola «mafia». E naturalmente, migliaia di posti di lavoro. Perché se c'è il lavoro è inutile che vadano a chiedere il lavoro a «don» Masino e non avrebbero più l'obbligo della gratitudine. E «don» Masino o chi per lui diventerebbero dei signor nessuno. Ma lei mi chiede cosa fare contro la mafia... Vorrei trovare le parole più belle per dirlo. È inutile dire che si vuole fare «cento» quando fra un mese ci dimentichiamo spesso di fare «uno». Glielo dicevo prima: tante volte ho visto scomparire la messa con tutto l'altare... Ma è bello avere speranza.

Si potrebbero trascorrere ore e ore con Buscetta e raramente cadrebbe il silenzio. D'altra parte, una vita insolita e avventurosa come la sua, si presta a mille spunti, mille letture. Il boss? L'amico del «giudice»? Il primo dei pentiti? Abbiamo cercato di darvi un'idea. Ma una domanda mi premeva fargli: cosa vede nel suo futuro di eterno uomo braccato, blindato, scortato, inseguito da quel mostro che è una macchina della verità che forse qualche volta gli toglie il sonno? Finalmente ha sorriso offrendo questa risposta: «All'orizzonte vedo crescere la mia già grandissima famiglia. In Usa ho quattro figli già tutti sposati, e altri due ancora da sposare. Ho figli, generi, nipoti, nuore... E questo spesso mi tira su il morale. Anche se il mio sogno resta l'Italia...».

Domanda. *L'Italia? O la Sicilia?*

Risposta. Diciamo l'Italia. Il senso della sicilianità non l'avevo neanche quando ero mafioso. Mi sono sempre sentito cittadino del mondo. Ho conosciuto tanta bella gente al nord. E anche in Sicilia, dove però ho conosciuto anche tante carogne... La vita mi ha segnato. Questo sì. Ho 68 anni. Non sono più lo stesso di un tempo. Solo io so quanto sono cambiato.

D. *Come si definirebbe?*

R. Una persona molto umile che sbaglia i congiuntivi. Non sono laureato in legge, ho la quinta elementare. Leggo, leggo. Sì, leggo molto; è il mio unico passatempo. Anche se non so con quale profitto.

D. *Dodici anni fa avrebbe mai immaginato che il suo esempio sarebbe stato seguito?*

R. Nel 1984 rilasciai un'intervista al dottor Paolo Graldi. Se la vada a rileggere. Gli dissi: «Signor Graldi, io non resterò solo». Di me, nel mondo della malavita, si diceva: è intelligente, e forse si diceva erroneamente, ed è serio. Se lui si è pentito vuol dire che crede nello Stato, in questa magistratura, in questa polizia, in cui prima non credeva. Io? Ero a posto con la mia coscienza. E sapevo le umiliazioni che avrei subito.

D. *Perché fu in quell'anno che decise di parlare, e non prima e non dopo?*

R. Perché stando nell'organizzazione sentivo con le mie orecchie che qualcosa non andava più alla stessa maniera. Non c'era più cameratismo, non si andava più da un posto all'altro. Tutti sospettavano di tutti. C'era paura. E c'era soggezione. Avevo trascorso otto anni in carcere. Ero diventato una specie di radar. Otto anni di carcere sono una fonte non comune di informazione. Pensi che in carcere, Francesco Scrima arrivò a parlarmi male di suo cugino, Pippo Calò. Un fatto che in altri tempi sarebbe stato impensabile.

D. *Cosa la ferisce di più?*

R. Una volta è stato lei a ferirmi. Nel 1994 scrisse un articolo sull'«Unità» e disse: «Questo Buscetta è un senatore a vita del pentitismo». Ma io non mi sono mai sentito un senatore. Uno storico catanese invece disse che io volevo rubare il mestiere agli storici... Non mi sono mai sentito neanche uno storico. Si dica di me quel che si vuole: è un ex galeotto, è un mascalzone, è un farabutto... ma non si dica mai che voglio apparire quello che non sono. Non amo i «fantaromanzi», come le dicevo.

D. *Possono esserci oggi alcuni pentiti che invece amano i «fantaromanzi»?*

R. Lo so che oggi i pentiti sono diventati tantissimi. Mi hanno raccontato anche una storiella divertente: che a Messina c'era un processo con dodici imputati e si sono pentiti tutti. A chi si fa il processo? Ma a parte la battuta, questo che dice io lo escluderei, almeno non ho mai notato una cosa del genere. Ma vorrei dirle un ultima cosa...

D. *Quale?*

R. È la ricorrenza del dottor Falcone. Vorrei che si dicesse a chiare lettere che l'instauratore, l'inventore del pentitismo porta un nome preciso: si chiama Giovanni Falcone. Un uomo, un giudice che era una garanzia nell'espressione, nel dire e nel fare.

Auguri per la sua voce, «don» Masino.

(22 maggio 1996)

Intervista a Giovanni Tinebra, Procuratore Capo a Caltanissetta

La strage di Capaci non è un capitolo investigativo concluso. Le gabbie del bunker di Caltanissetta, che negli ultimi tempi si sono «arricchite» con la presenza di Leoluca Bagarella e Giovanni Brusca, non racchiudono ancora *tutti* gli ideatori di quella tremenda rappresaglia di Cosa Nostra contro lo Stato. Il caso ha voluto che proprio in questi giorni si stia creando un piccolo «ingorgo» giudiziario che ruota tutto attorno a quella fatidica data del 23 maggio 1992.

Tra oggi e domani, infatti, Ottavio Sferlazza dovrà decidere sulla sorte del processo da lui sin qui presieduto, alla luce dell'inequivocabile sentenza della Corte Costituzionale. Tam tam ufficiosi — da prendere quindi con beneficio d'inventario — anticipano la decisione di Sferlazza di spogliarsi del processo mettendo così in moto il meccanismo dell'iscrizione a nuovo ruolo.

Se così fosse, il processo dovrebbe ricominciare daccapo; ipotesi questa caldeggiata nell'ultima udienza sia dagli avvocati difensori (unica eccezione quella dell'avvocato Vito Ganci, difensore di Giovanni Brusca) che da quelli di parte civile; ipotesi, questa, fatta propria anche dai due pubblici ministeri Paolo Giordano e Luca Tescaroli. E mentre si decidono le sorti del processo a esecutori e mandanti salta fuori — come scritto ieri dall'«Unità» — il nome del giudice Filippo Verde che transitò con Falcone sull'autostrada di Capaci il 18 maggio, esattamente cinque giorni prima della strage. Gli investigatori si chiedono come mai il nome del magistrato Verde compaia anche in alcune indagini su utenze telefoniche nelle quali sono incappati seguendo le conversazioni di alcuni medici collusi con Cosa Nostra. E si chiedono anche perché gli esecutori della strage, pur avendo già piazzato l'esplosivo, attesero altri cinque giorni. Ha dichiarato infatti il pentito Gioacchino La Barbera: «Voglio premettere che il 18 maggio l'autostrada era già imbottita di tritolo...». Una occasione, dunque, particolarmente ghiotta: in quel corteo di blindate c'era anche Paolo Borsellino, ucciso meno di due mesi dopo. Già. Solo cinquantasette giorni fra una strage tanto devastante e un'altra che non fu da meno.

Una «anomalia» che non ha mai convinto del tutto Giovanni Tinebra, procuratore capo a Caltanissetta e titolare delle indagini sulla strage di Capaci. Il quale osserva: «Noi siamo in presenza della particolare singolarità di due stragi messe a segno a meno di due mesi di distanza l'una dall'altra. È la dimensione stessa di quei due fatti che ci pone un interrogativo molto grande. Che necessità vi fu? Perché un replay stragista tanto ravvicinato? Intendiamoci: in Sicilia occidentale, l'attentato contro i magistrati è stata quasi una tragica consuetudine. Da Pietro Scaglione a Giacomo Ciaccio Montalto, da Cesare Terranova a Gaetano Costa ad Antonino Saetta all'attentato contro Carlo Palermo: tutti colleghi che dovevano *pagare* per la serietà del loro lavoro. Eppure questa ricorrenza di Cosa Nostra, se così possiamo chiamarla, contro i migliori giudici siciliani, non spiega sino in fondo un lasso di tempo tanto breve fra Capaci e via D'Amelio. Fra l'altro, la seconda strage cadde in un momento in cui si era già verificata una certa stabilizzazione degli effetti della prima. Quali furono le molle aggiuntive? Entrò in campo qualche cosa d'altro rispetto alle esigenze di Cosa Nostra? Non potremo dire di avere davvero concluso tutte le indagini sin quando non risponderemo in maniera soddisfacente a quest'interrogativo».

Domanda. *È possibile dunque che esistano due differenti strategie dietro le stragi di Capaci e via D'Amelio?*
Risposta. È una bella domanda. Ma io non le risponderò.
D. *Comunque, dottor Tinebra, da quasi tre anni la Procura da lei diretta non fa mistero di continuare ad indagare su possibili altri scenari, esterni a Cosa Nostra. Alla sbarra continuiamo a vedere gli esecutori e i mandanti affiliati a Cosa Nostra. Le altre ipotesi a che punto sono?*
R. Non siamo più agli inizi. Se fossimo rimasti ancorati solo a quelle ipotesi avremmo già chiuso, avremmo già archiviato. Quella che definimmo l'ipotesi B è ancora viva e da noi seguita con moltissima attenzione. Cos'è quest'ipotesi? Che ci sia stata una convergenza di interessi esterni con gli interessi di Cosa Nostra. E che quella saldatura rese possibile la strage di Capaci.
D. *Non avete archiviato, d'accordo. Ma c'è qualcosa di più?*
R. Sì. Ma non posso dire cosa. Diciamo comunque che mentre tre anni fa ci muovevamo solo nell'ambito delle possibilità oggi siamo entrati nel campo, molto più concreto, delle probabilità. Devo anche dire che restiamo lontani dalla meta finale, anche se non disperiamo di concludere positivamente il nostro cammino. Insomma: siamo molto cauti, ancora molto lontani dalla verità, non vogliamo azzardare, ma siamo convinti che valga la pena continuare. Aggiungo: la cosiddetta ipotesi B non riguarda solo Capaci: riguarda anche via D'Amelio, via Fauro a Roma, Firenze, Milano, tutto quel grappolo di stragi alle quali siamo interessati insieme ai colleghi della Procura di Palermo e a quella di Firenze.
D. *Dica almeno a quali «forze» sotterranee prestate maggiore interesse?*
R. Non posso che essere molto vago: potentati economici e politici ma anche pezzi deviati dello Stato. Non abbiamo sup-

porti già consolidati, ma intendiamo sollevare uno per uno i veli che celano quegli scenari.

D. *Esiste dunque un registro degli indagati per quest'inchiesta bis. Per ora, sono solo pagine bianche?*

R. No. Figurano già alcuni nomi. Ma nella maggior parte dei casi quei nomi non sono ancora tali da poterci far dire — e comunque non lo diremmo — che abbiamo «svoltato».

D. *È da escludere che Cosa Nostra realizzò una strage voluta solo da altri?*

R. Cosa Nostra non ha mai accettato ordini. Non esiste un «livello superiore» a Cosa Nostra. Cosa Nostra è *il livello*. Certo, può anche diventare il braccio armato di qualcuno, ma se lo fa è perché i suoi interessi vengano soddisfatti.

D. *Avete già sentito Giovanni Brusca sulla strage di Capaci?*

R. Lo faremo a tempo debito. Inutile precipitarsi adesso. Per sentirsi dire «sono innocente», «non ne so nulla»? Non dimentichiamo che la prima volta che Bagarella fu ascoltato dopo la sua cattura raccontò di essere un semplicissimo «venditore di formaggi».

D. *Dottor Tinebra, un'ultima domanda. La Chiesa siciliana, per bocca del suo nuovo Vescovo di Palermo, Salvatore De Giorgi, e dei sacerdoti antimafia più in vista, chiede a Totò Riina di pentirsi. La Procura di Palermo, per bocca di Giancarlo Caselli e del suo vice, Guido Lo Forte, chiede a Totò Riina di arrendersi senza condizioni. Giuseppe Cipriani, sindaco di Corleone, chiede a Riina quanto meno di cominciare a manifestare la sua volontà di collaborare per chiudere con mezzo secolo di misteri. Se si verificasse una di queste ipotesi, Totò Riina cosa potrebbe dirvi che già non sapete?*

R. Personalmente le considero ipotesi improbabili. Ma se Riina decidesse davvero di pentirsi ne trarremmo un grandissimo vantaggio. Sicuramente sapremmo molte piccole cose in più sulle stragi che ancora non sappiamo. Ma soprattutto sapremmo tutto sui mandanti esterni a Cosa Nostra. Se esistono davvero. E chi sono stati.

(5 giugno 1996)

Mancavano pochi minuti alle 22 quando è scomparso nel buio di Palermo. Imboccando un'uscita secondaria. Evitando accuratamente il plotone dell'informazione che lo attendeva da una giornata intera. Nessuno ha visto Marcello Dell'Utri al termine dell'interrogatorio più difficile della sua vita. Si sono visti solo tre giudici, Lo Forte, la Sabatino, Gozzo, che non hanno voluto replicare o rispondere alcunché alle domande dei cronisti. Tranne il fatto che non è finita. Che l'interrogatorio riprenderà nei prossimi giorni, ma che la data non è stata ancora fissata. Una rigorosissima consegna del silenzio mantenuta da tutte le parti in causa.

Tutto era cominciato alle dieci di ieri mattina. Dell'Utri si era presentato al palazzo di Giustizia di Palermo, a bordo di una Mercedes blu presidenziale, presa a noleggio. In compagnia del suo avvocato Oreste Dominioni. Vestito di lino grigio scuro, taglia leggermente grande, mocassini in pelle nera, cravatta a pallini, camicia bianca, lo si è visto ondeggiare fra la ressa dei cronisti e delle telecamere. Solo un attimo di lievissima perdita dell'equilibrio. Poi si è ripreso. Spavaldo e sicuro di sé. Orgoglioso della sua palermitanità. Tranquillo perché i suoi trascorsi nel popolare quartiere di «Cruillas» non potranno macchiare l'irresistibile ascesa ai vertici Fininvest. Tranquillo, perché i grandi manager non possono rendere conto ad altri degli anni della gavetta, quando ancora non erano nessuno, procedevano a gomitate, e tutte le scorciatoie erano buone. Fiducioso di poter convincere questa Procura «onnipotente» che una cosa è subire l'intimidazione, il taglieggiamento, la violenza mafiosa, altra cosa è avvantaggiarsene, cavarci il proprio tornaconto personale. Dava quest'impressione di sé, ieri mattina, ore 10, Marcello Dell'Utri, neodeputato di Forza Italia, ex capo di Publitalia, astro di primissima grandezza nel firmamento del «biscione». Chiamato a fronteggiare un'accusa pesantissima — per ora, comunque, solo un'«ipotesi di reato» — quella di concorso esterno in associazione mafiosa, l'ex «picciotto» che allevava giovanissimi amanti del football, ha iniziato una partita delicatissima non sapendo bene quale squadra avrebbe messo in campo l'avversario. Una voce, inquietante, si era diffusa già da qualche giorno. Un investigatore: «Su Dell'Utri ormai abbiamo raccolto un'autentica enciclopedia». Solo voci? Si vedrà.

Un fatto è certo: la porta si è richiusa alle sue spalle per una giornata intera, e tutti hanno capito che i «chiarimenti» non potevano essere sbrigativi. Quasi dieci ore d'interrogatorio. Di fronte a lui, il procuratore aggiunto Guido Lo Forte, e i sostituti Enza Sabatino, Domenico Gozzo. Numerose apparizioni in quell'ufficio del capo del team dell'accusa, Giancarlo Caselli. Maratona interminabile. Forse uno degli interrogatori più lunghi in questi vent'anni di antimafia, fatta eccezione per quello di Calogero Mannino, l'ex DC arrestato per mafia: quattordici ore. La giornata aveva avuto un inizio soft. Dell'Utri aveva concesso ai giornalisti e ai cameraman battute, frasi a effetto, sorrisi smaglianti. Del tipo: «È una cosa bellissima. Sono orgoglioso di essere palermitano»; «adesso non mi sembra giusto fare dichiarazioni»; «sono sereno, un caffè l'ho preso. Ora me ne daranno un altro…»; «e che ci possiamo fare?», in dialetto a chi gli ricordava che Silvio Berlusconi sostiene che certe *disgrazie giudiziarie* capitano a chi è nato in Sicilia… Ora noi non sappiamo se davvero Marcello Dell'Utri è convinto di finire sott'interrogatorio a causa della sua carta d'identità. Non sappiamo, cioè, se lui pensi davvero che basti essere «palermitano» per ritrovarsi sott'inchiesta per mafia. E non sappiamo neanche quali siano le nuove contestazioni dei giudici.

Azzardiamo comunque l'ipotesi che sino a ieri mattina anche il diretto interessato fosse a conoscenza solo della «preistoria», cioè di una fase ormai giurassica degli accertamenti sulla sua persona, quell'insieme di dichiarazioni di pentiti, da Salvatore Cancemi a Tullio Cannella a Gioacchino La Barbera, che non erano mai state considerate dalla Procura di Palermo leve sufficienti per inaugurare un capitolo tanto inedito e dagli effetti devastanti. Se è così, si spiegano sia la spavalderia che l'orgoglio manifestato da Dell'Utri per essere nato a Palermo.

Ma è plausibile che non ci sia nulla di nuovo? Cosa bolle in pentola? Naturalmente, in circostanze del genere, se ne sentono di tutti i colori, e le voci si moltiplicano attingendo sia a «ricostruzioni razionali» sia a «fantasie» incontrollabili. Di sicuro c'è un nuovo e voluminoso rapporto della «guardia di finanza» che passa al setaccio ditte e società che fanno capo in qualche modo al manager Fininvest e che avrebbero tutto l'aspetto di un labirinto modellato ad hoc per occultare, o «riciclare» per chi ama le parole forti, ingentissime somme di denaro. E si dice anche — ma qui si entra davvero nel campo delle illazioni — che alcuni estensori di questo dossier delle «fiamme gialle» sarebbero stati addirittura minacciati, al punto da rendere obbligatorio l'uso delle scorte e della protezione personale. C'è l'incognita rappresentata da Calogero Ganci.

Il neopentito, infatti, pare che abbia conosciuto personalmente Marcello Dell'Utri, e ha riferito al sostituto procuratore Luca Tescaroli di Caltanissetta che Gaetano Cinà, *uomo d'onore* della famiglia della Noce era solito andare a Milano, presso alcune società Fininvest, a prelevare cospicui compensi per i boss che garantivano la «sopravvivenza» in Sicilia dei ripetitori Fininvest. Fosse solo questo, saremmo ancora in quell'ambito del taglieggiamento subìto da un imprenditore pur di poter svolgere la sua attività. Ma esisterebbero altre dichiarazioni di Ganci, sino a ieri sera coperte da segreto, che chiamerebbero molto più pesantemente in causa l'ex numero uno di Publitalia. Perché — a ben vedere — le dichiarazioni pregresse, quella che abbiamo definito l'era giurassica degli accertamenti su Dell'Utri, sono il risultato di «voci di seconda e terza mano». Tanto che i giudici si erano limitati a registrarle, continuando a indagare, senza tuttavia assumere iniziative. Ricordiamo almeno quelle più significative.

Gioacchino La Barbera: «Tra il 1992 e il 1993 fui avvicinato da alcuni uomini Fininvest che avevano necessità di installare a Palermo ripetitori Tv. Non avevo le macchine adatte per lo spostamento terra e quel lavoro non lo feci io». Maurizio Avola: «Dell'Utri si sarebbe recato a una riunione nel messinese dopo l'incendio della Standa di Catania per concordare il pagamento del pizzo». Tullio Cannella: «Dopo l'arresto dei fratelli Graviano, nel '94, a Milano, corse voce nella cosca di non fare mai il nome di Dell'Utri...». E ai primordi di questa storia, Filippo Rapisarda: «Assunsi Marcello Dell'Utri nel '70, perché non si poteva dire di no a Gaetano Cinà che rappresentava il gruppo Bontade, Teresi, e Filippo Marchese. Bontade, Ugo Martello, Domenico Teresi, e Cinà [*tutti mafiosi, N.d.A.*] lo venivano a trovare negli uffici di via Chiaravalle. Dell'Utri diceva di aver co-

nosciuto questi boss per mediare le estorsioni a Berlusconi re-
lative all'impianto di trasmettitori televisivi a Palermo...». Salvatore Cancemi: «Dell'Utri è l'ambasciatore di Cosa Nostra in
Lombardia. Teresi, Bontade e i fratelli Grado erano di casa ad
Arcore...». Sullo sfondo — e si va davvero indietro negli anni
— l'enigmatico ruolo dello stalliere di Arcore, quel Vittorio
Mangano, da tempo in carcere per associazione mafiosa. Nei
prossimi giorni non si escludono clamorosi sviluppi.

(27 giugno 1996)

*Giuseppe Cipriani, sindaco di Corleone: «Togliamo i figli ai genitori
mafiosi»*

Continuando così, la catena mafiosa si riprodurrà all'infinito.
Riina junior, condannato a quattro anni e mezzo di carcere per
associazione mafiosa, getta una pesante ipoteca sul futuro, fa
impallidire la speranza che un giorno Cosa Nostra possa essere
considerata reperto archeologico da esporre nei musei. Il sindaco di Corleone, Pippo Cipriani, è preoccupato da questa storia che rischia di diventare infinita e avanza una proposta forte.
I figli innocenti – sintetizziamo – devono essere sottratti alle
«famiglie», con le buone o con le cattive. Poiché questo modo
di «sintetizzare» non rende sino in fondo giustizia al suo pensiero, ascoltiamolo.

Domanda. *Sindaco Cipriani, che impressione le ha fatto vedere un
ragazzo di 20 anni condannato per avere avuto un ruolo in un omicidio di mafia?*
Risposta. Ho provato amarezza, ma non stupore. La stessa
che provai il giorno in cui fu arrestato con quelle pesanti imputazioni. Le condanne non ci offrono mai motivo di soddisfazione. Naturalmente apprezziamo che le forze dell'ordine fanno il
loro dovere non guardando in faccia nessuno. Ma in un caso
del genere, ci rendiamo conto che la riflessione deve essere fortemente accelerata e che dobbiamo individuare strumenti che
ci mettano al riparo da altri "figli di Riina".
D. *Si avverte quasi il peso di una condanna biblica in alcune «fami-*

glie» di mafia. Stiamo forse dimenticando che hanno mantenuto questa identità di generazione in generazione?

R.   No, non lo dimentichiamo. L'unità di base di Cosa Nostra è la famiglia di sangue, quella che dà la continuità, che trasmette la sua subcultura. È difficilissimo per le nuove generazioni sfuggire a questa «ereditarietà». Se prendiamo l'albero genealogico dei Bagarella, per fare solo un esempio, vedremo che non si è mai salvato nessuno: i nonni, i padri, le madri, i fratelli, le sorelle, gli zii... A maggior ragione, dobbiamo lanciare una sfida: disarticolare questo sistema di trasmissione dei valori. E la sfida io la concepisco così: sfidare le «famiglie» mafiose sul tema della famiglia.

D.   *Un'utopia bella e buona, non le pare?*

R.   Dipende. Per quanto riguarda gli adulti è sin troppo ovvio che debbano pagare per i tremendi crimini commessi. Ma mi chiedo: gli innocenti possiamo salvarli in tempo? Possiamo bloccare queste donne che sono deputate a conservare gelosamente un «focolare» di misfatti e subcultura? Credo proprio di sì. Ricordo che quando Giovanni Riina fu arrestato, sua madre ebbe un momento di forte disorientamento. Forse, in quella occasione, le istituzioni non ebbero il coraggio di dirle: noi questi figli te li vogliamo salvare, a patto che anche tu faccia la tua parte di madre.

D.   *Sindaco, ricorderà che qualcuno ha teorizzato che i figli dovrebbero rinnegare i genitori mafiosi.*

R.   Non si può chiedere a un figlio di rinnegare il padre, anche se il padre è il criminale più efferato. Mi sembra estremamente difficile che si raggiungano simili forme di ribellione. Personalmente rimango del parere che non è facendo leva sui figli che si risolve il problema.

D.   *Ma sulle famiglie. E in che modo?*

R.   Le famiglie devono consentire alle istituzioni di recuperare e salvare i loro figli con progetti educativi mirati. Sottoponendoli – anche se la scelta della parola non è felice – a un autentico «bombardamento» di messaggi e valori che siano alternativi e di contrapposizione ai loro valori «tradizionali».

D.   *E se i mafiosi non ci stanno? Dovrebbero forse essere obbligati a «rieducare» i figli secondo le leggi del «nemico»?*

R.   In quel caso si porrebbe un problema. Un fatto ormai è certo: il contesto familiare non è una loro «riserva privata». So bene che stiamo parlando di sfere private delicatissime e che le polemiche sono in agguato. Ma questa concezione arcaica e primitiva della «famiglia» ha una ricaduta così pesante sull'intera collettività e sui ragazzi stessi, che le istituzioni dovrebbero comunque intervenire con provvedimenti di autorità.

D. *Vale a dire?*

R. Se tu famiglia non accetti di collaborare per stendere una cintura protettiva attorno ai tuoi figli ancora innocenti, io Stato te li posso sottrarre. Per inserirli in altri contesti, per affidarli magari anche ad altri parenti che mafiosi non sono, oppure in realtà totalmente diverse. La mia proposta, dunque, è quella di un istituto di tutela e non di imposizione verso i ragazzi. Alla lunga questa strada potrebbe portare allo scardinamento di questa cellula malata che è la famiglia di mafia.

D. *Collegi di Stato per figli di mafia?*

R. La parola collegio è troppo forte. Ma perché non congegnare strutture apposite, in contesti ambientali diversi dai paesi d'origine, che diano a questi ragazzi una speranza? Sarebbe un elemento di pressione forte sui familiari che ci penserebbero due volte a non collaborare: perderebbero i figli e si vedrebbero stigmatizzati come mafiosi non solo nelle aule di giustizia. Naturalmente, bisognerebbe continuare a fare leva sulla confisca dei patrimoni illegali che andrebbero utilizzati per fini sociali.

D. *Lei, proprio sull'«Unità», rivolse un appello a Totò Riina invitandolo al pentimento. La pensa ancora allo stesso modo?*

R. Sì. E ho l'impressione che certi attacchi, spesso pretestuosi, contro i pentiti, avevano anche lo scopo non dichiarato di impedire il pentimento «vero», quello che tutti ci aspettiamo, quello di Totò Riina. Un pentimento che per molti non sarebbe facile da digerire. Riina è una memoria storica, un archivio gigantesco. Siccome Cosa Nostra non è vissuta su Marte, chissà quali e quante collusioni scopriremmo se Riina decidesse finalmente di parlare.

(17 febbraio 1997)

Era un leguleio a tassametro. Trovava il «pelo nell'uovo» su commissione. Faceva deragliare le sentenze. Si vantava di non avere rivali in cavilli, bistrattava chi si opponeva alla sua «verità», costruiva collegi su misura, espelleva i reprobi, anticipava l'orientamento dei suoi verdetti, si avvaleva di una pletora di avvocati fidatissimi. Masticava migliaia di sentenze e le riduceva a piccolissime e insignificanti polpettine. E scarcerava a raffica, Corrado Carnevale. Scarcerava detenuti pericolosissimi, annullava processi, sabotava minuziosissime istruttorie, come se si divertisse a dileggiare corti e pubblici ministeri, colleghi questi che detestava con tutte le sue forze. Perché si comportava così? Perché era diventato il più autorevole referente di Cosa Nostra in Cassazione, dicono i giudici della Procura di Palermo che ora ne chiedono il rinvio a giudizio per concorso in associazione mafiosa. Corrado Carnevale è uno degli ultimi idoli del firmamento delle complicità politiche e istituzionali di Cosa Nostra che viene giù al termine di quasi cinque anni di inchieste delicatissime, complesse, discusse e ostacolate. Uno degli ultimi «intoccabili» chiamato a discolparsi per una gestione del suo ufficio che per una lunghissima stagione fece diventare grandi hotel le carceri italiane. È facilmente prevedibile il suo «non ci sto», la controffensiva difensiva che sarà questa volta incentrata sul pelo nell'uovo «pro domo sua», il fuoco pirotecnico delle precisazioni, delle rettifiche, delle ricostruzioni cronologiche di parte.

La lettura delle «mille pagine» ci restituisce un impianto accusatorio che non sembra destinato a cedere ai primi soffi di vento. Cominciamo dai «colleghi» di Carnevale, quelli che divisero con lui giorni e notti in camere di consiglio che avrebbero segnato la più recente storia giudiziaria italiana.

Vittorio Sgroi (ex PG di Cassazione): «Esisteva un partito del patriottismo della prima sezione, alcuni aderivano, altri andarono via perché non condividevano che gli orientamenti fossero così consolidati da rendere prevedibile la decisione su alcune questioni».

Antonio Brancaccio: «Alla prima sezione non ci voleva andare nessuno, c'era un orientamento omogeneo e compatto.

C'era una certa atmosfera, un certo spirito e chi era di diverso orientamento mi chiedeva di andare via. Carnevale disprezzava tutti, riteneva tutti inetti e incapaci, era arrogante... La sua conduzione politica del diritto era diretta alla ricerca dell'errore, alla ricerca spasmodica del punto debole, aveva un'avversione per i PM. Riusciva sempre a fare prevalere il suo punto di vista anche a costo di interminabili camere di consiglio». Roberto Modigliani: «È vero che c'era un gruppo di consiglieri chiamati da Carnevale a far parte dei collegi da lui presieduti. La composizione dei collegi, da chiunque fossero presieduti, era fatta sempre da Carnevale che designava anche il relatore per ciascun processo». Antonio Manfredi La Penna: «Lo stimavo perché era un giurista di grande preparazione e memoria. Ma come uomo non aveva alcuna disponibilità verso le manifestazioni di dissenso. Arrivava a dileggiare e disprezzare pubblicamente in camera di consiglio e nei corridoi chi osava contraddirlo». Lucio Del Vecchio: «Non c'era un vero e proprio partito della prima sezione, come dice Sgroi. Carnevale però non affermava una tesi ma una verità. Quello che diceva lui era la verità... Se sostenevo una tesi contraria l'indomani non mi salutava...». Vitaliano Esposito: «Carnevale nei casi più gravi non mancava di manifestare il suo disprezzo per l'operato dei giudici di merito e la loro professionalità». E ancora. Ugo Dinacci: «Sentivo una certa preoccupazione per eccessi di formalismo che conducevano a risultati negativi sul piano della giustizia sostanziale». Giorgio Lattanzi: «Le decisioni venivano assunte da Carnevale, specie gli annullamenti, come sfida alle aspettative di certi settori dell'opinione pubblica». Unica voce difforme, quella di Umberto Toscani: «Non c'era una particolare difficoltà nel sostenere tesi dissenzienti».

Questo è il grande ritratto disegnato dai colleghi ed è una delle parti inedite della richiesta di rinvio a giudizio. Dei pentiti, in qualche modo, già si sa. In tutto, dodici. Mutolo: «Era il nostro punto di riferimento. Aveva trovato la formula per annullare, cercando il pelo nell'uovo». Marchese: «Mio cognato Bagarella mi disse che per me, imputato per la strage di Bagheria, il cui processo era all'esame di Carnevale, non c'erano problemi. Bagarella mi disse che la fonte era l'avvocato Angelo Bonfiglio, che era parente, non so in quale grado, di Carnevale». Di Maggio: «Riina mi mandò dai Salvo perché contattassero il comune amico Andreotti in vista del maxiprocesso». Mannoia: «È sempre stato avvicinabile. Era vecchio amico di Francesco Madonia, detto "Ciccino", vecchio boss di Vallelunga e padre di Giuseppe Madonia. Attraverso lui e suo figlio si sono sempre avuti contatti con Carnevale». Di Matteo: «Sentii dire Brusca a Pullarà che doveva andare a Roma a portare soldi a una persona di cui non fu fatto il nome per l'esito del maxi processo. Brusca poi mi disse che a questa persona, in tutto, erano stati dati 300 o 400 milioni». Cancemi: «Vittorio Mangano [lo stalliere di Arcore N.d.R.] mi disse che Andreotti era intimo di Carnevale». Lima: «Carnevale era avvicinabile. E questo si sapeva». Barbagallo: «L'avvocato Nino Mormino ci disse che quando il maxi sarebbe arrivato in Cassazione non ci sarebbero stati problemi per Lorenzo Di Gesù [boss N.d.R.] ...». Di Filippo: «Andai a Roma con un uomo d'onore per contattare un cancelliere di Cassazione». Brusca: «Mi sono recato dai Salvo su incarico di Riina per aggiustare il processo Basile. La speranza era racchiusa in Salvo e nel binomio Lima-Andreotti».

Storie di processi «aggiustati» e di processi – come il maxi – salvati per il rotto della cuffia. Lo scandalo del processo ai killer del capitano dei carabinieri Basile, con una mezza dozzina di gradi di giudizio. E il «pelo nell'uovo»: un mancato avviso ai difensori che la Cassazione, in altri sei casi, aveva considerato una «irregolarità» ma non tale da invalidare il processo. E una sola sentenza «contraria»: ripresa integralmente da Carnevale. Altamente drammatiche le testimonianze dei giudici coinvolti nello scandalo del processo Basile. Una per tutte, quella di Manfredi La Penna: «Quella camera di consiglio fu l'esperienza professionale più drammatica e sconvolgente che abbia vissuto. Tornai a casa sconvolto. Sono pronto a parlare in caso di processo e sotto giuramento».

Ma anche la scarcerazione, per «decorrenza termini», di Michele Greco e altri 42 boss. Decisione – ovviamente – di Carnevale. E in quel caso, la Procura di Palermo è in grado di dimostrare che lo zelante e precisissimo Carnevale sbagliò – volutamente – i calcoli scaricando la responsabilità sul relatore, Paolino Dell'Anno. E la storia del maxiprocesso che poi fu tolto dalle mani di Carnevale. Ma lui, si legge nella richiesta di rinvio a giudizio, non era l'unico referente dei boss.

Giovanni Falcone diede incarico a Liliana Ferraro, Gian Nicola Sinisi e Loris D'Ambrosio, di «monitorare» dodicimila e 250 sentenze di Cassazione. E di fronte alle sconvolgenti conclusioni commentò: «Di queste questioni si può morire». Il monitoraggio, infatti, dava sempre i nomi degli avvocati Giovanni Aricò, Alfredo Angelucci ed Enzo Gaito (anche lui indagato per concorso esterno), quali patrocinatori dei boss.

Claudio Martelli ha rilevato che, nei processi di mafia, anche i giudici erano quasi sempre gli stessi cinque. E ha aggiunto che: «Claudio Vitalone era la longa manus di Andreotti, alla Procura di Roma come in Cassazione».

Carnevale è stato a lungo intercettato. Sono noti i suoi giudizi su Falcone e Borsellino: «Due dioscuri con professionalità prossima allo zero...». E dopo le stragi: «Quel cretino di Falcone... I morti li rispetto, certi morti no». Nelle «mille pagine» c'è anche un violentissimo faccia a faccia proprio con Vitalone. Si smentiscono a vicenda e – guarda caso – sul nome di Giulio Andreotti.

(24 luglio 1997)

La sentenza per la strage di Capaci

Sentenza che entrerà nei libri di storia. Sentenza coraggiosa, difficilissima, limpida. Sentenza che dice pane al pane e vino al vino. Sentenza che dice ai colpevoli di strage: per voi c'è l'ergastolo. Ma sentenza che commina anche nove assoluzioni, per quegli «uomini d'onore» che in quella strage non ebbero un ruolo. Sentenza, dunque, che manda in pezzi i teoremi. Che chiude tutte le scorciatoie possibili. Lo Stato di diritto contro gli stragisti che fecero a pezzi Giovanni Falcone, Francesca Morvillo, Antonio Montinari, Rocco Di Cillo, Vito Schifani.

Sentenza letta, con parole che sembravano incise nel granito, dal presidente Carmelo Zuccaro, alle 10 e 10 del 26 settembre 1997, cinque anni dopo Capaci; dopo venticinque giorni di camera di consiglio; e mentre le gabbie sono vuote, e vaga solo Pietro Aglieri alla gabbia numero uno; mentre gli zoom sono puntati sulla corte, mentre il dispositivo si riflette sulle facce dei difensori, dei pubblici ministeri, dei parenti delle vittime, del giudice a latere Maria Grazia Arena; ed è un'infinita gamma di reazioni; mentre il pensiero di tutti, colpevoli e innocenti, autori del fatto criminale o giudici, non può che correre al giorno dell'Apocalisse, il giorno del cratere sull'autostrada, il giorno che sembrò spezzata per sempre la speranza degli «italiani onesti».

E sentenza che chiude un «doppio» processo. Non solo, ovviamente, ai colpevoli di strage. Ma anche alla «credibilità» di Brusca. Giovanni Brusca e il suo avvocato, Luigi Li Gotti, sono i due grandi vincitori. Hanno combattuto in solitudine, ora escono dal tunnel. Non solo la corte non infligge l'ergastolo all'uomo che premette il telecomando, ma non gli dà nemmeno quei trent'anni chiesti dall'ufficio del pubblico ministero. Ventisei anni per Giovanni Brusca. Meglio non gli poteva andare. Segno che la corte non si è fatta né intimidire né influenzare dal «partito dei linciatori» di Giovanni Brusca che nelle ultime settimane era apertamente venuto allo scoperto – anche sui giornali – inscenando una colossale campagna di denigrazione. Di più. Il «teorema Buscetta» viene accolto, ma proprio accogliendo quella lettura critica del teorema formulata da Giovanni Brusca. È in quella lettura critica che va cercata la ragione delle nove assoluzioni, altrimenti incomprensibili.

Badate bene: il presidente Zuccaro non applica per Brusca l'articolo 8, quello che implicitamente riconosce all'imputato lo status di pentito. Il presidente sembra voler dire: non sta a questa corte rilasciare definitivi «patenti» e «passaporti». Sta a questa corte, però, dire se Giovanni Brusca ci è parso credibile sulla sua ricostruzione di «questa» strage, in «questo» processo, rispetto a «questi» imputati.

Il presidente Zuccaro ieri ci ha detto: i processi si fanno nelle aule di giustizia. Non negli studios televisivi. Non con le interviste dei pubblici ministeri. Non con la distillazione dei «veleni». Non dentro le sedi dei partiti. Una lezione che non potrà non lasciare il segno.

Massima pena per Totò Riina, «u curtu». Massima pena per Bernardo Provenzano, «binnu». Massima pena per Pietro Aglieri, «u signurinu». Massima pena per Leoluca Bagarella, «u

leoluchino». Massima pena per Nitto Santapaola, «u cacciatore». Massima pena per Pippo Calò, «u cassiere». Massima pena
per Salvatore Biondino, «u driver». Massima pena per Pietro
Rampulla, «l'artificiere».

Massima pena per Antonino Geraci, Filippo Graviano,
Matteo Motisi, Raffaele Ganci, Giuseppe Madonia, Carlo
Greco, Michelangelo La Barbera, Benedetto Spera... Ergastolo, dunque. 24 ergastoli, per l'esattezza. Ergastolo per chi
mise l'esplosivo. Ergastolo per chi pedinò il corteo delle auto
blindate. Ergastolo per chi intercettava le telefonate. Ergastolo per chi disse «sta arrivando». Ergastolo per tutti quelli
che, quel giorno, non vollero rinunciare a un «posto in prima
fila».

Certo. Ci sono voluti sessantaquattro mesi perché fosse fatta giustizia. Sessantaquattro mesi di tiro al piccione sui pentiti.
Sono 27 ad avere riferito su Capaci. Sei gli imputati direttamente coinvolti. Hanno retto. Hanno superato il vaglio delle
indagini, dei riscontri, delle ricostruzioni certosine, tassello dopo tassello, milioni di parole, forse miliardi di parole che dovevano andare a comporre un immenso arazzo che neanche in
un punto poteva apparire rattoppato.

Ci sono voluti sessantaquattro mesi per piegare il gotha di
Cosa Nostra. Possono solo restarsene in cella, rinunciando – oggi – al «posto in prima fila». Gabbie vuote, dicevamo. Unica eccezione Pietro Aglieri che fra «pentimenti religiosi», «crisi mistiche», lettura di testi sacri, vorrebbe parlare al «cuore» dei cre-
denti tenendo però ancora la bocca rigorosamente cucita su tutte le cose che sa. Il presidente Zuccaro gli infligge l'ergastolo.

Non si brinderà a champagne nelle sezioni delle carceri
sparse in tutta Italia. Si brindava invece quando cadevano le
vittime, quando il kalashnikov falciava gli innocenti, i servitori
dello Stato, uomini e donne che «dovevano morire». Cosa Nostra – lo ha detto Giovanni Brusca – tre giorni fa a Rebibbia, al
processo Lima – è stata «Morte continua». Ci sembra che di
quest'organizzazione criminale non sia mai stata data definizione più efficace, più sintetica, più tremenda.

Verrà il tempo in cui conosceremo il testo completo della
sentenza del presidente Zuccaro e della sua corte. Sarà più materia per avvocati. Qui, oggi, segnaliamo che i sei collaboratori

di giustizia hanno ricevuto condanne comprese fra i tredici e i ventuno anni. Ciò significa che questa corte sa che lo strumento del «pentitismo» è grimaldello indispensabile per scardinare le saracinesche blindate dei santuari. Eppure questa sentenza vuole mantenere una «misura», il rispetto di uno «stile». Neanche a Salvatore Cancemi, che invece, a differenza di Brusca, è inserito a pieno titolo nel «programma di protezione», vengono riconosciute le attenuanti previste dall'articolo otto.

Ad ascoltare la sentenza c'è Alfredo Morvillo, il fratello di Francesca, sostituto procuratore. E c'è Anna Falcone. Non sanno trattenere qualche lacrima. E anche loro, mantenendo uno «stile», una «misura», gireranno le spalle a cronisti e spot, telecamere e microfoni e teleobiettivi: la «massima pena» ai carnefici non riporta in vita i propri cari.

Pietro Aglieri ciondola la testa. Avrà pregato stanotte? Gli sarà balenato nella mente, solo per un momento, il lampo di un possibile pentimento vero? Ora che ha sentito la voce della giustizia, quella degli uomini, quella terrena, vorrà far sentire la sua? Se lo facesse, anche il suo «pentimento» di fronte a Dio avrebbe un suono più sincero.

Dicevamo: due processi in uno. Il «fattore Brusca» pesa fortemente. Giovanni Tinebra, procuratore capo a Caltanissetta, è soddisfatto per la sentenza nel suo complesso. Ma se ne avverte l'imbarazzo, ne cogliamo i tratti tirati del volto. Appena una settimana fa, i procuratori nisseni del processo per la strage di via D'Amelio, in ripetute interviste giornalistiche e televisive, avevano sparato a zero contro Giovanni Brusca. Clima pesante, se non altro perché proprio in quei giorni venivano pubblicate sull'«Unità» le pesanti notizie che riguardavano Silvio Berlusconi nel quadro del processo di Firenze sulle stragi del 1993 e chiamavano in causa anche Brusca. In un'intervista, l'avvocato Luigi Li Gotti mi aveva manifestato tutte le sue perplessità di fronte a un attacco tanto violento contro il suo assistito. E mentre – aveva ribadito Li Gotti – c'era una corte in camera di consiglio che di queste cose stava discutendo, non di altro.

Si intuisce che il procuratore Tinebra oggi farebbe volentieri un passo indietro. Dice infatti: «quello era un giudizio su Brusca in un processo, in un certo momento storico. Oggi è un altro processo, il momento storico è diverso». Sono contenti Paolo

Giordano e Luca Tescaroli, i due pubblici ministeri d'udienza che in Brusca avevano comunque creduto, portandolo in aula.

Sono presenti tanti parenti degli uomini della scorta di Giovanni Falcone. C'è il presidente della Provincia di Palermo, Pietro Puccio. Non c'è il sindaco di Palermo Leoluca Orlando. E non c'è Maria Falcone, l'altra sorella di Giovanni, trattenuta a Palermo da un convegno. E fra i grandi assenti, ieri, c'erano i «mandanti», quei «mandanti a volto coperto», «gli incappucciati» della strage, che proprio Maria Falcone vorrebbe processati. Comprensibile?

È tema spinoso, questo dei «mandanti». Ma sarebbe ingeneroso nei confronti della corte, presieduta da Carmelo Zuccaro, addebitare a «questo» processo l'assenza dei «mandanti». In questo processo si processava il vertice di Cosa Nostra. E poi, come si fa – e anche Maria Falcone ha scelto quest'impostazione – a sparare a zero su Giovanni Brusca? Cioè proprio su chi, ogni volta che ha tentato di aprire bocca sui «mandanti a volto coperto», è stato perentoriamente zittito dal coro dei linciatori? Quanto ad Anna Falcone, che ha perfino invocato la «pena di morte», è sufficiente ricordare che Giovanni Falcone, sino alla fine dei suoi giorni, si avvalse degli strumenti di uno Stato di diritto. E uno Stato di diritto, di «pene di morte» e capestri non sente alcun bisogno.

Laconico, ieri, l'avvocato Li Gotti: «la sentenza dice che Brusca non è un depistatore». E poiché in almeno altri tre processi per mafia, Brusca, in sentenza, ha ricevuto già il trattamento di favore ricevuto a Caltanissetta, si fa facile previsione nel dire che anche gli altri grandi processi (Andreotti, Dell'Utri, Firenze per le stragi) finiranno col risentire fortemente di quanto è accaduto ieri.

Si ricorderà che, proprio all'indomani del pollice verso di Caltanissetta, la Procura di Palermo aveva adoperato ben altre parole e ben altri giudizi sulle rivelazioni di Giovanni Brusca. Altre pagine saranno scritte nelle aule di giustizia. Ieri, ha tagliato il traguardo un processo che cinque anni fa non era neanche immaginabile.

(27 settembre 1997)

Il quesito è questo: si indebolisce un'antimafia che arresta un pentito di mafia per concorso in omicidio di mafia? O si rafforza?

Diranno: ma questo non è un pentito «qualunque». Diranno: ma questo è un «campione» del pentitismo, un fuoriclasse della delazione. Diranno: è l'uomo che ha lanciato una audacissima sfida al buon senso raccontando del «bacio» fra Totò Riina e Giulio Andreotti. E diranno anche: il divario morale fra lo statista apprezzatissimo, il fine politico di vaglia, l'uomo-immagine della politica italiana per mezzo secolo e l'untore a pagamento, il delinquente prezzolato (non era lui quello dei 500 milioni?), il fantasista che recita a soggetto, ormai è di evidenza solare. Diranno anche che quando c'è una vittima, di regola, bisogna trovare il «carnefice». E chi, se non Balduccio Di Maggio, sembra ora tagliato apposta per indossare gli abiti del «carnefice»?

Diranno, diranno. Diranno anche che questa pessima storia di faide di paese è l'ultimo stonato canto del cigno d'un'antimafia incapace di scoprire le verità senza la stampella di cento gole profonde.

E se oggi, invece, quest'«antimafia», proprio in seguito alla cattura di Balduccio Di Maggio, stesse dando una delle prove più alte della sua professionalità e della sua laicità? Solo chi non confonde il piano della credibilità con quello dell'innocenza e della colpevolezza, oggi è in grado di vedere quale atto di coraggio intellettuale (l'iniziativa penale, invece, è obbligatoria) rappresenti, per la Procura di Palermo, non chiudere neanche un solo occhio di fronte ai comportamenti criminali di uno dei testimoni più significativi del cosiddetto «processo del secolo».

Intendiamoci. L'arresto di un pentito non è una novità. Non abbiamo dimenticato Salvatore "Totuccio" Contorno che spacciava dosi di eroina ai *viados*, fra una deposizione processuale e l'altra. Non abbiamo dimenticato Giuseppe Ferone che a Catania spediva i suoi killer per cimiteri a regolare vecchi conti di «famiglia», fra una deposizione processuale e l'altra. Né abbiamo dimenticato il terzetto di collaboratori che svaligiavano banche e negozi, fra un'udienza processuale e l'altra.

Collaborare con la giustizia, svelare i segreti dell'organizzazione criminale alla quale si è appartenuti – e qualcuno, magari, fa fatica a staccarsene per sempre –, ricostruire migliaia di pagine nere con nomi, date e moventi; ecco, tutto ciò non è sinonimo né di «conversione» né di scoperta di valori deamicisiani.

Augurarsi e fare il possibile che ciò accada, è sacrosanto. Pretenderlo, o darlo per scontato, sarebbe come dire che il «malato cronico» (tornato di moda in questi giorni), in via di miglioramento, debba essere – per decreto del medico – al riparo da qualsiasi ricaduta.

Abituiamoci a considerare i «collaboratori di giustizia» per quello che sono, alla stregua di «malati cronici», appunto. Eviteremo tutti tante delusioni, tanti disappunti, e tante polemiche sciocche e pretestuose. L'avvocato Luigi Li Gotti, che di «collaboratori» se ne intende, l'ha definita la «ricaduta nel delitto». E il rischio di ripiombare dentro le sabbie mobili, dove la sopravvivenza è regolata solo da cappa e spada, è reale, costante, e dotato di una sua tremenda capacità attrattiva.

Alle 20 di lunedì, nell'aula bunker di Santa Verdiana, a Firenze, a conclusione della prima parte della deposizione di Giovanni Brusca sul suo delitto più orrendo, sequestro e morte di un ragazzino di quindici anni, Alfonso Sabella, il pubblico ministero, ha osservato: «quella di Giovanni Brusca è stata una deposizione limpida, solare, pulita». Voleva dire che, a suo giudizio, Brusca si è caricato sulle spalle tutte le sue responsabilità, quelle che per sua stessa ammissione («ne ho fatte di cotte e di crude») gli pesano di più. Può dunque essere «limpida, solare, pulita» la deposizione processuale persino del più incallito delinquente.

I pentiti, non sono tutti uguali. Ognuno – ci si scusi la ovvietà – è un libro che va letto dalla prima all'ultima pagina. Con la lente di ingrandimento, quando anche una sola parola non convince. Non esiste infatti un'unica testuggine composta da pentiti e protetti da un gigantesco e indifferenziato scudo collettivo.

Quando questa diventerà una verità acclarata e indiscutibile per tutti, otterremo il risultato – che non è poca cosa – di trattare il cosiddetto «pentitismo» mafioso per quello che effettivamente è e deve essere: uno strumento giudiziario di conoscenza dall'interno di un'organizzazione criminale che nacque segreta; e non per caso. Il «pentitismo» è solo questo.

Ecco perché, al quesito iniziale, ci sentiamo di rispondere che quest'antimafia, capace di imporre la «legge» anche a chi magari collabora con la «legge», a stretto contatto di gomito, oggi si è rafforzata con la cattura di Di Maggio.

Dura lex, sed lex. E anche Di Maggio, a San Giuseppe Jato, non potrà più cavarsela dicendo: «mi manda Picone».

(15 ottobre 1997)

Parla Brusca a Firenze, al processo per le stragi: «Ci fu trattativa fra lo Stato e Riina»

«Signor Bagarella, ma questa trattativa ci fu o non ci fu?»
«E lo chiede a me? Lo chieda a lui.»
«Lui ne sta parlando da mezz'ora. Dice che lei era informato.»
«Quello è un mostro...»
«Dunque, lei della trattativa non ha mai saputo nulla?»
«Quello è un bastardo. Ma lei cos'è? Giornalista? Ah... Mi raccomando: senza sbagliare a scrivere.»
«Ha detto bastardo. O no?»
«Bastardo. Bastardo.»

Alla gabbia numero uno c'è Leoluca Bagarella, visibilmente ingrassato. Si è fatto crescere dei folti baffi. Sfoggia un pullover verde petrolio. Solita giacca nocciola. Ci siamo. Firenze, grande processo sulle stragi del 1993. I preliminari dell'udienza sono agghiaccianti: Cosa Nostra, nel suo delirio stragista, prese in considerazione persino l'idea di immettere confezioni di brioches avvelenate nei supermercati; e di disseminare le spiagge con siringhe infette (Cosa Nostra aveva già fatto rifornimento di sangue infetto). Era il progetto «terrore». Ma non è che l'inizio.

Giovanni Brusca affronta il tema dei temi, l'argomento degli argomenti, la grande madre – se così si può dire – di tutte le complicità. Quella dello Stato con Cosa Nostra.

Picchia duro, il «mostro». Picchia duro, il «bastardo».

Pensate: Bagarella, di Brusca che sta parlando a pochi metri da lui, non dice: pazzo, visionario, bugiardo. E neanche infame, o traditore, o disonesto... Lo chiama «mostro» e «bastardo». Quasi a volere esorcizzare, con la potenza delle parole, il tremendo segnale che Giovanni Brusca sta dando. Brusca sta dicendo la verità. Brusca sta svelando gli altarini più reconditi di Cosa Nostra. Brusca sta afferrando il toro per le corna. Il toro, questa volta, è Riina. E a Bagarella, che di Riina è sempre stato il fiduciario, di un Brusca pentito, non resta che dire «mostro», «bastardo».

Vogliamo sapere cosa dice Brusca? Brusca dice che dopo le stragi, dopo l'uccisione di Falcone e Borsellino, insieme a una decina fra uomini e donne delle scorte, ci fu telefono aperto fra la mafia e lo Stato. Che i due – Riina e lo Stato – si parlarono. Che la trattativa non andò a buon fine. Ma assunse altre forme. E solleva parecchi interrogativi proprio sulla clamorosa cattura di Riina.

Il pubblico ministero Gabriele Chelazzi, procede lentamente. Con le sue domande non lascia campo alle contraddizioni, alle incertezze, alle zone d'ombra. Ha una pazienza cinese, Chelazzi, nelle sue domande. Ha una pazienza cinese, Brusca, nelle sue risposte.

Punto per punto, virgola per virgola, parola per parola, i due «cinesi» dialogano fra loro. A che nulla rimanga ambiguo. Avrebbero dovuto assistere a questo interrogatorio certi coccodrilli del pentitismo, per imparare quale possa essere il contributo di conoscenza sulle organizzazioni criminali da parte dei diretti interessati. Certi opinionisti, certi commentatori del «dopo teatro» dovrebbero, almeno una volta nella vita, assistere al rito di un interrogatorio e poi sentenziare su una legislazione delicatissima e complicata. Stranamente, invece, ieri si registravano tantissime assenze da parte della grande informazione. Ma torniamo al «mostro», al «bastardo».

Dice il «bastardo»: «Dottor Chelazzi, lei vuole che le parli del cosiddetto "papello". Era successa la strage di Falcone e quella di Borsellino. Dopo un po' di tempo incontrai Totò Riina. Gli dissi: "Come va?" Mi rispose: "Si sono fatti sotto". Io, per educazione e per rispetto, non chiesi nulla. Ero abituato a vedere Riina come uno che si muoveva per il bene di tutta l'organizzazione. E lui aggiunse: "Si sono mossi i servizi segreti per la mia cattura". Gli risposi: "Zu Totò, non vorrei un tranello sotto la porta...". "No" mi rispose lui "tutto a posto. Gli ho fatto la richiesta. Gli ho fatto l'elenco dei patti. Gli ho fatto un papello tanto." E mi indicò con le mani quanto era grande l'elenco delle sue richieste».

Chelazzi, pur senza spezzare il filo del collaborante, chiede, sollecita: «Cosa fu questa "trattativa"? E cosa ne sa Brusca?». Brusca apre scenari: riapertura dei processi, legge Gozzini, carcere duro... Brusca spiega che, durante la fase trattativista, Riina «ci ha messo il fermo» su stragi e delitti. In altre parole, una specie di «fermo biologico», in attesa che lo Stato si pronunciasse.

Qualche tempo dopo questo colloquio, sarà Salvatore Biondino, per conto di Riina, a fare sapere a Brusca «che ci vorrebbe un altro colpettino. Perché gli hanno presentato il conto. Ma gli sembra troppo caro». E Brusca andò all'idea di uccidere Pietro Grasso, che era stato giudice a latere del primo grande maxiprocesso. Il delitto venne poi scartato, dallo stesso Brusca, per difficoltà di carattere tecnico.

Ma la versione di Biondino fu confermata, qualche settimana dopo, da Riina in persona. In un successivo colloquio con Brusca, il boss dei boss affermò testualmente: «Non vogliono accettare. Gli viene troppo duro. È troppo oneroso». Chelazzi non molla: ma lo Stato, da questa trattativa, cosa poteva aspettarsi? Brusca: «Era sottinteso che se le richieste di Riina fossero state soddisfatte noi avremmo smesso con le stragi...».

Precisazione fondamentale: tutto questo accadeva perché ormai Riina era riuscito a liberarsi di Falcone e Borsellino: «Falcone e Borsellino andavano eliminati comunque». Chelazzi: Brusca lesse il "papello"? Risposta: «Non so cosa c'era scritto. Non so dove avevano cominciato. Non so dove erano arrivati. E non so dove si erano interrotti».

Ci fu la cattura di Riina. Il 15 gennaio del 1993. Almeno è questa la data riportata negli annali dell'antimafia. Nel febbraio-marzo di quell'anno – insiste Brusca – ci fu un incontro con Bernardo Provenzano e Leoluca Bagarella. Lui stesso era presente. Bagarella dimostrò di essere a conoscenza della trattativa: «Provenzano fece finta di cascare dalle nuvole, come era suo solito». A questo punto, il pubblico ministero Chelazzi chiede e si chiede: ma chi erano questi interlocutori di Riina? «Chi c'era dall'altra parte del tavolo?»

E Brusca netto: «So che c'erano. Ma non so chi erano. Potevano essere magistrati o carabinieri, massoni o poliziotti o procuratori della repubblica. Potevano essere di tutto. C'erano. Questo è sicuro».

Ma c'è un passaggio delicatissimo della ricostruzione di Brusca. Riguarda proprio la data del 15 gennaio del 1993: «So per certo che quel giorno doveva esserci una riunione di vertice di Cosa Nostra per discutere dell'andamento della "trattativa". Non credo che fu un caso che Totò Riina fu arrestato proprio quel giorno». Per uno come Brusca le parole – da pentito – hanno un grande peso. Come dovevano avere un grande peso – da «uomo d'onore» – fatti, azioni, gesti concreti. Se Brusca dice che non è casuale che Riina fu arrestato proprio quel giorno, una ragione dovrà pur esserci. Infatti. Ieri, nell'aula bunker di Santa Verdiana, è andato tranquillamente per la sua strada anche su questo punto. «Presidente» ha detto rivolgendosi al presidente della prima corte d'assise di Firenze, Armando Sechi «ho forti dubbi sul fatto che Balduccio Di Maggio sia stato arrestato in Piemonte come si è sempre detto. C'era una squadra di Cosa Nostra che agiva nel nord Italia. Io stesso cercavo da tempo Di Maggio. E so che in quel periodo Di Maggio non era in Piemonte.» Poi, quasi a volere ribadire un concetto destinato a lasciare il segno, Brusca rincara: «Posso svolgere le mie considerazioni, se me ne sarà data l'occasione, sia sull'arresto di Riina che sul ruolo di Balduccio Di Maggio».

Si cominciano a tirare le fila del primo giorno d'interrogatorio di Giovanni Brusca.

È esistito un piano di relazioni Stato-Cosa Nostra all'indomani di Capaci e via D'Amelio? Sì. (E a modo suo, anche se non con la ricchezza di particolari di Brusca, ne aveva parlato anche il pentito Gaspare Mutolo). Con chi trattò Riina? Non lo sappiamo. Ma non dobbiamo dimenticare che recentemente, proprio il colonnello Mario Mori comandante del ROS, in un'intervista che non è passata inosservata, ha espresso analoghi concetti.

Ha parlato di «trattativa» che lui ha condotto per arrestare Riina. Ha parlato del ruolo che avrebbero avuto i Ciancimino (padre e figlio) in questa caccia al latitante. Ha spiegato – dal suo punto di vista – perché il covo di Riina non venne mai perquisito dagli uomini del ROS. Insomma, il comandante ha descritto uno scenario da «trattativa» che potrebbe avere più di un punto in comune con quello disegnato da Brusca nell'aula di Santa Verdiana.

Ma Brusca ha dubbi sulle date, sui luoghi degli arresti, sulle modalità delle operazioni. Sembra di assistere al contemporaneo svelarsi dello stesso segreto da parte di due protagonisti schierati su parti diverse della barricata. Di certo potrebbe esserci – ormai – che la «resa» di Riina fu contrattata.

Non dimentichiamo che la cattura del boss fu curiosamente preceduta dal rientro a Corleone della sua famiglia sempre vissuta in latitanza. E che tempo prima erano tornati a Corleone i Provenzano. Con quali garanzie di incolumità? È una storia, questa della cattura di Riina e della «non» cattura di Provenzano, che deve ancora essere svelata e raccontata. Esattamente domani ricorre il quinto anniversario dell'arresto di «don» Totò. Si aprono ormai tanti archivi nel mondo.

Sarebbe interessantissimo se venissero aperti gli archivi per rispondere a questi interrogativi: come andò la autentica cattura di Riina; quale fu il prezzo pagato dallo Stato; quale ruolo ebbe Bernardo Provenzano; cosa conteneva la cassaforte di Riina; dove sono finiti i documenti segreti di «don» Totò. Non sono tutti gli interrogativi. Ma potrebbero bastare. Se poi potessimo sapere che c'era scritto nel «papello» di cui parla Brusca e a chi andò, la verità farebbe un bel passo avanti. Forse ci vorrà solo pazienza.

(14 gennaio 1998)

CRONOLOGIA

21 luglio 1979: Boris Giuliano, capo della squadra mobile di Palermo, viene assassinato in un bar sotto casa da un killer solitario. Poco tempo prima il poliziotto aveva scoperto alcuni canali del traffico dell'eroina fra la Sicilia e gli Stati Uniti.

25 settembre 1979: agguato sotto l'abitazione del giudice Cesare Terranova che rimane vittima di un'autentica tempesta di colpi d'arma da fuoco insieme al suo fedele accompagnatore, il maresciallo Lenin Mancuso. Terranova, dopo aver fatto parte della commissione parlamentare antimafia, tornava a Palermo con l'intenzione di riprendere la sua attività di magistrato. E aveva già presentato domanda per andare a dirigere l'ufficio istruzione.

4 maggio 1980: durante la festa del Crocifisso, i killer sbucano dalla folla all'improvviso. Emanuele Basile, il capitano della compagnia dei carabinieri di Monreale, cade colpito a morte. Si salvano la moglie e la bambina di 5 anni che l'ufficiale tiene in braccio. Basile stava indagando sull'uccisione di Boris Giuliano.

6 gennaio 1980: Piersanti Mattarella, democristiano, presidente della Regione Siciliana si mette alla guida della sua 132, a fianco, sua moglie. Si stanno recando a messa. Un killer, con calma, si accosta al finestrino del guidatore e inizia a sparare. Mattarella morirà in ospedale, mezz'ora dopo. La mafia non gli perdonò la sua volontà di bonificare la palude degli appalti regionali per le opere pubbliche.

6 agosto 1980: Gaetano Costa, procuratore capo di Palermo, viene sfigurato dai proiettili di un killer che gli spara alle spalle. Costa stava passeggiando nella centralissima via Cavour a poche centinaia di metri dalla sua abitazione. Qualche mese prima aveva firmato in solitudine, contro il parere di alcuni dei suoi sostituti, gli ordini di cattura contro i clan della mafia siculo americana.

30 aprile 1982: trucidati Pio La Torre, segretario del Partito Comunista siciliano, e Rosario Di Salvo, il suo autista e uomo di fiducia. Pio La Torre si era distinto nella mobilitazione popolare contro l'installazione di una base missilistica a Comiso (provincia di Ragusa) e nella presentazione di un disegno di legge che, se approvato, avrebbe finalmente consentito ai giudici di indagare sui patrimoni bancari delle cosche mafiose.

3 settembre 1982: strage di via Carini, a Palermo. Almeno una decina di killer per assassinare Carlo Alberto Dalla Chiesa, prefetto del capoluogo siciliano, sua moglie Emanuela Setti Carraro, e l'agente Domenico Russo. Dalla Chiesa si era insediato all'indomani dell'uccisione di Pio La Torre. Ma la mafia, sin dal giorno del suo arrivo, fece capire in tutti i modi che non gradiva la sua presenza. Dalla Chiesa fu lasciato solo dai poteri romani che non vollero mai concedergli quegli strumenti da lui richiesti per combattere il fenomeno criminale.

14 novembre 1982: 5 colpi di pistola calibro 38 per Calogero Zucchetto, giovane poliziotto della sezione investigativa della Squadra Mobile di Palermo. Era uno dei migliori quando si trattava di dare la caccia ai latitanti mafiosi.

26 gennaio 1983: colpi di mitragliatrice e di pistola, a Trapani, per Gian Giacomo Ciaccio Montalto. Era il magistrato di punta che indagava sulle cosche dell'eroina agguerritissime in quella provincia.

29 luglio 1983: strage di via Pipitone, a Palermo. Per assassinare il giudice Rocco Chinnici Cosa Nostra adoperò un'auto-bomba. Insieme a Chinnici vengono massacrati i carabinieri Mario Trapassi e Edoardo Bartolotta, il portinaio di casa Chinnici, Stefano Lisacchi. Rocco Chinnici era il capo dell' ufficio istruzione del tribunale di Palermo e l'amico fraterno del procuratore Gaetano Costa. I responsabili dei due uffici giudiziari, per la prima volta, si muovevano in sintonia contro le cosche.

2 aprile 1985: strage di Pizzolungo, alla periferia di Trapani. La mafia fa esplodere un'auto piena di tritolo per uccidere il sostituto procuratore Carlo Palermo, che riesce a salvarsi. Muoiono Barbara Asta e i suoi due figli gemelli.

28 luglio 1985: Beppe Montana, funzionario della squadra mobile di Palermo, era il dirigente della sezione che dava la caccia ai latitanti mafiosi. Lo uccidono a Porticello, località balneare a pochi chilometri da Palermo. Montana aveva trascorso la giornata in compagnia della fidanzata e di alcuni amici.

6 agosto 1985: Ninni Cassarà, dirigente della squadra mobile di Palermo, viene assassinato da una dozzina di killer insieme a Roberto Antiochia, giovane poliziotto tornato dalle ferie proprio per coprire le spalle a Cassarà, in un momento reso incandescente dall'uccisione di Beppe Montana. Cassarà era sulle tracce degli assassini del collega e amico Beppe Montana.

10 febbraio 1986: è la data d'inizio del maxi processo a Cosa Nostra. Per la prima volta quasi 500 imputati per mafia vengono portati alla sbarra. Si erano rivelate decisive, per istruire quel processo, le clamorose confessioni di Tommaso Buscetta e Totuccio Contorno che poi vennero seguiti, sulla strada del «pentimento», da decine e decine di mafiosi.

7 ottobre 1986: un colpo di pistola in faccia per Claudio Domino, bambino di 11 anni, che forse aveva assistito, nella borgata palermitana di San Lorenzo, a un sequestro di persona. L'impressione e l'orrore per questo delitto furono enormi.

10 gennaio 1987: un articolo dello scrittore Leonardo Sciascia, pubblicato dal «Corriere della Sera», dal titolo «I professionisti dell' antimafia», inaugura una stagione di durissime polemiche contro i giudici di Palermo e il sindaco Leoluca Orlando.

16 dicembre 1987: si conclude il maxi processo con 19 ergastoli e altre pene pesantissime per traffico di droga, delitti e stragi. Antonino Caponnetto, Giovanni Falcone, Paolo Borsellino, e tutti i giudici del pool, le cui accuse ressero al vaglio dibattimentale, avevano così dimostrato che Cosa Nostra poteva essere processata e finalmente condannata.

12 gennaio 1988: due killer per Giuseppe Insalaco, democristiano, ex sindaco di Palermo. L'uomo politico prima di morire aveva fatto in tempo a denunciare, anche di fronte alla commissione parlamentare antimafia, le pressioni subite da Vito Ciancimino e dal suo gruppo. E lo aveva indicato come il *dominus* dei grandi appalti al Comune di Palermo. Dopo la sua morte venne trovato un clamoroso memoriale in cui Insalaco chiamava pesantemente in causa il vecchio sistema politico cittadino.

14 settembre 1988: assassinato Alberto Giacomelli, magistrato trapanese, da poco in pensione.

25 settembre 1988: imboscata sulla statale Agrigento-Caltanissetta per il giudice Antonino Saetta e per suo figlio Stefano. Saetta aveva presieduto la corte d'appello per la strage Chinnici, infliggendo l'ergastolo ai capi mafia Michele e Salvatore Greco.

26 settembre 1988: fucilate e colpi di pistola per Mauro Rostagno, leader della comunità Saman per il recupero dei tossicodipendenti. Rostagno, dai microfoni di una televisione locale, faceva ogni sera i nomi dei capi mafia e dei politici corrotti della zona.

19 giugno 1989: sventato all'Addaura, sul lungomare di Palermo, l'attentato contro la villa in cui il giudice Giovanni Falcone trascorreva le vacanze: 58 candelotti di gelatina nascosti in una borsa da sub.

21 settembre 1990: alle porte di Agrigento, viene ucciso il giudice Rosario Livatino, che indagava sulla mafia di quella provincia.

29 agosto 1991: messo a tacere Libero Grassi, il coraggioso imprenditore che si rifiutava di pagare le tangenti alle cosche e non perdeva occasione per denunciare il racket delle estorsioni.

31 gennaio 1991: la prima sezione della corte di Cassazione conferma le condanne del primo maxi processo di Palermo.

12 marzo 1992: si conclude la lunga carriera di Salvo Lima, uomo politico democristiano, europarlamentare. Viene ucciso mentre sta uscendo dalla sua villa, a Mondello. I pentiti, dopo l'uccisione di Falcone e Borsellino, hanno indicato Lima come il «referente politico» di Cosa Nostra.

23 maggio 1992: strage di Capaci, sull'autostrada che collega l'aeroporto di Punta Raisi a Palermo. Con un telecomando a distanza viene fatto saltare il corteo delle auto blindate. Muoiono Giovanni Falcone, sua moglie Francesca Morvillo, i poliziotti Antonio Montinari, Rocco Di Cillo e Vito Schifani.

19 luglio 1992: strage di via D'Amelio, a Palermo, sotto l'abitazione della madre del giudice Borsellino. Con un 'autobomba Cosa Nostra replica l'Apocalisse di Capaci. Vengono massacrati Paolo Borsellino e gli agenti della sua scorta, Emanuela Loi, Walter Cusina, Vincenzo Li Muli, Claudio Traina, e Agostino Catalano.

17 settembre 1992: Ignazio Salvo viene ucciso a Casteldaccia, alle porte di Palermo, all'interno della sua splendida villa sul mare. Ignazio Salvo, potentissimo esattore siciliano, era stato legato per quarant'anni alla Democrazia Cristiana. Nino, insieme al cugino Ignazio, venne arrestato il 12 novembre '84, dopo le rivelazioni di Buscetta. Entrambi appartenevano a Cosa Nostra. Nino era deceduto di morte naturale, il 19 gennaio '86.

24 dicembre 1992: finisce in carcere Bruno Contrada, «numero 3» del Sisde, accusato di «associazione mafiosa». Per molti anni Contrada aveva ricoperto incarichi di rilievo alla squadra mobile di Palermo e nella Criminalpol della Sicilia occidentale.

15 gennaio 1993: arrestato, a conclusione di una latitanza trenten-nale, Totò Riina, capo del clan dei corleonesi e di Cosa Nostra. Quel giorno Giancarlo Caselli iniziò la sua attività di procuratore capo a Palermo.

27 marzo 1993: i giudici della Procura di Palermo, Caselli, Guido Lo Forte, Roberto Scarpinato, Gioacchino Natoli, accusano Giulio An-dreotti di collusione con la mafia, e inviano al Senato la richiesta per l'autorizzazione a procedre.

8-10 maggio 1993: Papa Wojtyla visita la Sicilia occidentale. Ad Agri-gento, sotto il Tempio della Concordia, di fronte a centomila fedeli, pronuncia un accorato invito al pentimento rivolto ai boss di Cosa Nostra, e un appello ai siciliani affinchè rifiutino per sempre ogni compromesso. L'eco di quella visita giunge in ogni angolo del mondo.

15 settembre 1993: don Pino Puglisi, parroco a Brancaccio, viene uc-ciso a colpi di pistola da un killer solitario mentre sta rientrando a casa. Sacerdote coerentemente impegnato sul fronte antimafia, aveva pronunciato numerose omelie contro le cosche del quartiere, e creato un forte movimento dal basso in difesa di valori cristiani e di tolle-ranza. È il primo durissimo segnale di Cosa Nostra contro la Chiesa cattolica.

2 marzo 1995: Agostino Gristina, giudice per le indagini preliminari, rinvia a giudizio Giulio Andreotti per «associazione mafiosa». Fissa al 26 settembre 1995 la data d'inizio del processo.

24 giugno 1995: arrestato Leoluca Bagarella, genero di Totò Riina, uomo di punta del clan dei Corleonesi. Deve rispondere di stragi e de-litti.

26 settembre 1996: inizia a Palermo, di fronte alla quinta sezione del tribunale, presieduta da Francesco Ingargiola, il processo a Giulio Andreotti, accusato di associazione mafiosa. Sono presenti trecento giornalisti giunti da ogni parte del mondo. Il processo è ancora in corso.

27 gennaio 1996: ergastolo per Giuseppe Orofino, ergastolo per Pietro Scotto, ergastolo per Salvatore Profeta, diciotto anni per Vincenzo Scarantino, l'unico pentito del processo. Con questa sentenza, la Corte d'Assise di Caltanissetta, presieduta da Renato Di Natale, condanna alcuni dei colpevoli della strage di via D'Amelio. Sono in via di definizione altri «tronconi» processuali.

22 febbraio 1996: nell'aula bunker di Mestre, durante il processo per la strage di Capaci, Totò Riina parla per la prima volta di un suo eventuale «pentimento».

5 aprile 1996: la quinta sezione del Tribunale di Palermo, presieduta da Francesco Ingargiola, condanna Bruno Contrada, ex funzionario del Sisde, a dieci anni di reclusione, all'interdizione dai pubblici uffici, al pagamento delle spese processuali. Contrada viene infatti riconosciuto colpevole di concorso aggravato in associazione mafiosa.

14 aprile 1996: nell'aula bunker di Rebibbia, al processo per la strage di Capaci, il pentito Santino Di Matteo racconta l'uccisione di suo figlio Giuseppe di undici anni. Il bambino venne tenuto sotto sequestro da Giovanni Brusca e dai suoi gregari per più di due anni. L'obiettivo era quello di costringere suo padre a ritrattare tutto. Il padre, nonostante pressioni e minacce, continuò a collaborare. Alla fine, Giuseppe venne torturato, strangolato e sciolto nell'acido per cancellare ogni traccia. Non si conosce il giorno esatto in cui venne consumata una delle più ripugnanti efferatezze di Cosa Nostra.

20 maggio 1996: viene arrestato, in una villa di San Leone, in provincia di Agrigento, Giovanni Brusca, il superkiller della strage di Capaci.

26 giugno 1996: Marcello Dell'Utri viene interrogato per dodici ore dai magistrati antimafia di Palermo. E torna sotto interrogatorio il 1° luglio. È iscritto nel registro degli indagati, per concorso esterno in associazione mafiosa. Lo accusano diciassette pentiti.

6 giugno 1997: viene arrestato, tra Ficarazzi e Bagheria, alle porte di Palermo, Pietro Aglieri, detto «u signurinu». È uno dei collaboratori più stretti del boss Bernardo Provenzano ed è accusato sia per la strage di Capaci sia per quella di via D'Amelio.

4 novembre 1997: finisce nel carcere dell'Ucciardone, con l'accusa di essere favoreggiatore di mafiosi, il carmelitano don Mario Frittitta, parroco della chiesa Santa Teresa della Kalsa.

14 ottobre 1997: Balduccio Di Maggio, collaboratore di giustizia, viene arrestato dai giudici della Procura di Palermo con l'accusa di essere il mandante di un omicidio e di un tentativo di uccisione compiuti a San Giuseppe Jato.

19 ottobre 1997: vengono arrestati per detenzione abusiva di armi il collaboratore di giustizia Santino Di Matteo, padre di Giuseppe ucciso a undici anni; Giuseppe, il nonno omonimo del ragazzino. Provvedimenti restrittivi anche per il collaboratore Gioacchino La Barbera.

8 novembre 1997: dopo quattro giorni di carcere, scanditi da fortissime manifestazioni popolari di solidarietà, don Mario Frittitta viene scarcerato.

15 settembre 1998: si conclude con la cattura la latitanza di Mariano Tullio Troia, detto «Mario», capo mandamento della borgata di San Lorenzo. Ad arrestarlo è il commissario di pubblica sicurezza Saverio Montalbano, proprio mentre gli italiani si appassionano alle vicende del «commissario Montalbano» creato dalla fantasia di Andrea Camilleri.

8 ottobre 1998: a Caccamo, in provincia di Palermo, viene assassinato, sotto gli occhi del figlio, Domenico Geraci, esponente politico del Partito popolare italiano, che sarebbe diventato il candidato a sindaco del centrosinistra.

30 ottobre 1998: Renato Grillo, giudice per l'udienza preliminare, condanna don Mario Frittitta, parroco della Kalsa, a due anni e due mesi per favoreggiamento aggravato nei confronti di alcuni boss.

2 gennaio 1999: strage a Vittoria in provincia di Ragusa. In un autogrill della periferia cadono falciati dal piombo dei killer: Salvatore Ottone, Claudio Motta, Franco Nobile, Claudio Salerno, Angelo Mirabella. Qualche giorno dopo, Francesco Aiello, il sindaco di Vittoria, guiderà una fiaccolata contro la mafia alla quale partecipa l'intero paese.

19 gennaio 1999: inizia la requisitoria dei pm al processo contro Giulio Andreotti. La quinta sezione del tribunale – presieduta da Francesco Ingargiola – dà la parola all'accusa: «Andreotti fu il garante di un patto scellerato» esordisce il sostituto procuratore Roberto Scarpinato.

23 gennaio 1999: verdetto a sorpresa della Corte d'Assise d'appello di Caltanissetta – presieduta da Giovanni Marletta – nel secondo processo per la strage di via D'Amelio. Vengono assolti per il reato di strage Pietro Scotto, il presunto «telefonista» e Giuseppe Orofino, titolare dell'autorimessa in cui venne preparata l'autobomba. Confermato l'ergastolo al terzo imputato, Salvatore Profeta.

27 gennaio 1999: è scontro fra Giancarlo Caselli, procuratore capo a Palermo, e la Cassazione. Quel giorno l'opinione pubblica scopre che due sentenze della Suprema Corte rischiano di bloccare decine di processi per mafia e rimettere in libertà pericolosissimi boss.

18 febbraio 1999: il gip Antonino Tricoli rinvia a giudizio per concorso esterno in associazione mafiosa il tenente dei carabinieri Carmelo Canale, uno dei principali collaboratori di Paolo Borsellino. Canale, accusato da dodici pentiti, si dichiara vittima di un «complotto».

4 agosto 1999: Pietro Grasso si insedia alla guida della Procura di Palermo. Prende il posto di Giancarlo Caselli chiamato a dirigere il dipartimento dell'amministrazione penitenziaria.

23 ottobre 1999: la quinta sezione del tribunale di Palermo, presieduta da Francesco Ingargiola (giudici a latere Antonio Balsamo e Salvatore Barresi), assolve Giulio Andreotti dall'accusa di associazione mafiosa. Il dispositivo della sentenza fa riferimento all'articolo 530 comma 2 del codice di procedura penale. È quell'articolo che, secondo alcuni, avrebbe di fatto sostituito la vecchia «insufficienza di prove». A non pensarla così, ad esempio, sono Giulia Bongiorno e Franco Coppi, i due tenacissimi difensori di Andreotti che hanno vinto il cosiddetto «processo del secolo».

5 novembre 1999: la quarta sezione della Corte d'appello di Palermo, presieduta da Salvatore Rotigliano (giudici a latere Antonella Di Tullio e Amalia Settineri, pg Anna Maria Fazio) assolve padre Mario Frittitta dall'accusa di favoreggiamento per «avere commesso il fatto nell'esercizio di un diritto».

4 gennaio 2000: nell'aula bunker dell'Ucciardone, si tiene un'udienza del cosiddetto «processo tempesta»; prima sezione di Corte d'Assise, presieduta da Claudio dell'Acqua (giudice a latere Roberto Binenti, pm Olga Capasso). Alla sbarra una cinquantina di mafiosi accusati di una ventina di delitti. Michele Greco, Pippo Calò, Leoluca Bagarella, Pietro Aglieri, Giuseppe e Filippo Graviano, fra gli altri, chiedono di accedere al «rito abbreviato».

12-14 gennaio 2000: il presidente della Repubblica, Carlo Azeglio Ciampi, va a Palermo e Catania. Ricorda tutti i caduti della lotta alla mafia e commemora il sacrificio di Piersanti Mattarella, presidente della Regione Siciliana. Visita la scuola media di Brancaccio, intitolata a padre Pino Puglisi. Lancia ripetutamente un forte messaggio: «La mafia non vincerà».

8 marzo 2000: Giovanni Brusca viene definitivamente considerato un collaboratore di giustizia «attendibile» e idoneo al programma di protezione per i pentiti. Resterà in carcere e non percepirà stipendio. Saranno aiutati i suoi familiari.

● Giovanni Falcone «Micromega» – settembre '90
«Del faticoso ma gratificante lavoro di quegli anni Saverio Lodato
è stato un testimone attento e sensibile, quale cronista giudiziario e
responsabile della redazione siciliana dell'"Unità". Egli ha saputo
fedelmente e con rara capacità di sintesi rievocare i fermenti ideali
che accompagnarono quella attività, la mobilitazione della coscienza collettiva siciliana, le speranze nate intorno all'azione di uno
Stato che, attraverso i suoi funzionari, cominciava a dare segni di
vita in una parte del suo territorio da tempo abbandonata a se stessa. Ed ha puntualmente registrato anche le resistenze e le reazioni
di vario segno che, nelle istituzioni e nella società, hanno determinato, ad un certo punto, il rallentamento (secondo alcuni, la stasi)
dell'azione antimafia.»

● Diego Sergio Anzà «Gazzetta del Sud» – 8 luglio '90
«Ci racconta quanto è avvenuto nella "libanizzata" Sicilia.»

● Raffaele Bertoni «Mercurio – la Repubblica» – 19 maggio '90
«L'incalzante ritmo narrativo del libro quasi stravolge le brevi pau-
se di riflessione... ma i fatti vengono esposti in modo che parlino
da soli, con una forza persuasiva superiore a mille dibattiti.»

● Giorgio Bocca «L'Espresso» – 22 aprile '90
«... un libro scritto da un cronista coraggioso della mafia...»

● Giancarlo Caselli «Stampa Sera» – 14 maggio '90
«Ma perché lo Stato non ha saputo vincere la guerra contro la mafia? Una delle chiavi di lettura offerte da Lodato è sconfortante ma
chiara.»

● Enzo Catania «Il Giorno» – 5 settembre '92
«Indispensabile per chi davvero vuole conoscere gli ultimi 10
anni.»

● Italo Del Vecchio «La Gazzetta del Mezzogiorno» – 12 maggio '90
«C'è tutto quello che è successo dal 1979 ad oggi.»

- Aldo Di Lello «Secolo d'Italia» – 4 maggio '90
«L'analisi dei fatti è impietosa e il verdetto inchioda lo Stato alle proprie responsabilità.»

- Giuseppe Di Lello «Il Manifesto» – 25 maggio '90
«Cronaca di infiniti misfatti in guerre parallele all'ombra dello Stato.»

- Piero Folena «L'Unità» – 6 maggio '90
«L'informazione è uno degli strumenti che dobbiamo saper usare; e Lodato dà a tutti una lezione col suo libro e l'interpretazione del suo mestiere.»

- Giorgio Galli «Panorama» – 1° luglio '90
«È una vera e propria storia dell'ultimo decennio dell'onorata società.»

- Giuseppe Melis Bassu «La Nuova Sardegna» – 13 ottobre '90
«Consente di capire meglio quanta sottovalutazione e connivenza, se non complicità, abbiano consentito al tumore di propagarsi.»

- Danilo Moriero «La Voce Repubblicana» – 14 giugno '90
«Uno spaccato vivo ed efficace su quella guerra mai combattuta ad armi pari.»

- Marco Palocci «Il Sole-24 Ore» – 4 dicembre '94
«Una delle più complete e acute cronache dei fatti mafiosi più recenti.»

- Giampaolo Pansa «la Repubblica» – 11 aprile '90
«Un libro di Saverio Lodato, giornalista serio e raccontatore di razza, che lascia al lettore l'amaro in bocca.»

- Arrigo Petacco «Il Resto del Carlino» – 15 marzo '90
«Non si può non restare sgomenti, appena terminata la lettura di questo nuovo libro sulla piovra.»

- Vittorio Prajer «La Nazione» – 30 luglio '90
«Fatti sconvolgenti e brutali, storie di morti ammazzati, corrotti, corruttori e faccendieri, politici compromessi fino al collo.»

- Corrado Stajano «Corriere della Sera» – 26 giugno '94

«Una storia infinita, questa che Lodato, cronista di terribili fatti neri e gialli, rappresenta ora con un po' di speranza in più.»

- Remo Urbani «Epoca» – 20 maggio '90

«Scritto con la scorrevolezza del romanzo e con la puntigliosità e l'accuratezza dell'inchiesta...»

- Tony Zermo «La Sicilia» – 14 aprile '90

«Un libro avvincente, una specie di romanzone nero.»

INDICE DEI NOMI

Biondino, Salvatore 486 493

Bocca, Giorgio 97 98 106 107 122 284 414 429

Boccassini, Ilda 368

Boccia, Riccardo 255

Bolzoni, Attilio 241 246 248 404 414 416

Bonamico, Joseph 32 56

Bonanno, Armando 127 128 262 268

Bonfiglio, Angelo 482

Bongiorno, Mike 117

Bonino, Emma 102

Bono, Giovanni 126

Bontà, Paolino 214

Bontade, famiglia 45 72 147 150

Bontade, Giovanni 65 148 204 266 269

Bontade, Paolino 65 67-70

Bontade, Stefano 65 67-76 125 135 148 149 194 196 204 221 224 239 266 280 291 454 462 477 478

Borghese, Junio Valerio 453 454

Borrelli, Francesco Saverio 309 369

Borsellino, Agnese 458

Borsellino, Fiammetta 300 306 314 315 318

Borsellino, Lucia 299 306 315 318

Borsellino, Manfredi 300 315 318

Borsellino, Paolo 59 60 62 105 119 153 174 185 186 188 207 209 246-51 253 254 266 283 285-86 291-304 306-07 309-12 314-18 320-23 326-27 332 334 336 338 341-42 382 398 420 430-33 446 449 456-59 462 467 472 484 492 493

Boscia, Donato 273

Bossi, Umberto 356

Bottone, Paolo 273

Bousquet, André 45-47

Bozzi, Daniel 45 46

Brancaccio, Antonio 481

Braschi, Francesco 118

Brecht, Bertold 450

Bruno, Vittorio 182

Brusca, famiglia 412

Brusca, Antonina 396-97

Brusca, Bernardo 395-96

Brusca, Emanuele 397

Brusca, Enzo 397

Brusca, Giovanni 395-97 401 404 405 407 408 410 413 425 446 450 451 464 468 471 472 474 483 485-88 490-95

Brusca, Vincenzo 396

Brutti, Massimo 450

Buccaro, Giuseppe 315

Buffa, Vincenzo 75

Buscetta, Antonino 145

Buscetta, Benedetto 145

Buscetta, Domenico (nipote di Tommaso) 368

Buscetta, Tommaso 26 28 31 48 61 72 74 143-58 161 165-67 173 190-93 196 198 220-22 237 238 253 270 271 281 289 292 317 328 330 332-33 392 410 443-45 451-55 462-71

Buscetta, Vincenzo (fratello di Tommaso) 145

Buscetta, Vincenzo (nipote di Tommaso) 145

Buttiglione, Rocco 379

Cagnes, Giacomo 80

Calabresi, Luigi 263

Calabrò, Gioacchino 364

Calascibetta, Giuseppe 459

Calderone, Antonino 237

Calderone, Giuseppe 237-42 253

Calò, Giuseppe (Pippo) 26 56 148 149 185 188 189 191 192 220 221 335-36 354 446 454 470 486

Calvello, Vanni 462

Calvi, Roberto 330 454

Calzetta, Stefano 219

Camilleri, Stefano 233

Campione, Giuseppe 306

Campisi, Mario 345

Canale, Carmelo 318

Cancemi, Salvatore 335-36 354 387 394 462 476 478 483 487

Canino, Francesco 462

Cannella, Giuseppe 454

Cannella, Tommaso 161 163

Cannella, Tullio 387 476 477

Caponnetto, Antonino 152 153 157 193 209 243 246 247 250 251 283 291 294 299-301 309 316-18 326 336 348-49 382 422 449 462

POSTFAZIONE

La morte di Tommaso Buscetta chiude un'epoca. Chiude la grande stagione dei pentimenti puliti, dei pentimenti disinteressati, dei pentimenti che nascevano dall'incontro magico fra mafiosi incalliti e giudici che per la prima volta mostravano il volto di uno Stato non più compromesso, non più maneggione, non più colluso. Tommaso Buscetta fu il primo, fra i mafiosi incalliti, a pentirsi. Giovanni Falcone fu il primo, fra i giudici che inauguravano una pagina nuova della magistratura, disposto ad ascoltarlo. Posso dire di averli conosciuti entrambi. E so che nell'accostamento di questi due nomi non c'è niente di blasfemo. So, infatti, quanto Giovanni Falcone stimasse – è la parola esatta – «don» Masino; so quanto «don» Masino stimasse Falcone.

All'indomani della morte di Buscetta in Italia si è letto di tutto. Gente che non lo sentiva da anni si è frettolosamente iscritta al club degli amici di Masino. Anche penne illustri hanno avuto cadute di stile. E gente che lo odiava da vivo ha rinverdito le sue ragioni per odiarlo ancora di più da morto. Non fu così anche all'indomani della morte di Falcone quando si scoprì che almeno centomila italiani gli davano del «tu»? E con quanto odio, invece, dovette fare i conti Falcone...

Giovanni Falcone morì solo, con pochi, pochissimi amici. E in una solitudine se possibile maggiore, è morto «don» Masino. Accanto a lui, come sempre da venticinque anni, la moglie Cristina e una famiglia numerosa. Godono sempre di un limitato, limitatissimo consenso quelli che fanno sul serio la lotta alla mafia. Il codazzo degli amici, la corrida dell'«io l'avevo conosciuto», gli epitaffi a base di zucchero e cannella vengono dopo, molto dopo, fuori tempo massimo.

S. L.

Roma, 10 Aprile 2000

SOMMARIO

Giovanni Falcone, italienischer Jurist und „Mafiajäger", galt als Symbolfigur des Kampfes gegen die organisierte Kriminalität im Süden Italiens. Anfang der 1980er Jahre baute er als Untersuchungsrichter in Palermo eine Sonderkommission zur Bekämpfung der „Cosa Nostra" auf. Die in Sizilien allgegenwärtige Mafia machte durch zahlreiche Anschläge auf die Ermittler immer wieder klar, dass sie nichts von Störungen ihrer Macht und Geschäfte hielt. Sein Mut wurde Falcone zum Verhängnis: Am **23. Mai 1992** wurde er zusammen mit seiner Frau und drei Leibwächtern nahe Palermo durch eine Bombe getötet. Das Attentat soll der sich mittlerweile seit Jahren in Haft befindliche „Boss der Bosse", Totò Riina, in Auftrag gegeben haben. Bild: SN/ARCHIV

BUR
Periodico settimanale: 17 maggio 2000
Direttore responsabile: Evaldo Violo
Registr. Trib. di Milano n. 68 del 1°-3-74
Spedizione in abbonamento postale TR edit.
Aut. N. 51804 del 30-7-46 della Direzione PP.TT. di Milano
Finito di stampare nel maggio 2000 presso
il Nuovo Istituto Italiano d'Arti Grafiche - Bergamo
Printed in Italy

ISBN 88-17-25906-3